Schauba

Salzburg, Ober österreichische Gebirge und das Salzkammergut

Schaubach, Adolph

Salzburg, Obersteiermark, das österreichische Gebirge und das Salzkammergut

Inktank publishing, 2018

www.inktank-publishing.com

ISBN/EAN: 9783747779330

All rights reserved

Salzburg,

Obersteiermark, das Oestreichische Gebirge

und das

Salzkammergut

für

Einheimische und Fremde

geschildert von

Adolph Schaubach,

weil. Professor in Meiningen.

Zweite Auflage.

Jena,

Druck und Verlag von Fr. Frommann.

1865.

Vorwort.

Von dieser zweiten Auflage des Schaubachschen Werkes sollen dem vorliegenden dritten Bande der zweite, schon im Druck befindliche, der vierte, der fünfte und zuletzt der erste folgen, und dieser eine Rechtfertigung des bei der neuen Bearbeitung beobachteten Verfahrens enthalten.

Einstweilen muss ich vorausschicken, dass ich nach dem Tode des Verfassers, der mit staunenswerthem Fleisse und hingebender Liebe sein Werk zu Stande gebracht hat, eben keinen zweiten Schaubach habe finden können, der befähigt und zugleich in der Lage gewesen wäre, die ganze Last der Verjüngung allein auf seine Schultern zu nehmen. Rath und Förderung sind dem Unternehmen dagegen, wie ich dankbar anerkenne, von vielen Seiten zu Theil geworden; zumal von dem österreichischen Alpenvereine, dessen Vorsteher, beiden Schriftführern und mehreren Mitgliedern. Ausserdem sind dessen bisher erschienene Schriften schon für diesen Band mit grossem Vortheil benutzt worden.

Unter den vorwaltenden Umständen musste die Arbeit der Revision vertheilt werden. Für alle Theile kommen die Angaben über Häuser- und Einwohnerzahl und die officielle Rechtschreibung der Orte aus dem k. k. statistischen Bureau in Wien; alles Geognostische und Botanische mit der durch den Zweck des Buchs geforderten Beschränkung hat Herr Dr. *H. Emmrich* in Meiningen zu übernehmen die Güte gehabt, dessen Name dafür bürgt, dass dadurch der wissenschaftliche Werth des Buchs erhöht wird, sowie dieser Gelehrte

* 2

aus Liebe zur Alpenwelt und seinem verstorbenen Freunde und Landsmann dem Unternehmen die regste Theilnahme widmet. — Im vorliegenden Theile verdanke ich die **Höhenangaben**, durchweg in Wiener Fussen, eine Menge Berichtigungen und Ergänzungen, Notizen über Wege, Wirthshäuser u. s. w. einem der besten Kenner der östlichen Alpen, Herrn *Franz Keil* (bisher in Salzburg, jetzt in Wien). — Herr Prof. Dr. *Ilwof* in Gratz hat sowohl einzelne schätzenswerthe historische, sprachliche und andere Beiträge, als den ganzen Abschnitt über die Semmeringbahn und die Ausflüge von den Stationen derselben mit thunlichster Benutzung des Schaubachschen Textes geliefert; Herr *Th. Trautwein* in München den baierischen Theil des Gebirgs revidirt.

Dass trotz aller bei dieser neuen Auflage angewandten Sorgfalt doch noch manches zu berichtigen und zu ergänzen bleiben werde, musste vorausgesehen und darauf gerechnet werden, dass auch in seiner neuen Gestalt das Werk den Freunden der deutschen Alpenwelt ein Freund bleibe, bei dem man sich Raths erholt, der aber auch selbst gern Rath und Zurechtweisung annimmt, wo sich Mängel oder Irrthümer bei ihm zeigen.

Jena, 1. Mai 1865.

Der Verleger.

Inhalt.

Inhalt.

Nachträge und Berichtigungen.

S 268. (Salzburg) Herr *Franz Keil* wohnt seit kurzem in Wien (Landstr. Münzgasse Nr. 1). Seine Reliefkarten sind aber ausser bei ihm selbst auch in *Salzburg* noch vollständig zu sehen: im Naturalienkabinet des Stifts St. Peter, im Chiemseehofe, im Museum (dieses geognostisch illuminirt). Auch in *München* sind mehrere Sectionen in der Kunsthandlung von May und Widmayr aufgestellt.

- 361. *Radstadt* ist im April 1865 fast ganz abgebrannt.

- 403. Das Benediktinerstift *Admont* mit der Kirche, Prälatur und der Naturaliensammlung ist am 28. April 1865 abgebrannt, nur die Bibliothek erhalten. Auch 21 Häuser des Marktes liegen in Asche.

- 495. Der Geburtsort des Johannes de Gamundia ist nicht das Gmunden an der Traun, sondern *Schwäbisch-Gmünd.*

- 525. *Goisern* ist nicht mehr Sitz des Bezirksgerichts Neu-Wildenstein, sondern gehört zum südlichen Theile des Bezirks Ischl.

Druckfehler.

S. 22 Z. 9 v. u. statt Fülle lies Fälle.
- 22 - 5 - u. - jenseits der — umschlossene Thalkessel l. jenseits des — umschlossenen Thalkessels.
- 71 - 18 - o. - Roihe l. Ruhe.
- 106 - 11 - u. - Cardamina l. Cardamine.
- 128 - 4 - o. - *Kreutkogl* l. *Kreuzkogl.*
- 128 - 9 - o. - *Hinterboden* l. *Hinterbaden.*

VIII

S. 130 Z. 2 v. o. statt Phyteuma hemisphaerica l. Phyteuma
hemisphaericum.
- 156 - 7 - o. - hersehaut l. hervorsehaut.
- 173 - 4 u. 5 o. - Bezirksgericht l. Bezirk.
- 177 - 5 - u. - vollseitig l. allseitig.
- 224 - 3 - u. - Sehrainbachthal l. Schranbachthal.
- 231 - 1 - u. - *Holzschliff* l. *Holzschlipf.*
- 245 - 8 - o. - eine hinter der anderen l. einer hinter
dem anderen.
- 261 - 8 - o. - die Heinwand l. die Steinwand.
- 285 - 11 - u. - tiefer l. höher.
- 359 - 3 - u. - *Mosenmandl* l. *Mosermandl.*
- 400 - 1 - u. - Juehheien l. Juehhezen.
- 401 - 1 - u. - *Burgas* und der *Scheiblingstein* l. *Burgas* und rechts der *Scheiblingstein.*
- 406 - 14 - u. - Element findet, Widerstand. l. Element
findet.
- 417 - 7 - u. - Lasalpe l. Lanalpe.
- 418 - 1 - o. - Norauer Berge l. Voraner Berge.
- 461 - 9 - u. - *Forafeld* l. *Farafeld.*
- 465 - 5 - o. - dem südlichen l. dem westlichen.
- 485 - 9 - o. - *Angerthal* l. *Agerthal.*
- 496 - 3 - o. - Augstkogl l. Augstkogl.
- 509 - 23 - o. - *Rheinsalzalpen* l. *Rheinfalzalpen.*
- 511 - 12 - u. - *Hallewriessee* l. *Hallerwiessee.*
- 520 - 8 - o. - Stündchen l. Stunden.

Das Salzach-Gebiet

mit seiner nördlichen Vorlage und seinem Vorlande.

Allgemeine Uebersicht.

Es umschliesst dieses Gebiet die so wesentlich unter sich verschiedenen Flussgebiete der Salzache (zweite Abtheilung der Centralkette), der Kitzbühler oder Grossen Ache (Kitzbühler Uebergangsgebirge), der Alm, Saalache und Bayrischen Traun (Kalkalpen); dazu kömmt noch das Vorland. Die natürlichen Grenzen stellen sich von selbst heraus, da es Flussgebiete sind. In politischer Hinsicht gehören dazu: 1) das Herzogthum Salzburg, mit Ausnahme des zum Murgebiete gehörenden Lungau's, des zum Ensgebiet gehörenden Bezirkes Radstadt, der zum Aber- und Mondsee hinabliegenden Gebiete; der Bezirk Kitzbühl (Kreis Innsbruck) Tyrols; 2) von Bayern die Gebiete von Berchtesgaden, Reichenhall und Traunstein.

Ueber den Charakter der verschiedenen Gebirgsgebiete, namentlich des Kitzbühler Uebergangsgebirges, wie der Centralkette und der Kalkalpen, s. Th. I. Das Unterscheidende des Hauptthales und seiner Seitenthäler besteht darin: das Innthal zieht von Landeck bis Wörgl 32 Stunden zwischen den schroffen Kalkmauern im Norden und den grünen Ur- und Uebergangsgebirgen im Süden hin und in dem Wechsel der beiderseitigen Thalwände besteht sein Reiz. Schon bei Schwatz fängt eine andere Ordnung an. Dort beginnt das Uebergangs- und Thonschiefergebirge, und legt sich zwischen die Centralkette und die Kalkalpen; doch durchbricht noch das Zillerthal, als Nebenthal des Inn, diese Uebergangsgebirgszone. Das Salzachthal hat eine östliche Richtung von seinem Anfange bei Ronach bis gegen St. Johann, dann erst wendet es sich nördlich, durchzieht wie das Zillerthal das grüne Uebergangsgebirge bis Werfen und benutzt zugleich den Riss der Kalkalpenkette (Pass Lueg), um durch ihn hinaus ins freie Land zu gelangen. Weil nun das Salzachthal als Längenthal von Ronach bis St. Johann nicht wie das Innthal zwischen den Kalkalpen und der Centralkette, sondern zwischen der letzteren und dem mehr erwähnten Uebergangsgebirge liegt, so bietet es durchaus nicht den Wechsel und die Schönheiten des Innthales; auf beiden Seiten grünen zum Theil bewaldete Höhen, auf der südlichen Seite hie und da Felsenhörner. Nur wenn ein Thal aus der Centralkette aufklafft, zeigt sich im Hintergrund etwas von dem sonst verborgenen Kern der grossartigen Eisgebirgswelt dieser Gegend, die man sonst nicht ahnen würde.

Das Salzachthal hat ferner ein rauheres Klima als das Innthal, weil es eine höhere Lage hat. Mittersill, der Mittelpunkt, liegt 1000 Fuss höher als Innsbruck. Im Innthal steht im Norden eine hohe, nackte Kalkmauer, welche durch das Zurückwerfen der Sonnenstrahlen auch die Schattenseite erwärmt und erleuchtet. Im Innthal nicht nur schöne stattliche Dörfer mit schmucken Häusern im Thale auf beiden Seiten des Flusses, sondern auch auf den beiderseitigen Höhenabsätzen; hier im Salzachthal nur noch ehemals wohlhabende Orte und Häusergruppen auf der Sonnenseite der Höhen.

Die arge Versumpfung des Thales hat endlich auf den Wohlstand nachtheilig gewirkt, und es lässt sich nur noch aus Bauwerken ein früherer Wohlstand errathen. Selbst auf die Stimmung der Menschen scheinen die Höllenpfuhle bei Mittersill zu wirken. Cretinismus ist im obern Pinzgau leider gar nicht selten. Die Arbeiten zu Entsumpfung des Thales, obgleich seit 15 Jahren ununterbrochen betrieben, haben das Uebel wohl etwas verringert, aber keineswegs gehoben.

Auch die Seitengegenden und Thäler weichen von denen des Innthales ab. Nördlich oder von der linken Seite hat das Innthal so wenig Seitenthäler wie das Salzachthal. Die Centralkette,

welche im Inngebiete 12—18 Stunden Breite und nördliche Abdachung hatte, ist hier, da das Salzachthal das Uebergangsgebirge abschneidet und bogenförmig nach Norden am weitesten
vorspringt, auf 4—10 St. beschränkt; die östlichsten und west-
lichsten Nebenthäler sind am grössten (siehe allgemeine Schilderung). Wegen der Kürze der Thäler ist ihr Anstieg schneller
und steiler, daher die Thalstufen hohe Felsenwehre bilden, über
welche die Achen in prächtigen Wasserfällen herabdonnern.

Die Hauptschönheiten sind: auf der linken Thalseite auf den
Höhen, welche die schönsten Aussichtswarten bieten, namentlich
der *Gaisstein*, nördlich von Mittersill, auf der rechten Seite dagegen in den Seitenthälern, die schönsten und grössten Wasserfälle der Alpen, prächtige Gletscher und weitgedehnte Eismeere.
Die Stille des oberen Thales, die ernste Natur, die düstern Volkssagen geben dem Ganzen eine melancholische Färbung. Diese
Schilderung gilt nur der ersten aber grössten Strecke. Anders
verhält es sich mit dem Salzachthal von St. Johann bis Salzburg,
wo es als ein Querthal schnell nach einander das Uebergangsgebirge, die Kalkalpen, die Voralpen und das Vorland durchschneidet. In dieser Strecke bietet das Salzachthal weit mehr
Reize, als das allmählich sich durchschneidende Innthal. Das
ganze obere Salzachthal von seinem Anfang bis gegen *Taxenbach*,
sowie das Gebiet der Saalache, heisst *Pinzgau* und zerfällt in *Oberpinzgau*, vom Anfang des Thales bis *Piesendorf*, *Unterpinzgau*,
von Piesendorf über *Zell* bis Taxenbach, und *Mitterpinzgau*, das
Gebiet der *Saalache*, soweit es zu Salzburg gehört. Das mittlere
Salzachthal von Taxenbach bis zum Passe Lueg gehört zum
Pongau.

Geognostisches und Mineralogisches.

Seinem *geognostischen Bau* nach zerfällt unser Gebiet, ähnlich wie der angrenzende Theil des Inngebiets, in 4 breite Zonen.
Den Süden bis zur Salzach, nehmen die *krystallinischen Gesteine*
der Centralmassen ein, im Norden begrenzt durch einen, nur auf
kurze Strecken unterbrochenen, Zug von Schiefern und Kalksteinen, welche die österreichischen Geologen als westliche Fortsetzung der, wahrscheinlich secundären, Sedimente der *Radstädter Tauern* ansehen, die sich im obern Quellgebiet der Ens und

1 *

Mur zu so imposanten Höhen erhoben. Nördlich der Salzach folgt der Gürtel vom *Uebergangsgebirge*, an seiner Nordgrenze bedeckt von rothem Sandstein, über welchen sich mit seinen Steilwänden das *secundäre Kalkgebirge* erhebt, während nördlicher Gebirgsfuss und Vorland vorherrschend aus *tertiären* und neueren Formationen zusammengesetzt sind.

Die *krystallinischen Centralmassen* setzen die sogenannten Tauern zusammen, eine mächtige Scheidewand zwischen Salzburg, Osttyrol und Oberkärnthen, aus deren ausgedehnten Firnmeeren die Gletscher in die obern Thäler nach Norden, Süden und Südosten hinabsteigen. Die Grösse ihrer Erhebung ergibt sich aus der ihrer Pässe; denn während im Westen der *Brenner* sich bis 4369', im Osten der *Katschberg* bis 5068' einsenkt, ist der niedrigste unter den zwischengelegenen Pässen, sämmtlich nur Saumwegen, der *Nassfelder Tauern* 7621' hoch, und keiner der übrigen Salzburger Pässe unter 7000', einige über 8000', der *Krimler T.* 8875', der *Velber T.* 8220', der *Heiligenbluter T.* 8162'. Die österreichischen Geologen unterscheiden zwischen Krimler Tauern und Katschberg 3 Hauptcentralmassen, die des *Grossen Venedigers* (11,622' oder 3674 Meter) mit einigen kleinen Trabanten an seiner Nordseite, mit vorherrschend ostwestlicher Richtung seiner Axe, und östlich davon die des *Hohenaarn* (10,308') und des *Ankogls* (10,290'), beide mit vorherrschend ostsüdöstlicher Richtung und weit nach Süden übergreifend. Als östlichen Ausläufer der Zillerthaler Centralmasse lässt sich der von Gerlos nach Kriml und von dort durch die Sulzbacher Thäler und Habach bis zum Nebelkar über Hollersbach fortsetzende Gneisszug ansehen, über dessen Felsen die Krimler und Salzbacher Achen ihre prachtvollen Wasserfälle bilden. Mit ihr in Verbindung stehen 2 nur bis Habach reichende Glimmerschieferzüge. Während in der *Venediger-* und *Ankoglmasse* ein granitartiges Gestein, Gneissgranit, das Centralgestein bildet, behält auch der Kern der *Hohenaarnmasse* ganz Gneissstructur. Um die in Granit übergehenden Gneisse lagern schieffrige Gneisse und mannigfache andre krystallinischschieffrige Gesteine von ausserordentlich wechselnder Natur, unter welchen aber der Glimmerschiefer verhältnissmässig eine untergeordnete Rolle spielt. Im übrigen wechseln die Schie-

fer nicht allein vom Centrum gegen die Peripherie hin ihre Mine-
ralzusammensetzung, sondern nach den Angaben der österreichischen Geologen auch in der Richtung ihres Streichens, so dass
ein und derselbe Schichtencomplex in seiner Fortsetzung in Schiefer ganz anderer Zusammensetzung übergeht. Die Gesteine dieser sogen. *Schieferhülle* um die Centralmassen besitzen ihre grösste
Ausdehnung zwischen Fusch und Gastein, wo sie, Venediger einerseits von Hohenarr- und Ankoglmasse andrerseits trennend,
quer über den ganzen Gebirgsrücken setzen und an der Bildung
des Hochgebirgs theilnehmen und der aus ihnen zusammenge-
setzte höchste Gipfel der ganzen Tauernkette, der 12,018' hohe
Grossglockner, den Centralgranit des Kasten an seiner Nordseite
hoch überragt. Auch das 11,318' hohe *Vischbachhorn* und das
Kitzsteinhorn gehören dem Schiefergürtel an. Der höchste Gipfel
im Osten, der *Ankogl*, und der östliche Eckpfeiler der Tauern,
der 9784' hohe *Hafnerspitz*, tragen wenigstens auf ihren Gipfeln
Glimmerschiefer. Die Centralmassen zeigen in ihrem Centrum
senkrechte Zerklüftung, besitzen aber im übrigen nicht den fä-
cherförmigen Bau der Centralmassen westlich vom Brenner, sondern das Schiefergebirge fällt von den Centralmassen nach aussen
ab. Die granitartigen Kerne werden von glimmerführenden und
vom Prettauer Kees in Kriml bis zum Velbertauern vorherrschend
von Hornblendgneiss umringt, welcher aber der ganzen Südseite
fehlt, wo Glimmerschiefer unmittelbar dem Gneiss folgt. Jener
Hornblendgneiss und Hornblendschiefer trennen an der Nordseite
die kleine, vom Aumerthal und Dörfener Oed durchschnittene,
granitische Centralmasse des Glanageschirr und *Magkas* von der
Venedigermasse, und schnüren von derselben auch den Granit
des Kasten ab, über den sich Grossglockner im Süden, Vischbachhorn im Norden erheben. Die Schieferhülle, welche im Norden, Osten und Süden die Centralmassen umgibt, und die östlichen auch von einander scheidet, ist nur im äussersten Westen
theilweise unterbrochen, wo nur schiefrigor Gneiss die granitische Venediger- und Zillerthalermasse in südwestlicher Richtung
trennt, und erst südwestlich im Ahrnthal und nordöstlich in
Obersulzbach die jüngern grünen krystallinischen Schiefer auftraten. Im Süden und Osten, am Ankogl und Hohenarr ringsum,

schliesst sich dem Centralgneiss Glimmerschiefer an, der in den
Thälern von Fusch und Rauris seine grösste Ausdehnung besitzt,
den Raum zwischen Venediger- und Ankogl- und der nach Süden
zurücktretenden Hohenarrnmasse zu beträchtlichem Theile ein.
nehmend. Hier in Verbindung mit mächtigen Lagern von Cipol-
lin (körnigem Kalk und Dolomit mit Glimmerlager), so in Grossarl, Gastein, Seidlwinkel. Von da setzt der Glimmerschiefer
westwärts noch durch Kaprun bis Stubach als wichtigerer Bestandtheil der Schieferhülle fort, während er weiter westlich nur
in untergeordneten Zügen auftritt. Den grössten Antheil an der
Bildung der Schieferhülle nehmen aber *gräne Schiefer* von sehr
wechselndem, zum Theil sehr unentschiedenem Charakter, der
häufig auch in der Richtung ihres Streichens ändert, zum Theil
wahre chloritische, Hornblende (Stubach-, Velber-, Habach-
thal), Aphanit (vorderer Theil des Habach-, Hollersbachs-,
Velber- und Ammerthals) und selbst Dioritschiefer (vorderer Theil
des Velber- und Ammerthales), zu denen sich vom Stubachthal
an ostwärts ausgedehnte vorwaltende Kalkglimmerschieferschich-
ten gesellen. Diese grünen Schiefer und Kalkglimmerschiefer,
in Verbindung mit körnigen Kalken und Dolomiten und Glimmerschiefer, breiten sich über Kaprun aus, durchsetzen Fusch,
Rauris, Gastein (über und unter Hofgestein), Grossarl, begleiten
durch das Murthal bis St. Michael die Ankoglmasse auf ihrer Nordseite, ebenso im Osten bis über Gmünd und setzen dann längs
der ganzen Südseite über Obervellach, Döllach, Heiligenblut,
Windischmatrei durch Virgen zum Ahrothal hinüber. In brei-
tem Zuge zieht der gleiche Schichtencomplex von der Möll über
die Höhe des Gebirgsrückens der Heiligenblutertauern nach Fusch
und Seidlwinkel hinüber, nur als schmaler Zug dagegen setzen
sie aus Rauris zwischen den Gneissmassen des Hohenarrn und
Herzog Ernst im Osten und des Ankogls im Westen über den
Malnitzertauern nach Obervellach südostwärts hinüber.

Die Höhen des Grossglockner, Vischbach- und Kitzsteinhorns
bestehen aus Gliedern des grünen und Kalkglimmerschiefers. Innerhalb des Gürtels der grünen Schiefer tritt an zahlreichen Stellen *Serpentin* auf, in kleinen Nestern dieselben durchsetzend,
oder zu mächtigern Stöcken anschwellend; am mächtigsten am

Heiligenblutertauern, interessant durch Mineralführung an der Latterdingalp bei Hofgastein, interessant durch seine Verbindung mit den Hornblend- und Aphanitschiefern im Hollersbacher- und Velberthal, wo aus ihm Chrysodil gewonnen wird. Oft mit letztern in Verbindung findet sich untergeordnet an einigen Localitäten *Talkschiefer* (Latterdingalp bei Hofgastein, am Baukogl nordwestlich von Rauris, am Reitberg im Osten von Vorderfusch u. a. O.). Wie an der Nord- so tritt der Serpentin auch häufig an der Südseite bei Heiligenblut, Windischmatrei und Pregatten auf. Dort finden wir auch bei Kals und Windischmatrei, ähnlich wie im Canariathal am St. Gotthardt, in Verbindung mit Dolomit geschichteten glimmerführenden *Gyps.* Die grösste Breite und Complication besitzt dies System grüner und Kalkglimmerschiefer von Grossarl bis Kapran. Ueberall bilden *chloritische,* aber auch in grauen Thonschiefer übergehende, von Stubach, bis wohin die Kalkglimmerschiefer reichen, westwärts dioritische und aphanitische Schiefer, welche in grösster Ausdehnung im Ammerthal sich ausbreiten, im Velber-, Hollersbacher- und Habacherthal z. Th. zu wirklichen Serpentinschiefern umgestaltet sind, den Nordrand der Centralmassen und begleiten vom Nebelkar im Hollersbacherthal an, als Chloritschiefer, auch die von Kriml hervordringende Gneissmasse an ihrer Nordseite. An die grünen Schiefer schliessen sich, durch gleichförmige Lagerung mit ihnen verbunden, die meist *dunklen Kalksteine, Thonschiefer und Kalkthonschiefer* (Thonschiefer erfüllt von Knoten späthigen Kalks) von *Lend, Radstädter Tauerngebilde* nach Peters und Stur. Nur auf eine kurze Strecke, zwischen Nidersill und Hollersbach, sowie zwischen Hundsfeld und Lend, greifen schmale Streifen vom Thonglimmerschiefer des nördlichen Gebiets über die Salzach herüber und trennen jene Gebilde vom Salzachthal selbst. Die Radstädter Tauerngebilde nehmen das ganze Gebiet von Kleinarl, das an die Radstädter Tauern selbst angrenzt, ein und setzen von da in abnehmender Breite westwärts durch das untere Thal von Grossarl, Gastein, Rauris, Fusch und von dort aus als schmaler, mehrfach unterbrochener Gürtel bis zur Platte bei Kriml fort, wo sie wieder zu grosser Mächtigkeit anschwellen, den Zillerthaler Gneiss vom Thonglimmerschiefer an den Quellen der Salz-

ach trennend. Dort im Westen bildet der Kalk die untere Thal-
pforte von Kriml, im Osten mussten Rauriser (Kitzlochfall), Gasteiner und Grossarler Achen in engen tiefen Spalten diese dunklen
Kalksteine durchschneiden, ehe sie die Salzach erreichen konnten.
Versteinerungen kennt man nicht aus ihnen.

Das krystallinische Gebirge der Salzburger und Oberkärnth-
ner Tauern ist bei weitem nicht so reich an *Mineralien*, auch in
neuerer Zeit nicht so darnach abgesucht, als die benachbarten
Tyroler Gebirge, doch bieten Habach (durch seine Smaragde),
Fusch, Rauris, Gastein und Grossarl aber immerhin viele für den
Mineralogen interessante Vorkommnisse, welche bei den einzelnen Thälern erwähnt werden sollen. Der einst blühende *Bergbau*
ist kaum der Schatten von dem was er früher war und beschränkt
sich auf die goldführenden Gänge im Hochgebirge von *Gastein*
und *Rauris*, und auf die *Kupferbergbauten* im *Brennthal* bei Mühlbach, im W. von Mittersill, und in *Untersulzbach*. Gold führen
zwar von der Krimler Ache an fast alle südlichen Seitenbäche
der Salzach bis Lend, doch nur an letzterem Orte wird wohl noch
zeitweise Gold gewaschen. Der Goldbergbau beschränkte sich
auch in frühern Zeiten auf das Hochgebirge zwischen Fusch im
Pinzgau und Schellgaden im Lungau. Die meisten der alten Bergbauten sind verlassen, viele von Gletschern bedroht, da der Bergbau hier bis zu 9000' u. d. M. hinaufreicht. Die wichtigsten
Gänge finden sich im Gneissgranit und Gneiss, so in der Ankoglmasse am Radhausberg und in der Hohenarrmasse am Rauriser
Goldberg, wo sie auch an der Ostseite über den Silberpfennig in
den Kalkglimmerschiefer fortsetzen, während die goldführenden
Gänge am Hirzbach, auf der Schindelalp und am Brennkogl in
Fusch dem grünen Schiefer und Kalkglimmerschiefer angehören.
Ueber die Eigenthümlichkeiten dieser für den Bergmann wie
Geognosten gleich interessanten Erzlager, s. *Reissacher*, goldführende Gangstreichen in den salzburger Centralalpen: *Haidingers* Abhandl. Bd. II. Th. 2. 1848. p. 25. — Dem Nordrand,
und zwar dem dunklen Kalkstein und Schiefer (Kitzloch bei Taxenbach), wie den zum Theil Magnetsteinstein führenden (Brennthal) chloritischen Schiefern in seinem Liegenden, gehören eine
Reihe von Bleiglanz, zumeist auch Kupfererze und Blende

führenden Erzlagern an, so auf der Schlösslwand im Velberthal, auf der Achselalpe im Hollersbach, dem Gamseck in Habach, im Brannthal, im Untersulzbach und auf der Platte bei Kriml. Das ähnliche kiesführende Quarzlager von der Grubalpe in Kaprun gehört schon dem Kalkglimmerschiefergebirge an.

Das Gebiet des *Uebergangsgebirgs* mit seinen bis oben hinauf begrünten wald- und mattenreichen sanften Schieferhöhen, über welche in höhern Felsgipfeln sich der untergeordnete Kalk erhebt, zerfällt in eine untere *azoische* krystallinische und eine obere versteinerungsführende, dem silurischen Uebergangsgebirge zugerechnete, Abtheilung, die oft ohne scharfe Abgrenzung in einander übergehen. In ersterer herrschen graue Thonschiefer, verknüpft mit Glimmer- und Chloritschiefer - ähnlichen Gesteinen das Thonglimmerschiefergebirge der Tyroler Geognosten; untergeordnete Züge bildet der sogenannte *Rettensteiner Kalk*, von vorherrschend lichten Farben, halbkrystallinisch, oft mit Glimmerblättchen. In den chloritischen Schiefern treten am Bruckberg im Eingang von Fusch, bei Lend *Serpentinstöcke* auf. Dann lassen sich 2 Züge linsenförmige Stöcke verfolgen, in deren Quarz Kupfer-, Schwefelkies und Kupferglanz eingesprengt sind. Dem südlichen Zug gehören die früheren Bergbauten von *Mühlberg* bei Mittersill, *Limberg* und in den *Walchen* bei Zell, *Klucken* bei Piesendorf und die bei *Bischofshofen* an. Auf dem nördlichen, das *Glemmthal* durchsetzenden, Zug mit dem Lager von der *Kelchalm*, *Auracher*, *Wildalm* und *Kupferplatten*, im Süden von Kitzbühl, wird theilweise noch gegenwärtig Bergbau getrieben, so an letztern. *Spatheisensteinlager* gehören mehr der nächsten Abtheilung an. — Die Nordgrenze dieser südlichen azoischen Abtheilung, die zum Theil zu bedeutenden, 6—7000' hohen, unwirthlichen Höhen ansteigt, zieht von Goldeck an der Salzach zum Nordende des Zellersees, durch das Glemm- und das obere Kitzbüchlerthal nach Tyrol hinüber, sich westwärts mehr und mehr ausbreitend; ihre höchste Höhe ist der 7470' hohe Kalkstock des *Gaissteins*, nördlich von Mittersill.

Die nördliche jüngere Abtheilung, welche sich mit ihrem Erzreichthum von Schwaz an mit geringer Unterbrechung bis nach Gloggnitz an der Semmeringbahn verfolgen lässt, überall die unmittelbare Unterlage des bunten Sandsteins und der Kalksteine und Dolomite der Kalkalpen bildend, besitzt in unserem Gebiet ein für den Techniker, wie für den Geognosten gleich hohes Interesse. Meist dunkle, oft Schwefelkies führende, Thonschiefer, bei *Goldeck* wahre Alaunschiefer, herrschen vor. Zu ihnen gesellen sich schwarze und bunte thonige Grauwackenschiefer und lichte, röthlichweisse und weisse, Talkblättchen führende Grauwackensandsteine. Hie und da sind *Talkschiefer* (Thierbachgraben westlich von Mühlbach und unter der Mühlbacher Schmelze), nicht selten *dioritische und aphanitische Schiefer* und massige *Grünsteine*, offenbar Produkte gleichzeitiger paläovulkanischer Eruptionen, untergeordnet.

Aehnlich wie im südlichen Revier tritt auch hier der *Kalkstein*, nur in längern und kürzern Zügen und in Stöcken dem Grauwackengebirge eingelagert, auf. Er ist feinkörnig bis dicht, bedeckt sich beim Reichthum an kohlensaurem Eisenoxydul meist mit rostfarbener Verwitterungsrinde; oft ist er dolomitisch, selbst durch Eisenaufnehmen Ankerit, und wird technisch wichtig durch die vorzugsweise Verbindung der dortigen Erzlagerstätten mit ihm. Auch hier bestehen die Höhenpunkte aus Kalk. Ein zusammenhängender Zug begleitet die Südgrenze des Gebiets von Mandling über Flachau und Wagrain nach St. Johann, von wo er in sehr vereinzelten kurzen Zügen über den *Schneeberg* (6067′) und über *Dienten* zum Nordende des Zellersees fortsetzt. In der Kitzbühler Gegend schaaren sich seine Züge zum *Lämmerbühl* (5471′), *Kitzbühler Horn* (6197′) und andren Gipfeln zusammen; westwärts, in Tyrol, erhebt er sich zur *Hohen Salve*. — Im Thonschiefer wie Kalkstein treten die Erzlagerstätten auf, so die wichtigen *Spatheisensteinlager* der Kitzbühler Gegend, welche Fieberbrunn mit Erzen versehen (*Göbra*, *Spielberg*), die von *Dienten*, *Bischofshofen*, *Filzmoos*, *Wagrain* und *Flachau*. — Von grosser Wichtigkeit waren einst die Lagerstätten *silberhaltiger Kupfererze* um Kitzbühl, und die von *Schwarzleogang*, wo gegenwärtig auch auf *Nickelerze* am Nökelberg gebaut wird. Das wissenschaftliche Interesse knüpft sich vor allem an *Dienten*, die einzige Localität diesseits der Centralkette, an der man paläozoische Versteinerungen des Uebergangsgebirgs, wie Trilobiten,

Orthoceratiten u. s. aufgefunden hat (s. unter Dienten). Auch für
den Mineralogen hat das Uebergangsgebirge Interesse durch das
Auftreten von *Lazuliths* bei Hüttau und des noch seltenern *Wagne-
rits* bei Werfen.

Das Gebiet der *Kalkalpen* dieses Gebiets bildet in Zusammensetzung und Architektonik die Vermittelung zwischen den
bayrisch-tyroler Kalkalpen im Westen und den österreichischen im
Osten. Das reichgegliederte Triasgebirge setzt mit Lias, Jura
und unterer Kreide das Gebirge zusammen und umschliesst nur
in einzelnen Becken Glieder der mittlern und jüngern Kreidezeit
und Nummulitengebirge. Während letztres mit Fucoïdensandsteinen den Zug der Vorberge bildet, setzt die Molasse das nördliche Vorland zusammen. Weit verbreiten sich Terrassen von
sogenanntem geschichteten Diluvium durch die Gebirgsthäler und
hinaus in die Ebene, eben so darüber das erratische Diluvium.

Die vorherrschend rothen und grünen, sandigen und mergeligen Gebilde des *bunten Sandsteins* oder die *Werfener Schichten*
begleiten nicht allein vom Innthal ostwärts über St. Johann,
Hochfilzen, Leogang, Werfen den Fuss der, prall und hoch über
ihnen ansteigenden, triasischen Kalkmassen: des *Hohen Kaisers*
(wilde Kaiser 7320'), der *Loferer Steinberge* (Rothhorn 8100'),
des *steinernen Meeres* (mit der 8385' hohen Schönfeldspitze), des
9298' erreichenden *ewigen Schnees*, des, bis 7682' ansteigenden,
Tännen- und des angrenzenden *Dachsteingebirgs*, west- und ostwärts in gleicher Weise am Fusse der hohen Kalkmauern nach
Tyrol und Steyermark fortsetzend, sondern treten hier zuerst
auch im Innern des Kalkgebiets auf; sehr versteckt im tiefen
Thalriss der Saalache zwischen Lofer und Unken und bei Reichenhall, längs der Saalache, greifen sie bei Werfen in tiefer Bucht
ins Kalkgebirge ein, während sie Tännen- und Dachsteingebirge
trennend als breiter Zug über Annaberg aus dem Fritz- ins Lammerthal fortsetzen und ersteres bis Golling begleiten. Auch aus dem
Kessel von Berchtesgaden, in dessen Thaltiefen sie weit verbreitet
sind, reichen sie bis gegen Hallein herüber. Ueber ihnen lagert
der Steinsalzstock von Berchtesgaden und Hallein, auch die reichen Salzquellen von Reichenhall treten aus ihnen hervor; die
schwache von Unken steht mit ihnen in Verbindung. Zahl-

reich sind die *Gypsstöcke* in ihm, so um *Werfen*, im Immelaugraben und Blühnbachthal, selbst der mitten in dem Aptychen-
schiefergebiet lagernde Gyps vom *Mooseck*, westlich von Golling, die Fundstätte des seltenen *Sapphirquarzes*, wird ihm zugerechnet. Auch die Lager von *Spath-* und *Brauneisenstein*
am Windling- und Flachenberg, westlich von Werfen, gehören
der Grenze der Werfener Schichten gegen den, mit ihnen verknüpften, dunklen, spathadrigen *Guttensteiner* Kalk an, dem
untersten der Triaskalke. Die Versteinerungen der Sandsteine
kommen nicht selten im Immelaugraben, Lammerthal, in der
Gartenau nördlich von Berchtesgaden vor; darunter aller Orten Myacites fassaensis. Als fremder Eindringling in ihm erscheint am *Sillberg* bei Berchtesgaden und am Kirchberg von
Scheffau an der Lammer Gümbels *Sillit*, eine Eisenglanz führende grüne Wacke. *Triaskalke* und *Dolomite* setzen nicht allein die ebengenannten Kalkmassive, zumeist wahre Kalkplateaus
voll wilder Kahrfelder auf ihren Höhen zusammen, sondern
auch den Kranz hoher Kalkberge, welcher um Berchtesgaden herum lagert, also *Reiteralm* (7183'), *Lattengebirge* mit *Dreisesselberg* (5372'), die Hauptmasse des *Untersbergs* (6236'), *hohen Göhl*
(7970'), *hohen Steinberg* und *Watzmann* (8667'). Ebenso nehmen sie an der Zusammensetzung des übrigen Kalkgebirgs den
grössten wesentlichen Antheil, die Unterlage für die jüngeren
Ablagerungen bildend. Durch Versteinerungsreichthum ausgezeichnet ist unter den Triasgliedern der *Hallstadter Kalkstein* über
dem Salzgebirge von Hallein und Berchtesgaden, ferner die über
ihm folgenden, von Staufen bei Reichenhall bis zum Wössener
Kienberg reichenden *Raiblerschichten*, leicht kenntlich durch ihre
gebräunten grossoolithischen Carditaschichten. Ausgedehnt ist
die Verbreitung des *Dachsteinkalks* mit seinen Korallenbänken
und dem Kuhtritt ähnlichen grossen Megalodenschalen, der die
Höhe aller oben genannten grossen Kalkmassive bildet, so am
steinernen Meer, Watzmann, Steinberg, Untersberg, Hagen,
Tännengebirge, von dem er bis in den Eingang in den Pass Lueg
herabreicht u. s. w. Bei Berchtesgaden kommt mit ihm ein von
Terebratula amphitoma erfüllter Kalkstein vor. Die mit ihm verbundenen *Kössenerschichten (Gervillienschichten)*, erfüllt von Ver-

steinerungen in ihren dunklen Mergeln und Kalksteinen, sind am
schönsten aufgeschlossen in der sogenannten Klamm zwischen
Kössen und Reit im Winkel, aber auch am Kammerkahr, der Win-
kelmoosalp, am Sonntagshorn, bei Unken (hier auch als muschelrei-
cher weisser Kalkstein), in der Umgebung des Hochgern und
Hochfellen bei Ruhpolding und Bergen. Im Salzburgschen wies
sie Lipold im Klein Wiesbach, bei Hintersee, in der Galzau und
im Wiesthal im Osten der Salzach nach. — Während auf der
Höhe der kolossalen südlichen Kalkstein- und Dolomitmassive
nur der Lias in einzelnen zahlreichen Fetzen, auf Höhen wie in
Mulden, auftritt, meist als rother Kalk, der am *Kallersberg* bei
Berchtesgaden, wie der gleichalterige graue Kalk der *Gratzalpe*
am Hagengebirge, die Versteinerungen der Hierlatzschichten führt,
und während im Umkreis des Berchtesgadener Beckens nur ein
den Ammonites radians führender rother Liaskalk in schmalen Zügen und Fetzen erscheint, nehmen an der Zusammensetzung des
mittlern und nördlichen Gebiets im Westen und Osten ausser dem
Lias noch die jurassischen und neocomer Aptychenschiefer (*Ober-
alm* und *Schrambach*schichten) und der Neocom-Sandstein des
Rossfeldes Theil. So umschliessen die Triaskalke des von Reichenhall über Sonntagshorn (6208′) bis zur Achen in Tyrol, die
Schichtenköpfe nordwärts gekehrt, verlaufenden bayerischen
Grenzgebirgs und die, entgegengesetzt nach Süden, steil zur
Waidringerstrasse abfallenden Kalke eines südlichen, gegen die
Achen mit vorigem zusammenstossenden, Gebirgszugs eine hoch-
gelegene, mit jenen jüngern Formationen erfüllte, Mulde; der Un-
kener Bach mit seiner berühmten Klamm, die Lias und Dach-
steinkalk durchschneidet, führt uns in ihr Inneres. An ihrem
Südrand erhebt sich das *Kammerkahr* mit seinem ammonitenrei-
chen rothen Adnetherkalk zu 6946′. Einer südlichen kleinern
Mulde gehören die Aptychenschiefer der Seisenbergerklamm an.
Am Nordabhang des Untersbergs folgt dem, den Dachstein über-
lagernden Lias (Steinbruch) unmittelbar die Kreideformation.
Grosse Ausdehnung besitzen am rechten Salzachufer zwischen
Golling und Aigen die, über dem ammonitenreichen Liaskalk
von *Adneth* gelagerten, hornsteinreichen Aptychenschiefer, die
jurassischen *Oberalmschichten* mit ihren bräunlichen Kalken

(Wetzsteinen) und die lichten obern neocomen *Schrambach-*
schichten, die im *Schmidtenstein* bis 5360′ Höhe erreichen. Sie
greifen auch westwärts buchtenförmig über Hallein herüber bis
zur Ache bei Schellenberg, dort wie auf der Höhe des Rossfelds
überlagert von den an charakteristischen Cephalopoden reichen
Neocomsandsteinen des *Rossfelds*. Auch hier ist die Lagerung
eine muldenförmige, eingefasst zwischen die Triaskalke des *Gais-*
bergs (3961′) im Norden und den Höhen im Norden der Lammer;
aber während im Osten der Lias gleichförmig über den Kössner-
schichten folgt, greift der Neocom westwärts ungleichförmig über
die ältere Trias mit ihrem Salzgebirge über. — In mehrfacher
Zusammenfaltung, die Schichten südwärts geneigt, setzen die
Trias-, Jura- und Neocomgebilde den Vorderzug der Alpen im
Westen der Salzach zwischen rother Traun und Inn zusammen;
die Axen sind aus den Triaskalken gebildet; Lias, ammoniten-
reicher rother Jurakalk, Aptychenschiefer und Neocommergel
werden muldenförmig von ihnen umfasst. *Ruhpolding* liegt im
Mittelpunkt zahlreicher Petrefaktenvorkommnisse dieser Formationen. Der mittlern und obern Kreide gehören die *Orbituliten-*
schichten der Ruhpoldinger Gegend, die *Hippuriten*-Kalke, *Go-*
saumergel und *Seewermergel* am Nordfuss des Untersbergs an, sie
finden sich aber auch am Müllnerberg, auf der Höhe des Lattengebirgs, in der Abtenau, Gosaumergel auch bei Salzburg und
Algen. — Auch das *nummulitenführende Eocän* findet sich in
einzelnen Becken des Innern, am ausgedehntesten bei Reit im
Winkel, am gegliedertsten am Nordwest- und Nordfuss des Untersbergs. Das randliche *Nummulitengebirg*, welches von dem bei Neubeuern am Inn, als ein unterbrochener Hügelzug längs des Nord-
fusses der hohen waldreichen Höhenzüge der Fucoïdenschiefer und
Sandsteine hinzieht, setzt auch jenseits der Salzach nach Mattsee fort.

Die Gegend von Adelholzen und Eisenern, die Vorhöhen des
Teisenbergs, wo der wichtige Eisenbergbau im Kressengraben
und Achenthal die körnigen Eisensteine der Nummulitenbildung
ausbeutet, und Mattsee sind petrefaktenreiche Localitäten. Die
Fucoïdenmergel und Sandsteine besitzen ihre grösste Ausdehnung
und Höhe am *Teisenberg*, *Högel* und *Haunsberg*.

Für das *oligocäne* und *neogene Tertiärgebirge*, die auch hier nicht mehr dem Gebirge angehören, sondern sein hügeliges und flaches Vorland zusammensetzen, sind vor allem die Profile an der Priener Ache, welche die ganze reiche Gliederung derselben zur Anschauung bringen, dann die Ufer des Chiemsees, das Traunthal ober- und unterhalb Traunstein und die Gegend zwischen Waging und Teisendorf von Interesse; in letzterer Gegend treten selbst Eocän und Kreide in ihrem Gebiet zu Tage; während der Bergbau am Teisenberg die Kreideunterlage des Eocän aufgeschlossen hat. — Von mittelzeitigen Tertiärbildungen ist innerhalb des Gebirgs nur die Süsswasserablagerung der *Flachau* im Pongau bekannt. Das jüngste Tertiärgebirge dringt dagegen als sogenanntes geschichtetes Diluvium tief in Gebirgsthäler ein, auch das erratische findet sich überall verbreitet. Zu den Neubildungen gehören die noch wenig studirten Gletscher des Pinzgaus, die grossartigen neuen Schuttbildungen, die ausgedehnten Moore, die auch im Gebirge vorkommen, ausgedehnt aber vor allem im Süden des Chiemsees, zwischen Traunstein und Salzburg, und am Nordostfuss des Untersbergs. — Unter den mir bekannten Lokalsammlungen sind die des Herrn Bezirksgerichts- und Bergvogts Dr. Hell und Herrn Apoth. Paner jun. zu Traunstein, die des St. Peter Stifts zu Salzburg und die bergamtliche zu Böckstein von hohem Interesse.

Die Tauern.

Mit dem Eintritt in das Salzachgebiet heisst die Centralkette die *Tauernkette*. Dieselbe zeichnet sich vor den übrigen Theilen der deutschen Centralalpen durch die grössere Erhebung der Jochübergänge aus sowie durch die Länge der Wege, die vom letzten Jahr aus Jahr ein bewohnten Orte der Nordseite zu dem ersten der Südseite führen. Man hat folgende s. g. Tauern, welche aus den nördlichen Gebieten der *Salzache* und *Ens* in die südlichen der *Riens* (Etsch), *Drau*, *Möll* und *Mur* führen: *Krimler T.*, *Velber-Matreyer T.*, *Stubach-Kalser T.*, *Fuscher T.* (der einzige, der über einen Querrücken geht), *Rauriser-Heiligenbluter T.*, *Goldberg T.*, *Nassfelder-Mallnitzer T.*, *Korn-* oder *Hochtauern*, *Radstädter T.* und *Rottenmanner Tauern*. Von Kriml bis Gastein heisst demnach jeder Jochübergang über die Hauptkette *Tauern*;

von hier an östlich (im Ensgebiet) nur die fahrbaren Uebergänge.
Die Höhe des Rückens selbst heisst in den Tauern fast überall
Thor oder nach der in Oesterreich herrschenden Sitte, das l allenthalben anzuhängen, *Thörl*, wie auch Jöchl statt Joch. Nur
der Rauriser-Heiligenbluter Tauern hat sich diese Verkleinerung
nicht gefallen lassen und heisst allein das *Hohe Thor.*

Das Bedürfniss von Anstalten zu Hülfleistung bei Gefahren,
zu Erquickung und Herbergung der Wanderer u. s. w., hat hier
etwas Aehnliches wie die Schweizer Hospize hervorgerufen, nur
im kleinern Maassstabe. Das sind die *Tauernhäuser*, denn Tauern
heissen im Volksmunde nicht bloss die Centralkette, sondern vorzugsweise die Jochübergänge über dieselbe. Es gab deren in
frühern Zeiten mehr, als jetzt, denn da wo nun förmliche Fahr-
strassen über die niedrigern Joche führen, sind sie als überflüssig
weggefallen. Sie bestehen noch vom Krimlertauern bis zum Ankogl und sind eine uralte Stiftung der Erzbischöfe von Salzburg,
welche den Tauernwirthen eine bestimmte jährliche Pfründe an
Getreide aussetzten und dafür gewisse Pflichten auferlegten.
Diese sind in dem Urbarium des E. Bischofs Wolf Dietrich vom J.
1606 folgendermaassen bezeichnet: „Darumben sollen sy den armen Leuten, die nicht Zehrung haben, über den Velbertauern
helfen, durch Gottes und der Pfründen willen zu essen und sollen den Tauern bewahren mit Zeigern und solcher Nothdurft versehen. Es haben auch vor Jahren ihre Vorfahrn etlich an den
Abend ihnen auf den Aengern unter den Tauern geschrien oder
auch ein Horn geblasen, ob jemand an den Tauern wäre und sich
verspätt oder vergangen hätte, dass sie den herabhelfen, damit
das arme Volk an den Tauern nicht abgeu und verderb." (v. Ruthner I. 404.)

Das Salzachthal.

Wir beginnen unsere Wanderung durch das Salzachgebiet,
indem wir aus dem Zillerthale von Zell aus über die Gerlos in
das Pinzgau hinübergehen und treten auf die *Pinzgauer Platte,*
ehe wir hinabsteigen, um von hier aus sogleich ein recht cha-
rakteristisches Bild dieses Gebietes zu erblicken, nemlich das
Thal der Kriml. Wir sehen hier im Gegensatz des zum Inngebiete gehörigen Zillerthales die grossen Abstürze des Krimler

Thales, über welche sich seine Ache in Wasserfällen herab
wirft. Auch übersehen wir hier zugleich das ganze Pinzgau,
mit der Tauernkette rechts und dem grünen Uebergangsgebirge
links.

Der erste Ort, den wir jenseits am östlichen zur Salzache
hinabziehenden Abhang des Gerlossattels erreichen, ist das einsam liegende, zur Rotte Hinterwaldberg gehörige Wirthshaus
Ronach (4191'), 2 Stunden von dem Dorfe *Gerlos*, der erste
Salzburgische Ort und zwar im *Oberpinzgau* oder Bezirke *Mittersill*. Letzterer umfasst 17 Q.M., 1 Markt, 67 Dörfer, 1591
Häuser. Ganz Pinzgau war einst als Bisontia ein Bestandtheil
des alten Noricums. Hier kömmt von Norden links vom Uebergangsgebirge die *Salza* herab, die als erster Quellbach der
Salzache angesehen wird. An der Salza nördlich hinansteigend
zwischen weitschichtigen, grünen Bergmassen, erreicht man in
3 Stunden das *Salzajoch* oder die *Brixener Höhe*, so genannt, weil
der Steig über dieselbe in das jenseitige *Brixenthal* führt. Auf
dem Rücken steht die Marchkapelle, das Bethaus der Senner
(6299'). Eine weite und interessante Aussicht lohnt die Mühe
des Steigens: Gegen Norden in der Tiefe das Brixenthal, und
seine zu ihm hinabziehenden Gründe; darüber die grüne Kuppel
der Hohen Salve mit ihrer Kapelle; hinter diesen grünen, abgerundeten Höhen des Uebergangsgebirges als Gegensatz die nackten, höheren, weissgrauen Kalkschroffen des Wilden Kaisers;
östlicher, durch eine Lücke getrennt, die noch höhere Kalkgruppe
von Berchtesgaden; im Süden zieht die gewaltige Tauernkette
unsere ganze Aufmerksamkeit auf sich, überspannt von dem Eismeere des Venedigers; rechts von ihm, durch den Krimler Tauern
getrennt, prangt die Gletscherwelt des Reichenspitzes. Will ein
Berglustiger noch die Quelle der Salza selbst aufsuchen, so wendet er sich vom Joche links gegen Südwesten und ersteigt eine
Schuttwand, auf deren Höhe er einen kleinen See findet, in welchen sich die junge Salza von einer Wand stürzt, die man in einer Viertelstunde erklettert. Man steht hier abermals an einem
See, rings von Felsen umschlossen, zwischen denen gletscher-
artige Schneefelder hereinziehen und den See durch ihren Abfluss
ernähren, es ist eine Scene, die jeden wahren Alpenwanderer

erfreut. Dieser Hochsee, 7793', ist als *die Quelle der Salza* anzusehen. Der höchste über dem See aufragende Felsenkopf ist der *Geierkopf*, 8738'. Von Ronach führt uns der Weg noch über die *Natternache*, welche mit der Salza parallel von dem nördlichen Uebergangsgebirge herabläuft und sich nach der östlichen Wendung der Salza bei Ronach in dieselbe wirft, nach *Wald*, 2935', 2 Stunden von Ronach, einem kleinen Dörfchen. Es liegt am eigentlichen Anfange des Salzachthales. Denn hier kömmt der Salza von Süden von der Tauernkette herab die mächtigere Krimler Ache, hier kurzweg die Ache, entgegen und vereinigt sich mit ihr; von hier an ist ihr gemeinschaftlicher Name *Salzache*. Im angrenzenden Zillerthale lernten wir verschiedene Denksprüche einiger Alpen kennen, hier im Oberpinzgau haben auch die Dörfer ihre Denksprüche. Der Denkspruch von Wald lautet: „Zu Wald ist's gar kalt". Im kleinen Wirthshause, dessen Gaststube einer griechischen Kapelle gleicht, findet der bescheidene Reisende gute Aufnahme. Führer: Franz Scharler, Aiblhofsohn. Die Ortsgemeinde zählt 80 H., 534 E., wovon 412 zur Katastralgemeinde Wald und 122 zur Rotte Hinterwaldberg gehören. Eine Viertelstunde über Wald liegt die alte *Sixtuskapelle;* da der Heilige als Ehestifter gilt, so findet man stets heirathslustige Leute, namentlich Bauernmädchen, in derselben. Früher lagen hier zwei Felsenblöcke, durch deren Enge man sich hindurchdrücken musste, um sich von Rückenschmerzen zu befreien. Sie wurden gesprengt, um dem Aberglauben entgegenzuarbeiten. Am jähen Abhange zwischen *Wald* und *Ronach* liegen am Sonnberge drei stattliche Bauernhöfe, das *Lahn-*, *Reitl-* und *Berggut*, deren Entstehung die Sage also erzählt. Im 17. Jahrhunderte lebte auf dem Lahngute ein Bauer, welcher trotz seines Fleisses herabkam, aber viele Kinder hatte. In der Verzweiflung wollte er sich umbringen; doch ein Traum, der ihn an die Zillerbrücke in Zell beschied, hielt ihn noch ab; er ging an die besagte Brücke, wartete aber lange vergebens auf irgend einen Aufschluss, und schon wollte er trostlos zurückkehren, als sich ein altes Bettelmännchen zu ihm gesellte und ihn um die Ursache seiner Traurigkeit fragte. Der Bauer erzählte sein Schicksal. „Ei was!" sagte das Männchen, „Träume sind Träume; hat mir doch auch

vorige Nacht geträumt, auf dem Lahngute liege unter der Herd-
platte ein Topf voll Gold, allein, was hilft es, weiss ich doch
nicht, wo das Lahngut liegt!" Dieser ging fort, der Bauer aber
lief nach Hause in sein Lahngut, fand wirklich den angegebenen
Schatz unter der Platte seines Herdes und erbaute davon die drei
Bauerngüter. Das erste südliche Seitenthal

die Kriml

bietet zugleich ein passendes Standquartier dar. Die mächtige
Ache, welche uns entgegenbraust, ist unsere Führerin. Eine
nur ganz schmale Thalenge eröffnet uns die Pforten zu dem schönen Thalkessel von *Kriml*. Nur einige Schritte und man biegt
um eine von der Ache unterspülte Felsenwand, der nur mit Mühe
eine schmale Strasse abgetrotzt ist, und es erschliesst sich auf
einmal ein ziemlich geräumiger Thalkessel, dessen Thalboden
sich in einer schiefen Ebene zum Ausgang senkt, ein Schuttberg
der vielen in das Thal sich erglessenden Bäche, unter denen der
Loibach, *Blaubach*, *Unterberggraben* und *Nothdorfer Graben* die
gefährlichsten sind. Die Wände, welche das Thal umstehen,
sind steil und hoch, grösstentheils bewaldet. Das Ganze ist ein
schönes Bild: die sich neigende Fläche mit Getreidefluren bedeckt, darauf die Häusergruppe von Kriml mit ihrem gothischen
Spitzthurm, die dunkeln bewaldeten Wände, zwischen denen die
Schaum- und Staubsäulen der Ache sich herabwerfen, darüber
die Schneefelder des *Rattenkahres*. Die Strasse zieht den Schuttberg zwischen den Getreidefluren und aus den Geschieben aufge-
schichteten Einzäunungen hinauf bis zum Wirthshause, ½ Stunde
von Wald, ein gutes Standquartier, selbst bei etwas gestei-
gerten Anforderungen. Das Dorf *Kriml* (3290'), 59 H., 344 E.
Der Denkspruch heisst: „In der Krümmel ist gar ein schlechts
Getümmel", welches sich nicht, wie vielleicht der Reisende, der
das wilde Getümmel am Wasserfall sah und hörte, glaubt, sich
auf diesen bezieht, sondern früher scheint Kriml unter geistlicher
Herrschaft eine Art Freistatt gewesen zu sein, und eine ältere
Beschreibung sagt: „Die Bauernkerle sind frische, muntere und
rüstige Bursche; man findet auch besonders hier von Bildung und
Wuchs recht hübsche Mädchen; überhaupt aber sind die meisten
von frischer Farbe, unverfallen und den Mannspersonen, wie

2 *

gewöhnlich, gar nicht abgeneigt." Noch jetzt gelten sie als die besten Springer und Tänzer, und wer sich davon überzeugen will, spende Abends einige Flaschen Wein, namentlich wenn Hirten vom Gebirge da sind.

Geognostisches. Die Platte und der unterste Theil von Kriml gehören den Kalkschiefern und dem krystallinischen Kalk der Radstädter Tanernkette an, die sich mittelst Thonschiefers und zwar mit gleichförmiger Lagerung dem Gneissgebirge anschliessen, welches das ganze übrige Thal einnimmt, nur oberhalb der Wasserfälle und dann zwischen Hinterthalspitz und Sölkahr durch wenig mächtigen Glimmerschiefer unterbrochen, gegen den Tauern an der Anlassalp als wirklicher Centralgranit erscheint. Von *Mineralien* sind Granate im Granit, Gneiss und Glimmerschiefer, kleine Cistrinkrystalle und Strahlsteinlagen im Glimmerschiefer zu finden. Die Ache führt Gold.

Zwei Ausflüge locken vor allen den Fremden hinaus in die Umgebungen.

1) *Die Pinzgauer Platte.* Von dieser Seite hat man, um die Brüche und das Abplaiken der Giessbäche zu verhüten, den ganzen Abhang mit Erlen bestandet. Durch dieses Gebüsch führt der Steig in einigen Windungen hinan. Bei einem Crucifixe ist der Berg abgerissen oder, wie man hier sagt, abgeplaikt, d. h. durch Feuchtigkeit abgeschlipft. Hier ist der beste Standpunkt zum Einblick in die Kriml, auf die Wasserfälle und das obere Tauernthal, welches der Dreiherrnspitz im Hintergrunde schliesst. Weiter hinan gelangt man zu den Sennhütten und dann zur Platte (s. Th. II. Zell im Zillerthale).

2) Der grössere Ausflug von Kriml ist die Wanderung auf den *Krimler Tauern.* Dieser Tauern ist wohl unstreitig der interessanteste durch den grossen Wechsel von Sanftheit und Wildheit, durch seine Wasserfälle, Gletscher und Eisgebirge. Es muss hierbei noch bemerkt werden, dass die erste Strecke der Tauernfahrt zugleich den Ausflug zu den *Wasserfällen* in sich schliesst, so weit dieselben von den Reisenden besucht werden müssen. Anderthalb bis zwei Tage wird man immer verwenden müssen. Man muss sich mit Mundvorrath versehen, wenn man nicht mit Sennhüttenkost zufrieden ist. Bald hinter Kriml ver-

hüllt uns der Wald jede Aussicht. Nachdem wir in demselben die Ache auf einer Brücke (3277') überschritten haben, verkünden der tiefe Donner, die durch den Wald wie von Sturm getriebenen Nebel, die von Windstössen gebeugten Tannen, die grosse Scene, der man naht. Bald steht man vor dem *Untersten Wasserfall*, dem wildesten. Die Wassermasse wirft sich in gerader Richtung herab, trifft hier auf einen Felsen, der sie seitwärts treibt. Der Donner, das Schaumgekräusel, die aufsteigenden Staubsäulen lassen die Kraft dieses Sturzes vermuthen, doch man muss auch die Kraft dieser Wasserlawine fühlen, um ihre ganze Grösse zu begreifen. Wenn man gehörig abgekühlt ist, gehe man über die Brücke unterhalb des Falles auf das linke Ufer und über einen Rainsteg etwa 50 F. bergan; obgleich noch ziemlich weit vom untersten Sturze, wird man doch fast seiner Sinne beraubt durch den umfliegenden Wasserstaub, und den beklemmenden Luftdruck. Der Tauernweg führt an den beiden mittleren Fällen vorbei, so dass man sie nur von oben erblickt. Wer sie besuchen will, wendet sich unten vor der Brücke rechts ab. Dem Maler ist dies jeden Falls anzurathen.

Wir folgen dem Tauernweg, den Riesen angelegt zu haben scheinen, wenn ihn nicht vielleicht, nach einer Sage, der Teufel selbst gepflastert hat; denn die grössten Granitblöcke sind zum Pflastern des Weges verwendet, wenn auch nur roh neben einander gesetzt. Wegen der Windungen des Weges nähert sich derselbe bald den Abgründen der Wasserfälle, bald entfernt er sich wieder; der stärkere oder schwächere Donner des Wassers verkündigt deutlich genug diesen Wechsel. Ueber dem dritten Sturz schiebt sich die Ecke des Weges auf einen Felsenstock vor, einige liegende Bäume wehren dem Abfallen des Viehes in diesen Abgrund, aus dem, gleich einem Vulkane, nur Staub- und Schaumsäulen aufwirbeln unter erschütterndem Donner. Hier soll der Sage nach ein verfolgter Wildschütze, mit einer Gemse beladen, von der Höhe dieser Felsenplatte über den grässlich schäumenden Abgrund gesetzt sein; daher heisst dieser Wasserfall der *Jägersprung*. Noch in schwindelnder Tiefe erblickt man bei schönem Wetter, um die höheren Mittagsstunden, den kreisförmigen Regenbogen.

Wir haben jetzt eine schmale Thalstufe erreicht, welche die
unteren Wasserfälle von dem obersten grössten Falle trennt.
Dort, wo links in düsterem Waldesdunkel eine Sennhütte liegt,
biegt ein Pfad von dem Tauernwege rechts ab und der Donner
des grossen Wasserfalles, wie die weissen zwischen den Bäumen
durchblitzenden Staubsäulen, bringen auch ohne Führer in einigen Minuten über die Brücke auf die nassen moosigen Felsblöcke
des linken Ufers. Man steht auf einer kleinen, von der Ache
umschlungenen Rasenfläche, auf welcher der Bach auf kurze Zeit
ausruht, ehe er seine unteren Sprünge beginnt. Der *oberste Krim-
lerfall* ist der grösste unter allen und mag überhaupt kaum sei-
nesgleichen haben. Dem Steigen nach zu urtheilen, ist er so
hoch, wie die drei unteren zusammengenommen; man braucht
von dem untersten Sturze auf dem Tauernwege bis hierher eine
Stunde und ebenso lange von hier bis zum obersten Anfang dieses Falles, die ganze Erhebung des Thals vom Fusse des untersten bis zur Höhe des obersten Falls beträgt nach Peters 1435',
also wirft sich die Ache in einem gewaltigen Sprunge über eine
7—800' hohe Wand in den Abgrund; eine Wasserwolke wirft
sich da über die andere in ewiger Folge und der dumpfe Donner
erschüttert die ganze Gegend.

Der Tauernweg, zu dem wir wieder zurückkehren, nähert
sich nach einigen Windungen nach einer Stunde wieder dem Abgrunde, doch die furchtbare Tiefe und die aufwirbelnden Staubwolken gestatten nicht, dem Wasser zu folgen. Kurz vor der
höchsten Höhe (4702') ladet ein Plätzchen zur Ruhe, sowohl um
sich nach dem starken Stiege zu erholen und abzukühlen, als
auch, um sich umzusehen: Unter uns die eben überstiegenen Abstürze der Ache, deren Fülle man jedoch nur aus den aufsteigenden Staubwolken errathen kann; darunter in schwindelnder Tiefe
der Thalkessel der Kriml, auf dem, wie auf einer Landkarte,
die Häusergruppen von Kriml mit der gothischen Kirche zerstreut
umherliegen; jenseits der von waldigen Bergen umschlossene
Thalkessel, die kahlen, grünen Höhen des Thorhelms, Salsa-
Joches und der Platte.

Bald darauf stehen wir an der engen Felsenpforte, durch
welche die Ache sich drängt, um sich in ihren Abgrund zu stür-

sen; der Weg selbst ist schmal und führt über Steinplatten, welche von der Ache unterspült sind, so dass bei hohem Wasserstande es misslich sein muss, darüber hinzugehen. Kaum sind
wir durch diese Enge, so stehen wir vor einem neuen Bilde, welches den wahren Gegensatz gegen die Abgründe voller Wasser-
schaum, Staub- und Donnergetöse des zurückgelegten Weges darstellt; eine weite, zwei Stunden lange, stille Thalfläche mit Wiesen bedeckt und von einzelnen Sennhüttengruppen belebt. Die
eben noch so wilde Ache gleitet still und ruhig die vielen Windungen durch die Wiesenfläche, die beiderseitigen Höhen ziehen
in ziemlich sanften Linien bis zu ihren Gipfeln, wo hie und da
ein Felsenhaupt hervorragt; ihre Abhänge sind bemattet und nur
sparsam mit dünnen Baumgruppen besetzt. Das links hoch aufragende Felsenhorn ist die 9357' hohe *Hinthalspitze*. Im Hintergrunde zeigt sich der graubraune zum Theil mit Gletscherlagen
bedeckte Kern der Tauernkette und zwar der *Schlachtertauern*
(8675'). Bei einer Sennhüttengruppe erblickt man rechts oben
ein glänzendes Eisgefilde, das *Weisskahr*, ein Vorposten des Reichenspitzes; Wasserfälle entstürzen den Gletschern; die Schlucht,
in welcher sie sich vereinigen, hat einen Schuttberg im Thale
gebildet, auf welchem sich zu Zeiten wandernde Drechsler an-
siedeln, deren Drehbänke die Kraft des Wassers treibt, während sie die Herrenlosigkeit des Holzes benutzen, um allerlei
Geräthe wenigstens aus dem Rohesten herauszuarbeiten und dann
leichter fortzuschaffen. Eine kleine locker zusammengefügte
Hütte ist das Obdach dieser nomadisirenden Drechsler. — Nach
2 Stunden vollkommen ebenen Weges erreichen wir bei einer
Sennhüttengruppe das sogenannte *(Krimler) Tauernhaus*. Der
innere Raum ist zwar etwas kajütenähnlich, niedrig, dunkel, oft
stark besetzt und gewöhnlich geheizt. Dennoch mag es als Stütz-
punkt eines dreifachen Ausfluges gelten, wenn man die Reise
nicht über den Tauern fortsetzen will. Vor allem besteige man
links die östliche Höhe über dem Tauernhaus, um die Gegend zu
übersehen: Unter sich jenseits der Ache das Tauernhaus und seine
Häusergruppe, darüber im Westen klafft die Bergwand; ein
prächtiger Wasserfall, der *Reinbachfall*, stürzt durch sie und
über den von ihm geschaffenen Schuttberg zur Ache herunter.

Ueber ihm, wo die Schlucht sich öffnet, strahlt das schneeglän-
zende Haupt des Zillerkopfes, zur Reichenspitzgruppe gehörig,
herab. Gegen Süden gewendet, liegt ein Theil des Krimler Gletschermeeres mit dem Dreiherrnspitz als Hintergrund des Thales
vor den Blicken. Nach diesen zwei Gegenden führen die Ausflüge:

1) Zum *Reinbachfall*, besonders für Maler lohnend durch den
erhabenen Hintergrund; man hält sich am linken Ufer des Baches
und braucht hin und zurück 2 Stunden.

2) Zum *Prettauer Kees* [1]). Wir wandern eine halbe Stunde
im breiten Tauernthale fort, wo sich dann der Tauernweg rechts
aus ihm in das Windbachthal hinanzieht. Schon hier erschliesst
sich das prächtige Amphitheater des Krimler Gletschermeeres in
seiner ganzen Pracht, überragt von dem *Dreiherrnspitz*. Dieses
Prettauerkees ist der Westabhang des grossen Eismeeres der Venediger Gruppe und der *Dreiherrnspitz*, einer der Trabanten des
Venedigers, ist der östliche Eckpfeiler des Tauern und dacht sich
nordwestlich durch die Ache zur Salzache und Donau, südwestlich durch den Ahrnbach zur Rienz und Etsch und südlich durch
die Isl zur Drau ab. So nahe die bis zur Thalsohle herabziehenden Gletscher aussehen, so beträgt die Entfernung vom Tauernhause noch 3 Stunden fast ebenen Weges. Vier Gletscher vereinigen sich schon oben zu einer einzigen Eismasse, welche in
grünem Gezack und Geklüft zur Thalsohle steigt; nur die *Guferlinien* bezeichnen noch die Grenzen der verschiedenen Gletscher.
Die Mure des Gletschers, welche er vor sich her treibt, ist ein
interessantes Mineraliencabinet, namentlich auch für die sonst
seltnen Smaragde. Mir hat der Wirth in Kriml zwei Glimmer-
schieferstücke gegeben, in deren einem nicht weniger als vier
schöne grüne Smaragdsäulen stecken und sie waren in dieser Mure
gefunden. Man muss von hier aus am besten rechts an den Höhen den steilsten Theil des Gletschers umgehen, dann schräg
überwandern und links wieder verlassen. Man findet auf ihm die
meisten Gletschererscheinungen, als Gletschertische, Eiskogl,
Guferlinien u. s. w., wodurch dieser Gletscher sehr lehrreich
wird. — Wir kehren bis zu der Abzweigung des Tauernweges

---

1) Das Thal Prettau zieht nach Süden hinab, aber der gewöhnliche Gebrauch in den Alpen ist, eine solche Gegend nach der jenseitigen zu benennen.

von dem Hauptthale eine halbe Stunde vom Tauernhause zurück.

Der Tauernweg wendet sich im Angesicht des Prettauer Keeses über eine zertrümmerte Thalstufe in das Windbachthal hinan,
indem der Hintergrund des Hauptthales durch das Prettauer Kees
völlig vermauert ist. Die ganze Höhe hinan, bis der Weg wieder ebener wird, besteht aus grossen Felsblöcken, sparsam über-
schattet von Fichten, Lärchen und Zirbeln. Nur eine halbe
Stunde braucht man, um diese letzte Thalstufe zu erreichen.
Auf der Höhe sieht man rechts noch einmal in und auf die Eiswüsten des Prettauer Keeses; der hohe Berg gerade im Osten,
ein Grenzwächter gegen Obersulzbach, ist der *Schließferspitz* mit
einem Gletscher. Die Thalstufe des Windbachthales selbst ist
ein neues, düsterer gefärbtes Bild, das obere Tauernthal; fast
alle Farben und ihre Töne sind mit Grau überführt; das Grün
der Matten ist von dem grauen Schutte der zertrümmerten Gneisswände übertüncht; das glänzende Weiss und Blaugrün der Gletscher ist von dem Staub jener einstürzenden Wände geschwärzt.
Die aus diesem Chaos aufgewachsenen Baum- und Strauchgrup-
pen heben sich um so kräftiger hervor. Im Vorgrand drängt
sich zwischen den Felsenblöcken wildschäumend der Windbach
hin, hier über ein Felsenwehr, dort über quer vorliegende Baum-
stämme seine kräftige Flut in einen schäumenden, sprudelnden,
perlenden Kessel werfend (für den Maler sehr schöne Wasserstudien). Die Felsblöcke umklammert das Krummholz mit seinen
zähen Armen, die Zwischenräume zwischen den Blöcken überwuchert der Zwergwald des Rhododendron. Nur der aufsteigende Rauch verräth die grangebleichten Sennhütten, zwischen
grauen Klippen eingekeilt, wenn nicht ein paar schwarze, pyramidale Zirbeln die armselige Hütte umstehen, wie die Cypressen
eine weisse Villa. Den Hintergrund schliesst der *Alte Tauern*,
so genannt, weil früher der Saumweg, der geraden Richtung folgend, über ihn in das jenseitige Prettau führte; jetzt ist aber
dieses Joch so verkeest, wie man hier zu Land sagt, d. i. ver-
eist oder vergletschert, dass er unbrauchbar geworden ist. Rechts
über dem Alten Tauern thürmt sich dreigipfelig der *Windbach-
spitz*, jenseits in Tyrol *Feldspitz* genannt, auf, der eigentliche

östliche Grenzpfeiler der rhätischen Alpen, indem östlich unter ihm mit dem Krimler Tauern die Kette der Tauern und somit die norischen Alpen beginnen, wenn der Breuner nicht die Grenze war. Die bedeutenden Gletschermassen, welche die Schultern des Windbachspitzes unter dem Namen der *Windbachebene* belasten, sind ganz vom Gerölle und Staube der zertrümmerten Gneisswände geschwärzt.

Die Alpen dieser obersten Thalstufe, wie die Hirten, gehören schon hinüber ins Pusterthal, gerade wie in der obersten Thalstufe des *Zemgrundes* das Pfitschgründl zum jenseit des Joches hinabziehenden Pötschgrunde. Nach dreiviertelstündiger Wanderung durch das mit Blöcken und Geröll überschüttete Thal wendet man sich links über den Bach und beginnt den letzten Stieg, ziemlich steil aber für den Uebertrieb des Viehes über das Gerölle in Windungen geführt, nur eine Stunde Steigens. Der Alte Tauern bleibt rechts im Süden. Jenseits hinab hat man die begletscherten Abhänge des gewaltigen Dreiherrnspitzes zum Rienz-Etschgebiet vor sich. Man kömmt in das *Prettau*, die oberste Thalstufe des Ahrnthales, welches bei Bruneck en in das Riensthal (Pusterthal) mündet. In 2 Stunden vom Tauernthörl gelangt man hinab nach *Heiligengeist* oder *Kasern*, dem ersten Orte jenseits des Tauern.

Grössere Ausflüge von Kriml. 1) *Für das Zillerthal:* Ueber den *Tauern* bis *St. Jacob* im *Prettau;* von hier wieder über das *Hörndl* in den *Zillergrund,* in ihm hinab nach *Zell.* Weiter, aber belohnender möchte der folgende Weg sein. Im *Prettau* hinab bis *Luttach,* von wo der Bergsteiger die Querjöcher des Zillerthaler Eisrückens überschreitet, dort die prächtigen Gletschergebilde betrachtet und in das mineralienreiche *Pfunders* hinabsteigt, von wo er über ein sehr scharfes Joch in das durch seinen Sphen den Mineralogen bekannte Thal *Pfitsch* geht. Nun geht es wieder schnell hinan zum *Pötscher Joch* und durch den für Geologen, Mineralogen, Maler, Botaniker u. s. w. äusserst interessanten Zemgrund hinab nach Zell im Zillerthal, von wo man über die Gerlos und die Platte zurückkehrt nach Kriml. Etwas Bequemere wandern das ganze Ahrnthal hinab nach Bruneeken, folgen von hier der grossen Strasse entweder bis Sterzing

und lenken in dem hier mündenden Pfitscherthale zu dem vorigen
Wege ein, oder gehen noch über den Brenner bis Stafflach, beu-
gen rechts in das Thal Schmirn ein und steigen über das Duxer
Joch hinüber in das Thal Dux und in ihm hinab nach Zell.

2) *Für die östliche Tauernkette:* Von Kriml über den Tauern
nach *Heiligengeist,* durch das Prettauer Windbachthal, östlich
hinan über das begletscherte Thörl in das Umbalthal, Virgen
nach Windischmatrey. Von hier entweder gerade über den Velber Tauern nach Mittersill und Kriml, oder über die Frosnitz
zum Velber Tauern, oder über das Kalser Thörl nach Kals und
von da über den beschwerlichen Kalser Tauern ins Stubachthal,
Stuhlfelden, Mittersill, oder von Kals über das Peischlagthörl,
an der Salmshöhe vorüber nach Heiligenblut und zum Glockner;
über den Heiligenbluter- und Fuscher Tauern nach Fusch, Zell
am See, Mittersill. Vom Heiligenbluter Tauern kann man auch
den Weg über Gastein ausdehnen, indem man nach Bucheben
und Kolben am Rauriser Goldberg geht, dann über die Pockhart-
scharte ins Nassfeld und das Gasteiner Thal hinab nach Lend,
Taxenbach, Zell, Mittersill. Von Heiligengeist aus kann man
auch im Prettau eine Stunde weiter hinab nach St. Valentin, und
von da östlich über das begletscherte Merbjoch nach Teffereggen
bis St. Veit und über den Steinkas nach Virgen und Windischmatrey u. s. w.; oder von Teffereggen hinab nach Hube und von
da entweder nach Windischmatrey, oder nach Kals, oder über
Lienz nach Heiligenblut u. s. w. Der bequemere Weg führt den
Reisenden das Ahrnthal hinab nach Brunecken, im Pusterthale
hinauf bis Rasen, dann durchs Antholser Thal über die schöne
und niedrige Staller Alpe nach Teffereggen u. s. w. Der bequemste endlich führt auf der Poststrasse von Brunecken durch das
ganze Pusterthal nach Lienz und von da entweder nach Windischmatrey u. s. w., oder nach Kals u. s. w., oder über den Islberg
nach Winklern und im Möllthale hinauf nach Heiligenblut u. s. w.
Die merkwürdigen Punkte und Seitenausflüge müssen an den be-
treffenden Punkten nachgelesen werden. Dass man natürlich
alle Orte dieser eigentlichen Tauernreise, wo es einem am besten
gefällt, als Standquartiere ansehen kann, versteht sich wohl von
selbst; doch möchten als solche vorzüglich anzurathen sein: Mit-

tersill, Zell am See, Heiligenblut, Lienz, Windischmatrey, St. Veit in Teffereggen, Antholz und Brunecken.

3) *Nördlich* von *Wald* nach *Hopfgarten* im Brixenthale (5 mässige St.) am Trattenbache empor, erst durch Wald, dann über die saftigen Matten der s. g. Tiroler Alpe zum Fitzen-Schartl, durch die Windau hinab — der nächste Weg aus dem Oberpinzgau zur hohen Salve.

Die ersten vier von Wald nun folgenden Tauernthäler, an denen wir vorüber kommen, bis Mittersill: *Obersulzbach, Untersulzbach, Habach* und *Hollersbach*, steigen sämmtlich zu dem Eismeere des Venedigers hinan; sowie der Krimler Tauern im Westen als neutrales Gebiet zwischen der Zillerthaler und Venediger Eiswelt hindurchzieht, so der Velber Tauern im Osten zwischen dem Eismeere des Venedigers und dem des Glockners; denn die drei folgenden Thäler: Stubach, Kaprun und Fusch, gehören zu dem Reiche des Glockners.

Salzachthal (Fortsetzung).

Wir brechen von Wald auf und gelangen, den links herabkommenden *Trattenbach* überschreitend, in eine angenehme Thalweitung, das *Rosenthal* genannt, östlich durch den Schnttdamm, welchen der Dürrenbach von dem Thonschiefergebirge links herabgeführt hat, begrenzt. Bei der Schmiede, welche sich an einen ungeheuren Felsenblock lehnt, bleiben wir stehen und blicken nach Süden: da öffnet sich vor uns ein Doppelthor, aus welchem die beiden *Sulzbäche* hervorrauschen; über ihrem Hintergrunde leuchten hohe Eisberge, von denen Gletscher zur Tiefe ziehen, in den Schatten der Thäler; die beiden Eispyramiden sind der Unter- und Obersulzbacher Venediger; der schwarze bewaldete Kopf, der die beiden Thäler trennt, ist der *Mitterkopf*. Ueber der Schmiede steht das freundliche Wirthshaus, über welchem die düsteren Ruinen der *Hieburg* anfragen. Der Maler, welcher sich vielleicht an den mächtigen Felsblock neben der Schmiede gelehnt hat, ahnet gewiss nicht, dass dieser Fels ein Zankapfel ist zwischen dem Teufel und den Geologen. Lange Zeit sah sich der Teufel im ungestörten Besitze dieses Blockes, wie so vieler anderer ähnlicher in ganz Deutschland; es war zwar nur eine kleine Besitzung, allein es war doch ein fester

Fuss, wie der Felsen Helgoland, Gibraltar u. s. w. Erst neue-
-ster Zeit traten die Geologen als Advokaten der Gletscher auf
und es begann ein Process, wem dieser Block gehöre, den Gletschern oder dem Teufel; bis zur Entscheidung hat der Schmied
Bealis ergriffen und ein Gärtchen darauf angelegt, zu welchem
man mit einer Leiter hinansteigen muss; es ist der *Teufelsstein*.
Jenseits der Salzache soll auf der Höhe des *Rabenkopfes* die Burg
Friedburg gestanden haben, wo jetzt der Bauernhof *Oberscheffau*
steht. Doch wir beschauen diese Merkwürdigkeiten näher. Der
Teufelsstein liegt uns zunächst. Die Sage von ihm wiederholt
sich öfters. Der Hieburger und Friedburger lebten in Fehde;
Diether von Friedburg bot alles auf, um die Hieburg zu zer-
stören, doch alle Stürme wurden tapfer zurückgeschlagen, und
so nahm, von Wuth und Rache entflammt, Diether seine Zuflucht
zum Teufel, welcher die Hieburg mit einem Felsen zerschmettern
wollte. Der Teufel machte sich auf, mit Sturmesbrausen flog er
durch das Obersulzbachthal, wo er sich den grössten Block am
Gletscher ersah und mit sich führte; schon schwebte er über dem
Rosenthal, als das Betglöcklein der Hieburg ertönte: da entfiel
dem Teufel der Stein an der Stelle, wo er noch jetzt liegt. Der
Geologe erkennt diesen Block als einen sogenannten Findling,
der allerdings aus dem oberen Gebiete des Sulzbachthales hierher
versetzt wurde, aber nicht durch die Gewalt des Teufels, sondern durch die Natur. Die neuesten Vermuthungen der Geologie
räumen den bisher vernachlässigten Gletschern ein grosses Gebiet in der Werkstätte der Natur ein, und diesem nach wäre derselbe, wie zahllose andere seiner Art, welche den ganzen Südabhang der nördlichen Thalwand bedecken, ein vom Obersulz-
bachgletscher hierher geschobenes Geschiebe. Ebenso erscheint
der Berg, auf welchem die Friedburg lag, und welcher ganz mit
solchen Blöcken bedeckt ist, als Bruchstück der gewaltigen Glet-
schermure des Obersulzbacher Keeses, welche dann durch die
Wucht der vielleicht durch diesen Damm gesammelten Wasser
abgerissen wurde und daher seine steile, offene Seite dem Thale
zuwendet. Er lehnt sich an den Rücken, welcher Kriml und
Salzbach trennt. Doch ebenso gut könnte er der Rest einer
Schlammflut sein, wie wir später noch sehen werden. — Die

alte *Hieburg* ging nach dem Aussterben der Hieburger an die Fel-
ber 1292 über, unter denen 1543 die Burg durch den Blitz zerstört wurde. 1561 kam sie durch Heirath an die Törring-See-
feld, von denen sie 1599 an die Freiherren (jetzt Grafen) von
Khuenburg überging, welche sie und ihr Gebiet noch besitzen.
Ritter Albrecht von Hieburg hatte eine ihm in Liebe und Treue
ergebene Gattin Ida; noch war sie ihm kein Jahr angetraut, als
eine wälsche Buhlerin sie aus dem Herzen ihres Gatten und aus
der Burg verdrängte. Trostlos irrte sie umher, bis sie Ruhe und
Obdach bei dem Einsiedler Hellfried im düsteren Graben des
Dürrenbachs fand. Auf der Burg wusste indessen die Betrügerin
durch ihre Künste dem Ritter manche Schätze zu entlocken und
entfloh zuletzt mit denselben. Jetzt erst nach dieser Enttäu-
schung sah sich der Ritter doppelt verlassen; sein Gewissen erwachte, Tag und Nacht schwebte ihm das Bild seiner verstosse-
nen und wahrscheinlich verunglückten Gattin vor; kein Schlaf
kam mehr in seine Augen. Da kam Hellfried, nachdem er des
Ritters Reue beobachtet hatte, ob sie auch aufrichtig sei, und
versprach, ihn seiner noch lebenden Gattin wieder zuzuführen.
Freudig folgte ihm der Ritter in die einsame Zelle am finsteren
Dürrenbache, wo er noch mehr durch einen ihm geborenen Sohn
überrascht wurde. Die Rückkehr in die Burg glich einem
Triumphzuge und ein neues Leben regte sich in den eben noch
so verödeten Räumen.

Das Obersulzbachthal und der Venediger.

Von Kriml bis Mittersill wandern wir fortwährend um das
nordwestliche und nördliche Fussgestelle jener gewaltigen
Eisgebirgsgruppe, deren majestätisches Haupt der Venediger
(11,622' oder 3674 Meter) ist. Auf der ganzen Strecke vom
Krimler Tauern bis auf die Höhe des Velber Tauern ziehen
sich zur Rechten die Thäler, als Stufen des erhabenen Thrones,
hinan, bewacht auf beiden Seiten von riesigen Thorwärtern,
welche den Zaghaften zurückschrecken; donnernde Wasserfälle, wilde Steinwüsten, einsturzdrohende Wände, tiefe Glet-
scherklüfte, Lawinenstürze und die weite blendende Eiswüste
sind die Prüfungen, welche der Gebieter dieses Reiches denen
entgegensendet, welche es wagen wollen, das silberne Haupt des

Riesen zu betreten. Gar mancher wird zurückkehren mit dem
Stossseufzer: Da oben aber ists fürchterlich und der Mensch ver-
suche die Götter nicht! Lange Zeit war die Eiswüste des Venedigers eine allen Reisenden fremde Gegend, bis die neuere Zeit
auch den Eingang in diese prächtige Eiswelt öffnete. Da der Venediger seine Gestalt als vierkantige Pyramide weniger verändert,
als der Glockner, so ist er leichter erkennbar, als jener. Schon
auf der Terrasse des Freisinger Domes erkennt man ihn: wiederum
um von Rosenheim und Neubeuern im Innthal hinaufblickend.
Ebenso stellt sich seine Gestalt vom Watsmann, Wendelstein,
Gamskahrkogl, Kals-Matreyer Thörl, Steinkas zwischen Virgen,
St. Veit und vom Gernkogl gesehen, dar. Der Glockner ist höher, aber die Rücken seiner Gruppe schneidiger und die Umgebungen dazwischen liegen tiefer; daher dort nicht so weit gedehnte Eisflächen, wenn auch im Ganzen das Eismeer des Glockners gleichen Umfang hat.

Geologisches. Den Radstädter Kalk und Thonschiefer des
Einganges trennt Chloritschiefer vom Glimmerschiefer und Gneiss,
der aus Kriml nach Sulzbach herüber setzt. Im Hintergrunde
des Thals folgt dem glimmerführenden Gneiss der Hornblendgneiss, in welchem am Sattelkahr durch Dichroismus ausgezeich-
nete Epidotkrystalle begleitet von Adularkrystallen und wein-
gelbem Titanit in Drusen auftreten.

Aus dem von Nordwest nach Südost und von Südwest nach
Nordost 6 Stunden weit sich erstreckenden Eismeere ragt noch
eine Gruppe von Eistrabanten auf, welche dem Oberhaupte nicht
viel nachstehen und ihm auch in Gestalt gleichen, der *Untersulz-
bacher-* oder *Kleine Venediger* im Untersulzbachthale, auch *Dreieck* genannt, der *Hohe Zaum*, der *Heiligegeistkeeskogl* und der
Dreiherrnspitz. Von Norden her ist aus dieser Schaar das Oberhaupt leicht zu unterscheiden, weniger von Osten her. Das ganze
Eisgefilde gleicht einem ausgespannten Zelte, dessen Eckpfähle
der *Krimler Tauern*, *Schlieferspitz*, der *Hohe Fürlegg*, *Schafkopf*,
Velber Tauern, *Wildenkogl*, *Rauchkopf* und *Dreiherrnspitz* sind.

Unbekannt ist die Entstehung des Namens *Venediger*; die
Annahme, dass man Venedig oben sehen könnte, ist deshalb,
wenn sie nicht als Vermuthung gilt, unhaltbar, als der Berg vor

seiner ersten Ersteigung in unseren Tagen den Namen Venediger
hatte. Es mag daher mehr eine Ausdrucksweise für die weite
Aussicht sein, welche Schäfer, die bekanntlich ihr Beruf oft weiter treibt als Gemsenjäger, schilderten. Wäre der Name alt, so
müsste man sich damit begnügen, dass es ein Name sei; allein
der Name Venediger kömmt erst am Ende des 16. Jahrhunderts
auf, indem der Berg früher in allen Ortsbeschreibungen und Ver-
messungen der Grenzgebiete nur der *Käserkogl* (Keeskogl) genannt wird. In einer Grenzbeschreibung von 1583 heisst es:
,,Von dannen nach aller Höche des thauers auf die höche fürlegg
und über die thauern-Scharte des unter und obern Sulzbachs hinauf alle höche des Käser Kogls, allwo Mittersill mit dem tyroller
Gericht Fürgen anstosset.'' Von Norden her ist der Berg nur zugänglich durch das enge obere Sulzbachthal.

Schon im Anfang ragt rechts die 9857' hohe aber schnee-
freie *Hinthalspitze* auf, welche westlich in das oben ebene Krimler Tauernthal hinabschaut. Bis zur *Fassstatt* führt 2 Stunden
weit thaleinwärts ein Saumweg, und bis hierher tragen die Aelpler die Erzeugnisse der Alpenwirthschaft, die sogenannten Lak-
tizinien, auf ihren Rücken von den Alpen herab, wo sie von den
Säumern *gefasst* und ins Pinzgau weiter befördert werden; ein
rothes Kreuz bezeichnet die Stätte. Rechts von Westen her
stürzt der herrliche *Seebachfall* jenseits des Sulzbachs herab; er
kömmt aus dem *Seebachsee* zwischen der *Hinthalspitze* und dem
Seebachkopfe. Hier ist ein Thalabschnitt; denn von hier an steigt
das Thal stark an zum zweiten Abschnitt, dem *Hintern Sulzau-
thal*. Der Steig hält sich immer links am rechten Ufer des Sulzbachs. Doch auch hier zeigt sich allenthalben eine grässliche
Verwüstung durch Bergstürze. Ueber die Alphütten der *Wim-
mer-*, *Posch-*, *Steiger-*, *Krausen-* und *Hollausalpe* gelangt man zur
letzten, der *Hoferhütte*. Wie vorhin der Seebachfall ein schönes
Schauspiel darbot, so hier der ebenfalls jenseits herabschäumende
Gjoadbachfall. Hier sieht man den prächtigen *Obersulzbacher
Kees* in das Thal herabsteigen, einen der schönsten Gletscher
unseres Alpenlandes. In majestätischen Fällen stürzt der Bach
aus den Eishallen herab; doch verschliesst der Gletscher seine
Schleusenkammern nach den Jahrgängen so verschieden, wäh-

rend er andere öffnet, dass dieses Schauspiel oft völlig verändert
erscheint. Der Gletscher, dessen Rand 5613' hoch liegt, füllt
den ganzen Thalboden aus. Links am östlichen Gestade erhebt
sich äusserst jäh die brüchige *Stierlawner-* oder *Teufelswand*, an
der ein sehr beschwerlicher Steig hinanklettert und oben meist
über grobe ungeschlachte Gneissblöcke (Maurach) zwei Stunden
lang südwärts zum oberen Keesboden weiter zieht. Rechts, westlich, ziehen die Felsabhänge des *Schleifer-Spitzes* zum Gletscher
herab. Wer die erhabene Eiswelt dieses abgelegenen Alpenwin-
kels aber in ihrer unvergleichlichen Pracht kennen lernen will,
der wandere wenigstens bis zum oberen Keesboden, bis zu der
Stelle, auf der er die Ruinen der ehemaligen *Kürsinger* Hütte findet. Zwei Wege führen dorthin: des ersteren über die Stierlaw-
ner Wand wurde schon gedacht; der zweite sehr interessante
führt über den unteren Keesboden. Man überspringt an geeigneter Stelle den Gletscherbach, klettert an der mächtigen westlichen Seitenmoräne des Gletschers hinan, bis man dessen ebeneren
Boden erreicht, über den man nun in südöstlicher Richtung hin-
wandert, um wieder an dessen Ostgestade zu gelangen. Glet-
scherklüfte aller Form und Grösse, Gletschertrichter, Mühlen
und Tische und all die andern Gletschererscheinungen finden sich
hier sattsam und verkürzen den fast zwei Stunden währenden
Weg. Vor dem zweiten äusserst wild zerrissenen Absturz des
Gletschers, der sogenannten *türkischen Zeltstadt*, erklimmt man
das rechte Felsufer und erreicht in kurzer Zeit den Felsvorsprung,
auf dem die Kürsinger Hütte lag. Von diesem Platze, der sich
über und in die Gletscherwelt erhebt, blickt man wie von hoher
Felskanzel auf das Gethürme und Geklüfte des grossen und prächtigen Sulzbachgletschers hinab. Man verfolgt ihn das Thal hinab 2 Stunden weit, wo er, in der ersten Tiefe angekommen,
zwar beruhigter, aber doch noch einem in mächtigen Wogen forttreibenden Strome gleicht, bis er sich durch seinen
untersten wilden Absturz dem Auge entzieht. Auf den senkrechten Wänden jenseits des Thalgletschers lasten weit ausgebreitet der *Steinkahr-* und *Jaidbachgletscher*. Südwärts über
der türkischen Zeltstadt dehnt sich die weite Wüste des Eismeeres hin, aus welcher die obengenannten Trabanten des Ve-

Schaubach d. Alpen. 2. Aufl. III.	8

nedigers, und über alle dieser Riese selbst stolz sein Haupt
erhebt. Jedenfalls möchte dieser Standpunkt sowohl für Naturfreunde, wie für wirkliche Naturforscher einer der schönsten und günstigsten sein, um die Pracht und Natur der Gletscher zu bewundern und zu beobachten. Wer aber den Grossvenediger nicht von hier aus besteigen will (siehe erste Besteigung), aber Lust und Kraft zu recht ergiebigen Gletscherwande-
rungen in sich fühlt, der überklettere von hier aus die Tauernkette durch das Obersulzbachthörl, ein Weg, der in früheren
Zeiten ziemlich häufig begangen war, dann längere Zeit gar
nicht benutzt wurde, und erst seit einigen Jahren abermals von
den Gletscherlustigen aufgesucht ist. Der obere Keasboden des
Sulzbacher Gletschers wird durch den Zusammenfluss dreier Gletscher gebildet. Der gewaltigste kommt aus dem Schneekahr,
das uns im Osten liegt und von dem Scheiderücken zwischen
Ober- und Untersulzbach westwärts herabzieht. Der zweite
ebenfalls sehr bedeutende drängt sich vom Obersulzbachthörl
zwischen den Südwestgehängen des Venedigers und den Nord-
ostabfällen des heil. Geistkeeskopfes herein. Eine prächtige Mittelmoräne bezeichnet weithin die Vereinigungslinie dieser beiden
Gletscher. Ein dritter weit weniger bedeutend senkt sich im
Westen herab aus dem Schneekahr zwischen dem Sonntagskopf
nördlich und einem unbenannten Schneekopfe südlich, beide
dem Scheiderücken zum Krimlerthale angehörend. — Wir überschreiten den ersten ziemlich ebenen Gletscher in seiner ganzen
Breite, unsere Schritte gerade dem Anfangspunkte der erwähnten Mittelmoräne zu lenkend. Von da halten wir uns links an
dem Südwestabhange des Venedigers, den wir keuchend und
schnaubend in manchem Zickzack hinanklettern; glücklich, wenn
wir statt des fatalen blanken Hörnereises eine Lage krümlichen
Schnees vorfinden. In 7 Stunden von der Hütte weg gerechnet,
stehen wir auf dem Obersulzbachthörl (8825'). Scharf wie der
letzte Anstieg geht es auch jenseits über riesige Gneissblöcke steil
abwärts, bis wir nach kurzer Zeit die sanft geneigte Firnmulde
des grossen Pregrattner-Keeses erreichen, über das es hurtigen
Schrittes hinab geht in dritthalb Stunden zur wohnlichen Johannshütte (siehe B. V). —

Die *erste Besteigung*, die sogleich das regste Interesse des Volkes für diese abgeschiedene Welt erweckte, gelangte nicht ganz bis zur höchsten Spitze. Sie wurde durch den verstorbenen Erzherzog Johann im Jahre 1828 veranlasst. Der Revierförster *Paul Rohregger* von *Bramberg* leitete dieselbe, so wie die nächstfolgenden. Er hatte schon vorher versucht, dem Venediger vom Untersulzbachthale aus beizukommen, allein eine ungeheure Keeskluft verwehrte den Zutritt; darauf hatte er einen, wenn auch beschwerlichen Zugang durch Obersulzbach ausgekundschaftet. Die 17 Mann starke Karawane brach am 18. August vom Meierhofe auf und übernachtete in der Hoferhütte. Den andern Morgen regnete und schneite es und kleines Gewölk umzog die Berggipfel, keine guten Zeichen; dennoch erheiterte sich der Himmel und um 6 Uhr brach die Gesellschaft auf. Mühsam ging es 2 Stunden lang über den zerrissenen unteren Gletscher; endlich erreichte man die Höhe des Eismeeres, über das es gegen 6 Stunden lang fortging gegen die Spitze zu. Hier aber ungefähr 100 Klaftern unter der Spitze gähnte eine furchtbare Keeskluft von 100 Schritt Länge und 15 Fuss Breite, die umgangen werden musste. Rohregger hatte bereits eine Höhe von 40 Klaftern auf dem blanken Eise über der Kluft erstiegen, als der Neuschnee von der Spitze abzurollen begann, die Lawine mit Windesschnelle ihn packte, ihm den feststehenden Fuss ausschlug und ihn, gleich einem Holzdreiling, die Jähe hinabriss. Dennoch behielt er so viel Besinnung, sich nicht an seinem Nebenmanne Christer zu halten, da dieser nur mit in den Abgrund gerissen worden wäre; er selbst warf sich auf den Rücken, streckte die Arme weit aus, ohne die Hacke loszulassen. Jetzt bist du des Todes, dachte er, indem er die furchtbare Eiskluft unter sich wusste; rundum hörte er nur das Brausen der Lawine und konnte nichts als den Schneestaub ringsum erkennen. In wenigen Augenblicken fühlte er sich mit der Brust auf die jenseitige Kante der Eiskluft geschleudert, so dass er furchtbare Brustschmerzen empfand; noch immer hörte er die Lawine über sich hinrauschen, deren Massen ihn immer fester an die Kluftwand andrückten und seine Schmerzen vermehrten. Kaum war es ruhig geworden, so befreite er mit seiner Rechten, die er

3 *

allein regen konnte, sein Gesicht etwas vom Schnee und streckte
dann dieselbe in die Höhe, um zu sehen, wie tief er begraben
sei; zum Glück war ein grosser Theil der Lawine in die Kluft
und über ihn hin gestäubt, so dass der Forstgehülfe Rieder, seine
Hand bemerkend, ausrief: „Springts, springts, er lebt noch!"
Florian Moosmayer war der Erste, welcher den Schnee weg-
räumte; alles half nun am Ausgraben, da Rohregger so fest
steckte, dass jedes Glied besonders ausgegraben werden musste.
Ein wahrer Balsam für den Unglücklichen waren die Worte des
Erzherzogs: „O, du armer Rohregger!" Rohregger schleppte
sich nun noch mühsam unter schrecklichem Seitenstechen mit
der Karawane bis zur Hoferhütte, wo man eine Stunde, nachdem
es finster geworden war, ankam. In der Nacht musste er viel
Blut husten, worauf ihm leichter wurde. Noch 3 bis 4 Jahre
konnte der sonst unermüdliche Gemsenjäger keine steile Anhöhe
ersteigen, ohne die heftigsten Brustschmerzen. Doch der selbst
gesammelte Lungenmoosthee (Isländisches Moos) und die Augs-
burger Essenz halfen dem wackern und kühnen Bergsteiger für
sich und andere wieder auf die Beine; denn 1841 und 42 konnte
er mit besserem Erfolge zwei Gesellschaften auf die Spitze des
Venedigers führen.

Im Jahre 1841 hatten sich Schafhirten beim Suchen verlore-
ner Schafe bis in die Nähe des Venedigers verstiegen und eine
Seite entdeckt, von wo aus der Berg erstiegen werden könne.
Schnell verbreitete sich der Ruf davon durch ganz Salzburg; es
fand sich bald eine fast zu grosse Gesellschaft zu diesem Unternehmen zusammen, nämlich 40 Personen, um die höchste Spitze
Salzburgs, den 11,622' hohen Venediger zu ersteigen. Unter
der Gesellschaft befanden sich auch zwei doctores juris aus Wien,
Jos. v. *Lasser* (jetzt Minister) und Ant. v. *Ruthner*, der seitdem
noch eine grosse Zahl von Gipfeln der Alpen erstiegen und (1864)
seine „Berg- und Gletscherreisen" zu veröffentlichen begonnen
hat, die wir den Alpenfreunden nicht genug empfehlen können.
Im 1. Thle S. 289 finden sie die ausführliche Beschreibung dieser Venedigerfahrt, die im ganzen Salzburger Lande Epoche
gemacht hat.

Veranlasst wurde eine *weitere Ersteigung* durch Herrn Dr.

Spitaler, welcher ein Theilnehmer der ersten Ersteigung war, und diese letztere Ersteigung selbst beschrieben hat. Die Zahl der Theilnehmer war geringer. Führer: der greise *Paul Rohregger* (jetzt seit länger als 10 Jahren todt) und sein Sohn *Georg Rohregger*. Am 5. September 1842 wurde von Mittersill aufgebrochen, bis Neukirchen gefahren und von hier der Fussweg angetreten. Der Himmel war trübe, allein Barometer und Ostwind verkündeten gutes Wetter, und im Rosenthal erblickte man durch die Oeffnung des Untersulzbachthales das Haupt des Venedigers, eine gute Vorbedeutung. Um 9 Uhr wurde von Neukirchen aufgebrochen und um 2 Uhr war die Gesellschaft in der innersten Alphütte, der Hoferhütte. Leider waren auch diesesmal die Träger, welche man von Mittersill aus hierher beordert hatte, eine die Reise störende Veranlassung; sie trafen erst um 5 Uhr ein. Da sie sich schon durch ihr langes Aussenbleiben als unzuverlässig gezeigt hatten, konnte man den sichern Anhaltspunkt einer Alphütte nicht verlassen; der Plan war nämlich, von der Alphütte noch über den Gletscher, statt über die Stierlawnerwand, zum *Keeskahr* zu wandern, wo unterdessen durch die wohlthätige Fürsorge des Herrn von *Kürsinger*, unter der Leitung des braven *Rohregger*, eine Hütte, die *Kürsinger* oder *Rohreggerhütte*, entstanden war für Besteiger des Venedigers, wie die Salmshöhe vom Glockner. Es musste nun in der *Hoferhütte*, wie früher, übernachtet werden. Man besuchte daher den Gletscher. Der alte Paul Rohregger war nicht nur ein guter Führer, sondern bestellte auch die Alpenküche aufs beste, würzte die Mahlzeit mit seinen Volksgesängen und bereitete ein so bequemes Lager, als es die Umstände zuliessen. Da man über den Gletscher gehen wollte, so konnte man erst um 5 Uhr aufbrechen, um den Weg genau sehen zu können. Man ging also über den Bach unterhalb des Gletscherausgusses und stieg an dessen westlichem Rande empor bis zur *Schwarzenwand*, wo man den untersten Absturz des Gletschers überstiegen hatte und der Gletscher eine Ebene bildet zwischen jenem äusserst wilden Absturz und seiner zweiten höher aufragenden Stufe, der *türkischen Zeltstadt*, ein hoch in die Luft aufragendes Gethürm und Gezack. Auf dieser Zwischenebene, wie sie auch der Pasterzengletscher hat, wanderte

man wieder hinüber zum rechtseitigen, östlichen Gestade des
Gletschers. Der Uebergang über den Gletscher war durchaus
unbeschwerlich. Nun ging es an dem östlichen Rande desselben
mühseliger hinan zum Keeskahr. Um halb 9 Uhr erreichte man
das Obdach der *Kürsinger-Rohreggerhütte*, welche jetzt leider verschwunden ist.

Vier Stunden hatte man von der Hoferhütte bis hierher gebraucht, hielt sich eine halbe Stunde auf und trat um 9 Uhr die
Reise über das Eismeer an. Die Wärme betrug $+ 10^\circ$ R., welche sich bis auf die Spitze nur um 4" minderte; die Luft war
windstill, nur durch die Tauernscharte wehte ein günstiger Tauernwind. Schon um 12 Uhr verkündete der Jubelruf des Vordersten
seine Ankunft auf der Spitze; der Letzte erreichte um $2\frac{1}{4}$ Uhr
dieses Ziel. Die Sonne leuchtete aus dunkelblauem Himmel
herab, allein in weitem Kreis umzog sie eine Art Regenbogen.
Der interessanteste Theil der Aussicht war unstreitig die Uebersicht des Eismeeres, wie es sich allseitig hin ausbreitete, bis die
scharfen, aus der Tiefe heraufziehenden, die Thäler scheidenden
Rücken in dasselbe hereintreten und seine Masse in Gletscher zer-
legen, welche nach allen Richtungen durch Kriml, Ober- und
Untersulzbach, Habach, Hollersbach, Matreyer Tauern, Virgen
u. s. w. in die Tiefe hinabsteigen. Die auslaufenden Rücken des
Gebirgs scheinen hier gleichsam von der Last des Eismeeres er-
drückt; sie haben sich zurückgezogen und treten nun um so
beherzter ausserhalb des Eismeeres demselben schroff entgegen,
oft in begletscherten Höhen. Die eigentliche Tauernkette hat sich
aber nicht unterdrücken lassen von den Eismassen, welche ihr
Gebieter, der Venediger, gegen sie schob; kühn und trotzig erheben sich ihre verkeesten Felsenhäupter, der Dreiherrnspitz,
Heilige-Geistkeeskogl [1]) und Kleinvenediger.

Ein verworrenes Heer von Bergketten stellen die tieferen
begleitenden Rücken dar, aus dem sich nur der Erfahrene zu-
rechtzufinden weiss, im Norden das grüne, wellenförmige Gebügel
des Kitzbühler Thonschiefergebirges, jenseits dessen sich durch
Farbe und Gestalt die ganze Kalkkette vom Solstein an bis im

---

1) Von dem in der Tiefe des Prettaus liegenden Heiligen Geist wahrscheinlich benannt, wohin er hinabbugt.

fernsten Osten hinzieht und aus welcher vorzüglich das zunächst
im Norden liegende Kaisergebirge grell hervortritt.

Der Glockner, obgleich gerade dorthin Wolkenmassen lagen,
zeigte dann und wann sein Haupt, stolz über seine hohen Umgebungen erhoben. Gegen Süden wogten die mit der Tauernkette
gleichlaufenden Rücken von Virgen, Defereggen, Pusterthal
u. s. w. heran. Doch nur errathen liessen sich viele Punkte und
Gipfel. Bei der ersten Besteigung sah man durch den Riss der
Wolken weiter, als diesesmal. Um halb drei Uhr verliess die
Gesellschaft die Spitze; schon um 8¾ Uhr erreichte man die Hoferhütte wieder.

*Botanisches von der Hoferalpe bis zum Keeskahr und zurück
über den unteren Gletscher:* Draba frigida, Pedicularis rosea,
Jacquinii u. a.

Schneller und gefahrloser ersteigt man jetzt den Venediger
von der Südseite, dem tiroler Orte Pregratten, aus (s. dieses
Th. V).

Zweiter Ausflug vom Rosenthal:

Das Untersulzbachthal.

An dem genannten *Mitterkopf* findet man noch Spuren einer
alten Burg; hier sitzen weissgekleidete Jungfrauen auf grossen
eisernen Truhen, welche von schwarzen Hunden, die wild ihre
feuersprühenden Augen rollen, bewacht werden; sie harren sehn-
lichst ihrer Erlösung entgegen, und in der Johannisnacht zwischen 11 und 12 Uhr blühen die verborgenen Schätze. Vom Rosenthal muss man die Salzache überschreiten, welche hier schon
so hoch fliesst, dass man auf einer Art Leiter zu ihrem hohen
Bette hinan und jenseits wieder ebenso hinab in die sogenannte
Sulzau (2740') steigt, eine wohlangebaute Thalfläche zwischen
den beiden Sulzbächen vor ihrer Vereinigung mit der Salzache,
die hier mit Recht aus obigem Grunde das *Hochwasser* genannt
wird. Wir nähern uns dem Eingange des Untersulzbachthales,
und ein fernes dumpfes Donnern verkündet einen Wasserfall: es
ist der prächtige, aber wilde *Untersulzbachfall*, ¼ Stunde vom
Rosenthal, theils durch seine Höhe, wie durch seine Wassermasse und wilden Umgebungen gleich merkwürdig. Der Thal-
bach stürzt sich hier von einer senkrechten Wand, mit welcher

dieses Thal zum Haupthal abbricht, gegen 800' hoch herab in
einen finstern nächtlichen Abgrund, den nur die aufdampfenden
Staubsäulen erhellen, aber auch zugleich verschleiern. Neuerer
Zeit haben Naturfreunde der Umgegend den sonst unzugänglichen
Schlund zugänglich gemacht und in der Mitte des Abgrundes, wo
man den Fall am besten sehen kann, eine Art Kanzel anbringen
lassen. Eben so hat auch dieses Seitenthal einen anderen Charakter, als die Kriml und das Obersulzbachthal. Das *Untersulz-
bachthal* ist ein Bild der finstern Wildheit, der grässlichsten Zerstörung. Der unterste Theil ist durch dunkle Waldnacht verfin-
stert, in welche nur die Schneehäupter des Hintergrundes Licht
bringen; der mittlere Thalestheil ist ein Trümmerchaos, umstarrt
in schwindelnder Höhe von grauen, den Einsturz drohenden Wänden; der letzte und höchste Theil des Thales ist ertödtet und begraben unter der dicken und ewigen Eisdecke der Gletscher.

Wir steigen neben dem Wasserfalle hinan zur Oeffnung des
Thales, in dessen Abgrund bisweilen unsere neugierigen Blicke
zu dringen versuchen. Oben auf der Thalstufe angekommen öffnet sich eine neue Aussicht ins Innere des Thales: dunkle Waldberge auf beiden Seiten steigen in die schmale felsige Thalrinne
herab, zwischen deren Wänden ein Pochwerk hineingezwängt
liegt; man begreift nicht, wie es der Wuth des Baches bei ge-
wöhnlichem Stande widersteht, geschweige, wenn er angeschwollen ist. Das dumpfe Pochen und der aufsteigende Rauch vermindern nicht die Wildheit der Gegend. Im Hintergrunde steigen
die eisbepanzerten Riesen, links der *kleine Venediger*, rechts der
höhere *Obersulzbacher Venediger* über einen näheren Eisberg auf;
thaleinwärts verschwindet letzterer. Der Pfad führt rechts hinab
zum Pochwerk (3304'). Das Bergwerk befindet sich in der Nähe;
die Erze sind Kupferkies, Schwefelkies, selten Bleiglanz und
Kupfernickel; die Gangarten Glimmer- und Thonschiefer und
Gneiss mit Granaten. Der Pfad setzt hier über den Bach, den
wir nun eine Strecke links haben. Ungeheure Granit- und
Quarzblöcke, von lieblich duftendem Veilchenmoos ganz in Roth
gehüllt, erfüllen das Bett des wild daher schäumenden Eisba-
ches. An einer Felsenenge führt der Pfad wieder auf das rechte
Ufer hinüber; ein Felsenriff setzt durch den Bach, und dieser

wirft sich tosend über dasselbe herab. Man kömmt nun an einigen Sennhütten vorüber, in denen man Alpenerfrischungen erhalten kann. Steht die Mittagssonne gerade über dem die Mittagslinie haltenden Thale, so ist es hier zwischen den Klippen, durch die der Pfad sich windet, drückend heiss; das einzige Labsal ist dann der feine Wasserstaub oder Dampf, der sich um die fortwährenden Katarakten entwickelt und in der Nase das stechende prickelnde Gefühl des Selterser Wassers erregt. Durch jene enge Felsenpforte treten wir in den chaotischen Abschnitt des Thales. Links die ganze Thalwand ist ein Trümmermeer von Felsblöcken, das nur ganz oben überragt wird von den im grauen Dufte flimmernden senkrechten Zacken und Zinken der noch stehenden Granitwelt. Mühsam springt der Pfad von Klippe zu Klippe, oder drängt sich zwischen Riesenblöcken hindurch. Nach vierstündigem Wege erreicht man die letzte Sennhütte, roh aus grossen Baumstämmen zusammengefügt, zwischen graue Felsklötze gelagert. Erst beim Rückblick sieht man, wie hoch man nach und nach gekommen ist, durch das Hinabsinken der nördlichen Thalwand des Pinzgaues, welche durch die Thalesspalte hereinsieht. Im Hintergrunde des Thales drängt sich der Gletscher von der Höhe des Eismeeres zwischen den Bergwänden herab zur Tiefe; nur noch wenig taucht der *kleine Venediger* über der oberen Eisfläche auf; rechts über dem Gletscher erhebt sich ein Eisberg, ein Vorsprung des grossen Venedigers. Jenseits des Baches steigen über felsenbedeckte Abhänge hohe senkrechte Wände auf; über sie wirft sich ein Staubbach herab. Ist der Schäfer (hier Schaffer genannt) gerade in der Hütte, so nimmt man diesen mit in die Eisregion als geübten Bergsteiger und eilt nach einiger Ruhe weiter. Der Bach wird übersetzt, und nun geht es steil und mühsam auf dem jenseitigen Abhang hinan, fast gerade unter jenem Staubbach hin, dessen Staubsäulen etwas erfrischen, wenn auch durchnässen; der ganze Abhang ist mit der Zwergbirke überwuchert. Nach einer Stunde von der Hütte steht man über dem Gletscher, der sich links hinabzieht und wie die meisten Gletscher muschelförmig endigt (5083'). Er ist nicht sehr steil, auch nicht stark zerklüftet. Man klettert hinab zu ihm, legt die Steigeisen an und beginnt nun die Gletscherwanderung. In einer abermaligen Stunde erreicht man die Höhe, die Oberfläche des Eismeeres; überall erheben sich die hohen, schon oben erwähnten Eisberge, dick in ihren Wintermantel gehüllt, der nur hie und da von schroffen Riffen oder steilen Wänden durchrissen ist; dann sind die schwarzen Abstürze von blaugrünen Eisbögen vielfach überspannt. Man steht hier am Fusse des grossen oder Obersulzbacher Venedigers, wird aber durch eine weite, unüberschreitbare Kluft verhindert, sich dem Riesen zu nähern. Rechts liegt das *hintere Untersulzbacher Thörl*, der Uebergang von dem Oberanlzbacher Gletscher zu dem Untersulzbacher; gegen Südosten liegt das *vordere Untersulzbachthörl*, ebenfalls ein Eisrücken, über welchen der Weg in das Gebiet des Habacher Gletschers, sowie zum Matreyer Tauernhause hinabführt. Der Reisende, welcher diese Eiswüste, die sehr sehenswerth ist, besuchen will, thut am besten, Nachmittags von Rosenthal aufzubrechen und bis zur letzten Sennhütte zu gehen, wo man übernachtet; in der Frühe, wo das Eis hart ist, macht man die Eiswanderung und kehrt des Abends nach Rosenthal, Kriml, Wald oder Neukirchen zurück.

Geologisches. Oberhalb des Radstädter Kalksteins, über den die Ache herabfällt, folgen Talk- und chloritischer Schiefer, in welch letzterem Bergbau auf Kupfer-, Schwefelkies und derbe Blende führende Quarzlager getrieben wird. Oberhalb des Bergbaues folgen grüne feldspathfreie Schiefer, denen dann, wie in den westlichen Thälern, der Gneiss mit den untergeordneten Glimmerschieferlagern folgt. Grüne Hornblende führende Schiefer verknüpfen sich mit ersteren. Im Hintergrunde des Thales folgt der centrale Hornblendegneiss.

Salzachthal (Fortsetzung).

Auf der Strasse von Rosenthal fortwandernd, kommen wir an das kiesige Bett des *Dürrenbachs*, welcher links von dem Mittelgebirge herabkömmt; wie hier gewöhnlich, liegt sein Bett hoch über dem Thale; er selbst läuft auf dem Rücken der aus seinem Grunde vorgeschobenen Anhöhe hin; der Schuttberg ist mit Tannen und Erlengesträuch dick bebuscht. In dieser unheimlichen, düsteren Strecke, die *Dürrenbachau* genannt, spukt der Geist eines alten Ritters von Neukirchen, Namens *Buz*, der seine Schätze daselbst vergraben hatte; er schwebt bald als Flämmchen, bald als Zwerg vor und hinter den Leuten her, kläglich rufend, sie äffend, bald belohnend, bald mishandelnd; bei der Doppelfichte mit dem Kreuze weilt er am liebsten; wenn die Fichte sich im Wachsen so weit gedreht hat, dass das Krucifix nach Osten sieht, ist der Geist erlöst. — Aus dem Dunkel des Erlengebüsches heraustretend, wird die Gegend wieder freundlicher; das Kirchdorf *Neukirchen* (2757') mit seiner grossen Kirche liegt vor uns, eine Stunde von Wald; guter Gasthof. Der Denkspruch ist: *L' Neukirchen thut eine alte Kuh Looden wirchen* [1]) (wirken). Die Kirche, ziemlich gross, enthält Denkmäler der Herren von Neukirchen, deren alte, halbzerfallene, zum Theil aber noch bewohnte und jetzt hergestellte Burg nördlich über dem Orte liegt. Das Alter der Burg kennt man nicht; doch hat sie schon vor 1311 gestanden. Von dem letzten Neukircher, Georg, dessen Denkmal auch in der Kirche ist, kaufte sie 1545 der Fürst Erzbischof Michael von Khuenburg. Birken und Brombeersträucher bedecken die Höhe über dem Schloss, wo sich auch ein Kalksteinbruch von grauem und weissem dichtem Kalkstein findet. Dem Alter nach, das die Bewohner der Gegend erreichen, muss das Klima gesund sein. Das Gasselgehen ist hier sehr üblich; der Bube nennt seine Dirne *Bösdirne* und sie ihn *Narr* oder *Glotsch.* Die Bauern düngen hier ihre Felder, indem sie Reisig über die Aecker ausbreiten und es verbrennen. Wenn kalte Nächte mit Reif drohen, werden starkrauchende Gegenstände verbrannt, wodurch dem Reif seine Schädlichkeit genommen wird, man nennt dieses Reifbelzen. Wie in vielen Gegenden bei Gewittern geläutet wird, so hier auch, wenn es im Sommer zu schneien anfängt, Schneeläuten. Die Gemeinde zählt 168 H., 984 E. (Neukirchen 450 E., Rosenthal 299 E., Sulzau 235 E.). Von Neukirchen ist *Franz Reisigl* gebürtig, welcher sich viele Verdienste um die Landeskunde Pinzgau's erwarb; er starb hier in Armuth 1817; an

---

1) Looden, das bekannte dicke wollene Zeug, das den Stoff zu den Jacken und Hosen der Aelpler hergibt; da Kuhhaare dazu kommen, so bezieht sich der Spruch darauf, dass hier viel Looden gewirkt wurde.

der Kirche ist sein Denkmal.   Ein guter *Führer* ist der Uhr-
macher.

Eine halbe Stunde weiter hinab erreichen wir auf der Strasse den alterthümlichen *Weyerhof*, ein gutes Wirthshaus, unter
der Burgruine *Weyer*, ehemals Fürstbischöflich-Chiemseeisches
Schloss, welches die Besitzer des Weyerhofs im baulichen Zustande zu erhalten verpflichtet waren, was aber dennoch nicht
geschah; sie kauften sich später von dieser Verbindlichkeit los,
mussten aber, wenn der Fürst hierher kam, denselben beherber-
gen. Von der Burg steht nur noch ein alter viereckiger Thurm,
umschattet von Lärchen.   Eine schöne eigenthümliche Aussicht
belohnt die kleine Mühe des Hinaufsteigens: im Vordergrunde
der alte viereckige Thurm, sein Haupt mit Fichten gekrönt; daneben noch einige Mauerwände, zum Theil zwischen lichtgrü-
nen Lärchenbäumen versteckt; in der Tiefe das mit Häusern und
Stadeln bedeckte Salzachthal, von seinem Flusse durchwogt; jenseits die Thalöffnung des Habacher Thales, dessen Hintergrund
das schimmernde, vielfach abgestufte, weite Eisgefilde des *Habacher Keeses* erfüllt, aus dessen Rücken links der *Schwarze
Kopf* aufragt, rechts der tief in Schnee gehüllte *Hohe Fürlegg.*
Den Alterthumsfreund werden die zwei Gastzimmer im Wirthshause interessiren, deren Wände aus Zirbenholz getäfelt und
mit vielem Schnitzwerke versehen sind; der mittelalterliche Ka-
chelofen ist sehenswerth; das eine Zimmer wurde früher durch
die gemalten Fensterscheiben, die Wappen der Gewerke von
Brennthal und Gemseck, verschönert. Gegenwärtig befinden sich
diese Fenster leider im Salzburger Museum.   Der Weyerhof gibt
daher einen passenden Anhaltspunkt für Ausflüge in die Umgegend.

Das Habach- oder Heubachthal.

Am Eingange des Thales liegt die Häusergruppe *Habach;*
der Charakter des Thales ähnelt jenem des Untersulzbachthales.
Rasch hebt sich die tiefeingeschnittene Thalrinne, an deren linker Seite der Weg hinanführt.   Von der Wenser- bis zur Mayr-
Alm (4839') findet sich theilweise söhliger Boden, arg in der
Regel mit Gneissblöcken überstreut. Auf einer höheren Stufe
liegt die Keesau, der hinterste Thalboden, zu dem herab das

Habachkees zieht (Gletscherrand 5911'), ein imposanter Gletscher, überragt rechts von dem Schneedome des hohen Fürlegg,
eines Trabanten des Grossvenedigers. Uns gegenüber spiesst der
schwarze Kopf aus dem Eismeer hervor, nördlich vor ihm der
Graue Kopf, neben welchem ein sehr beschwerliches Joch hinüberführt ins Geschlöss (Tirol). Von dem Hollersbacher Scheiderücken zieht östlich der Mayr-Alm das grosse Waizfelder Kees
herab.

Geognostisches. Den untersten Theil des Thales setzen Chlorit und Hornblende führende *grüne Schiefer* zusammen, in denen, ¼ St. vom Eingang, klingender grünlichgrauer *Aphanitschiefer* mit wenig dunklem Glimmer eingelagert ist. An der
Fatzenwand unterbricht mit mächtiger Felsbildung das Ende des
Krimler Gneissgranitzugs die grünen Schiefer, die darauf wie-
derkehren, im mittlern Habach (nach Peters) mit Einlagerungen
von grünen Schiefern, die faustgrosse und kleinere Stücke von
Serpentin führen. Am Einschnitt des von links herabkommenden *Legebachs* lagert hoch oben am östlichen Thalgehänge, über
der *Sedlalpe*, der Smaragd führende Glimmerschiefer in den Hornblende und Chlorit führenden Schiefern. Der bräunlichgraue,
thonschieferähnliche, feinschuppige Glimmerschiefer führt ausser
den Smaragdkrystallen auch Turmalin. Die Stelle ist übrigens
nur mittelst eines Seiles durch Herablassen von oben her er-
reichbar, das Gestein muss gesprengt werden; die Gewinnung
des Smaragd daher sehr gefährlich. Auch in einem benachbarten Talkschieferlager gibt es Smaragd; im Glimmerschiefer am
Sedl auch Rutil. Von dem Legebach über die Keesau bis zur
Kothgasse folgen wieder Hornblende und Chlorit führende grüne
Schiefer, an der Keesau ein Aphanitschiefer mit Albit und Chlorit führenden Adern. Von der *Kothgasse* bis zum Gletscher folgen endlich die eigentlichen Centralgesteine, wenig mächtiger
Glimmergneiss, Hornblendegneiss und Centralgneiss. — Von
Mineralien kommen noch grosse Rauchtopaskrystalle vor.

Salzachthal (Fortsetzung).

Von dem Weyerhofe kommen wir in einer Stunde nach dem
ansehnlichen Dorfe *Bramberg,* 263 H., 1566 E. (Bramberg 466 E.,
Habach 400 E., Mühlbach 534 E., Mühlberg 186 E.). Die alte

Kirche, im gothischen Stile, ist malerisch als Vorgrund der
ernst erhabenen Landschaft. Hier ist die Ruhestättte des Salzburgischen Peter Anichs, Joseph Fürstallers, hiesigen Messners;
er verfertigte einen Atlas von Salzburg und einen Erdglobus,
und starb in — Armuth 1775. Hier lebte auch der mehrfach
erwähnte Gemsenjäger *Rohregger*. Auf dem nördlichen Sonnge-
birge liegt *Hohenbramberg* (würde in Tirol der Bramberger Berg
heissen). Das dasige *Gruberlehn* war die Geburtsstätte des bekannten Bauernanführers *Michael Grueber*. Ueber *Bichl* kommen
wir nach *Mühlbach* (2562′). Schon in einiger Ferne verrathen
die schwarzen Häuser mit hohen Schlöten und der schwarze Boden ein Hüttenwerk; es ist das grösste im Pinzgau und von hohem Alter. Die Gruben befinden sich jenseits der Salzache im
Brennthale, worunter so wenig, wie beim Rosenthale, ein besonderes Thal verstanden wird, sondern nur eine Strecke des
jenseitigen Salzachthales. Die nächste Grube ist die *Sigmunds-
grube*. In der nahe liegenden *Kronau* befinden sich die Schwefelöfen und die Vitriolhütte, in Mühlbach die Schmelzwerke.
Aus 3 — 4000 Ctr. Schwefelkies werden 120 — 140 Ctr. Schwefel gewonnen und aus den abgeschwefelten Kiesen jährlich 8 —
500 Ctr. Vitriol. Die Kupfererze, wozu auch die aus Untersulzbach kommen, liefern jährlich 200 Ctr. Kupfer, welches an
die Messinghütten von Brixlegg und Achenrain im Innthale versendet wird. Das Hüttenwerk Mühlbach liegt am Ausgange des
Mühlbachthales, des grössten Seitenthales von der linken Seite.
In diesem Thale, welches im Hintergrunde von dem 7473′ hohen *Rettenstein* beherrscht wird, einer grauen Kalkmasse auf dem
Thonschiefergebirge, befindet sich eine Holztriftklause, welche
jährlich 4 — 600 Klaftern Holz an Mühlbach abliefert. Ein Saumweg führt über die *Stange* (5497′) ins jenseitige Brixenthal.

Botanisches. Auf den zu Grus verwitterten Urkalkhügeln
an der Schwefelhütte von Mühlbach am rechten Ufer der Salzache: Salix serpyllifolia, Saxifraga aizoon, bryoides, muscoides,
Primula minima, Filago leontopodium (Edelweiss).

Von Mühlbach aus wird das Hauptthal offener. Die Strasse
senkt sich nun rechts zur Salzache hinab, einen steilen Rain
zur Linken lassend, zu einer Brücke, welche zu dem jenseits

des Flusses liegenden Dorfe *Hollersbach* (2517') führt. Der Maler hält sich, ehe er der Strasse hinab folgt, links auf der Höhe des Raines, denn er hat hier ein schönes Bild vor sich: in der Tiefe die Brücke über die Salzache, darüber das Dorf mit seinem Spitzthurme und die Oeffnung des Hollersbacher Thales; in dieselbe gleichsam eingekeilt liegt ein äusserst reizender, sonniger Hügel im saftigsten Schmelze der Matten, mit einer Wald- und Häusergruppe geschmückt; darüber bauen sich zunächst als Schale grün bemattete, sanft ansteigende Berge auf, hinter denen der Gebirgskern in scharfen, nackten, oft beeisten Zackengipfeln sich darstellt. Der innerste Kopf, von welchem das *Waizfelder Kees* herabhängt, ist der *Lienzinger*, welcher, wie sein Nachbar, der Venediger, seinen Namen von der Stadt haben soll, die man daselbst sieht: hier *Lienz*, und allerdings lässt das Eismeer den Blick durch die Frosnitz und das Islthal möglicher Weise hinab in das südöstliche Lienz gleiten. Die ganze Ortsgemeinde, Vicariat, 51 H., 387 E. (Hollersbach 178 E., Jochberg 159 E.).

Das Hollersbacher Thal

zieht 4 Stunden lang hinan zwischen herrlichen alpenreichen Höhen, welche oben in schneidige Wände auslaufen, zum Theil in Eismassen gehüllt; den Burgerbach überschreitend erreichen wir am rechten Bachufer hinaufsteigend bald eine einsame vom Wald umsäumte Matte mit zwei Felsenblöcken in der Mitte, der *Predigtstuhl* genannt. Hier sollen sich die Lutheraner zur Zeit der Verfolgung zum Gottesdienst versammelt haben. Bald darauf brauset rechts der Gruberbach aus dem almenreichen Schaderkahr herab. Lustig geht es nun über prächtige und zahlreiche Almen dahin (*IRllalm* 3280') zur *Rossgrube* (4137'). Ein schöner Wasserfall entstürzt dem westlich herabhängenden *Waizfeldkeese*, dessen höchste Spitze, der *Weisspitz*, auch *Lienzinger* genannt, hereinbilitzt. Im Südosten durchbricht ein grosses Felsenloch die Bergwand gegen das Velberthal, das *Melcherloch* (Melkerloch); ihm gegenüber öffnet sich ein zweites, durch welches man gegen Habach hinabschaut. Durch diese Felsenlöcher griff der Arm des Satans und holte einen übermüthigen Melker, der sich eben in Milch badete. Etwa ¼ Stunde ober der Rossgrub-

Alm (4596') zwieselt das Thal (bei 5015') und läuft in ein eiser-
fülltes Doppelkahr aus; in dem westlichen Kahre liegt der *Rossbergsee* (6789'), gespeiset von dem Gletscher, der sich von dem
Kratzenbergkopf, dem Seekopf, der Planitz-Scharte und dem Ab-
röder Kopf herabzieht; das östliche Weissenegger Kahr hinan
windet sich ein beschwerlicher Steig zu dem Eisrücken, der das
Doppelkahr von dem jenseits liegenden, zu Tirol gehörigen Vil-
trager Keese trennt, und führt zwischen dem Wantles- und dem
dichtem Kopf hindurch jenseits hinab in das Matreyer Tauernhaus. Wie das Mühlbachthal bei Niedernsill, wurde auch dieses Thal am gleichen Tage (5. August 1798) durch eine schreck-
liche Schlammflut heimgesucht, doch wurde der Damm des entstandenen Sees zum Glück bald durchbrochen. Am Nordgebirge,
am Wege zum Gute *Grubing*, sieht man in einer Felsenplatte
einen Eindruck, einem menschlichen Fusstritte ähnlich, welcher
einer wilden Frau zugeschrieben wird. Wenn dieser Eindruck
verschwunden sein wird, dann bricht der *Plattensee*, die jetzigen *Möser* an der Pinzgauer Platte, aus und verwüstet Pinzgau. Wir werden dieser Sage wieder begegnen.

Geognostisches (nach Peters). Bis zur zweiten Thalstufe
der 4137' hohen Rossgrubalp herrschen die grünen Schiefer, chloritische und Hornblendschiefer, auf der dritten 4596' hohen erreicht man die unmittelbar angrenzenden der Centralmassen, zunächst Amphibolgneiss. Zu einer mächtigen, wahrscheinlich alten
Erdmoräne steigen in prächtigen Wasserfällen die Bäche aus den
obersten Mulden nieder, in denen man endlich den Centralgneiss
erreicht. In einer dieser Mulden liegt der *Rossbergsee* (6790').

       Salzachthal (Fortsetzung).

Die Kirche in Hollersbach ist alt, aber leider durch geschmacklose Zubauten der späteren Zeiten entstellt. Der Weih-
brunnstein soll römischen Ursprungs sein. Im Dorfe finden sich
noch Spuren eines alten Schlossthurmes, sowie an der Ausmündung des Thales am *Burgstallichen* Burgüberreste. Im Thale
selbst wurde einst Bergbau getrieben.

Von Hollersbach bringt die Strasse auf dem rechtseitigen
Gestade der Salzach in einer Stunde zum Hauptplatze Oberpinzgau's, dem Markte *Mittersill* (2471'), 4½ St. von Wald, 5½ St.

von Bruck und Zell am See, 6 St. von Kitzbühl; Gasthäuser: *Grundtner* am Markt und *Bräu Ruez.* Der Markt allein hat 67 H., 530 E. Die Pfarrgemeinde umfasst ausserdem Velben 248 E., Velberthal 184 E., Schloss Mittersill 252 E., Pass Thurn 242 E., Schattberg 261 E., Spielbichl 289 E., im Ganzen 293 H. Die Gegend um Mittersill ist weit und offen und würde gewiss, ohne die abscheulichen Sümpfe, zu den reizendsten Gegenden der Alpen gerechnet werden. Wohl 6 Stunden weit reicht der Blick das Thal hinauf und östlich fast 12 Stunden hinab bis zu den Bergen von Gastein und Grossarl. Klaffte nicht im Süden die Spalte des Velberthales, welche den Kern der schneegefurchten Tauern etwas enthüllt, man würde nicht ahnen, welche grossartigen und wilden Scenen die Bergwelt zur Rechten hinter ihren flachansteigenden Rücken verbirgt. Steht man auf den östlichen Altan des Wirthshauses beim Bräu, so blickt man das ganze weite Thal hinab; das in dem ganzen über stundenbreiten Thalboden wuchernde Schilf mit den unzähligen Stadeln, die vielen links an den Bergen sich an einander reihenden Dörfer, durch ihre Thürme kenntlich, täuschen den Fremden, der in eine gesegnete Gegend zu blicken glaubt, wie es vielleicht in früheren Zeiten war und durch die jetzigen Entsumpfungsarbeiten wieder werden kann. Der Markt liegt auf beiden Seiten der Salzache, durch eine Brücke verbunden; ist aber grosses Wasser, so sind viele Brücken, Stege und Kähne nöthig, um die Verbindung zu unterhalten, daher Mittersill *das Venedig Pinzgau's* heisst. Einst war hier grösserer Wohlstand, wie die vielen Orte, die Volkssagen und vielen Burgen bezeugen. Der Spruch für Mittersill und Stuhlfelden lautet: „Stuhlfelden ist sich selber gleich, Mittersill ist gar ein Königreich." Das Wappen des Marktes: ein silberner und rother Schild mit einer Gemse im Felde. 1857 hatte er schon die Vorrechte eines Bannmarktes und eigene Gerichtsbarkeit, die natürlich mit der Zeit zum Wohle der Umgegend erlosch. 1746 brannte der Markt grösstentheils ab und der Erzbischof Andreas Jakob von Dietrichstein erbot sich, den ganzen Markt auf eigene Kosten auf einer geeigneteren höheren Stelle, wo jetzt die Pfarrkirche steht, zu erbauen, allein sein guter Wille scheiterte an dem Eigensinne der Einwoh-

ner. 1811 folgte wiederum ein neuer Brand, 1819 am 16. October ein Erdbeben, welches einen Felsen auf dem Schlosse zer-
riss, 1827 grosse Ueberschwemmung und 1837 abermals eine
grosse Feuersbrunst. Leider wurden durch diese Unglücksfälle
die meisten geschichtlichen Denkmäler zerstört. Die wieder erbaute Annakapelle war sonst die Pfarrkirche, deren Friedhof die
Denkmäler der alten Grafen von Mittersill, Saal und Plain ent-
hielt; die St. Leonhardskirche, jetzt Pfarrkirche, befindet sich
südlich auf einer höheren geschützten Stelle.

Zunächst über dem Orte liegt auf einem Vorsprunge des Gebirgs das alte *Schloss Mittersill*, ¼ Stunde vom Markte entfernt,
500' über der Salzache, weit ausschauend und weithin sichtbar;
deutlich erkennt es der von Lend über Embach in die Rauris
wandernde Reisende auf der Höhe von Embach in 9 Stunden
Entfernung; ebenso von der Platte. Daher lässt sich die Aussicht errathen, welche diese Höhe gewährt, deren schönster
Theil, der Blick in den Kern des Velber Tauerns, nach Süden
geht[1]). Im Schlosse ist der Sitz des Bezirksgerichtes und Pfle-
gers, früher des Herrn von Kürsinger, der uns bekannt ist durch
seine mehrfachen Verdienste um die Kenntniss des Lungau's und
Oberpinzgau's und die Besteigung des Venedigers. Das Pflegegericht Mittersill machte einst den obern Theil der Grafschaft
Pinzgau aus, welche die Grafen von Mittersill von den Herzogen von Bayern zu Lehen besassen. Die Grafen stammten aus
dem Geschlechte der Grafen von Plain. Sie hatten hier eine
vollständige Hofhaltung, ihre Marschälle, Truchsesse, Kämme-
rer, Schenken u. s. w., welche mit Gütern dotirt waren. Solche
Vasallen waren die Ritter und Grafen von Hiehurg, Friedhurg,
Thurm, Velben u. s. w. Schon 1044 kömmt ein Graf Silo von
Mittersill vor und mit Heinrich starben sie 1198 aus, worauf
die Grafschaft als erledigtes Lehen an die Herzoge von Bayern
zurückfiel, von welchen es Erzbischof Eberhart von Salzburg
1228 eintauschte für Altenbuech. Später waren die Velber im
Besitz der Burg. 1525 verdammte der Erzbischof Mathäus einen
Priester Mathäus, welcher die Reformation predigte, zu lebens-

---

1) Hemiorama von Oberpinzgau, nach der Natur aufgenommen vom Pfleg-
schlosse Mittersill von J. Rattenrperger. Salzburg, bei Jos. Oberer.

länglichem Gefängniss im Kerker des Schlosses Mittersill und
liess ihn, auf ein Pferd angeschmiedet, dahin führen. In Schellenberg kehrten die Amtsknechte ein und liessen ihren Gefangenen allein, während sie zechten. Der Unglückliche beredete
einige Landleute, ihn zu befreien, welches sie auch aus Mitlei-
den thaten; unter ihnen war der Bauerssohn Stöckl aus Bramberg; er wurde nebst seinen Mitschuldigen gefangen und in Salzburg heimlich enthauptet. Dieses ungerechte und grausame Verfahren eines *geistlichen* Fürsten empörte das Volk und die Folge
war ein allgemeiner Aufstand und der Bauernkrieg. Während
die Unterpinzgauer die Schlösser Kaprun, Fischhorn, Taxenbach
und Lichtenberg zerstörten, erstürmten die Mittersiller und Zillerthaler, unter Anführung Matthias Stöckls, des Bruders des
Hingerichteten, das Schloss Mittersill. Die schwäbischen Bun-
destruppen, welche zur Unterdrückung des Aufstandes ins Pinzgau einrückten, wütheten auf eine greuliche Weise. Die Gemeinde Mittersill musste das Schloss wieder herstellen. Der damalige Pfleger von Mittersill, Georg von Neukirchen, derselbe,
dessen schöner Grabstein die Kirche zu Neukirchen schmückt,
musste selbst mit gegen die Bauern ziehen. — Zu den Merkwürdigkeiten des Schlosses gehören: die *Schlosskapelle*, nach dem
Brande 1526 durch Mathäus Lang wieder erbaut; das *Archiv*;
der *Hungerleider*, ein gewölbtes Doppelgefängniss; der *Faul-
thurm*, in welchen die oft nur so genannten Verbrecher durch
ein enges Loch hinabgelassen wurden; der *Todtenbrunnen*, eine
brunnenähnliche Tiefe, aus deren Wänden Messer hervorragten,
um die, welche hinabgestürzt wurden, vorher zu zerfleischen;
der *Hexenthurm* unter der Kapelle, jetzt grösstentheils verschüttet. In dem Schlosshofe ist eine grosse Steinplatte, welche eine
furchtbare Kluft zudeckt, die am 16. October 1819 bei einem
Erdbeben entstand. Westlich vom Schlosse, an demselben Abhange, liegt das Schloss *Einödberg*, 1728 dem Melchior Welser
von und zu Einödberg gehörig; später kam es an die von Wal-
tenhofen, jetzt gehört es einem Bauer. Sehenswerth sind noch
die alten, aus Zirbenholz getäfelten Prunkzimmer mit alten Bildnissen. Auf dem nahen *Schuhbichl* hat man eine herrliche Aussicht. Unweit davon öffnet sich die wilde Schlucht des *Retten-*

4 *

bachs, in welcher sonst auf Kupfer, Schwefel und Vitriol gebant wurde. Die Gruben gehörten der Familie Reisigl und wurden, als diese verarmte, aufgelassen. In der Nähe liegt das Bauerlehen *Dietstein*. Dieses grosse hölzerne Gebäude hat 3 Hausthüren, 2 Küchen, 2 Stuben mit Kammern u. s. w.; beide Hanstheile sind durch eine Wand geschieden. Zur Zeit der Reformation besassen 2 Besitzer das Haus, ein katholischer und ein lutherischer, welche sich auf solche Weise absonderten. Der lutherische soll Dietstein geheissen und einer der vorzüglichsten Anhänger der neuen Lehre gewesen sein, so dass dieselbe noch jetzt hie und da Dietsteinglaube genannt wird. — Zwischen Einödberg und dem Schlosse Mittersill zieht die Strasse zum *Pass Thurn* hinan, dem niedrigsten Uebergangspunkt über das Thonschiefergebirge nach Kitzbühl in Tirol (4215'); die neue gute Strasse steigt 2 Stunden hinan. Auf der Jochhöhe ist die Tiroler Grenze. Nördlich senkt sich die Strasse wieder an der Kitzbühler Ache hinab in 2 Stunden nach *Jochberg*, von da nach Kitzbühl. Auf diesem Wege hat man rechts zuerst den *Gaisstein* und von *Jochberg* aus den *Gemshag*, zwei herrliche Aussichtswarten (siehe unten).

Näher liegt uns der *Gaisstein*, 7471' hoch, dessen einer Abhang hier herabzieht nach Mittersill, oder eigentlich Stuhlfelden, während der westliche sich zur Kitzbühler Ache und der östliche zum Glemmthal (Saalache) abdacht. Sein Gipfel ist daher ein Dreiherrnsplatz zwischen Tirol (Kitzbühl), Oberpinzgau und Unterpinzgau (Zell). Von Mittersill gelangt man in 3 Stunden auf bequemem Saumwege zur *Ensinger Alpe*, wo man übernachtet, und ersteigt dann in steilerem Anstiege den Gipfel in 2 Stunden. Von Mittersill kann man auch auf kürzerem, aber steilerem Wege dahin gelangen. Die Aussicht ist im höchsten Grade grossartig: zunächst um uns die weit hingestreckten grünberasten Alpen des Thonschiefergebirgs mit seinen Kalkgipfeln, unter denen vorzüglich im Norden der benachbarte Gemshag und Thorhelm aufragen, und im Nordwesten die schöne Salve mit ihrer Kapelle; über diese grünen Berge starren die Zähne der weissgrauen Kalkalpen auf, namentlich die Zackenmauer des Kaisers; gegen Nordost die Kalkriesen von Lofer und

Berchtesgaden. Zwischen den Lücken dieser Schroffen dämmern
die Flächen Bayerns herein und man soll München sehen. Westlich dringt der Blick in die Kriml und zur Platte, jenseits deren die Zillerthaler Gebirge ihre Schneehäupter erheben. Am
grossartigsten ist die Ansicht des südlichsten Halbkreises, wo
sich über die Vorberge eine Eiswelt ausbreitet, wie man sie selten sieht; gerade im Süden die Velbertanernscharte, rechts davon das Eismeer des Venedigers, links das des Glockners, aus
denen die dick beeisten Hörner ihre glänzenden Häupter und
Nadeln erheben.

Botanisches. Der aus dem Schiefergebirge sich erhebende
Gaisstein ist durch seinen Pflanzenreichthum interessant; an seinem nördlichen und nordöstlichen Fusse, wo er sich über die
Alpenregion, zum Theil in steilen Felsen, zu erheben beginnt:
Androsace obtusifolia, Gaya simplex, Doronicum glaciale, Ranunculus rutaefolius, Cortusa, Oxyria, Saussurea alpina, Eriophorum Scheuchzeri. An den Felsenwänden selbst: Potentilla
nivea, Oxytropis uralensis, Phaca astragalina, australis, Hedysarum obscurum, Draba frigida, fladnitzensis, Artemisia mutellina, Gnaphalium leontopodium, Sieversia reptans, Ranunculus
rutaefolius, alpestris, Hieracium dentatum, Aspidium alpinum,
Woodsia hyperborea, Lecidea geographica, atroalba, contigua,
badia, Parmelia repanda, sordida, caerulescens, ocrinaeta, ven-
tosa, badia, atra, chloraphana, oreina, gypsacea, stygia, fah-
lunensis, saxicola, Solorina crocea, Sphaerophoron fragile, Ce-
traria tristis, Grimmia sulcata, atrata, Splachnum froelichianum,
Oreas Martiana, viele andere Flechten und Moose. An den steilen Abhängen und auf dem grasreichen Kamme: Achillea moschata, Gaya alpina, Cerastium alpinum, latifolium, Gentiana
nivalis, brachyphylla, Sesleria disticha, Luzula spicata, Saxifraga controversa, muscoidea, moschata, Arenaria biflora, ciliata,
Primula glutinosa, Ranunculus glacialis, Aretia alpina, Pedicularis asplenifolia, Potentilla salisburgensis, Gnaphalium carpa-
thicum, Avena subspicata, Carex capillaris, nigra, fuliginosa,
Parmelia pallescens v. Parella, Hookeri, rubra, cerina, vitellina,
brunnea. Am Südabhange: Orchis globosa, Hieracium glandu-
liferum, Woodsia hyperborea. An Felsblöcken: Poa alpina. An

der Westseite bis zur *Sintersbachalpe:* Linaria alpina, Veronica
bellidioides, Saxifraga bryoides, muscoides, Poa laxa, Stellaria
cerastoides, Gnaphalium supinum, Anemone alpina, Sempervivum montanum, Festuca alpina, nigrescens, Juncus triglumis,
Jacquini, trifidus, Carex frigida, atrata, Phyteuma hemisphaericum, Phleum alpinum, Cirsium spinosissimum, Arctostaphy-
los officinalis, Hieracium alpinum, Sibbaldia, Luzula spadicea,
Cardamine alpina, Gnaphalium norvegicum, Weissia serrulata,
Schistidium pulvinatum, Dicranum Blyttii, Tetraphis repanda.
Im *Sintersbachgraben:* Doronicum austriacum, Cirsium hetero-
phyllum, Carlina longifolia, Carex frigida, Calamagrostis pseudo-
phragmites, Poa pumila. Am Wege über den Mittersiller Sonnberg zum Gaisstein: Sempervivum arachnoideum, Sedum annuum, Erigeron rupestris, Parmelia elatina, Biatora globifera.

　　Wie im Osten des Passthurns der Gaisstein, so erhebt sich
im Westen desselben der *Grosse Rettenstein (Röthelstein),* 7478'
hoch. Sein Gipfel ist ein Kalkaufsatz des Thonschiefergebirges,
und zwar jener Uebergangskalk, welchen Unger nach diesem
Berge den *Rettensteinkalk* nennt.— Der Berg scheidet Brixenthal,
Kitzbühler Achenthal und Salzachthal. Sein Gipfel ist deshalb
ausser dem Naturfreunde auch dem Botaniker interessant, weil
er eins der wenigen Kalkgebilde Oberpinzgau's ist.

　.　**Botanisches.** Saxifraga stenophylla, Arnica scorpioides,
Pedicularis foliosa, Jacquini, Rhododendron hirsutum, Thlaspi
rotundifolium, Helianthemum alpestre, Ranunculus hybridus;
an Moosen: Bauteria alpina. Auf dem benachbarten *kleinen Ret-*
tensteine, ebenfalls einem Kalkkopf, umringt von Schiefergelage,
finden sich Carex ferruginea, Hieracium angustifolium, Saussurea alpina, Primula longiflora, Androsace obtusifolia, Draba
carinthiaca var. Joannis, fladnitzensis, fl. var. laevigata, Phaca
alpina, Anemone vernalis.

　　Südöstlich von Mittersill erblicken wir unweit der Mündung
des Velberthales die altersgraue gothische Kirche von *Velben*
und das alte Schloss, jetzt der *Kasten in Velm* genannt, weil
es als Aerarial-Getreidekasten benutzt wird. In der Kirche,
welche eine Viertelstunde von Mittersill liegt, wird nur noch
zuweilen Gottesdienst gehalten. In dem gothischen Gewölbe be-

finden sich ausser dem chiemseeischen und erzstiftischen 11 Wappenschilde (von der Alm, von Thurn, Hund, Wiesbeck, Neukirchen, Lang von Wellenburg, Welser, Gold, von Lampoding und von Rohrwolf). Die Herren von Velben erscheinen seit 1093. Diether und Konrad von Velben fielen für Friedrich von Oesterreich in der Schlacht bei Ampfing 1324. Die Velber erhielten im 13. Jahrh. die Burg und das Landgericht Mittersill. Im 15. Jahrh. erlosch das Geschlecht und seine Besitzungen fielen an Salzburg.

Das Velberthal.

Rechts vom Eingange finden sich die wenigen Reste einer Burg *Reitau*, die römischen Ursprungs und durch die Versumpfung zu Grunde gegangen sein soll. Von Mittersill aus gesehen lagert sich zunächst vor die Oeffnung des Thales ein wallartiges Vorgebirge, durch dessen Schutt sich die *Velber Ache* ihr Bett tief ausgewühlt hat; dieser Damm hat eine kleine Hochfläche, auf welcher die Häusergruppe *Klausen* liegt. Rechts zieht das grüne Gebirge scharfkantig hinan, mühsam sein Felsengerippe verbergend in das öde, schneegefurchte Kahr des mehrgipfeligen, 7945' hohen *Pihapa*. Zur Linken steigt die 7731' hohe *Scheibelberghöhe*, grösstentheils bewattet, sanft empor. Diese beiden Bergmassen bilden die Eingangspfeiler des Thales. Fast in der Mitte zwischen beiden tritt der breitschulterige *Mitterberg* als Theiler der beiden Thaläste *Velber-* und *Oedthal* auf. Rechts im *Velberthal* thürmt sich im Hintergrunde das jähe, beschneite *Freigewänd* mit dem 9428' hohen *Tauernkogl* auf. Das ist die äussere Ansicht des Thales. Die Alpen des Thales gehören zu den besseren. Die ersten 3 Stunden steigt das Thal allmählich an; doch schon nach 2 Stunden öffnet sich links gegen Südost ein Seitenthal, die *Amerthaler Oed*, gewöhnlich nur *die Oed* genannt. Die Vereinigung des Oeder- und Velberbachs liegt 3146' hoch. Kein Freund wilder, grossartiger Naturscenen, noch weniger der Botaniker, versäume es, die Oed zu besuchen. Hat man mehrere trockene Alpenmatten überschritten, so gelangt man in einen Tannenwald, in welchem ungeheure Granitblöcke, zum Theil noch frischen Bruches, zum Theil mit dem lieblich duftenden Veilchenmoose umröthet, durch einander liegen. Wild schäumend wirft sich der Bach über diese Felsen. Nachdem man bei einer periodischen Quelle eine Höhe erstiegen hat, erreicht man eine kleine düstere Thalfläche, die *Weidenau* (4534'), theils mit Wiesen, theils mit ungeheuren Granitblöcken bedeckt, welche sich links gegen Osten hoch aufthürmen. Eine Brennhütte, wo Branntwein aus Enzianwurzeln bereitet wird, liegt hier. Den Hintergrund der Amerthaler Oed bildet ein äusserst wildes Schnee- und Steinkahr, umrahmt vom Hochgassner, Thörlkopf, Landeggkopf und Hohenbeil; ein kleiner Gletschersee füllt die hinterste Thalmulde.

Botanisches. Eine nordische Pflanzenwelt, besonders Moose und Flechten: Orthotrichum curvifolium, Rhacomitrium microcarpon, Dicranum elongatum, Jungermania Taylori, Sphagni, setacea, setiformis, incisa, porphyroleuca, Umbilicaria cylindrica, deusta; an den Zirben hängt der hochgelbe Baumbart, Evernia vulpina, herab.

Im *Velberthale* im engeren Sinne hinau gelangt man in etwa 1 Stunde, oder 3 Stunden von Mittersill, nach *Schössneend*, dem vorderen Tauernhause, wo man beim Wirthe *Meilinger* gute Unterkunft und erprobte Führer erhält. Wer sich über die hiesige Alpenwirthschaft unterrichten will, wird ebenfalls bei dem biederen Meilinger den besten Ausweis erhalten.

Vom Tauernhause *Schössneend* gelangen wir in ¼ Stunde zum zweiten Tauernhause, *Spital.* Dahinter lehnt sich links von der Thalwand herab eine grosse Mure und versperrt das Thal mit einem Damme, über welchen sich die Ache in einem schäumenden Wasserfalle herabwirft. Hat man die Höhe der Mure erreicht, so überrascht der *Hintersee* (4206'), durch jenen Schuttberg gebildet. In der Tiefe der dunklen Flut spiegeln sich die jenseitigen westlichen Thalwände; diese bilden vom hohen *Freigeränd* im Süden über den *Tristkopf* bis zum *Hohen Herd* eine wilde Zackenmauer, deren zahllose Furchen mit grossen Schneelagen ausgepolstert sind. An dem östlichen Gestade hinwandernd neben dem See, erblickt man bald darauf einen grossen Wasserfall, den *Tauernfall*, indem sich die Ache über eine hohe Felsenstufe, die *Tauernklamm*, herabwirft. Der Tauernweg zieht sich zur Linken hinau auf diese Thalstufe, mit welcher man die

Alpenregion erreicht; sie trägt eine Pferdealpe. Nach einer kurzen ebenen Strecke, das *Nassfeld* genannt, steigt der Tauernpfad in vielen Windungen steil hinan, indem man die Ache zur
Rechten abermals donnern hört, ohne sie jedoch zu sehen. Man
gelangt nun etwa nach 1 Stunde in ein wildes, ödes Felsenkahr;
zur Rechten hat man die furchtbare *Tauernwand*, das Fussgestelle des *Freigewändes* und des *Tauernkogls*, 9428' hoch. Der
ganze Thalkessel ist mit Trümmern und Schutthalden angefüllt;
zwei Seen, durch diese Trümmerhaufen gebildet, blinken aus
dieser Wüste auf, links der *Untere See*, rechts der *Klebersee*.
Von allen Seiten ziehen Schneefelder herein und bilden hie und
da die Gestade dieser Seen. Dieses Felsenkahr ist eine jener
Wüsten des Hochgebirgs, welche gewiss bei jedem Reisenden
einen tiefen Eindruck in der Erinnerung hinterlassen werden.
Sehr reich ist die Flora dieser Tauern, besonders auf der Südseite. Durch ein Thälchen, von dem Einsturze der Wände entstanden, und auf den Trümmern derselben, über welche sich
ein Schneefeld herabstreckt, geht es nun die letzte Höhe hinan,
welche man in ohngefähr 6 Stunden vom Tauernhause erreicht.
Die Höhe des *Thörls des Velber Tauern* (7209') bezeichnet, wie
die meisten Jöcher, ein Kreuz. Der Rücken ist ziemlich schmal
und mit Hornblendeschieferblöcken bedeckt. Der Steig jenseits
senkt sich, wie meistens im Süden, von der höchsten Höhe
äusserst steil über Geröll die erste Wand hinab. Gleich unter
der Höhe befindet sich ein kleines Schutzhäuschen. Von den
beiden genannten Seen, wo der Steig rechts zum Thörl hinanzieht, streckt sich das Kahr links hinein zu dem obersten *Tauern-
see*, welcher ringsum von den Wänden des *Alten Tauern* und
seinen Schneelagern und Keesen umgeben ist. Bei stürmischem
Wetter ist der Weg über die Oeden zwischen den Seen hindurch nicht ohne Gefahr und die öfteren Kreuze bezeugen die
häufigen Unglücksfälle, welche hier Schneestürme, selbst im
Sommer, verursachen; daher Reisende zur Uebersteigung des
Tauern, was jedoch bei jedem Tauern gilt, gutes Wetter und
tüchtige, mit den Gefahren vertraute Führer wählen müssen. Die
Tauernknechte in den Tauernhäusern, deren Beruf zum Theil
das Führeramt ist, sind fast allenthalben erprobt.

Geognostisches. Für den Geognosten von grossem Interesse ist das eigenthümliche Auftreten von Serpentin bei *Gross-
bruck* im untern Velberthal. Vom Eingang bis zur Theilung des
Thales herrschen beiderseits grüne Schiefer, zuerst Thonschiefer im Wechsel mit dioritischem und aphanitischem Schiefer, mit
welch letzterem der Serpentin sich der Art verbindet, dass, auf
20 Klaftern Mächtigkeit, statt seiner ein grünlichgraues Gestein
voll Serpentinbröckchen und durchtrümmert von Chrysodil und
Amianth auftritt; letztere häufen sich stellenweise so an, dass
man sie für technische Zwecke gewinnt. Ausserdem führt das
Gestein Kalkspath in Adern und Putzen. Einzelne dunkele,
feste hervorstehende Partien bestehen aus Hornblende und Quarz.
Vom *Kilkhor* her greift ein Glimmerschieferzug in die Hornblend-
gesteine ein, welche die erste höhere Thalstufe bilden. Am
Hintersee folgt wieder Glimmerschiefer, dessen Blöcke den See
erfüllen. Aufwärts am Tauern herrschen Hornblende führende
Gesteine, Hornblendgneiss, zuletzt im Wechsel mit hornblend-
freiem Gneiss, sie bilden Freigewände und Tristkogel; am
Tauernkopf folgt endlich der Centralgneiss, zum Theil wirklicher Granit. Das östliche Seitenthal, die *Amerthaler Oed*, durchschneidet eine kleine Centralmasse aus Gneissgranit, der von
den ungemein mächtigen grünen Schiefern durch schieferigen
Glimmergneiss getrennt wird.

Die Entfernungen der Tauernwegstrecke von Mittersill bis
Windischmatrey sind: Von Mittersill bis zum Tauernhause Spital 3 St., von da bis auf das Thörl 6 St., hinab zum jenseitigen Tauernhause 2 St., von da nach Matrey 4 St., also 15 St.

Salzachthal (Fortsetzung).

Unterhalb Mittersill folgt zunächst das Wildbad *Burgwiesen;*
die zwei Quellen heissen der Schwefel- und der Fieberbrunnen
und verdienten mehr Beachtung. Sind einmal die heillosen
Sümpfe vernichtet, so wird dieses vielleicht nachkommen; denn
diese erreichen von hier an ihre grösste Ausdehnung im Thale,
und es gibt keinen trostloseren, traurigeren Anblick, als von
der Strasse herab in diese schwarzen Teufelsmoore, welche den
Reisenden bei Nebel, welcher die Berge verhüllt, in die nördlichen Gegenden Hannovers und Oldenburgs versetzen können.

Doch tröstend winkt von der Anhöhe das *Franzens-Denkmal.*
Als am 12. Juli 1832 Kaiser Franz diese Strasse kam, erstaunte
er, wie jeder Reisende, über die Sumpfwüste; er brach in die
schönen ihn bezeichnenden Worte aus: „Meine Kinder, da muss
euch geholfen werden!" Bald darauf ging sein Wort in Erfül-
lung; denn der Kampf mit der Natur begann sogleich. Das
Uebel war eigentlich eine vernachlässigte Krankheit der Gebirgsnatur, und da die Natur gegen jedes Gift auch ein Gegengift
hat, so mussten auch hier die Giessbäche, welche die Sümpfe
geschaffen hatten, dieselben wieder zum Theil vernichten helfen. Sie führten Muren (Manern) in das Thal, welche sie bei
jedem Erguss verlängerten und so das Hauptthal stellenweis ver-
dämmten; sie selbst fliessen auf dem Rücken der Dämme hinab;
sie führten jedoch auch so viel Schutt in die Salzache, dass
das Bett derselben ebenfalls erhöht wurde, weshalb der Fluss
auch das *Hochwasser* heisst; gerade wie im tiefsten deutschen
Flachlande die Ströme im höheren Bette hinfluten und durch
Ausbrüche die Gegend versumpfen, so auch im deutschen Hoch-
gebirgslande. Jetzt werden jene Giessbäche in die Sümpfe geleitet, und wenn sie auch Wasser mitbringen, so führen sie
auch Schutt hinein und erhöhen den Thalboden wieder gegen
die Salzache. Zu gleicher Zeit wird das verrammelte Bett der
Salzache vom Fischhorn an abwärts aufgeräumt. Wer aber die
Riesenblöcke sieht, die herausgeschafft wurden, wird auch einsehen, dass es keine Kleinigkeit ist, einem wild schäumenden,
mächtigen Gebirgstrome seine Beute zu entreissen. Indess
schreiten die Entsumpfungsarbeiten fort und gegenwärtig sind
schon viele Joche des Bodens dem Wasser entrissen und statt
des düstern Rohres prangen üppige Wiesen in freudigem Grün.
Aus Dankbarkeit für diese grosse Wohlthat wurde ebenso schnell
von den Pinzgauern an einem jenen Ausspruch verewigenden
Denkmale gearbeitet. Aus dem Stubachthale wurde ein grosser
Serpentinblock herbeigeschafft. Auf dem *Kreuzbühl*, jetzt *Fran-
zensbühl*, erhebt sich das pyramidale Fussgestell, auf welchem
ein Obelisk aufragt, dessen Spitze ein in Mariazell gegossener
österreichischer Adler, die Zeichen der künftigen Fruchtbarkeit
in den Krallen haltend, schmückt. Die Vorderseite trägt den

Namen Franz I. und dessen oben angegebene Worte; die Seite
zur Rechten den Namen Ferdinand I.; die zur Linken „Maria
Anna Karolina" und die Rückseite: „die dankbaren Mittersiller." Zunächst umschliesst ein Eisengitter das Denkmal; dahinter umstehen Bäume den Raum, deren Anfangsbuchstaben
den Namen Franz geben (Fichte, Rothbuche, Ahorn, Nussbaum,
Zirbel).

Fortwährend neben den hässlichen Sümpfen hinwandernd,
kommen wir in 1 Stunde nach dem alten Pfarrdorfe *Stuhlfelden*,
101 H., 653 E. (Stuhlfelden 418 E., Dürnberg 235 E.) Der
Stuhlfeldner Bach, im Norden am Gaisstein entspringend, wirft
sich hier aus seiner Schlucht heraus, öfters Verwüstung bringend, wie z. B. 1807. Ihm entgegen führt ein Steig auf die
grasreichen Stuhlfeldner Almen, und südlich des *Gaissteines*
über die *Zinterbach*-Scharte hinüber nach *Jochberg* (Tirol); oder
östlich desselben über die *Maraner* Scharte und die Alm gleichen Namens in das hintere Glemmthal. Der *Malitz Kogl* (7071')
(oder Manlitz Kogl), nördlich von Stuhlfelden, sehr leicht in
3 Stunden zu besteigen, bietet eine herrliche Aussicht, ganz
ähnlich jener des Gaissteines; grossartig gestaltet sich besonders die Eiswelt des Stubachthales, das sich gegenüber südwärts
öffnet. — Der Ort Stuhlfelden kömmt schon in Urkunden von
958 vor. Die Kirche, ein ehrwürdiges Gebäude in gothischem
Stile, ist die älteste im Oberpinzgau, daher der Pfarrer auch
Dechant. Sie hat viele alte Grabmäler; doch die ältesten scheinen durch Fluten vernichtet zu sein. Unweit der Kirche steht
das Schloss *Lichtenau*, im pinzganischen Stile mit Eckthürmchen, von einem Herrn von Rosenberg 1506 erbaut, später eine
Besitzung der Freiherren von Törring; jetzt ist es landesfürst-
lich. An der Aussenseite der Kirche befinden sich drei schöne
marmorne Bildsäulen, Jesus, Maria und Johannes, angeblich
von einem italienischen Meister. Sie stehen unter einem Dache
in Nischen.

Ueber die Salzache und ihre Sümpfe führt ein langer Steg
nach Süden zur Oeffnung wieder eines grossen Seitenthales, des
Stubachthales. Zur Rechten liegt das Schloss *Lambach*, auch *La-
bach* genannt, mit einer Kapelle, früher Eigenthum der Rosen-

berger, 1596 der Welser, später derer von Kronenkreuz, gegenwärtig eines Bauern. Eine schöne Wendeltreppe, alte Grabsteine u. s. w. sind noch die Ueberreste seines ehemaligen Glanzes.

Das Stubachthal.

Dieses grosse Seitenthal zieht neben dem Velberthal zur
Tauernkette, und zwar zur Eisgruppe des Glockners hinan.
Wie jenes theilt es sich im Hintergrunde in zwei Aeste; westlich zur Rechten zieht die *Dorfner Oed* hinan in tief vereiste,
unzugängliche Eiswüsten am *Landeggkopf*, *Bärenkopf* und *Sonnenblick;* östlich zur Linken setzt das Tauernthal fort und verliert sich zuletzt in dem *Edenwinkel*, während rechts von diesem der *Kalser Tauern* sein eisiges Joch hinüberspannt. Das
Thal hat zwei Strecken, die in ihrer Natur sehr verschieden
sind. Die untere Strecke, der Stamm des Thales bis zu seiner
Theilung, 4 Stunden lang, ist im Ganzen fruchtbar zu nennen;
noch gedeiht der Weizen trefflich, desgleichen Ahorne, Eschen,
Kirschen und Aepfel. Noch 1 Stunde weiter hinan, bis zum
Hopfbach, ist der Weg für einspänniges Fuhrwerk fahrbar. Die
Alpen sind sehr gut, wie das stattliche, wohlgenährte Vieh beweist. Der zweite Abschnitt des Thales dagegen ist desto wü-
ster. Am Eingang stehen als Thorpfeiler der *Eigelpalfen* zur
Linken, die *Enzingerwand* zur Rechten, von welcher jene höher hinansteigt zum *Königsstuhl* (7551'), und diese zu der *Scheibelberghöhe* (7731'). Hier wohnt der *Enzinger*. Fast das ganze
Stubachthal gehört den drei Bauerngütern *Enzing*, *Widrechtshausen* und *Veller;* der Besitzer des ersten heisst *Enzinger*, der von
Widrechtshausen Deutinger und der auf dem *Vellergute Gruber;*
im Munde des Volkes heissen sie der *Enzinger*, *Widrechtshäuser* und *Vellerer*. Aber diese Bauern sind keine gemeine Bauern,
sie haben ihre Ahnen so gut wie nur irgend ein Herr des Pinzgaues, ja ihre Vorfahren waren Könige, denn die Volkssage
nennt sie *die drei Könige vom Pinzgau*, vermuthlich wegen ihres
ehemaligen Reichthums und ihrer Selbstständigkeit auf ihren Bo-
sitzungen. Wenn sie sich aber auch jetzt nicht mehr reich
nennen können, weil der fortwährende Kampf mit der Natur
gegen Ueberschwemmungen, Lawinen, Bergbrüche u. s. w. für
so wenige Besitzer sehr grosse Kosten verursacht, so bewahren

sie dennoch ihre alte Würde. Jeder dieser Bauern hat in seinem Hause ein mit Zirbenholz ausgetäfeltes Prunkzimmer; sie bewahren noch das alte patriarchalische Leben, ihre häusliche Ordnung, musterhafte Kindererziehung, ihre echte deutsche Biederkeit und grosse Gastfreundlichkeit. Sie freuen sich, wenn ein Fremder ihr einsames, nur von ihnen bewohntes Thal besucht und bei ihnen einspricht. Der müde Wanderer labt sich bei ihnen an trefflichem Gaiskäse, Butter, Milch, Honig, Brot und dem im ganzen Pinzgau berühmten Stubacher Enzian; den ihm gereichten Alpenstrauss bewahrt der Reisende gewiss für seine Heimat auf. Der Venediger ist der König der Pinzgauer Berge, daher liessen es sich aber auch die Könige Pinzgau's nicht nehmen, an seiner ersten Besteigung Theil zu nehmen. *Thomas Enzinger*, Sohn, *Johann Deutinger*, des Widrechtshäusers Sohn, und *Joseph Gruber*, des Vellerers Sohn, gehörten zu den besten Steigern bei jenem Unternehmen. Oberhalb des Enzinger Hofs ist eine kurze sumpfige Strecke, 1 Stunde davon stürzt rechts der *Sturmbach* herab, dessen Fluten öfters die Ache schwellen. Die jähen Thalwände entsenden ungeheure Blöcke in die Tiefe. Nach 1 starken Stunde folgt die Häusergruppe des *Widrechtshäusers* (2668'). Die Sage erklärt, woher der Widrechtshäuser einst seine Reichthümer hatte. Unweit des Hauses zeigen die Leute noch hoch oben ein unzugängliches Loch in der Wand; darunter liegt im Thale ein von dort herabgestürzter Stein, auf welchem sich die Eindrücke einer Kugel, eines Fusses und eines Kleides finden. Dort oben wohnte eine sogenannte wilde Frau, welche auf diesem Steine sass und spann, daher die Eindrücke. Mit ihr stand der Widrechtshäuser in heimlicher Verbindung; er besuchte sie alle Samstage Nachts, was seiner Frau auffiel. Einst schlich sie ihm nach, und als sie beide in einer Schenne schlafend antraf, schnitt sie der Frau eine Haarlocke ab und eilte davon. Die wilde Frau merkte bald, was vorgefallen, und erklärte, dass sie nicht mehr zusammenkommen dürften, entschädigte aber den Bauer, indem sie ihm 1) ein Knäuel gab, dessen Faden, so lange er es bewahre, nie aufhören werde, und so lange werde auch sein Reichthum zunehmen; 2) indem sie auf den Fusstritt in dem Felsen

zeigte, so lange derselbe an Tiefe zunehme, werde er reicher
werden; 3) Indem sie sich für den Schutzgeist seines Hauses
erklärte, so lange sie ihre Wäsche auf der Zinne dieses Felsens
im Vollmond trockne. Das erste Zeichen ging durch den Vor-
witz seiner Frau verloren, das zweite nahm bald ab, bald zu,
das dritte hat sich erhalten; öfters ziehen des Abends Nebelwölkchen aus jenem Felsenloche, und scheint der Vollmond,
so glaubt man wohl, oben flatternde Wäsche hängen zu sehen.

Vom Widrechtshäuser thaleinwärts wandernd, begegnen uns
häufig Votivtafeln zum Andenken solcher, die sich erfallen haben, was bei den steilen Bergwänden nicht selten der Fall ist.
— Nach 1½ Stunden erreichen wir den letzten Bauernhof, den
Veller (3971′); hier stürzt rechts der *Brustkendlbach* vom *Brust-
kopfe* herab, oft Sand und Felsen in das Thal führend und die
Stubache zum See schwellend. Eine Viertelstunde hinter dem
Vellerer liegt dessen Brennhütte, wo der berühmte Stubacher
Enzianbranntwein bereitet wird. Hirten und eigene Wurzelgrä-
ber sammeln die Enzianwurzel und verkaufen sie an die Brenn-
hütte; 1 Centner Wurzeln gibt 2 Viertel (1 Viertel etwas über
ein Kaisermaass). Hinter der Hütte erhebt sich mitten aus dem
Thale ein hoher Bergstock, welcher das Thal aufwärts in zwei
Aeste theilt; es ist die verrufene, 7900′ hohe *Teufelsmühle.* Fast
fortwährend entrollen den morschen, jähen Wänden Steine.
Rechts der westliche Thalast heisst die *Dorfner Oed*, wird nur
von einer Alpe belebt und endet unter den Eisfeldern des *Sonnenblicks* und *Landeggkopfs.* Der Tauernweg zieht durch das
Hauptthal im Osten fort gegen Süden zur *Hopfbach-Alm* (4561′).
Hier theilt sich der Weg in zwei Aeste, die sich erst hoch oben
hinter dem Schafbühl wieder vereinen. Der linke Ast verlässt
den Thalboden, steigt rasch den *Wurfbach* hinan zur *Wurf-
Alm* (5670′) und windet sich sehr steil zu den *Steinernen Hütten*
empor. Ueber eine sanfte Einsattlung links des *Rettenkopfes*
(7170′) senkt sich der Weg zu dem *Tauernmoos*, einer ziemlich
flachen Thalmulde, im Charakter der sogenannten Nassfelder,
hinab. Der düstere *Tauernmoossee* (6601′), dessen Abfluss in das
westlich gelegene Tauernthal einen prächtigen Wasserfall bildet, ist nur mehr ein kleines Ueberbleibsel des grossen Sees,

dor einst die ganze Thalmulde erfüllte. Hinter diesem See steigt
● links der jetzt ziemlich unbrauchbar gewordene Weg über die
Gletscher und das *Kapruner Thörl* (8464'), jenseits durch die
prachtvolle, schimmernde Wintergasse in den Thalboden der
Wasserfallalpen von Kaprun (siehe unten). Wir wandern am
Westgestade des Sees südwärts über das Tauernmoos und wenden uns rechts an den Abhängen des *Schafbühls* (7730') hinan.
Ein grossartiges Hochgebirgsbild fesselt unser Auge. Das *Stubachthal* wird geschlossen von dem *Edenwinkl*, einem eiförmigen
Kahre, ausgefüllt mit dem *Edenwinkl-Keese*, einem der bedeutendsten primären Gletscher der Glocknergruppe, und umstanden von den Trabanten des Glockners. Neben dem *Kaprunerthörl* erhebt sich von Nord nach Süd der *Thorkopf*, der gewaltige schwarze *Thorspitz* (10,105'); rechts von ihm die flache
Schneekuppel der *Hohen Riffl* (10,600'), und durch die *Todten-
löcher* getrennt der majestätische Dom des *Johannsbergs* (11,166'),
der hier in mächtigen, 2000' hohen Wänden abfällt. Die
Edenwinkelscharte (10,050') trennt ihn von dem *Schneewinkelkopf*
(11,170'), an den sich das *Eiskegele* (10,898') und der *Hohe Kasten* (10,869') westwärts anschliessen. Die graubraune Pyramide
gerade im Süden ist der *Medelgkopf* (9018'), neben der sich
das *Kalser Tauernthörl* (8098') einsenkt. Uns im Westen zieht
das grosse *Weissseekees* von dem *Granatkogl* (10,046'), dem *Bern-
kogl-Sonnenblick* (9598') und dem *Hochfilleck* (9346') herab. Im
Norden schweift der Blick durch die Thalspalte hinaus ins Pinzgau und über den *Malitzkopf* hinweg bis zum *wilden Kaiser* und
dem *Loferer Steinberg;* näher liegt der Felskamm, der von dem
Königsstuhl über den *Jakes*, das *Kletthorn* in scharfen Zacken
und Zähnen zum *Winterkopf* und dem *Kitzsteinkorn* (10,107') her-
übersieht. Der eisbepanzerte *Kapruner-Scheiderücken*, von dem
Kaprunerthörl nordwärts, mit der höchst regelmässigen Pyramide
des *Eisers* (9990'), mit dem *Grieskogl* und *Geralkopf* schliesst das
wahrhaft erhabene Bild. — Hier vereinigt sich auch der zweite
nähere Weg, der von Hopfbach weg das eigentliche Tauernthal
heranführt. Er zieht über die einsame Hütte im Boden und den
Stierbühl zum *Schwarzsee* (6166'), der durch einen Bergsturz,
wahrscheinlich bei jenem Erdbeben, das die ganze Tauernkette

erschütterte, entstand, hierauf zum *Weissee* (7245'), zu dem sich
der Gletscher gleichen Namens herabsenkt. Vom Ostgestade desselben windet sich nun der vereinte Weg über grobe Gneissblöcke, das berüchtigte „*Maurach*" mühsam hinan, ein kleiner
Gletscher mit einer im Spätsommer weit klaffenden Keeskluft
wird überschritten und wir stehen endlich bei dem Kreuze des
Kalser Tauern (8098'), 8 — 9 Stunden vom Eingang des Thales.
Noch eine Schneemulde und der Weg senkt sich jenseits rasch
über Gerölle hinab in das *Kalser Thal* (siehe Band V). Der *Kalser Tauern* ist unstreitig der beschwerlichste Tauern, doch reich
an den grossartigsten, wildesten Scenen der höheren Alpenwelt.
Der Reisende findet hier auch treffliche Rathgeber in jenen Thal-
bauern, welche mit ihrem Königreiche vollkommen vertraut sind.

Geognostisches. Merkwürdig durch das Ineinandergreifen
der beiden, so sehr verschiedenen Typen der krystallinischen
Schieferhülle. In der Nordhälfte des Thales reicht aus Osten
der mit Chloritschiefer wechsellagernde Kalkglimmerschiefer herüber und endet an der westlichen Thalseite nördlich von Brust-
kogel, während von Stubach westwärts sich die mit einander
wechsellagernden schieferigen Hornblende - und Chloritgesteine
mehr und mehr ausbreiten. Zwischen diesen Schiefern und der
von der *Dörfener Oed* durchschnittenen centralen Gneissmasse
des *Glanzgeschirr* und *Magkas* lagert Glimmerschiefer, in welchem sich Granat, auf Quarzlagern weingelber Titanit, begleitet von Chlorit, Adular und Epidot, und auf der *Reichersber-
ger Alp* grünlichgrauer Anthophyllit mit Vesuvian und Granat
findet. Mit dem Kalkglimmerschiefer steht der seltene Pistazit-
schiefer in Verbindung. Zwischen *Enzingerboden* und *Hopf-
bachalm* lagert zwischen dem Centralgneiss und Glimmerschiefer schwarzer Hornblendschiefer, in merkwürdiger Umwandlung
in Serpentin begriffen (Jahrb. d. G. St. V, 777). Im obern Stubachthale folgt wieder, wie am Velbertauern, die Wechsellagerung
von dünnen hornblendführenden Schieferschichten mit Gneiss.
Am *Kalser Tauern*, unfern der Tiroler Grenze, findet sich im
Serpentingebiet weisser Calcit mit körnigen Olivinmassen, welche
von Asbest, Zoisit und Magneteisenstein begleitet sind, letztere
beide oft als Kerne umschliessend.

Salzachthal (Fortsetzung).

Vom Enzinger im unteren Stubachthale gehen wir zunächst nach *Schwarzenbach*, wo eine warme Heilquelle in ihrer Wirksamkeit Aehnlichkeit mit der Gasteiner Quelle haben soll, dann nach *Uttendorf* an der Hauptstrasse, 187 H., 1190 E. (Vicariat Uttendorf 573 E., Schwarzenbach 157 E., Stubach 102 E., Toberbach 358 E.). In der Kirche das Altarblatt von Joseph Rattensberger aus Brugg bei Zell. Ein Fussweg führt nördlich über die Weihnachtsscharte hinüber ins hintere Glemmthal.

Ueber *Tobersbach* und *Aich* eilen wir fortwährend an Sümpfen vorüber, bis *Steindorf*, wo jenseits des Flusses, dicht an demselben, das letzte Kirchdorf Oberpinzgau's, *Niedersill* (2411'), liegt, 84 H., 858 E. (Vicariat Niedersill 341 E., Jesdorf 179 E., Langdorf 488 E.). Jedem Reisenden wird die Lage des Ortes auffallen, indem er nicht nur unter der Salzache, sondern auch halb im Schutte vergraben liegt. Im Süden des Dorfes öffnet sich das *Mühlbachthal*, ein untergeordnetes Thal zwischen Stubach und Kaprun, indem es aus einer Gabelung des Kapruner-Stubacher Scheiderückens herabkömmt und daher nicht die höhere Tauernkette erreicht, dennoch hat es auch seinen Schneeberg, den *Winterkopf*. Nur Alphütten beleben das einsame Thal. Der *Mühlbach* hat schon greuliche Verwüstungen angerichtet, wie das Dorf *Niedersill* zeigt. Die Kirche und das Pfarrhaus stehen eine Klafter tief in der Erde; im oberen Wirthshause ist die ehemalige Wirthsstube der Gäste jetzt der Keller, indem das untere Stock des Hauses ganz im Schutte steckt. Alles dieses, ausser der völligen Verwüstung zweier Dörfer, war das Werk einer Ueberschwemmung nach einem sehr allgemeinen wolkenbruchähnlichen Gewitter, welches die ganze Tauernkette heimsuchte. Der 5. August 1798 war der Unglückstag. Um halb 4 Uhr Morgens zog sich dieses Gewitter zusammen und lagerte sich zum Theil auch auf den Hintergrund des *Mühlbachthales*. In Niedersill sah man am Horizont über dem Mühlbachthale nur einen greulichen Wolkenschleier schweben, welcher beim Aufgang der Sonne zerfloss; den Donner hörte man nur selten und nur von ferne rollen; man ahnete daher nicht die geringste Gefahr, man erwartete vielmehr einen heitern Tag

Es war Sonntag und das Fest der Portiuncula sollte gefeiert werden. Von allen Seiten wallten die Umwohner nach dem Franziskaner-Hospitium zu Hundsdorf, wo dieses Fest hauptsächlich gefeiert wird. Da erscholl auf einmal von den Sonnbergen (der nördlichen Thalwand des Salzachthales, von wo man in die Oeffnung des Mühlbachthales im Süden schaut) der Schreckensruf: „Flieht! Flieht! der Bach kömmt!" Der Ruf wiederholte sich von Berg zu Berg. Trotz der Höhe und Ferne vernahm man ihn in der Tiefe. Die Thalbewohner, bekannt mit solchem Rufe, stürzten aus ihren Häusern und erblickten bald zu ihrem Schrecken den Mühlbach gleich einem grossen Lavastrome oder Schlammberge sich aus der Oeffnung des Thales hervorwälzen; die ganze sich gegen das Dorf herabwälzende Masse bestand aus Schutt, Felsblöcken, entwurzelten Bäumen, Brücken und zertrümmerten Häusern; alles, was im Wege stand, wurde mit fortgerissen und in wenig Augenblicken war das Dorf Mühlbach verschwunden. Herausgetreten in das freiere Salzachthal, zerbarst der Schlammberg und warf sich theils auf Jesdorf, theils auf Niedersill, schob auch hier alles verwüstend vor sich her in die Fluten der Salzache; was ihm widerstand, wurde von Schutt aus- und übergossen, indem der Schlamm zu allen Oeffnungen der Häuser eindrang. Auf den Dächern, die über dem tiefen Schlammstrome hervorragten, oder auf Bäumen erblickte man Menschen, Hilfe rufend, ihre Arme nach den Geretteten ausstreckend. Die kühnsten Männer wagten es um 6 Uhr, wo sich die Masse zu setzen begann, Hilfe zu schaffen; da erscholl jener Schreckensruf von den Bergen wiederum; denn ein zweiter Schlammberg rückte mit noch grösserer Wuth aus dem Thale heraus und zerstörte oder begrub, was der erste verschont hatte. Die Salzache, durch diesen Damm aufgehalten, schwoll zu einem See, der um so höher und schneller anwuchs, als jetzt auch die anderen Tauernbäche, von demselben Gewitter angeschwollen, die Salzache verstärkten. Ein dritter Schlammberg vollendete die Greuel des Tages. Bei diesem Unglücke zeichnete sich vor allem der Bauer Joseph *Prugger* aus, welcher gleich nach dem ersten Schlammberge sich zur Kirche durcharbeitete und den Priester, Kinder, Weiber und Greise,

5 *

die sich in die Kirche gerettet hatten, auf den Schultern her-
austrug; sie wären beim zweiten Stoss verloren gewesen, weil
dieser den grössten Theil der Kirche mit Schutt ausfüllte. Noch
mehrere Männer zeichneten sich durch Kühnheit und Entschlos-
senheit aus, so dass durch ihre Anstrengung viele Menschen
gerettet wurden und nur sechs ihr Leben verloren. Auch wurden zwei ganze Blockhäuser mit ihren Bewohnern fortgeführt von
der Schlammflut und auf sicherem Boden niedergesetzt. Diese
Verwüstung war das Werk zweier Stunden. Noch 1833 grub
man 30 Pfund Schmalz aus einem Keller, welches noch völlig
brauchbar war. Am Eingang des Thales erblickt man noch die
riesenhaften Trümmer, welche diese Flut herausschob, und wer
diese Schuttmassen sieht, wird wohl auch auf die Vermuthung
kommen, dass viele derartige Schutt- und Steinmassen wohl
leichter solchen Schlammfluten, als Gletschern zuzuschreiben
seien.

Bei *Walchen*, wo nur noch sehr wenige Ueberreste des sogenannten Walcherthurmes die Stelle bezeichnen, wo die Stammburg der Herren von Walchern stand, welche 1278 mit Otto
ausstarben, beginnt jenseits der *Ziller* der Bezirk *Zell am See*
im Unterpinzgau: 1 Markt, 16 Dörfer, 1314 H., 6517 E. 4 Stunden von Mittersill erreichen wir *Piesendorf* (2466'), 171 H.,
1146 E. (Pfarrdorf Piesendorf 448 E., Aufhausen 261 E., Hummersdorf 129 E., Walchen 308 E.). Beim Salater ein ganz gutes Unterkommen; Fahrende erhalten hier Pferde. Denn obgleich das Pinzgau ein Pferdeland ist (die bekannten Salzburger Pferde stammen von da, und das Landgericht Mittersill
hatte in 9 Gemeinden (1840—50) 800 Pferde, so kann man
dennoch selten Pferde bekommen, weil die meisten auf den Alpen weiden und nur Handelswaare sind. Unfern von Piesendorf
der alte Kupferbergbau zu *Kluck*.

Südlich von *Walchen*, bei Hummersdorf, mündet das kleine
und wilde *Türkesthal*, durch das auf zwar beschwerlichem, jedoch ungefährlichem Wege die *hohe Arche* (7754') in 6 Stunden
leicht bestiegen wird. Die Arche bietet ein Panorama, das zu
den herrlichsten des Landes zählt. Die Eiswelt der Goldberggruppe mit dem Schareck und Hohenarr; der Glockner mit sei-

nen Trabanten, besonders dem Vischbachhorn, Hohen Tenn, Kitzsteinhorn u. s. w., der Grossvenediger bilden die Glanzpunkte gegen Süden, während im Norden über dem Gewelle der Glemmerberge die Kalkriesen vom Innthale an bis über den Dachstein hinaus in ihrer vollen Steilheit hereinschauen. Ganz Pinzgau liegt zu Füssen des Staunenden. — Auch der *Zirmkogl* (7000'), nördlich der Salzache und von Walchen oder Steindorf ganz leicht in 4 Stunden zu erreichen, bietet ein ähnliches prachtvolles Panorama. Ueberhaupt gewähren die zahlreichen, leicht zu besteigenden Köpfe und Kogeln, die auf dem Gebirgsrücken zwischen dem Ober-Salzach- und dem Glemmthale liegen, vom Gaisstein im Westen an bis zur Schmittenhöhe bei Zell am See, Gebirgsan- und -aussichten, die jener mit Recht berühmten von der Hohen Salve nicht nur keinenfalls nachstehen, sondern sie in mancher Beziehung übertreffen. Hätten unsere Aelpler nur etwas von dem Unternehmungsgeiste der Schweizer, längst schon ständen auf diesen Punkten Gasthäuser zur Bequemlichkeit des Bergsteigers und der Ruf über die Schönheit der deutschen Alpen würde ebenso die Welt erfüllen wie jener über die Berge der nachbarlichen Schweiz.

Das Thal Kaprun

liegt zwischen den beiden höchsten Seitenketten der Tauern, zwischen dem Vischbachhorn und dem Kitzsteinhorn, deren tiefbeeiste Bergrücken sich südlich an das grosse Eisthal der Pasterze anlegen. Da die Pasterze jenseits ein Längenthal (der Anfang des Möllthales), da dieses Thal ferner ein Eisthal ist, dessen grosser Gletscher jenseits des Kapruner Joches quer vorliegt und östlich hinabzieht, so führt durch das Kapruner Thal kein Tauernweg. Dasselbe ist ferner im Verhältniss der Höhe, zu der es hinansteigt, sehr kurz, daher steil und *wasserfallreich.*

Von Zell, dem Hauptquartiere, lässt man sich durch Herrn Poschacher, den Bräuer, am frühesten Morgen über das Dörfchen *Fürth* bei Piesendorf nach Kaprun fahren, mit Esswaaren versehen, da die Sennhütten öfters wegen Mähen und dergl. von ihren Bewohnern verlassen sind. In Kaprun kehrt man beim Wirth (Neumeyer, ebemals Schärnthanner) oder beim Kramer (Krämer) zu. Beide sorgen für verlässliche Führer (Strabhofer,

Lorenz und Matthias Niederrist). Man frühstückt in Kaprun;
der Maler zeichnet unterdessen die Kirche und Schule auf ihrem
Felsen mit dem darüber aufragenden Kitzsteinhorn, und bestellt
sich vielleicht für den Abend eine Jause (Nachmittagsessen) und
ein Fuhrwerk beim Kramer, um schnell wieder nach Zell befördert zu werden, denn die Tagereise ist stark und zum Theil
anstrengend. — *Kaprun* (2401'), Vicariat, 415 Einw., welche,
wie ihre Pferde, zu dem grossen Pinzgauer Schlage gehören,
liegt von Zell 2, von Mittersill 6, von Salzburg 25$\frac{1}{2}$ Poststun-
den. Die Kapruner Ache ist im Dorfe bei der Brücke 12 Schritte
breit. Ueber dem Orte östlich liegt die Burg Kaprun, vor welcher eine schlanke Kapelle steht. Ueber dem Burgthore steht
die Jahrzahl 1574; ausserdem sind 5 Kugeln in Form der Wür-
felfünf daselbst eingemauert. Im Innern findet sich ein Feuer-
thurm und Reckthurm. Der jetzige Bewohner ist ein Bauer.
Es werden viele Kirschen gezogen und der hiesige Kirschengeist
ist vorzüglich. Der Getreidebau ist unbedeutend.

Bald hinter dem Dorfe verschliesst ein Querriegel, der *Kesselbühel*, den Eingang des Thales. Die Ache hat sich an der
westlichen Seite eine Bahn gebrochen und eine Art Klamm gebildet. Durch diese, oder bequemer auf einem Fahrwege über
die Einsattelung des Bühels, gelangt man in den *ersten Thalboden* (2658' P.). Auf der Höhe hat man einen schönen Rückblick auf den Zeller See; thalaufwärts aber die Schneepyramide
des *Kitzsteinhorns* (10,106'), dessen Wände fast 8000' hoch unmittelbar in das Thal niedersetzen. Von dem Sattel hinabsteigend ist man von der Aussenwelt abgeschlossen. Noch ohngefähr 1 Stunde liegen zerstreut Wohnhäuser, zugleich eine Art
Voralpen, durch das Thal hinan; rechts stäubt der schöne Gru-
berfall herab; dort oben im Hintergrunde ragt ein Felsenköpf-
chen hoch empor; dicht unter ihm müssen wir hernach empor-
steigen zur Wasserfallalpe, und nach dem letzten Stieg, ehe
man jene Stufe erreicht, wird es tief unter uns liegen. Nach
den letzten Häusern, Hinterwaldhöfe, beginnt der Wald, ein
Urwald, jedoch einer furchtbaren Zerstörung durch den Borken-
käfer unterliegend. Bis zum *Käskeller* am *Birkkogl*, bis wohin
die Senner den Käse, welcher das Hauptserzeugniss der Alpe ist

(1 Käse gegen 1 Ctr.) bringen und von wo derselbe ins Land auf kleinen Wagen abgeholt wird, kann man zur Noth fahren.

An einer etwas lichteren Stelle, wo links ein Bach herabkömmt, etwa da, wo jenseits im Fuscherthale bei den Goldgruben der Hirzbach niederstürzt, haben etwas abseits Bergknappen einen Bau auf Gold auf eigene Kosten und Kräfte begonnen. Ein Steg führt über den Bach, worauf den Wanderer wieder düstere Schatten umfangen. Ein dumpfer Donner verkündet ihm, dass der Bach hier wieder nicht bloss seine gewöhnlichen Sprünge macht, sondern dass es eine Thalstufe ist, über welche er sich wirft. Doch er muss dieses Schauspiel an der Hand des kundigen Führers ansehen, nicht weit vom Weg. Felsenblöcke, Felsenbänke, auf die merkwürdigste Weise ausgewaschen und ausgespült, mit den malerischsten Wasserstürzen, bilden die grossartigsten und schönsten Studien für einen Maler.

Nach diesem Absturz des Thales findet man jedoch nicht die gewöhnliche Reihe der Tauernthäler, weil die nächstanliegende Thalstufe zu nahe und zu hoch ist. Sowie man aus dem Wassertumult und dem Walde heraustritt, liegt die Wasserfallstufe vor uns, getrennt durch ein steil ansteigendes, mit Felsenblöcken übersäetes Gefilde. Inmitten dieses baumlosen Trümmermeeres, wo die Alpenregion beginnt, fällt ein eigenthümlicher Wasserfall der Ache auf, indem sie sich über einen sehr grossen, fast kugelförmigen Felsblock allseitig ergiesst. Der Steig führt in Windungen zwischen Blöcken und weidenden Rindern hinan. Oberhalb dieses Wasserfalles führt die *Stegfeldbrücke* rechts hinüber über die Ache. Wir steigen jedoch noch links etwas hinan, um in die Klamm des grossen Wasserfalles besser hineinschauen zu können, nach vorhergegangener Abkühlung, da der Sturz eine starke Luftströmung mit Wasserdunst und Staub vermischt aus seinem Tobel hervortreibt. Links hinan sieht ein grosses Steingerölle, höher überdeckt von Schnee- und Eisfeldern, deren Wasser unter dem Gerölle hinfliesst und plötzlich in weissschäumenden starken Quellen hervorbricht. Diese ganze Gegend ist, wie jeder Erfahrene leicht sehen wird, der Schauplatz der Lawinen; die weit herabreichenden Schneefelder,

von Wasser unterspült, die braunen Erdhaufen und das Felsen-
getrümm selbst sind Zeugen. — Wir überschreiten nun den Steg,
um die hohe Wasserfallwand zu ersteigen. Der vielgewundene
Steig ist als Saumweg gut unterhalten. Ueber sie dient das Fel-
senköpfchen, das wir vorhin am Kesselbühel erblickten, zum
Zielpunkt. — Der Steig bringt an eine Stelle, wo man einen
Einblick in die Wasserfallschlucht hat. Ehrwürdige hochstämmige Lärchen schützen hie und da, zwischen den Zwergbirken,
wo sich der Steig dem Abgrund naht, als Brustwehr gegen das
Abfallen. Nach 1 Stunde anhaltenden Steigens erreicht man die
Höhe, von welcher der Steig ebener zwischen den Klippen thaleinwärts führt. Man raste und schaue zurück. In der Tiefe der
vom Kesselbühel an zurückgelegte Weg (5 St.), darüber hinaus
die grünen Uebergangsgebirge von Zell und dann die grauen
Wände des Steinernen Meeres, über welches vorzüglich der
Hundstod aufragt, der Anfang der Felsengräthe, deren Haupt
der Watzmann ist, rechts davon der Sommerstein (über Saalfelden) und die Schönfeldspitze. Nach diesem Rückblicke erschliessen sich bald andere Scenen, welche nur der höchsten Centralkette eigen sind. Schon glänzen die Firnen der Hochwelt herein, doch noch unvollkommen, gleichsam nur um die Neugier
zu reizen. Bald aber erreicht man einen Punkt, welcher der
malerischste und grossartigste sein mag. Auf einer Felsplatte
erschliesst sich der Thalboden *Im Wasserfall*, ähnlich der Ferleiten, Naasfeld u. a. Als malerischer Mittelgrund erhebt sich
aus der Ebene der Felsenhügel der *Hohenburg* (6044'); zur Linken erhebt sich schneidig das *Kleine Vischbachhorn* (10,162'),
neben ihm, hier eine sanft gewölbte Kuppel bildend, das *Grosse
Vischbachhorn* (11,313'), aus dessen Firnmeer die schmale Eis-
zunge des Wielinger Keeses bis 5369' ins Thal herableckt. Ueber
der Hohenburg streben die schwarzen Wände des *Fochezkopfes*
(9756') empor und unmittelbar neben an wölbt sich der herrliche Schneedom der *Glockerin* (10,803'), die in schauerlichen
Wänden auf die Mooser niedersetzt. Ihr reiht sich nach rechts
der dick beeiste hohe *Bärenkopf* (10,696') an, leicht kenntlich
an seiner gewaltigen Wand nach Nordwest. Die runde Schneekuppel rechts von ihm im Hintergrunde, durch die sanfte Ein-

sattelung des *Rifflthores* (9602') getrennt, ist der *Johannsberg*
(11,166'), schon auf der Pasterze gelegen; die Nase der *Hohen*
Riffl (10,600') vor ihm hebt sich nur wenig ab; von ihr ziehen
grosse Gletschermassen herab, das *Karlinger Kees*. Wir eilen
dem Boden zu. Die Thalebene Im Wasserfall wird von drei
Sennhüttengruppen belebt, von den *Limberghütten* (4600') (nach
ihren Besitzern zu Limberg so genannt), den *Bauerhütten* (4613')
und den vier *Fürther Hütten* (4630') (Fürth zwischen Piesendorf
und Zell). Von letzteren oder der eigentlichen Wasserfallalm
steigen wir nach kurzer Rast zu dem obersten Thalboden, den
Moosen (5088') hinan. Der ziemlich praktikable Weg windet
sich westlich der Hohenburg an der schäumenden Ache hinan,
die hier mehrere schöne Wasserfälle bildet. Auch der Gries-
bach, den wir bald oberhalb der Hütte überschreiten und der
seine Gewässer aus dem Grieskoglkees, auch Hohenweissfeld genannt, sammelt, bildet einen sehr malerischen Fall. In 1 guten
Stunde stehen wir am Nordrande des obersten Thalkessels. Um
die ganze Herrlichkeit der wahrhaft erhabenen Gletscheransicht,
die sich hier erschliesst, zu geniessen, wenden wir uns rechts
an den Ostabhängen des nahe 10,000' hohen *Grieskogels* zu einer
Nase desselben, dem *Nasswandkopf*. Ueberwältigend ist der Anblick der Eiswelt rundum, besonders aber nach Süden. Uns zu
Füssen gegen Mittag das gewaltige *Karlinger Kees*, ein primä-
rer Gletscher, der aus den Firnmulden zwischen dem *Todten-*
kopf und der *Hohen Riffl* westlich und der *Glocknerin* östlich
herabzieht bis 6319'. Im Westen der *Grieskogl*, vor ihm gegen
Norden der *Geralkopf* und das *Kitzsteinhorn* (10,106'), hier als
schwarze, zackige Felswand sich zeigend; dann der Thalein-
schnitt vor Kaprun; darüber hinaus die Gegend von Zell am
See, das steinerne Meer, Watzmann u. s. w., nordöstlich die
Felswände der *Bauernbrach* und des *Hochtenn* (10,082') mit seiner Silberhaube. Bis hierher zu wandern sollte kein Freund
der hehren Alpennatur versäumen, um so mehr als der Ausflug
bis hierher und zurück bis Kaprun leicht in einem Tage gemacht werden kann. — Dem eigentlichen Gletscherfahrer stehen
hier aber noch zwei Wege offen, die, reich an Fährlichkeiten
wie an Genüssen, zu den erhabensten der deutschen Alpen zäh-

len. Wir übernachten zu dem Ende in der Doppelhütte der
Wasserfallalm, wo wir ein freilich sehr primitives Unterkommen finden. Auf schon bekanntem Wege eilen wir beim Grauen
des Morgens hinauf zu den Moosen, überspringen (denn ein Steg
ist nicht immer vorhanden) an geeigneter Stelle hinter der Ho-
chenburg die Ache und arbeiten uns nun durch das Gewirre von
Gneissblöcken, moosigen Stellen und unzähligen Bachrunsen, die
den Boden durchfurchen, hindurch zur Steinmoräne des Karlinger Keeses. Wir überklettern dieselbe und nun geht es, so
gut es die zahlreichen klafterweiten Klüfte gestatten, südwestwärts hinan und hinein in die Eiswelt. Wo die zweite Schwel-
lung des Keeses beginnt, trennen sich die Wege. Dem furchtbaren Geklüfte auszuweichen wenden wir uns etwas mehr nördlich dorthin, wo ein Gletscherzufluss vom Kleinen und Grossen
Eiser sich herabsenkt, wir kommen in die sogenannte *Wintergasse* zwischen der Thorwand und der Eiserwand, eine wahrhaft grausige, unheimliche, öde Gegend, still wie das Grab,
wenn nicht der Knall einer neu sich öffnenden Keeskluft und
das Gepolter mächtiger Steinblöcke, die eben auf die gewaltige Seitenmoräne abstürzen, die lautlose Stille unterbricht. In
guten 3 Stunden stehen wir endlich am *Kaprunerthörl* (8764').
Glauben wir nun das Schlimmste überstanden zu haben, so
irren wir sehr; drüben hinunter zum *Stubacher-Tauernmoos* (s.
S. 68) ist der Gletscher noch grässlicher zerrissen und es gehören wahre Turnerkünste dazu, hier durchzukommen. In manchen Jahren ist dies gar nicht möglich, und es ist demnach
nicht zu wundern, wenn oft Jahre lang dieser Verbindungsweg
zwischen dem hintersten Kaprun und Stubach nicht begangen
wird. Herr Fr. Keil in Salzburg führte den Uebergang den
25. Aug. 1859 glücklich aus. In den Jahren 1833—53 ist das
Kees nach Peters um 150 Klafter vorgerückt. — Der zweite Weg
führt uns in das innerste Heiligthum der Gletscherwelt, über
das *Rifflthor* hinüber auf das oberste Firnmeer der *Pasterze.* Er
wurde seiner ganzen Ausdehnung nach bis jetzt ein einziges Mal
von dem bekannten österr. Bergsteiger Dr. Ant. von Ruthner in
Wien am 3. September 1855 begangen[1]). Von dem unteren

---

1) Siehe : Ant. v. Ruthner, Bergreisen I. S. 114.

Boden des Karlinger Keeses, dort wo ein Zufluss vom Mittleren Bärenkopf von Südost herabzieht, stieg Ruthner einen mitten aus dem Eise vorragenden Felsabhang, am Fussgestelle des Grossen Bärenkopfes, hinan, betrat oberhalb des Zusammenflusses wieder den Gletscher, den er, südwestwärts gewendet, überschritt. In 4½ Stunden, von der Fürther Hütte ab gerechnet, stand er auf dem *Riffthore* (9602'), dem höchsten Uebergangspunkte der Tauernkette. Jenseits hinab erreicht man über die Felsnase des *Hohen Burgstall* (9371') hin, den obersten Pasterzerkeesboden überschreitend, ohne besondere Schwierigkeiten die *Johannshütte* leicht in 3 Stunden. Mit dieser Gletscherwanderung, einer der grössten in unseren Alpen, und fast jener über das Obersulzbach-Thörl (S. 34) gleich, lässt sich leicht die Besteigung des *Mittleren Bärenkopfes* (10,583') verbinden, eines Punktes, den Fr. Keil nicht genug jedem Hochgebirgsfreunde empfehlen kann (siehe Band V). — Führer: der Bauer auf dem Hinterwaldhof.

Geognostisches. Den vorderen Querriegel des Thales bildet der Kalkstein des äusseren Zugs, dem leicht zerstörbare graue und grüne Thonglimmerschiefer folgen. Vom Hinterwaldhof an folgt der innere Kalkzug mit seinen kalkfreien Glimmer- und seinen Kalkglimmer- und Chloritschiefern und Lagern von körnigem Kalk und Dolomit, an der Grubalp im Osten mit Kieslagern. Der erste grosse Wasserfall fällt über ein Marmorlager. Am Moosenboden folgt nach Peters gneissähnlicher Glimmerschiefer wechsellagernd mit feldspathführendem Chlorit-Hornblendschiefer, aber erst am 6359' hohen Kaprunerthörl der Centralgneiss. — An dem 7336' hohen Joch zwischen Lakar und Winterkaer, zwischen Kaprun und dem westlich davon gelegenen Mühlbachthal, lagert im Kalkglimmerschiefer Chloritschiefer voll Magneteisensteinkrystallen; am Lakar kommen häufig zugleich mit Chlorit faustgrosse Bitterspathkrystalle vor, Albitkrystalle umschliessend und von ihnen besetzt.

Salzachthal (Fortsetzung).

Von Furth aus auf der Hauptstrasse östlich wandernd erblicken wir links über uns bald darauf mächtige Schutthalden und auf ihnen Hütten; es sind die Kupfergraben des *Limbergs;*

die Gebirgsart ist Thonschiefer mit Quarz, die Gangart Quarz,
die Erze: Schwefel- und Kupferkies, Fahlerz, Kupfernickel,
auch gediegen Kupfer; dabei ein Cementwerk; das Pochwerk
befindet sich in Thumersbach am Zeller See, das Schmelzwerk
war sonst, wie von dem vorigen, in der Leogang. In dieser
Gegend ragt die Spitze des Vischbachhorns sichtbar etwas über
den Eiskopf des Hohen Tenn hervor, der fälschlich oft für dasselbe ausgegeben wird. — Noch eine kleine Strecke Wegs, da
öffnet sich plötzlich links ein weites, grosses Thal, in geolo-
gischer Hinsicht eine äusserst merkwürdige Gegend, die grosse
Gebirgslücke des Zeller Sees und von Saalfelden.

An der Thalecke, wo die Strasse auf einem Damme durch
Schilf führt, theilt sich dieselbe; östlich thalabwärts zeigt der
doppelarmige Wegweiser nach Brück und Taxenbach, nördlich
in die grosse Seitenbucht nach *Zell* und dahin lenken wir unsere Schritte. Bald erreichen wir das plätschernde Gestade des
Zeller Sees und in 2 Stunden von Piesendorf oder 5 Stunden von
Mittersill *Zell am See* (2381'), 3½ St. von Lend. Die ganze Thal-
bucht zieht sich nordwärts, der Markt liegt am westlichen Gestade auf einer Halbinsel, die der *Schmittenbach* geschaffen hat,
die er aber auch wieder zu verschlingen droht. Einmal schwebte
der Markt in Gefahr, an einem Tage durch Feuer und Wasser
zugleich vernichtet zu werden; über die Hälfte der Häuser ging
zu Grunde. Gasthäuser: Bräu, Lebzeltner. Täglich Postomni-
bus nach Saalfelden und Lofer, Taxenbach und Lend, nach Mittersill.

Zell am See.

Der *Markt Zell* hat 88 H., 625 E., eine uralte Kirche, dem
heiligen Hippolytus geweiht, mit schönem Altarblatte und sehr
schönen gothischen Steinhauerarbeiten, namentlich an einer Gallerie des Chores; ein altes Schloss, ein Gebäude mit hohem
Giebel und an den vier Ecken bethürmt, Sitz des Bezirksgerichts. Seinen Ursprung verdankt der Ort, wie schon sein Name
sagt, einem Kloster, dessen letzter Probst Rüdiger von Radeck
zum ersten Bischofe in Chiemsee erhoben wurde.

Es ist nicht nur eine Thalebene, wie das Zillerthal oder
Salzachthal, von St. Johann nach Werfen, obgleich ein Paral-

lelglied, sondern es findet auch eine tiefe Anshöhlung des Thalbodens statt, welche mit dem *Zeller See* bedeckt ist, einem
Ueberreste jenes grösseren Sees, welcher einst die ganze Weitung ausfüllte; denn dass der See nicht durch Versumpfung, wie
die sumpfigen Wasserflächen des Salzachthales, entstand, beweist
seine noch immer beträchtliche Tiefe, nach Leop. v. Buch 600'.
Seine im Norden (Prielauer Moos) und im Süden (Zeller Moos)
in Sumpf übergehenden Ufer sind durch Ausfüllungen und An-
schwemmungen entstanden. Unter seinen *Wasserpflanzen* sind
die s. g. Seeknödel einer Alge (Aegropila Sauteri) und Nymphaea
biradiata zu erwähnen.

Dieser grossen Gebirgslücke hat die hiesige Gegend ihre
Reize zu danken, sowie auch dem Umstande, dass sich gerade
im Süden eine der höchsten Gebirgsgruppen der Centralkette, im
Norden eine der höchsten Kalkalpengruppen zum Himmel auf-
baut, während die tiefe Mitte mit einem Seespiegel ausgegossen
ist, dessen östliche und westliche Thalwand dem grünen Uebergangsgebirge angehört. Da die meisten Reisenden gewöhnlich
nur von Taxenbach aus die Pinzgauer Hauptstrasse nach Mittor-
sill verfolgen, so kommen sie zu nahe an der Centralkette hin,
durchschneiden nur die südlichen versumpften Gestade des Sees
und erblicken über das hohe Schilf hin die Kalkalpen; auf diese
Weise achten sie kaum dieses Seebeckens, das so reichen Genuss gewähren kann. Dazu kömmt das hier allerdings häufig
herrschende Regenwetter.

Ist es ein heiterer Abend, so unternehmen wir vor allem
eine Spazierfahrt auf dem See, der 1 Stunde lang von Norden
nach Süden und ¼ Stunde breit ist. Wir nehmen die Richtung
nach *Thumersbach*, Zell fast gerade gegenüber im Osten. Auf
der Mitte halten wir und überschauen die merkwürdige Gegend.
Gerade im Norden erhebt sich in einer Entfernung von 4 Stunden die Kalkalpenwelt in äusserst schroffen Formen; es ist der
Südabsturz der Berchtesgadner Gruppe; oben auf diesen senkrechten, nackten, wildzerrissenen Wänden breitet sich eine weite,
öde Fläche aus, das *Steinerne Meer*, dessen erstarrte Wogen
hinab nach Berchtesgaden fluten. Weissröthlich erscheinen die
Schroffen, deren Steilheit keinen Schnee duldet; nur hie und

da in tiefen schattigen Rissen verräth ein Schneestreifen die
Höhe der Berge; blauduftige Schlagschatten auf den von unten
bis oben nackten Wänden zaubern einen Feenpallast hin; wie
von einem Altare Gottes steigen Wolkensäulen aus tiefen Schneeschluchten himmelwärts. Der Unerfahrene wird kaum ahnen,
dass bis an den Fuss jener Berge, wo das Schloss Lichtenberg
die Lage von Saalfelden bezeichnet, 5 Stunden sind. Jetzt wenden wir den Blick südwärts und eine völlig andere Welt liegt
vor unseren Blicken, es ist die Urgebirgswelt in ihrer ganzen
majestätischen, aber ruhigen Grösse. Fast erscheint sie nicht
so hoch, wie die trotzigen Zacken des Kalkes wegen der sanfteren Umrisse; doch bald wird der Beobachter ihre Grösse wür-
digen. Gerade im Süden erhebt sich als stolze Pyramide das
Inbachhorn oder *Einbachhorn*, 7812' hoch, also so hoch, wie
die nördlichen Kalkwände, aber das vierkantige Felsengerüst
ist noch bis zur Spitze vom Grün der Matten überschimmert;
nur oben treten die braunen Urfelskanten schärfer hervor. Ueber
ihm erhebt sich der tiefbeschneite Gipfel des *Hohen Tenn*
(10,032'), Eisgefilde und beschneite Felsenrücken nach beiden
Seiten herabsendend. Er verbirgt das 11,318' hohe *Vischbachhorn;* links von dieser Gruppe fällt der Blick in das Fuscher-
thal bis zu seinem Tauern, den der im Hintergrunde aufragende
Brennkogl bezeichnet.

Grossartiger zeigt sich rechts die Eiswelt des Kaprunertha-
les, dessen westlicher Eckpfeiler, das schon dick beeiste *Kitzsteinhorn* (10,107') mit der Eiskammer, stolz sein Haupt in die
Lüfte hebt. Ueber die Gletscher des Hintergrundes steigen zwei
gewaltige Schneeberge aus der Nachbarschaft des Glockners, der
Johannsberg und *Bärenkopf,* auf.

Schön ist es, wenn am späten Nachmittag der Schmelz der
Matten durchglüht wird von der sich neigenden Sonne und violette Schatten den Faltenwurf des Gebirges verrathen; wenn die
silberweissen Firnen über dem Grün und Grau der Vorberge
erglänzen in dem Dunkelblau des Himmels. Aber schöner, oder
erhabener vielmehr, ist der Eindruck, wenn der Abglanz der
Sonne an den Kalkriesen verblichen, wenn von den grünbematteten Urbergen das lebendige Grün gewichen ist, wenn als

als dunkle Riesen im grauen Flor der Dämmerung erscheinen,
wenn dann noch allein die Eiszinnen stolz im glühenden Feuer
der untergehenden Sonne, oder ihrer Nachhut, des Abendrothes,
ihr Haupt erheben und sich als Herrscher dieser Welt verkünden; Dunkel deckt dann das Thal, tieferes Dunkel den jetzt
schwarzen Seespiegel, aber tief hinein in den fast nächtlichen
Spiegel tauchen die glühenden Eisgipfel, als ob sie der Abkühlung bedürften. — Noch können wir auf dieser Fahrt das Schloss
Prielau am nördlichsten, ebenfalls sumpfigen, Gestade des Sees
gelegen, besuchen; es ist ein Schloss in dem hiesigen Stile erbaut: hoher Giebel und 4 Eckthürmchen; gegenwärtig enthält
dasselbe eine Wirthschaft; dabei steht eine kleine Kirche, die
einen schönen Vordergrund abgeben würde, wenn sie in einem
guten Stile erbaut wäre.

Wenn wir aus dem Fenster unseres Wirthshauses gegen
Osten über den nahen Kirchhof und den jenseitigen See hin
sehen, so erhebt sich dort das grüne Thonschiefer-Uebergangs-
gebirge, kaum seine Höhe verrathend. Auf der höchsten Erhebung zeigt sich eine trigonometrische Pyramide, ein Zeichen
einer weiten Aussicht. Es ist der 6698' hohe *Hundstein*, wo
sich sonst am Jakobstage die Pinzgauer versammelten, um alle
im Jahre vorgekommenen Streitigkeiten und Händel durch Faust-
kämpfe zu schlichten, die oft sehr blutig ausfielen. Ausser den
ernstlichen Zweikämpfen gab es auch gymnastische. Die Höhe
des Hundsteines bildet eine ziemliche Fläche; das Schönste ist
aber die Aussicht: gegen Norden die furchtbaren, 9000' hohen
Wände der *Uebergossenen Alpe* (Ewigen Schnees), hier *Wetterwand* genannt, mit ihrem grossen Eisgefilde, dessen Zipfel wie
ein Altartuch von dem grossen, oben ebenen Berge herabhängen; gegen Süden die ganze Rauris hinan und die sich dort erhebenden schneebedeckten Goldberge; gegen Südwest die Eiswelt des Grossglockners und des Venedigers; westlicher ein
grosser Theil des Pinzgaues; gegen Südost die Gasteiner und
Grossarler Bergwelt. 3 — 4 Stunden sind erforderlich zur Ersteigung des Hundsteins.

Botanisches. Sesleria Scheuchzeri, Avena versicolor, Phyteuma hemisphaericum, Gentiana prostrata, Juncus Jacquini.

Auch die *Schmittenhöhe* (6044'), 3 Stunden gerade westlich von Zell, ebenfalls ein bis zur Spitze grünbewachsener Thonschieferberg, von dem der den Markt Zell durchströmende *Schmittenbach* herabstürzt, bietet eine ähnliche grossartige Rundsicht dar, nur dass man hier statt in die Rauris in das Kaprunerthal hineinschaut, und der Ueberblick des Zeller Sees und der Saalfelder Ebene mit den darüber aufsteigenden Kalkwänden dieser Aussicht einen noch grösseren Reiz verleiht. Noch näher, 3 bis 2¼ St., hat man den *Hünigkogl* (5867'), der ausser der herrlichen Gebirgsansicht nach Süden auch eine grossartige Uebersicht des mittleren und oberen Pinzgau's gewährt.

Die Bewohner von Zell erhielten von dem Erzbischofe Matth. Lang den Beinamen: „die getreuen Knechte St. Ruprechts", weil sie dem allgemeinen Aufstande des Pinzgaues 1526 nicht beitraten. Sie durften jährlich eine Wallfahrt nach Salzburg anstellen, dort im Dom ihr deutsches Kirchenlied anstimmen und rings um den Hochaltar ziehen; Abends wurden sie im Hofkeller bewirthet.

Der Markt Zell liegt in einem Strassenmittelpunkte, und Fahr- und Fusswege führen allerwärts hinaus: 1) Gegen Süden in das Kapruner Thal; bis Kaprun Fahrweg. 2) Das Pinzgau über Mittersill hinauf bis Kriml 12 Stunden, Fahrweg; von dort weiter über die Platte oder von Kriml über die Gerlos ins Zillerthal; von Zell bis Zell im Zillerthal 22 Stunden. 3) Nördlich: Strasse bis zum Saalhof an dem Austritt der Saalache aus dem westlichen Seitenthal Glemm: in diesem auf einem Fahrweg hinan bis zu den letzten Häusern, von wo man ein Joch übersteigt nach Kitzbühel. 4) Vom Saalhof auf der Hauptstrasse nördlich fort nach Saalfelden, 3 Stunden. 5) Von Saalfelden in westlicher Richtung in dem mit Glemm parallelen Thal Leogang hinan über Hochfilzen, Fieberbrunn nach St. Johann, 10 Stunden, Fahrweg, dann weiter entweder südlich nach Kitzbühel, oder westlich nach Söll und in das Innthal bei Wörgl oder nördlich durch das Thal der grossen (Kitzbühler) Ache zum Chiemsee. 6) Von Saalfelden auf der Hauptstrasse gegen Nordwesten durch die schauerliche Thalenge der Hohlwege bis Oberweissbach, wo rechts ein Seitenfahrweg über den Hirschbühel nach

Berchtesgaden und Salzburg führt, der nächste Verbindungsweg nach Salzburg. Von Oberweissbach auf der Strasse im Saalthal hinab nach Lofer auf die Hauptstrasse von Salzburg nach Innsbruck; auf ihr links ab über Waldring nach St. Johann (siehe oben). Auf der Strasse thalabwärts von Lofer fort über Unken zum Neuweg; hier links ab nach Traunstein; rechts auf der Hauptstrasse fort nach Reichenhall und Salzburg. Aus den Hohlwegen führt am Diesbach ein Weg zum Steinernen Meer hinan. 7) Ueber Saalfelden an der daselbst in die Saalache mündenden *Urselauer Ache* hinan, über den Sattelrücken der *Hochfilzen* (3612'), einem ähnlichen Kampfplatz der Pinzgauer, wie der Hundstein, in das Thal von *Dienten*, und entweder in diesem hinab nach Lend an der Salzache, oder über einen zweiten Sattel unmittelbar unter den Wänden der Wetterwand hinüber in das Mühlbachthal und in diesem hinab nach Bischofshofen an der Salzache.

Salzachthal (Fortsetzung).

Von Zell' nach Piesendorf zu dem dreiarmigen Wegweiser zurückgekehrt folgen wir der sogenannten Hochstrasse, welche auf einem hohen Damme durch das Zeller Moos am südlichen Ufer des Sees hinführt, rechts die Salzache lassend, nach *Fischhorn.* Eben dahin gelangt der Reisende auch auf kürzerem, bequemerem und bei heiterem Wetter schönerem Wege, wenn er sich von Zell aus über den See fahren lässt. Nur zuletzt, wo er in den Abzugsgraben des Sees, den *Seegraben*, kömmt, verliert er die Aussicht. Das alte Schloss Fischhorn auf einem Hügel, mit dicken Mauern und einem Wallgraben umgehen, gehörte einst, wie Prielau, den Bischöfen von Chiemsee. Die am Fusse des Hügels liegenden Häuser gehören zu Bruck (s. u.). Da es unter dem Erzbischofe Matth. Lang, wie viele andere Burgen, ein Gegenstand der erbittertsten Volkswuth geworden war, konnten es seine Mauern nicht gegen die Bauern schützen; es wurde 1526 von denselben erstürmt, geplündert und zerstört; so blieb es 150 Jahre, bis es der Bischof von Preising wieder herstellen liess. Zu den Alterthümern der Burg gehören gemalte Glasfenster, auf denen die Zerstörung durch die Bauern, die Hinrichtung des Hauptanführers, nebst den Wap-

Schaubach d. Alpen. 2. Aufl. III. 6

pen des Landesfürsten und Bischofs von Chiemsee dargestellt
sind. Auch wird noch der Riesenpflug gezeigt, mit welchem
man in früheren Zeiten das Bett der Salzache jährlich auszutiefen suchte, um dem Ueberhandnehmen der Sümpfe zu steuern.
Die Burg gewährt eine herrliche Aussicht westlich weit in das
Salzachthal hinan, über den ganzen See, die Kalkalpen, und
das Fuscher und Kapruner Eisgebirge. Gasthaus von Mayr,
auch im nahen *Hundsdorf* beim Trauner gutes Wirthshaus und
billige Fahrgelegenheit.

Jenseits der Salzache, nur durch eine Brücke getrennt, liegt
das Dorf (Vicariat) *Bruck*, mit einer sehr alten Kirche, hat mit
Hundsdorf 102 H., 664 E., Bruck allein 443 E. Die Gasse des
Dorfes führt uns quer durch das Thal empor zur Oeffnung des
reizenden *Fuscher Thales.*

Die Fusch

ist unstreitig eins der schönsten Seitenthäler der Salzache. Es
ist 6 Stunden lang bis zu seinem hintersten Boden, aber allseitig von hohen Gebirgen umschlossen; durch den Hintergrund
zieht in hohen Schneebergen die Tauernkette von Osten nach
Westen; von ihr aus läuft nördlich der hohe Eisrücken, welcher Fusch von Kaprun scheidet und den wir den Kapruner
Scheiderücken nennen wollen; sein Haupt ist das Vischbachhorn;
den östlichen Thalrücken von Fusch nennen wir den Rauriser
Scheiderücken; letzterer ist bedeutend niedriger, indem er höchstens 8000' erreicht und keinen Schneeberg trägt.

In 2 Stunden von Fischborn erreichen wir das über das
ganze Thal zerstreute Dorf *Fusch*, 49 H., 396 E. Die Kirche
hat gute Gemälde; in einer Seitenkapelle befindet sich das Denkmal des auf der nahen hohen *Gemsburg* am 11. Aug. 1419 durch
Herabstürzen verunglückten Botanikers Szwikowsky aus War-
schau. Das Grab selbst befindet sich auf dem Kirchhof neben
der Kirche, mit einer Thränenweide bezeichnet.

Das Hirzbachthal

ist für Mineralogen wie für Botaniker gleich interessant. Bei
dem Dorfe Fusch mündet der *Hirzbach*, aus einem hohen, ziemlich steil abfallenden Thale, zwischen dem *Hohen Tenn* und *Zo-
lingkopf* herabkommend. Er bildet unten, unweit des Dorfes

Fusch, einen herrlichen Wasserfall, dessen Auffangschale und Umgebungen wie von der Hand eines Künstlers geordnet zu sein scheinen. Den höchst romantischen Hintergrund des Thales schliesst ein prächtiger, vom *Hohen Tenn* (10,032') herabreichender Gletscher, ähnlich der gefrornen Wand in Dux. Von der *Hirzbachalm* (5432') aus ist auch das *Einbachhorn* (7812') ganz leicht über Almwiesen hin in 2¼ St. zu besteigen, das eine ebenso grossartige wie schöne Aussicht bietet.

Höher oben, 2 Stunden von Fusch, liegen die *Hirzbacher* und nicht weit davon die *Schiedalper Goldgruben*. Die Gebirgsart ist Kalkglimmerschiefer mit seinen Nebengesteinen; die Gangart ist Quarz mit Kalkspath. Die Erze sind gediegen Gold, Glaserz, Kupfer- und Schwefelkies, Bleiglanz, Blende und seltener Arsenikkies. Das Gold ist weiss. — Seit 1800 und 1805 sind beide Gruben aufgelassen.

Mineralogisches. Am Zwing: gem. Tremolith im Quarz. Talkschiefer, Adular mit Bergkrystall, Prehnit und Chlorit, Rauchtopas und Morion, violette Kalkspathkrystalle. — An der Bretschen: asbestartiger Tremolith im Quarz.

Botanisches. Oxytropis campestris, Hieracium furcatum, angustifolium, Toffieldia glacialis u. A. — Im Hintergrunde rechts: Anemone baldensis. — Am Gerölle unter dem Gletscher: Saxifraga Kochii, oppositifolia, bifolia, Phaca frigida, Ranunculus rutaefolius. — Höhe zur Knappenhütte: Lomatogonium carinthiacum, Gentiana nivalis, Draba Zahlbruckneri, carinthiaca, Artemisia spicata, kleine Krautweiden.

Die Fusch (Fortsetzung).

Vom Dorfe *Fusch* kann man zwar noch ¼ Stunde weit auf dem Fahrwege im Thalboden bleiben, thut aber (nach Ruthner) weit besser, den Fussweg an der Ostseite des Thals zu wählen, der herrliche Ansichten bietet nach dem Bade *St. Wolfgang* (1¼ St. von Fusch) am Eingang ins *Weichselbacher Thal*. Es wird als Vor- und Nachkur von Gastein gebraucht. Das neue Badehaus besteht aus 3 Stockwerken mit 20 Zimmern. Die Quelle kömmt kalt aus dem Mitterberge, hat einen angenehmen Geschmack, sieht hell aus und perlt im Glase. Sie enthält nach Dr. Gatterer freie Kohlensäure, Schwefelsäure, schwefelsauren

6 *

Kalk, kohlensauren Kalk und Salzsäure. Das Wasser heilt Wunden und Geschwüre; es stärkt sehr und belebt besonders die Verdauungswerkzeuge. In der Nähe quillt noch der *Augenbrunnen*, der die Augen stärken soll. Das Bad ist schon in früheren Zeiten bekannt. Im 15. Jahrhunderte stand hier eine ansehnliche Kirche mit 2 Thürmen, ohngefähr 400 Schritte von der jetzigen auf einem Hügel, und da, wo jetzt die *Sebastianskapelle* steht, befand sich das alte Badehaus. Aber im Jahre 1703 fuhr eine Windlkhne vom *Mitterkahr* nieder, welche Kirche, Badehaus und Stallungen zerschmetterte; Vieh und Menschen wurden begraben; nur noch zwei Mauerwände der Kirche bezeichneten den Stand derselben. Eine neue Lawine zerstörte auch den grössten Theil dieses Ueberrestes, so dass nur noch ein Pfeiler dasteht. 1705 wurde die gegenwärtige Kirche erbaut und ihr gegenüber das Badehaus, jetzt das alte genannt, weil daneben ein zweites aus Stein erbaut ist, nachdem Lawinen andere Bauten zerstört hatten. Besitzer beider ist Bademeister *Gr. Majer*, welcher 1862 — 63 ein drittes dreistöckiges Haus gebaut hat. Ein viertes Wohnhaus gehört *Joh. Holzer*, der zugleich ein vortrefflicher Führer in die näheren und weiteren Umgebungen ist, zumal für Botaniker. Gewöhnlich wird er der Fuscher Hans oder Badhannes genannt. Der Badmeister Gr. Majer, ein Gemsjäger aus Liebhaberei, und *Jak. Erlinger* (Wintinger) kennen den Weg auf das Viscbbachhorn. Die Tochter des Fuscherhans ist auch eine gute Führerin und daneben Anton Hutten.

Ausser als Kurort ist das Fuscherbad bei St. Wolfgang als Sommerfrische sehr zu empfehlen, nur darf man sich nicht wundern, wenn es bei einer Meereshöhe von etwa 3000' da mitunter r e c h t frisch ist. Noch ist der übermässige Luxus mit seinem Gefolge, der Theuerung und der blasirten Gesellschaft, nicht hinaufgedrungen und herrscht in der Gesellschaft ein gemüthlicher Ton. Schon die nächsten Umgebungen sind reich an lohnenden Spaziergängen mit herrlichen Aussichten auf die Eisberge und Gletscher; auf dem *Kasereck* (in 1½ Stunde zu ersteigen) und dem *Kühkahrkopf* (3 St.) im Norden des Weichselthales, auf dem *Schwarzkopf* im Süden, der etwa 1500' höher ist als der

letztgenannte und den man in 4 — 5 Stunden erreicht, eröffnen
sich die herrlichsten Aussichten über das Gebirge nach allen
Himmelsgegenden.

Ein weiterer Ausflug von hier führt noch auf die *Weichselbachhöhe* (7026') und den *Grosskopf*, den höchsten Gipfel derselben; er erhebt sich da, wo sich nordwärts die Weichselbachhöhe gabelt und das zur Salzach niedersteigende *Wolfsbacher
Thal* einschliesst. In 3 Stunden ist der Gipfel erstiegen, der
eine herrliche Aussicht bietet: die ganze Fuscher Gebirgswelt
mit ihren Gletschern, das nahe Vischbachhorn, der Grossglockner, die Rauriser und Gasteiner Gebirge; durch den Wolfsbach
hinab zur Salzache, jenseits die Uebergossene Alpe, das Steinerne Meer u. s. w. Ueber die *Weichselbachhöhe* führt ein wenig
beschwerlicher Jochpfad hinüber nach Schütt in der Rauris (6 St.)
und von dort über Bucheben und die Stang nach Gastein, der
nächste Verbindungsweg zwischen diesen beiden Thälern. Nicht
minder prachtvoll ist die Aussicht, die das *Kühkahrköpfl* (7113'),
östlich des Fuscherbades, gewährt und das ganz leicht in 3 St.
zu besteigen ist. Die grossartigste und instructivste Aussicht
aber über die gesammte Gebirgswelt des Fuscherthales mit seinen imposanten Bergriesen, seinen weitgedehnten Gletschern,
seinen prächtigen Wasserfällen, seinen saftigen Matten, über den
Grossglockner, die Rauriser und Gasteiner Gebirge, auf die Uebergossene Alm, das Steinerne Meer, die Loferer und Glemmer Berge
bietet der *Schwarzkopf* (8748'), südlich des Fuscherbades, dessen Panorama das mit Recht berühmte des Gasteiner Gamskahrkogls fast noch übertrifft. Man besteigt ihn vom Bade aus über
die *Rieger Alm* in 4 St. Den Rückweg kann man, weniger jäh,
über die *Durcheck Alm* (5885'), fortwährend im Angesichte des
Vischbachhornes und seiner eisigen Trabanten, hinab nach *Ferleiten* wählen. Im *Fuscherthale* selbst steigen wir 1 starke Stunde
eine Thalstufe hinan; der Bach bildet links in die Tiefe grosse
Wasserstürze, doch hat er sich so tief in diese Stufe eingeschnitten, dass er keinen eigentlichen Wasserfall macht, wie in der
Kriml und Gastein. Im Hintergrunde erhebt der scharfkantige
beschneite *Sinnibelleck* sein Haupt hoch empor. Ein Haus am
Wege bezeichnet das Ende des Aufsteigens. Von der Thalwand

rechts tritt kühn eine dunkelbewaldete Felsenspitze vor und
macht mit den hohen, hinter ihr aufsteigenden Schneebergen
einen grossen Gegensatz. Um diese Ecke biegt der Weg und
nun liegt der obere Thalkessel der Fusch, ebenfalls, wie in Gastein das *Nassfeld* genannt, vor uns, ein malerisches und grossartiges Gemälde, einzig in seiner Art.

Gerade vor uns eine ziemlich breite und von hier an noch
2 Stunden weit sich hineinziehende grüne Ebene, mit Felsblöcken, Hütten, Matten und Saatfeldern bedeckt, von der Fuscher
Ache durchschänmt; Viehheerden weiden auf den Wiesen. Die
grösste Häusergruppe, durch eine Kapelle bezeichnet, an die
Thalwand rechts angelehnt, 2 kleine Stunden von St. Wolfgang,
ist das *Fuscher Tauernhaus*, auch nach der ganzen Alpe die
Ferleiten (3701') genannt, ein einfaches Wirthshaus mit freundlicher Bedienung. Allseitig steigen Wände hoch empor, rechts
und links unten noch von Wäldern umschattet, über welche die
Matten und Felsen mit ihren Gletschern hereinleuchten; links
oben zeigen sich die Felsenrücken des Fuscher Tauern; den
Hintergrund umschliessen hohe, grösstentheils beschneite Felsenberge, auf deren tieferen Strebepfeilern nur noch der Pflanzenteppich hinanzuklettern wagt zur ewigen Eisdecke. Zunächst
am Fuscher Tauern beginnt die Reihe der Hochgipfel mit dem
Brennkogl und setzt fort über den *Spillmann* und *Kloben;* diesen sebeldet die *Pfandlscharte* (ein Uebergangsjoch zur Pasterze
und nach Heiligenblut in Kärnthen) von dem höher ansteigenden *Sinnibelleck* und noch höheren *Fuschkahrkopf*. Von diesen
beiden hohen Schneebergen und zwischen ihnen senken sich
Gletscher vielfach zerklüftet herab und vereinigen sich zu einer
grossen Eismasse, die auf einer hohen Felsenstufe aufliegt; zahllose Wasserfälle entstürzen der Eisdecke und werfen sich in die
Tiefe des Thales, zwischen jenen beiden Köpfen bricht die Eismasse über einer schwarzen Feldmasse, die aus dem Eis her-
vorschaut, in einer sehr hohen blaugrünen Stufe ab. Rechts
vom *Fuschkahrkopf* verdeckt der dunkelbewaldete Fuss des Vischbachhorns die Aussicht der höchsten Gebirge auf eine Strecke;
doch bald darauf weicht diese Wand zurück und der Blick eilt
über hohe Felsenstufen, über welche sich ein Bach in herrli-

chen Wasserfällen herabwirft, zu dem himmelragenden schneebedeckten *Vorderen oder Kleinen Vischbachhorn*, ein von dem
vorigen abgesondertes, äusserst grossartiges Bild. Wer nur
einen in der That höchst lohnenden Ausflug hierher macht, thut
am besten, von seinem Nachtquartier in Zell oder Bruck aus
bis zum Embacher zu fahren, dann den Wagen in Fusch warten zu lassen, nach der Ferleiten zu gehen und nun nach ein-
genommenem Imbiss den fast ebenen, mattenbedeckten Thalboden bis zu seinem obersten Anfange, das sogenannte *Käferthal*,
hinzuwandern oder gegen die *Trauner-Alm* (4758') anzusteigen,
2 St. von Ferleiten, wo er neben der grossartigsten Berg- und
Gletscheransicht auch Alpenkost findet, am Spätnachmittage nach
Fusch zurückzukehren, wo er dann noch vor Einbruch der Nacht
in seinem Standquartier zurück sein kann.

Die westliche Thalwand der Ferleiten wird von den Abhängen des *Grossen Vischbachhorn* (auch *Wiesbachhorn*) gebildet, dessen Besteigung beschwerlich und nicht ungefährlich, daher nicht
oft versucht und, soviel bekannt, bis jetzt nur viermal gelungen ist, zuerst im Anfange dieses Jahrhunderts den Bauern Zen-
ker und Zorner, darauf 1841 dem Kardinal und Fürsterzbischof
von Salzburg, Fr. Schwarzenberg, 1854 Hrn. Dr. v. Ruthner
und dem Grafen Denis Androssy, 1861 Hrn. J. Pagritsch. Als
die besten Führer werden genannt: Jac. Erlinger (vulgo Wintinger) und Anton Hutter (vulgo Schullehrer Toni). Der von
Dr. v. Ruthner viel gerühmte Röderer lebt nicht mehr. — Von
der *Judenalpe*, im Süden des Berges, aus hat die Ersteigung im
J. 1841 9 Stunden, im J. 1854, der kleineren Gesellschaft, 7½ St.
erfordert. — Wer aber auch das Vischbachhorn nicht ersteigen
will, sollte wenigstens bis zur *Trauneralpe* (2 St. von Ferleiten)
und ins *Käferthal* (3 St.) hinaufsteigen, in welches die schönsten Gletscher herabsteigen.

Der gewöhnliche Weg aus der Fusch nach Heiligenblut verlässt ¼ Stunde oberhalb Ferleiten den Thalboden und wendet sich
links den Berg hinan. Da der Weg für mässige Alpensteiger
immer 8—9 Stunden erfordert, und zwar ohne eine menschliche
Wohnung oder irgend einen Zufluchtsort auf dem ganzen Wege
anzutreffen, so thut man wohl, das Wetter zu berücksichtigen,

und bei heiterem Wetter sehr früh aufzubrechen, vielleicht, wenn
es Mondschein ist, um 1 oder 2 Uhr, und das Ausruhen auf die
reinen Betten in Heiligenblut zu versparen. Man hat dabei den
Genuss, die grossartige Gegend, die sich im Hinansteigen immer
mehr zum Riesenmässigen entfaltet, im Vollmondslichte zu betrachten, dann an den mächtigen Eiszinnen den Abglanz des
werdenden Tages zu beobachten, wie ein Lichtschleier nach dem
andern abgeworfen und an dessen Stelle dann wiederum ein anderer glänzenderer übergeworfen wird. Kurz, man erblickt einen
zauberischen Wechsel des Farbenspiels vom Vollmond bis zum
wirklichen Aufgang der Sonne, das sich nur sehen, aber nicht
beschreiben lässt, und ehe man noch das Thörl des Fuscher
Tauern erreicht, verkündet der Donner der abstürzenden Glet-
scherlawinen die Ankunft der Sonne in der Eiswelt, wenn sie
uns auch noch verborgen ist; denn fast unaufhörlich vernimmt
man das eigenthümliche Gepolter der Gletscher und erblickt die
Eislawinen, welche die Gletscher entsenden. Ausser diesen Genüssen hat man noch den Vortheil, über die Schneefelder des
Heiligenbluter Tauerns hinüber zu kommen, so lange sie noch
der Nachtfrost fest macht. Denn es ist nichts unerträglicher,
als, schon ermüdet, in der Mittagshitze durch grosse, von der
Sonne erweichte Schneefelder aufwärts zu waden, während die
Augen geblendet werden.

Der *Fuscher Tauern* liegt nicht in dem Hauptrücken der
Centralkette, sondern er ist der Anfang des Seitenrückens, welcher die Thäler Fusch und Rauris scheidet; da, wo er sich von
der Hauptkette rechtwinkelig nach Norden loszweigt, liegt gerade auf dem Knoten der *Brennkogl* (9540'), welcher dreiseitig
abfällt, nach Süden ins Möllthal, nach Nordwest ins Fuscher-
und nach Nordost in das Raurifer Thal. Um nach Heiligenblut
aus der Fusch zu gelangen, muss man daher zuerst den Fuscher
Tauern übersteigen und dann rechts hinüber auf den Heiligenbluter Tauern, der mit dem ersteren einen rechten Winkel macht.
½ Stunde lang zieht sich dieser Weg noch von Ferleiten im Thale
hin bis zum Fuss des Berges, dann wendet man sich, den Bach
überschreitend, links hinan. Die Steilheit des Berges wird leicht
durch die vielen Windungen des Pfades überwunden; dieser ist

so tief ausgetreten und so von Gestrüpp beiderseits überwachsen, dass man oft nur mit dem halben Körper hervorragt aus der engen hohlen Gasse. So steigt man unvermerkt zu bedeutender Höhe empor; nach 2 Stunden rasten wir an dem *Petersbrunnen* (6763'), an dessen klarer frischer Quelle wohl kein Tauernwanderer ohne Labung vorübergeht. Hier sieht man thalauswärts, wenn es hell ist, gerade die *Schönfeldspitze*, die höchste Kalkzinne des Steinernen Meeres. Die Gegend hat sich völlig verändert. In der Tiefe ruht noch finstere Nacht; nur das geheimnissvolle Rauschen der den Gletschern entstürzenden Eisbäche belebt in etwas die tiefe feierliche Stille. Jenseits aber, wo wir vorhin aus der Tiefe nur dunkle Waldberge sahen, da baut sich jetzt hoch über diese eine Riesenwelt von Gebirgen auf; hoch oben an den Sternen erglänzt die silberne Spitze des 11,808 W. F. hohen *Vischbachhorns*, in schwarzen Wänden senkrecht abstürzend auf eine niedrige Bucht, in welcher ein Gletscher liegt; neben dem Riesenhorne südlich beginnt das *Fuscher Eiskahr*, das ganze Amphitheater von Gletschern und Eisbergen, welches das Fuscher-Thal im Hintergrund umschliesst. In der noch immer herrschenden Dunkelheit erkennen wir nur das vom Mond erleuchtete Eis; schwarz heben sich die Felsenmassen davon ab, oder erscheinen als dunkle Höhlen in den Schneefeldern.

Wir steigen weiter; der Wald verschwindet, doch ohne Krummholzregion; der Weg biegt um eine Ecke in eine hohe Gebirgsbucht; man vergesse nicht, öfters zurückzublicken zu den Eiszinnen, an denen jetzt jene oben beschriebenen Wechsel des Lichtes in schneller Reihenfolge sichtbar werden. Noch ein steiler Anstieg und man erreicht die Höhe, von welcher der Tauern nur noch als schiefe Fläche ansteigt. Es ist der zweite Hauptrastplatz; die ersten Sonnenstrahlen funkeln an der Spitze des Vischbachhorns; jetzt erst können wir den ganzen gewaltigen Felsen- und Eisgurt des Fuscher-Eiskahrs erkennen und beobachten.

Zunächst neben uns im Süden steigt der *Brennkogl* (9540') auf, nur durch eine niedrige Scharte von dem ganz beeisten *Kloben* (9510') getrennt; graugefärbt, ins Grünliche spielend, er-

scheinen die aus dem Schnee aufsteigenden Felsenriffe als Glimmerschiefer und Serpentin mit Gold führenden Gängen; dann
durch die *Pfandlscharte* (8397') getrennt, erheben sich die scharf
zugeschnittenen Formen des *Sinnibellecks* (10,277') und *Fusch-
kahrkopfs* (10,501'), das *Sandbodenkees;* ihre hie und da aus dem
Schneegewand hervorragenden Felsen haben eine braune Farbe.
Rechts von letzterem Kopfe zieht ein hoher Eisrücken mit vielen Erhebungen zum Vischbachhorn; von demselben steigen eine
Menge Gletscher als grünblaues Gebröckel herab; aus diesen Eismassen ragt plötzlich eine braune, ganz von Schnee entblöste,
oben abgeplattete Pyramide empor, vierkantig wie mit dem Mei-
sel bearbeitet, die *Hohe Docke* (10,326'). Das Vischbachhorn,
mit seinen furchtbaren Wänden, an denen hoch oben unter der
Spitze der Führer die *Heidnische Kirche*, eine Höhle, zeigt, hat
wieder blaugraue Schieferwände. Während wir diese betrachten,
erregt ein neues Schauspiel unsere Aufmerksamkeit; ein öfter
wiederholtes donnerähnliches Getöse leitet unser Auge auf dessen Entstehung; es sind Eislawinen, die den jenseitigen Gletschern entstürzen, wie sie die Sonne begrüsst. Sie gleichen täu-
schend den Wasserfällen, nur dass sie zuletzt aufhören herab-
zuströmen. Wegen der Grösse der Umgebungen erscheinen die
herabstürzenden Eistrümmer wie weisser Wasserstaub, und nur
der dumpfe eigenthümliche Donner beim jedesmaligen Abstürzen
über eine Felsenwand verräth die Grösse der Massen.

Auf der grünen Rasendecke der Tauern wandern wir allmählich hinan zum *Fuscher Thörl* (7640'), 2 Stunden vom Petersbrunnen, 4 Stunden von der Ferleiten. Doch ehe wir noch
dahin kommen, tritt auf einmal links hinter dem Sinnibelleck ein
Obelisk hervor; nur an den Kanten zeigt sich schwarzes Gestein,
es ist der *Glockner*, über 12,000' hoch, durch das grosse Eisthal der Pasterze von dem Fuscher Eiskahr getrennt; er scheint
hier durchaus unersteiglich. An dem Felsenrande des Tauern,
wo derselbe am Thörl gegen die Rauris abstürzt, verbirgt sich
der Riese wieder hinter dem Kloben.

Geognostisches. Von Bruck bis gegen Judenbach reichen
die sogen. Radstädter Tauerngebilde mit Thonschiefer, dunklem
Kalk (Falkenstein), Kalk- und Kalkthonschiefer, am *Brucker-*

berg und am *Bichlerberg* in Vorfusch mit Serpentinlagern, die Amianth, an ersterer Lokalität seltener Anthophyllit, und an letzterer Bronzit führen. Von da an herrscht fast im ganzen übrigen Thale das Kalkglimmerschiefergebirge mit seinem reichen Gesteinswechsel von kalkfreiem und kalkführendem Glimmerschiefer, von Marmor, Chlorit- und Urthonschiefern und mit untergeordneten Serpentinstöcken (Brennkogl). Nur unterhalb Ferleiten unterbricht ein Zug von reinem Glimmerschiefer, der durch Feldspathaufnahme aber auch gneissartig wird, und, von der Nordseite des Kleinen Vischbachhorns bis zum Nebelkopf reichend, südostwärts nach Seidlwinkelthal sich ausbreitend, das Kalkglimmerschiefergebirge in ein nördliches Revier, zwischen Ferleiten und Judenbach, und in ein südliches, welch letzteres über die Tauern zum Möllthal hinüberzieht, Venediger und Hohenarr trennend; auf dieser Seite erreicht er seine höchste Höhe im Grossen Vischbachhorn. Im Glimmerschiefer kommen kleine Strahlsteinlager, am Fusse des *Kleinen Vischbachhorns* Rutil im Kalkspath, an der *Trauneralp* im Bergkrystall, hier Rutil auf von Chlorit überzogenen Orthoklaskrystallen im Quarz des gneissartigen Gesteins, und Zoisit im Quarz; an der *Ferleiten* kommt in einem derben Hornblendgestein des Glimmerschiefergebirges grüner Epidot vor. Der Chloritschiefer führt nicht selten auf Orthoklasadern mit Bergkrystall Adular, überzogen von Chlorit. Im körnigen Kalk und eingeschlossen im Quarz findet sich Tremolith. Die Gänge güldischer Silbererze finden sich im Kalkglimmerschiefergebiet im Hirz- und Weichselbach und im Serpentin des Brennkogls.

Für den Mineralogen besonders interessant sind die Gräben am Hirz- und Weichselbach. Im Weichselbachgraben Adularkrystalle bedeckt von Chlorit, begleitet von Titanit, in Diesenräumen aus Chloritschiefer; zwischen Weichselbach- und Riegergraben Adular mit Bergkrystall, krystallisirtem Chlorit und Prehnit, auch Periklin im Chloritschiefer. Im Weichselbach- und Embachmitterkahr gemeiner Tremolith; im Weichselbachgraben im Embachmitterkahr, unterhalb des Kirchels, ein Gang von Serpentin mit Asbest und Strahlstein im Glimmerschiefer. Edler Serpentin östlich vom Weichselbachkahr. Rhätizit in körnigem Kalk an der

Ostseite der Weichselbachscharte; rother Turmalin am Embach-
kahr. Auch hier setzen goldführende, an Arsenikkies reiche
Gänge im Kalkglimmerschiefergebirge auf. — Am Schwarzen-
kopf über St. Wolfgang steht ein Albit führender Chloritgneiss
nach Credner an. Russegger erwähnt am Weichselbach einen
gneissartigen Kalkglimmerschiefer.

Botanisches. Sesleria tenella Host, Phyteuma pauciflorum,
Gaya simplex u. a.

Die Aussicht am Thörl hinab in den westlichen Seitenarm
der Rauris, der *Seidlwinkel* genannt, ist bei weitem nicht so
interessant und grossartig, wie in die Fusch. Eine öde Steinwüste, über welcher sich weiterhin die Rauriser Goldberggruppe
in ihren charakteristischen Farben und sanftgewölbten Schnee-
gipfeln erhebt; das nächste gegenüberliegende grosse Eisgefilde
ist das *Weissenbacher Kees*, und die links von ihm aufsteigende
Felsenspitze der *Ritterkopf* (9340'). Rechts vom Weissenbacher
Kees sehen wir den Felsenkamm der Tauernkette, mit grossen
Schneefeldern bedeckt, heran zum Brennkogl ziehen, und die
tiefste Scharte in diesem Kamm bezeichnet der Führer als das
Hohe Thor des Heiligenbluter-Rauriser Tauern. Kaum glauben
wir, dass es noch 2 mühsame Stunden sind, so nahe erscheint
uns das Ziel. Doch der ganze Weg ist eine Steinwüste, und
das letzte Drittel unter weite Schneefelder begraben. In 1 Stunde
erreichen wir, zuerst etwas abwärts dann aufwärts gehend, das
Mitterthor, ein aus den Felsblöcken anfragendes, vom Brennkogl herabkommendes Felsenriff; rechts haben wir jetzt über
uns den fast senkrechten Absturz des 9541' hohen *Brennkogls*,
ohne allen Schnee. In der Mitte der graubraunen Wand geht
ein grüngraues breites Band hindurch; die unten liegenden Felsblöcke dieser Farbe sind Serpentin und Chloritschiefer. Der
ganze Abhang vom Fusse des Brennkogls bis zum Mitterthor ist
mit Steintrümmern überdeckt, das s. g. *Beinkahrl;* einst soll hier
durch einen Bergsturz eine Procession, die nach Heiligenblut
zog, verschüttet sein. Beim Mitterthor treten wir aus dem Gebiete des *Fuscher Tauern* in das des *Heiligenbluter-Rauriser Tauern.*
Nach $\frac{1}{4}$ Stunde beginnen die Schneefelder; nur dann und wann
unterbrechen ein Steingerassel oder über die Wüste hinschnur-

rende Schneehühner die lautlose Stille. Unweit der Ruinen eines
ehemaligen Knappenhauses kömmt der Tauernpfad aus der Rauris herauf und vereinigt sich mit dem unserigen. Doch endlich,
nach 1 Stunde vom Mitterthor, ist auch das *Hohe Thor* des *Heiligenbluter-Rauriser Tauern* (8162') erreicht. Nach Heiligenblut
hinab rechnet man noch 3 Stunden, nach dem Rauriser Tauernhause 2 St. — Ein zweiter Uebergang nach Heiligenblut führt
über die *Pfandl-Scharte* (8397'), der, obwohl weiter (bei 11 St.),
anstrengender und nur bei ganz gutem Wetter zu machen, doch
dem Bergelustigen einen ganzen Tag erspart, da er unmittelbar zur Pasterze führt, zu deren Besichtigung man sonst von
Heiligenblut aus hin und zurück einen Tag widmen muss. Früh-
zeitiger Aufbruch ist hier doppelt rathsam und Lebensmittel für
einen Tag sind mitzunehmen. Wir folgen vorerst $\frac{1}{2}$ St. lang dem
früher angegebenen Wege, überschreiten den Bach, bleiben aber
dann, statt links anzusteigen, noch $\frac{1}{4}$ Stunde lang in der Thalsohle. Ueber Wiesen und zuletzt lichten Wald steigt nun der
Weg allmählich zur *Trauneralm* (4758') (2 St. von Ferleiten), in
der man auch nothdürftig im Heu übernachten kann. Nun beginnt ein steiler Aufstieg im Zickzack bis zum Rande des *Schar-
tenkeeses* (2 St.). Schöner Rückblick auf das Fuscher Thal, Zeller See, Hundstod und Watzmann. Das *Schartenkees*, das sich
zwischen dem *Spillmann* (9437') östlich und dem *Bärenkogl* (9017')
westlich hereinzieht, ist wenig steil und in 1$\frac{1}{2}$ St. bei nöthiger
Vorsicht gefahrlos zu überschreiten. Wir halten uns möglichst
links am östlichen Gestade des Gletschers; bald zeigt sich links
ein kleiner Zufluss desselben, der aus einer Firnmulde zwischen
dem Spillmann und Kloben herabkommt; etwas weiter öffnet sich
rechts ein fast kreisrundes Steinkahr, das *Gamskahrl.* Von der
Scharte wenden wir uns westlich am Rande des Gletschers hin,
der von der *Racherin* (10,036') nordwärts herabzieht. Jäh geht
es nun am Südabhange des Bärenkopfes abwärts ins sogenannte
Nassfeld (2 St.), einen kleinen Thalkessel. Schöne Wasserfälle
von allen Seiten, die Aussicht auf die Pasterze und den Grossglockner erschliesst sich mehr und mehr. Raschen Schrittes eilen
wir, zahlreiche Bächlein übersetzend zu Thale, bei dem Schä-
ferloche, einem Unterstandsorte des Schafhirten, vorüber und

rechts hinan zur *Franz Josephs-Höhe* oder dem *Hohen Sattel* (8025′) (1 St.), und stehen nun vor einem der erhabensten Bilder unserer deutschen Alpen, dem *Grossglockner* gegenüber (s. Bd. V). Von hier ½ St. zur Johannushütte, 3 St. nach Heiligenblut.

Salzachthal (Fortsetzung).

Von Bruck setzt die neue Strasse auf das linke Ufer der Salzache über; links auf der Höhe liegt *Hundsdorf.* Nach der Auswanderung der Salzburger Protestanten wurde hier ein Missionshaus der Franziskaner errichtet. Die Kirche wurde 1741 eingeweiht. Auf der Höhe von *Hundsdorf* schöne Ansicht des Hohen Tenn und Zolingkopfs. Ausserhalb des Orts erblickt man links auf luftiger Höhe eine Kirche, *St. Georgen;* eine Seitenstrasse führt hinan und jenseits wieder hinab zur Strasse; sehr schöne Ansicht das ganze Pinzgau hinauf, besonders bei Morgenbeleuchtung.

Bei den kleineren Dörfern *Gries* und *Högmoos* beginnt ein stärkeres Fallen der Salzache, sowie auch das Thal enger wird, in das sie sich einschneidet. Ungeheuere Quarz-, Granit-, Gneiss- und Glimmerschieferblöcke sind aus ihrem Bette, theils durch sie selbst, theils durch Menschenhand, ausgeworfen, um es auszutiefen; die Ufer sind durch bretterne Wände, an denen die Fluten hingleiten, gegen Ausbrüche geschützt. In dem folgenden Dorfe, *Hasenbach,* findet man an einem Bauernhause einen römischen Grabstein über der Thür eingemauert, welchen der Bauer nebst anderen Alterthümern auf seinen Grundstücken ausgrub. — Von Süden herein zieht das *Wolfsbachthal,* auf dessen saftigen Matten bei 50 Almhütten zerstreut liegen, mit Jochübergängen nach St. Wolfgang in der Fusch und nach Schütt in der Rauris.

Je weiter man kömmt, desto enger, aber grüner und frischer, wird die Gegend bis zum kleinen Markte *Tazenbach* (2209′), zu dem die Strasse wieder hoch hinanführt. Die mit dem frischesten Grün überkleideten Höhen sind durch Thaleinschnitte vielfach durchfurcht und mit üppigen Baumgruppen von Buchen, Ahorn und Eichen umschattet. Der Markt hat in einer einzigen Gasse 39 H., 515 E., ist Hauptort des gleichnamigen Bezirks mit 2 Märkten, 45 Dörfern, 1219 H. und 4901 E. Bei dem *Tax-*

wirth findet man ein recht gutes Unterkommen, eine wohlbe-
setzte Tafel und auch Pferde zur Weiterbeförderung. Aus Taxenbach sind die meisten Kellnerinnen in weiter Umgegend und
der Ort soll einst viel grösser gewesen sein, wie die Grundfesten und auf benachbarten Feldern aufgefundene Geräthschaften beweisen; zweimal brannte er ganz ab. Zwei Schlösser liegen am Orte; in dem einen an der Strasse nach Lend und Salzburg ist das Bezirksgericht; das andere ist das alte Schloss, 1275
erbaut, von den Bauern 1525 zerstört; über dem Markte ist noch
der Penninghof, welchen die Herren von Penninger 1460—1613
besassen. Sowie man durch das alte Thor hinaustritt, biegt die
Strasse in eine Schlucht, die hoch herabkömmt, ein, zieht dann
wieder hinaus ins Thal. Hier erblickt man in der Tiefe die
Salzache aus einer engen Schlucht hervortreten und gleich dahinter braust die Rauriser Ache aus einem noch engeren Schlunde
hervor, eine schmale Halbinsel mit der Salzache machend, bis
sie sich mit derselben verbindet.

Die Rauris.

Der Alpenreisende hat soviel Gelegenheit, Wasserfälle zu
sehen, dass er zuletzt ganz abgestumpft dagegen werden und
selbst einen kleinen Umweg zu ihnen scheuen kann, aber hier
am Eingange in dieses Thal versäume er nicht, den *Kitzlochfall*
zu besuchen, der mit seinen schauerlichen Umgebungen seines-
gleichen sucht; hier ist es nicht nur der Wasserfall, sondern
auch die Umgebung, ja selbst der eigenthümliche Weg, welcher merkwürdig ist.

Beim Bezirksgerichte in Taxenbach vorüber gehen wir hinab
zur Salzache und überschreiten dieselbe auf einem Stegs, wie
auch die Rauriser Ache. Bald zieht sich der Weg hinan in der
immer enger werdenden Schlucht, an mehreren Ruheplätzen vorüber; plötzlich versperrt eine Felsenwand das weitere Vordrin-
gen, doch bald öffnet sich an ihr eine Höhle, durch deren engen
und schmalen Stollen der Pfad auf Treppen und Leitern führt;
aus der Höhle, dem *Kitzloch* (Ziegenloch) heraustretend, umfängt uns düstere Dämmerung; wilde Staubsäulen wirbeln an
uns vorüber und ein den Berg erschütternder Donner dröhnt
aus der Nacht des Abgrundes heranf, dessen Tiefe wir nicht mit

unseren Blicken ergründen können, die gerade gegenüber aufstrebenden graugelben *Kalkwände* lassen nicht viel Tageslicht in
diesen nächtlichen Kessel herabfallen, und in der engen schwarzen Spalte wirft sich in vier gewaltigen Sprüngen die Ache aus
schwindelnder Höhe in ebenso schwindelnde Tiefe herab, bald
rechts, bald links, bald himmelwärts ihre Staubwolken schleu-
dernd; der letzte Sturz verschwindet in der Nacht und dem Was-
serstaube des Abgrundes. Ziegen, deren man immer hier antrifft, indem sie in der Mittagsschwüle durch jene Felsenhöhe
hier in dem stäubenden Kessel Kühlung suchen, mögen dem
Falle den Namen gegeben haben.

     Geognostisches. Am vordersten Eingang stehen Thonglimm-
merschiefer an, in die ostwärts die Salzache ihr tiefes, einsa-
mes Bett gegraben, dann herrschen bis zum Dorf Rauris dunkle
Kalke, die Kalkschiefer und graphitischen Thonschiefer der sogenannten *Radstädter Tauerngebilde*, über deren dunklen Kalk die
Ache ihren grossartigen Sturz im Kitzloch macht. Aufwärts von
Rauris folgt bis oder über Bucheben das vielgestaltige *Kalkglimmerschiefergebirge* mit seinen untergeordneten Chlorit-, echten
Glimmerschiefern, seinem Marmor und seinen Serpentinstöcken.
Dieses Kalkglimmerschiefergebirge dringt zwischen Seidlwinkelthal und der Rauris noch weit südwärts auf die Höhen des centralen Glimmerschiefer- und Gneissgebirgs der Hohenarrngruppe,
der das oberste Thal angehört, und die über Seidlwinkel bis
Fusch reichen; im ersteren Thale mit mächtigem Urkalklager
und Serpentin. Von Mineralien finden sich im Gaisberggraben,
östlich vom Dorf Rauris, und auf dem Wege über die *Pfandlscharte* im Chloritschiefer Krystalle von Bitterspath, Eisenglanz u. a; Asbest mit Serpentin, Talkschiefer. Rechts und links
von *Vorstand* lagern Serpentinstücke auf der Grenze zwischen
Kalkglimmer- und Chloritschiefer. Etwas südlicher, wo das
mineralienreiche Kalkglimmerschiefergebirge des Weichselbachs
herüberreicht, dürfte die Lagerstätte des rothen Turmalins zu
suchen sein. — Im Glimmerschiefer, unter dem Chlorit- und
Kalkglimmerschiefer der *Turkelwände*, östlich von Bucheben, findet sich in Begleitung von Quarz grüner Vesuvian. Südöstlich
von Bucheben, in der *Kröul* an der Seite des *Ritterkopfs* lagert

Talk im Chloritschiefer, an der *Wasserfallhütte* im Kriml Serpentin; an dem *Ritterkahr* Adular mit Bergkrystall auf einem
Gang im Chloritschiefer, auch Speckstein. — Im Glimmerschiefer der Centralmassen finden sich auf der *Griewiesalp* am Son-
nenblickgletscher schöne Periklinkrystalle auf einem Gang, und
neben ihm im Schiefer niedliche Anatase. Im Kaufmannsthal-
graben am *Kolm Saigurn* gibt Russegger im Centralgneiss ein
Gestein aus weissem, grossblätrigem Glimmer mit krystallisirtem Granat und wenig Feldspath an; an der *Hohen Riffl* dagegen soll Epidot zum Theil den Feldspath im Gneiss ersetzen.
Wichtig sind die Goldgänge des *Rauriser Goldbergs* im Gneiss.
Nicht selten sind hier im Gneiss Drusen ausgekleidet mit schönen Kalkspath- und Bergkrystallen und selten Desmin, und in
Drusen schwarzer Blende der Erzgänge haarförmiges Silber; im
übrigen finden sich die Erze von Gastein. — Auf der Höhe der
Heiligenbluter Tauern kommen Galmei, Fahlerz, Kupfergrün
und sehr seltene kleine Flussspathkrystalle vor. — Im *Seidlwinkelthal* ausser andern Mineralien Speckstein wie Grammatit,
in der Nähe des *Tauernhauses* der seltene Spodumen, eingewachsen im Quarz des Glimmerschiefers. Aus Rauris stammt der
grösste salzburgische reine Bergkrystall von 177 Pfund Gewicht.

Wir verlassen den Wasserfall und kehren eine Strecke auf
demselben Wege zurück, biegen dann rechts um und steigen
ziemlich steil hinan zu der Bergstufe, auf welcher das Dorf
Embach (3206'), 570 E., liegt. In 1 Stunde haben wir die sonnige Höhe erreicht. Diese bildet einen Vorsprung des Rauriser-Gasteiner Scheiderückens gegen das Salzachthal. Ein gutes
Wirthshaus ladet zur Ruhe nach dem mühsamen Stieg, ehe wir
uns weiter umsehen. Das Dorf ist bedeutend; in der Nähe war
eine Wallfahrtskirche, *Maria im Elend*, wo einst bekümmerte
Eltern ihr verirrtes und verloren geglaubtes Kind wiederfanden
und aus Dankbarkeit eine Kirche gelobt hatten; daher das Marienbild ein sogenanntes wunderthätiges wurde (1530). Auf Befehl des Erzbischofs Hieronymus wurde sie eingerissen und dafür die jetzige grosse Kirche, mit einem 200' hohen Kirchthurm,
1785 erbaut, und das Bild dahin versetzt. Jährlich werden hier
2 grosse, starkbesuchte Pferdemärkte gehalten. Den Naturfreund

führt die Lage des Ortes hierher, die einen wahren Gegensatz
zu dem eben von uns verlassenen Kitzloch bildet. Nach Westen
hin überblickt das Auge fast das ganze Pinzgau bis hinauf zur
Platte bei Kriml, und die vielen Kirchen, Schlösser und Häusergruppen in dem weiten grünen Thale, dessen Sümpfe man
hier nicht ahnet, geben ein äusserst reizendes Bild, das man
weder von Lend noch von Taxenbach heraufsteigend erwartet.
Uns gegenüber, im Norden, erhebt sich über die begrünten Schiefergebirge von Dienten die Wetterwand oder Uebergossene Alp,
schroff und kahl, mit ihrem Schneefelde.

Kaum hat man Embach in westlicher Richtung verlassen,
so biegt man links auf wohlgebahntem Fahrweg (von Lend her-
aufführend) in das sich hier oben ziemlich weit öffnende Rauriser Thal; rechts in der Tiefe rauscht die Ache. Ehe die Strasse
wieder hinab zur Thalsohle führt, kann man das Thal weit hinauf schauen bis zu seinen Eisbergen. Fragt man den Umwohner, wie jener hohe flache Schneeberg mit der kleinen runden
Kuppe heisse, so antwortet er nicht ohne Stolz: „Das ist der
hohe Goldberg.“ Denn wir betreten die *Gruppe der Goldberge*
oder *Goldzechberge.* Jener sogenannte Goldberg gehört zwar zu
der Gruppe der Rauriser Goldberge, ist aber nicht der eigentliche Goldberg im engeren Sinne, sondern das *Schareck*, derselbe Berg, der uns, von Gastein aus zum Nassfeld hinansteig-
gend, beim Bärenfall als Pyramide erscheint. Die Gestalt der
Rauriser Goldberge unterscheidet sich wesentlich von der Gruppe
des Glockners; dort lauter Hörner, Nadeln, Pyramiden u. s. w.,
hier in der Rauris meist flachgewölbte Kuppeln und Dome, wahrscheinlich eine Folge des sich oben allenthalben auflagernden
Urthonschiefers.

Schon erblicken wir den Markt *Rauris* (3029'), eigentlich
Gaisbach, welcher Name aber ausser Gebrauch gekommen ist,
den Hauptort des Thales; Rauris (Vicariat) 511 E., Seidlwinkel
154 E., Unterland 195 E., Vorstandrevier 315 E., Wörtherberg
252 E. Im fernsten Hintergrund zeigt sich, nachdem das Schareck links hinter die Berge sich verborgen hat, der *Altenkogl.*
ein schwarz und steil aus Schnee und Eis aufragender Felsengipfel: rechts über ihm wölbt sich der glänzende Dom des *Ritter-*

kopfs (9840'), und noch weiter rechts der *Edlenkopf* (9064'), hinter welchem sich ein Gletscherbruchstück des *Hohenarren (aaren)* oder *Hochhornspitz* (10,309'), nicht Hohen Narren, wie er gemeiniglich mit Unrecht genannt wird (Ilwof), zeigt. Dem Orte sieht man sein Alter an, sowie auch der steinerne Unterschlag der Häuser und dessen Stil nicht nur ein hohes Alter, sondern auch einen älteren höheren Wohlstand verkündigt. Zu diesen Häusern gehört auch unser Gasthaus *beim Bräuer*, eins der besten der Umgegend. Der Wirth besitzt eine grosse Schüssel von Majolika, von $1\frac{1}{2}'$ im Durchmesser, und zwei kleinere; die darauf befindlichen Malereien sind sowohl in Anschung der Zeichnung als Farbenpracht Raphaels würdig, dem sie zugeschrieben werden. Auf der Rückseite der grösseren stehen die Worte: Fata in botega de Guido di Merligno vasaro da Urbino in Sanpolo a de 30 de Marzo 1542; auf den kleineren: 1) Quando Pan fu a sonare con Apollo, 2) Glove sciese in terra per amore.

$1\frac{1}{2}$ Stunden über Rauris brechen aus dem *Grubereck* Quellen von 14 Grad (Reaumur) hervor, welche Mittelsalze als Bestandtheile enthalten. Von hier führt östlich ein Bergsteig über die *Kuhregalpen* und *Pfandlscharte* in die Gastein; er geht über Felsen von „Speckstein, Chloritschiefer und zuletzt über apfelgrünen fettigen Talk." Ein anderer Steig führt in 5 Stunden über die *Luggauer Scharte* (8151') nach Gastein (zwischen Dorf und Hof).

In 1 Stunde von Rauris erreicht man, im Hauptthale aufwärts, *Wörth* oder *Vorstand*, das letzte Dorf, wo das Thal Rauris entsteht aus der Vereinigung zweier Thaläste; südwestlich führt der einsame *Seidlwinkel* hinan über das Tauernhaus (Taurach) zum Heiligenbluter Tauern; gerade südlich zieht der *Hüttwinkel* ziemlich eben und breit, als eigentliches Hauptthal, zum Goldberg und Goldberger Tauern empor, dem Hauptrücken der Centralkette. Wir durchwandern zuerst den

Seidlwinkel. Er öffnet sich schmal und eng in das Hauptthal und steigt ziemlich schnell, aber einförmig, zwischen waldigen Bergen hinan. 3 Stunden von Wörth stürzt links ein ziemlich breiter Bach in wilden Fällen aus grosser Höhe herab; durch das heftige Abprallen auf den Felsen bäumt er sich oft hoch

7 *

wie ein Springbrunnen in die Höhe, und wirft sich staubsprü-
hend über sich selbst herab; daher heisst er der *Spritzbach.*
¼ Stunde weiter, in grosser Einsamkeit auf frischer Matte, noch
von einem Wäldchen umkreist, unweit der Ache, liegt das Tauernhaus oder *Taurach* (4810′). Freundliche Bedienung und selbst
ziemlich gute Kost geben diesem Tauernhause den Vorzug vor
manchem anderen. Nicht weit hinter dem Hause hört der Hochwald auf; Krummholz und Alpenrosen wuchern zwischen Blöcken,
die umherliegen. Nachdem man um eine Ecke gebogen, liegt
das öde, felsenwüste obere Tauernthal vor uns, im Süden der
Felsenkamm der Heiligenbluter Tauern mit seinen Schneefeldern;
rechts legt sich an ihn der Fuscher Tauern, und auf der Ecke,
wo beide zusammenstossen, thront der Brennkogl. Ueber Gneiss-
und Glimmerschieferblöcke und Bäche führt der Pfad mühsam
hinan bis zu einer mächtigen Bank von Urkalk, wo der Berg
steiler wird; Glimmerschiefer bildet nun das herrschende Gestein der Gegend, über welche in vielen Windungen der Tauernpfad hinanführt, mit Schneestangen bezeichnet. In 2 Stunden
gelangt man dahin, wo an der verfallenen Knappenhütte (einst
Galmei-, Silber- und Goldbau) der *Fuscher Tauernpfad* herüber-
zieht; in der nächsten Stunde stehen wir in der Scharte des
Hohen Thores auf dem *Heiligenbluter Tauern* (8162′). Ein Crucifix noch jetzt, wie schon damals, als Schultes herüberkam,
mit Lumpen umhüllt, um es gegen die Kälte zu schützen, bezeichnet die Jochhöhe. Das Joch selbst ist sehr schmal, gegen
Norden flacher abgedacht; gegen Süden bricht der ganze oberste
Tauernrand senkrecht ab auf ein Hochthal, das er amphitheatralisch ummauert; an einer Stelle stürzte die Mauer ein und
eröffnete dadurch eine Scharte, während die herabgestürzten
Trümmer eine Leiter oder Treppe bildeten, auf der man mühsam
hinabklimmt; daher liegen, ausser den Ueberresten der Schnee-
lähnen, keine Schneefelder auf dieser Seite. Die Aussicht ist
ziemlich beschränkt: nach Norden über die grünbematteten, aber
scharfgeschnittenen Vorberge des Tauern starrt wiederum, im
Gegensatz der grünen Bergwelt, die weissgraue Kalkwand der
Uebergossenen Alpe hoch empor, ihr weites Schneegefilde auf
der grossen Hochfläche tragend. Links den breiten Rücken des

Fuscher Tauern überragt das Vischbachhorn und ein Theil des
Fuscher Eiskahrs. Gegen Süden fällt zunächst der Blick auf
den von vielen Bächen durchschnittenen und moosigen Boden
des Tauernamphitheaters, das sich gegen Süden öffnet, wieder
ein s. g. Nassfeld; das Tauernthal selbst entzieht sich aber weiter hinab dem Auge durch einen Absturz. Die gegenüberliegende Bergwelt ist die rechte Thalwand der Möll; zwischen ihr
und uns liegt unsichtbar in grosser Tiefe Heiligenblut. Die Gletscher an jenen Bergen sind die Gösnitzgletscher; den Glockner
selbst und seine Trabanten sieht man aber noch nicht; erst
½ Stunden weiter hinab rückt der Riese und sein Gefolge, in
glänzendes Gewand bis tief hinab eingehüllt, hinter dem Rücken
rechts hervor. Doch wir kehren nach Wörth ins Rauristhal
zurück, wo man auch Nachtherberge findet.

Der Hüttwinkel. Bald hinter Wörth verengt sich der Thalboden und die Ache braust in der Tiefe in einem Felsenbett;
die Strasse zieht oben über die Felsen, senkt sich doch gleich
wieder und überschreitet die Ache. *Bucheben*, 2 St. von Rauris, 22 H., 153 E., mit einer Kirche und einem Wirthshause,
zeigt sich auf einem Bergvorsprung, der sich von der östlichen
Seite herabzieht. Gerade im Süden das hohe Felsengerüste mit
einer Hochfläche, einem grossen Altar gleich, dessen Eisdecke
nur hie und da über die steilen Wände herabhängt, ist das
Schareck; blickt man nördlich das Thal hinaus, so glaubt man
seinen Zwillingsbruder in der Uebergossenen Alpe zu sehen, dessen Wände nur als Kalk heller gefärbt sind, als am Schareck.
Rechts davon steigt der Altenkogl aus seinen Eisfeldern heraus.
Das Thal selbst ist eine Fläche, aus welcher inselartig Hügel
auftauchen; es wird einsamer und öder. — Auch von hier führt
ein Steig, und zwar der nächste, über die *Stanz* (6675′) und
durch das jenseitige *Angerthal* in die Gastein (zwischen Hof und
Wildbad) in 6 — 7 Stunden. Die Jochhöhe ist sehr reich an
Moosen.

In 3 Stunden von hier thalaufwärts erreichen wir *Kolm-Saigurn (im Kolben*, nämlich Kolm auf der Alpe Saigurn) (5089′).
Im Hause des Berghutmanns ist gute Unterkunft. Fast allenthalben sind wir hier von hohen Schneegebirgen umgeben, von

denen wir jetzt die höchsten unter der Leitung des durch seine
Reisen berühmten *Russegger*, der früher Werksverwalter hier und
in Gastein war, besuchen wollen.

Der höchste Berg der ganzen *Goldberggruppe* ist der *Hohenarr* oder das *Hockhorn* (10,809'). Er erhebt sich auf dem Hauptrücken, an der Grenze von Salzburg und Kärnten; in das erstere sendet er die Thäler *Krummel* und *Ritterkahr*, welche zwischen Bucheben und Kolm-Saigurn in den Hüttwinkel münden;
nach Kärnten hinab steigen die Thäler *Kleine* und *Grosse Fleiss*
(ins Mölthal). Sein Gipfel ist ein schön gewölbter Dom, allseitig tief herab mit Schnee und Eis bedeckt. Man bricht früh
in Kolm-Saigurn auf, geht durch die sogenannte *Lange Gasse*
auf den *Uriencies-Tauern* bis zum *Keestrachter*, einer äusserst
schönen Gletscherpartie am *Hohen Sonnenblick;* von hier wendet man sich rechts in das *Loch*, einen der wildesten Gletscher
der Alpen, und steigt dann auf der Mure des Gletschers über
Platten und eine sehr steile Wand, die schwierigste Stelle des
ganzen Wegs, zum *Griencies-Schafkahr* hinauf. Nun geht man
längs den kolossalen, bläulichgrünen, phantastisch zerklüfteten
Eiswänden des Gletschers hin bis auf die Schneide des Hohenarrn. Die Besteigung der Schneide ist etwas schwierig für
Schwindelnde; gute Stöcke, Steigeisen, im Nothfalle Seile und
tüchtige Führer, die man in Kolm-Saigurn erhält, helfen auch
hier hinüber. Hier betritt man das Eis, das sich vom Gipfel
ununterbrochen herabzieht, wenig steil und zerklöftet ist, und
daher, die Länge dieser Eiswanderung abgerechnet, nicht schwer
zu überschreiten ist bis zur Spitze. Ein tüchtiger Bergsteiger
bedarf zu der Besteigung von Kolm-Saigurn 5 starke Stunden;
andere werden immer 2 — 3 Stunden länger brauchen. Die Aussicht ist sehr weit (im Süden bis zur Vedretta marmolata und dem
Terglou, im Westen bis zum Ortles, im Osten bis zum Dachstein, im Norden bis zum Watzmann), und durch die wilden
und grossartigen Gletscherumgebungen sehr wild und ernst; besonders schön erblickt man den Grossglockner und seine Umgebungen. Ueber Glimmerschiefer gelangt man zum Centralgneiss
mit erzführenden Gängen, der bis zu 8800' herrscht, dann kör-
niger Kalk, Euphotid, Thonschiefer, bis endlich Chloritschiefer

die Kuppe des Bergs bildet. Besonders merkwürdig sind die vielen goldführenden Gneiss- und Quarzgänge, die das Gebirge von Salzburg nach Kärnten durchsetzen. Daher auch an diesem Berge der Bergbau auf Gold, vorzüglich früher, lebhaft betrieben wurde, wie zum Theil noch jetzt in den jenseitigen Fleissthälern.

Diesen Ausflug kann man, da man einmal die alles beherrschende Höhe erstiegen hat, noch zur *Goldzeche* (9033') in Kärnten ausdehnen, und von dort entweder über den *Goldzecher Tauern* zurückkehren oder auch von da am Zirmersee vorbei in der *Kleinen Fleiss* nach Heiligenblut und Döllach an der Möll hinabsteigen. Von Kolm-Saigurn bis Heiligenblut 9 Stunden. Vom *Hohenarrn* steigt man zu dem *Goldzecher Tauern* zwischen dem ersteren Berge und dem *Hohen Sonnenblick*, wo das Gebiet der *Goldzeche* beginnt; nach den Gruben am Monte Rosa wohl die höchsten in Europa. Der seit einigen Jahren verlassene Grubenbau befand sich im höchsten Hintergrunde des Thales *Kleine Fleiss*, und unmittelbar unter dem Joche des Tauern betritt man schon die Halde des *Christophstollen*, rings von Gletschern umgeben, in einer Meereshöhe von 9033'; etwa 300' unter jenem der *Anna*- oder *Erbstollen*, ebenfalls ganz vom Gletscher umschlossen. Das Berghaus, eine elende Hütte, ist nicht mehr bewohnt. Das Weitere über dieses Thal s. Bd. V unter Mölltbal.

Der sogenannte *Goldberg* bildet keinen Berggipfel im gewöhnlichen Sinne, sondern nur ein Joch zwischen dem Schareck und Altenkogl; die Grubenbaue befinden sich in einer Mulde desselben, umgeben von gewaltigen Bergen und Gletschern, der *Hohen Riffl*, dem *Herzog Ernst*, dem *Altenkogl*, *Windischen Kopf*, *Tramerkopf* und *Sonnenblick*. Die Mulde selbst ist mit Gletschern, und zwar mit einem der schönsten, grösstentheils erfüllt. Besonders auffallend dick erscheinen diese Eismassen; nach Russeggers Messung war die Eismasse des *Sonnenblickgletschers* an einer Stelle, die sich leicht messen liess, 300' dick, und liess sich vermuthen, dass das Eis weiter hinan noch dicker wurde. (Nach Hugi [naturhistorische Alpenreise S. 331—32] ist die mittlere Dicke der Gletscher in der Schweiz 80—100'; die grösste Dicke 120—180'.) Die Gänge setzen in Gneiss auf; ihre Haupt-

masse besteht aus Quarz, in welchem selten auch Kalk, Braunspath und Spatheisenstein vorkömmt. Man findet dort gediegen
Gold, strahliges Grauspiesglanzerz, Federerz, Bleiglanz, Bleischweif, Kupfer-, Schwefel- und Arsenikkies, braune und schwarze Blende und selten gediegen Silber. Näheres über den Bergbau in Rauris und Gastein berichtet in den Mittheil. der Alpenver. I. S. 71 der k. k. Bergverwalter Reissacher.

Die alten Grubenbaue reichen noch bis auf die Höhe des
Goldberger oder *Fraganter Tauern*, sind aber fast alle von dem
Gletschern bedeckt. Die Erze wurden früher durch eine eigene
Aufzugsmaschine mit einem 700 Klafter langen Seile vom *Neubau* (6861') nach Kolbenbaus geschafft, wo sich die Pochwerke,
die Quick- und Goldmühle befanden, von wo sie dann auf Schlitten nach Lend zum Schmelzen befördert wurden. Noch im Jahre
1863 fuhren 120 Knappen an.

Ein bequemer Saumweg führt vom *Kolbenhaus* (5089'), das
mit dem *Gasteiner Nassfeld* (5180') fast gleiche Höhe hat, in
der Nähe des Neubaues vorüber, wo sich der sogen. *Verwaltersteig*, der aus dem Nassfelde durch die Sieglitz herabführt, verbindet, dann am östlichen Gestade des gewaltigen Gletschers
hin in 2 Stunden zum ehemaligen *Berghaus* (7049'), das jetzt
eine Art Tauernhaus bildet, in dem man Nachtlager und theilweise Verköstigung findet. Mehrere Wege stehen uns hier offen,
alle aber führen über Gletscher.

Wir besteigen zuerst den eigentlichen *Goldberg* oder den
Fraganter Tauern (8511'), ein früher vielbesuchtes Uebergangsjoch aus der Rauris in das untere Möllthal (Fragant). Der
Weg zieht über Gneissblöcke und Schneefelder unter den Wänden des *Herzog Ernst* (9346') steil hinan zur Höhe (1½ St.) und
jenseits über das flache, wenig zerklüftete *Wurtenkees* hinab, an
mehreren Hochgebirgsseen vorüber nach *Fragant* (6 St. im Ganzen). Es lässt sich hiermit ein Ausflug auf das *Schareck* verbinden, das von hier aus ohne alle Gefahr zu besteigen ist.

Das *Schareck* (10,080') erhebt sich auch aus dem Hauptrücken zwischen Kärnten und Salzburg, doch so, dass es nordwärts nach Salzburg hereintritt, indem es den Anfang des Ga-
steiner-Rauriser Scheiderückens macht, von dessen Fortsetzung

es nur die beiderseitigen Thaleinschnitte: *Sieglitz* (zum Gasteiner Nassfeld) und *Kolmkahr* (zum Hüttwinkel) etwas trennen; sein östlicher Fuss tritt auf das Nassfeld, sein westlicher auf den Hüttwinkel und zum Theil auf den Goldberg. Allenthalben hat es furchtbare Steilwände bis zu seiner Hochebene. Von der Höhe des Fraganter Tauern steigt man etwas hinab auf das Wurtenkees, wendet sich nun links und geht auf möglichst geradem Wege über das ziemlich sanft geneigte Firnmeer der Kuppe des Schareck zu, die man leicht in 3 St. vom Berghause weg ohne besondere Schwierigkeit erreicht. Die Aussicht ist etwas beschränkter als auf dem Hohenarrn, aber freundlicher durch den Blick in die grünen Tiefen, welche die Eisfläche umgürten, hier in das Nassfeld, dort in die Rauris; ausserdem die ganze hohe Gebirgswelt der Umgegend in ihrem glänzenden Eisgewande. In der Tiefe bestehen die Wände des Scharecks aus dem Erzgänge führenden Gneiss, welcher weiter hinan von Thonschiefer bedeckt ist, der auch wahrscheinlich den beeisten Gipfel ausmacht. Schon seit den ältesten Zeiten wurde rings an seinem Fusse Bergbau getrieben und zwar meistens auf Gold.

Ein zweiter Weg bringt uns vom Berghause weg über die Kleine Zirknitz nach Döllach und Heiligenblut (7 St.), zugleich der nächste, sichere Verbindungsweg zwischen letzterem Orte und Gastein (12 St.). Wir steigen auf schon bekanntem Pfade zum Fraganter Tauern heran, wenden uns nun, ohne zum Wurtenkees hinabzusteigen, südwestlich (rechts) an den Ostgehängen des Altenkogls hin. Bald senkt sich der sanfte Schneerücken südwärts zum *Kleinen Zirknitzkees,* an dessen Westrande wir über mächtige Gneissblöcke hinabsteigen zum *Grossee* (7707'), wilde, höchst interessante Hochgebirgspartie. Am tiefer gelegenen *Kegelsee* vorüber erreichen wir bald die Almmatten und thalaus über die schauerlich schöne hohe Brücke Döllach in 5 St.

Ein noch etwas näherer, aber nicht in jedem Sommer gangbarer Weg führt vom Berghaus direkt nach Heiligenblut, ohne Döllach zu berühren (in 6 St.). Wir umgehen die Abstürze des Goldbergkeeses, das vom Westen hereinzieht, steigen zur *Windischscharte,* westlich des Altenkogls, hinan und jenseits zum *Gross-Zirknitzkees* hinab. Hierher führt auch von Döllach durch

die Grosse Zirknitz ein Weg. Wir aber überschreiten, nach Westen gewendet, das Kees am Südabhange des *Tramerkopfes* (9295')
und steigen über eine sanfte Scharte zum Kees der Kleinen Fleiss
hinab und wandern vom Rande desselben (7129') an dem *Po-
cher* (5718') vorüber das Thal hinaus. (Siehe Bd. V.)

Den Weg, der vom Gasteiner Nassfelde durch das Sieglitzthal und die Hohe Riffl herüberführt zum Berghause s. S. 103.

Die reiche Flora des Goldberges von Kolm-Saigurn neben
dem Saumwege bis zum Gletscher bietet u. a.: Sesleria tenella
Host, disticha, Alchemilla alpina, Carex atrata, Juncus monanthos, Ophrys alpina, Rumex alpinus, digynus, Veratrum album, Pinus cembra, Salix retusa, Aretia alpina, helvetica, Primula minima, glutinosa, Soldanella alpina, Phyteuma paucifloram,
Swertia carinthiaca, Gentiana pannonica, acaulis, pumila, Statice alpina, Bartsia alpina, Pedicularis aspleniifolia, Antirrhinum alpinum, Apargia Taraxaci, Hieracium villosum, Calcus
spinosissimus, Cacalia alpina, Gnaphalium pusillum, uniflorum,
Tussilago alpina, Senecio carniolicus, Aster alpinus, Arnica glacialis, Doronicum austriacum, Pyrethrum alpinum, Achillea atrata, Rhododendron ferrugineum, Sibbaldia procumbens, Potentilla aurea, Epilobium alpinum, Geum montanum, Saxifraga
bryoides, oppositifolia etc., Rhodiola rosea, Sempervivum hirsutum, Dianthus alpinus, Silene acaulis, pumilio, rupestris, Cherleria sedoides, Spergula saginoides, Cerastium alpinum, latifolium, Arenaria biflora, Aconitum Napellus, Anemone vernalis,
alpina, Ranunculus glacialis, Lepidium alpinum, Iberis rotundifolia, Arabis bellidifolia, Cardamina resedifolia, Phaca alpina,
Astragalus campestris, montanus.

Salzachthal (Fortsetzung).

Wir treten von Taxenbach an aus dem Pinzgau in das *Pongau*, welches die ganze Strecke des Salzachgebietes von hier bis
Werfen oder Pass Lueg, sowie auch jenseits desselben das Gebiet der Lammer und das der Ens, so weit dasselbe zu Salzburg gehört, umfasst, oder die politischen Bezirke von Gastein,
Radstadt, St. Johann, Werfen und Abtenau. — Zugleich beginnen hier die düsteren, einsamen Engen der Salzacha, die sich
mit wenigen Unterbrechungen bis St. Johann fortziehen. In der

nächsten Station von Taxenbach bis Lend finden wir keine
menschliche Wohnung, denn sie war schon öfters der Schauplatz
wilder Verheerung durch Bergstürze. Keine hohen Felsenwände
werfen ihren Schatten über die Schlucht, sondern dunkelbewaldete, aber aus verwittertem Thonschiefer bestehende Berge machen sie unheimlich, besonders bei Regenwetter, wo der lockere,
steile Boden die Feuchtigkeit in sich aufnimmt und die Bergwand in einen dicken Schlamm verwandelt (Mure), der sich dann
bergabwärts in Bewegung setzt. Diese Bergwand heisst die *Embacher Plaike* (plaiken — absitzen von Bergstürzen). Wer solche
Plaiken einmal gesehen, erkennt sie schon von ferne.

Von Taxenbach aus tritt dem ferneren östlichen Laufe der
Salzache jener Thonschiefervorsprung, auf welchem *Embach* liegt,
entgegen und nöthigt sie zu einer nordöstlichen Richtung auf kurzer Strecke; die neue Strasse zieht in sanfter Senkung am linken Ufer hinab in die Enge, hoch oben am rechten Ufer erblickt man den abgerissenen und kahlen Gipfel der Embacher
Plaiken. Der erste bedeutende Bergsturz ereignete sich 1794 in
der Nacht vor dem Pfingstsonntag, wo jener oberste Abhang des
Berges abrutschte unter starkem Getöse, das weithin gehört wurde; Brücken, Strasse, Wald, Erde und Steine wurden in die
Salzache geworfen und dadurch diesem Flusse ein mächtiger
Damm entgegengesetzt, der ihn schnell zum See anschwellte.
Er stieg 100' hoch, floss dann über und grub sich einen immer
tieferen Einschnitt ein; es war ein wahres Glück, dass er nicht
auf einmal losbrach; Lend, Schwarzach und andere Orte wären
vernichtet worden. Noch im September hatte der See eine Tiefe
von 80'. 3 Jahre dauerten die Bergstürze; die trockenen Sommer jener Zeit verminderten die nachtheiligen Folgen. Auch
1826 war die Strasse mit dem Walde in der Tiefe der Salzache
zugewälzt, nur ein schmaler Weg führte an der Stelle der Strasse
und dieser musste täglich erneuert werden. Das Thal wendet
sich wieder südöstlich, die Strasse setzt auf das rechte Ufer
über, und der Blick auf die Eingangspforte des Gasteiner Thales, auf das Klammhaseck und die Klamm selbst im Sonnenglanz,
sowie auf das jenseitige, in luftiger Höhe schwebende *Eschenau,*
erheitern nach den düstern Scenen das Gemüth wieder. Die

Strasse zieht sich an der Salzache hin, welche jetzt in wilden
Fällen über Felsblöcke aus jenen schauerlichen Engen herab-
braust. In 1½ Stunden von Taxenbach kommen wir bei den ersten
Häusern der *Lend* (2031'), 38 H., 198 E., an, und zwar bei einem
Strassenkreuz; rechts hinan an der Bergwand steigt die Strasse
durch die Klamm in die Gastein, links hinab in die Lend und
nach Salzburg, während unsere Strasse aus dem Pinzgau herabkömmt. *Lend* wird in *Ober-*, *Mittel-* und *Unterlend* eingetheilt
und streckt sich lang auf beiden Seiten der Salzache hin. Die
Lage und das Ansehen von Lend hat etwas ganz Eigenthümliches; in der Mitte des engen Thales der graue Eisstrom, dessen zischende, weissschäumende Wogen sich über bleigraue Thon-
schieferriffe und Blöcke daher wälzen; auf beiden hohen Ufern
hingestreut die ebenfalls grauen und weissen Häuser, darunter
die Schmelz- und Hüttengebäude mit ihren hohen, grauen oder
schwarzen Feueressen, aus denen der graue Dampf emporqualmt;
durch mehrere ebenfalls graue und lange Brücken werden die
Ufer verbunden. Ein neues stattliches Gasthaus, die Post, nimmt
uns auf.

Vor 300 Jahren war hier eine finstere Waldgegend, die
Hirschfurt. Der jetzige Ort, auch oft nur der *Erzhof* genannt,
wurde 1538 erbaut durch die Gasteiner Gewerke, weil der Auf-
schwung des Bergbaues in der oberen Gastein und Rauris mehr
Holz erforderte, als jene Gegenden liefern konnten; hier wurde
daher von jenen in der Salzache ein grosser Holzrechen, Holz-
und Kohlenmagazin und das Schmelzwerk für alle Erze in der
Rauris und Gastein angelegt. Da im Jahre 1863 der Bergbau
in Rauris und Gastein ganz aufgehört hat, so ist gegenwärtig
auch das Hüttenwerk ausser Thätigkeit; es enthält 5 Schmelz-
gewölbe, 2 Blasmaschinen mit hölzernen Windkästen, eine dritte
mit ledernen Blasbälgen und einem Silbertreib- oder Garkupfer-
herd. Das Aufschlagwasser gibt die hier mit einem Sturze sich
in die Salzache mündende Gasteiner Ache. Bei der Schmelzhütte stehen das Probierlaboratorium, der Silberbrenngaden, das
Kohlenmagazin, die Erz- und Schlichkästen, eine Mühle, Zeug-
schmiede, das Gestüb- und Hüttenmeisterhaus. Die Röststätten befinden sich am linken Ufer der Salzache. Die Erze und Schliche,

welche hier verschmolzen wurden, kamen aus den Rauriser und
Gasteiner Goldgruben. Die Produkte waren: Göldiges Silber,
die Mark zu 2 — 2½ Loth Goldgehalt, Glätte und Kupfer. Auf
Kupfer wurden die ausgeschiedenen Frischlehe als Kupferstein
weiter behandelt und alle 2—3 Jahre 50—60 Ctr. Rosettenkupfer
gewonnen. Der Gewinn an göldigem Silber betrug jährlich 450
bis 525 Mark, an Glätte 30—40 Ctr. Das Kupfer kam in die
Messingfabrik der Ebenau. Ehemals wurden hier 60—70,000 Gulden gewonnen.

Zwei Thäler laden uns von hier zu Ausflügen ein, von denen sich das eine, *Dienten*, nach Norden durch das Thonschiefergebirge bis zu den 9000' hohen Wänden der Uebergossenen
Alpe, das andere, *Gastein*, nach Süden zur hohen Tauernkette
hinanzieht.

Dienten,

einst *Tuonta*, von dem jetzt noch so heissenden Bache genannt.
Das Thal öffnet sich so eng, dass der Weg von Lend aus hoch
hinansteigen muss, um den Schlund zu übersteigen. Auch nachdem man in das Thal eingebogen ist, führt der Weg noch auf
den Schultern der Thalwände hin, indem der Bach links in der
Tiefe grollt. Erst 1 St. thaleinwärts nähert man sich dem hoch
heraufgestiegenen Bette des Baches bei einem Eisenhammer. Man
muss sich öfters umsehen, besonders, so lange man noch das in
der Tiefe liegende Salzachthal vor sich hat; schöne Blicke in
das Gasteiner Thal. Das *Tuontathal* selbst bleibt, wie gewöhnlich die Thonschieferthäler, eng und finster; in 4 St. gelangt
man zum Dorfe *Dienten* (2932'), auf dessen Ringmauern 500 Kühe
grasen (ein alter Bergmannswitz; die Berge sind die Ringmauern),
846 E. Die Kirche ist sehr alt und an ihrem Eingange hängen
alte Gemälde, die leider durch das Wetter sehr unkenntlich geworden sind. Einst waren hier bedeutende Eisenbergwerke, die
jetzt auch herabgekommen sind. Die ergiebigsten Gruben sind
noch auf der *Sommerhalde* und der *Kolmannsecke* (5501'); die
Gebirgsart ist eisenschüssiger Thonschiefer mit Kalk, wie der
ganze Zug des Uebergangsgebirgs; die einbrechenden Eisenerze
sind Ankerit und Spatheisenstein. Der jährliche Gewinn höchstens 500 Gulden.

Mineral. Auf dem Eisenerztagebau die Nagelschmiede, 10 Minuten über dem Ort Dienten, am Zusammenfluss des Dientner und Steinbaches, wurden die interessanten Versteinerungen aus dem Uebergangsgebirge (Trilobiten, Cardiolen, Orthoceratiten) gefunden. Im Thonschiefer von Dienten finden sich schöne Mesitinkrystalle mit Bitterspath und Quarz auf Drusen: bei Schwarzenbach Magnetkies, am Kolmannseck Prasern.

Die auffallendste Erscheinung ist hier immer die furchtbar schroff aus den grünbematteten Bergen kahl und völlig pflanzenleer aufstarrende *Wetterwand*, eine der höchsten Kalkalpen, 9000' hoch, der wir uns noch von Norden her aus Berchtesgaden nähern werden. Auf der erwähnten *Kolmannsecke* hat man eine herrliche Aussicht auf Dienten, auf die ganze südliche eisbedeckte Tauernkette, in das Gasteiner Thal; östlich hinüber in das Ensthal und dessen südliche und nördliche Begleiter, die Tauernkette mit der Hochwildstelle und die Kalkalpen mit dem Dachstein; westlich über die grünen Thonschiefergebirge von Zell, Glem und Kitzbühl in das Zillerthal, das Innthal, den Kaiser und Loferer Steinberg.

Von Dienten aus kann man über die S. 81 genannten Sättel, östlich über die Dientner Alm (4355') im Mühlbachthal hinab in das Salzachthal bei Bischofshofen, oder westlich über die Hochfilzen in das Urselauer Hinterthal und nach Saalfelden gelangen.

Die Gastein.

Wir betreten hiermit ein Thal, das merkwürdig und berühmt in mehrfacher Hinsicht war und ist. Schon in den ältesten vorrömischen Zeiten wurde oben an den schneebedeckten Bergen Gold geschürft; die Römer, die immer gern andern behilflich waren, wenn sie selbst den grössten Vortheil dabei hatten, nahmen sich dann des Bergbaues an, wovon die Worte metall. Nor. auf römischen Münzen zeugen. Die Völkerwanderung und ihr Gefolge zertrat zwar manchen Lebenskeim und vernichtete manche Blüte, allein die Wurzeln des Bergbaues, des ganzen hiesigen Lebens, lagen nicht oberflächlich, sondern tief im Innern der Erde verborgen. Kaum war daher wieder einige Ruhe eingetreten, so wurde der Bergbau wieder betrieben und zwar zuerst von Slaven. 908, 940 und 1187 wurde dem Erzstifte Salzburg von den deutschen Königen das Zehntrecht auf Salz und alle Metalle, welche in den Tauern und Salzburger

Bergen gewonnen werden, verliehen. Im 12. Jahrh. waren die
Grafen von Peilstein Eigenthümer der Goldbergwerke und Wä-
schereien in Rauris und Gastein; der dortige Bergbau war dem
Vicedom (vicedominus) bei dem salzburgischen Berggerichte Frie-
sach in Kärnten untergeordnet; im Münzrechte galt der Frie-
sacher Fuss; 1168 erscheinen Bruno von Klamen und Megingbt
Zott als Gewerken. Nach dem Aussterben der Grafen von Peilstein im 13. Jahrh. fielen ihre Besitzungen den Herzogen von
Bayern zu; im Jahre 1297 verkauften die Herzoge Otto und Ste-
fan von Bayern diese Goldwerke an den Erzbischof Konrad IV.
von Salzburg um 43,000 Gulden (nach unserem Golde). Von da
an wurde in Gastein und Rauris und in der Fusch der Bergbau
auf Gold sehr schwunghaft theils auf Rechnung des Landesfürsten (Erzbischof v. Salzburg), theils durch Gewerke betrieben.
Die Jahre 1450 — 1560 waren die Blütezeit des Gastein-Rauri-
ser Bergbaues. (Vgl. Karl Reissacher, Bergverwalter in Böckstein, Bruchstücke aus der Geschichte des salzburgischen Goldbergbaues an den Tauern. Im Jahresberichte des vaterländischen
Museums Carolino-Augusteum zu Salzburg 1860.)

Dazu kamen die Handelswege über die Tauern von Venedig nach Augsburg und Nürnberg. Die Waaren wurden bis zum
Fusse der Tauern gefahren, dann hinüber gesäumt. Da aber damals alle Waaren diese Wege nehmen mussten, so lässt sich leicht
denken, dass das Saumgeschäft in den beiderseitigen Tauernthä-
lern sehr grossen Gewinn abwerfen musste. So entstanden die
reichen Landwirthe in diesen Thälern, von denen wir schon oben
sprachen; 20 – 50 Pferde mussten sie fortwährend auf den Bei-
nen haben zum Waarentransport. Von Süden herüber wurden
Blei (Villach), Stahl, Eisen, Sammt, Seide, Gold- und Silber-
gallonen, Stoffe, Gewürze, Spezereien, Südfrüchte, Honig und
Weine ein- und durchgeführt; dagegen ausgeführt: Salz, Gold,
Silber, Kupfer, Mineralien, Leder, Leinwaud, Tücher, Vieh, Holzwaaren, geräuchertes Fleisch u. s. w. Von allen Seiten drängten
sich reiche Handelsherren, Edelleute, Bergleute u. a. in dieses
neue Eldorado, theils um ihre Kapitalien gut anzulegen, theils
um sich durch ihre Kenntnisse und Geschicklichkeit etwas zu
verdienen. So bildete sich besonders unter der Regierung des

Erzbischofs *Leonhard von Keutschach* (1495—1519) der immer
reicher werdende Stand der Gewerke aus, z. B. die *Weitmoser*,
Zott, *Strasser*, *Hölzl*, *Lodinger*, *Strochner* (Stromer) u. a. *Weitmoser* ist der berühmteste Name der Gasteiner Gewerke. Eras-
mus W., der Stammvater, war noch arm, begann den Bergbau
mit Glück, verarmte aber wieder so, dass er den Brautschleier
seiner Frau versetzen musste. Durch eine kleine Unterstützung
des Erzbischofs Leonhard von Keutschach kam er wieder auf.
Sein Sohn Christoph setzte den Bau im Radhausberg mit Glück
fort und wurde der eigentliche Held Gasteins; seine Besitzungen
reichten über die Tauern zur Goldzeche, nach Bleiberg bei Villach, Schladming, Imst, Golling, Oberpinzgau, Goldeck und
Rauris. Er führte den Titel eines kaiserlichen Rathes. Er starb
schon im 52. Jahre 1558 und hinterliess über 1 Million. Seine
Legate betrugen 338,980 Gulden.

Wie fast durch ganz Deutschland, entzündete auch hier die
Reformation den schon längst angehäuften brennbaren Stoff. Der
erste Sturm, welcher losbrach, war mehr politischer Art, wie
auch im übrigen Deutschland, eine Folge harter Bedrückungen
des Landmanns, der verwüstende Rachekrieg der Bauern 1525.
Der physische Druck, der das Volk aufgeregt hatte, berührte
die reichen Gewerke noch nicht; auch waren sie durch ihr Geschäft, ihre liegenden Güter abhängiger und an den Boden ge-
fesselt. Erst, als man auch mit geistigen Bedrückungen begann
und die Gewissensfreiheit einschränkte, traten auch die Gewerke
zusammen, schaarten ihre Knappen zu einem wohlgeordneten
Heer und zogen nach Salzburg, wo sie im Verein mit den Bauern
die Festung belagerten; ihr Oberhaupt war der ehrwürdige Eras-
mus *Weitmoser*. Durch sie wurde der Rachedurst der Bauern
gemässigt und im Zaume gehalten. Bald söhnten sich die Gewerke wieder mit ihrem Landesherrn aus und traten im folgenden Jahre selbst für denselben gegen die Bauern auf. Die Wichtigkeit der Gastein und Rauris einsehend, war der Erzbischof
Matthäus Lang duldsam gegen die evangelischen Gewerke, so
dass die Reformation sich daselbst immer mehr befestigte und
im Salzachthale vordrang bis Werfen. Im Jahre 1588 begannen
die ersten Verfolgungen unter Wolf Dietrich von Reitenau, doch

nur gegen die ärmere Volksklasse, weniger gegen die Gewerke. Dennoch wirkte das Verfahren nachtheilig auf den Bergbau; der sehr glänzende Einzug des Landesherrn in Gastein konnte den Verfall nicht aufhalten. Denn ausser den Verfolgungen wurden die Abgaben gesteigert, während schon eine Hauptquelle, der Handel, durch die Entdeckung des Seewegs nach Ostindien, ins Stocken gerathen war. Die Nachfolger Wolf Dietrichs, Marcus Sitticus und Paris von Lodron, führten eine strenge Inquisition ein. Fast alle Gewerke mussten die Heimat verlassen; jährlich stieg die Zahl der Auswanderer. Schon musste Sitticus einzelnen Gewerken vorstrecken, um Lebensmittel anschaffen zu können. Doch mit den Gewerken wanderte nicht nur der Segen des Bergbaues, sondern auch christliche Nächstenliebe und Wohlthätigkeitssinn aus. Was die Gewerke den Thalbewohnern Gasteins bei den oft furchtbaren Unglücksfällen durch Wasser, Feuer und Krankheit waren, konnte nicht ersetzt werden. Während des 30jährigen Kriegs trat einige Ruhe ein, die Windstille vor einem neuen Sturme. Dieser brach unter der Regierung des Erzbischofs Leopold Anton von Firmian los. Nach dem westphälischen Frieden, mit so vielem Blute besiegelt, begannen neue Verfolgungen gegen die Protestanten. Der Kanzler Häll bereiste selbst das Land und hatte zu seinem Erstaunen bald ein Verzeichniss von 20,678 Protestanten. Mehr als hundert der Aeltesten der verschiedenen protestantischen Gemeinden versammelten sich in der Morgendämmerung des Sonntags vor St. Lorenz zu Schwarzach unter Lend im Wirthshause und eröffneten einen grossen Rath. Mit entblössten Häuptern knieten alle um den in der Mitte stehenden Tisch, auf welchem ein Salzfass stand, beteten, tauchten die benetzten Finger in das Salz und streckten die Rechte zum Himmel. Sie schwuren dem wahren und dreimaleinigen Gott den Eid, von ihren religiösen Grundsätzen nicht zu lassen und eher dem Vaterlande zu entsagen. Dann hielten sie Rath und kamen überein, Gesandte auf den Reichstag nach Regensburg und an die protestantischen Fürsten zu schicken mit der Bitte, sie aufzunehmen. Dies war der grosse Rath oder der Salzbund im Wirthshause zu Schwarzach den 5. August 1731. Im October 1731 erfolgte das Auswanderungsmandat; die Aer-

meren sollten binnen 8 Tagen das Land verlassen, die Reiche-
ren hatten einige Monate Zeit; ja selbst die Heilquellen wurden
den Evangelischen verboten. Die Auswanderer wurden grösstentheils ihres Vermögens beraubt, ehe sie das Land verliessen.
30,000 Salzburger wanderten aus; aus Gastein allein 700.

Die nun ins Gebirge gesendeten und mit mehr als fürstli-
cher Gewalt ausgestatteten Missionspriester konnten den Segen
nicht zurückrufen. Seit jener Zeit trat taubes Gestein an die
Stelle des Erzes, Sümpfe an die Stelle gesegneter Fluren. Erst
jetzt, unter der weisen Regierung Oesterreichs, erholt sich das
Land wieder. Zwei Elemente sind geblieben, die Viehzucht und
die Heilquellen, welche letztere nicht nur deutschen, sondern
auch europäischen Ruf haben. Der Sage nach wurden die Quellen schon 680 entdeckt und kamen neben den Goldgruben bald
zu Ehren und Ansehen. Die Kirche zu St. Niklas am Badberge
wurde 1389 erbaut. Im Jahre 1436 besuchte sie Friedrich III.,
1437 Pfalzgraf Philipp am Rhein, 1537 Otto Heinrich, Pfalzgraf, und sein Vater Friedrich mit 20 Wagen, 50 Pferden und
18 Maulthieren, 1539 Herzog Ludwig von Bayern; am glänzend-
sten war der erwähnte Zug des Bischofs Wolf Dietrichs 1591
ins Bad mit einem Gefolge von 240 Personen, 139 Pferden; 1681
Herzog Albrecht von Bayern u. s. w. Erweitert wurden die Anstalten durch wohlthätige Stiftungen der Gewerke. Nach den
Verfolgungen blühte das Wildbad wieder auf, trotz des beeng-
ten Raumes, und nahm durch Neubauten, sowie durch die Fi-
lialanstalt zu Hofgastein in neuester Zeit bedeutend zu an Besuch aus aller Herren Länder. Die Luft ist rauh, aber rein,
und die gottgeheiligten Quellen werden, was gewiss für ein
eigentliches Gesundheitsbad Hauptsache ist, nicht durch den
Spielteufel verpestet und entheiligt. Dadurch sind die Heilquellen die jetzigen Goldquellen statt der Gruben geworden. Neben ihnen steht als sicheres stetes Gewerbe die Viehzucht.

In jedem Gebirgslande spukt der Berggeist, die Sage, das
Märchen; ist es nun eine Gegend, wo Bergbau getrieben wird
oder wurde, so kömmt noch das ganze Reich der Gnomen und
Kobolde hinzu. Daher ist auch unser Gasteiner Thal so reich
an Sagen. Fast allen liegt die Lehre bestraften Uebermuths zu

Grunde, welche theils auf den alten Reichthum, theils auf die
jetzige Verarmung hindeutet, die man als Strafgericht Gottes
ansieht.

Das Thal selbst ist das grösste unter den südlichen Seitenthälern der Salzache, 10 St. lang, von Lend bis zum Fusse des
Malnitzer Tauern; es bildet, ähnlich dem Zillerthal, zuerst von
seiner Mündung an aufwärts bis oberhalb Hofgastein, einen 5 St.
langen Stamm, dessen Krone sich von da an aufwärts zu dem
nach Süden aussprlngenden Bogen der Tauernkette ästet: rechts
zuerst das Angerthal (welches noch gegen den Rauriser Scheiderücken ansteigt), links das Kötschachthal, das hinansteigt zur
Tauernkette an die Grenze Kärntens; in der Mitte geht der
Hauptast fort über das Wildbad bis *Böckstein*, wo er gabelt:
links durch das Anlaufthal zum *Ankogl* und *Hohen Tauern*, rechts
durch das Nassfeld zum *Malnitzer Tauern;* der einst durch seinen Goldreichthum berühmte *Radhausberg* trennt diese beiden
Aeste. Fast die ganze Westgrenze des Thales begleitet das Rauriser Thal; des Scheiderückens bedeutendste Höhen von Norden
an sind: der *Dürenkogl* (7354'), die *Luggauer Scharte* (6452'),
Türkelwand (8146'), *Stanz* (6673'), *Silberpfennig* (8217'), *Kolm-
kahrscharte* (7116'). Mit dem *Schareck* (10,080') beginnt der Südrand des Thales, durch welchen es von Kärnten getrennt wird;
ein hoher, nach Süden aussprlngender Bogen. Das Schareck bildet den Eckstein, durch welchen sich der Rauriser Scheiderücken
an die südliche Tauernkette, den Kärntner Scheiderücken, anschliesst, daher die dreiseitige Abdachung desselben zur Rauris, Gastein und Möll. Die merkwürdigsten Höhen daselbst sind:
der *Herzog Ernst* (9346'), *Schlappereben* (9257'), *Schneestellkopf*,
Murauerkopf, sämmtlich beeist; der *Malnitzer Tauern* (7624'),
Woigstenscharte (7734'), *Hoher Tauern* (7852'), *Plattenkogl, Ankogl* (10,320'), *Grosselend, Kleinelend* und der *Keesbögelkopf*, welcher hier, wie dort das Schareck, den östlichen Eckpfeiler der
Hauptkette bildet, an welchen sich der östliche *Grossarler Scheiderücken*, von Norden aus dem Salzachthale kommend, anschliesst,
daher auch hier die dreifache Abdachung gegen Gastein, Grossarl und Malta (Drau).

Vom Plattenkogl an bis zu diesem Eckpfeiler ist der Rücken

8 *

wieder boeist und entsendet allseitig Gletscher. Sowie vom Silberpfennig ein Seitenrücken, dessen höchster Punkt der *Tisch*
ist, in das Gasteiner Thal tritt und das Angerthal vom Nassfeld scheidet, so treten noch strahlenförmig in das Hauptthal
der Rücken des Radhansberges zwischen Nassfeld und Anlauf,
und der Rücken des Höllthores vom Ankogl aus zwischen Anlauf und Kötschach, sämmtlich vom Hauptrücken kommend. Gegen Osten grenzt das Thal an das ihm parallele Seitenthal der
Salzach, *Grossarl.* Der Scheiderücken dieses Thales hat folgende
Höhen vom genannten Südostockpfeiler, *Keeslögelkopf*, an nach
Norden zu: *Weingartkopf, Flugkopf* (7087'), *Tofern* (7404'), *Gamskahrkogl* (7789'), *Frauenkogl* (7616'), *Fulseck* (6418'), *Haseck*
(6701').

Besonders schön ist in dem Gasteiner Thal der Charakter
der Seitenthäler der Salzache ausgeprägt. Die zwischen den Thal-
abstürzen liegenden Thalflächen heissen hier *Thalböden*, oder anch
nur *Böden.* Der oberste oder hinterste Thalboden ist das *Nassfeld*, ein schöner weiter Thalkessel, 5000' über dem Meere; aus
ihm stürzt die Ache, die sich daselbst gesammelt hat, als prächtiger *Bären-* und *Kesselfall* auf den *Böcksteiner Thalboden* (3500').
Nach 1 St. ruhigen Laufs erreicht sie den Absturz im Wildbad,
über welchen sie in zwei schönen Fällen auf den *Thalboden von
Hofgastein* (2700') niederstürzt. Fast 5 St. erstreckt sich derselbe bis zur Klamm, durch welche die Ache in wilden Fällen
und zuletzt in einem kühnen Sprunge in die Salzache bei Lend
stürzt (2000'). Das ganze Thal heisst die *Gastein;* einen Ort
dieses Namens gibt es eigentlich nicht. Der erste Ort von unten an ist *Dorf*, auch *Dorf-Gastein*, der zweite, der Hauptort,
Hof (Markt) oder *Hof-Gastein*, der dritte das *Wildbad, Wildbad
in der Gastein.*

Geognost. Während an der Salzach vor dem Ausgang des Thales ein Ser-
pentinstock im Thonglimmerschiefergebirge auftritt, folgen im Thal der Gasteiner
Achen selbst die gleichen Bildungen wie in den westlichen Nachbarthälern; über
die Luggauer Mahder bis zur Höhe des Spalkopfs im Westen, im Osten bis zur
Höhe des Frauenriegels die sogen. *Radstadter Tauerngebilde*, anfänglich mit
senkrecht aufgerichteten Schichten, nach innen mit immer geringerer nördlicher
Verflächung. Im Thale selbst liegt ihre Grenze etwas vor Luggau. Von da folgt,
im Westen über die Höhe der Türkelwände bis zur Siana, im Osten über den Gamskahrkogl bis zum Tofernkopf, das vorherrschende Kalkglimmerschiefergebirge mit

seinem untergeordneten Glimmerschiefer, seinen Chlorit- und wenig verbreiteten Talkschiefern, und den mit beiden letzten zusammen vorkommenden Serpentinstöcken;
bei Luxgau, auf den Widneralpen zwischen Zingen- und Hundskopf im Westen; an
der Latterdingalp, am Ingelsberg bei Hofgastein im Osten. Es folgt ein im Osten
schmaler Zug von Glimmerschiefer mit salinischem Marmor und Dolomit und
Gneisseinlagerungen, der zwischen Wildbad und Hofgastein, bei Gadanner, das
Thal durchsetzt und mit seinem mächtigen Marmorlager an der Nordseite des An-
garthals zur Stanz und zum Silberpfennig, und von da über Kolbenkar, am Herzog Ernst vorüber zum Malnitzer Tauern und der Glimmerschiefer bis zum Gipfel
des Ankogls auf den Höhen fortzieht, einen ununterbrochenen Halbkreis um die
West- und Südseite des mächtigen Centralgneiss- oder Gneissgranitmassivs bildend,
in dessen Schoosse alle die innern Thäler der Gastein liegen, Ober-Angerthal, das
Naasfeld, das Anlauf- und Kötschachthal. In diesem Centralgneiss setzen die goldführenden Erzgänge von Böckstein, am Silberpfennig, über den Pockhartsee, in
der Siegliz, am Radhausberg auf, im Kalkstein des Silberpfennigs in Bleiglanz führende Spatheisensteingänge sich umwandelnd. — In der Thalenge der *Klamm* hat
die Ache den dunkeln, spathadrigen, stänglich sich zerklüftenden Kalkstein der Radstädter Tauerngebilde durchschnitten, wo sie von oben her in die Enge eintritt,
weissen, körnigen Kalk; die grosse Thalebene bis gegen Wildbad verdankt ihre
Bildung den leicht verwitternden chloritischen, graphitischen und Kalkthonschiefern
der genannten Formation und den ältern Schiefern. Mit dem vorherrschenden
Gneiss beginnen wieder die Thalengen, die Wasserfälle. Wildbad ruht auf Gneiss.

Am Eingange in das Thal, auf der Brücke der Salzburger
Strasse, welche fast unmittelbar unter den letzten Stürzen der
Ache über dieselbe führt, betrachten wir diese Wasserfälle. Wild
zacken die unten ausgewaschenen Felsen empor; schauerlich
schieben sich ihre Wände in einander; durch sie hindurch hat
sich die Ache ihre Bahn gebrochen, doch ist es ihr nicht gelungen, die Wände bis auf den Fuss zu durchsägen; sie muss
noch zwei kühne Sprünge wagen, um ihre wasserfallreiche Lauf-
bahn würdig zu beschliessen. Wildschäumend bricht sie links
aus dem Hinterhalt hervor, wo nur die aufsteigenden Staubsäulen ihr Dasein verrathen, wirft sich rechts in einen schäumenden Kessel, dessen Tiefe durch einen vorspringenden Felsen verdeckt wird, über dessen Fuss sie nochmals in entgegengesetzter
Richtung in wildem Sprunge hinwegsetzt, um in einem weiteren
Kessel aufgenommen zu werden, wo sie durch ein künstliches
Wehr gesammelt wird; ruhig und regelmässig stürzen die eisigen,
grauen Fluten über diesen Damm herab und eilen unter der Brücke
hinweg, um in der mächtigeren Salzache Namen und Selbständig-
keit zu verlieren. Wer den Wasserfall näher besehen will, klet-

tert rechts an der Höhe hinan, auf deren Felsengipfeln eine
kühne Hand Heiligenbilder aufgepflanzt hat.

Die Strasse übersteigt in einer weiten Windung die Kluft.
Kaum hat man die Ecke der rechts hinanziehenden Strasse erreicht und folgt nun wieder ihrer Richtung links, so beginnen
die Bilder der *Klamm*, wo eins das andere an Kühnheit und
Grösse übertrifft. Die Strasse zieht sich rechts an der senkrecht
abstürzenden, hie und da überhängenden Thalwand hin: der
Abgrund in der Tiefe ist mit Gehügel erfüllt, in welches sich
die Ache ein noch tieferes Bett eingewühlt hat. Eins der schönsten Bilder ist das erste, wo man aus dem Schatten einer Häusergruppe hervortritt; rechts die kühne Strasse an der Felsenwand hängend, hie und da auf Bogen gestützt, links ein Felsenberg von gleicher Höhe; in der Tiefe die Ache, an deren
schäumendem Gestade auf einer grünen, einsamen Halbinsel im
Abgrund eine Mühle; jenseits die hochaufstrebende Wand des
Klammhasecks (6701'). Hier warf vor mehreren Jahren im Winter eine Lawine das *Steinhäuselwirthshaus* in den Abgrund. Die
Strasse steigt ziemlich stark an, rechts über sich fortwährend
drohende, oft überhängende Wände; links in der Tiefe des Abgrundes die tobende Ache; so geht es bis zum Kreuze, der *Hohen Klamm*, bis wohin die Vorspann von Lend mitgenommen
wird. Die Wände der Klamm bestehen aus einem schiefrigen,
fast säulenförmigen Kalke; mit Talk und Chlorit, von Quarzadern durchsetzt, wechselt Thonschiefer. Die Strasse führt nun
etwas abwärts, während das Bett der Ache heraufsteigt. Bisher war nur unten in der Tiefe das Bett der Ache zwischen dunkele Wände eingeklemmt, während die obere Hälfte der Wände
noch weit auseinander klaffte; doch jetzt treten auch diese zusammen und das Ganze bildet eine einzige dunkele Kluft, von
kahlen Wänden umdüstert; doch der Abgrund verschwindet, sowie man rechts um eine Felsenecke in diese Enge, die eigentliche *Klamm*, tritt; die Ache rauscht dicht neben uns; eine kel-
lerartige Luft umfängt uns. An der engsten Stelle sperrte einst
ein Wachhaus die Strasse, dieses war der *Pass Klamm*. Doch
nicht zu lange dauert die beengende Kluft, schon fällt ein grüner Schimmer herein. Bald darauf setzt die Strasse über die

Ache auf ihr rechtes Ufer; auf einem felsigen Hügel, um welchen sich die Strasse schwingt, zeigen sich die Ueberreste der
Burg *Klammstein.* Sie wurde im 11. Jahrhundert erbaut zur Be-
wachung des Thales. Hier wenden wir uns noch einmal um und
betrachten nochmals den hinten unter uns liegenden Schlund der
Klamm. Hoch oben an den grauen und gelbgefleckten Kalkwänden zeigt sich eine Höhle, die *enterische Kirche*, gleichbedeutend
der heidnischen Kirche am Vlsehbachhorn. Nach Koch-Stern-
feld wurde alles Ungeheure, Grosse, dessen Ursprung man sich
nicht leicht erklären konnte, einst hier enterisch genannt, so
die enterische Strasse (Römerstrasse) im Lungau. — Hier wohnten der Sage nach wilde Männer von ungeheurer Stärke, so dass
sie eine Pflugschar mit leichter Mühe über das ganze Thal hin-
warfen; vor dieser Höhle, ihrer Wohnung, standen Aepfelbäume,
mit deren Früchten sie scherzweise auf die vorüberziehenden
Wanderer warfen; doch waren sie den Thalbewohnern hold und
stellten ihnen oft Butter und Milch vor ihre Hausthüren.

Unweit Klammstein windet sich ein Weg empor über die
westlichen Thalwände der Klamm und jenseits gleich darauf wieder hinab in die *Obere Lend;* es ist der alte Eingangsweg in das
Thal, zu einer Zeit, als die Klammstrasse noch nicht gebahnt
war. Auf diesem Wege zogen einst drei Fremdlinge in das Thal,
welche die Bewohner desselben auf die in den Bergen ruhenden
Schätze aufmerksam machten und von den Bergleuten unter dem
Namen *der drei Waller* verehrt wurden, als die Gründer des Goldbergbaues; ihnen zu Ehren war auf der Scheideck jenes Ein-
gangsweges eine Kapelle an *den drei Wallern* erbaut. Doch schon
1212 bestand auch eine Art Saumweg durch die Klamm, denn
damals ritt der Probst Pabo IX. von St. Zeno bei Reichenhall
mit einem Gefährten durch die Klamm, es war Winter (St. Se-
bastian), sie glitten aus und stürzten in den Abgrund, wo man
am folgenden Tage Pabo's Leichnam unter den Eisschollen fand.
Später legten die Gewerke eine Strasse an, welche der Erzbischof Matthäus Lang 1534 verbessern liess. Ihren jetzigen guten
Zustand, der dennoch wegen der herabstürzenden Erd- und Fel-
senbrüche fortwährend der Nachbesserung bedarf, verdankt sie
erst der neuesten Zeit.

Jetzt wenden wir uns nach Süden und werden im Gegensatz zu der Natur der bisherigen Gegend durch ein äusserst reizendes und liebliches Bild überrascht: die Klamm war der Rie-
gel des Thales, er ist jetzt zurückgeschoben, wir sind eingetreten in das lichte, freundliche Gemach des Gasteiner Thales.
Wir haben die erste Abtheilung des Thales durchstiegen und stehen 430' über Lend, auf dem ersten Thalboden der Gastein,
nämlich dem von Hofgastein; dieser zerfällt wieder in 2 Unter-
abtheilungen, welche der Ingelsberg scheidet; denn dieser tritt
von der linken Hand so weit vor, dass man die zweite Hälfte
dieses Thalbodens mit ihrem Hauptort erst dort an jener Berg-
ecke, 2 St. von hier, erblickt. Diese untere Strecke nennen
wir den *Boden von Dorfgastein.*

Die eben noch wildtobende und schäumende Ache gleitet
ruhig durch ihre weiten, grünen Fluren dahin; rechts und links
erheben sich hohe, aber bis zu ihren Gipfeln bemattete Berge;
das von dem Sammetteppich überzogene Felsengerüste stellt den
schönsten Faltenwurf durch Licht und Schatten dar; umgürtet
sind die Thalwände von Forsten, unter denen sich noch eine
angebaute Region herabzieht zur Thalsohle, auf welcher zahllose
Heustadel zerstreut umher liegen. Rechts oben unweit des
Wegs erhebt sich der doppelgipfelige *Bärenkogl* (7354' hoch).
Schon aus dem oberen Pinzgau und besonders von Mittersill aus
erblickt man ihn; da er frei über niedrigere Berge aufragt, so
hat man eine herrliche Aussicht auf die ganze weite Umgegend;
das ganze Gasteiner Thal liegt vor den Blicken aufgerollt. Linker Hand erhebt sich das *Arleck* und der *Schuhflickerspitz.* Die
Spitze im Hintergrunde ist der *Tisch* und die rechts vor ihm liegende schneegefleckte Hochebene die *Erzwiese.* Der erste Hof
ist die *Brandstadt*, ein uraltes Wirthshaus, aus den Zeiten der
Herren von Klammstein stammend; schon 1386 wurde sie verkauft. Die Weiler *Mayerhofen* und *Mühlbach* passirend, kommen wir nach *Dorf* oder *Dorf-Gastein* (2554'), 109 H., 653 E.,
von denen 340 auf die zerstreuten Häuser in der Klamm kommen, mit einem guten Wirthshause. Die Kirche scheint sehr
alt zu sein. Ein interessanter Bergweg führt von hier östlich

in 4 St. über die Arlscharte nach *Grossarl* (2749'), westlich in 5 St. über die *Nokosser Alm* nach Rauris (3029').

Botan. (als Beispiel der Flora auf den Vorhöhen der Alpen). Tofiieldia borealis, Salix Hoppeana, Pinguicula alpina, Valeriana tripteris, Globularia cordifolia, Gentiana asclepiadea, Teucrium montanum, Thymus alpinus, Salvia verticillata, Carduus defloratus, Moehringia muscosa, Saxifraga Aizoon, autumnalis, Gypsophylla repens, Sempervivum arachnoideum, Pyrus Amelanchier, Rosa alpina, Potentilla caulescens, Atragene alpina, Cheiranthus erysimoides, Hypericum humifusum, Sedum dasyphyllum etc.

Aus dem Dorfe hinaus biegt die Strasse links in eine Bucht des Thales und beschreibt einen Bogen, den der Fussgänger, rechts abgehend, auf einem Wiesenweg abschneidet. In etwa ½ St. erreichen wir den vorspringenden Fuss des *Ingelsberges* und somit die zweite obere Hälfte des *Hofgasteiner Thalbodens*.

Ein neues Gemälde liegt vor uns, andere Farben und Formen. Wie beim Oetzthal, Selrainer- und Zillerthal tritt man hier in den Abschnitt der Thäler, bei welchem sich ein anderer Charakter zeigt, indem hier die innere Hochwelt der Hauptkette als ernster Hintergrund auftritt, wo die hohe Felsenregion die Oberhand gewinnt über die grünen Matten, und Schneefelder und Streifen schon die hinterste höchste Eis- und Schneewelt verkünden; daher die dunkele graubraune Färbung, daher die durch keine Pflanzendecke mehr, höchstens durch Steingerölle, gemilderten scharfen Formen. Zur Einfassung unseres gegenwärtigen Bildes erheben sich die noch bis zur Spitze übergrünten Berge der bisherigen Strecke, links der Gamskahrkogl, rechts der Stubner Kogl und dahinter der Tisch. Im Mittelgrund zieht eine wenig geneigte Fläche von dem Fusse des Gamskahrkogls bis zur Ache, eine wohlangebaute Schuttanhäufung eines Seitenbaches, auf ihm lagert sich der Markt mit seinen niedlichen weissen Häussern und dem hohen gothischen Spitzthurm; das Weitmoser Schlösschen hebt sich besonders hervor. Den Hintergrund des Thales erfüllen zwei Bergmassen, links der *Graukogl* (7880') mit seinem überhängenden Horn (wie es wenigstens hier erscheint) und rechts der *Stuhl*, von ähnlicher Bildung, nur dass man hier mehr in sein Inneres hineinschaut, was der Graukogl durch seine äussere Wand verdeckt. Links vom Graukogl erscheint der fernste Hintergrund, die Eiswelt

des *Kötschachthales*, sowie rechts vom Stuhl die Tauernkette im
Anlaufthal, der *Tauernkogl* und *Scheinbrett*. In der Gasse des
Ortes, ehe wir noch zum Gasthaus gelangen, erblicken wir zwischen den Häusern im Hintergrunde des Kötschachthales den *Ankogl*, den höchsten Berg des Thales, seine Vordermänner überragend.

Der Markt *Hof-Gastein* (Gasth.: Moser, blaue Traube, schwarzer Adler u. s.). Die Pfarrgemeinde hat 352 H., 2112 E., der
Markt allein 786, Haarbach 234, Heisingfelding 356, Vorder-
schneeberg 518, Wieden 268 E. Er liegt auf einer Erdmure des
Kirchbachs, welcher aus dem *Rastezenthal*, dessen oberster Theil
das *Gamskahr* ist, herabkömmt. Es ist der Hauptort des Thales und war zur blühendsten Zeit der Brennpunkt desselben, so
dass fast alle gute und böse Schicksale des Thales auch den
Markt trafen. Er war im Salzburgischen der reichste Ort nach
Salzburg. Eine Kirche bestand schon 894 an der Stelle einer
älteren Kapelle; 1342 noch Dorf wurde es in der Mitte des
15. Jahrh. zum Markt erhoben. Hier waren die ältesten und
reichsten Bergwerksherren, die Strochner, Zotten, Aufner, Dek-
her, Sapl, Weitmoser, Strasser, Schotten, Kheutzl, Hölzl, Grüner u. a. Hier war durch mehrere Jahrhunderte hindurch der
Sitz des Berg- und Landgerichts, daher auch Schlägel und Boh-
rer im gold- und silberbelegten Wappenschilde des Ortes. Die
Jahre 1339, 1502, 1559, 1596, 1776 und 1793 waren durch
Brandunglück traurig, wie 1569, 1582, 1598 durch Ueberschwemmungen, das Jahr 1518 durch Krankheit, 1690 durch Erdbeben,
1614, 1615, 1728, 1732 durch religiöse Verfolgungen. Der Bezirk des Marktes enthält 116 Häuser, wovon jedoch, nur 51 auf
den eigentlichen Markt kommen. Merkwürdigkeiten des Marktes sind: das Gasthaus des Bräuers, der ehemalige *Strasserhof*,
zum Theil noch in seinem alten Stil erhalten, der aus Venedig
und dem fernen Morgenland hier eingewandert zu sein scheint.
Der Hofraum ist durch alle Stockwerke mit Bogengängen umgeben (die Bogen ruhen alle auf Serpentinsäulen aus dem nahen
Ingelsberg und Guggenstein), ein grosser alter gewölbter Saal.
Mit diesem Gasthause steht die neu errichtete Badeanstalt in Verbindung, zu welcher das Wasser vom Wildbad seit 1831 her-

geleitet ist. Das Brauhaus desselben Besitzers war der ehema-
lige *Zottenhof.* Der Boden desselben ist mit den Grabsteinen
des evangelischen Kirchhofs geplattet. Auf dem Söller dieses
Hauses hat man eine herrliche Umsicht über die ganze Gegend.
Die alten massiven Gebäude, die *Speiserverwaltung* und das *Wechs-
ler-* und *Handelshaus* gleichen Ritterburgen mit ihren Thürmchen.
Auch hier sind alle Pfeiler und Säulen aus Serpentin; in der
Gewerkenstube, wo die alten Gewerke ihre Zusammenkünfte
hielten, sind die Wände und Decken mit Tafel- und schönem
Schnitzwerk aus Zirbenholz überkleidet. Die *Kirche* und der
Friedhof. Unter den 8 Altären ist der *Strochner Altar* merkwürdig, eine aus dem Grabe aufsteigende Mutter mit ihrem Kinde im Bilde darstellend; denn die Strochnerin soll wirklich in
den Mutterwehen scheinbar gestorben, aber während der Beerdigung wieder erwacht und mit dem Kinde gerettet sein; aus
Dankbarkeit liess Strochner dieses Bild über dem von ihm ge-
stifteten Altare verfertigen. Ausser dem Strochnerischen Begräb-
nisse finden sich noch folgende in der Kirche: *Wolfram Geil-
ler, Wolfgang Frank, Alexander Grimming* u. a. Auch im Fried-
hofe findet man viele für die Geschichte Gasteins merkwürdige
Grabstätten: der Zotte, Weitmoser, Strasser, Krüner, Engelmoor,
Hölzl u. a.

  Westlich jenseits der Ache liegt *Hundsdorf* mit dem alten
ehrwürdigen *Weitmoser Schloss,* auf dessen Thurm, *Weitmosers-
ritz* genannt, man eine herrliche Aussicht hat. Bei der *Mühle*
ist eine kalte Trinkquelle, welche in ihren Wirkungen jener im
Bade St. Wolfgang (Fusch) gleichstehen soll. Die *Pyrkershöhe,*
eine Waldpartie mit Spaziergängen, gehört nebst *Gadrunen* mit
seiner Aussicht auf die Erzwiese zu den näheren Ausflügen. Das
Militärspital, ehemals ein Gewerkenhaus, liess der als Dichter
bekannte Erzbischof von Erlau, J. Ladisl. Pyrker, im J. 1832
einrichten.

  Geognost. *Hofgastein* bietet den Mineralogen Gelegenheit zu interessanten Ausflügen. Die Serpentine seiner Umgegend führen Amianth, gemeinen Asbest, edlen Serpentin, Speckstein, Diallage; seine Chloritschiefer Magneteisenstein,
krystallisirten Eisenglanz, begleitet von Amianth und Kalkspathkrystallen. Am
Ingelsberg führt der Chloritschiefer auf kleinen Lagern Nigrin (Rutil), krystallisirten Bitterspath, Titaneisen (Kibdelophan, Ilmenit), Talk und Feldspath; in Be-

gleitung des Serpentins Talk mit Titaneisen (Kibdelophan) ; Talkschiefer führt Strahlstein und Bitterspath. Aehnliches Vorkommen von Bitterspath und Titaneisen am
Thronege, nordöstlich vom Wildbad. Unfern auf *der Rastexen* steht der Talkschiefer so mächtig an, dass er zu Gestellsteinen für die Hüttenwerke (Topfstein,
Schmierstein) gebrochen wird. An der *Latterdingeralp* führt der Chloritschiefer schöne Magneteisensteinoctaëder und Schwefelkieswürfel. Auch jenseits an der
westlichen Thalseite begleiten den Serpentin und Chloritschiefer die meisten der
genannten Mineralien ; schöne Magneteisensteinkrystalle am *Luggauerkopf,* Besuch verdienen deshalb der *Wiedener-* und *Leidgraben,* am *Guggenstein,*
Hundskopf und *Zingenspitz.* — Unter den *Türkelwänden* kommen im Quarz
des Glimmerschiefers blauer Disthen und schön krystallisirter Pistazit vor. — Am
Wege nach dem *Wildbade* lagert oberhalb *Hofgastein* im Glimmerschiefer ein
porphyrartiger Gneiss mit Titanit, näher nach Wildbad weisser Marmor mit grünem Glimmer. — Unterhalb *Hofgasteins* wird Süsswasserkalk mit Landschnecken
gebrochen.

Einer der belohnendsten Ausflüge nicht nur von Hof, sondern überhaupt im Gasteinerthal führt uns von Hof auf die Spitze
des 7789' hohen *Gamskahrkogl.* Trotz seiner Höhe ist er leicht
zu ersteigen, besonders auf dem Reitweg, den der Erzherzog
Johann anlegen liess. Ein irgend rüstiger Fussgänger braucht
kaum 4 St. Ein Saumpferd kostet 6 fl., der Führer 2 fl. Wie
bei jeder Alpenbesteigung muss auch hier so früh als möglich
aufgebrochen werden, um vor den im Sommer häufig zur Mit-
tagszeit von den Schneefeldern aufsteigenden Dämpfen und Wolken, die dann nicht wieder weichen, die Höhe zu erreichen.
Der Kogl erhebt sich auf dem Grossarler Scheiderücken im Angesicht der Hohen Tauern- und Kalkalpenkette inmitten der grünen Region der Vorberge der Centralkette. Der Fussweg führt
steil aus Hof hinan, indem er mehrere Windungen des weiteren
Saumweges abschneidet. Er steigt zuerst an einer Kapelle vorüber eine bedeutende Höhe hinan bis zum *Eck* im Angesicht des
ganzen Gasteiner Thales. Dann aber schwingt er sich um das
Eck in das *Rastezenthal,* aus dessen Tiefe linker Hand man den
Kirchbach brausen hört; jenseits desselben steigen die Wände
des Ingelsbergs zum *Hörndl* auf. Der Weg steigt nun sehr allmählich durch einen Wald an der Bergwand rechts hinan durch
einen Topfsteinbruch; der Talk macht die Sohlen sehr glatt.
Am Ende des Waldes erreicht man bei der *Rastezenalpe* (5465')
den Bach. Hier, wo der Erzherzog ebenfalls durch ein Häuschen für die Bedürfnisse der Besteiger gesorgt hat, ist die Hälfte

des Weges zurückgelegt; gute Milch, Butter, Käse und Bier,
nebst dem Fremdenbuch, würzen die Ruhe. Von dieser Hütte
beginnt ein ungleiches Gebiet, denn es ist ein Uebergang vom
Thal zum Kahr, der obersten Thalmulde zwischen den Hochgipfeln. Bald ist das *Kahr*, das *Lackenthal*, erreicht, eine schöne
Gebirgsbucht, von dem *Rastezengebirge*, *Feuchteben*, *Geiskahr-
spitz*, *Tennkogl* (7472'), *Frauenkogl* (7616'), *Gamskahrkogl* und
Rauchkogl umstanden, alle waldlos, aber mit schöner Pflanzenhülle bis zu ihren Spitzen überzogen. Sowie man die Bergwand
des Kogls, dessen Spitze man nicht sieht, erreicht hat, geht es
an ihr im schrägen Aufstieg ununterbrochen eine lange Strecke
hinan bis zur Schneide, die vom Kogl herabzieht gegen Hofgastein. Hier hat man zuerst wieder eine freie Aussicht, doch
man rastet lieber, ehe man die luftige Schneide erreicht und
schreitet, sich links wendend, auf ihr empor. Nachdem man
die höchste Höhe erreicht hat, welche man von der Sennhütte
aus sieht, wendet man sich abermals zu einer hier sich anleh-
nenden Schneide und steigt auf ihr empor zu dem Gipfel, welchen ebenfalls ein Häuschen krönt, das gegen Wind und Wetter schützt und der Freigebigkeit des Erzherzogs Johann zu ver-
danken ist.

Schon von unten herauf habe man Acht auf die im Westen
von Hof liegenden *Türkelwände* (8145'); steigen dort leichte
Nebelwolken auf, wie aus dem Krater eines Vulkans, so ist es
ein ungünstiges Zeichen. Zu den ganz eigenthümlichen Reizen
dieser Aussicht gehören die scharfen, schneidigen Rücken und
die sehr steil abfallenden Wände, welche dennoch mit dem Sammetteppich der Matten überzogen sind. Man glaubt auf den
Dachgiebeln eines riesigen Domes hinzuschreiten; weht ein hef-
tiger Wind, fliegen die Wolken unter und neben uns hin, wie
Ossians Geister, tritt jetzt ein Bergriese der Umgegend in seiner ganzen Majestät plötzlich wie hingezaubert vor uns, verschwindet er wieder ebenso schnell, während ein anderer auftaucht, steigen aus der Tiefe des Thales, wo man den Boden
suchen zu müssen glaubt, Wolkenmassen wie aus Feueressen
auf, deren eine an die andere sich kettet und eine die andere
emporzuziehen sucht zu den höchsten Himmelsräumen, so dass

man Rubens jüngsten Tag zu sehen glaubt; erblickt man jetzt
durch den Riss der Wolken ein tiefbeeistes Schneehaupt der
sanftgewölbten Goldberge, oder die strahlende Nadel des Glockners, oder dort im Norden ein Bruchstück der grauen Kalkmauern, die ihre ganze nackte Grösse in senkrechten Abstürzen gegen das Urgebirge kehren, um sich mit ihm zu messen,
oder taucht aus dem Gewölk ein scharf zugeschnittener, doch
ganz in Grün gehüllter, Hochgipfel empor, oder leuchtet aus
dunkler Wolkennacht ein besonntes Fleckchen der wohlangebauten und mit Häusern übersäeten Tiefwelt herauf: dann hat
man Zauberbilder gesehen, die auch eine klare Rundsicht vergessen machen.

Rings um uns schaart sich eine Masse von grünen, wald-
losen Bergen, welche durch ihre scharfen Formen und den dadurch entstehenden Wechsel von Licht und Schatten das Einer-
lei der Farbe vergessen lassen; auf das deutlichste erkennt man
jeden Grath, jede Rippe, jede Furche, wenn auch alles mit dem
Mantel der Pflanzenwelt umhüllt ist. Auf ähnliche Weise, nur
schon in etwas duftigeren Ton getaucht, erscheint die ganze
linke Thalwand von Gastein, vom *Hohen Tisch* (7176′) an, dessen Spitze über den *Stubnerkogl* (6601′) aufragt; an seine Spitze
legt sich rechts die Ebene der *Erzwiese*, welche sich allmählich bis zu dem nach der Rauris hinüberführenden Joche, der
Stanz (6673′), senkt, den ganzen mattenreichen Hintergrund des
Angerthales umschliessend. Von der Stanz an erhebt sich schnell
der Rücken wieder um 2000′ höher zu den *Türkel*- oder *Tür-
chelwänden* (8145′); ihre Gipfelmasse steigt braun und felsenöd
aus der grünen Hülle auf; in dem Schoosse der Felsen liegen
schon Schneefelder. — Von hier an zeigt sich eine niedere, von
Waldgruppen bedeckte Vorstufe vor dem grünkahlen, höheren,
vielfach begipfelten Rücken; der doppelgipfelige Hundskopf, der
Zingenspitz (7758′), die Luggauer Mahder und Scharte und der
Bärenkogl, sind die ausgezeichnetsten Erhebungen dieses Rückens. Unter ihm dringt der Blick durch die Schluchten und
zwischen den grünen Riffen des Gamskahrkogls hinab ins sonnige Thal, wenigstens zu den jenseitigen bebauten untersten Abhängen. Doch erheben wir unseren Blick über diesen Rücken,

so erblicken wir noch zwei Bergketten, die einander übersteigen und grösstentheils in blendendes Weiss gehüllt sind; zunächst die flachgewölbteren Formen der Goldberge und dann
die Zackengipfel der Glocknergruppe. Ueber den Tisch steigen
die schneegefurchten Wände des Scharecks auf, oben mit einem
weiten Eisgefilde gekrönt; rechts an ihm bettet sich die tiefe,
mit Gletschern erfüllte Mulde des Goldbergs, aus welcher der
Altenkogl aufsteigt. Aus dem Goldberge erhebt sich der hohe
schöngewölbte Dom des *Hohenarren* (10,309'); rechts ziehen sich
seine Gletscher herab ins *Ritterkahr;* die daran sich legende drei-
kantige Pyramide ist der *Ritterkopf* (9340'); zwischen dem Hohenarrn und dem Ritterkopf zeigt sich hoch oben das langgestreckte Eisfeld des *Weissenbacher Kees es.* Das Thal rechts ist
das *Krümlthal*, das oberhalb Bucheben in den Hüttwinkel mündet; der rechtseitige Eckpfeiler des Thales ist der *Edlenkopf*
(9064'), gerade über den Türkelwänden. Der Rauriser Bergzug
taucht nun rechts von den Türkelwänden unter. Die gegenüberliegende *Gasteiner Bergkette* schwankt von 7—8000' Höhe, die
Rauriser Goldberge wölben sich also fast 2000' über diese, indem ihre Gipfel von 9—10,000' hoch aufsteigen. Ueber sie erhebt sich nun die dritte Reihe wiederum in ihren Gipfeln von
11—12,000 und überzackt die vorigen um 2000'. Fast gerade
über der Stanz steigt der Obelisk des *Glockners* 12,018' hoch
in die reinen Lüfte, und die hahnenkammähnliche Glocknerwand
rechts an ihm nicht viel niedriger. Unter dem Glockner zieht
der *Heiligenbluter Tauern* schneegefleckt hin mit dem *Brennkogl,*
und neben ihm rechts das ganze *Fuscher Eiskahr*, wie wir es
auf dem Fuscher Tauern sahen mit dem *Sinnibelleck*, *Fuschkahrkopf,* der *Hohen Docke,* dem *Vischbachhorn* (11,300') und *Zwing-
kopf,* womit die Reihe der Schneeberge über dem grünen Rücken
der Gasteiner Berge verschwindet.

Wir wenden uns von der Spitze des Tisches links, mehr
gegen Süden, wo unser Blick an seinen Schultern hinein in die
Mulde des Nassfeldes dringt, leicht erkenntlich an den blauen
Wänden des *Schlapperebengletschers;* der *Schneestellkopf, Sparangerspitz* und der *Murauerkopf,* alle in Schnee gehüllt, umgürten
diesen Kessel. Der *Murauerkopf* setzt nieder auf die jedoch nicht

sichtbare Scharte des Malnitzer Tauerns; denn gerade hier erhebt sich vor der hinteren Kette der aus ihr heraustretende *Radhausberg* mit mehreren Gipfeln; die Spitze, auf welcher der Mu-
ranerkopf niedersetzt, ist der *Kreutkogl* (8489'). Links von dem
Berge zieht sich das *Hiekahr* hin, dessen Wasserfall man in der
Tiefe dem Anlaufthal zustürzen sieht. Ueber dem Hiekahr erhebt sich der *Woigstenkogl* und die tiefe Gebirgslücke ist die
Woigstenscharte. Fast gerade unter dem Radhausberg zeigt sich
der Böcksteiner Thalboden des Gasteiner Thales, *Hinterboden* genannt, und *Böckstein* selbst mit dem links hineinziehenden *Anlaufthal*. Um das Wildbad zu sehen, muss man auf einem der
giebelartigen Ausläufer unseres Kogls gegen dasselbe etwas abwärts gehen. Links aus dem Thalboden steigt der *Stuhl* mit seinen Wänden auf, das Anlaufthal deckend; über ihm die *Hohe
Tauernkette*. Vom Wildbade zieht eine zweite Bergmasse links
hinan, *Reicheben*, weiter hinan *Graukogl* (7880') genannt, den
Stuhl wieder halb deckend. An den Graukogl legt sich mit einem
Schneefelde die wildaufstarrende Felsenkette des *Höllthores* (9217')
und *Tischlerkahrs* (9550'); die Abhänge sind theils ein weites
Steinmeer, theils Gletschermassen, welche wildzerrissen herabhängen in den hintersten Thalkessel des Kötschachthales; Wasserfälle entstürzen als Silberfäden. Von der halb mit Trümmern, halb mit Matten bedeckten *Redalpe* blitzt der *Kleine Redsee* (5705') herauf. Das *Kötschachthal* selbst zieht als dunkele
Furche unter uns hin. Die hohen Wände des Höllthores überragt noch der *Ankogl* (10,290'). Verdeckt wird der Boden des
Kötschachthales durch die grünen Vor- und Seitenberge des
Kogls, den *Flugkopf* (7078'), *Thronegg*, *Lasermaiskogl* und *Tofernkopf* (7403'); unter uns erkennen wir den Pfad, der über
das *Tofernjoch* aus Gastein nach Tofern im Grossarl führt. Links
von der Eiswelt des Kötschachthales leuchten noch die grossen
Schneewüsten am *Weinschabel* und *Hafnerspitz* (9685') her, dem
Eckpfeiler der höheren Tauernkette, von wo dieselbe, sich recht-
winkelig nach Norden wendend, plötzlich bedeutend abfällt und
keinen einzigen Schneeberg mehr zeigt, wenn auch die höchsten
Gipfel 9000' übersteigen. Es ist demnach dieser Eisstock das
Osteiscap der Alpen, wenigstens der Centralkette. Wenden wir

uns nun nach Osten, so zieht hier abermals wegen ihrer plötzlichen nördlichen Richtung die Tauernkette von Süden nach Norden vorüber, vom Weiuschabl bis zum *Glingspitz* (7691'), von
wo sie sich dann wieder östlich wendet. Aus dem Meere grüner Berggipfel ragen einzelne Felshörner, wie das *Faulhorn* und
Mosermandl (8477'), vor allen die kahlen Kalkgipfel des *Radstädter Tauern* empor; weiter hin die Hochgipfel der östlichen
Tauernkette: der *Hochgolling*, die *Hochweildstelle* u. s. w.

Jetzt wenden wir uns nördlich; hier ist alles anders; über
dem Gewoge der grünen Vorberge der Tauernkette steigt plötzlich in kecken Formen die Reihe der Kalkalpen auf, durch
grosse Lücken in Gruppen vertheilt. Im röthlichweissen Lichte
erscheinen ihre Marmorwände, 9000' hoch prallig und senkrecht
aufsteigend; dort im fernen Osten der *Grimming*, nur durch eine
hier nicht sichtbare Kluft von dem *Stein* und dessen westlicher
Fortsetzung, dem *Thor-* und *Dachstein*, geschieden; dann trennt
eine grüne, niedere Gegend, durch welche die *Lammer* nördlich
hindurchbricht, die vorhergehende Gruppe von dem nun wieder
aufsteigenden *Tännengebirge*, das nur durch einen Spalt, den *Pass
Lueg*, durch welchen man hinaus ins Land bei Salzburg sehen
kann, von der höheren Berchtesgadner Gruppe geschieden wird,
deren König die *Uebergossene Alpe* oder der *Ewige Schnee* mit
der Silberkrone weit aus der Kette gegen Süden hervortritt;
etwas zurückgezogen erscheint das *Steinerne Meer*, kenntlich
durch seine zuckerhutförmige *Schönfeldspitze*. An dieses reihen
sich die *Loferer Steinberge* und weiterhin wieder vereinzelt der
Stock des Kaisers.

Die Kuppe des Berges besteht aus grauem Thonschiefer mit
Lagern von grauem Kalk (Kalkglimmerschiefer, *Lipold*).

Botan. Aspidium aculeatum, dilatatum, montanum, Asplenium viride, Lycopodium selago, alpinum, Phleum alpinum, commutatum, Michelii, Gerardii, Agrostis
alpina, rupestris, Calamagrostis tenella, Aira montana. Avena Scheuchzeri, Poa alpina, cenisia, laxa, distychophylla, Sesleria sphaerocephala, disticha, Festuca pumila,
Carex atrata, curvula, ferruginea, leporina, sempervirens, Luzula spadicea, sudetica,
Orchis nigra, albida, Lloydia serotina, Crocus vernus, Betula ovata, Salix arbuscula,
reticulata, retusa, Rhodiola rosea, Oxyria digyna, Pinguicula alpina, Androsace
chamaejasme, obtusifolia, Aretia alpina, Primula minima, glutinosa, Soldanella pusilla, alpina, Veronica alpina, bellidioides, aphylla, Bartsia alpina, Pedicularis asplenifolia, rostrata, incarnata, Tozzia alpina, Limaria alpina, Ajuga alpina, Myosotis

alpestris, Gentiana bavarica, prostrata, punctata, imbricata, Stachys alpina, Azalea procumbens, Arbutus uva ursi, Phyteuma hemisphaerica, Rhododendron ferrugineum, Campanula alpina, barbata, Sonchus alpinus, Leontodon alpinus, Apargia alpina, Hieracium alpinum, aurantiacum, aureum, grandiflorum, Hypochaeris helvetica, Carduus defloratus, Cacalia alpina, Artemisia Mutellina, Gnaphalium leontopodium, supinum, Erigeron alpinum, uniflorum, Senecio incanus, Aster alpinus, Arnica Doronicum, Tussilago alpina, Chrysanthemum alpinum, Achillea atrata, Clavennae, moschata, Armeria alpina, Plantago alpina, Lonicera alpigena, coerulea, Valeriana tripteris, montana, Meum Mutellina, athamanticum, Oaya simplex, Imperatoria Ostruthium, Saxifraga Aizoon, biflora, bryoides, androsacea, autumnalis, caesia, aspera, rotundifolia, muscoides, oppositifolia, planifolia, Sempervivum montanum, arachnoideum, Epilobium alpinum, Sibbaldia procumbens, Potentilla aurea, salisburgensis, Geum montanum, Dryas octopetala, Hedysarum obscurum, Astragalus alpinus, montanus, uralensis, Phaca frigida, Trifolium badium, pallescens, Dianthus glacialis, silvestris, Silene Pumilio, acaulis, Arenaria biflora, ciliata, Lychnis quadridentata, Cerastium alpinum, latifolium, Viola biflora, Cochlearia saxatilis, Lepidium alpinum, brevicaule, Draba frigida, Biscutella laevigata, Cardamine bellidifolia, resedifolia, Arabis alpina, ciliata, caerulea, Anemone vernalis, alpina, Rannnculus alpestris, glacialis, Aconitum tauricum.

Von Hofgastein führt ein Steig über die *Stanz* (6673') durch das Angerthal nach Bucheben in der Rauris in 6 St.

Die *alte* Strasse von Hof nach Wildbad führt, ohne die Ache zu überschreiten, über die Weiler *Gadaunen, Remsach* nach *Badbrücken* (2807'), wo eine *Brücke* über die links herausströmende *Kötschache* führt ins

Kötschachthal

In der Mühle, die zugleich Wirthshaus ist, bekömmt man auch Führer. In dem goldenen Zeitalter war hier eine besuchte Einkehr und 1755 wurde hier schon eine Badefilialanstalt errichtet, wie jetzt in Hof; welche aber schon 1772 wieder in Verfall gerathen war. Am blendenden Schaum der Wasserfälle, der durch das Dunkel des Waldes blitzt, erkennt man hier die Nähe des Wildbades. Ueber seiner Thalstufe, die sich wie ein Thor öffnet, erhebt sich als majestätischer Hintergrund der Radhausberg. Doch der starke Eisbach, welcher hier aus dunkler Waldschlucht hervorbricht, verkündet ein grösseres Seitenthal, als die bisherigen Nebengründe. Wir brechen auf, um das *Kötschachthal* zu besuchen. Ein guter Fussgänger kann auch sogleich vom Gamskahrkogl hier herabsteigen in 3 St., ein zwar etwas beschwerlicher, aber sehr unterhaltender Weg. Der Weg führt, da die Kötschache, wie viele Alpenbäche, sich am Ausgang ihres

Thales in das von ihr aufgeschüttete Trümmergebirge tief eingeschnitten hat, in mehreren Windungen steil, doch nicht lange,
hinan, ehe er thaleinwärts geht. Nun geht es eben fort, über
eine Brücke rechts hinüber auf das linke Ufer, wo der Fahrweg
vom Wildbade hereinzieht. Schon nach ¼ St. hat man die letzten Häuser bei einer Schneidemühle erreicht und zugleich ein
schönes Bild vor sich: im Vorgrunde die Häusergruppe, rechts
hoch aufsteigende, dunkle Waldberge, das Fussgestell des *Reichebengebirges*, links die senkrecht abstürzende *Himmelwand*; in
der Mitte des Hintergrundes steigt der dunkele Felsenberg, *Böcksteinkogl* (8060'), berühmt in der Tradition als Goldberg, sehr
regelmässig auf; links von ihm die Eiswelt des *Kesselkahrs*, rechts
der *Tischlerspitz* und seine Glotscher.

Wie in den Kalkalpen, brechen hier aus den Seitenschluchten verheerende Steinmuren hervor, wüste Strecken öden Gesteins, in deren Mitte ein Bächelchen fliesst, in welchem man
bisweilen kaum den Durst löschen kann. Solche Giessbäche werden hier *Lindwürmer* genannt und ihr Ausbrechen bezeichnet man
mit *Ausbeissen; hier hat sich ein Lindwurm ausgebissen*, ein manchche Sagen erklärender Ausdruck (s. Wilten bei Innsbruck Th. II).

Rechts sicht man bald darauf durch dunkele Waldesnacht
einen Staubbach herabschweben; er kömmt von dem *Redsee* der
Redalpe. ¼ St. weiter, indem man wieder eine öde Mure überklettert, lichtet sich links der Wald und man erblickt den herrlichen *Kesselalpfall*, der sich schäumend in einer engen Schlucht,
bald sich verbergend, bald wieder wild hervorbrechend, donnernd herabwirft. Dieser mächtige Gletscherbach kömmt von
dem hohen *Kesselkahr* und der *Kesselalpe*, fliesst unter Gletschern
dieses Kahrs zusammen, durcheilt die obenere Alpe und stürzt
dann nach Gasteiner Art über eine plötzlich die Alpe abbrechende
hohe Wand in die Tiefe. Uns von hier rechts wendend, über
grosse Felsblöcke kletternd, zwischen denen erfrischende Erdund Schwarzbeeren wuchern, sehen wir den Wald hochstämmiger Tannen sich wieder lichten und ein grossartiges Amphitheater erschliesst sich vor unseren Blicken, die *Prossaualpe* (4056').
Auf sanftgeneigter Rasenfläche liegt die einsame Sennhütte, rings
von dunklen Waldungen umschlossen. Rechts steigen waldige

9 *

Rücken zur Rod hinan, links erheben sich die Abhänge des Böcksteinkogls; den hinteren Mittelgrund umspannt amphitheatralisch
eine hohe dunkele Felsenwand, auf ihrer Höhe überlagert mit
sonnigen Matten, weiter hinan aber rings umsäumt von dem
blauen Rande der Gletscher, welche sich von allen Seiten her-
abdrängen; aus ihrem Geklüft brechen unzählige Eisbäche hervor, durcheilen silberglänzend die grünen Matten in vielen Windungen und Abstürzen, vereinigen sich zuletzt zu mehreren grösseren Bächen und werfen sich, den Absturz der dunkeln Wand
erreichend, in fünf Wasserfällen in die Tiefe unserer Alpe. Ueber
den Gletschern steigen schwarze Schiefermauern auf in furchtbaren, wildzerrissenen Zacken und Hörnern, nur in ihren Buchten den Schnee sammelnd' zur Bildung der Gletscher. Es ist
das *Höllthor* und *Tischlkahr*. Der Fuss jener Wand, der die
Wasserfälle entstürzen, wie das untere Ende der Wasserfälle
selbst, wird durch einen Rücken verdeckt, den wir, uns links
haltend, übersteigen. Hier zeigt sich nun auch der dick mit
Eis belastete Felsengrath, der sich vom Böcksteinkogl zum
Tischlkahrspitz hinanzieht, und statt der vorigen fünf sehen wir
jetzt neun Wasserfälle stäubend herabgleiten und wegen der
Nähe, aus welcher wir hinaufblicken zu den luftigen Zinken,
die aus den zerklüfteten Gletschern anfragen, erscheinen sie noch
zerrissener, sie drohen jeden Augenblick herabzustürzen. Die
schattige Tiefe, die dunkele Wand, die stäubenden Fälle, oben
am grünenden sonnigen Rand versilbert, die blaugrünen, von
der Sonne durchschimmerten Eismassen und die schwarzblauen,
wild aus dem Eis aufzackenden Spitzen und Riffe machen einen
tiefen, unauslöschlichen Eindruck.

Von hier bringt ein Weg den bergeslustigen Steiger in 1½ St.
von der *Prossaualpe* zur *Kesselalpe* (5626'); der Pfad steigt rechts
an der Wand des Böcksteinkogls hinan, den Kesselalpfall links
lassend. Das *Kesselkahr* bildet ebenfalls ein Amphitheater, dessen vorderen Boden die Matten der Alpe bedecken, weiter hinan umkreist von einem öden Steintrümmermeer, über welches
sich der *Kesselkahrgletscher* unheimlich lagert. 3 St. hat man
durch die Steinwüste des Kahres hinan zum Joch der *Kleinen
Elendscharte* (7833'), welche, wie auch das ganze hier sich aus-

breitende *Elendgebirge*, von den einst hier sich aufhaltenden Elennthieren benannt worden sein soll. Diese Scharte ist ein Jochübergang in das Kärntner Maltathal, der indessen nur mit kundigen Führern zu unternehmen ist; aber 1863 wollte kein Führer weiter als auf die Elendscharte und von der Kärntner Seite her musste eine Gesellschaft auf dem Kleinen Elend wegen tiefen Schnees umkehren.

Von dem *Kötschachthale* führt den *Redbach* hinan auch ein Weg auf die *Redalm* mit dem zwar kleinen, aber malerischen *Redsee* (5705'), im Rücken des *Graukogls*, in 2 St.

In das *Gasteiner Hauptthal* zurückkehrend lassen wir die Badbrücke rechts unter uns und werden, nachdem wir einen Tag in den schauerlichen Engen und in wilden Bergeswüsten zugebracht haben, auf das angenehmste durch den Blick über das Gasteiner Thal hinab bis jenseits Hof überrascht. Eine Bank ladet zur Ruhe, um diesen Anblick ordentlich zu geniessen. Ernsterer Art ist der Blick thalaufwärts; schon liegt der merkwürdige wilde Thalkessel des Wildbades mit seinen Häusern vor uns, schon hören wir den Donner der herabstürzenden Ache und erblicken die aufwirbelnden Staubsäulen, die mancher schon für den Dampf der Quellen hielt. Oben über dem Bade erhebt sich der *Radhausberg* in seiner ganzen Grösse und rechts an ihm im Hintergrunde zeigt sich der *Schlapperebengletscher*. Bei *St. Niklas* vorüber erreichen wir in ¼ St. das *Wildbad*.

Die s. g. neue, aber dennoch 300 Jahre alte Fahrstrasse, der *Fürstenweg*, führt von *Felding* ab über die Ache, deren Laufe hier ein gerades Bett angewiesen ist. Sie wurde 1554 von Weitmoser und Zott angelegt, um ihre Erze von Böckstein leichter herabzubringen, denn dahin führt die eigentliche Strasse, ohne das Bad zu berühren, und erst später zweigte sich von ihr links die Badstrasse ab. Jenseits der Brücke kommen wir an den grössten Bauernhöfen des Thales vorüber, des *Stubners* und *Zitterauers*. Bei *Lafenn* überschreiten wir den *Angerbach*, dessen Thal ebenfalls, wie hier herum mehrere, durch eine Klamm von Kalk verschlossen ist; nur mühsam drängt sich der Bach durch den finstern Schlund. Links hat man schöne Aussichten über die angebaute Thalsohle und jenseits erhebt sich der Blick zum

Gamskahrkogl und dringt in das Kötschachthal bis zu dessen
Gletscherwelt. Die Strasse erhebt sich nun rechts an der Wand
des *Stubenerkogls* ziemlich steil und führt an einem sogenannten
englischen Kaffeehaus vorüber; wie hingezaubert tritt plötzlich
das Wildbad mit seinen weissen Häusern, die an der inneren
Wand eines engen Felsenkessels ringsum kleben, durchstürzt
von den tosenden und stäubenden Fällen der Ache, hervor; jenseits über des Waldes Dunkel erheben sich granduftig die Massen des Graukogls und Stuhls. Dieser Anblick gehört unstreitig zu den überraschendsten, die es geben kann. Rechts führt
die Strasse nach Böckstein fort, ein Stockwerk höher ansteigend,
während unsere Strasse sich hinabsenkt zum Wildbad.

Das *Wildbad Gastein* (3315') (Postexpedition und Telegra-
phenstation). Wildbad 45 H., 409 E., Vikariat Böckstein 163 E.,
Remsach 304 E., die ganze Gemeinde 132 H., 876 E. Die Lage
des Bades ist sehr eigenthümlich. Schon oben bei der Uebersicht des Thales wurde der Thalstufen gedacht, über welche sich
die Ache stäubend und donnernd wirft. Hier am Wildbad steigt
das Thal plötzlich über 470' hinan. Die Ache schneidet sich
von oben in dem vom Stubener Kogl quer durch das Thal zum
Reichebengebirge setzenden Felsenriegel, stürzt hier in einigen
grossen Wasserfällen vielleicht 200' herab innerhalb der Kluft,
schliesst dann aus derselben heraus und wirft sich über einen
zweiten Absturz, sich freier ausbreitend, wiederum 270' herab
in einen grossen Kessel, welcher nördlich gegen das untere Thal
zu der Ache nur eine enge, schmale Schlucht zwischen zwei
hohen, mit Tannen umdunkelten Felsenpfeilern zum Auswege
lässt; über Felsblöcke rauscht sie wild aus diesem merkwürdigen Kessel heraus. In dem inneren Raume desselben brechen,
von unten gesehen, linker Hand in der Mitte der Wand die
dampfenden Quellen hervor, und rings an den inneren Wänden
jenes Kessels kleben die Häuser des Bades. An der nördlichen
Wand, doch gegen Süden schauend, das Dorf und die Kirche;
an der südlichen, wo die abstürzende Wand, ehe der untere
grösste Fall beginnt, eine kleine ebene Stufe bildet, liegt, einen
Platz einschliessend auf dem rechten Felsenstock der Ache, an
der Stelle der ehemaligen, 300 Jahre alten ehrwürdigen Strau-

binger Hütte das jetzige elegante Gasthaus *Straubingers* mit dem
Lesekabinette, ihm gegenüber, sich an das zweite Felsenstock-
werk anlegend, das *Badeschloss*. Der Spalt der Ache ist mit
einer Brücke überspannt, jenseits welcher, nebst mehreren Privathäusern, die *Wandelbahn* sich befindet. Der Fremde darf hier
nicht die sogenannten Vergnügungen anderer deutschen Bäder erwarten, denn Gastein soll nur ein Gesundheitsbad sein. Nur die
Heilquellen und die Natur locken Fremde herbei, daher der Ort
zu einer Zeit, wo in anderen Bädern das sogenannte Leben beginnt, am Abend, schon in tiefe Stille versunken ist; nur sein
Wasserfall wacht. Doch fehlt es nicht ganz an geselligem Vergnügen, die Table d'hôte vereint die Badegäste; im Lese- und
Damensalon liegen die gelesensten Zeitungen auf, Billard und
Schachbrett bleiben nicht unbenutzt, ein Orchester von 9 Personen aus dem musikalischen Böhmen führt zu bestimmten Ta-
gesstunden grössere Musikstücke vor und gelegentlich wird wohl
auch ein kleines Tänzchen veranstaltet. Gasthäuser (nach der
Lage gereiht): Straubinger, Mitterwirth, Oberkrämer, Unterkrä-
mer, Grabenwirth, Hirschenwirth, Moser. Badegäste finden auch
in 16 Privathäusern Unterkommen (gegenwärtig hat Badgastein
500 Zimmer für Kurgäste), doch ist es rathsam, im Falle man
das Bad als Gast zur Höhe der Saison (Juli, August) besuchen
will, sich die Wohnung früher zu bestellen[1].

Alle Gasthäuser und die meisten Privathäuser haben zugleich
Bäder, in denen sich bald einige, bald mehrere zusammen baden (Solitär- und Kommunbäder). Meist wird Morgens und Vormittags gebadet, doch können zu allen Stunden reine Bäder her-
gerichtet werden, da bei jedem Badehause Vorrichtungen bestehen, durch welche das zu heisse Thermalwasser (35 — 39° R.)
durch blosse Luftabkühlung auf die für das Bad günstige Temperatur (26—28° R.) gebracht wird.

Auch für ein Pferdebad hat Straubinger gesorgt, wozu er
die Wasserfallquelle vom Wasserfall abdämmen liess.

Die *Quellen.* Am Fusse des Reichebengebirges brechen die
warmen Quellen aus lockerem Steingerölle hervor. Sie geben

----
[1] Näheres siehe: Gastein, Führer für Kurgäste und Reisende von Dr. v. Hö-
nigsburg. Mit Karte von Fr. Keil. Mayrische Buchhandlung in Salzburg.

täglich 135,000 Cub.F. Wasser. Gegen Verschüttungen und Störungen in ihrem Laufe sind sie jetzt zuerst durch einen hohen Steindamm gegen das Eindringen der Ache vom Schlossgraben her, sowie auch durch eigene Schachte, welche durch das Schuttgebirge bis zu dem festen Gestein führen, aus dem sie hervorbrechen, geschützt; jede einzelne Quelle ist jetzt bei ihrem Austritte aus dem Urfels gefasst. Von den vielen Quellen heisst die Anhöhe der *Badberg.* Die gefassten Quellen sind: die *Fürstenquelle, Doktorsquelle, Franzensquelle, Hauptquelle, Wasserfallquelle, Grabenbäckersquelle* und *Fledermausquelle.*

Die *Fürstenquelle* hat ihren Namen von dem Erzbischof Hieronymus, dem Erbauer des Schlosses, welcher damit die Bäder desselben füllen wollte; sie ist die höchste Quelle. Durch eine Hebemaschine wurde das Wasser zum Schloss emporgehoben. Jetzt führt ein Stollen zu ihr, welcher zu einem Dunstbad benutzt wird. Ihr Wasser fliesst unbenutzt ab, mit Ausnahme eines Theils, der zur *Doktorsquelle* fliesst. Das Gestein des Berges ist Kalksinter. Bei Nachgrabungen wurde hier die Hitze so stark, dass den Knappen der Athem beengt und die Lichter beinahe ausgelöscht wurden, weshalb man abstand. Man fand schöne weisse Stalaktiten und Eisenblüte. — Die *Doktorsquelle* liegt unter der Schlossgrabenbrücke und ist so benannt, weil früher das Haus des damaligen Badearztes Niederhuber über ihr stand, wo die gegenwärtige Hebemaschine steht, welche das Wasser durch zwei Stempel zu den Schlossbädern hinauftreibt, zu deren Füllung sie allein benutzt wird. Sie bricht aus reinen Gneissfelsen hervor. — Die *Franzensquelle* oder *Chirurgenquelle.* Als 1807 durch heftige Regengüsse der ganze Abhang mit der Strasse zum Schlossgraben hinabstürzte, liess Kaiser Franz I. nicht nur die Strasse wieder herstellen, sondern auch die Quelle durch einen Schacht und ein gemauertes Gebäude gegen künftige Zerstörungen schützen. Sie liegt am Dorfweg neben dem neuen Dunstbade; durch eine Thür ist sie verschlossen. Ausserhalb des Gebäudes vereinigen sich noch einige Quelladern mit ihr; diese Quelle füllt die Bäder des Straubingers und der Schröpfhadhütte. — Die *Hauptquelle* ist die tiefste der genannten Quellen, aber die reichhaltigste; seit 1819 gefasst, doch

erst seit 1823 bis auf den Urfelsen verfolgt, welcher hier ein
schiefriger Quarz ist, der im Gneisse liegt, mit grünlichweissen
Glimmerblättchen, Feldspath und Spuren von Schwefelkies. Der
Stollen ist in der Tiefe durch Felsen gearbeitet, die Decke, von
welcher Stalaktiten herabhängen, gemauert; über der Quelle
steigt ein Schacht gerade in die Höhe aus dem Berg hinaus,
um den starken Dämpfen einen Ausweg zu geben. Diese Quelle
versieht die Bäder des Mitterwirths, Grabenwirths, des unteren
Krämers, des Spitals und Hofgasteins. — Die *Wasserfallquelle*
entspringt unmittelbar aus einer Gneissspalte im Wasserfalle, wo
sie der aus den Eisfluten aufsteigende Dampf verrieth. Sie wird
in einer eisernen Röhre unter dem Wasser aufgefangen, unter
der Brücke hinüber auf das andere Ufer geleitet in einen gemauerten Baderaum, und füllt das oben erwähnte Pferdebad. —
Die *Grabenbäckersquelle* auf dem linken Ufer der Ache versieht
die Bäder dieses Wirthes, und bedarf, da sie mit wildem Wasser vermischt ist, nicht erst der Abkühlung zum Baden.

Die Temperatur der Hauptquelle ist 38,2° R., der Fürstenquelle 37,5° R., der Franzensquelle 37,0° R., der Doktorsquelle
36,0° R., der Grabenbäckersquelle 29,7° R., der Wasserfallquelle 28,5° R., der Fledermausquelle 28,0° R. Wo die Quellen frei über dem Boden abfliessen, findet sich immer der sogenannte Badeschlamm oder das Badwassermoos, Ulva oder Con-
ferva thermalis. Auch dieser wird zur Heilung von Wunden und
alten Schäden angewendet.

Das Wasser selbst ist ausserordentlich klar, ohne Geruch
und Geschmack und behält diese Eigenschaft, wenn man es
Jahre lang aufbewahrt; auch kalt hat es nicht den mindesten
Beigeschmack. Verwelkte, bis 4 Tage an heissen Orten trocken
gelegte Blumen erhalten ihre Frische, ihren Farbenschmelz und
selbst ihren Geruch wieder. Das Wasser gehört zu den indif-
ferenten Thermen, da es in 1000 Theilen nur 0,35 fester Bestandtheile enthält. Für die Lösung der Frage, worin die Heilkraft des Wassers liegt, ist selbst gegenwärtig wenig Aussicht
vorhanden. Soviel haben die physikalischen Untersuchungen
festgestellt, dass das Gasteiner Wasser, wie es dem Berge entspringt, sich hinsichtlich seines Gasgehaltes nicht wesentlich

von anderem Quellwasser unterscheidet, dass es, wie es zu Bädern verwendet wird, denselben Gasgehalt wie erwärmtes destillirtes Wasser zeigt, dass seine spezifische Wärme nicht merklich verschieden ist von jener des destillirten Wassers, dass aber seine Leitungsfähigkeit für Elektrizität sechsmal grösser ist als jene des destillirten Wassers. Es erkaltet viel schwerer als gekochtes Wasser, so dass es, um von 39 ° bis auf 28 ° zu erkalten, 12 Stunden bedarf; dagegen, einmal erkaltet, bedarf es längerer Zeit, um wieder erhitzt zu werden, als gewöhnliches Wasser. Bei 14 ° Wärme ist es leichter, bei 11 ° aber schwerer als destillirtes Wasser.

Nach Soltmann's Analyse enthält 1 Pfund Wasser nur 2,596 Gran feste Bestandtheile, und zwar

1,495 schwefelsaures Natron,

0,055 schwefelsaures Kali,

0,340 Chlornatrium, Kochsalz,

0,035 kohlensaure Magnesia,

0,397 kohlensaure Kalkerde,

0,022 kohlensaures Eisenoxydul,

0,050 Thonerde,

0,202 Kieselerde und Spuren von Mangan, Strontian, phosphorsaure Kalkerde, organische Substanz.

Gebraucht wird das Wasser als gewöhnliches Bad, als Dunstbad (in dem Stollen der Fürstenquelle), Dusch- und Tropfbad, wie endlich auch zum Trinken. Die Heilkräfte der Mineralquellen beweisen sich durch ihre gelind reizenden und belebenden, auflösenden, erweichenden, besänftigenden und stärkenden Eigenschaften, überhaupt in chronischen Krankheiten.

Alljährlich hebt sich die Zahl der Kurgäste und stieg 1861 bereits auf 3200, während sie 1830 bloss 1305 betrug. Die Durchreisenden sind hiebei nicht mitgerechnet. In Folge des lebhaften Anschwunges, den Gastein in letzterer Zeit nahm, sind auch alle öffentlichen Anstalten, Post, Telegraph u. s. w. auf die Höhe der Zeit gehoben und lassen nichts zu wünschen übrig.

Merkwürdigkeiten des Ortes. Das k. k. Badeschloss. Das von dem Erzbischof Hieronymus erbaute massive Schloss ist 1807 auf Befehl des Kaisers Franz I. zum allgemeinen Gebrauch geöffnet

und in neuester Zeit durch zwei Stockwerke vergrössert. Es
enthält 30 schöne geräumige Zimmer und 9 Bäder. Ueber die
Preise besteht ein Tarif, welcher öffentlich angeschlagen ist.
Die Preise der Zimmer belaufen sich, je nach ihrer Lage und
der Bettenzahl (höchstens 2), und der Jahreszeit, auf 2—25 Fl.,
die der Bäder auf 3—5 Fl. wöchentlich (täglich 1 oder 2 Bäder). Das *Spital* für arme Badegäste, ein grosses massives Gebäude mit 40 lichten und trocknen Zimmern und 50 Betten. Vor
dem Hause ein schöner Brunnen, von einem dankbaren Bade-
gaste gestiftet. Das Spital enthält 2 grosse Kommunbäder (für
männliche und weibliche Kranke); dann noch besondere Bade-
räume für sehr gebrechliche Kranke. Konrad Strochner war der
wohlthätige Stifter dieser schönen Anstalt 1489. Sie fand grossen Beifall und Unterstützung durch Christoph Weitmoser und
dessen Tochter. 1751 wurde das alte Spital eingerissen und das
neue erbaut. Es gewährt nach seiner dermaligen stiftungsmäs-
sigen Einrichtung den in dasselbe aufgenommenen (vom 1. April
bis letzten Oktober) armen Kranken uneutgeltlich die Unterkunft,
die ärztliche Behandlung, den Gebrauch des Spitalbades und die
erforderliche Wartung. Die Kost muss sich der Kranke selbst
beischaffen. Für Ordnung und Reinlichkeit wird streng gesorgt.
Jährlich finden bei 300 arme Badegäste hier Unterkommen. Die
Vikariatskirche ist nicht sehr alt. Auf einem Gemälde ist die
Sage von der Entdeckung des Bades dargestellt; ein Hirsch,
verwundet und von Jägern verfolgt, findet Labung in der Quelle,
eine Sage, die sich in mehreren Bädern wiederholt. — Das *Haus
des Erzherzogs Johann*, neu und ganz massiv erbaut, liegt an
der westlichen Wand des Felsenkessels unter der Strasse, mit
einer aus dem Thal heraufgebauten Terrasse, auf welcher ein
botanischer Garten für Alpenblumen sehenswerth ist.

Spaziergänge. Schon oben betrachteten wir die Wasserfälle,
und sie sind es, welche, man mag hingehen fast, wo man will,
immer das Auge und Ohr beschäftigen. Den unteren, grössten
Sturz sieht man auf der ganzen Nordwand, an welcher das Bad
liegt, am schönsten. Um den starken Staubregen zu mindern,
mit dem ein Theil des Ortes fortwährend heimgesucht wurde,
ist unten, dem Falle gegenüber, eine bretterne Wand errichtet;

scheint die Sonne gegen Mittag gerade in diese Brandung hinein, so glaubt man in das glänzendste Feuerwerk von allen Farben hineinzublicken. — Ein zweiter Standpunkt ist die *Straubinger Brücke;* hinabwärts sieht man die Ache sich mit Wuth
in den nicht sichtbaren Abgrund werfen; nur die weit hinaus-
geschleuderten Schaumflocken, der Donner und der aufwirbelnde
Staub verrathen die Tiefe. Blicken wir aufwärts, so bietet sich
ein noch wilderes Schauspiel dar, die sogenannte *Schreck;* rechts
und links senkrecht hoch aufragende Felsen, im Hintergrunde
durch eine kühne Brücke verbunden, unter welcher sich im wilden Drang der Wogen die Ache hervordrängt, um in grausigen
Sprüngen durch die enge Kluft in einen tiefen Felsenkessel zu
setzen. — Im Schutte auf der Schreck Flussspathe in blauen
Oktaëdern. Durch ein Felsenriff und einen Riesenblock verschlossen, drängt sich nur ein schmaler Arm aus dem dampfenden Kessel hervor; aber kaum in Freiheit gesetzt, wirft sich die
Flut schäumend im stäubenden Sprunge über ein Felsenwehr in
die Tiefe unter unserer Brücke. Fürchterlich, aber auch gefährlich ist dieser Anblick zur Zeit der Schneeschmelze; denn
dann übersprühen die Fluten nicht nur die Brücke, sondern
schleudern auch gewaltige Steine gegen und über sie hin.

Ein dritter Standpunkt ist jene obere Brücke, zu der wir
oben hinauf sahen. Auch hier ein Wechsel von Ansichten; abwärts schwindelt der Blick, indem er den rasenden Stürzen der
Ache folgt; aufwärts ein ruhigerer aber schöner Wasserfall zwischen den tief von den Fluten ausgewölbten Wänden und darüber abermals eine kühne Brücke gespannt. Von hier steigen
wir rechts hinan über eine Einfriedigung, auf eine mit Moos,
Preisselbeeren und verkrüppelten Bäumen bewachsene Höhe, die
Sonnenvende. Hier möchte einer der interessantesten Punkte sein
durch die grellen Gegensätze: in grausenvoller Tiefe der Schlund
der Ache mit ihren Stürzen, ihrer furchtbaren Brandung in der
Enge, die Straubinger Brücke, rechts der *Schlossfelsen,* durch
Mauerwerk gegen den Wogendrang der Ache geschützt (denn
früher war er ein inselartiger Felsenstock, nach rechts von einem
Arme der Ache umstürzt, dem jetzigen *Schlossgraben,* nur ein
kleiner Seitenkanal, den man jedoch durch einen angesogenen

Schutz vergrössern kann, das Schloss und das Straubinger Haus
stehen demnach eigentlich auf einer Felseninsel der Ache); rechts
in der Tiefe das ganze Amphitheater des Ortes; in grösster Tiefe
die waldigen Felsenpfeiler, durch welche die Ache ihre letzten
Sprünge hinaus auf den Thalboden von Hof macht, der zum
Theil in seiner ganzen Lieblichkeit über den eigenthümlichen
Mittelgrund hereinlacht, überragt von dem Gamskahrkogl; noch
im fernen Norden in dem Winkel der grünen Berge des unteren Thales zeigt sich grauweiss ein Bruchstück der Kalkalpen,
die *Wetterwand*. Noch höher auf dem höchsten Punkte des das
Thal durchsetzenden Felsenriffes, über welches die Ache hinabstürzt, liegt die *Patriarchenhöhe*, eine liebliche Anlage, denn der
Felsendamm erhebt sich auch über den oberen (Böcksteiner)
Thalboden oder *Hinterbaden* noch etwas. Daher hier ein schöner
Blick thalabwärts und thalaufwärts ins friedlich stille Hinterbaden, auf die vielgipfelige Masse des Radhausberges und auf
die Eisfelder des Scharecks. Der Alterthumsfreund besucht noch
die Kirche *St. Niklas*, die schon ausserhalb des Felsenkessels
liegt. Ihr Friedhof, so einsam und so klein, hat doch den Namen: *Friedhof von Europa*. Erbaut 1389. Merkwürdige innere
Bauart; die Gemälde merkwürdig, da sie aus dem goldenen Zeitalter stammen, besonders in Ansehung der Tracht. Der Friedhof enthält interessante Grabstätten.

Jährlich vermehren sich die Anlagen und Aussichtspunkte
mit ihren Kaffeehäusern und Restaurationen, und jeder Reisende
mag sich seinen Weg darin selbst suchen, rüstige Bergsteiger
fliegen weiter aus; als Führer dazu sind zu empfehlen der Zim-
mermeister in Bad Gastein, der Schmied in Böckstein, der Hut-
mann Stöckl vom Rauriser Goldberg.

Der *Tisch* (7176') ist eine Spitze der Gebirgsmasse, welche
von dem Rauriser Scheiderücken, und zwar von der Erzwiese
aus östlich in das Gasteiner Thal hereintritt und im Norden vom
Angerthal, im Osten vom Gasteiner Thal von Lafenn bei Hof
bis Böckstein, im Süden von dem Nassfelder Graben, oder der
starkaufsteigenden Thalschlucht der Ache von Böckstein zum
Nassfeld, im Südwesten endlich von dem hoch gelegenen Pochhartthal mit seinen Seen umtieft wird. Der gegen Gastein und

besonders in das Wildbad hereintretende Vorsprung ist der *Stubner Kogl* (6001'); die westliche Fortsetzung des Berges zur Erzwiese, welche in den Nassfelder Graben mit seinen Stufen und
ausgewaschenen Rinnen abstürzt, heisst der *Ortberg* (7601'). Um
den *Tisch* zu ersteigen (Führer dahin 1 Fl. 40 Kr.) hat man die
Wahl zwischen 3 Wegen. Der erste führt vom *Wildbade* über
den *Schirm* und die *Schappachalpe* am *Stubner Kogl* in 3 St. zur
Zietrauerhütte; der zweite geht vom *Straubinger Lehen* auf der
Hirschau den steilen *Heuweg* ebendahinan. Endlich bringt uns
ein dritter von *Böckstein* und die *Bockfeldalpe* zu derselben Hütte.
Von hier geht es über das *Hirschkahr* in das grüne Kahr des
Tisches hinan, welches zwei von ihm herabsteigende Felsen-
rücken umspannen, auf denen beiden man hinausteigen kann
zur Spitze, die in 5 St. vom Wildbade erreicht ist. Die Spitze
besteht aus Glimmerschiefer mit vielem schwarzen Schörl. Die
Aussicht ist sehr schön, und besonders durch den Hinabblick
auf das ganze Gasteiner Thal bis zur Klamm, in das alpenreiche
Angerthal, das Anlaufthal und Nassfeld; sonst der Aussicht des
Gamskahrkogls ähnlich.

Der zweite grössere Ausflug geht in östlicher Richtung zum
Grau- oder *Zehnerkogl* hinan, 7880' hoch, noch völlig schneelos
(Führer 1 Fl. 40 Kr.). Vom hohen Ankogl her zieht zwischen
den Thälern Kötschach und Anlauf der hohe schneidige, unten
begletscherte Felsrücken des *Höllthores* (9217') und *Schoberkahrls*
zum *Palfenkogl*, von welchem zwei einander ähnlich gebildete
Bergmassen gegen das Wildbad und Hinterbaden hervortreten;
die eine Kette, die Wand des Grankogls, zieht nördlich, schwenkt
sich aber halb kreisförmig östlich nach dem Kötschachthal herum, dem Gasteiner Thal seine sanft, nur zum Theil über Platten ansteigende äussere Seite zeigend, während die innere Wand
fast senkrecht abstürzt auf ein furchtbares, ödes Steinkahr, das
den Fuss der Steilwände umhüllt. Aehnlich, nur in westlicher
Richtung, zieht sich die *Feuerseng* (7809') und der *Stuhl* (7422').
Eine noch mit schönen Matten überdeckte Vorstufe des Graukogls heisst *Reicheben*, und der zum Wildbad und Hinterbaden
niedersetzende Fuss, aus dem die heissen Quellen brechen, der
Badberg. Zur Besteigung des Kogls wendet man sich zum *Palf-*

uerlehen [1]), mit schöner Aussicht auf das Wildbad, weiter auf
dem Fusssteige zur *Alpe Reicheben*, welche auf der Nordseite des
Berges gegen das Kötschachthal hin liegt; in 1¼ St. haben wir
sie erreicht. Von hier aus geht es an dem Platten vorüber die
Reichebenschneide hinan in abermaligen 2 St. zur Spitze des Berges, die wegen ihres geringen Umfanges eine herrliche Rundsicht darbietet: das ganze Gasteiner Thal vom Nassfeld herab
über Böckstein, Wildbad bis unterhalb Hofgastein; auf das wilde
Trümmermeer der Ked und die sie umragenden Gletscherberge
am Tischlkahr, sowie in das eisige Elendgebirge; die weitere
Rundsicht ist der des Gamskahrkogls ähnlich. — Den Rückweg
kann man über den *Palfensee* (5755') und die *Palfenalpe* zum
Palfnerlehen nehmen.

Hinterbaden oder *Thalboden von Böckstein.* Wir folgen jetzt
vom Wildbade der schon bekannten Strasse durch die *Schreck*,
durch das Getümmel der donnernden und stäubenden Wasserfälle.
Kaum aber haben wir die oberste Brücke überschritten, so ändert sich alles. Der eben noch betäubende Donner verhallt, die
Abgründe sind verschwunden, eine Scheidewand ist zwischen uns
und jene getreten, da jener Felsendamm, der das Thal durchsetzt, über die obere Thalfläche, wenn auch nur wenig, aufragt.
Friedliche Stille herrscht in diesem Hochthale, kaum hörbar plät-
schert die Ache durch die ebenen Wiesen. Nur der Hintergrund
gestaltet sich ernster; da baut sich der ganze, einst so goldrei-
che Radhausberg mit seinen verschiedenen Gipfeln auf, oben
schneegefleckt. Rechts an den Schultern des Berges zeigt sich
das eisige Haupt des Schurecks und im Hintergrunde der Thalfläche, auf niedrigem, hier kaum sichtbarem Hügel, die Kirche
von Böckstein. Der Wechsel vom wilden endlosen Getümmel
der Wasserfälle, bei welchem man sein eignes Wort nicht versteht, zum friedlich stillen Leben dieses Thalbodens fällt sehr
auf; fast noch mehr aber, wenn man über die Tauernkette her-
überkömmt, dieses Thal durchwandert und plötzlich mitten in
die schwindelnden Abgründe und das Gebrause und Gestäube
der Ache tritt, und unten die Häusergruppe des Wildbades, jen-

---

1) Leben heissen hier herum die einzeln zerstreuten Bauernhöfe.

seits der Abgründe aber wiederum das sonnige Thal von Hof erblickt. Der Weg zieht sich durch mehrere Häusergruppen hindurch, die Ache rechts lassend, jenseits welcher sich das *Hirschkahr* aufthürmt und über diesem der *Tisch.*

Ehe wir Böckstein auf der Strasse erreichen (von dem *Brunnlehen* führt auch ein Fussweg über die Wiesen nach Böckstein), überschreiten wir die *Passaubrücke,* welche den *Anlaufbach,* der hier aus seinem Thale tritt, überspringt. *Böckstein* (3581'), sonst das Poch-, Wasch- und Amalgamirwerk des Gasteiner Berghaues, liegt hinter einem Felsenriegel versteckt, und verräth sich nur durch seine Kirche, welche auf jenem Felsenstock, ebenfalls einem Thalriegel, erbaut ist. Hinter dem Orte schliesst sich das Thal abermals, so dass es auch in einer Art Felsenkessel liegt; doch keine Wasserfälle durchtoben den Ort. Der ganze Ort zählt 17 Häuser. Das Wirthshaus ist gut und eignet sich zu einem Standpunkt für Ausflüge in das höhere Gebirge, welches hier nach mehreren Richtungen seine Kammern erschliesst.

In den ältesten Zeiten standen in dieser Gegend, welche *auf der Passau* hiess, noch keine Gebäude, sondern die Wasch- und Pochwerke standen vertheilt, den verschiedenen Grubenbauen näher, so im Anlaufthal, Sieglitzthal (siehe unten) und am Engthor des Nassfeldes über dem Bärenfall. Allein Lawinen und Wasserfluten zerstörten die letzteren, so dass man sie in die *alte Böck,* etwas thalaufwärts von dem jetzigen Böckstein, verlegen musste; doch auch hier vernichtete 1746 eine furchtbare Ueberschwemmung alle Gebäude, und nun erst verlegte man sämmtliche Werke der Umgegend in das durch Felsendämme geschützte Gebiet der *Passau* oder in den *Neufang auf der Passau,* das jetzige *Böckstein.* In Böckstein wohnten bis zur Auflassung des Bergwerks die Berg- und Hüttenwerksbeamten für Gastein und Rauris.

In Gastein wurde zuletzt bis 1863 nur noch der Radhausberg gebaut, und zwar auf Gold, Silber, Kupfer und wenig Blei. Die Ausbeute war ungleich. Im vorigen Jahrhunderte waren die Jahre 1775, 77 und 78 die glücklichsten; der reine Gewinn betrug 39,524 Gulden, 45,757 Gulden, 61,138 Gulden; dagegen 1795 nur 4760 Gulden. Vor einigen Jahren lieferte Böckstein

35—40 Mark Waschgold, und in den Erzen und Schlichen 350 bis 400 Pfd. göldigen Silbers, die Mark bis 2 Loth Goldgehalt. Die rundgebaute Kirche wurde 1767 eingeweiht; sie soll an die Stelle einer Einsiedelei getreten sein, welche sich der Erzbischof Sigmund, seiner Würde entsagend, erbaute, indem ihn die grossartige Natur der Umgegend und ihre Ruhe vorzüglich angesprochen habe. Auf der Höhe hinter dem Wirthshause hat man eine Ansicht des Ankogls im Hintergrunde des

Anlaufthals,

das von *Böckstein* südöstlich in den innersten Kern des Urgebirgs 3 St. lang bis zum *Radeck* (6479') zieht, der innersten und letzten Alpe des Thales, umschlossen in der Höhe von den Gletscherwänden des *Ankogls*, dessen eisiges Haupt majestätisch den ganzen Hintergrund beherrscht; die beiden Eckpfeiler des Eingangs sind westlich der *Radhausberg*, östlich der *Stuhl*. Vom *Tauernfall*, etwa 2$\frac{1}{2}$ St. vom Eingange an, bildet rechts im Süden die *Tauernkette* selbst die Thalwand und der *Ankogl* den Hintergrund. Der scharfe Grath des *Höllthores* scheidet das hintere Thal von dem jenseitigen Kötschachthale. Die *Tauernkette* trennt das Thal von dem jenseitigen Kärntnerischen Seethal, welches sich mit dem Malnitzerthal vereinigt und mit diesem die ganze Tauernkette von den Elendscharten bis zum Malnitzer Tauern im Süden umspannt. Gegen Westen scheidet es die Masse des *Radhausberges* mit dem *Hiekahr* bis zur *Woigstenscharte* vom Nassfeld.

Von Böckstein aus folgen wir, um das Thal zu durchwandern, der Strasse nach dem Wildbade zurück bis zur Passauerbrücke, die über den Anlaufbach setzt. Man überschreitet sie nicht, sondern hält sich rechts, den Bach links lassend. Ausser schönen Wasserstudien gleich hinter der Sägemühle, bietet das Thal 1 St. lang nichts Besonderes dar; den Hintergrund verschliessen steile Wände, unten mit dem Getrümmer der darüber aufragenden Massen umschüttet. Ringsum ist der schwarze Boden von schwarzen Waldungen umzäunt. Nachdem wir diesen Gürtel durchschritten haben, breitet sich eine einsame Matte aus mit 3 Sennhütten, die *Anlaufalpe* (3767'), am Fuss des *Thomaseck*, eines Vorgebirges des Radhausberges, dann öffnet sich rechts

Schaubach d. Alpen. 2. Aufl. III.   10 .

die Thalwand und ein grosses Amphitheater, das *Hiekahr*, ent-
faltet sich; eine Felsenmauer erhebt sich auf den Matten über
der anderen; nur der flimmernde Höhenduft lässt die höchsten
Stufen weit zurücktreten und Schneefelder bezeichnen ihre Höhe.
Links über die Absätze der Wand gleitet weissschäumend der
Hiekahrfall herab, verbirgt sich dann hinter einem bewaldeten
Felsenstock, hinter dem er mächtiger und breiter als prächtiger
Wasserfall über einige Absätze herabstürzt. Doch erst, wenn
man den Bach, indem er unsern Thalweg durchschneidet, übersetzt, bemerkt man seine wahre Grösse. Man unterlasse nicht,
sich dem Wasserfall so viel als möglich zu nähern, weil Was-
serfälle eben so sehr in einiger Ferne wegen der grossartigen
Umgebungen verlieren, wie sie in der Nähe gewinnen. Von der
Hütte der Alpe führt ein schwindelnder Pfad die Stufen des *Hiekahrs* hinan zur *Hiekahralm* (5110'), auf denen 2 Hochseen, der
Untere und *Obere Hiekahrsee*, spiegeln, an dem ersteren vorüber
zur *Woigstenscharte* (der Punkt der Tauernkette, wo sich das
Radhausgebirge an sie anlegt) und von dort entweder hinab nach
Malnitz in Kärnten, oder auf dem Felsengrath nordwestlich hinan zum *Kreuzkogl*, der höchsten Spitze des *Radhausberges*, oder
westlich hinab in das *Nassfeld*. — Im *Anlaufthale* und am *Hohentauern* finden sich noch deutliche Spuren einer Römerstrasse.

Kaum ist man an der lichten Stelle des *Hiekahrs* vorüber,
so umdüstert sich das Thal von neuem; das Geröll, das uns
vorhin in der Ferne an dem Fusse der Wände wie Sand erschien, vergrössert sich mit jedem Schritt, ungeheure Blöcke bedecken den Thalboden und nur kümmerlich wagen es Fichten,
zwischen diesen von Lawinen und Giessbächen herabgeworfenen
Felsen aufzusprossen. Lieblich duftendes Veilchenmoos röthet
die Trümmer. Nach 1 St. schwellt rechts ein zweiter mächtiger
Wasserfall aus grosser Höhe hernieder, der *Tauernfall;* hoch
über die Waldungen steigen die Felshörner der Tauernkette auf;
den Hintergrund verschliesst noch dunkle Waldung. Von hier
theilt sich der Weg dreifach; zuerst links, den Bach überschreitend, steigt man zur *Feuerseng* hinan und zwischen ihr und dem
Schneefelde des *Schoberkahrspitzes* hinüber in das Gebiet der *Red*
und des *Tischlkahrs*, von wo sich der Weg abermals ästet, 1) auf

die *Red* nnd *Reicheben*, 2) *Prossau.* Der zweite Weg vom *Tauern-
falle* aus führt rechts hinan bei einem rothen Kreuze vorüber;
bald ist die Waldregion überstiegen. Nach 1½ St. kömmt man
an die erste Strecke des sogenannten *Heidenwegs*, ein Bruchstück
einer alten, mit grossen Granitblöcken gepflasterten Strasse, 8'
breit; nach einigen ein Strassenbau der Römer, nach anderen
der Gewerke. Mit jedem Schritt erweitert sich jetzt die Aussicht; schon zeigen sich die Gipfel des *Ankogls*, *Plattenkogls*,
Feuersengkogls u. a. Von hier steigt der Pfad noch 1 St. über
loses Steingeröll immer steiler hinan, kömmt an einer zweiten,
20 Klafter langen nnd 20—22' breiten Strassenstrecke und zuletzt noch an einer dritten aber unnahbaren vorüber. Bald darauf steht man auf der Scharte des *Hochtauern* (7842'). Die Aussicht ist sehr überraschend; links der majestätische Ankogl mit
seinen Gletschern; südlich die ganze Region des Malnitzer Thales mit seinen Tauern, das Möllthal, der Glockner, die Nassfelder Gebirge, das Vischbachhorn u. s. w. Jenseits führt dieser
Weg durch das Seethal nach Malnitz und ist bei grossen Schnee
besuchter, als der über den Malnitzer Tauern. Der dritte Weg
steigt im Thale selbst weiter aufwärts durch Waldungen zur
Mitteralpe, und dann noch steiler hinan zu dem hintersten und
höchsten Thalkessel des Anlaufthales, dem *Radeck* (5479'), einer
Alpe.

Mineralog. Die Moräne im Hintergrunde von Radeck enthält krystallisirten [1]
weissen Feldspath, krystallisirten, silberweissen, grauen, grünen Glimmer, lauch-
grüne, berggrüne Chloriterde, blätterigen Chlorit, speisgelben, stahlgrün angelau-
fenen Schwefelkies, stahlgrünen, eisenschwarzen, derben und krystallisirten Titan-
eisenstein, blutrothen, bräunlichen Rutil in Zwillingskrystallen, rothe durchsichtige
und gemeine braune Granaten im Weissstein, schwarzen Stangenschörl, helle, gelb-
liche Bergkrystalle, Rauchtopas, rothen und gelben Jaspis, schön krystallisirte Pe-
rikline, Strahlsteine mit Magneteisenstein und in Lagern vorzügliche Weisssteine
mit schön krystallisirten Granatdodekaëdern. — Im Ampferthalgraben führt der
Gneiss auf Quarzgängen seltene Beryllkrystalle.

Botan. Antirrhinum alpinum, Bellidiastrum Michelii. Aira subspicata, Achillea moscata, Aconitum tauricum, Arnica alpina, Cardamine resedifolia, Campanula Scheuchzeri, Carex ferruginea, curvula, Betula ovata, Juniperus Nana. Hieracium intybaceum alpinum, Lepidium alpinum, Lycopodium Selago, Luzula glabrata, Pteris crispa, Oxyria digyna, Rhododendron ferrugineum, Chrysanthemum
alpinum, Silene pumilio, Spergula saginoides, Saxifraga rotundifolia, oppositifolia,
moschata, Stereocaulon vesuvianum, Trichostomum incurvum.

10 *

Den Alpenkessel des *Radecks* umragen von der Rechten zur Linken: der *Viehzeigkopf*, *Scheinbrettkopf* (8614'), die *Lukas-scharte*, der *Plattenkogl* (9088'), *Ankogl* (10,290'), das *Höllthor* und der *Höllthorspitz* (9417'). Sie alle entsenden ihre Steinmuren herab auf die Alpe, in der Höhe umkreist von dem Blaugrün der Gletscher. Hier übernachtet man, wenn man den *Ankogl*, den König der Gasteinerberge, ersteigen will.

Der *Ankogl* (10,290') galt lange Zeit für unersteiglich, bis ihn ein Bauer aus Böckstein, Namens Riser, erstieg; seitdem ist er mehrmals erstiegen worden, auch von dem Erzherzog Johann, von Thurwieser und Russegger. Letzterem folgen auch wir hier. Von der Sennhütte sehr früh aufbrechend durchschneidet man noch den Thalboden des Radecks, bis man nach 1 St. den Fuss des *Ankogls* erreicht und steigt von dort noch eine bedeutende Strecke auf mehrfach gewundenem Viehsteige hinan; die Trümmer nehmen bald so überhand, dass der Weg verschwindet und äusserst mühsam klettert man nun über das lockere Felsgeröll, die sogenannte *Fleze*, hinan zur *Kärntner Höhe*, der Scharte zwischen *Ankogl* und *Plattenkogl*. Hier hat man den beschwerlichsten Theil der Besteigung überwunden, obgleich nicht die Gefahren, welche jetzt erst, doch nur für Schwindelige, beginnen. Von der *Kärntner Höhe* geht man eine kurze Strecke auf der Schneide des Alpenrückens hin, steigt dann rechts durch eine enge Felsenklamm auf den nach Kärnten hinabhängenden *Seebachgletscher* hinab, überschreitet das Geklüft desselben mit Vorsicht, den *Ankogl* als Zielpunkt vor Augen; steigt wieder zur Grenzschneide hinan auf einen anderen Gletscher, der einen scharfen Firngrath bildet, bis zum Fusse der höchsten Kuppe. Hier werden die Steigeisen angelegt und dem Schwindeligen ein Seil umgebunden. Man hat nun den gefährlichsten Theil vor sich; denn eine gute ½ Stunde hat man einen Felsenkamm zu ersteigen, der sich steil in die Höhe zieht, höchstens 2' breit ist und von dem man rechts fast senkrecht 2000' tief auf das zerklüftete Eisfeld des *Klein-Elendgletschers*, links auf den ebenso zerrissenen *Radeckgletscher* hinabblickt. Hat man diese Strecke überwunden, so hat man gesiegt fast über die ganze östliche Alpenwelt; denn erst im Westen beginnt mit der Glocknergruppe

ein höheres Stockwerk der Alpenwelt. Ueber sich das im herrlichsten Dunkelblau strahlende Gewölbe des Himmels, blickt
man über die ungeheuern Eisfelder der Centralkette hin bis in
die Ebenen Bayerns und Salzburgs, während im Süden die Höhen Italiens winken in nicht grosser Entfernung. Als riesige
Wächter tauchen in der blauen Rundsicht mächtig empor der
Glockner, das Vischbachhorn, der Venediger (?), das Hafnereck
und der ganz nahe, etwas höhere Hochalpenspitz. Im J. 1843
hat auch Dr. v. Ruthner den *Ankogl* auf einem kürzeren, aber
von ihm selbst nicht empfohlenen Wege erstiegen, s. dessen
Bergreisen I. S. 221 ff. — Von der *Radeckalpe* braucht man
5 — 6 St. wegen der Umwege bis zur Spitze.

Geognost. Der *Ankogl* besteht seiner grösseren Masse nach aus dem
Gneisgranit, der am Fusse im Anlaufthal zum Theil glimmerarm und weisstein-
artig, gegen den Gipfel dagegen schieferig, am Gipfel selbst zu Glimmerschiefer
wird. Auf Quarzgängen kommen im Gneis Rauchtopas, im Quarz eingewachsen
Titaneisen (Ilmenit), auch Rutil vor.

Ein zweiter grosser und in mehrfacher Hinsicht markwür-
diger Ausflug von *Böckstein* führt uns auf den goldreichen *Radhausberg*, der durch die Geschichte, durch die Grossartigkeit seiner Natur, wie durch seine Mineralien und Pflanzen, der Mittelpunkt des taurischen Lebens geworden ist, insofern er noch
allein, ein lebendes Denkmal längst verflossener Zeiten, dasteht.
Der Name des Berges wird verschieden abgeleitet und geschrie-
ben. Einige, welche diesen Namen auf die römischen Zeiten
zurückführen, leiten ihn von Curia patrum, Rathhaus, ab, als
Eigenthum des römischen Senats, und schreiben *Rathhausberg*;
das richtige ist *Radhausberg*, weil man in älteren Zeiten die Bergwerke Radwerke und die Knappen- oder Berghäuser Radhäuser
nannte. Er bildet einen mächtigen umfangreichen Gebirgsstock;
während sein einer Fuss bei *Böckstein*, als westlicher Eckpfeiler des Einganges in das Anlaufthal, ruht (3456'), verbindet sich
der andere am Eingang in das *Nassfeld* (5051' hoch) mit dem
jenseitigen *Pochhart*; wüthend wirft sich die Ache in mächtigen
Fällen über diesen Felsenriegel hinab nach Böckstein in 2 St.
(2401'). Sowie im Osten das Anlaufthal, so lagert sich an seinem westlichen Fusse die weite, hochgelegene Mulde des Nassfeldes; wie aus jenem das *Hickahr* südlich hinansteigt, so aus

dem Nassfelde das *Weissbachkahr* südöstlich, um die vorher grosse
Masse des Berges auf einen schmalen Gratb zusammenzuschnü-
ren, mit welchem sich der Gebirgsstock bei der Woigstenscharte
an die Tauernkette anlegt.

Die höchste Kuppe des Berges ist der *Kreuzkogl* (8489').
Rechts von ihm ist der *Radhauskogl*, links der *Salesenkopf* (7924')
und *Krazenträger;* das am weitesten nordöstlich gegen das Anlaufthal vortretende Vorgebirge ist das *Thomaseck.* Der Berg
ist schon in den ältesten Zeiten Sitz des Goldbergbaues gewesen; denn schon die Taurisker (Noriker) kannten die Schätze dieses Berges; nach ihnen durchwühlten die Römer die Eingeweide
desselben, und nachdem alle Gruben der Umgegend von Gastein
nach und nach eingingen, hat dieser Berg noch seinen Ruhm
bewahrt, nicht nur in der Sage, sondern auch in der That bis
in die neueste Zeit noch fortzuleben.

Zwei Wege bringen uns zu den untersten Grubengebäuden,
dem *Hieronymushause* (6064'). Der bequemste Weg ist der *Saumweg* oder *breite Weg*, der uns in 2½ St. hinauf führt; der unterste Abhang ist der *Kniebis*, von wo man, an dem durch Gespen-
sterspuk verrufenen eisernen Kreuze am *Winkelstein* vorüber,
zur Bruchleitung kömmt, einer Leitung hölzerner Röhren von
1600 Klaftern Länge, in welcher die oben an den Gruben ge-
pochten Erze nach Böckstein geleitet wurden. Vor dieser Einrichtung bestand der Saekzug; die Säcke wurden von abgerich-
teten Hunden hinaufgetragen, oben mit dem Erze gefüllt; 24 solcher gefüllter Säcke wurden der Länge nach an einander ge-
bunden; auf den vordersten setzte sich ein in solchem Geschäft
geübter Bergmann, auf die anderen die zurückkehrenden Hunde
und nun ging es auf der Schneebahn mit Blitzesschnelle der
Tiefe zu. — An einer Stelle weiter hinan hat man eine schöne
Aussicht östlich auf den Ankogl, westlich gegen den Hohenarren. An der Bruchleitung findet sich Linnea borealis. — Der
zweite Weg, der sogenannte *Knappensteig*, ist etwas kürzer und
nur Fusssteig.

Vom Mundloch des höchsten der drei verlassenen Grubenbaue, des *Christophstollen*, gelangt man bequem in 1½ St. auf den
Kreuzkogl (8489'). Der Hauptreiz der Rundsicht besteht in dem

Blick auf die grünen Mulden des Nassfeldes und Böcksteiner Thalbodens, die Pochhartalpen und ihre Seen, umragt und umstarrt von der hohen Gebirgswelt, in welche auch hier der Glockner, das Vischbachhorn, der Hohenarr und Ankogl hereinschauen.

Rückwärts stehen uns drei Wege offen, die vorhingenannten Aufwege nicht gerechnet: 1) der gerade Weg in das Nassfeld und von diesem nach Böckstein hinab; 2) durch das Hiekahr in das Anlaufthal hinab; 3) auf dem breiten, zerklüfteten, zertrümmerten und pfadlosen Felsrücken südlich hin zur *Woigstenscharte*, welche man in 1¼ St. mühsamen Kletterns durch das Getrümmer erreicht. Von der Woigstenscharte zieht gegen das Nassfeld der *Weissenbach* herab, einer der ersten Quellbäche der Ache. Hier am Rand der Tauernkette hat man eine freiere Aussicht, als auf den anderen Tauern, indem das Gebirge hier steiler nach Süden abbricht, und über die niedrigeren Vorberge hinabzublicken erlaubt bis zum Terglou in Krain. — Von der Scharte bis zum Bärenfall oberhalb Böckstein 3 St.

Mineral. auf diesem letzten Wege: Eisenglanz, Bitterspath, violetfarbener Flussspath, Beryll, Rutil u. s. w. Der *Radhausberg* ist für den Geognosten und Bergmann gleich interessant durch die Eigenthümlichkeiten seiner goldführenden Erzgänge und durch Mineralien. Das vorherrschende Gestein ist grobkörniger, zum Theil porphyrartiger Gneissgranit, in den Samerlöchern Hornblendegneiss, auf der Höhe schiefriger. Auf erzfreien Quarzgängen finden sich selten an der Höhe des Kreuzkogls blaue Beryllkrystalle. Die erzführenden Quarzgänge durchtrümmern das Gneissgebirge der Art und das Gold verbreitet sich dabei in das angrenzende Nebengestein so, dass Rossegger und Reissacher die Gänge als Gneissgänge ansprechen. Die gold- und silberhaltigen Erze sind meist auf das feinste vertheiltes Gold und Schwefelmetalle: Schwefel-, Arsenik-, Kupferkies, Zinkblende, Glaserz, Antimonglanz, sehr selten Bleiglanz, selten Buntkupfererz, selten ist Antimonsilber. Von Mineralien kommen schöne Bergkrystalldrusen mit Kalkspath und Schwefelkieskrystallen vor, auch Prehnit, auf dem Versuchsstollen am Kulebis fand sich mit Kalkspath Desmin, und auf einem Kiese und Molybdänglanz führenden Gang Lazulith (Blauspath). Auf dem Sigmundistollen wurde ein Ankeritgang aufgeschlossen, auch kommen schmale Quarzgänge vor, die Spatholsenstein führen. Von Zersetzungsprodukten der Erze finden sich im Sieglitzstollen Eisenvitriol, in dem alten Mann der Gruben Kupfer- und Eisenvitriol und im Floriansbergbau selbst Kobaltblüte. Vergl. *Reissacher* in Haidingers Abhandl. Bd. II, 2. S. 17.

Botan. des *Radhausberges.* Sesleria disticha, Avena versicolor, Aretia alpina, Androsace chamaejasme, Azalea procumbens, Phyteuma pauciflorum orbiculare, Primula minima, glutinosa, longiflora, Gaya simplex, Meum Mutellina, Sibbaldia procumbens, Juncus trifidus, Luzula spadicea, Lloydia serotina, Saxifraga aizoon, oppositifolia, aspera u. a., Silene acaulis, pumilio, Dianthus glacialis, silvestris, Cerastium alpinum, Geum montanum, reptans, Ranunculus alpestris, Bartsia alpina, Linnaea borealis, Erigeron uniflorum, Arnica glacialis, Aronicum glaciale, Doronicum austriacum, Chrysanthemum alpinum, Achillea Clavenae, Carex frigida, Salix herbacea, Betula ovata, Pinus cembra, Webera caespitosa Horuschuh, patens.

Das *Nassfeld.* Schon oben wurde bemerkt, dass viele nördliche Tauernthäler ihre *Nassfelder* haben, indem dieser Ausdruck den obersten ebenen Thalkessel der Thäler bezeichnet. Das *Gasteiner Nassfeld* hat den Vorzug vor allen, denn mit *Nassfeld* schlechtweg ist nur dieses gemeint; es heisst auch das *Grosse Nassfeld.* Die nöthigsten Erfrischungsmittel findet der Reisende in den Sennhütten. Unmittelbar hinter Böckstein tritt ein Fuss des Radhausberges so weit vor, dass er das Thal aufwärts verschliesst, daher der Weg über diesen Felsenriegel unter der genannten Bruchleitung hinführt. Der dahinter liegende Thalboden heisst die *Löwengrube*, einst auch die *Alte Böck* oder *Pöck*, wo noch Trümmer den ehemaligen Standort der aus dem Nassfeld hierher verlegten, durch eine furchtbare Flut aber fortgeführten Pochwerke bezeichnen. Dann beginnt die Alpe *Schusterasten*, ½ St. von Böckstein. Der Weg erhebt sich nun steiler links an der Bergwand, dem Fuss des Radhausberges; im Rückblick hat man die grünen, Kötschach von Grossarl scheidenden Bergriffe. Etwa nach ½ St. Steigens, während dessen man die Ache rechts in der Tiefe in fortwährenden Stürzen hat, biegen Weg und die Schlucht links um eine scharfe Felsenecke, und von neuem beginnen die grossartigen und abwechselnden Scenen unseres Weges. Ein dumpfer Donner, von dem der Weg erzittert, lässt uns eine Wasserfallscene der Tauernkette erwarten, und es ist eine der wildesten und eigenthümlichsten, der *Kesselfall.* Die Ache, herabschiessend aus enger steiler Schlucht, wirft sich in einen nächtlichen Abgrund, von hohen Felsen überwölbt, auf denen unser Weg hinführt; furchtbar ist ihre Wuth gegen die sie bergenden Felsen; sie sendet Woge auf Woge gegen sie, um sie zu vernichten; aber der Fels bengt den Angriffen aus. Sie verschwindet den Augen des Wanderers. Thalaufwärts werden die Bilder ernster. Besonders auffallend erscheinen den Reisenden die durch Flutgräben zerrissenen Wände des *Hirschkuhrs* und *Ortbergs* rechter Hand. Wir biegen jetzt wieder rechtsum, und bald darauf steht eins der schönsten Bilder des Thales vor uns, der *Bärenfall*, *Schleierfall* mit dem *Schareck*.

Uns nicht mit Umsehen aufhaltend, biegen wir vom Hauptwege rechts ab, auf einem auf Befehl des Erzherzogs Johann angelegten Wege, der uns gegen die Tiefe des Schlundes der Ache bringt; auf der *Steinkanzel* endlich bleiben wir stehen. Gerade vor uns in der Höhe die Eingangspforte des Nassfeldes, in deren Mitte die Riesenmasse des 10,000' hohen *Scharecks* als Pyramide aufsteigt in den blauen Aether, rechts und links von Schnee- und Eismassen umlagert (wir würden diesen Berg, den wir im Rauriser Thal immer vor uns hatten, in dieser Gestalt nicht wieder erkennen, die auch nur durch den nahen und tiefen Standpunkt unter seinen Wänden hervorgerufen wird); unter diesem Riesen öffnet das Nassfeld seinen Fluten einen schmalen Ausgang, und diese, ihrer Wiege enteilend, werfen sich, zur Ache vereint, in einen tiefen Felsenkessel; wie Schuppen decken sich die Wogen unter majestätischem Donner eine die andere; jede Nachfolgerin sucht den Glanz ihrer Vorgängerin zu verdunkeln, indem sie ihr schimmerndes Gewand über sie hinwirft; wild kochen und toben die Fluten in dem tiefen Felsenkessel, ehe sie wieder einen Ausweg aus dieser Enge finden; weisse Dampfwolken steigen aus dem dunkeln Abgrund; unter ihnen sehen wir die Ache wieder hervorbrechen, und sich nun gerade gegen uns wendend, stürzt dieselbe über eine zweite Wand gleichhoch herab. Das sind die *Bärenfälle*. Jetzt wenden wir uns etwas rechts von dem Bilde erhabener Grösse und Wildheit und werden durch ein neues Bild von ganz anderer Art überrascht. Eine 400' hohe senkrechte Wand steigt da, nur durch die Ache und den jenseitigen unteren Abhang jener Felsenwand getrennt, vor uns auf; von ihrem obersten Rande herab sehen wir es glänzen; es ist ein klarer Bach, der Abfluss des unteren *Pockhartsees*, der sich hier herabwirft; hie und da aufgehalten oder zerspalten, theilt sich der Bach in viele kleine Fäden, sich immer mehr zur Tiefe ausbreitend; er wird zum Theil in so feinen Staub aufgelöst, dass dieser nur sichtbar wird durch die Pracht des Regenbogens, der das untere Ende gegen die Mit-

tagsstunde fortwährend wie ein Zauberbild umgaukelt; im Mo-
nat August früh zwischen 5 und 6 Uhr sah der Bräuer Moser
von Hofgastein den Fall in den schönsten Regenbogenfarben
glänzen, während die Thalschlucht noch im Schatten lag; unter
dem zartgewebten Schleier erscheint auch die grau- und blau-
schwarze, rothgefleckte und gestreifte Felsenwand im eignen
Lichte. Dieses ist der *Schleierfall.* Die Ruhe und Stille dieses
Wasserfalles, sein leichtes Schweben und Gleiten bilden einen
wahren Gegensatz gegen die donnernden Stürze der Ache, die
links neben und unter uns braust und donnert. Dankbare Gasteiner Badegäste haben dem Erzherzog an dieser Stelle ein
Denkmal gesetzt, eine kleine Granitpyramide mit der Inschrift:
Sr. k. k. Hoheit, Johann, Erzherzog von Oesterreich, am 5. August
1826. Doch neue Scenen rufen uns weiter. Auf dem Saumweg
zurückkehrend, steigen wir in dem Engthal weiter hinan über
die Stürze der Ache; hier ästet sich der Weg; wir folgen dem
rechts über den Steg, der oberhalb des Bärenfalls über die Ache
führt zur jenseitigen Steilwand. An dieser steigt abermals in
vielen Windungen ein Pfad empor zum *Pockhart,* s. unten; jetzt
gehen wir in der Tiefe fort, links die Ache, rechts die Bergwand. Doch ein neuer Anblick hemmt unsere Schritte; wir
setzen uns auf einen der Blöcke, die umherliegen, um das grosse
Landschaftsgemälde, das sich hier vor unseren Augen entfaltet,
zu bewundern oder zu zeichnen. Der weite oberste Thalkessel
von Gastein, das *Nassfeld,* liegt vor uns, 5151' über dem Meere.
Wir sind hiermit aus dem geräuschvollen Leben der Welt in
die Stille der Einsamkeit getreten. Die Ache gleitet ruhig ohne
alles Geräusch in grossen Schlangenwindungen durch die weite
grüne Thalfläche. Die Bäume, die eben noch am Bärenfall die
Wände umdüsterten, sind verschwunden; auch kein Strauch zeigt
sich mehr an den Bergwänden; die scharfzugeschnittenen Bergrücken sind grün übermattet. Der ebene Thalkessel des Nassfeldes ist 1 starke Stunde lang, und ½ St. breit, ein weiter herrlicher Grasteppich; alles Geräusch, der eben noch unser Ohr
erschütternde und betäubende Donner der Ache ist verklungen;
nur ein leises fernes Rauschen verkündet noch das Leben der
Staubbäche, welche allseitig von den Höhen der Eiswelt herab-

flattern. Ueber den grünen und braunen Strebepfeilern bauen sich die Eisberge in majestätischen Massen auf. Da die Hauptkette der Tauern vom Nassfelder oder Malnitzer Tauern aus sich von Süden nach Nordosten schwenkt, so hat man hier beim Eintritt in das Nassfeld, obgleich das Thal gegen Südwest gerichtet ist, dennoch die hohe Tauernkette vor sich, vom Malnitzer Tauern an bis in das Sieglitzthal; sie umzieht das Nassfeld amphitheatralisch gegen Westen, während im Osten der Radhausberg steht. Im Norden verschliesst der Kolbenkahrspitz und das Pochhartgebirge, mit denen sich der Rauriser-Gasteiner Scheiderücken an die Tauernkette anschliesst, den Thalkessel. Das ganze Gebirgsamphitheater, welches die schönsten und malerischsten Formen mit ergreifender Grösse vereinigt, besteht aus folgenden Bergmassen, die wir, wenn wir uns in die Mitte des Nassfeldes versetzen, rechts auf einander folgen sehen. Gerade im Osten haben wir die Masse des Radhausberges, von hier aus keinen besonderen Eindruck machend, weder durch Gestalt noch Höhe, überschüttet mit Geröll. Rechts senkt er sich durch das *Weissenbachkahr* und *Dunkelwasser* zur *Woigstenscharte* hinab, eine tiefe Gegend, aus welcher einer der ersten Quellbäche der Ache herkömmt. Von den *Woigstenbergen* steigt die *Ramingspitze* höher empor und mit dem rechts abfallenden Rücken derselben sieht man den vielgewundenen Tauernpfad aufsteigen; auch noch oben kann man seine Spur verfolgen an der Tauernwand, die rechts hinter der *Ramingspitze* hinwegzieht zum *Geiselkopf* (9390′) und *Höllkahrkopf*. Von diesem steigt die *Höllkahrschneide* zum tief beschneiten *Marauerkopf* oder *Sparangerspitz* empor. Ein grosses Kahr (Felsenamphitheater) breitet sich unter diesem aus, in welchem ein Gletscher liegt, in der Tiefe nicht ganz sichtbar, nur bisweilen lässt er sich durch ein gewaltiges Poltern vernehmen. Gegen das Nassfeld, wo sich das Kahr öffnet, bricht es mit einer hohen, senkrechten, weit gespannten Wand gegen die Tiefe ab, über welche der Gletscherbach in kühnem Sprung einen Bogenfall bildet. Hört man den Gletscher poltern, wirft der Bach braune dickgetrübte Fluten herab, welche die Ache färben, so kann man sich auch bei dem reinsten Him-

mel auf Regenwetter für den nächsten Tag gefasst machen [1]).
Auf den Sparangerspitz folgt der *Schneestellkopf*, von dessen
Schneefeldern wiederum höher der *Schlapperebenspitz* (9287'), ein
hoher Felsen, heraussteigt. Rechts von ihm liegt der schöne,
mehr abgestufte *Schlapperebengletscher*; dreifach abgebrochen
zeigt dieser Gletscher prächtige Eiswände, aus deren mittlerer
ein schwarzer Fels herschaut; zwei Bäche entschlüpfen der Eisdecke und stürzen in mehreren Fällen die Stufen bildende Wand
herab in ein tieferes Kahr. Diese Eismassen begrenzen die hoch
aufragenden Wände des *Scharecks*, dieses hohen Ecksteins, hier
so nahe vor uns, dass nur die herüberhängenden Enden seines
eisigen Altartuches sichtbar sind. Mit diesem Eck bricht die
hohe Tauernkette gegen Norden ab, indem sie sich wieder etwas südlich wendet und unseren Augen entschwindet; da wo
sich der Rauriser Scheiderücken an dasselbe anschliesst, zieht
das *Sieglitzthal* als Grenze empor zur *Rifflscharte* (7612'), einem
Uebergangsjoche in die Rauris. Hier finden sich schöne Rutilzwillinge und Granatkrystalle, auch Haarsalz. Das *Scharek*
erscheint vom Fusse des Tauern aus wieder in seiner wahren
Gestalt; auf seiner steilen Höhe zeigt sich die grosse Schnee-
ebene, ähnlich der Uebergossenen Alpe. Rechts von dem *Hohen Scharek* erscheint, durch das hineinziehende *Sieglitzthal* geschieden, gerade im Norden das *Pochhartgebirge*, nämlich links
der *Kolbenkahrspitz* (7979'), rechts der *Ortberg* (7501'), dazwischen das Hochthal der *Pochhartseen*, im Hintergrund überragt von
dem *Silberpfennig* (8217'). Auch das Nassfeld war schon in den
ältesten Zeiten berühmt wegen seines Goldreichthums. Dort oben,
wo jetzt die blaugrünen Eisfelder der *Schlapperebene* herabsteigen, überschatteten einst hochstämmige Zirbenhaine die sonnigen
Matten; dort gingen tiefe Schachte in das Innere des Berges,
der sehr goldreich war. Noch erzählen alte Bergleute von der
Heidenstrasse, die hinaufführte und wollen noch die Eisenklam-
mern gesehen haben, durch welche sie befestigt war. Doch
auch hier häufte ein einziger Winter eine solche Schneemasse

---

1) Der Verfasser hat dieses mehrmals hier erlebt und es war ihm diese Erscheinung um so auffallender, als der Bach des Schlapperebengletschers noch un-
getrübt herabkam.

an, dass der Gletscher daraus entstand, der durch sein Abbre-
chen die Bergstube und 12 Knappen begrub. In Ihrer Noth
warfen sie das Loos, wer von ihnen von den anderen verzehrt
werden sollte; doch der Unglückliche suchte und fand Rettung
durch den Schlot, während die übrigen umkamen. Wirklich hat
man 1785, wo die Gletscher von der Sonnenhitze sehr zusam-
mengingen, beim Zurücktreten dieses Gletschers die Ueberreste
der Bergstube und viele Geräthschaften gefunden, die aus einer
noch viel älteren Zeit stammten. Dasselbe war 1861 der Fall.

Der Bergbau im Nassfeld soll der älteste, zuerst von den
Tauriskern aufgeschlossen, dann von den Römern fortgesetzt
sein. Nach der Völkerwanderung wurde er wieder aufgenommen, wo der Name Campus humidus 718 vorkömmt, ein Name,
der von den vielen Bächen herkömmt, die seine Thalfläche durchschneiden, um das tiefer eingeschnittene Bett der Ache zu erreichen. Einst war es ein Hochsee. Statt der Bergstuben liegen jetzt 21 Sennhütten durch das Thal zerstreut. Die Sennhütten sind aus Mangel an Holz ganz aus Steinen erbaut. In
den *Sennhütten* von *Straubinger*, *Moser* und *Kramer* erhält man
gegen gute Bezahlung Erfrischungen. In den Sennhütten oder
Kasen sind meistens Sennerinnen. Es werden hauptsächlich Butter, saure und süsse Käse gewonnen.

Botan. von Böckstein bis ins Nassfeld. Primula minima, longiflora, Sibbal-
dia procumbens, Saxifraga aizoon, aspera, oppositifolia u. a., Silene rupestris,
Thalictrum minus, Bartsia alpina, Antirrhinum alpinum, Aronicum scorpioides,
Chrysanthemum alpinum, Achillea Clavennae, atrata, Betula ovata u. a.

Verschiedene Auswege führen aus diesem Thalkessel in die
umliegenden Gegenden: 1) von den am Fusse des Radhausberges gelegenen Hütten hinan zum *Kühlen Brunnen* an dem Ausgang des schon von uns besuchten Hieronymusstollens, und weiter zur Spitze des *Kreuzkogls*; 2) durch das *Weissenbachkahr* zur
Woigstenscharte (7734'), und von dort entweder hinab in das
jenseitige südliche *Malnitzerthal* in Kärnten oder auch östlich
durchs *Hickahr* in das *Anlaufthal* hinab und nach *Böckstein* zurück; 3) über den *Malnitzer* oder *Nassfelder Tauern* (7624').
Dieser Uebergangspunkt ist einer der besuchtesten, wenigstens
von Fremden, die aus Gastein nach Heiligenblut oder überhaupt
nach dem Süden reisen, theils wegen seiner Nähe, theils auch

wegen seines leichten Uebersteigens. Von der hintersten Sennhütte an seinem Fusse (dem Bäcker an der Badbrücke gehörig)
steigt man den vorhin genannten Weg 1 St. In vielen Windungen auf den Matten eines vorspringenden Rückens hinan. Schöne
Rückblicke in das Nassfeld und auf seine Gebirge. Höher zieht
der Pfad an die Tauernwand hinan und an ihr fort, rechts die
Tiefe lassend; einzelne Schneefelder bezeichnen die Höhe. Schon
in 2 St. hat man das vordere Joch erreicht, noch fast 10 Minuten aber durch ein seichtes Kahr und auch das eigentliche sehr
wenig eingeschnittene Uebergangsjoch ist erreicht. Es bietet im
Gegensatze zu den meisten übrigen Tauern-Uebergängen eine
weite Aussicht nach Kärnten, das Möll- und Drauthal hinab und
hinaus bis zum Terglon und Mangart. 5 Minuten unter dem
Joche liegt das festgemauerte *Tauernhaus* (7474'), wo ausser Erfrischungen allenfalls ein Heulager zu finden ist. An der *Kreuzkapelle* (6963') vorbei geht es über schöne Matten hinab zur
Manhart-Alm (5602') und durch *Wald* nach *Malnitz* (3680') in
3 Stunden.

    Botan. auf dem Wege über den Tauern. Aira alpina, Agrostis rupestris, Pri-
mula minima, Phyteuma pauciflorum, Gentiana punctata, bavarica, nivalis, Gaya
simplex, Statice alpina, Saxifraga bryoides, exarata, androsacea, Silene Pumilio,
Thalictrum alpinum, Ranunculus glacialis, Draba aizoides, Astragalus alpinus, Oxytropis campestris, Erigeron uniflorum, Senecio carniolicus, Orchis globosa, Nigritella, Rhodiola rosea, Salix arbuscula u. a.

    4) Durch das *Sieglitzthal* in die jenseitige *Rauris.* Dieses
Thal ist ebenfalls in der Geschichte des Gasteiner und Rauriser
Goldbergbaues berühmt. Bald ober derselben *Moserhütte* finden
sich noch die Ruinen der ehemaligen Berg- und Pochhäuser;
½ St. weiter bildet der *Sieglitzbach* einen sehr schönen Wasserfall, den man rechts steil ansteigend umgeht. Ueber den *A-Fal-
fen* zieht der Weg am linken Bachufer hinan zum *Hinteren Kol-
benkahr* und auf die *Riffelscharte* (7612') in 3 St., die eine prächtige Aussicht auf den Hüttwinkl und seine Bergriesen, den Hohenarrn u. s. w. gewährt. Von hier senkt sich der sogenannte
„*Verwaltersteig*" über Steingerölle etwas hinab und führt an den
Felsabhängen des *Kleinen Sonnenblicks* hin zu dem Saumwege,
der vom Kolbenhause heraufkommt, und nach dem *Rauriser Berghaus* (2 St.) (siehe S. 103). Es bildet dieser Weg die näheste

Verbindung zwischen Badgastein und Heiligenblut (13—14 St.).
5) Auf den *Bockhart* oder *Pochhart.* Wir verstehen darunter
keine Bergspitze, sondern ein ganzes Hochthal oder Kahr (vielleicht Pochkahr), rings umgeben von einst berühmten Erzhö-
hen; die *Erzwiese* und der *Silberpfennig*, sowie die unzähligen
Gruben, die den Höhen das Ansehen von Kaninchenbergen geben, sind Zeugen jener früheren Herrlichkeit. Wie vom Radhausberg ein Goldglanz herableuchtet, so warfen diese Höhen
einen Silberschimmer über das Thal. Das Hochthal bildet zwei
Stufen, welche mit einem grösseren und kleineren Seespiegel erfüllt sind, deren unterer als *Schleierfall* in die Ache hinabstürzt.

Um dorthin zu gelangen, kehrt man aus dem Nassfelde entweder bis nahe zu dessen Engthor oberhalb des Bärenfalls zurück, oder steigt von *Böckstein* hier herauf. Schon vorhin, als
wir zuerst die Thalmulde des Nassfeldes erblickten, wurde des
rechts sich aufwindenden Pfades erwähnt. Ihm folgen wir jetzt,
oder man steigt von der Moserhütte über das *Krakakahr* zum
Steinernen Mandl 1 St. hinan und verfolgt dann den uralten, in
Granit gehauenen Erzweg in das Poehharttthal hinab, welches
einen wirklichen Kessel bildet, der sich nur durch den Schleierfall öffnet. Es ist ein überraschender Anblick: die grüne Thalmulde unter sich, deren Wände mit Getrümmer überschüttet
sind und deren Tiefe mit dem herrlichen grünen Spiegel des
$\frac{1}{2}$ St. langen und $\frac{1}{4}$ St. breiten *Unteren Pochhartsees* ausgegossen
ist (5852′). Seine Tiefe, früher für unergründlich gehalten, be-
trägt nur 24 Klaftern. Der Bach, welcher den Seekessel füllt,
kömmt theils aus dem oberen *Pochhartsee*, theils aus den alten
aufgelassenen Bergschachten. Daher mag es kommen, dass sich
in dem See keine Fische finden, sie sind durch die metallischen
Gewässer vertrieben. Wie das Nassfeld ist auch dieses, nur
700′ höher liegende, Thal völlig baum- und strauchlos, wahrscheinlich eine Folge des ehemaligen Bergbaues. Am Gestade
des Sees ruhen 2 Sennhütten. Unweit des Sees sprudelt der *Pop-
pelbrunnen*, voll ockergelben Schlammes, und der *Giftbrunnen*,
zwar klar und hell, aber Menschen und Vieh verderblich, daher mit Steinen bedeckt, um das Vieh abzuhalten. Von hier
steigt man den See zur Rechten wiederum auf dem alten Erz-

wege zum zweiten Stockwerk des *Pochharts*, dem *Oberen Pochhart*, empor, dessen Boden der *Obere Pochhartsee* (6440') bedeckt,
welcher kleiner als der vorige ist. Hier Saxifraga planifolia.
Alle Berge umher, links der *Kolbenkahrspitz*, rechts der *Silberpfennig*, sind mit grauen Steinhalden überschüttet. Schon hier
reiht sich ein aufgelassener Stollen an den anderen, welche den
ehemaligen Bergsegen bezeugen. Von den genannten Höhen herab bis zur Tiefe des oberen Sees sieht man 34 über einander
liegende Aufschläge. Auf den Halden findet man Quarz, Glimmerschiefer mit Kiesen, Bleiglanz, kleinspiessiges Bleierz, Spatheisenstein mit Kies, Zinkblende, Arsenikkiese und Kupfererze.
Nach den alten Bergkarten zu Böckstein zählte der *Pochhart*
97 Gruben. So gesegnet dieser uralte Bergbau gewesen sein
soll, so zeigen die neueren Untersuchungen doch nur wenig Silbergehalt, gar kein Waschgold; silberhaltige Bleierze scheinen
der vorzüglichste Gegenstand des alten Baues gewesen zu sein.

Von hier aus stehen wiederum 3 Wege offen, den Rückweg
abgerechnet. Das *Pochhartthal* hat sich nach und nach westlich
gewendet und 2 Steige führen über den nahen Rauriser Scheiderücken in die Rauris: die *Hohe Pochhartscharte* (7179') und die
Niedere Pochhartscharte (7119'), also 700' über dem oberen See.
Eine herrliche Aussicht ist der Lohn der Besteigung dieses Joches, das sich nur 2000' über die Thalesfläche des Nassfeldes
erhebt. Die ganze obere Rauris, besonders der Hüttwinkel, liegen einerseits vor uns ausgebreitet; gerade gegenüber der Ritterkopf und nirgends besser überschaut man das grossartige Eiskahr dieses Thales, als hier; die gewaltigen Gletscher des Hohenarrn, Goldbergs u. s. w. steigen hier vor uns hernieder und
ersetzen durch ihre grossartigen Formen den Verlust einer weiteren westlichen Aussicht. Nur das *Fischbachhorn* taucht neben
dem *Ritterkopf* auf. Doch sowie man sich wendet, so blitzen neue
Eisgestalten über die grüngrauen Massen des *Pochhartgebirges*
herüber; zunächst im Süden das Schareck, neben ihm hin die
Gruppe des Malnitzer Tauern, gegen Südosten der Ankogl und
sein Gefolge. Im Osten streift der Blick hin neben den Eismassen zu den fernern Tauernhäuptern, zum *Golling* und der
Wildstelle. Daher versäume kein Reisender, wenn er auch nicht

in die Rauris hinabsteigen will, diese Scharte zu besuchen; wenn
sie auch nicht die Rundsicht eines Hochgipfels bietet, so hat
sie desto mehr Werth in malerischer Hinsicht.

Rechts oder nordöstlich von der Pochhartscharte liegt das
Gebiet des *Silberkahrs*, die *Erzwiese* mit ihrem Haupte, dem
Silberpfennig (8217'). Um zu dieser, in mehrfacher Hinsicht
höchst merkwürdigen Gegend zu gelangen, steigt man am besten vom Oberen Pochhartsee längs der Reihe alter Halden im
Baukahr hinauf zur *Silberkahrscharte* (7650'). Bis dahin reicht
der hier anstehende Gneiss; dann aber beginnen die Lager von
Glimmerschiefer und körnigem Kalk; die erzführenden Gneissgänge setzen in den Kalk und Glimmerschiefer über. Unterhalb der Scharte beginnen die einst berühmten *Erzwieser Baue*,
die mit den Bauen auf dem Pochhart auf dieselben Gänge angeschlagen sind, oben in Kalk und Glimmerschiefer, tiefer in
Gneiss. Oben lieferten die Gänge silberhaltigen Bleiglanz, Eisen,
Kupfer- und Arsenikkies und Spatheisenstein, unten wenig Bleiglanz, aber Kiese und gediegen Gold. Die Baue wurden hier nicht
nach und nach wegen ihrer Verarmung, sondern plötzlich verlassen, die Folge jener oben erwähnten Auswanderungen. Kaum
hat man das einsame, öde Kahr durchstiegen und das Joch erreicht, so breitet sich eine neue Welt aus; durch das jenseits
hinabsteigende *Angerthal* eilt der Blick zur Tiefe des Gasteiner
Thales, und erreicht gerade in der Durchsicht einen seiner
Brennpunkte, *Hofgastein*, und jenseits der grünen Thalberge Gasteins die grauen kalkigen Tännen- und Berchtesgadener Gebirge, ein äusserst überraschender Blick.

Doch eben dahin gelangt man auch, von der Pochhartscharte sich rechts wendend zu den obersten Gruben der *Erzwiese;* die *Erzwiese* bildet eine ziemliche Hochebene, ein Urkalklager, auf welchem der Glimmerschieferstock des 8217' hohen *Silberpfennigs* ruht. Von der Erzwiese gegen das Angerthal
hinab zählt man 25 verlassene Aufschläge. Auf der *Erzwiese*
und an der *Oekelgrube* liegen auch 2 kleine fischleere Seen. Hier
schoben einst die Bergknappen mit silbernen Kugeln nach silbernen Kegeln; sie zechten aus goldenen Bechern; doch auch
hier kam Uebermuth vor dem Falle. Die Knappen hier in der

Oekelgrube vergassen sich einst so weit, einem lebenden Ochsen
die Haut abzuziehen; von furchtbaren Schmerzen gequält, wälzte
sich das arme Thier auf der Erde. Nur wenige nahmen sich
durch Warnungen des Thieres an, und wurden dafür verspot-
tet, indem die Peiniger ausriefen: „So wenig dieser Ochse noch
zu brüllen oder davon zu laufen vermag, so wenig wird die
Quelle unseres Reichthums versiegen." Da sprang plötzlich der
Ochse auf, brüllte dreimal fürchterlich und stürzte im rasenden
Sprunge das Angerthal hinab. Erschrocken liefen die eben noch
so übermüthigen Knappen aus einander, und kehrten traurig in
ihre Hütten zurück. Als sie am anderen Morgen einfahren wollten, waren die Goldadern verschwunden; sie arbeiteten tage-,
wochenlang, aber vergebens; erst später fand sich wieder etwas,
doch nur gerade so viel, um sich den Lebensunterhalt nothdürftig zu verschaffen.

Von der *Erzwiese* können wir das *Angerthal* hinabsteigen,
an mehreren Sennhütten vorüber, wo wie im Stubaythal das
Butterfass von dem Wasser herumgetrieben wird. Auf steilem
Pfade erreicht man die Waldregion und dann den ebenen Boden des Thales. ½ St. nach seinem engen Ausgangsthor erreicht
man *Hofgastein.* Wer sich daher in Hofgastein aufhält, dem ist
diese Rundreise, je nach Zeit und den Umständen, mit den an-
geführten Abwegen, über das Wildbad, Böckstein, den Radhausberg, das Nassfeld, den Pochhart, die Erzwiese und das Angerthal wieder zurück, sehr anzurathen.

Oder man lässt vom *Silberkahr* die tiefere Ebene der Erzwiese und das Angerthal links, und wendet sich östlich an den
Abhängen des Silberpfennigs, Pochharts und Ortbergs gegen den
Tisch, und diesen umgehend ersteigt man die Höhe des *Hirsch-
kahrs,* 4 St.; dann steigt man zur *Zietrauer Hütte* hinab, und
lässt sich des Sonderbaren wegen von den Sennern auf zusam-
mengelegten Fichtenzweigen über die steilen Matten des Berges
mit Blitzesschnelle hinabfahren.

Eine vollständige Rundreise in Gastein würde folgende sein:
Hofgastein, Gamskahrkogl, hinab ins Kötschachthal, wieder heraus ins Wildbad, auf den Graukogl, Böckstein, Anlaufthal (Ankogl), Böckstein, Nassfelder Graben bis zum Bärenfall zurück,

Radhausberg, Kreuzkogl, Wolgstenscharte, durch das Weissenbachkahr in das Nassfeld, auf den Pochhart, die Pochhartscharte,
Erzwiese, Silberkahrscharte, durch das Angerthal hinab nach
Hofgastein.   Acht kleine Tagereisen.

<small>Mineral. auf dem Wege vom Silberkahr das Angerthal hinab: braune Granaten, grauer und weisser Amianth, lauch- und berggrüner Strahlstein, Kalkstein
und Kalkspath von verschiedener Färbung, Kalksinter, Braunspath, Kupfergrün,
Spangrün, Schwefelkies, Eisenstein, brauner Glaskopf, Spatheisenstein, Bleiglanz,
Bleischweif, Bleierde, Galmei, Graubraunstein mit Krystalleindrücken.</small>

<small>Botan. siehe S. 157, 158.</small>

Das Neueste über die Gastein findet man Mitth. d. östreich.
Alpenver. I. S. 71 ff. Reissacher, Mitth. a. d. Bergbaureviere Gastein und Rauris.

Das Salzachthal (Fortsetzung)

ist noch immer ziemlich eng; die Strasse zieht am rechten
Ufer hin und die ganze Gegend heisst die *Hirschfurt*. ½ St. weiter unten setzt die Strasse über die wild brausende Salzache.
Hier beginnen schaurige Engen, durch welche sich der mächtige Bergstrom Bahn bricht. Jene Kalkthonschiefermasse durchsägt hier der Strom, um sich eine mehr nördliche Richtung zu
erzwingen. Ein Felsenriff nach dem andern durchsetzt die Fluten, die in wild schäumenden und strudelnden Wirbeln durchbrausen. Blaugrau sind die hohl ausgewaschenen, aus der Brandung auftauchenden Felsenbänke. Mit Mühe zwängt sich die
Strasse neben dem Strome durch; da wird es lichter und im
erweiterten Thalkessel kommt man nach *Schwarzach* (1729'),
51 H., 455 E., nach St. Veit eingepfarrt, gutes Wirthshaus. Hier
versammelten sich während der letzten Verfolgung die protestantischen Bauern und schlossen den obengenannten Salzbund
1731, lieber das Vaterland, als den Glauben zu verlassen. Noch
zeigt man den Tisch, an welchem die Bauern sassen; ein rohes
Gemälde darauf stellt die Begebenheit dar, mit der Umschrift:
„Das ist der Tisch, wo die lutherischen Bauern Salz geschleckt
haben." Neben dem Wirthshause steht das Missionshaus, das
damalige Inquisitionsgebäude Salzburgs. Kaum würde man das
glauben, was hier geübt wurde, wie hier durch Geld die Kinder zu Verräthern an ihren Eltern und umgekehrt gereizt wurden, und zwar von Priestern des Christenthums, oft nur in der

11 *

Absicht, um von den oft ganz falsch Angeklagten Geldsummen zu erpressen; um sich aber dennoch zu überzeugen, lese man Vierthalers Wanderungen über Schwarzach, die in Wien erschienen sind; dem ehrwürdigen Vierthaler steht als katholischem Salzburger gewiss ein unparteiisches Urtheil zu. In der Missionskirche ist ebenfalls ein symbolisches Wandgemälde, den Salzbund und die Mission bedeutend; die Inschrift heisst u. a. : Dilexerunt magis tenebras, quam lucem. — Bei *Schwarzach* ergiesst sich der *Wengerbach* in die Salzache und dieser führt uns zu einem kleinen Seitenausfluge auf das nördlich über dem Salzachthale sich erhebende Mittelgebirge von

Goldegg. In dem aufsteigenden Thale ist vor allem der *Wengerfall* sehenswerth, der sich nach Hübner 1800' hoch herabstürzt. Rechts auf dem Thalrande liegt der Markt *St. Veit*, 382 E., zur Pfarre gehören ausser Schwarzach: Klamm 145, Lehen 108, Schlegelberg 91, Untersberg 279 E. Erfreut wird das Auge, wenn man aus dem düsteren Schatten des Grundes auf das wohlangebaute sonnige Gehügel des Goldegger Mittelgebirges tritt, wohin auch von Lend aus mehrere Wege führen, z. Th. fahrbar. Der vorzüglichste Ort ist *Goldegg* (2590'), Vikariat, 601 E., dazu Buchberg 491 E., mit einem alten Schlosse, welches bis 1400 von den Herren von Goldegg bewohnt wurde. Besonders merkwürdig ist hier ein alter Saal, 1542 erbaut von Christoph Graf von Schernberg; seine Decke stellt das ganze römisch-deutsche Reich nach den Bänken am Reichstage mit allen Wappen dar, die Hohlkehlen aber die zu dem Erzstifte gehörigen Suffraganbischöfe und Erbämter, nebst den Wappen aller damals lebenden Domherren und Edelleute; die Seitenwände sind mit allegorischen und geschichtlichen Abbildungen bemalt. Leider wurden aus Unkenntniss die runden, aber gemalten Glasscheiben der Fenster durch Tafelfenster ersetzt. Noch befindet sich eine grosse, 70 Fuss tiefe Cisterne in dem Schlosse. Die Goldegger waren eins der mächtigsten Geschlechter Salzburgs; sie besassen Gastein, Taxenbach, Wagrain, und hatten Theil am Halleiner Salzberge. Ein Ritter Otto von Goldegg überfiel in einer Fehde den Erzbischof 1198 an der Lammer, nahm ihn gefangen und hielt ihn 14 Tage auf dem Schlosse Werfen fest;

die Goldegger zeigten auf diese Weise öfters den Erzbischöfen
ihre Kraft, trotz weltlichen und geistlichen Bannes. Erst nach
und nach wurde ihre Macht gebrochen, und 1400 starb der letzte,
Hugo; ein Theil fiel dem Erzstifte an, ein anderer Theil Hugo's
Schwiegersohne, einem Freundsberge. — Auf dem Goldegger Berg
liegen noch 3 mittelgrosse Seen: der *Goldegger See* nahe am
Schlosse, oder der sogenannten *Hofmark;* an der Strasse nach
Dienten der *Langsee,* mit einem Abfluss gegen das untere Ende
des Dienterbachs, und nicht weit von diesem der *Scheiblingsee.*
Sie enthalten meistens Hechte. Da der Boden grossentheils aus
Kalk besteht, fehlt es auf dieser Höhe meistens an Wasser;
Ziehbrunnen und Cisternen helfen nur nothdürftig; Hauptgewerbe Ackerbau, daher alles angebaut, und der Goldegger Weizen wird weit und breit gesucht. Ausserdem starke Pferde-
und Viehzucht, und wenn auch im eigentlichen Gebiet von Goldegg nur 39 Alpen sind, so besitzen die Goldegger noch viele
Alpen in Gastein und Rauris. Im Norden von Goldegg erhebt
sich der *Schneeberg* (6067') und *Hochlocker* (4872'), die Vormän-
ner der Uebergossenen Alpe. Der *Schneeberg,* von Mühlbach
aus leicht zu ersteigen, 3 St., gewährt eine prachtvolle Aussicht
auf die gesammten Gasteiner Berge.

Unterhalb *Schwarzach* liegt auf freundlicher Höhe der stattliche Markt *St. Johann im Pongau* (Gasth.: Post, Hofer, Ros-
sian), 122 H., 934 E.; eingepfarrt: Einöden 211, Fleitenberg
155, Ginan 55, Hallmoos 109, Moschl 217, Plankenau 280, Rein-
bach 276, Rottenstein 277, Urreitting 276 E. Gerade an der
Ecke des Thales liegt *Grafenhof* und hier mündet wiederum ein
Hauptseitenthal der Salzache, ein Parallelthal von Gastein, der
Tauernkette entstammend, das Thal *Grossarl,* mit dessen Einmündung das Salzachthal in seine nördliche Richtung aus seiner
bisherigen östlichen umspringt, so dass es von hier an eine Fortsetzung des Grossarler Thales zu sein scheint, in welches das
bisherige Salzachthal links einmündet, durch das man von hier
hinab blickt auf die ganze Kette der Tännengebirgs. Der Markt
St. Johann (1961'), 3 St. von Lend, 120 H., 900 E., hat grösstentheils Häuser von Holz, die sich hier, wie in der nächsten
Umgebung, dadurch auszeichnen, dass sie statt der sonst im

Alpenlande üblichen Altane und Gänge nur drei bogenförmige,
thürartige Fenster in der Mitte des ersten Stockes haben, wovon das mittlere das höchste. Ein grosser Theil des obern Marktes sammt der Kirche ist 1852 abgebrannt; die wieder aufgebauten Häuser von Stein, die neue Kirche im gothischen Stile
verspricht nach ihrer Vollendung eine wahre Zierde der Gegend
zu werden. An den Bewohnern findet man weniger Eigenthümliches, als in anderen Gegenden, da hier viele Einwanderungen
stattfinden, so dass nur ein sehr kleiner Theil aus dem Orte gebürtig ist. Hauptgeschäft ist Ackerbau und Viehzucht. Alpen
hat man wegen des zu starken Viehstandes nicht genug, da
alles anbaufähige Land zum Ackerbau benutzt wird. Korn und
Weizen werden wegen ihrer Güte sehr gesucht und stark ausgeführt. — Das Thal *Grossarl* ist das letzte Seitenthal, das noch
hinanzieht zur hohen eisbedeckten Tauernregion, während das
nächste, *Kleinarl*, da aufhört, wo das neben ihm im Westen
ansteigende Grossarl erst in seine Hochgebirgsnatur eintritt.
Während Grossarl im Westen nur von dem Gasteiner Thal begleitet wird, legen sich an dessen Ostseite zwei Thalgebiete,
Kleinarl und der *Murwinkel* oder das Quellengebiet der östlich
strömenden Mur. Denn mit dem südöstlichsten Eckpfeiler Gross-
arls, dem *Weinschabl*, wendet sich die Tauernkette plötzlich nordwärts bis zum *Glingspitz*, von wo sie bis zum *Faulkogl* nordöstlich zieht, dann ihren östlichen Zug fortsetzt.

Das Thal Grossarl

von seinem Eingange bis zu seinem Hintergrunde hat 4 Meilen
Länge. Von *St. Johann* aus überschreiten wir, der Strasse nach
Grossarl folgend, den Bach von *Kleinarl;* beim Dorf *Plankenau*,
¼ St. von St. Johann, sind noch die wenigen Ruinen der Burg
Plankenau, einst Sitz der Herren gleiches Namens. Die Strasse
steigt höher an, um die schauerlichen Engen des Einganges zu
überwinden; noch blickt man rechts in das Salzachthal hinauf gegen Lend; bald aber verschwindet jene Fernsicht; düstere Schatten umnachten uns, denn wir stehen im Eingangspass *Stegen-
wacht*, 1½ St. von St. Johann. Denselben Kalk, der uns schon
so manches grossartige, wenn auch düstere, Bild am Eingange
der Tauernthäler (Sulzbachfall, Kitzlochfall, Klamm) vorgehal-

ten, finden wir anch hier wieder. Im Jahre 1801 waren die
Franzosen auch hierher vorgedrungen, aber der Anblick der
wilden Engen war ihnen zu schauerlich; schneller wie vor feindlichen Batterien wichen sie zurück. Doch auch in anderer Hinsicht ist diese Klamm merkwürdig; denn aus ihrem düsteren
Schlunde unten an der Ache brechen ebenfalls warme Quellen,
den Gasteinern ähnlich, jedoch aus Kalk hervor. Man kannte
ihre Heilkraft schon Jahrhunderte, doch erst seit 1693 hat man
schriftliche Nachrichten. Damals wurde die Quelle auf Befehl
des Erzbischofs Johann Ernst von Thun von dem Arzt Franz
Duelli von Radstadt untersucht; man schied sie so viel möglich
von dem kalten Wasser der Ache, sprengte die Felsen, ohne
jedoch auf die eigentliche Ader zu kommen. Bei einem niedrigen Wasserstande 1708 grub man um die Quelle eine Grube
und badete in derselben, oft 100 Personen an einem Tage, und
zwar mit dem besten Erfolg; ja es wurden manche geheilt, die
in Gastein vergeblich Herstellung gesucht hatten. Der Zugang
zur Felsenquelle war steil, und für Gebrechliche selbst gefährlich, so dass sich manche Unglücksfälle ereigneten, bis sich eine
Gesellschaft in St. Johann vereinigte und einen sicheren Weg
bahnen liess, wofür jeder Badende 2½ Kreuzer Weggeld zahlte.
Im Jahre 1714 zerstörte aber eine Ueberschwemmung alles wieder, darauf folgende Lawinenstürze bedeckten die Quellen noch
mehr. 1774 wurde wieder nachgegraben. 1806 fand man zwei
Quellen auf beiden Seiten der Ache, 13 — 14° R.

Hinter dem Engpass setzt die Strasse auf das linke Ufer
über, und führt thaleinwärts nach dem Pfarrdorf *Grossarl* (2749');
die ganze Gemeinde 367 H., 1807 E.: Grossarl 697, Au 273,
Bach 260, Eben 142, Schied 213, Unterberg 202 E. — Es ist
der einzige bedeutende Ort des Thales mit einer Kirche, am Einfluss des *Ellmaubachs*, der vom Grenzjoche gegen Kleinarl herabkömmt; im Osten ragt das *Saukahr* (6465') empor. Ein Verbindungsweg führt über das *Arlthörl* in 3 St. nach Dorfgastein,
ein zweiter über die *Aigenalm* und den *Frauriegel* nach Hofgastein. 1¼ St. hinter dem Dorf liegt die Häusergruppe *Tofern*, von
wo ein Jochpfad über eine Schulter des *Gamskahrkogls* nach Gastein (Badbrücke) führt in 5—6 St. Das Thal wird wieder enger

und biegt sich mehr nach Südosten. In ½ St., 4 St. vom Eingange, 5 St. von St. Johann, erreichen wir *Hüttschlag* (3012'),
44 H., 365 E., einschliesslich Karteis und der Rotte See (105 E.),
ohngefähr gerade im Osten von Hofgastein. Hier befindet sich
das Schmelzwerk mit den Schwefelöfen, Kohlen- und Erzhüt-
ten, wie die Wohnungen der Bergbeamten. Kupfer und Schwefelkies sind die wichtigsten Erze, die gewonnen werden; jährlicher Gewinn etwa 500 Centner Kupfer, welches wegen seiner
Güte sehr gesucht wird, wie auch der Schwefel, von welchem
2000 Centner gewonnen werden; 230 Menschen finden dabei Unterhalt. Die diesem Thale vorzüglich eigenthümliche Gebirgsart ist Chloritschiefer, der oft bedeutende Wände bildet, unter
denen die *Schrabachwand* unweit Hüttschlag die auffallendste
ist durch ihre graue Farbe und Höhe, über welche schäumende
Wasserfälle herabstürzen. Um diese Wand beugend kömmt man
in das östliche Seitenthal *Karteis* (190 E.), in welchem die wichtigsten Gruben liegen, ½ St. von Hüttschlag. Ein Jochpfad führt
hinüber in den obersten Thalkessel von Kleinarl, das *Tappenkahr* genannt. Von hier steigt das Hauptthal mehr an; links
ragt die *Glingspitze* (7691') auf, der dreiseitige Eckstein des Mur-,
Grossarl- und Kleinarlthales. Denn von nun an hat man thalaufwärts das Murgebiet zum östlichen Nachbar. Von dem Bauernhofe *Stockham* (1¼ St. von Hüttschlag) führt östlich über die
Krähalm grösstentheils über grasreiche Matten ein zuletzt steiler Jochpfad über das *Thörl* zwischen dem *Prenegg* und dem
Schöderkorn (8400') hinüber zu den obersten Almhütten des *Mur-
winkls*, in den sog. *Schmalzgraben* und hinaus nach *Muhr* im
Lungau (7 St.). In dem obersten Thalkessel liegt ein kleiner
See; er ist rings von hohen, zum Theil beeisten Schneehäup-
tern umragt, dem *Kolmspitz* (9200'), *Keeslägl*, *Arlkogl*, *Weinschabl*, *Kaltewand*, *Schoderkorn* und *Wachteck*. Ueber die *Schö-
deralm* (4800') und durch das *Marchkahr* am *Weinschabl* vorüber
führt ein Jochsteig zum *Arlthörl* (7812') und jenseits hinab in
das *Maltathal* nach *Gmünd* in Kärnten.

Hauptgeschäft der 2467 Thalbewohner von *Grossarl* und
Karteis ist, wie sich erwarten lässt, die Viehzucht, welche durch
treffliche und viele Alpen befördert wird; Schmalz und Käse

Hauptserzeugnisse. Der Ackerbau nur gering, meistens Roggen, wenig Weizen. In guten Jahren verkauft der Bauer dennoch vom Roggen $\frac{1}{15}$, und vom Weizen $\frac{1}{4}$ answärts; in schlechten Jahren muss eingeführt werden. Die Bewohner sind sehr genügsam, und es gilt schon viel, wenn einer in einem Wirthshause 15 — 20 Krenzer verwurschtet (verzehrt).

Geognost. Mächtig breiten sich hier die *Radstädter Tauerngebilde* aus, ihre dunklen Kalksteine verschliessen den Eingang des Thales, dann herrschen bis über das Dorf *Arl* hinaus Schiefer, zumeist chloritische grüne Schiefer mit einigen Einlagerungen körnigen Kalksteins; auch südlich bis über *Hüttschlag* hinaus herrschen die chloritischen Schiefer über die festeren Kalkglimmerschiefer vor. Mit dem Chloritschiefer kommen auch talkige Schiefer und einiger Serpentin, nach Russegger und v. Kobell auch Gabbrostöcke vor. Südlich von *Aschau*, im Süden von Hüttschlag, durchsetzt eine schmale Glimmerschiefer- und Gneisszone, umfasst von zwei Marmorlagern, das Thal. Nur der oberste Thalursprung gehört dem Centralgneiss an. — Mineral. Auch hier ist der Chloritschiefer bevorzugt, aus ihm stammen wahrscheinlich die interessanten Bauwerke von Bergkrystall und Quarzkrystallen mit grossen Bitterspathkrystallen, deren Zwischenräume mit Magnetkies und Molybdänglanz ausgefüllt, und mittelst Kupferlasur ausgekleidet sind; ferner kommen in ihnen Titanit (Sphen), die Schwefelkieswürfel von Hüttschlag, der Eisenglanz von *Karteis*, die schönen, mit Chlorit überzogenen Kalkspathkrystalle von der *Wacht*, schöne Rutilzwillinge vor; aus dem Talkschiefer grosse, von Asbest durchwachsene, Bitterspathrhomboëder. — Auf Quarzlagern im Glimmerschiefer des *Karteiser Grabens* wird Sphen in Begleitung von Adular, Chlorit und Epidot, an der Krähmahd im Glimmerschiefer Strahlstein angegeben, auch Disthen im Quarz des Glimmerschiefers. — Von den Erzlagern ist das Kupfer- und Schwefelkies führende von *Karteis* und der *Krähmahd* einem, mit dem Glimmerschiefergebirge verbundenen, Chloritschiefer eingelagert. In den alten Grubenbauten von *Asten-Tofern* findet sich Allophan vor.

Kleinarl

reicht nicht mehr bis zu den Centralgesteinen hinauf, sondern liegt in seinem untern Theile in der Uebergangsgebirgszone, während das Querthal fast ganz der Zone der Radstädter Tauerngebilde angehört. Interessant sind bei Wagrain die mächtigen Diluvialterrassen.

Das Thal besteht aus zwei ganz verschiedenen Theilen, indem sich die untere Hälfte von St. Johann ostwärts auch unter dem Namen *Wagrainer Thal* bis zum Markte Wagrain hinanzieht, dann biegt es plötzlich nach Süden rechtwinkelig um und steigt zu der hier weit nach Norden vorgetretenen Tauernkette empor; es hat daher nicht die Länge wie Grossarl oder Gastein. Das *Wagrainer Thal* ist eigentlich die Fortsetzung der Thales-

spalte, in welcher die Salzache durch das ganze Pinzgau her-
abfloss. Bei Wagrain tritt dann von Süden das eigentliche Kleinarl als Seiten- oder Querthal herein, während jene Spalte über
den niedrigen Sattel von Wagrain in das Ensthal fortsetzt; denn
das nächste Parallelthal von Kleinarl, die *Flachau*, ist der Anfang des Ensthales. Wo die Ens aus ihrem obersten Querthale
heraustritt in ihr Längenthal, die schon genannte Längenspalte,
ist sie nur 1 St. von Wagrain entfernt, und die Verbindung
zwischen Ens und Kleinarl ist leichter als zwischen Wagrain
und St. Johann, obgleich von ersterem das Wasser zu letzterem
fliesst. Seiner Natur nach gehört *Kleinarl* zur folgenden Strecke
der Tauernkette, die sich zur Ens abdacht; denn mit der Ga-
belthcilung der Tauernkette im Murwinkel steigt das Gebirge
wiederum um ein Stockwerk herab. Die höchsten Höhen übersteigen kaum 9000'; keine Spitze der nördlichen Kette erreicht
die Schneeregion, daher zeigen sich hier nirgends mehr Glat-
scher im Hintergrunde der Thäler, und hierzu gehört auch *Kleinarl*. Die Zahl der Einwohner des ganzen Bezirks beträgt 2889,
329 zur Gemeinde Kleinarl, 1560 zur Gemeinde Wagrain. Herrliche Alpen befördern das Hauptgeschäft, die Viehzucht. Ausserdem treiben auf die Alpe *Tappenkahr* noch 4 Bezirksgerichte
(Werfen, Goldarl, St. Johann und Radstadt) ihr Vieh.

Um von St. Johann dieses Gebiet zu besuchen, folgt man
erst der Verbindungsstrasse mit Radstadt, welche uns durch die
untere Hälfte des Thales, das *Wagrainer Thal*, nach *Wagrain*
führt, und dann der Seitenstrasse in das eigentliche *Kleinarl*
hinan. Von St. Johann aus steigt die neu angelegte gute Fahrstrasse hinan, in der Tiefe rechts den *Kleinarlbach* lassend. Oben
an einer Felsenecke angekommen, sieht man sich nochmals um:
ein grosser Theil des schönen fruchtbaren Pongaus von Werfen
herauf bis gegen Schwarzach und in der Tiefe der Markt St. Johann; im Süden die grünen Tauernvorberge, im Norden die
grauen Tännen. Gegenüber im Nordwesten über grüne Matten
schwebt hoch oben, gleich einer Geistergestalt, das weite Eisgefilde der Uebergossenen Alpe. Der Weg wird nun ebener und
nach dreistündigem Marsche durch die düsteren und schwarzen
Engen des *Wagrainer Thales* gelangt man endlich nach dem klei-

nen Markte *Wagrain* (2645'), 66 H., 382 E. (eingepfarrt: Hof 436, Hofmarkt 230, Schweighof 347, Vorderkleinarl 165 E.), wo ein ziemlich gutes Wirthshaus zum Standpunkt gewählt werden kann, um in das innere Kleinarl einzudringen. Am besten thut man, Nachmittags von St. Johann aufzubrechen, in Wagrain zu übernachten und am frühesten Morgen von da aus das Tappenkahr zu besuchen. Gegen Abend macht man noch einen kleinen Spaziergang auf der Radstädter Strasse fort bis zum niedrigen grünen Sattelrücken, der das Gebiet der Salzache von dem der Ens scheidet. Sowie man die Höhe erreicht, hat man eine schöne Thaldurchsicht; zwischen den üppig grünen Bergen hindurch trifft der Blick in der Ferne auf die weissgraue Riesenmauer des Dach- und Thorsteins mit seinen Eisfeldern, von Wolken umraucht. Nach einigen ist *Wagrain* das Vocaria der Römer. Einst herrschten auch hier reiche und mächtige Gewerke und Ritter; die ersten sind bis auf die letzte Spur verschwunden, auf letztere deuten nur noch die Ruinen einer goldeggischen Burg.

Von hier aus zieht das eigentliche *Kleinarl* im engeren Sinne nach Süden; nur ein Dorf, *Mittel-Kleinarl* (2994'), 44 H., 275 E., liegt darin, *Hinter-Kleinarl*, 54 E. Jenes erreicht man in 1¼ St. von Wagrain. Von da in 1 St. kommen wir zum *Jäger am Eil* (3465'), einem Jägerhause am kleinen *Jägersee*. 1 St. geht es noch ziemlich eben fort, dann hört die Strasse auf und der Pfad wird steiler; über Felsblöcke rauscht der Bach der Tiefe zu. In 1 St. erreicht man den *Tappenkahrsee* (5214'), welcher sich ¼ St. lang thaleinwärts erstreckt, bei einer Breite von einer halben Viertelstunde; er bildet den tiefsten Kessel des grossen Alpengebildes *Tappenkahr*. Am Eingange des Sees liegt eine Alpe, wo die sogenannten Kahrhüter wohnen; die Ufer des Sees sind hohe und kahle Felsenwände, an denen der Pfad ins Kahr eingehauen ist. Der See ist sehr tief und wegen seiner trefflichen Saiblinge berühmt. Hinter dem See beginnt das eigentliche Kahr, oder der *Kahrboden*, ein grosses alpen- und mattenreiches Gebirgsamphitheater voller Viehheerden, denn es ist ein s. g. Freigebirg, eine Gemeinalm, auf welcher die Bewohner von Werfen, Goldegg, St. Johann, Wagrain und Radstadt

ihre Heerden grasen lassen dürfen. Nur an den höchsten Ge-
birgskanten durchschneiden Felsenriffe das grüne Gewand. Im
fernsten Hintergrunde erhebt sich die uns schon aus Grossarl
bekannte *Glingspitze* (7691'). Da hier noch die Tauernkette
nordwärts zieht, so ist auch hier noch das Murthal der östliche
Nachbar des Tappenkahrs, bis zum *Faulkogl* (8224'). Von da
an nordwärts liegt die *Flachau*, die *Ensquelle* enthaltend, als
nächstes Parallelthal an Kleinarl; der *Draugstein*, 7457' hoch,
ist der westliche Eckpfeiler des Tappenkahrs gegen Grossarl.
Ein von den Umwohnern sehr besuchter Jochsteig ist das *Schier-
eck*. Andere Jochsteige, kaum 5600' übersteigend, führen in
das südöstlich angrenzende Hochalpenthal *Zederhaus*, Seitenthal
der Mur im Lungau. Die höhere Alpenwelt besteht aus Thonschiefer und Kalk. Am lohnendsten ist der Ausflug in das Tappenkahr für den Botaniker. Auswege führen aus demselben über
das *Dicbenkahr* in den westlich nach Grossarl hinabziehenden
Elmauwinkel; über das *Karteisthörl* nach Hüttschlag; östlich über
das *Bärenkahr* unter dem *Kraxen* (7699') vorüber auf die *Ober-
Ensalpe*, wo die Ens entspringt.

Salzachthal (Fortsetzung).

Von *St. Johann* führt die Strasse ziemlich steil hinab zur
Salzache, die hier schon als mächtiger, wild dahinströmender
Fluss erscheint. Im Norden versperrt die hohe und schroffe
Kette der Kalkalpen, die wie eine Riesenmauer in einer Entfernung von 4 St. quer von Osten nach Westen vorüberzieht,
das Thal, wie im Süden die gleich hohen, aber grünen Vorberge der Tauern. Das Thal selbst zieht von Süden nach Norden in ziemlicher Breite, jenes grünbemattete Uebergangsgebirge,
welches das ganze obere Salzachthal herab zur Linken beglei-
tete, in dessen Schoosse der Zellersee und Dienten liegt, durchschneidend. Rechts erhebt sich aus diesem Gebirge das *Gründeck* (5736'), dessen Scheitel in der Mitte zwischen Kalkalpen
und Urgebirgen gelegen, und nicht von nahen hohen Gebirgen
umgeben, eine höchst interessante Aussicht gewährt; dieser Berg
gibt den Umwohnern das Zeichen zum Auftriebe zur Alpe, wenn
der Schnee auf ihm die Matten fleckenweis durchblicken lässt;

daher der Sprach: „Wird Gründeck wie ein gesprenkelt Kalb, so fahren die Widdersberger auf die Alp."

Die Strasse führt auf hölzerner Brücke von dem rechten auf das linke Ufer und zugleich aus dem Bezirksgericht St. Johann in das Bezirksgericht *Werfen.* Häusergruppe reiht sich an Häusergruppe. Links kömmt aus dem *Mühlbachthal* der *Mühlbach,* grauweiss gefärbt von dem Eisgefilde der Uebergossenen Alpe herunter. Eine neuangelegte Strasse führt das Thal hinein zum Dorfe *Mühlbach* (2574') mit gutem Gasthause. Von hier aus besteigt man am besten den *Schneeberg* (6067') (in 3 St.), der ein prachtvolles Panorama bietet (s. S. 165). Im Thale fortwandernd gelangt man allmählich ansteigend über die *Elmauhütte* und durch düsteren Wald auf die *Dientner Alm* (4355') und über sie hinab nach *Dienten* (4 St.), ein lohnender Weg durch die Aussicht auf die gewaltige Wetterwand, den jähen Südabsturz der Uebergossenen Alm. Die hiesigen Almmatten gehören zu den gerühmtesten des Landes, die Almhütten bilden fast kleine Dörfer. Ein zweiter, ebenfalls sehr lohnender Weg, weit hinauf selbst fahrbar, bringt von Mühlbach aus auf die *Mitterberg-Alm* (4783') (2 St.), auf der auch Eisenbergbau betrieben wird. Von ihr kann man ohne Beschwerde den *Hochkail* (5629') besteigen (1 St.), der einen dem Schneeberge ähnlichen herrlichen Umblick bis weit in die Steiermark hinein und auf die Tauernkette gewährt. Auf guten Almwegen steigt man von der *Mitterberg-Alm* entweder durch das *Gainfeldthal* herab nach *Bischofshofen,* oder durch das *Höllthal* nach *Werfen.*

Der nächste Ort im Salzachthale ist das bedeutende und alte Dorf, römischen Ursprungs, *Bischofshofen,* einst Pongo genannt, 3 Kirchen, 906 E. Eingepfarrt: Buchberg 265 E., Haidberg 396 E. Hier hatte auch schon im 7. Jahrh. der Priester Domingus das Christenthum begründet und Rupert der Heilige die Zelle Maximilians erbaut. Sehenswürdig sind: 1) die alte Maximilianskirche im gothischen Stile mit hohem Spitzthurme und 3 hölzernen Altären; ein altes Crucifix soll noch vom h. Rupert stammen; auf den Fenstern der Kirche sind die 7 Sakramente auf Glas gemalt; 2) die Frauenkirche, grösser als die vorige, mit 5 Altären; neben dem Hochaltare das Grab der Grä-

fin Barbara Eleonore von Lichtenstein, † 1632, welche vor den
Schweden hierher floh nnd starb, daher die Grabschrift: Dnm
Sneclca fngit arma, telo mortis occubnit. Die Weihwasserschaale
ist eine römische Ara; an der Aussenseite der Kirche ist der
Leichenstein eines Aedilis Victor eingemaneri. Ferner findet
sich noch ein Marmorstein von kubischer Gestalt, anf welchem
sich 2 Vogelgestalten mit Hundsköpfen zeigen, von einigen für
ägyptische Gottheiten ausgegeben, nach andern jedoch nur das
Wappen der Herren von Vogel, die hier herum viele Besitzungen hatten. Die Aussenseite der Kirche war al fresco bemalt,
wovon nur noch wenige Spnren: ein Christus mit der Zahl 1475.
Bei Bischofshofen kömmt links der *Gainfeldbach* herab und bildet in der Nähe des alten *Götzenschlosses*, wo sich Spuren von
Umwallungen zeigen, einen herrlichen Wasserfall. Anf der Höhe
darüber hat man eine schöne Aussicht auf das einem Garten
gleichende Salzachthal. Ueber das grüne Uebergangsgebirge im
Osten steigt plötzlich schroff empor der graue *Thorstein* mit seinen Gletschern. Etwa ¼ St. unterhalb setzt die Strasse anf das
rechte Salzachufer über und bald öffnet sich im Osten

das Thal der Fritz.

Hier wirft sich der *Wengerbach* in die Salzache, der am
Tännengebirge in der Nähe der Lammer entspringt, und theilt
sich die von Werfen entgegenkommende Strasse: der Hauptast,
die Handelsstrasse nach Triest, zieht östlich in die enge Fels-
schlncht (Werfener Schiefer) des Fritzthals hinein. Unweit der
Brücke, am linken Ufer des Wengerbachs, liegt *Dorf-Werfen*
oder auch *Pfarrwerfen*, 93 H., 651 E. (eingepfarrt: Grub 591,
Winkel 449 E.), mit der alten und grossen Cyriakskirche im
gothischen Stile; unter den Grabmälern ist besonders das des
Christoph von Küenburg, † 1592, merkwürdig, eine Marmorplatte
6 Fuss lang, 5 Fuss breit, auf welcher ein geharnischter Ritter
mit Schwert und Standarte in Lebensgrösse ausgehanen ist, nm-
geben von alabasternen Wappenschildern der Küenburger.

Das *Thal der Fritz* ist gegen 7—8 St. lang und zerfällt in
4 Abschnitte: 1) das *Untere Fritzthal* von der Salzach bis *Hüttau;* 2) *Hüttauthal*, bis dahin, wo unsere Strasse aus ihm über
einen niedrigen Sattel in das Ennthal bei Radstadt führt; 3) *Obe-*

res *Fritzthal*, bis zu seiner Nordostbiegung; 4) *Neubergthal*, als
welches es sich zu dem hohen gezackten Felsenkamm hinan-
sieht, welcher vom Thorstein herab als hohe Grenzmauer zwischen Oesterreich und Salzburg das Gosauthal umkreist. Das
Untere Fritzthal ist der engste Theil. Unsere Strasse war einst
Römerstrasse. Das ganze Thal ist erzreich und schon in den
ältesten Zeiten wurde Gold in der Fritz gewaschen. Später fand
man Kupfererz und legte ergiebige Schachte und Schmelzwerke
an, dieses geschah besonders durch die Herren von Feuerseng
und Perner 1572; die 1791 entdeckten Eisenminen blieben wieder liegen, erst in der neuesten Zeit wurde wieder ein Walzwerk zur Blechbereitung errichtet.

Geognost. Während der grösste Theil des Fritzthales in dem Uebergangsgebirge eingeschaltet ist, liegt seine Mündung im Gebiet des bunten Sandsteins
und reichen seine Quellen bis an den Fuss der mächtigen Triaskalke an seiner
Nordseite. — Auf Quarzadern und in Klüften des Thonschiefers finden sich im
Haidel - oder *Radlgraben* bei *Hüttau* die seltenen Lazulithkrystalle. Auch
führt das Uebergangsgebirge Eisenlager.

Auf der Höhe am Eingange in das Fritzthal werden wir
durch ein Zauberbild überrascht, um so mehr, je greller die Beleuchtung ist, entweder am frühen Morgen oder am Abend.
In der Tiefe das schöne Salzachthal von St. Johann bis zum
Passe Lueg, das Herz des Pongaus; hier links Bischofshofen,
dort rechts der Markt Werfen, darüber auf hoher Felsenkrone
die Burg Hohenwerfen, hinter deren Felsenabsturz die Salzache
verschwindet, um in die Schatten des Luegpasses zu treten;
über dem grünen Paradies der Tiefe der Kranz der Hochgebirge,
welche diesen einstigen Pongauer Gebirgssee umgürten. Dort
im Süden die grünen Tauern, über welche schon manches Haupt
der Hochkette auftaucht; besonders ziehen die Aufmerksamkeit
auf sich im Westen und Norden die Kalkschroffen der *Uebergossenen Alpe*, des *Hagen* - und *Tännengebirgs*, die jetzt in der
Nähe ihren nackten Ernst entfalten; nur wer einmal diese furchtbaren pflanzenleeren, weissgrau in den blauen Aether aufzackenden Kalkriesen sah, kann sich eine Vorstellung machen von dem
magischen Bilde, das sich hier aufrollt: diese aus einem Meere
grüner Berge und Fluren auftauchenden Kolosse mit ihren Schlagschatten, ihren Stein- und Schneerinnen; mitten durch sie der

dunkele Schatten, der die Riesenkluft bezeichnet, wo sich einst
die Masse der Tännen von dem Hagengebirge losriss, und dem
Pongauer See einen Abfluss verschaffte. Das *Untere Fritzthal*
ist eng und düster, doch die Höhen sind allenthalben mit Häusern besetzt. Nach einiger Zeit gelangt man in die Tiefe des
Thales selbst; wild rauscht die *Fritz* über Schieferblöcke, weit
und breit sind dieselben mit dem rothen, duftenden Veilchenmoose überzogen. So gelangt man nach 3 St. zur Poststation
Hüttau (2030'), dem einzigen Dorfe des Thales, 47 H., 379 E.
(eingepfarrt: Sonnhalb 159 E.). Nach einigen soll Hüttau das
römische Vocario gewesen sein; an der Kirche ein römischer
Meilenstein des Septim. Severus. Die Kirche mit ihrem Spitzthurm ist zum Theil alt (1472), zum Theil neueren Ursprungs
(1613), nachdem eine Ueberschwemmung sie theilweise wegge-
rissen hatte. Zur Zeit der Auswanderung machte sich Stullebner,
der Schmied des Dorfes, berühmt als Prediger des Evangeliums,
und, was für jene Zeit viel sagen will, seine Predigten wurden
gedruckt. Die Versammlungen wurden in Ermangelung der Glocken durch Trommeln, Schüsse u. dergl. angekündigt; nach der
Predigt umarmten und küssten ihn die Bauern unter vielen Thrä-
nen. Als er auswandern musste, zogen viele hundert Gläubige
mit ihm.

Von Hüttau aus beginnt das etwas weitere *Hüttauthal.* Aus
ihm zweigt sich links eine Seitenstrasse ab für diejenigen, welche in das obere Lammerthal nach Abtenau und von dort durch
die Gosau in das Salzkammergut reisen wollen. Diese Strasse
führt durch das Thal der *Fuls* hinan. *St. Martin,* 348 E., bezeichnet die Wasserscheide zwischen Fritz und Lammer. Auf
dieser Höhe stehen wir auf einer Gebirgslücke der Kalkalpenkette, rechts steigen die Zähne der Thor- und Dachsteingruppe
hoch aus den grünen Umwallungen auf, links die des Tännengebirgs. ½ St. nach der Einmündung der Fuls, da wo die *Obere
Fritz* beginnt, verlässt die Hauptstrasse dieses Thal, erreicht
bald auf unscheinbarer Höhe die Wasserscheide gegen die Ens
und führt jenseits schnell hinab nach Radstadt, der nächsten
Poststation. — Das *Obere Fritzthal* ist wieder enger als das vorige, aber auf seinen Anhöhen mit vielen Häusergruppen über-

streut. Nach 2 St. erreichen wir das Ende dieser Strecke; durch
ein in der vorigen östlichen Richtung hereinkommendes Thälchen setzt die bisherige Thalfurche fort, und ebenso ein Weg
über einen niedrigen Sattel nach dem jenseitigen *Filzmoos* an
der *Warmen Mandling* (Ennsgebiet). Das Hauptthal steigt aber
jetzt schnell als *Neuberger Thal* zuerst nördlich, dann nordöstlich stärker hinan, nur von Sennhütten belebt und von hohen
Kalkschroffen der Dachsteingruppe, jenseits der *Axalpe*, geschlossen; die höchste Spitze dieser Felsenreihe ist der *Grosswandkogl*,
jenseits dessen die Gosauseen liegen. Die *Fritz* kömmt hier aus
einem kleinen See.

Geognost. Wir treten hier in das Gebiet der Trias, zunächst des, in der Im-
melau Versteinerungen führenden, bunten Sandsteins, über welchem sich die Kalke
und Dolomite der Trias bis zu dem Dachsteinkalk erheben, in welch letzterem die
Kuhtritten ähnlichen Bivalvendurchschnitte im Pass Lueg neben der Strasse zu
sehen sind. Ausserhalb des Passes, an der Deschrbrücke, gegen Golling folgt
der rothe Liaskalk. Der bunte Sandstein von Werfen ist reich an Gypsstöcken,
so im *Immelaugraben* und am *Flachenberg* bei Werfen, im *Blühnbachthal*.
Der ältern Unterlage der Trias, nämlich dem Uebergang-thonschiefer, gehört der
Gyps im *Höllengraben* bei Werfen an, der auf Klüften mit Drusen von Breon-
nerit, Bergkrystall und dem sehr seltenen, früher für Topas gehaltenen, gelben
Wagnerit vorkommt. Ausserdem findet sich dort gediegen Kupfer und Mangan-
spath mit Braunsisenstein. Die Eisensteinlagerstätten am *Winding-* und *Flachenberg* mit ihrem Spath-, Braun- und Thoneisenstein, mit Aragonit, am ersteren Orte mit einigem Glaskopf, Chalcedon und Kalkspathkrystallen gehören schon
der unteren Trias an.

Salzachthal (Fortsetzung).

Eine Viertelstunde abwärts der oben erwähnten Salzach-
brücke bei *Amthof* (1670') liegt am linken Ufer der Markt *Werfen* (1685'), 145 H., 668 E., eingepfarrt: Reitsam 510 E., Scharten 123 E., Sulzau 402 E., Wimm 83 E. In der Nähe findet man
gutes Unterkommen. Aus den vorderen Fenstern eine schöne
Aussicht auf die Strasse des Marktes, die über die Häuser aufragende Burg und das *Tännengebirge*, das sich hier in seiner ganzen schroffen Wildheit zeigt. Der Riss des berstenden Gebirgs,
oder die späteren Einschnitte der hier vollseitig einströmenden
Fluten trennten den Felsen der Burg vom Tännengebirge. Der
Markt enthält meistens steinerne Häuser, die wie die bairischen
Gebirgsmärkte gebaut sind; eins tritt neben dem andern um einige Schuh zurück, so dass das Ganze eine schiefe Strasse bildet.

Die Burg *Hohenwerfen* enthält, trotz ihres Alters, wegen der verschiedenen Veränderungen, die mit ihr vorgenommen wurden, nicht so viel Merkwürdiges, als man glauben sollte. Sie wurde 1076 von dem Erzbischof Gebhard zum Schutze gegen Heinrich IV. erbaut, doch ohne Erfolg; er musste flüchten und konnte erst mit Hilfe Welfs I. zurückkehren. Die späteren Erzbischöfe Matthäus Lang und Johann Jakob Kuen befestigten die Burg gegen ihre Unterthanen. Wolf Dietrich wurde, wie Gebhard, vom Kaiser Maximilian I. verjagt, abgesetzt und gefangen. Darauf wurde Hohenwerfen Staatsgefängniss mit allen Greueln jener Zeit. Zur Zeit der salzburgischen Inquisition (deputatio secreta) wurden hier die grässlichsten Grausamkeiten ausgeübt von denen, welche Friede, Liebe und Versöhnung predigten. (Vierthaler, Wanderungen S. 186.)

Der Bezirk von *Werfen,* welches seinen Namen von perviae alpes, wie der Pass Lueg bei den Römern hiess, ableitet, enthält 1 Markt, 30 Dörfer, 6336 E., hat einen grossen Reichthum an Holz und vor allem umnachtet dichte Fichtenwäldung den Fuss der Kalkalpen. Dieses Holz verschafft daher den Bewohnern des ganzen Bezirks Unterhalt, bei der Nähe von Hallein, obgleich das Holzfüllen und Triften, besonders auf der Salzache, nicht nur mit vieler Mühe, sondern auch mit Gefahr verknüpft ist. Im Jahre 1790 und um jene Zeit rechnete man jährlich 50,000 Klaftern Holz. Für Hallein wurde es in Pfannen verrechnet, die Pfanne zu 60 Klaftern; der Hack- und Triftlohn für die Pfanne kam bis Hallein auf 68 Fl. Das Lärchenholz wird als Bauholz verbraucht und ausgeführt.

Auch die Viehzucht ist sehr bedeutend auf dem alpenreichen Gebirge. Zwar liegen viele Alpen auf dem hohen, nackten Kalkalpenstocke, wie auf dem Hagen- und Tännengebirge, wohin nur steile und mühsame Pfade führen, und diese Waiden haben nicht das Ansehen der mit einem ununterbrochenen Wiesenteppich überzogenen Voralpen oder Uebergangsgebirge, sondern steingrau breitet sich die Alpe hier aus und nur zwischen Blöcken und Riffen sprosst die Pflanzenwelt auf; aber sie ist um so üppiger, kraft- und saftvoller und aromatischer, wie auch bunter, daher ebenso gut, oft noch besser, als jene weit und breit grünen Matten.

Botan. Auf dem *Blühneck* (2 St. von Werfen): Primula Auricula, spectabilis, Atragene alpina, Senecio abrotanifolius, Achillea Clavennae etc. — Auf dem steinigen Hochrücken des *Hagengebirge* liegen die Alpen: *Berg, Schönfeld, Lengthal, Hochfilling, Schönbichl* und *Stücklsteinwendl.* Auch hier ist eine reiche Flora, besonders auf der Alpe *Hochfilling :* Globularia nudicaulis, zahlreiche Gentianen, Saxifraga aizoon, sedoides u. a., Betonica alopecurus, Bartsia alpina, Pedicularis incarnata, Filago leontopodium, Bellidiastrum Michelii, Achillea Clavennae, Nigritella angustifolia, Pinus cembra, Lycopodium alpinum etc.

Für mehrere Ausflüge bietet *Werfen* den besten Standpunkt. Wir besuchen vorerst das *Höllthal.* Von *Arthof* aus führt ein guter Bergweg an mehreren Eisengruben vorüber zu dem hintersten Lehen, der *Höll* (3042'). Im Hintergrunde des Thales breiten sich prächtige Almen (Mahd, Matte) aus am Ostabhange der *Uebergossenen Alm*, des gewaltigen, eisüberlagerten Kalkstockes, der die ganze Gegend hier beherrscht, und dessen höchste Kuppe, der *Hochkönig*, 9298' sich erhebt. Dieser hohe Berg, der ein Bild der reinsten Form der Kalk-Hochflächen bietet, zeichnet sich durch sein grosses, völlig abgesondertes Eisgefilde in dieser Kalkalpenwelt aus. Nur durch einen schmalen Felsengrath, von dem nordöstlich das Blühnbachthal zur Salzache bei Werfen und südwestlich die *Hintere Urslau* in das Becken von Saalfelden hinabzieht, hängt dieses 9000' übersteigende Felsengerüste mit dem Berchtesgadener Grenz- und Felsengurt zusammen. Es tritt südöstlich aus ihm hinaus als Krone der grünen Mittelgebirgswelt, welche man von Saalfelden über Zell, Taxenbach, Lend, St. Johann und Werfen umwandert, und fast alle Bäche, welche aus diesem Gebirge herabkommen, entstammen diesem Felsriesen. Allenthalben steigt er aus dem grünen Fussgestell mit senkrechten Wänden auf, welche oben eine gegen 1½ St. lange und ¾ St. breite Hochfläche tragen, die sich gegen Nordwest senkt. Diese ist mit einer zusammenhängenden dicken Eismasse bedeckt, welche besonders gegen den Rand von tiefen Eisklüften durchzogen ist. Eine in den Alpen häufig wiederkehrende Sage lässt auch hier einst eine üppige Alpe grünen, aber der Uebermuth der Senner und Sennerinnen wurde bestraft; ein dichtes anhaltendes Schneegestöber überschneite die Alpe so sehr,

12 *

dass der Schnee nie wieder schmolz. Seitdem heisst dieser Berg
beim Volke die *Vermunschene Alm*, *Schneealm*, *Uebergossene Alpe*
oder auch der *Ewige Schnee*, wie auf den meisten Karten. Erstiegen wird der Berg am besten von Werfen oder Blühnbach
aus. Wir wandern durch das *Höllthal* auf die *Mitterfeld-Alm*
(5331'), wo wir ein gutes Heulager finden. Schon hier ist die
Aussicht nach Ost und Süd eine weite und schöne. Des Morgens zeitig wenden wir uns mit einem verlässlichen Führer, der
sich meist in der Person des Hirten findet, westwärts dem hinteren Ende des *Höllthales* zu, anfangs noch über Almen, bald
aber in ein Steinkahr hinein, das sich zwischen der *Kampfwand*
im Norden und der *Mandlwand* im Süden hereinzieht. Mühsam
geht es über das Steingetrümmer, und an der *Bassäule* vorüber
in steilem Anstieg hinan zu einem Schartl zwischen dem *Poles-*
und *Pratschenkopf* (8872'). Nach fast vierstündigem Steigen haben wir es erreicht und stehen auf der Hochfläche, und in weiteren 1½ St. über das sanftgeneigte und meist wenig zerklüftete
Eisfeld hin auf dem *Hochkönig*. Die Aussicht ist ebenso weit-
reichend als erhaben schön, weil dieser Felsenkopf gerade auf
die grünen Dientner Alpen als Wetterwand niedersetzt und weil
er zugleich so weit in das Mittelgebirge zwischen Kalkalpen und
Uralpen ganz vereinzelt hinaustritt; daher in der Tiefe das ganze
Pinzgau, und nahe gegenüber die Tauernkette mit ihren Eis-
hörnern und Eismeeren; westlich dringt der Blick über die Kitzbühler Alpen in die Spalte des Innthales bis gegen Imst, jedoch
die Thalfläche nicht erreichend, östlich dagegen in die Thalspalte der Ens, so weit sie Kalk- und Urgebirge scheidet, bis
gegen Admont. Nördlich streift der Blick über die grosse Schneefläche und erreicht erst das Land bei Reichenhall zwischen dem
Untersberg und Lattenberg, wie auch die Berchtesgadener Berge
nur mit ihren Gipfeln aus der weiten Schneefläche auftauchen.

Von *Werfen* führt uns die Salzburger Strasse zunächst im
Markte hinan und über den Sattel, durch welchen der Felsenstock von Hohenwerfen mit der linken Thalwand in Verbindung
steht. Dann senkt sich dieselbe wieder hinab zur Salzache und
es beginnt nun eine Reihe der herrlichsten und grossartigsten
Naturscenen. Zuerst wendet man sich nochmals um und erblickt

hier *Hohenwerfen*, nachdem der Markt verschwunden ist, von
seiner malerischsten Seite; senkrecht stürzt der Felsen, auf dem
die trotzige Burg mit ihren Mauerthürmen ruht, in die Fluten
der Salzache hinab, die hier wieder eingeengt wird. Während
die Burg und ihr Felsen im tiefen Schatten stehen, prangen die
jenseits himmelhoch aufragenden Tännen im Abglanze der Abendsonne; in der Tiefe rauscht wild der Bergstrom. In ¼-St. öffnet
sich links ein Seitenthal und ein grossartiges Hüttenwerk, das
Blahhaus in der Sulzau, mit seinen schwarzen Feueressen überrascht in diesem Bergkessel. Unter der Regierung des Erzbischofs Sigismund hatte man jenseits der Salzache am Fusse des
Tännengebirgs reichhaltige Eisenerze entdeckt und deshalb sogleich die nöthigen Hüttenwerke errichtet; von 1763—66 wurde
auch mit Glück gebaut, indem 1 Centner Eisenstein 60—80 Pfund
Eisen gab; allein das Erz schnitt sich gänzlich aus und es mussten deshalb die Erze aus der fernern Umgegend herbeigeschafft
werden, welche einen geringeren Ertrag hatten, so dass der reine
Gewinn jährlich nur 1556 Gulden betrug. In den letzten Jahren stieg der Gewinn wieder. ¬

Das Blühnbachthal

zieht sich hier links gegen Westen hinein, anfangs zwischen grünenden Alpen, weiter hinein in das erhabenste Kalkhochgebirge
4 St. lang. Der Eingang und die grössere untere Hälfte des
Thales ist eng und die Strasse zieht an der linken Thalwand
hoch über der Tiefe, in welcher der herrliche grüne *Blühnbach*
tost, hin. In 3 St. erreicht man das von den Erzbischöfen erbaute *Jagdschloss* (2550'), denn dieses Thal war ihre Lieblingswildbahn, wie es auch gegenwärtig von einer Anzahl österreichischer Cavaliere in einen Jagdpark umgestaltet wurde, reich
an Gemsen, Hirschen, Rehen u. s. w. Ein neues geschmackvol-
les Jagdhaus steht neben dem alten und in ihm findet man auch
ausser der Jagdzeit ein sehr freundliches Unterkommen. Das
eben noch enge Thal erschliesst sich zu einem weiten, prächtigen Amphitheater; gerade im Süden steigen die ungeheuern
Wände der Uebergossenen Alpe oder des Ewigen Schnees auf
mit weit vorspringenden Felsenschneiden und Hörnern; im Westen umzieht der Berchtesgadener Felsengurt den Hintergrund;

aus ihm ragt das *Alpriedhorn* (7453') nnd das *Grosse* und *Kleine Teufelshorn*, welche sich jenseits in dem Obersee spiegeln, auf; zwischen dem ersteren und den beiden letzteren bringt ein eben- so beschwerlicher als belohnender Steig durch das *Blühnbach- thörl* (6373') zum Obersee in Berchtesgaden, von hier auf kür- zestem Wege in 8—9 St. Rechts oder im Norden baut sich die Gebirgswelt des *Hagengebirgs* auf. Aus dem Hintergrunde des Thales führt auch ein zweiter, ebenfalls ziemlich beschwerlicher Fussweg über das sogenannte *Marterl* (6800') nnd die *Urslauer Scharte* (6643') westlich der Uebergossenen Alpe hinüber nach *Hinterthal* und über *Alm* hinaus nach *Saalfelden* (9 St.). Vom *Jagdschlosse* weg, wo man an den Jagdgehilfen die verlässlich- sten Bergführer findet, kann man auch über die *Imlauer Almen* den *Hochköniy* besteigen oder über das wilde *Hagengebirge* und den *Kahlersberg* wandern.

Hier in diesem herrlichen Thal sassen auch die Erzbischöfe auf blutigem Richterstuhl; hier verurtheilten sie die Angeklag- ten zum Tod, nachdem sie sich an den Freuden der Jagd und Tafel ergötzt hatten; nach manchen Peinigungen wurden die Schlachtopfer unter grossem Freuden- und Lobgesang in einen hölzernen Thurm voller Disteln, Dornen und Nesseln und durch diesen in den tobenden Bach geworfen; bei einer Felsenenge des Baches, der *Hundskehle*, standen auf jeder Seite 4 Freimän- ner mit langen scharfen Haken und schlugen das Opfer todt, wenn es angeschwommen kam; erreichten sie es nicht, so war es frei. Diese Art zu richten fand besonders unter dem Bischof Ortholph statt, 1343—65 (Vierthaler S. 146). Tröstlicher und friedenbringender ist die Sage, welche dem Thal den Namen gab. An einem schönen Wintertage besuchte der fromme Erz- bischof Hartwick (991—1023) das Thal und brach einen Zweig von einem Baume, dieser grünte sogleich in seiner Hand.

Salzachthal (Fortsetzung).

Von St. Johann aus und besonders aus dem Fritzthal her zeigt sich Uebergangskalk von dunkler, oft schwarzer Farbe, mit Spathadern durchzogen; von Werfen aus beginnt der Flötz- kalk nnd mit ihm unstreitig eine der grossartigsten Thalengen, der *Pass Lueg* im weitern Sinne des Wortes, indem wir hier-

unter die ganze, fast 4 St. dauernde, Thalenge der Salzache,
welche Tännen- und Hagengebirge trennt, verstehen. Ein gewaltiger Riss trennte einst hier den Stock der Tännen von dem
Hagengebirge und mit furchtbarer Gewalt warfen sich nun die
Fluten des Pongauer Sees in diesen Spalt, um jenseits einen
andern See zu füllen; wild tobten die Wasser in diesem Schlunde,
von der einen zur andern Wand geworfen; noch sieht man hoch
oben, wie in der Tiefe, die Spuren ihrer Brandung. Die ganze
Grösse dieser Enge, besonders der ersten Hälfte, erkennt man
besser, wenn man von jenseits hereintritt und den eigentlichen
Pass zurückgelegt hat; wenn man unweit Stegenwalde um eine ·
Ecke biegt und links in schwindelnder Höhe der *Tirolerkopf*
des Tännengebirges erscheint, indem der eigentliche Pass durch
ein Vorgebirge die himmelragenden Wände der Tännen deckt.
Von hier aus sieht man das Grosse zuerst, daher der Pass weiter thaleinwärts nicht mehr den Eindruck macht; wogegen die
Hinausreise durch den plötzlichen Anblick des flacheren Landes überrascht. Wir wandern jetzt in die grossartige Schlucht
hinein; links das Hagengebirge, rechts die höheren Tännen;
jenes mit seinen Horizontalschichten erscheint minder hoch, als
dieses mit seinen aufstrebenden Zacken und Köpfen, zwischen
denen unzählige Steinströme herabfurchen. Bei der *Aschauer
Brücke* führt die Strasse von dem linken auf das rechte Ufer
hinüber nach dem einsamen Wirthshause *Stegenwalde*. Der frühere Wirth war einer der Anführer im Kampf der Tiroler 1809
und zeichnete sich besonders hier im Passe Lueg aus. Von diesem Wirthshause aus, wo man das Tännengebirge in seiner ganzen schauerlichen Grösse erblickt, kann man dasselbe auch ersteigen auf der sogenannten *Steinernen Stiege*.

Das *Tännengebirge* bildet einen 6 St. langen Felsenstock,
von 4 St. Breite. Ringsum wird es abgeschnitten durch die Thäler der Lammer, welche es halbkreisförmig umfliesst, der *Fuls*,
der *Fritz* und *Salzache*, nur durch den Sattelrücken von St. Martin hängt es mit der östlich aufsteigenden *Dachsteingruppe* zusammen, während es geognostisch gerade hier durch Thonschiefer von jener Kalkgruppe getrennt wird, und dort, wo es am
tiefsten durch die Salzache von dem westlichen Hagengebirge

abgeschnitten erscheint, geognostisch am engsten mit jenem verbunden ist. Sieht man von hier aus zur Höhe hinan und er-
schrickt fast über die wild durch einander aufstarrenden Felshörner und Nadeln, so glaubt man kaum der Aussage der Leute,
dass da oben noch zahlreiche Heerden Nahrung finden, dass dort
oben viele Sennhütten liegen, wo man längst alles Pflanzenle-
ben als erstorben ansieht. Als südwestlicher Eckpfeiler des Gebirgs, Werfen gegenüber, erhebt sich das *Raucheck*, 7682' hoch;
im Nordwesten gegen Golling der *Wieselsteinkopf*, 7268' hoch;
gegen Nordost der *Bleikogl*, südwestlich über Abtenau, 7623'.
Dieser Gebirgsstock besteht aus 3 durch Bergrücken und Gipfel
umringte und von einander getrennte Hochplateaus, durchschnitten von tiefen Schluchten mit zahlreichen Kesseln und Feldern.
In den Mulden der westlichen Plateaus liegen 5500—5600' hoch
die *Pitschenberger Alpen* mit spärlichem Graswuchs; auf dem östlichen ähnlich die 5460' hohe *Tännenalpe.* Das höhere und
grössere mittlere Plateau, durchschnittlich 6700', ist vegetations-
los. Ueber ihm erhebt sich der *Bleikogl* mit grossartiger Fernsicht über die Ebene und das Gebirge. Auch Höhlen gibt es
an und auf ihm; die grösste ist das *Frauenloch* gegen Abtenau,
von wo man das grosse Gewölbe hoch oben erblickt; zur Zeit
starker Regengüsse speit es eine grosse Wasserfülle aus.

    Die *Steinerne Stiege* führt ziemlich steil hinan und bietet
herrliche Aussichten dar, hinab in den nächtlichen Schlund, auf
das jenseitige Hagengebirge und hinauf in das Pongau; oben
gelangt man zu den Alpen *Grünwald, Tagweide* und *Pitschenberg,*
welche von dem sogenannten *Tiroler Gebirge,* der hohen gegen
die Aschauer Brücke hinabblickenden Felsenwand, von dem Fel-
senschlunde des Luegs getrennt werden. Die Hütten sind hier
schlecht, doch die Leute sehr gut. Der höchste Punkt, das
Raucheck, das gleichzeitig weitaus die schönste Aussicht bietet,
wird am besten von Werfen oder dem Blahhause aus bestiegen.
Auch aus dem Lammerthale, Schoffau, Abtenau, St. Martin führen Almwege auf die Hochfläche dieses Felsenstockes.

    Botan. Auf den genannten Alpen, namentlich der *Tagweide:* Primeln,
Gentianen, Saxifragen, Lloydia serotina, Rhododendron hirsutum, chamaecistus,
Silene acaulis, Lychnis quadridentala, Hieracium aureum, villosum, Arnica scor-
pioides, Doronicum caucasicum, Achillea Clavennae, Filago leontopodium, Nigri-

tella, Astragalus alpinus, Dianthus alpinus, Draba Sauteri, tomentosa, Geutiana bavarica, imbricata, Geum montanum, Soyera hyoseridifolia, Thlaspi rotundifolium, Gaya simplex, Linaria alpina, Ophrys alpina, Papaver Burseri, Potentilla Clusiana, Phaca alpina, Primula integrifolia, spectabilis, minima, truncata, Saxifraga stenopetala, bryoides u. a., Arenaria aretioides, Soldanella pusilla, Tofieldia alpina u. a.

Salzachthal (Fortsetzung).

Von *Stegenwalde* kommen wir an eine Ecke, welche durch einen Vorsprung des Tännengebirgs, das *Luegpalfach*, gebildet wird. Durch dieses Vorgebirge wird die Salzache noch um Vieles eingeengter und zuletzt ihr Schlund im Norden durch die sich dort herabziehenden Gebirge völlig verschlossen. Das Thal nimmt von jetzt eine nordöstliche Richtung an und die Strasse steigt an der rechten Thalwand hinan; da wo die Wände nur noch 45 Fuss aus einander stehen, ist der *Pass Lueg* (1562') im engsten Sinne des Wortes. Wenn nicht schon von Römern, die doch hier durchzogen, so ward doch schon 1316 hier eine Befestigung angelegt, welche aus einem Blockhause bestand. Der durch die Natur befestigte Ort leistete den Franzosen grossen Widerstand 1800, 1805 und 1809. Die Werke wurden zwar gesprengt und blieben lange Zeit in Trümmern liegen, aber in neuester Zeit hat man den Pass wieder stärker als je befestigt, besonders durch die Verbindung mit der s. g. *Unsinnigen Kirche*, später, seit dem Krieg 1742, wo sich Kroaten hineingelegt hatten, *Kroatenloch* genannt. So heisst nämlich eine jener Höhlen, welche die Salzache einst bei höherem Stande an der jenseitigen Wand ausgespült hat und die durch Menschenhand erweitert wurde. Noch zieht die Strasse eine Strecke in voriger Richtung fort bis zur Kapelle *Maria Brunneck* (1609'), von wo sich Thal und Strasse in einem spitzigen Winkel fast nach Westen wenden. In der Ecke, wo jetzt die Kapelle steht, soll einst Maria auf der Flucht nach Aegypten (!) erschöpft geruht haben, da sprang die Quelle aus der Erde, um sie zu laben, die noch jetzt den durstenden Wanderer labt, daher der Name *Brunneck* (der Brunnen in der Ecke des Thales). Hier hat man zugleich eine schöne, grossartige Einsicht hinab in den Pass und hinauf auf die weissgrauen Wände des *Hagengebirgs*, welches hier in seiner ganzen Grösse erscheint, während das Tännengebirge sich hinter dem *Luegpalfach* verbirgt. Unweit dieser Stelle zeigt ein

Wegweiser: *Nach den Oefen der Salzache*, links hinein in das Gebüsch. Ein gut gebahnter Weg führt auf Treppen hinab, noch weiss man nicht, wohin; ein unterirdisches Tosen und Zischen spannt die Erwartung; die Salzache ist verschwunden; da wo sie fliessen müsste, ist alles mit Gesträuch überwachsen, man glaubt ungehindert hinüber zur jenseitigen Bergwand gehen zu können, da öffnet es sich unter uns; da unten aber ist's fürchterlich. Hier hat die Salzache die Wände so unterspült, dass sich die Felskolosse über einander hinneigten, zusammenstürzten und an einander legten, so dass die Salzache nun unter einem Riesengewölbe hinrauscht; aber schäumend brechen sich ihre eisigen, schweren, zusammengepressten Wogen an den blelgrauen Wänden, die sie noch fortwährend auswaschen, und stürzen über die schlackenartig oder wie Eis ausgefressenen Felsenriffe, welche die Tiefe durchsetzen und den Strom öfters längere Zeit in mehrere Felsenkanäle zertheilen. Gegen ¼ St. hat der Bergstrom sein Bett auf diese Weise hoch überwölbt. Oben, wo die Gewölbe sich schliessen, aber an unzähligen Stellen durchbrochen sind, führen die sichersten Pfade, Treppen und Stege in diesem Labyrinth auf und ab und über die grässlichsten Abgründe; überall führen Wege zu solchen Standpunkten, wo man die ganze Grösse dieses majestätischen und fürchterlichen Naturschauspiels gehörig sehen kann. Bald steht man vor einem prächtigen Spitzbogen und durch ihn blickt man hin durch eine ganze Reihe von Gewölben bis hinab auf den strudelnden Fluss; bald steht man auf einem Stege und schaut hinab in den gewiss 200—300 Fuss tiefen nächtlichen Abgrund. Nicht im stürmenden Laufe durchbraust der Strom diese Hallen, sondern langsam und schwer; wie geschmolzenes Metall strudelt und wirbelt er, treibt sich von einer Wand zur andern, siedet, kocht und braust dumpf herauf. An der jenseitigen Wand steigt ein Pfad hinan und hier wird man plötzlich überrascht durch eine unerwartete Fernsicht, man hat nämlich das *Luegpalfack* überstiegen und erblickt plötzlich jenseits desselben die lachenden Fluren des unteren Salzachthales bis hinab zur Hauptstadt, ein Blick, der um so mehr überrascht, als man eben erst einem nächtlichen Abgrunde entstiegen ist. Den grossen Genuss, dieses ganze

Schauspiel sicher und ohne Beschwerden sehen zu können, verdankt der Reisende dem Fürsten Ernst von Schwarzenberg.

Der Erzbischof Johann Jakob Kuen von Belasy wollte auf den Rath des Christoph Perner, Gewerken in der Fritz, die Salzache auch hier schiffbar machen. Perner schritt 1561 ans Werk, die Hallen wurden erweitert, allein der thatkräftige Mann starb und das Unternehmen blieb liegen. Hier ist es auch, wo das Holztriften in der Salzache mit manchen Gefahren verknüpft ist; denn vieles Holz bleibt in den Felsenklüften stecken und dann werden die Arbeiter an Stricken hinabgelassen, um es los zu stossen.

Von hier führt die Strasse zuerst noch auf jenen den Pass Lueg gegen Norden verschliessenden Rücken schnell abwärts nach Westen, bis wo die Salzache aus ihrem überwölbten Schlunde in 2 Armen hervortritt. Im Thale wendet sie sich ins freiere untere Salzachthal, welches gegen $\frac{3}{4}$ St. breit und schön angebaut ist, rechts nur noch von Voralpen von 4—5000' Höhe begleitet, deren letzte die 4000' hohe Kuppel des *Gaisbergs* ist, während links hohe Kalkgipfel des Berchtesgadener Felsengurtes von 6—8000' Höhe die Ufer der Salzache noch 6 St. lang begleiten und mit dem 6000' hohen Felsenklotz des *Untersbergs* endigen.

Unterhalb der Oefen überschreitet man die östlich aus der Abtenau herkommende und das Hochgebirge (Tännen) von den Voralpen scheidende Lammer und macht Halt in *Golling* (1489'), das auf einer östlichen Höhe des Salzachthales ruht, 4 St. von Werfen, 6 St. von Salzburg, Poststation zwischen Werfen und Hallein. In der Post gutes Unterkommen und Führer.

Der Theil des Salzachthales, welchen wir hier betreten haben, bis hinab an das Zollhaus an der Brücke über den *Tauglbach* heisst das *Kuchelthal*, ein Theil des von hier bis an die nördliche Grenze Salzburgs sich erstreckenden *Salzburggaus*, und war früher im Besitz der Herren *von Kuchel*, welche ohngefähr 1430 ausstarben. Der Hauptort war der 1 St. weiter hinabliegende Markt *Kuchel;* auch *Golling* gehörte den Kuchlern, und die Burg daselbst, jetzt das Gericht, war eine ihrer Burgen. Der Markt *Golling*, 89 H., 541 E., ist wie Werfen gebaut, eine

Hauptstrasse; die Häuser, mit ihrer Giebelseite der Strasse zugekehrt, sind meistens massiv, mit weit vorspringenden Dächern.
Hauptgewerbe Ackerbau, so dass Korn und Weizen bedeutend
ausgeführt werden; die Viehzucht nicht mehr so beträchtlich;
im Ganzen nur 54 Alpen mit 115 Kasen oder Sennhütten. Am
Moseck ist ein grosser Gypsbruch und mehrere Gypsmühlen ver-
arbeiten ihn zu Düngmehl für die Aecker. Sein Gyps führt den
berühmten Sapphirquarz von Golling, der auf Adern mit Kro-
kydolith vorkommt; ausserdem finden sich im Gyps smalte-
blaues Steinmark, Gyps-, Dolomit- und Quarzkrystalle.

Das Lammerthal.

Die grösste Seitengegend ist das Gebiet der *Lammer* oder
die *Scheffau* und *Abtenau*, welche wir jetzt zuerst besuchen. Die
Lammer selbst hat einen merkwürdigen Lauf; sie entspringt auf
der Südseite des Tännengebirgs zwischen himmelragenden Zinken, Zacken und Nadeln (Eiskogl, Teufelskirche u. a.), fliesst
anfangs östlich, durchbricht dann, sich nördlich wendend, den
Sattelrücken des Uebergangsgebirgs, welches sich zwischen Tän-
nen- und Dachsteingruppen hinüberzieht in die Abtenau; an
der Nordostecke des Tännengebirgs, wenigstens seines Fussgestelles, angekommen, wendet sie sich nordwestlich und zuletzt
westlich, und umfliesst so fast das ganze Tännengebirge im Süden, Osten und Norden. Fast in ihrem ganzen Laufe hat sie
sich einen tiefen Graben ausgewühlt und nur der unterste Theil
des eigentlichen Thales, die noch zu Golling gehörende *Scheffau*, ist auch in der Tiefe bewohnt, obgleich auch diese Strecke
eng ist. Im Norden wird das ganze Gebiet nur von Voralpen,
welche es vom *Taugthal* und der Gegend des *Wolfgang*- oder
Abersees scheiden, umgrenzt, im Osten von dem mehrerwähnten Berggürtel des *Gosauthales*. Fast die ganze Bevölkerung
bewohnt nur über die Höhen des Mittelgebirgs zerstreut um-
herliegende Häusergruppen; *Scheffau*, *Abtenau*, *Annaberg* und
St. Martin sind die einzigen Orte. Die Bewohner leben einfach
und jeder verfertigt seine Bedürfnisse sich selbst, wie in vielen
Alpengegenden; er gerbt sich sein Leder, zimmert sein Haus,
mahlt sich auf eigner Mühle sein Mehl u. s. w. Mit grosser Vor-
liebe hängt er an dem Boden seiner Heimat. — Achatius Rösch,

Dr. der Theologie, apostolischer Protonotar, geistlicher Rath
und Pfarrer zu Haus und Altenmarkt in Obersteiermark, war
in der Abtenau geboren und hatte trotz seiner erworbenen Schätze
dennoch zuletzt keinen anderen Wunsch, als in der Heimat zu
sterben; er zog in die Abtenau, kaufte sich ein Bauernhaus neben seinem Vaterhause, welches letztere er in eine Grabkapelle
umwandeln liess, damit sein Sarg da stehen solle, wo einst seine
Wiege stand. — Die grossen Wälder und schönen Viehweiden
verschaffen den Hauptunterhalt; Schmalz und Käse ist Tausch-
waare gegen Salz aus dem angrenzenden Salzkammergute, während das Holz zur Halleiner Saline geht. Der Ackerbau ist
sehr unbedeutend.

Von *Golling* aus wandern wir die Höhe hinab und biegen
dann bei der Schmiede links in das enge Thal ein. In 1 St.
kommen wir nach *Scheffau*, 268 E. Die alte Kirche im gothischen
Stile, mit Gemälden von Wohlgemuth, dem Lehrer Dürers, geschmückt, ruht auf einem quarzfreien grünsteinähnlichen Massen-
gestein, Gümbels *Sillit*. Nach einer abermaligen Stunde kömmt
man an eine lange Brücke über die Lammer, welche links herabkömmt, einen rechten Winkel mit ihrem bisherigen Lauf bildend.
Dieses veranlasst der *Strupberg*, ein auslaufendes Vorgebirge der
Tännen; rechts kömmt der *Schwarzenbach* herab, der aus einer
Grotte des Tännengebirgs hervorbricht. Die Strasse nach der
Abtenau, deren Gebiet mit den Engen der Lammer und dem
Strupberge beginnt, führt über die *Lammerbrücke* am *Schwarzenbach* hinauf und setzt oben am Fuss der Steilwände des Hochgebirgs über den Rücken des Strupbergs zur Hochebene, auf
welcher uns der Markt *Abtenau* im Sonnenlichte entgegenglänzt,
ein wahrer Lichtpunkt auf dieser einsamen Wanderung. Gute
Gasthäuser: die Post und der goldene Ochse. Der Markt, 2252',
hat 71 H., 617 E., eingepfarrt 10 Orte mit 667 H., 3060 E.;
der ganze Bezirk Abtenau 1 Markt und 37 Dörfer, 4716 E. —
Die Lage von Abtenau auf seiner sonnigen Matte mit den vielen umher gewürfelten Häusergruppen und überragt von den
graudüftigen gezackten Wänden der Tännen ist reizend; hoch
oben gähnt das *Frauenloch*, ein Riesengewölbe. — Ein weit
mehr belohnender, wenn auch längerer, Weg führt uns von der

Brücke der Lammer an derselben aufwärts, ohne dieselbe zu
überschreiten. Dort, wo von Norden her der mächtige *Aubach*
herabkömmt zur Lammer, heisst die Gegend *im Wallingwinkel*.
Die *Lammer* selbst bildet hier *Oefen*, den Felsenstock des ihr
Thal durchsetzenden Strupbergs durchschneidend; viel wilder
aber sind die *Oefen*, oder auch der *Strup* oder *Strub* (gleichbedeutend mit Oefen, unterspülte, vom Wasser ausgewaschene Felsenengen) des *Aubachs*; auch hier wölben sich hoch über dem
Bach die Felsen und an einer Stelle hat sich ein mächtiger Felsblock in die noch übrige Spalte gesenkt, oder von einer Wand
abgelöst und das Gewölbe geschlossen; das ist die *Feuerbrücke*,
200' tief sieht man von oben hinab in den Abgrund. Weiter
im Thale des *Aubachs* hinan sieht man plötzlich bei den Hütten *am Bichl* oder *Bühl* den *Aubach* 60' hoch über eine Marmorwand hinabstürzen in 2 Fällen; dieses ist der *Bichlfall*. Ein
langer Steg führt oberhalb der Wasserfälle über den Bach; ein
Denkstein daran erzählt, dass einst hier ein Fleischer mit einem
Kalbe und Hunde herabstürzten und umkamen. Wer von hier
nach dem Markte Abtenau will, steigt von Bichl an die Lammer herab, überschreitet dieselbe und geht dann auf einer Art
Strasse zum Markte hinan. Wer aber in die Gosau und nach
Hallstadt reist, hält sich auf dem rechten Ufer der Lammer fort
bis an die Einmündung des *Russbachs*, wo er die Abtenauer
Strasse nach Gosau trifft. Von Abtenau rechnet man 4 St. nach
Golling und ebensoviel nach der Gosau. Von Abtenau aus kann
man auch das Tännengebirge ersteigen, und findet dazu Führer
im Orte.

Wer nur von *Golling* einen Ausflug macht, dem rathen wir,
nur den *Strub* und die Wasserfälle des *Aubachs* zu besuchen,
hin und zurück für einen rüstigen Fussgänger in einem Tage
zu machen. Bis zur Lammerbrücke kann man auch fahren.

Von *Abtenau* aus stehen drei Wege zur Weiterreise offen,
zwei östlich in die *Gosau* und das *Salzkammergut*, der dritte südlich über *Annaberg* und *St. Martin* in die *Fritz*, und von dort
entweder nach Radstadt an der Ens u. s. w. oder nach Werfen
an der Salzache u. s. w. — Die Strasse von *Abtenau* nach *Gosau* senkt sich über einige Hügel steil in einen Wald hinab an

die Lammer, unweit der Vereinigung des *Russbach* mit ihr, und sie übersetzend in das ebenfalls enge *Russbachthal*, mit dem Dorfe *Russbach*, 109 H. zerstreut, 415 E., bekannt wegen der vielen in ihm vorkommenden Versteinerungen des Hippuritenkalks und der Gosaumergel, die aus der Gosau über den Pass Gschied herüberziehen, wo man in der Regel Versteinerungen (Hippuriten, Nerineen, zahlreiche, oft grosse Korallenstöcke) zum Ankauf findet; auch Gerölle von Anthrakonit führt die Lammer. In 2 St. erreicht die Strasse den Punkt, wo sie, das Thal verlassend, den Bergrücken ziemlich steil ersteigt, welcher Salzach und Traungebiet, Salzburg und das österreichische Salzkammergut scheidet; der Bergpass heisst *Pass Gschied.* Er erhebt sich nur 3078' über das Meer und ohngefähr 5—600' über das Russbachthal. Auf der Höhe ist ein Wirthshaus, nach Russbach gehörig, wo man einen schönen Rückblick auf das Tännengebirge hat. Dann beginnt durch den Wald eine lange Knüppelstrasse; beim Austritt wird man durch das schöne *Gosauthal* und die hochaufragenden Zinken des *Donnerkogls* überrascht.

Der zweite Weg führt uns über die in neuester Zeit vielbesuchte *Zwieselalm*, einen der Glanzpunkte des Salzburger Landes, hinüber in die *Hintere Gosau.* Wir verfolgen ¼ St. lang den ersten Weg bis über die Lammer, steigen dann rechts an der Bergnase zwischen Lammer und Russbach hinan durch gelichteten Wald voll der herrlichsten Erdbeeren und erreichen in 3 St. die Höhe der Alm, auf der sich eine ebenso umfassend grossartige als malerische Rundsicht eröffnet. Den Glanzpunkt bildet südöstlich der Dachstein mit seinen Gletschern und Schneefeldern (Carls-Eisfeld), ihm zu Füssen in dem schluchtenförmigen Thale die Gosauseen. Rechts an ihn reihen sich die Donnerkogel und zwischen ihnen und dem westwärts aufragenden Tännengebirge umspannt den weiten Hintergrund die stolze Tauernkette von dem Radstädter Tauern an bis hinauf zum Grossvenediger! Da stehen die erhabenen Schneehäupter Säuleck, Hochalmspitz, Ankogl, Scharock, Hohenarr, entschieden überragt von dem Grossglockner in seinem weiten Schneegewande und umstanden von seinen trotzigen Trabanten, dem Fuschkahrkopfe, Johannsberg und Vischbachhorn. Rechts neben ihm blickt der

Grossvenediger herein; näher die Uebergossene Alm mit der Wetterwand. An das Tännengebirge reiht sich westwärts der Hohe Göhl und der lange Rücken des Untersbergs. Im Norden wellt und wogt das Berggewimmel des Mittelgebirges, das das Lammerthal von dem Taugl- und Hinterseethale einerseits und vom Gebiote des Wolfgangsees andererseits trennt, Trattberg, Gennerhorn, Hohe Zinken, Haberfeld u. s. w. Nordöstlich schaut das Westcap des Todtengebirges herein. — Von der Alm führt der wenig beschwerliche Weg rasch hinab zum *Vorderen Gosausee* und zum Schmied (2 St.) (siehe Salzkammergut).

Der dritte Weg von *Abtenau* aus führt zuerst gerade östlich bis zu dem tiefen Einschnitte der Lammer, wo sie von Süden her zwischen den beiden Kalkgebirgsgruppen des *Tännengebirges* und *Dachsteins* hervorbricht. Die Strasse übersteigt dann einen Berg und gelangt jenseits der Lammer nach *Annaberg*, 98 H., 554 E., Kirche. Auch von hier führt ein leicht gangbarer Weg auf die *Zwieselalm* (2 St.). Die Gebirgsart hier herum ist Werfener Sandsteinschiefer und Guttenstein-Kalk, der sich durch seine dunkele Färbung von dem jüngeren Kalke der nahen Tännen- und Dachsteingruppe unterscheidet. Nachdem die Strasse noch zweimal die Lammer überschritten hat, erreicht man *St. Martin*, in einem südlich herabkommenden Seitenthal hinansteigend. Auf der Höhe angekommen, liegt das ganze obere Pongau vor den Augen.

Eine der Hauptmerkwürdigkeiten *Gollings* ist der herrliche Wasserfall, welcher bald *Guringfall*, bald *Schwarzbachfall*, bald *Gollinger Wasserfall* genannt wird. Durch das Hinterhaus der Post gelangt man bald an die Salzache, über deren reissende Fluten eine lange und schmale hölzerne Brücke führt. Man durchschneidet eine schöne Flur; die auf einem Felsen ruhende Kirche *St. Niklas* ist unser Leitstern. Auch ist hier an diesem viel besuchten Wasserfalle schon schweizerische Gewerbthätigkeit eingerissen; an jedem Thore, das die Besitzungen der Gehöfte scheidet, stehen Thürhüter oft in grösserer Zahl, um das Thor aufzumachen oder Blumensträusse zu überreichen u. dgl. Man gelangt an den aus einer Schlucht des *Hohen Göll* hervorbrechenden *Schwarzbach*. Von hier beginnt der wohlgebahnte

Fussweg, der, wie in einem Parke, bequem auf Treppen und
Stegen zu den schönsten Standpunkten führt. Der Dank der
Reisenden für diese grosse Wohlthat gebührt demselben, der
auch die Oefen zugänglich machte. Noch um eine Ecke, und
der unterste Absturz des Wasserfalles schwebt vor uns von hoher Wand herab. Die grössere Wassermasse wirft sich mehr
links herab, während der Ueberfluss rechts ein Felsengestuf über-
schäumt in unzähligen kleineren Fällen. Der Weg lässt den
Fall rechts und übersteigt ihn in mehreren Treppen. Oben,
wo der Bach diesem Sturze in wilden Sprüngen über Felsblöcke
zueilt, führt rechts ein Seitenweg ab und wir stehen vor einem
neuen Zauberbilde. Ein mächtiges Felsenthor öffnet seinen Rachen, doch statt eines nächtlichen Gewölbes wallt oder stürzt
ein blendender Vorhang dahinter herab; Riesenblöcke haben es
versucht, die Pforte zu verschliessen; doch sie vermehrten nur
die Wucht der Gewässer; wild entstürzen sie dem nächtlichen
Kerker über jene Blöcke, eine Staubwolke entsendend, die im
Mittagslichte einen schönen Kreisregenbogen hervorzaubert. Auf
den Hauptweg zurückkehrend, ersteigen wir wieder ein Stockwerk des Gebirgs, fortwährend in dunkler Waldschlucht. Ein
Steg, den wir zur Rechten betreten, eröffnet uns ein schauer-
liches Bild. Nicht weit davon bricht der Bach in seiner ganzen Kraft und Klarheit aus einer Grotte des Berges 1848' hervor. Doch gleichsam, als sei er zu früh geboren, sucht ihn
der Schooss der Erde wieder zu verbergen; in einem einzigen
ungeheuren Sprunge wirft er sich in den nächtlichen Kessel;
doch schon zu mächtig geworden, zersprengt er, unten angekommen, seine Fesseln, indem er sich durch die eben besuchte
Durchgangspforte, über deren Gewölbe wir jetzt stehen, einen
Weg ins Freie bahnte. Dieser Wasserfall ist nicht der grösste,
denn er hat im Ganzen 260', wohl aber einer der schönsten.
Wahrscheinlich ist er ein Abfluss des Königssees, dessen Spiegel nach den neuesten Messungen 100' höher liegt; man zeigt
auch am See eine Oeffnung, das *Kuchler Loch*, in welches ein
Theil des Wassers abfliessen soll. Als im wasserarmen Jahre
1823 der Wasserspiegel des Königssees das Kuchler Loch nicht
erreichte, versiegte der Schwarzbach. Wer den Wasserfall von

Salzburg aus besuchen will, geht von Kuchl rechts ab. — Von
hier führt ein Pfad auf das *Rossfeld* und jenseits nach *Berchtes-*
gaden hinab.

Die Blüntau.

Ein anderer Steig, besonders für berglustige Wanderer,
bringt uns von *Golling* durch die *Blüntau* nach dem jenseitigen
Königssee und nach *Berchtesgaden* in 7—8 St. Dieses Thal sieht
von Nordost, wie das Blühnbachthal von Ost, zur Berchtesgadener Mauerkrone hinan. Von Golling aus gesehen, steht rechts
der *Vordere Göll* mit steilem Abfalle in die Blüntau, allmählich
steigt der linke Thorpfeiler, der *Kraxspitz*, hinan, ein Vorposten des Hagengebirges; im Hintergrund baut sich die *Elfer-*
wand auf. ¼ St. von Golling öffnet sich der Eingang des Thales, dessen schmaler Boden mit Wald beschattet ist. Der Pfad
wechselt oft über den steinigen Bach. Nach 1 St. hört der ebene
Pfad auf und es geht durch Wald den Berg hinan. Links stürzt
hier ein *Wasserfall* nieder, der nur durch den bequemer zugänglichen Nachbarfall verdunkelt wird; In einen finstern Felsenkessel wirft er sein Flockenmeer. Rechts schwebt aus einer noch
höheren Gegend ein anderer Sturz herab. Nach etwa 1 St. Steigens kommen wir aus der Region des Baumwuchses hinaus in
die ferneren Alpengegenden ; hohe kalkgraue Wände mit rothen
Abbrüchen thürmen sich allseitig auf; der Steig geht sehr steil
hinan zu der *Oberen Jochalpe,* deren Hütten uns schon längst
von ihrer sonnigen Höhe herab winken; sie liegen in einer Mulde;
gegen Süden, Westen und Norden von einem grauen Felsenamphitheater umragt, im Süden vom *Schneibstein* (7158'), im Norden vom *Hohen Brett* (7415'), im Westen vom *Joch;* nur gegen
Osten fällt die Alpe steil in das Thal ab, aus dem wir herauf-
stiegen. ¼ St. von den Sennhütten erreicht man das *Torrener*
Joch (5493'), auch das *Hintere Joch* genannt, zum Unterschied
des Felsenrandes, der die Mulde der Jochalpe von dem tieferen
Thale scheidet, welcher das *Vordere Joch* genannt wird. Etwas
steil senkt sich der Pfad auf die jenseitige, schon bairische,
Königsberger Alpe, wo ein Wachhaus gegen Wildschützen besteht. Steil geht es nun hinab zwischen der *Bärenwand* links
und dem *Jenner* rechts längs des *Königsbachs* auf die *Königsalpe,*

von wo man, sich rechts wendend, den *Jenner* auf seinen Schultern, der *Achselalpe*, umgehend, zum Dorfe *Königssee* hinab-
kömmt; oder, links zur *Götzenthalalpe* hingehend und dann im
Fischermais hinabsteigend, durch den *Kessel* zum *See* kömmt;
an seinem östlichen Gestade geht man aufwärts bis gegenüber
St. Bartholomä, wo der See am schmalsten ist und ein Schiffer
den Rufenden hinüberführen kann.

Salzachthal (Fortsetzung).

In 1 St. kommen wir von *Golling* zum Markte *Kuchl*, welcher Name von dem alten *Cuculle*, einem römischen Festungs-
werke, abgeleitet wird, welches in seiner Nähe lag. Der Markt:
64 H., 428 E. Zur Ortsgemeinde gehören Georgenberg 383, Ja-
dorf 360, Kellau 254, Weissenbach 329 E. Die Kuchler waren
einst hier, was oben im Pongau die Goldegger. Sie starben mit
Hanns Knchler 1436 aus. *Kuchl* gilt als einer der ältesten Orte
Salzburgs; gutes und billiges Unterkommen beim Auer unten
links in der Ecke. Der Markt bildet eine Strasse, welche sich
hier zuerst nördlich, dann westlich und zuletzt wieder nördlich
wendet. Hier hat man die schönste Ansicht des *Hohen Göll*
(7970'), besonders mit dem Vordergrunde der gerade gegen ihn
hinziehenden Gasse des Ortes. Rechts der bewaldete Rücken des
Rossfeldes, oben darüber seine üppig grünende Matte, links der
ganz bewaldete Felsenstock des *Vorderen Göll*, zwischen beiden hinein das majestätische Amphitheater des *Hohen Göll* mit
seinen Trabanten; alle Tiefen und Furchen mit Schneefeldern
ausgepolstert, aus denen die schneidigen Riffe und Zacken hoch
aufstreben, in der Mitte der kalkweisse Dom des Herrschers.
Um so überraschender ist dieser Anblick, diese Scene mitten aus
der höchsten Kalkalpenwelt, da wir sie hier mitten in einem
Garten der Voralpen antreffen.

Wer von Salzburg nach Golling reist, geht gleich von hier
aus über die Salzache zum nahen Wasserfall und dabei nur
½ St. um.

Auf der Strasse von hier nach Hallein überschreitet man
beim empfehlenswerthen Gasthause zur *Tauglmautz* (1440') den
Tauglbach, welcher rechts aus den Voralpen herabkömmt. Das
Mittelgebirge, das von der Lammer im Süden, der Salzache von

13 *

Golling bis Salzburg im Westen, dem Fuschl- und Wolfgangs-
see und der Ischl im Norden und der Traun im Osten umflossen und begrenzt ist, bietet eine Menge der herrlichsten Aussichtspunkte, die sich bis zu 6000' erheben und von denen einzelne wir später kennen lernen werden. Zahlreiche Wege führen aus allen Richtungen über und durch dasselbe; Sennhütten,
oft dorfartig bis zu 40 vereint, beleben die weitgedehnten, blumenreichen Almen; an den sanften Berggehängen bis hoch hinan
finden sich weit zerstreut viele hunderte brauner Bauernhäuser,
bewohnt von einem schlichten freundlichen Völkchen. Das *Au-
bachthal* (Lammergebiet), das *Tauglthal*, das Thal von *Oberalm*
mit ihren zahlreichen Verzweigungen haben sich tief in das Gebirge eingeschnitten und durchwinden es nach allen Richtungen.
Einer der durch ihre schönen Matten in die Augen fallenden
Berge dieses Gebiets ist der *Schlenken* (5155') und dahinter das
Felsenhaupt des *Schmiedensteins* (5860'). Berühmt ist der *Schlenken* wegen seiner schönen Aussicht nach Berchtesgaden, Golling
und seine grossen Umgebungen, auf das ganze Salzachthal von
Golling bis unter Salzburg hinab: besonders schön zeigt sich
das gegenüberliegende *Hallein*. — Erstiegen wird er leicht von
der *Gaisau* aus. Auch sein Nachbar, der *Genner* und *Hohe Zinken* (5571'), wie der *Trattberg* (5553') gewähren neben einer herrlichen Rundschau eine reiche botanische Ausbeute.

Botan. Eine hier besonders vorkommende Pflanze ist Cnicus eriophorus.
Auf dem *Schmiedenstein*, dessen letzte Spitze schwieriger zu ersteigen ist, trifft
man herrlichen Rasen von Alium sibiricum von blauer, rother und weisser Farbe.
Auf dem nahen *Genner* wächst vorzüglich häufig Gentiana pannonica. Auf dem
vor dem Schlenken bei *Figann* sich aus dem Salzachthale erhebenden **Trattberg** findet sich in einem Teiche der *Seewaldalpe:* Nuphar pumilum, gegen
Kuchl Cnicus eriophorus, Orobanche platistygma.

In 2 St. von *Kuchl* befinden wir uns an der Brücke bei
Hallein (1420') und wandern über sie in die alte Salinenstadt, die
bedeutendste des Herzogthums nach Salzburg, 324 H., 3646 E.
Gasthöfe sind: die Post und der Schwarzbräu; gutes Bier im
Schwarzbräu, gute Bedienung in der Post. Von Salzburg her-
ein erkennt man deutlicher das Alter der Stadt, als von hier.
Von der Salzache an den *Dürnberg* oder *Thürnberg* angedrängt
und vom *Mühlbache* durchströmt, hiess es vor Entdeckung des

Salzbergs, wo es nur aus wenigen Häusern und einer Kirche
bestand, auch *Mühlbach.* Erst nach dem Jahre 1123 kam der
jetzige Name nach der Bearbeitung der Bergwerke auf. — Im
Anfange wurde die reiche Fundgrube noch nicht einmal von den
Erzbischöfen nach ihrem Werthe geschätzt und daher an Klöster und Stiftungen verschlendert; erst später erkannten sie ihren
Werth und wussten den ganzen Besitz sich wieder zuzueignen.
Seit den 6 Jahrhunderten seiner Entdeckung lieferte der *Tuval,*
so heisst der Salzberg, 17,280,000,000 Centner Salz, und sein
Salzsegen ist noch bedeutend im Zunehmen, obgleich nicht so
viel gewonnen wird, als es möglich wäre, weil es den Bedarf
übersteigt. Die alten Pfannen verzehrten oder verschlangen
ganze Forste; eine Pfanne fasste 1000 Eimer (60' lang und eben
so breit). Die neueren Pfannen halten nur 200 Eimer. In der
Stadt findet man 5 Kirchen, 1 Soolenbad und Stecknadelfabri-
ken. Es vergesse niemand, die plastischen und automatischen
Arbeiten des Zimmermanns Leymann (Kothbachplatz Nr. 177)
an besuchen; sie stellen den Königssee, Berchtesgaden, den
Dürnberg, die Oefen, den Gollinger Fall u. s. w. dar. Um den
Tuval zu befahren, gewiss eine der interessantesten Bergwerks-
fahrten, die ein Reisender machen kann, lässt man sich im Gasthofe einen Erlaubnissschein holen.

Auf dem Wege, der schon in der Stadt steil hinansteigt,
wird man oben durch eine herrliche Aussicht auf Hallein, das
ganze wohlangebaute Salzachthal und die jenseitigen Voralpen
überrascht. Dann geht es in die Schlucht hinein und links hinauf zu dem Dorfe *Dürnberg* (2441'), 74 H., 868 E. Die Landschaft Berchtesgaden ist rings von einem erhabenen Felsengurt
bis zu 8 und 9000' ummauert; ohngefähr 1 St. unter Hallein
haben sich alle Gewässer dieser Landschaft in der *Alm* einen
Abzugsgraben eröffnet, um sich hier mit der Salzache zu vereinigen. Doch schon vorher hat sich dieser hohe Felsenwall
bedeutend erniedrigt, indem er vom 8000' hohen *Göll* nördlich
herabsteigt auf das 4112' hohe *Rossfeld* und von diesem abermals auf den *Dürnberg* und die noch niedrigere Gegend der sogenannten *Zill* (2010'), über welche der nächste Fahrweg von
Hallein nach Berchtesgaden führt. Erst jenseits der *Alm* erhebt

sich der Gebirgskranz von Berchtesgaden wieder steil und hoch
zum *Untersberg.* Diese ganze niedrige Gegend bildet eine hügelige Hochfläche von vielleicht 5—600' über dem Salzachthale.
Man sieht sie deutlich aus der Gegend von Salzburg, zu derem
Verherrlichung sie nicht wenig beiträgt, besonders bei Aigen,
wo sich kühn und stolz der Watzmann über sic erhebt, gleichsam der Kern jener umwallten Landschaft. Da, wo sich diese
niedrige Gegend an die Erhebungen und Vorberge des *Gölls* anlehnt, liegt der berühmte Salzstock des *Dürnberg*, der von 2 Seiten, vom eigentlichen *Dürnberg* und von Berchtesgaden aus, an-
gegriffen und bearbeitet wird. Die Salzmasse selbst besteht aus
einem blaugrauen oder grünlichen Salzthon, mehr oder weniger
mit Steinsalz durchzogen oder vermischt; enthält die Masse Mer-
geladern, so heisst es *Haselgebirge*. Entweder ist das Steinsalz
nur durch den Geschmack in der Thonmasse zu erkennen, oder
es findet sich krystallinisch ausgeschieden in Bandstreifen von
den herrlichsten Farben, blau, roth, weiss und grün; kleine
Adern von Gyps begleiten diese Streifen. Wegen dieses Vorkommens kann das Salz nicht anders als durch Auslaugen gewonnen werden, welches auch am kürzesten an Ort und Stelle
durch hineingeleitetes süsses Wasser geschieht, nachdem zuvor
grosse Räume, sogenannte *Sulzstücke* (im Oesterreichischen) oder
Sinkwerke (im Baierischen), ausgehauen sind. Hat sich das dahin eingeleitete süsse Wasser mit Salz gesättigt und die erdigen Bestandtheile zu Boden gesetzt, etwa in 3 Wochen, so wird
die Soole in Räume ausserhalb des Berges geleitet, wo sie abermals stehen bleibt, um sich von allen übrigen erdigen Bestand-
theilen zu reinigen, und fliesst nun in die Sudhäuser, um versotten zu werden. Das ausgelaugte Gebirge heisst *Heidengebirge*.
Da das Gebirge nicht allenthalben festes Gestein ist, so müssen
die Stollen ausgebaut werden, besonders wo Luftzug stattfindet,
weil in solchen das Gebirge schneller zusammenrückt und die
Gänge wieder verengt, was bei luftverschlossenen nicht der Fall
ist. Wo Salzwasser durchsickert, ist der Ausbau von Holz, weil
das Salzwasser das Holz härtet und gleichsam versteinert; wo
süsses Wasser eindringt, muss der Ausbau aus Mauerung bestehen. Ein grosses Sulzstück oder Sinkwerk enthält 202,311 Ku-

bikfnss Sulze, eine Masse, welche eine Pfanne 9 Wochen lang
beschäftigt. Gewöhnlich sagt man: ein Sinkwerk enthält 9 Berg-
pfannen Sulze; eine Bergpfanne ist so viel, als in 1 Woche in
1 Pfanne versotten werden kann, d. i. 13,000 österreichische
Eimer, woraus 4000 Eimer gesotten werden. Der Centner Soole
gibt 26 Pfund Salz; der jährliche Ertrag betrag (1822) 400 bis
450,000 Centner. 255 Bergleute (Schichtler) arbeiten im Berge.

Die Bewohner des Dorfes *Dürnberg* sind meistens Bergknappen; die schöne, 1598 erbaute Kirche ist ganz aus Marmor gebaut und mit weissem Bleche gedeckt; sie schimmert weit in
das Land hinaus, gleich einem funkelnden Sterne. Der Marmor
ist an Ort und Stelle gebrochen und die Kirche steht selbst in
dem Marmorbruche. Auf dem Thurme von 199 Marmorstufen
hat man eine schöne Aussicht. Im Gasthofe legt man die weisse
Knappenkleidung an und geht oder fährt in den Stollen auf sogenannten Wurstwagen mit niedrigen Rädern; ein Balken ist
der Sitz, auf den man sich reitend setzt; gezogen und geschoben wird er von Knappen mit Windeseile. Dieser Stollen ist
gegen 400 Klaftern lang. Hierauf gelangt man an die erste
Rolle, so werden hier die schrägen Schachte genannt, welche
die verschiedenen Stockwerke des Berges verbinden. Zwei glatte
Balken liegen neben einander gegen die Tiefe hinab, an der
rechten Seite ein gespanntes Seil; das Ganze hat eine Neigung
von 38—46 Grad. In die Rinne zwischen diesen Balken legt
man sich der Länge nach, die Beine auf beiden Seiten herab-
hängend; mit der Rechten, die mit einem starken Handschuh
versehen ist, hält man das Seil, das unter dem Arme hingleitet; die Linke hält die Berglampe; der Bergmann fährt voraus
und so geht es mit Blitzesschnelle der Tiefe zu. Unter und
zwischen diesen Balken steigt eine Treppe hinan. Solcher Rollen sind es 3, welche zusammen 691' senkrechte Höhen haben.
In den verschiedenen Stockwerken liegen die Sinkwerke, im
Ganzen etliche 30; sie führen alle verschiedene Namen, z. B.
Colloredo, Rehling, Aman, Stäber u. a. In einem dieser Sinkwerke angekommen, werden die Reisenden durch eine vorher
angestellte Erleuchtung überrascht; ein kleiner See ist rings mit
einem Geländer umgeben, an welchem Lampen befestigt sind,

deren Widerschein die dunkele Flut verdoppelt; man besteigt dann einen Kahn, welcher von einem jenseits stehenden Bergmanne, wie von unsichtbarer Hand, an einem unter dem Wasser hingehenden und daher unsichtbaren Seile an das andere Ufer gezogen wird. Die niedrige, fast mit den Händen erreichbare weitgespannte Decke ohne Stütze hat etwas Beengendes. Wenn auch gesprengt wird, so glaubt man, der Berg stürze zusammen. In der Tiefe gelangt man zu dem $\frac{1}{2}$ St. langen, ganz in Marmor gehauenen *Wolf-Dietrichs-Stollen*, der abwärts unten wieder aus dem Berge herausführt. Auf gleichen Wurstwagen, wie bei der Einfahrt, rollt man wieder durch diesen Stollen hinaus in 10 Minuten; man muss alles, besonders die Arme, an sich drücken, um nicht bei der pfeilschnellen Fahrt anzustossen. Auffallend ist die Erscheinung der noch fernen Oeffnung, die wie ein kleiner Stern, der sich nach und nach vergrössert, glänzt, bis man plötzlich an des Tages Wärme, Licht und in das Grün der Oberwelt tritt. Man befindet sich hier am Fuss des Berges dicht bei Hallein und kann auf dem Wege in die Stadt noch die Sudhäuser besuchen.

Geognost. Das Steinsalz kommt nur selten in kleinen Würfeln krystallisirt, selten auch blau und faserig vor; von den gewöhnlichen Begleitern hat man Gyps und Anhydrit in Pseudomorphosen nach Steinsalz gefunden; Polyhallit ist nicht selten, selten natürliches Glaubersalz, Bittersalz, auch Haarsalz im Salzthon, gediegen Schwefel im Gyps. — Ueber dem Gyps und Salzthon führenden Gebirge lagert der als Dachsteinkalk angesprochene Kalk des Hahnreins, während im Norden am Wallbrunn und Barmstein, und im Osten am Moserstein über Dürnberg ;der ammonitenreiche Hallstädter Kalkstein auftritt, im Westen und Süden überdeckt von den jurassischen und Neocom-Aptychenschiefern (Oberalm- und Schrambachschiefer), über welche sich gegen das Rossfeld zu die oberen cephalopodenreichen Neocomsandsteine und -mergel erheben. Siehe Lipold, der Salzberg am Dürnberg. Jahrb. V. 3. S. 790.

Vom *Dürnberg* aus lässt sich die schon mehrmals erwähnte Alpe, das *Rossfeld* (4112'), ersteigen, ein Vorsprung des *Göll* auf dem Rücken, welcher Berchtesgaden vom Salzachthale trennt. Eine üppiggrüne Matte überwölbt den Scheitel. Freundliche Sennerinnen geben gute Alpenkost, der Naturfreund findet eine prachtvolle Aussicht und der

Botaniker grosse Ausbeute 1) auf dem Wege von Hallein auf den Dürnberg: Valeriana tripteris, Moehringia muscosa, Atragene alpina, Thymus alpinus, Dentaria enneaphylla, Cardamine trifolia; 2) auf dem Rossfelde selbst: Veronica aphylla.

Pinguicula alpina, Valeriana tripteris, montana, Alchemilla alpina, Androsace villosa, Soldanella alpina, Viola biflora, Gentiana acaulis, Rumex alpinus, Moehringia muscosa, Rhododendron chamaecistus, Saxifraga rotundifolia, Potentilla aurea, Dryas octopetala, Anemone alpina, Atragene alpina, Ranunculus alpestris, Thymus alpinus, Pedicularis foliosa, Antirrhinum alpinum, Dentaria enneaphylla, Arabis alpina, Hieracium aurantiacum, Arnica scorpioides, Tussilago alpina, Aster alpinus, Salix retusa.

Das Wiesthal,

Hallein gegenüber, ist von der *Ober-Alm* durchströmt. Das Thalgebiet zieht sich erst ziemlich eng gegen Nordosten mit einer südöstlichen Seitenkammer, dem *Gaisauer Thal;* dann aber erschliesst es sich zu einer weit von Nordwest nach Südost gestreckten Thalmulde, an deren Nordwestecke der *Gaisberg* bei Salzburg, und der Südostecke das *Gennerhorn* steht; im Norden und Osten grenzt es an die Gebiete des Fuschl- und Wolfgang- oder Abersees, im Süden an die Lammer und Taugl. Durch eine Thalenge tritt das eigentliche Thal hinauf in diese grosse Mulde seines obern Gebietes, dessen Nordwesthälfte die *Ebenau*, die grössere Südosthälfte aber das *Hinterseer Thal* heisst; in dem letzteren liegt der freundliche *Hintersee* (2223'), ein schöner Ausflugsort der Salzburger, der von der Stadt aus über die *Fager* und den romantischen *Metzgersteig* in 5 St. leicht erreicht wird; weit gedehnte üppige Almen umkleiden die sanften Bergkuppen: der *Genner*, das *Königsberghorn* (5125') am Hintersee und vor allem der *Faitenauer Schafberg* bieten prachtvolle Aussichten. Eine ziemlich gute Strasse führt von *Hallein* über *Ebenau* (1882'), wo sich eine sehenswerthe k. k. Messingfabrik befindet, nach Hof an der Ischler Strasse; ein zweiter etwas minderer Fahrweg über *Faitenau* nach St. Gilgen am Wolfgangsee.

Salzachthal (Fortsetzung).

Vom *Dürnberg* stürzen mehrere Bäche, der *Adlersbach* und *Baumbach*, in Wasserfällen in die oberhalb Hallein dicht an die Berge getretene Salzache. ½ St. von Hallein liegt *Kaltenhausen*, die stattliche Bierbrauerei des Grafen Arco, früher der Kurfürstin von Baiern (Witwe Karl Theodors). Schöne Anlagen schmücken die Umgebungen, welche bis auf die Zinnen der *Barnsteine* führen, jener 2 hoch über Kaltenhausen aufragenden Felsenhörner, die aus grosser Ferne schon die Lage Halleins bezeichnen.

Auf der Spitze ein herrliches Panorama auf das ganze Salzachthal herab und nach Westen in die Berchtesgadener Gebirgswelt.

Ober-Alm am gleichnamigen Bache, 892 E., hat eine grosse
chemische Fabrik und an dem alten Schmelzwerke, einer ehemaligen Messingfabrik, eine römische Meilensäule: Constantino —
Dom. indulgentissimo etc., welche im Hinterseer Thal gefunden
wurde, ein Beweis nächst den Spuren einer Römerstrasse am
Gennerhorn und Schmiedenstein und der Volkssage, dass einst
durch das Hinterseer Thal, vielleicht von St. Martin und Abtenau her, eine Römerstrasse geführt hat. In der Nähe umher
liegen die Schlösser *Haunsberg, Karlsberg, Wiesbach* und *Winkel*
und die Dörfer *Wiesthal,* 148 E., und *Adnet,* 444 E. (Vikariat),
mit vielen Marmorbrüchen; der Stein enthält unzählige Versteinerungen, besonders schöne Ammoniten, bei Ober-Alm darüber
die hornsteinreichen Aptychenschiefer. Zur Ortsgemeinde Ober-
Alm gehören noch Gries 96, Spumberg 371, Wimberg 327 E. —
Durch das *Wiesbachthal* führt eine Strasse in die *Ebenau,* wo
noch eine bedeutende Messingfabrik besteht; von dem Kirchdorfe *Ebenau,* am Fusse des *Gaisbergs,* übersteigt sie den niedrigen Höhenzug und gelangt zwischen dem einzelnen Wirthshaus
Schwendhausen und der Poststation *Hof* auf die Salzburg-Ischler
Strasse; für den Geognosten wichtig durch seine petrefaktenfüh-
renden Kössenerschichten und Liaskalke.

Hinter *Kaltenhausen* zeigen sich auf einem hohen waldigen
Kopfe linker Hand die Ruinen des uralten Schlosses *Gutrath.*
1 St. weiter erreicht die Strasse die Brücke, welche über die
links aus Berchtesgaden kommende *Alm* führt, und jenseits derselben das Dorf *Nieder-Alm.*

Berchtesgaden

Ist unstreitig einer der lieblichsten und doch auch grossartigsten
Naturparke unseres weiten Vaterlandes; kaum irgendwo findet
man auf so kleinem Raume das Sanfte und Liebliche mit dem
Grossartigsten und Wildesten vereint, wie hier. Nirgends lässt
sich die Natur der Kalkalpen in allen ihren eigensinnigen Formen und Erscheinungen so gut kennen lernen, nirgends die üppig schwellenden Wiesen und Abhänge, von tausend Quellen
durchrieselt, beschattet von hohen, majestätischen, dichtbelaub-

ten Ahornen, und 1 St. davon eine völlig starre, pflanzenleere
Steinwüste, deren Wände ebenso kahl und schroff 6—8000' aufstarren; so wenig sie dem Grashalm gestatten, sich an ihren
glatten Steilwänden anzusiedeln, eben so wenig dulden sie, wenn
auch in die Schneeregion tauchend, Schnee oder Eis auf ihren
Rücken; nur dann und wann werfen die Berge ihre Sandleitern
zwischen den Hörnern hinab, auf welchen der Pflanzenwuchs in
die Höhe zu kriechen wagt, wie die Schneefelder auf diesen
lockeren Steinmeeren herabsteigen. Da unten die üppige Fülle
von Quellen, grünklaren Bächen, Flüssen und Seen, oben völlige
Wasserarmuth; nur sehr selten eine Hungerquelle, nach der sich
der Bergsteiger sehnt, wie der Wüstenreisende, und, an Ort und
Stelle angekommen, statt der perlenden Quelle nur ihr weisses
vertrocknetes Bett findet. Dort in wilde, unersteigbar schei-
nende Hörner und Zacken aufragende Berggipfel, hier weite
Hochflächen von 6—7000' Höhe, unübersehbare Steinwüsten.

Schon oben wurde bei der Schilderung des Zellersees im
Pinzgau erwähnt, dass das Berchtesgadener Land im weiteren
Sinne, mit Ausnahme einer Wegstrecke von einer halben Viertelstunde, nur durch eine ganz niedrige, flache Rasenhöhe rings
umflossen wird, nämlich vom Zellersee, der Salzache vom Fischhorn bis unterhalb Salzburg einestheils und von der Saalache
von Saalhof an bis zu ihrer Einmündung in die Salzache andern-
theils. Durch so grosse Tiefen das Ländchen von den übrigen
Gebirgen abgeschnitten wird, durch einen eben so hohen Fel-
senzaun wird es ummauert; nach Süden zu massig, prallig und
zusammenhängend, je weiter nach Norden, desto mehr in Bergmassen zerfallend, welche durch Einschnitte oft scharf von einander abgesondert werden. Vom Hohen Göll an bis zum Hoch-
els ist die südliche Umwallung ein hoher steinerner Wall, nur
durch das Blühnbachthor und Torrener Joch wenig unterbrochen. Doch von diesen Eckpfeilern an beginnen grössere Unterbrechungen; vom Göll herab die schon bekannte Eintiefung am
Dürnberge bis zum *Pass am Hängenden Stein,* wo die Alm aus
dem Ländchen tritt, der tiefste Einschnitt der Umwallung. Vom
Hochreispitz senkt sich nordwestlich der Rücken zum Pass am
Hirschbühl (4000'), steigt dann wieder schnell zur *Reiteralpen-*

gruppe auf, um dann wieder auf 3000' tief zur *Schwarzbachwacht*, dem höchsten Punkte der Soolenleitung, mit dem *Eisberg*
abzufallen. Wiederum zur Hochebene des *Lattengebirgs* sich steil
erhebend, stürzt auch dieses wiederum niedriger auf den *Hall-
thurnpass* zu 2088' ab. Als fast noch mehr vereinzeltes Glied
der Kette erscheint der *Untersberg*, 6000' hoch, zwischen die
niedrigsten Ausgangspforten des Landes, *Hallthurn* und *Hängenden Stein*, gestellt, doch als Fortsetzung des Reiteralp- und Lattengebirgs, mit deren Wänden er durchaus eine Linie bildet
und sich gleichsam gegen das Flachland auskeilt. Von dem südlichen Felsenwall ziehen sich 2 Felsengrathe herein in den inneren Raum des durch jene Umzäunung umschlossenen Ländchens, von ungeheurer Höhe und Starrheit; die höchste Spitze
des östlichen ist der 8600' hohe *Watzmann*, des westlichen der
Hochkalter (8200'). Dadurch entstehen folgende Hauptthäler des
Landes: 1) das *Seethal* mit dem *Königs-* und *Obersee*, zwischen
dem östlichen Grenzwall und dem Watzmann; 2) das *Wimbachthal* zwischen dem Watzmann und Hochkalter; 3) das *Hinter-
seerthal* mit dem *Hintersee*, zwischen dem Hochkalter und dem
westlichen Grenzwall. Diese 3 Thäler laufen parallel von SSW.
nach NNO. und vereinigen sich zu einem grösseren, indem der
nördliche Grenzwall ihren ferneren Lauf in voriger Richtung
anfhält und stört. Dieses Thal beginnt bei *Ramsau* und setzt
östlich fort bis zum Markt *Berchtesgaden*, von wo es eine mehr
nördliche Richtung hinaus ins Salzachthal nimmt.

Auch vom nordwestlichen Grenzwalle ziehen Thäler herein,
doch anderer Art; ihr Ursprung legt sich nicht an das Hochgebirge an, sondern liegt in den oben erwähnten tiefen Lücken
dieses Theils des Bergwalles; so dass diese Thäler ihren Anfang
auf niedrigen Einsattelungen haben, durch welche man in das
Land hinaus oder in eine andere Gebirgsgegend sieht. Dahin
gehören das *Taubenseethal*, von dem Sattel der *Schwarzbachwacht* herabkommend und von dem *Lattenbach* durchströmt; in
ihm der *Taubensee*; es vereinigt sich bei *Ramsau* mit dem Hauptthale. Grösser ist das *Bischofswieser Thal*, zwischen dem *Lattengebirg* und *Untersberg*, dessen Wasser, die *Bischofswieser Ache*,
sich oberhalb *Berchtesgaden* mit dem Thalfluss, der *Alm*, ver-

einigt. Gewöhnlich nennt man den Bach von *Ramsau* bis *Berchtesgaden Ramsauer Ache*, und den Bach des Königssee die *Königsseer Ache*. Statt *Alm* wird auch häufig *Ache* gebraucht. Das Ganze bildet ein Hochland, indem die tiefste und breiteste Einsenkung des Landes, nämlich die Umgegend von *Berchtesgaden* selbst, noch 1000' über den Thälern der Salzache bei Salzburg und der Saalache bei Reichenhall liegt. Durch jede der obengenannten Lücken der Gebirgsumwallung führt eine Strasse herein: 1) Strasse von *Salzburg* durch das *Thal der Alm*; 2) Strasse von *Reichenhall* durch den Pass *Hallthurm*, zwischen *Untersberg* und *Lattengebirg*; 3) von *Reichenhall* längs der *Soolenleitung* über die *Schwarzbachwacht* zwischen *Lattengebirg* and *Reiteralpe*, und 4) von *Saalfelden* und *Lofer* im Unteren Pinzgau über den Pass *Hirschbühl*, zwischen *Hochkalter* und *Reiteralpe*. 6 Seen von sehr verschiedener Art und Lage, spiegeln aus dem Ländchen auf: 1) der *Königs-* oder *Bartholomäussee*, der grösste; 2) der *Obersee*, nur durch eine Landenge von jenem getrennt; der zwischen beiden liegende *Mittersee* ist nur unbedeutend; 3) der *Hintersee* bei Ramsau; 4) der *Taubensee* bei der Schwarzbachwacht, schon höher gelegen; 5) der *Grünsee*, hoch über dem Königssee in einem Felsenkessel liegend, und 6) der *Funtensee*, gegen 6000' hoch, in einer Einsenkung des Hochgebirgs ruhend. Salz- und Holzgewerbe sind Hauptbeschäftigung; letzteres besteht nicht nur im Fällen und Triften des Holzes, sondern auch in Schnitzarbeiten, namentlich Verfertigung von Spielsachen, woran sich auch Elfenbein- und Hornarbeiten knüpfen; nächstdem ist die Viehzucht nicht unbedeutend. Das Klima ist rauh, aber nicht so, als man erwarten sollte, denn der breite Rücken des Untersbergs schützt gegen die Nordstürme. Noch 1060 war die Gegend um den Markt eine Wildniss. Engelbert II. von der Lintburg gelobte einst hier ein Kloster auf einer Jagd, bei der er aus Gefahr gerettet wurde. Seine Frau Irmengard erbaute deshalb hier eine Kapelle zum heiligen Martin und berief 4 Klausner. Dennoch kam das Kloster erst 1112 zu Stande. Das Gebiet des Klosters gewann bald an Umfang und Gütern, besonders durch den reichen Salzberg. Bald trat nun aber die Eifersucht der Erzbischöfe von Salzburg hemmend dem Aufblühen

des Ländchens entgegen, bis man so klug war, die Herzöge von
Baiern zu Coadjutoren zu erwählen, hauptsächlich auf Betrieb
des Kaplans *Püttrich*, der deshalb als der Stifter des goldenen
Zeitalters Berchtesgadens angesehen werden kann (1591). Sein
Grab ist in der Stiftskirche.

Der Erzbischof Wolf Dietrich wagte es zwar, wie seine Vorfahren, mehrmals verheerend in Berchtesgaden einzufallen, wurde
aber gefangen. Nach der Säkularisation kam Berchtesgaden durch
den Wiener Frieden 1810 an Baiern, und verblieb nach dem
Wiener Kongress, nachdem Salzburg an Oesterreich zurückkehrte,
als eine Lieblingswildbahn des Königs Maximilian I., der Krone
Baiern. Der Name *Berchtesgaden* oder *Berchtolsgaden* wird von
Berengar oder auch *Bering*, einem der Mitstifter, und *Gaden* abgeleitet, einem geschlossenen Raume, wie ihn viele Kirchen, besonders in Franken, noch um sich haben. *Berchtesgaden* ist aber
ein wahrer natürlicher *Gaden*. Die meisten Reisenden eilen leider zu sehr durch diesen Zaubergarten, und der Königssee, das
Echo, einige Saiblinge sind oft das einzige, was p f l i c h t m ä s -
s i g genossen wird. Der wahre Reisende kann für einen grossen Theil seiner Reise hier allein Beschäftigung finden; er nehme allenfalls noch des Gegensatzes wegen die nicht entfernt liegenden Thäler Gastein, Rauris und Heiligenblut aus der Urgebirgswelt dazu. Geologen, Maler und Botaniker finden besonders reichen Stoff. Unser berühmtester Geolog und Reisender
Alexander von Humboldt brachte einen Sommer hier zu. In
Berchtesgaden sowohl, wie oft in den ärmlichsten Sennhütten,
wo man nichts erwartet, findet man die Staffeleien der Maler
aufgeschlagen, welche hier Studien und Bilder sammeln für ihr
ganzes Leben; unvergänglicher noch, als flüchtige Entwürfe oder
auch ausgeführte Bilder sind doch die unvergesslichen Eindrücke
dieser Natur.

Vor der Mündung des Thales liegt ein kleiner Felsenhügel,
welcher nicht nur die aus Berchtesgaden kommende Strasse, sondern auch die Alm theilt, indem die südliche Strasse nach Hallein, die nördliche nach Salzburg führt; die Alm zieht östlich,
jenen Hügel südlich abschneidend, zur Salzache, ein Seitenkanal dagegen im Norden des Hügels nach Salzburg. Ueber das

waldige Gehügel starren die rothen Marmorwände des Untersbergs hoch auf. So betreten wir den österreichischen Grenz-
und Zollpass *am Hängenden Stein;* doch sieht man sich umsonst
nach der Bedeutung dieses Namens um, man müsste denn die
Wände des Untersberges darunter verstehen. Bald darauf erscheint der alte Markt *Schellenberg* (1452'), 538 E., mit seinem
rothen Marmorthurm; die Strasse dahin an der linken Thalseite
ist brückenartig aufgemauert. Ueber der Kirche zeigt sich wieder
zwischen dunkeln Waldköpfen die grüne Matte des *Rossfeldes;*
rechts zieht sich der scharfe Rücken des *Eckerfürsten* zum *Göll*
hinan, dessen weisse Kalkmassen eine malerische Wirkung machen mit den grünen Wiesen und Wäldern unter ihm; rechts
herab von seinem Gipfel zieht der *Kehl-* oder *Göllstein* und über
diesen im Hintergrunde erhebt sich der hohe Rücken des *Bret-*
tes. Die *Alm* durchbraust den Markt schlangenförmig und die
Strasse führt über dieselbe. Jenseits der Brücke wende man
sich um, denn die Gegend hat sich völlig verändert; in der
Tiefe die wild über Marmorblöcke hinstürzenden Fluten der
Ache, darüber die grauen Häuser des Marktes, überwölbt von
dunkeln Waldbergen und über das alles die wilden rothen und
grauen Marmorwände des *Untersbergs,* welche von ihren Zinnen
senkrecht abstürzen. Zwischen den dunkeln Vorbergen und jenen Steilwänden lagert die Gnodschaft (Genossenschaft oder Gemeine) *Ettenberg.* Ehemals wurde in *Schellenberg* ein Theil des
Berchtesgadener Salzes versotten, jetzt werden da bloss die Salz-
säcke verfertigt. Das grüne Thal ist eng und von hohen Waldbergen eingeschlossen, und scheint endlich von einer hohen Wand
völlig versperrt zu werden, vor welcher der *Alpenbach* vom Untersberg herabkömmt, ebenfalls von dem Ettenberg. Dieser bildet tief einschneidend in die Felsengehänge eine wild romantische Klamm, die bloss ½ St. abwärts der Strasse liegt. Sowie
man das Ende jener Bergwand erreicht hat, eröffnet sich ein
neues Schauspiel. Majestätisch steigt der *Watzmann,* der König
der Berchtesgadener Berge, als Riesenpyramide mit seinen Trabanten über die grünen Vorberge, welche den fernern Verlauf
des Thales dem Auge verschliessen, empor; weissgrau und völlig kahl erheben sich seine Zackengipfel aus den Schneefeldern,

die ihren Fuss umlagern. Von diesem Strassenpunkt führt links
eine Strasse ab und ziemlich steil hinan; doch bald erreicht sie
die hügelige, angebaute Hochebene und auf der *Zill* (2010') ein
Wirthshaus, wo es gutes Bier gibt; den Dürnberg bei den österreichischen Mauth rechts lassend, geht es steil hinab nach Hallein. Es ist dieses der kürzeste Verbindungsweg zwischen Berchtesgaden und Hallein, 3 St. Nachdem wir auf der Hauptstrasse
die *Ahn* wieder übersetzt haben, erschliesst sich der Hauptthal-
kessel des Ländchens, und der Markt *Berchtesgaden* mit seinen
Thürmen, rechts an dem Abhange eines niedrigen Bergrückens
erbaut, liegt mit seinen reizenden und grossartigen Umgebungen
vor uns. Im Vorgrund hohe, majestätische, breithelaubte Ahorne,
der eigentliche Baum Berchtesgadens, auf saftigen, üppig schwellenden Abhängen; links in der Tiefe das grüne Thal, von der
blaugrünen *Alm* durchflossen; im Mittelgrunde *Berchtesgaden* mit
seinen grossen Stiftsgebäuden an dem mit Baumgruppen ge-
schmückten grünen Abhange; jenseits desselben der dunkel bewaldete *Grünstein,* die Matten des *Watzmannsangers* tragend, über
welchem sich die prächtigen Zackenhörner des *Watzmans* selbst
aufthürmen, haimlos und felsenschroff; links der *Kleine Watzmann*, rechts der *Grosse Watzmann*; zwischen beiden das Eis-
geülde der *Watzmannsscharte*, durchstochen von einer Felsen-
nadel; der *Grosse Watzmann* theilt sich wieder in die *Vordere*
und *Hochspitze* und in die *Hintere* oder *Schönfeldspitze*. Rechts
hinter dem *Watzmanne* schaut die weissgraue Wand des *Steinbergs* mit dem *Hochkalter* hervor.

Der *Markt Berchtesgaden*. Gasthäuser: der Watzmann, Hôtel Wacker (zugleich Badeanstalt), das Leithaus und das Neuhaus. An guten Führern ist kein Mangel. Grosse Jagdliebha-
ber können auch Erlaubnissscheine erhalten zur Gemsenjagd,
da es hier sehr viel Gemsen gibt. — Im Markte sind 3 Kirchen,
die Stiftskirche, die Pfarrkirche und die Franziskanerkirche am
Anger. Die alte ehrwürdige *Stiftskirche* ist die sehenswürdigste;
sie ist im gothischen Stile erbaut, hat einen Kreuzgang im romanischen Stile und darüber einen Säulengang; in der Sakristei sind reiche Paramente aus der ältesten Zeit des Stifts. An
den Enden des Marktes liegen die Schlösschen: *Lustheim* im Sü-

den, auf dem letzten Vorhügel des vom Watzmann heranziehen-
den Vorgebirgs, wo die Ramsauer und die Königseer Ache zu-
sammenflessen; *Fürstenstein* auf der nordwestlichen Höhe über
dem Markte, *Adelsheim* am nordöstlichen Ende des Marktes.
Südlich, gleich oberhalb Berchtesgaden auf einer mässigen Anhöhe hat König Maximilian II. ein Jagdschloss erbaut mit einer
wundervollen Aussicht auf den ganzen Thalkessel und die ihn
umschliessenden Gebirge.

Berchtesgaden (1916'), 1812 E., liegt in dem eigentlichen
Brennpunkt des Ländchens, an der wärmsten und offensten Stelle.
Vom Untersberge aus zieht nämlich ein Vorgebirge, ein Theil
seines Fussgestelles, gerade nach Süden vor und füllt den Winkel aus, welcher durch den Zusammenfluss der *Bischofswieser
Ache* mit der *Alm* gebildet wird. An der Südabdachung dieses
Vorsprunges, und zwar auf der halben Höhe desselben, zieht
sich der Ort langgestreckt hin, die Sonnenstrahlen auffangend
und geschützt durch seine eigene Bergwand wie durch die Masse
des Untersbergs gegen die kalten Nordstürme. Es hat die son-
nigste Lage, da es gerade im Süden das grösste nach Mittag
hinziehende Seitenthal, das *Seethal,* hat; daher auch der eigene
Anblick, wenn man von Reichenhall her die Rückseite des Berchtesgadener Berges ersteigt und plötzlich in das üppig grünende,
mit Häusern übersäete, *Seethal* hinaufblickt zu den grossartigen
Felsengerüsten, die es ummauern, überragt von der zuckerhut-
förmigen *Schönfeldspitze* auf dem Steinernen Meere.

Höher hinan gegen den Untersberg, aber auf demselben
Vorgebirge hinauf, lagert sich neben die Gemeinde *Edenberg*,
156 E., die Gemeinde *Gern*, mit einer schönen Kirche und herrlicher Aussicht. .

In *Berchtesgaden* selbst besuchen wir das Lager von *A. Ka-
serer*, wo man alle Waaren der berchtesgadischen Holz-, Bein-
und Hornschneidekunst sehen und kaufen kann. Es zeigt sich
hier in Berchtesgaden dieselbe plastische Anlage, wie im Gröd-
nerthale Tirols. In allen Bauernhütten umher, besonders in der
Schönau, der ganzen Zone, welche sich um den Fuss des Watzmanns lagert, vom Königssee bis Ramsau, werden Holzwaaren
der gröbsten und feinsten Art, Geräthe des Ackerbaues, Kin-

derspielzeug, Musikinstrumente, Hausgeräthe der schönsten und
feinsten Art verfertigt. Merkwürdig war sonst der Kastenzwang;
der Sohn eines Schachtelmachers musste wieder Schachtelmacher
werden u. s. w. 150,000 Fl. gingen wenigstens sonst dafür ins
Land. Dennoch herrschte grosse Armuth, wie in vielen Fabrik-
orten. In der Tiefe der Thalsohle liegt das *Salzpfannenhaus
zu Frauenreith*, und nicht weit davon die *Reichenbachische hydraulische Soolenhebemaschine*, welche, wie der *Salzberg*, gegen einen
Vorweisschein gezeigt werden. Für den Mechaniker ist jene
Maschine vorzüglich sehenswerth, wodurch die Soole, welche
hier nicht alle versotten werden kann, durch das Ramsauer Thal,
über die *Schwarzbachwacht* 1213' hoch gehoben (über der Maschine) und nach Reichenhall hinab in 7 St. ganz durch bairi-
sches Gebiet geleitet wird. Verbunden ist damit ein Spritzen-
werk von ausserordentlicher Kraft und Wirkung.

      Um den *Salzberg* zu befahren, versieht man sich für 45 Kr.
im Hauptsalzamte mit einem Erlaubnissschein und begibt sich
zu dem $\frac{1}{4}$ St. entfernten Zechenhause. Hier findet sich in der Regel um 4 Uhr Nachmittags eine Gesellschaft (Männer und Frauen
erhalten Bergmannskleider) ein, welche, von einem Bergknappen
begleitet, das höchst sehenswerthe Salzbergwerk befährt. Man
betritt es bei dem, dem Zechenhause gegenüberliegenden Stollen-
Mundloch, durchschreitet den langen Stollen, welcher mit Quadersteinen prächtig ausgemauert ist, dann steigt man in diesem
Stollen auf mehr als 100 Steinstufen aufwärts; auf der Höhe an-
gelangt kann man entweder abfahren oder auf der Stiege daneben hinabgehen; dann gelangt man an einen kleinen See, über
den man auf einem Kahne setzt und kommt in einen grossen,
einer Kuppelkirche ähnlichen Raum, das „Sinkwerk Kaiser
Franz", in dem ein Böller losgeschossen wird; der Schuss er-
zeugt ein furchtbares Getöse mit Wiederhall, als ob der Berg
einstürze; unfern von dort besteigt man einen Wurstwagen, auf
dem man mit grösster Schnelligkeit auf Schienen hinausfährt und
aus demselben Stollen ins Zechenhaus, von dem man ausgegangen, gelangt. Dort bekommt man auch kleine Schachteln mit
zierlichen Salzstückchen zu kaufen. Der *Berchtesgadener Salzberg* wird von Reisenden lieber besucht als der Dürnberg bei

Hallein, weil jener weniger nass, reinlicher, bequemer und billiger zu befahren ist. Die ganze Fahrt im Bergwerke dauert kaum 1 St.

Von Mineralien finden sich Gyps, ausgezeichnet krystallisirt, Anhydrit, Polyhalit, blaues und grünes Steinsalz, Glauber- und Bittersalz, Federsalz; — im Steinbruch am Kälberstein über dem Markte, der Monotis salinaria führt, blauer Anhydrit. — Auf den Aeckern am den Ort Thlaspi alliaceum.

Der *Salzberg*, welcher auch *Tuval* heisst und oft im Gegensatz des Dürnbergs so genannt wird, hängt mit jenem zusammen, ist aber bedeutend reicher als der Dürnberg. Er enthält mehr Steinsalz, daher wird das Wasser in den Sinkwerken eher gesättigt. Doch wird auch reines Steinsalz durch Sprengen gewonnen. Dieses Sprengen ist ein Schauspiel, welches der Fremde hier mehr hat als im Dürnberg, sowie auch die schöneren Färbungen des Steinsalzes, weil es mehr in dieser Form vorkömmt.

Fast alle Wege, die aus dem Markte führen, man mag gehen, wohin man will, sind herrliche Spaziergänge, dabei so schön gehalten, dass bei den grossartigen Baumgruppen, dem üppigen Wiesengehügel man in einem fürstlichen Parke zu wandeln glaubt.

Ausflüge: 1) Der *Untersberg* wird, mit Ausnahme des ganz niedrigen *Hallthurnpasses*, ganz umflossen von der Salzache, Saalache, Alm und dem Weissbach. Er ist ein ungeheurer Marmorblock von länglicher Gestalt. Gegen Südosten, gegen das Thal der Alm, stürtzt er in furchtbaren Steilwänden auf seine Vorberge; gegen Nordwest senkt sich seine Hochebene zuerst etwas, und fällt dann, wenn auch ziemlich steil, doch bewaldet und von vielen parallelen Schluchten durchfurcht, fast ohne Vorgebirge in die Salzburger Ebene. Seine Oberfläche besteht aus einer Hochebene, welche sich zu dem Steilabfall des Berges nochmals erhebt und auf diesem Rande, Berchtesgaden zugekehrt, sind die höchsten Punkte. Die höchste, Berchtesgaden zugekehrte, Felsenspitze ist der *Berchtesgadener Hohe Thron* (6236'). Die von Salzburg aus sichtbare höchste Spitze ist der *Salzburger Hohe Thron* (5871'). Auch die Hochebene des Berges ist nicht nur durch furchtbare Spalten zerklüftet, sondern auch durch unzählige Felsentrichter ungleich gemacht, die oft so dicht an einander grenzen, dass nur schmale Ränder zwi-

14 *

schon ihnen durchführen; ihre Tiefen sind oft auch im Sommer mit Schnee erfüllt. Sie sind, wie das fast die ganze Hochebene überstrickende Krummholz, eine Plage für den Reisenden, aber sehr merkwürdig. — Von Berchtesgaden aus fällt die Riesenmasse des Berges nicht so in die Augen, obgleich seine schroffen Wände hierher abstürzen, denn hier umstarren uns noch viel bedeutendere Hochgipfel; dagegen von der Salzburger Ebene, wo er noch dazu ohne Vorberge sich unmittelbar aus der weiten Fläche erhebt, und wo sich seine ganze isolirte Lage am deutlichsten zeigt, indem er die hinter ihm liegende Hochwelt verdeckt, macht er bei seiner Masse und dunkeln Färbung einen gewaltigen Eindruck, daher er auch in älteren Zeiten der *Wundersberg* genannt wurde. Dazu kommen die Höhlen und Klüfte dieses Berges, unter denen vor allen die prächtige und majestätische Marmorgrotte, aus welcher die *Glan* unter dem Namen des *Fürstenbrunnens* schäumend hervorbricht und in ihrem Innern ein donnerndes Brausen hoch herabstürzender Fluten vernehmen lässt, sich auszeichnet, wie hoch oben in der *Mittagsscharte* die *Eisgrotte am Mückenbrunnen*, die *Kolowrats-* und die *Karls-Höhle*. Da er bis auf seine Höhe, vom Land aus gesehen, bewachsen ist, so zieht er bei seiner freien Lage die Dünste um so mehr an, und diese entschweben ihm wiederum oft plötzlich in Nebelgestalt und umgaukeln seine tiefblauen Schultern wie Geistergestalten, während alle, auch die höheren, Berge rein und klar dastehen. Ist es daher ein Wunder, dass er in der aufgeregten Einbildung des Gebirgsvolkes bald in einen Marmorpallast der Berggeister umgeschaffen wurde? Allgemein war der Glaube, dass sein ganzes Innere ausgehöhlt sei, dass sich in demselben Palläste, Kirchen und Klöster, anmuthige Gärten, spiegelhelle Quellen, Hügel von Gold und Silber befänden. Kleine Männchen bewachten die Schätze; sie wallten oft um Mitternacht in feierlichem Zuge Salzburg zu, hielten in der Domkirche Gottesdienst; dann war die Kirche erleuchtet, man hörte den Schall der Musik, Trompeten, Pauken und Orgelspiel. Diese kleinen Männer hatten monarchische Verfassung; ihr Beherrscher ist Kaiser Friedrich I. oder auch Karl V., welcher mit seinem langen Barte an einem Tische sitzt; dieser Bart ist ihm schon

mehr als zweimal um den Tisch gewachsen; wenn er zum dritten Male herumgewachsen ist, tritt der Welt Ende ein, der
Antichrist erscheint; auf den *Walser Feldern* zwischen Salzburg
und dem Untersberg kömmt es zum Kampf und der jüngste Tag
bricht an. Auch wilde Frauen in weissen Gewändern und mit
fliegenden Haaren bewohnen den Berg, singen schöne Lieder,
während kleine Männer mit netzförmigen Häubchen unter dem
Viehe umher wandeln. Auch Riesen durchstreiften seine Schluchten. (Ausfierliche Beschreibung von dem Weltberichmten Wun-
dersperg und wahrhafte Geschichten, so sich im Jahre 1522 begeben und zugetragen.)

Die Hochfläche des *Untersbergs* bildet ein fast rechtwinke-
liges ungleichseitiges Dreieck, dessen längste Seite dem Thale
der Alm von Berchtesgaden bis hinaus in die Ebene zugewendet ist; dessen kürzeste Seite der Strasse von Berchtesgaden
nach Reichenhall sich zukehrt und dessen dritte mittlere Seite
mit dem Laufe der Saalache von Reichenhall zur Salzache hinab parallel läuft. Demnach zeigt die nordöstliche Spitze, der
Salzburger Hohe Thron, gerade nach Salzburg, die südliche Spitze,
der *Berchtesgadener Hohe Thron*, nach Berchtesgaden und die
nordwestliche Ecke nach Reichenhall. Von jedem dieser 3 Orte
führen Steige auf den Berg.

Wer irgend zu Durst geneigt ist, versehe sich mit Geträn-
ken, da es möglich ist, dass er auf der ganzen Wanderung keinen Tropfen Wasser findet, indem die Kalkgebirge auf ihren
Höhen wasserarm sind. An einem schönen Nachmittag geht man
mit dem Führer von *Berchtesgaden* weg und hält sich auf der
Reichenhaller Strasse 1½ St. lang bis zur Häusergruppe *Kram-
wies*. Bis hierher kann man auch fahren. Von hier führt der
Fussteig rechts ab in den Wald hinein und zwischen Felsblöcken hinan; allenthalben wuchert das Alpenveilchen (Cyclamen
Europaeum) und erfüllt alles mit seinem lieblichen Dufte. Nach
1 St. zuletzt steilen Steigens erreicht man das *Nienbachthörl*, ein
Joch, welches einen gegen das Bischofswieser Thal vorspringenden Felsenkopf mit dem Untersberg verbindet. Bei einer Quelle,
wenn sie fliesst, denn es ist eine Hungerquelle, rastet man, ehe
man das zugige Thörl erreicht, und wird schon hier durch eine

schöne Aussicht überrascht; schon dringt der Blick in das Herz
des Ländchens, in den Felsensaal des Königssees, dessen dunkler Spiegel heranfschimmert; schon glänzt das weite Eisgefilde
der Uebergosseuen Alpe zwischen dem Kallersberg und dem Steinernen Meere herüber, und hoch erheben sich die Zacken des
Watzmanns. Auf dem *Thörl* selbst lugt man hinaus ins Land
und hinab in die Gegend von Reichenhall. Vom *Thörl* wendet
man sich rechts ab und steigt auf dem Rücken des Joches gegen den Berg hinan noch im Walde; dann beginnt ein heisser
Fleck, die Wände steigen senkrecht anf und verlegen sieht man
sich um. wo hinauf: da öffnen 2 Wände eine Scharte, entstanden durch den Einsturz eines Felsenzahnes. Auf dem jähen
Getrümmer desselben windet sich der schurrige Pfad, doppelt
erwärmt von den Sonnenstrahlen und den Wänden, empor. Weiter hinan ist der Pfad durch niedergestreckte Tannen gegen das
Abstürzen des Viehes gesichert, und in 1 starken Stunde vom
Thörl erreicht man einen Hag, das Zeichen einer Alpe in solchen Höhen. Die erste Höhe ist erreicht; schon der kühle Luft-
strom verkündet es, und gleich darauf liegen die 2 braunen Hütten der *Untersberger Alpe* noch in der Baumregion in düsterer
Abgeschiedenheit vor uns, unser Nachtquartier. Während die
Sennerinnen die Abendmahlzeit bereiten, kann der Reisende, der
das Einsiedlerleben nicht liebt, hinaustreten in die Welt, welche
sich kaum 5 Minuten von diesen Einsiedeleien aufthut auf dem
Feuerpalfen, einem Felsenhorne, auf dessen Gipfel man von hier
ebenen Weges geht. Hingestreckt auf den schmalen Rasenraum,
rings von Abgründen umgeben, triumphirend hinabblickend auf
den steilen Pfad, der uns heraufbrachte, und hinausblickend in
die Gebirgswelt Berchtesgadens, die sich hier aufrollt, scharf
gezeichnet durch die Strahlen der untergehenden Sonne, seine
Pfeife schmauchend, hat man schon hier Genüsse, die unver-
gesslich bleiben. Mit dem Grauen des Tages ist der mitgenom-
mene Kaffee gesotten und mit trefflicher Sahne vermischt, und
es geht dem Berge zu. Wir befinden uns nämlich hier immer
noch auf einem Vorgebirge des eigentlichen *Untersbergs*, jenem
Vorgebirge. welches den Felsenkamm der *Rauhen Köpfe* hinaus-
sendet auf die grünenden rundlichen Vorberge der *Gern.* Von

den Sennhütten rechnet man noch 2 starke Stunden auf die höchste Spitze des Berges. ¼ St. geht es noch zwischen bemoosten
und wie Wetterfahnen nach einer Seite gekehrten Fichten langsam über Felsenabsätze hinan bis zu dem Felsenrande, der
rechts in die Tiefe fast senkrecht abstürzt auf die *Gern*, wo die
Wand der *Rauchenköpfe* sich an die höher ansteigenden Wände
des Berges anschliesst und ein Felsenamphitheater bildet. Hier
am *Bärenlocke* kömmt ein steiler und schmaler Steig aus der
Gern herauf, der kürzeste, aber nicht allen anzurathende Weg
zum Untersberg von Berchtesgaden. Schöne Aussicht zum Dachstein, ausserordentlich erhabener Vorgrund, die links aus grosser Höhe in den unabsehbaren Abgrund abstürzende Wand des
Untersbergs. Hier beginnt die Krummholzregion und zugleich
der steilere Anstieg. Das hier alles überziehende und dicht ver-
wachsene Krummholz ermüdet und verwirrt ungemein im Gehen,
da es oft mannshoch wächst und alle Aussicht benimmt. Links
in der Tiefe liegen die *Zehn Kasern*. Ueber sie hinab in der
Tiefe erblickt man die neuen rothen Ziegeldächer von Reichenhall, die um so mehr auffallen, als es in der weiten Umgegend
wohl die einzigen Ziegeldächer sind. Hat man die steilste Höhe
überwunden, so befindet man sich auf der weiten Hochebene des
Untersbergs, aber seine höchsten Höhen sieht man wiederum ein
Stockwerk ansteigen. Doch ehe man an den Fuss jener letzten
Erhebung gelangt, stellen sich wieder neue, noch ungekannte
Schwierigkeiten in den Weg: es sind die unzähligen Felsentrichter, wo sich einer an den andern reiht; nur auf den Rändern zwischen ihnen führt der Steig, oft noch vom Krummholz
verschanzt, hinüber und herüber, man muss oft hinab und wieder
hinauf und kann doch nicht weiter, und selbst für den geübtesten
Führer, der alle Aufwege kennt, ist diese Gegend immer ein Labyrinth. Unfern des nie versiegenden *Goldbrünnls* erreicht man die
Zinne des 6238' hohen *Berchtesgadener Hohen Throns*, und wird
überrascht durch den furchtbaren Abgrund, in welchen sich hier
der *Untersberg* in seiner ganzen Erstreckung stürzt, wie über das
Berggewimmel ringsum. Das Interessante der Aussicht besteht
vor allem in dem Blick in und auf die ganze Bergwelt von Berchtesgaden, dann der *Untersberg* scheint recht absichtlich hingestellt

als Schaugerüste für Berchtesgaden; in alle seine Hauptthäler
dringt der Blick, in das Königseer-, Wimbach- und Hinterseer-
Thal. Die Bergriesen des Ländchens stehen als hehre Wächter in
einem Halbkreise umher, während im Norden über die dunkele
Hochebene des Berges die blassen blauen und gelben Linien des
Flachlandes endlos sich verlaufen und mit dem Himmel verfliess-
sen. Der Vermittler des Berglandes mit der Ebene ist das breite
Salzachthal. Als die merkwürdigsten Punkte der Rundanssicht
bezeichnen wir folgende.

Wir stellen uns so, dass wir, nordöstlich blickend, längs
der ganzen Reihe von Felsenvorsprüngen und Scharten, mit denen der Berg gegen das Thal der Alm abstürzt, hinsehen. Dort
am äussersten Ende erheben sich der *Salzburger Hohe Thron* und
das *Geiereck*, die nordöstlichen Flügelmänner des Berges; sie
verdecken gerade die Stadt Salzburg; denn unmittelbar vor ihrem
Absturze erhebt sich der Gaisberg, sanft gewölbt, und zwischen
beiden bezeichnet der blaue Spiegel des Waller Sees den Anfang des Flachlandes. Rechts an den Gaisberg schliesst sich die
ganze Voralpenwelt der Ebenau mit dem Schwarzenberg, Schmiedenstein und dem vor ihm liegenden bewatteten Schlenken. Bisweilen unterbrechen zackigere Formen diese sanfteren Linien,
so vor allen der Schober am Mondsee, der Schafberg daselbst,
und hinter ihm die den Attersee bezeichnende Steinwand. In
der nächsten Tiefe unter uns kuppen und wölben sich die Berge,
auf welche der *Untersberg* abstürzt gegen die Alm und die jenseits dieses Flusses liegenden Vorberge zwischen Hallein und
der Alm, in denen der Tuval seine Schätze begraben hat. Nur
die Zwillingsfelsen des Barnsteins starren aus dem Gehügel auf,
die Lage Halleins bezeichnend. Zwischen diesem Vorgrunde und
dem ferneren Hintergrunde zieht als breites grünes Band das
Salzachthal von Golling bis gegen Salzburg hindurch, übersäet
mit weissen niedlichen Häusergruppen; in Schlangenwindungen
durcheilt die Salzache diesen Garten, bald hinter einem Vorberge
verschwindend, bald wieder hervortretend, von jenseits die *Ober-
Alm* gerade über den Barnsteinen, und die *Taugl* unter dem
Schlenken aufnehmend. Jetzt erhebt sich die höhere Bergwelt:
in der Ferne der eisige Dachstein, die ganze Kette des Tännen-

gebirgs, unter ihm ein Blick in das Lammerthal. Unter dem Tännengebirge steigt das grüne Rossfeld auf, und die sich nun erhebende Gruppe des Hohen Göll mit ihren Zweigen verdeckt die fernere Aussicht, den Pass Lueg noch andeutend. In der Tiefe zeigt sich hie und da das blaue Gewinde der Alm im engen, aber grünen Thal und näher heran die Häusergruppen der Gern. Rechts vom Göll hat man eine Seitenansicht der von der Göllgruppe gegen das Seethal herabziehenden Felsrücken und Köpfe, als des Jenners und Kallersbergs; über den Jenner und diese ganze Bergwelt spannt die Uebergossene Alpe ihr weisses glänzendes Schneezelt aus. Rechts darunter beginnt die mit Alpen bedeckte Stufe des Sees, auf welche dann der Absturz zum Seeschlunde selbst erfolgt, aus welchem dieser hervorzüngelt mit seiner grünblauen Fläche. Deutlich erkennt man den Falkenstein am See, und die Wände des Grünsteins, welche die Matten des Watzmannes tragen; über diesen erhebt sich hoch und steil das zackige Gerüste des Watzmannes mit seiner eisigen Scharte. Zwischen der Uebergossenen Alpe und dem Watzmanne liegt die graue unheimliche Steinwüste des Steinernen Meeres mit dem Funtenseetauern und der Schönfeldspitze. Vom See bis heran an den Fuss des *Untersberges* breitet sich die innere Hügellandschaft von Berchtesgaden aus, oder jener Schooss des Gebirgs, in welchem der Markt liegt; so uneben diese Gegend in der Tiefe erscheint, so gleicht sie dennoch, von hier aus gesehen, wegen der Höhe des Standpunktes, einer Ebene, einem Garten, durchschimmert von den Silberfäden der Königsseer und Ramsauer Ache; den Markt selbst erblickt man nur theilweise an dem jenseitigen Abhange der Höhe, an welche er sich legt; nur die Franziskanerkirche erkennt man deutlich. Unter dem Watzmanne beginnt der Felsenabsturz der Rauhen Köpfe, welcher sich an unsere Höhe anschliesst, und dessen bewaldete Hochfläche unser Nachtquartier verbirgt. Von der Bergmasse des Watzmanns rechts ab steht sein Nebenbuhler, der Steinberg mit dem Hochkalter. Zwischen beiden zieht sich das sandige und allenthalben von kahlen Kalkwänden umschroffte Wimbachthal hinan zu dem hohen Felsgerüste des Steinernen Meeres, den *Hundstod* links und den *Hochaisspitz* rechts zeigend.

Im fernen Hintergrunde zieht über diese Zinnen die eisige Tauern-
ketta mit dem Kitzsteinhorn. Der rechtseitige Abhang des Steinbergs fällt auf den niedrigen Sattel des Hirschbühls und in das
Hinterseethal ab, über welchen sich noch die Westbucht des
Steinernen Meeres mit dem Diesbacheck erhebt, und wo dieses
sich senkt, zeigt sich die Fortsetzung der Tauernkette, welcher
Fernblick durch das Mühlsturzhorn und die an dasselbe sich
anschliessende Reiteralpe abgebrochen wird. Ueber dieser zieht
die gewaltige Zackenkette des Loferer Steingebirgs mit dem
Roth-, Flach- und *Birnhorn* hin. Mit dem Alphorn stürzt die
Reiteralpe senkrecht in das Saalachthal ab, das jedoch selbst
durch das *Lattengebirge* verdeckt wird. Dieses erhebt sich schon
unter dem Hirschbühl, den Hintersee bergend, und zieht in Wel-
lenlinien in langer Kette ununterbrochen fort mit auffallend ge-
wundenen Schichten; der nördlichste und höchste Kopf ist der
Dreisesselkopf (5684′), von wo das Lattengebirge in grossen Stufen zum Thalkessel von Reichenhall niedersteigt, das man selbst
nicht sehen kann; nur die beiden Felsenhügel, der eine mit
einer Kirche, der andere mit der Ruine Karlstein gekrönt, bezeichnen die Lage der Stadt. Ueber dem Lattengebirge selbst
erhebt sich noch das Sonntagshorn; in der Ferne zwischen ihm
und dem Loferer Steinberg ziehen Schneegebirge hin, näher
grünbemattete Berge, aus welchen stolz und einsam die Gruppe
des Wilden Kaisers aufstarrt. Ueber dem Sonntagshorn zeigt
sich das Wildalpenhorn und die Dürrnbachschneide. Das Saalachthal bei Reichenhall bald wieder abschneidend, tritt die hier
sich weiter ausbreitende Masse des *Untersbergs*, seine grosse
mit Felsentrichtern übersäete und mit Krummholz übersponnene
Hochfläche, hinaus, jeden Tiefblick hemmend; nur Alpen und
Fernen erreicht der Blick. Die beiden Hörner des Staufen sind
hier die auffallendsten und nächsten Berge; an ihrem linksseiti-
gen Abhange zeigt sich in der Ferne durch eine Lücke der Thalkessel von Inzell und darüber der Zinnkopf, links der Rauschenberg. Hinter allen diesen letztgenannten Bergköpfen ziehen schon die blauen Horizontallinien des Flachlandes hin, die
Spitzen der Staufenhörner schneidend; neben und zwischen diesen schimmert der langgezogene Spiegel des Chiemsees. Rechts

von den Staufen liegt die blaue, einförmige, lichte Masse des Flachlandes unmittelbar auf dem dadurch doppelt dunkel erscheinenden Rücken des *Untersberges* auf. Am Salzburger Hohen Thron erreichen wir das Ende der Rundaussicht.

Von hier aus über die Hochfläche hinschauend bis zum Salzburger Hohen Thron könnte man versucht werden, es für ein leichtes oder einen schönen Spaziergang zu halten, dorthin zu gelangen. Allein der Weg ist äusserst mühsam; die Trichter, das Krummholzgewebe und unzählige Spalten, worunter einige grosse, wie die Mittagscharte, in welche man tief hinabklettern und wieder hoch hinansteigen muss, sind die Hindernisse, welche Kräfte und Zeit in Anspruch nehmen; 4 — 5 St. werden zu diesem Wege auf der Höhe hin erfordert.

Wir wollen nun auch die anderen Wege kennen lernen, die auf die Hochfläche des Berges führen. Jenes über die Gern, der unter dem Bärenloche herauf kommt, haben wir schon gedacht. Von *Edenberg* und *Schellenberg* aus gelangen wir über die *Scheibenalm* auf eben denselben Steig. Unmittelbar in die *Zehnkaseralm* (4586'), in deren Hütten wir ein gutes Nachtlager finden, führt von *Hallthurn* (2145') aus ein zwar steiler, aber ungefährlicher Weg zwischen der *Gerrwand* und dem *Feuerbühl* hinauf, und (in 2 St.) von der *Alm* auf den *Berchtesgadener Hohen Thron*. Die *Vierkaseralm* (4741') am nordwestlichen Eck des Berges erreichen wir von *Reichenhall* oder *Grossgmein* über das *Steinbruchhäusl* in ziemlich leichtem Anstieg; auch dort ist für eine leidliche Nachtherberge gesorgt. Wer von Salzburg aus den Berg besteigen will, um seine Eigenthümlichkeiten kennen zu lernen und seine Ansicht zu geniessen, thut am besten, wenn er am Spätnachmittag von *Glaneck* (1366') aus in die *Schweigmühlalm* (4521') geht. Der Weg führt von dem oberen Marmorbruch (*Veitlbruch*, 1811') zwischen der *Sausenden Wand* und dem *Kühstein*, im sogen. *Grossen Wasserfalle* steil hinan und an der *Jägerspitze* vorbei in dritthalb Stunden zur *Alm*. Des anderen Morgens wandern wir dann über die zerrissene Hochfläche hinan, beim *Mückenbrunnen* und südlich der *Abfalterköpfe* (5430') vorüber in die *Mittagscharte* (oder *Weitthor*) (5277'), steigen zum *Salzburger Hohen Thron* (5871') hinauf und erreichen an der

Bergkante fortwandernd über das *Jungfernbründl* das *Geiereck* (5721'). Beide der genannten Punkte gewähren die herrlichste Aussicht, besonders in das Salzachthal. Vom *Geiereck* führt der vielbetretene Weg an der 1859 niedergebrannten Hütte der oberen Firmianalm vorbei, dann stell die sogen. *Steinerne Stiege* wieder zur einsamen *Firmianalm* (3012') und herab nach *Glaneck* (2 St.). — Wer aber eine recht ausgiebige Wanderung über und um den Berg machen will, 2 Tagemärsche, steige von *Veitlbruch* auf die *Klingeralm* (4654') (2 St.), dann hinüber zur *Vierkaseralm* (1½ St.) und nun zwischen dem *Hirschangerkopf* und dem *Mitterberg* (5730') durch über die merkwürdige Hochfläche hin in die *Zehnkaseralm* (3 St.), wo er übernachtet. Des andern Morgens wird der *Berchtesgadener Hohe Thron* bestiegen (2 St.) und der Rückweg am *Bärenloch* vorbei zur *Scheibenalm* und nach *Edenberg* genommen. Ueber den ebenen *Rossboden* und den *Gratschengraben* heraus erreicht man die Strasse unterhalb *Schellenberg* in 5—6 St. und in einer weiteren Stunde die *Bierquelle* von *Grödig*. — Hohes Interesse bietet die 1846 entdeckte *Kolowrats-Höhle* im Ostabhang des *Geiereckes;* der etwas steinige Weg bringt uns von *Glaneck* aus in 2½ St. zur Hütte der *Oberen Rositternalm* (4302'), wo wir die gewöhnliche Almkost erhalten können. Ein neu angelegter Weg an den schlimmeren Stellen durch Geländer geschützt führt (½ St.) zum Eingang der Höhle. Nachdem wir uns gehörig abgekühlt, steigen wir auf den in den harten Firn (fest gefrorenen Schnee) eingehauenen Stufen hinab in die Grotte, das gespannte Seil hilft uns hierbei und schützt vor dem Ausgleiten. Der Boden der geräumigen Höhle ist mit Eis ausgefüllt und sie ist um so mehr des Besuches werth, als schon der Weg hinauf herrliche Aussicht besonders nach Salzburg heraus bietet.

Für den Botaniker ist der Untersberg eine reiche Fundgrube seltener Pflanzen, aber nur mit Führer, wenigstens mit grosser Vorsicht abzusuchen, denn nicht wenige sind dabei in die Irre gegangen oder ganz verunglückt. Es finden sich aber unter vielen anderen Pflanzen am Wege von *Glaneck* zur *Meisterbauer Alpe:* Gentiana asclepiadea, pannonica, Senecio montanus, Pleurospermum austriacum, Allium Victorialis, Aconitum variegatum, Saxifraga Burseriana; — von dieser Alpe bis zur *Steinernen Stiege:* Androsace lactea, Gentiana nivalis, Saxifraga androsacea, Ranunculus alpestris, Pedicularis verticillata, Arabis ciliata, Malaxis monophyllos, Betula ovata; — an der *Steinernen Stiege:* Viola biflora,

Hieracium austriacum, Crepis aspargioldes, Carex firma, atrata, Bupleurum ranunculoides; — oberhalb der *Steinernen Stiege* bis zum *Salzburger Hohen Thron*, ausser den meisten schon genannten: Gentiana bavarica, Pleurospermum austriacum, Juncus triddus, Tozzia alpina, Pedicularis recutita, Oxytropis montana, Achillea Clavennae, Orchis globosa, Nigritella angustifolia, Juniperus Sabina, Aspidium rigidum; — auf dem *Salzburger Hohen Thron*: Androsace villosa, Azalea procumbens, Campanula alpina, Cherleria sedoides, Cistus oelandicus, Pedicularis rostrata, incarnata, Aster alpinus, Lobaria nivalis, Usnea ochroleuca, Draba aizoides; — von der *Schwaigmühlalpe* hinab die meisten, wie zwischen der Meisterbaueralpe und Glaneck, ausserdem: Mespilus chamaemespilus, Atragene alpina, Draba aizoides, Lunaria rediviva, Salix retusa, arbuscula, Juniperus Sabina (?), Aspidium Lonchitis; — auf der *Schwaigmühlalpe*: Primula Auricula, Lychnis quadridentata, Hieracium glabratum, villosum, Erigeron alpinum; — an der *Sonnenwendstatt*: Campanula Scheuchzeri Villars, Juncus monanthos, Rhododendron chamaecistus, Potentilla Braunaeana; — zu dem *Mückenbrunnen*: Veronica aphylla, saxatilis, Valeriana saxatilis, Phleum alpinum, Poa laxa, Festuca varia, Globularia cordifolia, nudicaulis, Alchemilla alpina, Epilobium montanum, Silene acaulis, Anemone narcissiflora, Ranunculus nivalis, Betonica alopecuros, Senecio abrotanifolius, Carex firma, Aspidium rigidum, Lepidium alpinum, Arabis pumila, Aronicum scorpioides, Splachnum Froelicheanum; — vom *Mückenbrunnen* bis zum *Salzb. Hohen Thron*, ausser den genannten: Agrostis rupestris, Gentiana nivalis, Meum Mutellina, Bartsia alpina, Hedysarum obscurum, Cnicus spinosissimus, Senecio abrotanifolius, Carex capillaris; — in der *Mittagscharte*: Allium sibiricum, in rothen und weissen Farben; — vom *Hallthurm* bis zu den *Zehnkasern*, meistens wie auf den anderen Wegen von unten herauf in die Alpen: Betonica Alopecuros, Saxifraga burseriana, Aster alpinus; — auf *Zehnkasern*: Plantago montana; — zum *Berchtesgadener Hohen Thron*, wie zum Salzburger II. Thr., ausserdem: Saussurea pygmaea, Soyera montana; — auf dem *Berchtesgadener Hohen Thron* die meisten des Salzburger II. Thr., ausserdem: Gentiana punctata, Rhododendron ferrugineum, Arbutus alpina, Astragalus montanus, Primula minima, Bupleurum ranunculoides, Soldanella pusilla; — an der *Schoosswand*: Pulmonaria mollis.

Ueber den jenseitigen Fuss des Untersberges s. Salzburg.

2) Der *Hohe Göll*, 7970' hoch, gehört sowohl zu der grossartigen Gemäldereihe Berchtesgadens, als auch zu den Glanzpunkten Salzburgs, wie der Untersberg. Darin aber besteht der Reiz dieser beiden Naturparke, dass fast jeder Berg eine andere Gestalt hat, und dennoch so, dass man glaubt, es könne keine schöneren Linien geben: Untersberg, Watzmann, Göll, Mühlsturzhorn, Tännengebirge, Schwarzenberg, Gaisberg, Staufen und Lattengebirge.

Der *Göll* erscheint fast von allen Seiten als schön gewölbte Kuppel im Gegensatz des breitrückigen Untersbergs, ist aber bei

weitem nicht so gerundet, wie er aussieht, sondern ziemlich
scharfschneidig. Vier Schneiden strahlen symmetrisch von ihm
aus, weissgraue kahle Felsgrathe darstellend, die sich erst in
einiger Ferne hinab in die Pflanzenhülle stürzen. Nach Südost streckt er das 7415' *hohe Brett*, wodurch er mit der südlichen Hauptmasse der Kalkalpen in Verbindung steht. Das *Torrener Joch* schneidet ihn am tiefsten davon ab. Gegen Osten
hinaus tritt eine zackige Felsenreihe, welche mit dem *Vorderen
Göll* über Gollingen endet. Als Grenz- und Wassermarke, wie
das Brett im Süden, steigt im Norden der *Eckerfürst* (5542')
nieder auf das Rossfeld, den Dürnberg und die Zill, und wird
am Hangendenstein durch das Thal der *Alm* vom Untersberg
abgeschnitten. Der vierte Strahl endlich führt nach Nordwesten
gerade auf den Markt Berchtesgaden zu als *Göllstein* (5188') (auch
Gehl-, *Kehl-* und *Kahlstein* genannt), fällt dann auf die schon
breitere Stufe des *Schwarzorts* ab, die sich wieder auf den *Salzberg* niederlässt.

Durch diese 4 Arme entstehen 4 Buchten oder Amphitheater, in deren Bau sich der *Göll* besonders zu gefallen scheint.
Zwei derselben kennen wir schon. Das erste sahen wir zwischen Brett und Göllkamm auf dem Wege über das Torrener
Joch, das zweite von Kuchl aus zwischen dem Göllkamm und
dem Eckerfürst. Die dritte Bucht ist der *Ofen*, zwischen Eckerfürst und Göllstein; in sie blickt man von Salzburg aus über
den Dürnberg hinein. Lieblich öffnet sich die vierte, die *Schatz-*
oder *Scharitzkehl*. Von dem Göllstein tritt ein grauer Felsenstock, das *Dürreneck*, in dieses Thal; hinter ihm liegt der innerste Theil des Thales, das *Ensthal;* grausig und wild ist dieser Winkel, eine Schneeeismasse überspannt den hintersten Thalboden. — Vorzüglich fällt der Gipfel des *Göll* durch seine blen-
dendweisse Farbe auf, besonders auf dem Wege von Berchtesgaden nach dem See, wo sein Kalkgipfel über und durch das
frische Grün der Ahorne und Alpen hereinleuchtet, wie ein
Schneegipfel. Nur geübte Bergsteiger mögen den Gipfel dieses
Berges ersteigen, denn alle Wege, die auf ihn führen, sind beschwerlich, mitunter gefährlich. Der verhältnissmässig bequemste führt vom *Torrener Joch* (S. 194) über die *Gemeindeschneide*

an dem *Jägerkreuz* vorbei nördlich zum *Brettriedel* (7424'), dieses östlich hinan, dann durch das oberste Steinkahr des *Alpl-
thales* über Lagerschnee wieder nördlich abbiegend am *Archen-
kopf* vorüber auf die höchste Spitze (in 4 St. vom Joch). Beschwerlicher ist der Weg über das *Federbett*, den *Eckerfürst* und
am wilden *Friedhof* hin zur Spitze; fast ungangbar jener von
der *Ofen-Alm* (3943') durch den sogen. *Rauchfang* (7030') gerade
südwärts hinan. Die Aussicht ist sehr schön in die Gegend von
Salzburg, durch die von ihm hinabziehenden Schluchten und
Thäler auf die in grosser Tiefe unter ihm zunächst liegenden
grünen Thäler, wie auf die neben und um ihn stehenden Kalk-
rissen, besonders nach dem nahen Watzmann.

Zu den Seltenheiten der Flora des Göll gehören: Lloydia serotina, Valeriana supina, und am Eckerfürst Linum austriacum.

Wer es nicht wagt, den Scheitel des *Göll* zu ersteigen,
kann wenigstens den *Göllstein* erklettern. Der Steig geht über
den *Salzberg* hinan zum *Schwarzort*, die unten bewaldete Vorstufe des Göllsteins; oben gelangt man zur *Oberen Göllalpe*, über
welche der kahle Rücken des *Göllsteins* aufsteigt, dessen Höhe
man in nicht 4 St. erreicht. Auch hier schon ist die Aussicht
herrlich und der des Göll ähnlich.

Von der *Göllalpe* lässt sich dieser Ausflug bedeutend er-
weitern, wenn wir nämlich über alle Alpen fortwandern, welche
den Königssee auf der Ostseite begleiten; ihr Fuss stürzt mauer-
ähnlich in die tiefe Spalte des Sees; auf dieser untersten Stufe,
welche vielfach von Felsenrücken, Berggipfeln, Thälern und
Schluchten durchzogen wird, liegen zahlreiche Alpen. Oestlich
höher ansteigend erhebt sich der Felsenkamm, welcher im Al[l]-
gemeinen das Gebiet der Salzache von dem der Alm scheidet,
und zwar vom Blühnbachthal an bis zur Blüntau, und auf hie-
siger Seite vom Obersee bis zum Schatzkehler Bach. Das an
das südliche Hochgebirge sich anlegende Mittelgebirge wird durch
den tiefen Felsenkessel des Obersees von dem östlichen Mittelgebirge, jener Stufe, welche aus dem Königssee im Osten der
Länge nach aufsteigt, getrennt. Wir durchwandern jetzt von
der *Göllalpe* aus, uns meistens in halber Höhe auf der Alpenregion haltend, die ganze westliche Abdachung bis zum *Ober-*

see, bald in Thäler hinab, bald auf kahle weitausschauende Gipfel steigend. Da es hier nur Sennhütten gibt, so muss man sich auf dieser mehrtägigen Wanderung mit den nöthigsten Bedürfnissen versehen; besonders vergesse man nicht kleines Geld, weil hier oben nicht gewechselt wird.

Von der *Oberen Göllalpe* früh aufbrechend umgehen wir den *Göllstein* und biegen links in das *Schatzkehlthal* ein, wo wir zu den reizend liegenden Hütten der *Schatzkehlalpe* (3249') kommen. Ein Hain von Kirschbäumen umschattet sie, und ein klarer Bach durchrieselt die Matte. Ernst und gross ragen das *Dürreneck* und das *Brett* herein. Um das *Dürreneck* herumbiegend geht es durch das *Alplthal* hinein in den eisigen Kessel des *Ensthales;* der von den senkrechten Wänden des Göll und Brett herabgestürzte Schnee hat eine Art Gletscher gebildet, welcher den Hintergrund dieses von weissgrauen himmelragenden Wänden umstarrten Kessels bedeckt. Die vom Göll herabgestürzten Felsen enthalten viele Versteinerungen Wir müssen wieder zurückkehren, um den Steilabfall des *Bretts* zu umgehen. Ueber die *Brandalpe* kommen wir an den *Krautkaserbach* und an ihm aufwärts zur *Krautkaseralpe* (4168'). Hier tritt uns

3) der *Jenner* (5942') in den Weg, eine grösstentheils bemattete Felsenpyramide. Durch einen Sattel hängt er östlich mit dem höheren Rücken am *Torrener Joche* zusammen, während er nördlich durch den *Krautkaserbach*, südlich durch den *Königsbach* von dem Mittelgebirge abgeschnitten wird; westlich fällt er auf die Stufe über dem See, die *Rabensteinwand*, ab. Ob er gleich nicht hoch, und von so vielen höheren Gebirgen umgeben ist, so hat er dennoch eine solche Lage, dass er von vielen Punkten aus gesehen wird, selbst aus engen Schluchten, wo alle anderen Berge verschwunden sind. Daher bietet sein Gipfel auch eine äusserst interessante Aussicht: nach Salzburg, Berchtesgaden, der Bischofswiese, Ramsau bis zum Taubensee und der Schwarzbachwacht; das Seethal, das Eisthal zur Eiskapelle, das Schrainbachthal und die Saugasse hinan, auf die zum Steinernen Meere aufsteigenden Stufen und auf jenes selbst; gerade gegenüber der Watzmann in seiner ganzen Grösse und

Wildheit. Daher ist es äusserst lohnend, den Gipfel des *Jenner* zu ersteigen.

Aus der Flora des Jenner: Androsace villosa, Primula Auricula, Gentiana bavarica, Rhododendron chamaecistus, Arenaria striata, Petrocallis pyrenaica, Achillea Clavennae, Carex mucronata.

Für den Geognosten sind der Jenner und die Gräben und Thäler vom Alplthal ostwärts durch Versteinerungen führende Schichten interessant, erstere durch Terebratula amphitoma im grauen Kalkstein, letztere durch Ammoniten im Liaskalke.

Umgehen kann man den *Jenner* entweder westlich über die Alpen *Vogelhütte, Wasserfallalpe, Strubalpe* und *Achselalpe*, von wo man an den *Königsbach* kömmt, zur *Königsbachalpe* (3707'), oder man steigt am *Königsbache* aufwärts zur *Königsbergalpe* (5060'), und setzt den hernach angegebenen Weg fort, oder man steigt zu der Alpe *Priesberg* (4627') hinan, und dann 2 Gräben (Abwärtsgraben), die im *Kessel* am See herabkommen, übersetzend und den östlich aufsteigenden *Fagstein* (6790') umgehend, steigt man zwischen diesem und der gegenüberliegenden Wand des *Gotzentauern* (5903') in dem felsigen Alpenthale *Rossfeld* hinan zur *Seelein-Alpe* am kleinen *Schlungsee*. Hier erwarten wir die Gesellschaft, welche den *Jenner* östlich umgeht und sich überhaupt höher hält. Man steigt auf diesem Wege von der *Krautbaxeralpe* über den Bergsattel, mit welchem sich der *Jenner* an die höheren Berge anlehnt. Die höchste jenseitige Gegend heisst der *Königsberg*, ein Jagdbezirk. Am *Königsbach* selbst findet sich eine Schleuse zum Abtriften des Holzes in den See. Von hier geht der Jochsteig, das *Torrener Joch* überschreitend, dem hohen *Schneibstein* zu durch die *Bockskehle*, indem man rechts den *Reinersberg* lässt. Der *Schneibstein* (7158') tritt östlich, wie der Göll, gegen das Salzachgebiet hinaus, und bildet dadurch das jenseitige oben erwähnte Amphitheater der Jochalpe (Blüntau). Sein Gipfel ist mit grossen, mit Lichenen überwachsenen Felstrümmern bedeckt, die Aussicht wild und grossartig.

Der *Schneibstein*, wie das *Torrener Joch* und das *Hochbrett* bieten eine äusserst reiche Flora: Elyna spicata, Kobresia caricina, Carex Persoonii, Sesleria microcephala, Festuca Halleri, Scheuchzeri, Chamaeorchis alpina, Tofieldia borealis, Allium fallax, Crocus vernus, Salix serpyllifolia, reticulata, Empetrum nigrum, Primula minima, Androsace obtusifolia, Gentiana bavarica, tenella, brachyphylla, Aronicum Clusii, Hieracium incisum, piliforum, Achillea Clavennae, Gnaphalium

Schaubach d. Alpen. 2. Aufl. III.   15

carpaticum, Filago Leontopodium, Erigeron uniflorum, Homogyne discolor, Potentilla minima, Phaca frigida, Hedysarum obscurum, Saxifraga burseriana, Alsine
aretioides, Draba aizoides, Petrocallis pyrenaica nebst den zahlreichen verbreite-
teren Arten. Der Schneibstein war Dr. Einsele's botanischer Garten.

Vom *Schneibstein* erreicht man die *Reineralpe* und dann
die *Windscharte*, wo man Bohnenerz findet. Durch die öde Gegend *bei den Zellern* und das *Gschürr* kommen wir auch hier
zur *Seelein-Alpe*, wo wir die andere Gesellschaft antreffen, und
hier oder noch besser in der nahen *Mitterhütte* übernachten.
Wir befinden uns hier am Fusse des versteinerungsreichen (Hier-
latzschicht)

4) *Kallersbergs* (7433'), eines der höchsten hier herum, den
man schon besteigen muss, um diese ganze von Felsrippen vielfach durchzogene merkwürdige Gebirgsgegend zu überschauen.
Man steigt von der gegen 6000' hoch gelegenen *Mitterhütte* zur
Kallersbergalpe hinan, der höchsten des Landes, und gelangt so
auf den Gipfel in 2 St., wo man im Gegensatz der grauen, düsteren Wände, welche fast allseitig hinanstarren, einen üppig
grünen Pflanzenteppich findet. Die Aussicht ist ergreifend und
erhaben, wenn sich auch fast nirgends der Blick in die lieblichen bevölkerten Tiefen der Umgegend senken kann; allseitig
Kalkschroffen, wo einer den anderen an Wildheit und Kühnheit
überbietet; der zackige Watzmann, der, je höher man steigt,
nur immer höher aufzuragen scheint, die ganze Steinwüste des
Steinernen Meeres und des Hagengebirgs, dessen Westkap der
Kallersberg ist. Nur durch die Bischofswiese hinaus gleitet
der Blick sanft durch das Thor zwischen Untersberg und Lattengebirg. Auch durch die Blüntau lacht ein Blick herein von
den jenseitigen Höhen um Golling, alles andere ist Berg an Berg,
Schlucht an Schlucht. Wild und grausig ist die nächste Tiefe
im Salzburgischen. Nächst dem *Höll* ist der *Kallersberg* der be-
suchenswertheste Hochgipfel in diesem Gebiete. Wer von hier
aus ohne besonderen Umweg eine recht öde Alpengegend besuchen will, eine Wildniss, die einzig in ihrer Art ist, steige
von der *Kallersberger Alpe* hinab zu der Sennhütte im *Bärensunk;* bemooste Felstrümmer, welche theils vor Jahrhunderten,
theils auch erst vor kurzer Zeit den Wänden entstürzten, bedecken nebst losem Steingeröll den Thalboden. Keine labende

Quelle sprudelt in dieser öden Felsenwüste. Die Senndin muss
zum Getränk für ihre Heerde Schnee sammeln und über dem
Feuer schmelzen. Ihre ärmliche Hütte gleicht den Schäferhüt-
ten zu Anterne. Der Kaser ist nämlich aus Felsentrümmern
erbaut, ohne Thüre, schützt er kaum vor Regen; manche Senndin konnte es in dieser schrecklichen Wildniss und Einöde nicht
lange aushalten. Aus dem *Bärensunk* steigen wir über die *Stei-*
nerne Stiege herab in das *Landthal*, unterhalb der *Mitterhütte.*
Das *Landthal* ist eine Felsenfurche, welche das Königsseer Mittelgebirge von dem höheren Gebirge im Osten, namentlich vom
Kallersberg abschneidet. Man kann nun zu dem alpenreichen
Mittelgebirge über eine mit Edelweiss (Filago Leontopodium) bedeckte Wand hinansteigen auf die *Layfeldalpe*, und wandert
durch Alpenmatten zur *Regenalpe*. Das erwähnte Mittelgebirge,
vorzüglich durch den *Gotzenberg* (5625') gebildet, bietet viele
schöne, oft besuchte und leicht zugängliche Aussichtspunkte.
Ein bequemer Reitweg führt in weitem Bogen vom *Kessel* weg
(siehe unten) zur *Gotzenthalalm* (3526'), in die man auch leicht
von der *Königsbachalm* gelangen kann, und durch kühlen Wald
hinan über die *Secau-Alm* (4715') auf die *Gotzenalm* (5829'), die
auf einer blumenreichen Hochfläche liegend eine herrliche Aussicht besonders auf den Watzmann und Funtenseetauern, den
Königssee u. s. w. bietet. Der Reitweg zieht zur *Regenalm* (5010')
fort, wo ein königl. Jagdhaus sich befindet. Allabendlich kann
man hier Hirsche sehen, die zur Aesung aus dem nahen Walde
auf die üppigen Wiesen herauskommen oder den Durst im klaren Wasser der beiden Laken stillen. Von der *Regenalm* geht
es über die *Kauneralm* und in vielfach gewundenem Steig gerade an der Ecke hinab, wo das Oberseethal und das des Königssees umbiegt. Dieser oft schwindelnde Steig an der jähen
Kaunerwand hinab eröffnet die überraschendsten Bilder durch
den Blick in die grosse fast senkrechte Tiefe, aus welcher die
Seen aufblinken.

Der eigentliche Gebirgsreisende, welcher, je mehr er in das
Steigen, das Sennhüttenleben, in die herrliche Gebirgsluft hinein
geräth, immer unersättlicher in diesen Genüssen wird, behauptet die Höhe, und klettert noch einige Zeit hier oben herum.

15 *

Das *Landthal* bildet einen Abschnitt, und es beginnt eine noch interessantere Gebirgsgegend, als die zwischen dem Jenner und Kallersberg, nämlich der Gebirgsgurt, welcher den Obersee in verschiedenen Stufen ummauert. Um dahin zu gelangen, steigt man aus dem *Landthal* durch den *Luchspfad* links hinan auf eine hohe, dem Steinernen Meer ähnliche Gegend, eine graue klippige Einöde voller Felsenkessel, die das Westeck des *Hagengebirges* bildet. Dieser öfter erwähnte Gebirgsstock zwischen dem Blühnbachthal im Süden und der Blüntau im Norden, östlich durch die Bergkluft Pass Lueg vom Tännengebirge getrennt, westlich durch das Mittelgebirge das Gotzen bis an den Königssee reichend bietet eine äusserst zerrissene, nach Nord geneigte Hochfläche, ähnlich seinen Nachbaren. Nur spärlich überzieht eine leichte Grasnarbe hie und da die weissgrauen, zerfressenen und ausgewaschenen Felsrippen oder die Legföhre überwuchert stellenweise das nackte Gestein. Weit zerstreut liegen einsame ärmliche Almhütten in den meist wasserlosen Mulden, nur am östlichen Rande haben sich grössere Almmatten entwickelt. Eine Anzahl grösserer und kleinerer Buckel und Spitzen erheben sich oft bis 700' über die allgemeine Fläche, so der *Rifflkopf* (7128') in Südost, der *Tristkopf* (6664') und die *Kratzspitz* am Ostrand; der *Schneibstein*, *Kallersberg*, die *Kragenköpfe*, *Blühnbachkopf* westlich; *Raucheck*, *Paradies* südlich. Die Besteigung einzelner dieser Köpfe wird je nach der Lage entweder vom Jagdschlosse in Blühnbach oder vom Blahhaus (Eisenwerk) unternommen. — Wir wandern nun aus dem *Landthal* auf die *Laubalm* (5893'), einen schönen Weideplatz. Hier besteigt man den *Laubsattel*, wo man durch eine wundervolle Aussicht überrascht wird: tief unten liegt der von dunkeln schattigen Wänden eingeschlossene Kessel, aus welchem der grüne Spiegel des Obersees heraufleuchtet; nur nach Westen erschliessen sich die Wände, um auch die obere Bucht des Königssees zu zeigen und über diesem Zauberbild der tiefen Unterwelt thürmen sich in weissgrauen Wänden die geschichteten Zacken des Watzmanns hoch in den Aether hinein. Auf der entgegengesetzten Seite zeigen sich als Grenzwächter gegen das salzburgische *Blühnbachthal* die beiden *Teufelshörner*. Von der Laubalpe zieht sich der Steig zur *Sonntagalpe* und dem *Branntweinhäusl* hin, unweit deren der *Röthenbach* vorüberfliesst, um sich in den Abgrund der *Fischunkel* zu werfen (siehe Obersee). Nun geht es wieder zur *Schabau* hinan. Von hier aus führt der Felsensteig links zwischen dem *Kleinen Teufelshorn* (7127') und *Schlossköpfl* zum *Blühnbachthörl* (6373'), durch welches man jenseits in das Blühnbachthal hinabsteigt; rechts, oder gerade nach Süden, geht es zwischen zwei hohen Felsenköpfen, dem *Hocheck* (7428') und *Oberen Schönfeld*, an der *Blauen Lake*, einem kleinen Kesselsee, vorüber zur *Vorderen Wildalpe*. Von dieser steigt man zum *Grossen Wildthor* (6824') hinan, einem zweiten Uebergangsjoch ins Blühnbachthal. Hier oben steht man nun, der unheimlichen *Uebergossenen Alpe* ganz nahe gegenüber, nur durch eine Felsenschlucht, den obersten Anfang des *Blühnbachthales*, getrennt.

Der Königssee, der Obersee und deren Umgebungen.

Von Berchtesgaden führen zwei Wege zum See: eine gute Strasse auf dem rechten Ufer der Seeache, und ein schöner Fusssteig grösstentheils auf dem linken Ufer. Das erste Auffallende, was uns aufstösst, ist die grüne klare *Seeache*, ein wahrer Smaragd; denn die Alm hat durch den Einfluss der *Ramsauer Ache* einen weisslichen Anstrich und erscheint blauweissgrün, während der See seine Gewässer von den Kalktheilen gereinigt hat; durchsichtig bis auf den Grund, flutet sie grün daher. Ausserdem gleicht der ganze Weg einem Garten, bald von malerischen Ahorngruppen umschattet, bald von einem einsamen Tannenforst unterbrochen, bald von herrlichen Häusergruppen belebt; vor jedem Haus ein frischer sprudelnder Brunnen, und von oben herab die weissen Kalkschroffen mit ihren duftigen Schattengebilden, der wahre Gegensatz des üppigen Grüns der Tiefe, links der Göll, rechts der Watzmann. Nach 1½ St. verkünden grüne abgerundete Hügel die Ausmündung eines Sees; ausserdem liegen noch ungeheuere Felsblöcke mit Bäumen bewachsen umher. Der Fusssteig führt zuletzt bei einer Mühle vorüber, dann auf einem Stege über die Ache und um den runden Hügel herum zum Dorf *Königssee*, dessen letzte Häuser *Am See* heissen. Hier sind 2 Wirthshäuser. Ausserdem wohnt hier der *Seër*, Admi-

ral der hiesigen Flotte. Er besorgt die Seefahrten; der Preis
ist billig und fest, nach der Zahl der Schiffer und der Fahrzeit
bestimmt.

Der *König-* oder *Bartholomäsee* (1925'). Der Fussreisende,
welcher mit uns weiter über den See und hinan will zu dem
jenseitigen Hochgebirge, geht am besten den Abend bis zum
See und tritt dann seine Fahrt am frühesten Morgen an.

Der See, wie wir ihn schlechthin nennen wollen, ist das
wahre Gegentheil von unserer bisherigen Reise um Berchtesgaden: bis jetzt blickten wir von den Horsten der Adler in die
Tiefe, wo wir kaum noch die Orte der Menschen erkannten,
unser Auge sehnte in unendliche Fernen hinaus, den Rand des
Gesichtskreises nicht mehr erkennend. Hier sitzen wir ruhig
im Kahn, hingleitend über dunkele unsichtbare Tiefen, rechts
und links hemmen den Blick schon in halbviertelstündiger Entfernung fast senkrechte Wände; will das Auge hinaus, so muss
es sich aufwärts wenden zu den grau- und weissflimmernden
Wänden, von denen es vor kurzem herabblickte. Das Wasser
des Sees ist von tiefgrüner, fast ins Schwarze spielender Färbung und bei Sonnenschein an der Oberfläche in Regenbogenfarben schillernd. — Der See wird von vielen mit dem Vier-
waldstädter See verglichen, allein mit grossem Unrecht, besonders wegen der so verschiedenen Gebirgsbildungen Der See
ist eine enge Kalkkluft und ein vom Wasser ausgegossener Pass
Lueg, umstarrt von Riesenwänden, welche den Wänden des Vier-
waldstädter Sees an Höhe nichts nachgeben. Der Abfluss des
Sees ist durch eine Schleuse gesperrt, weil vieles Holz von den
Bergwänden des Sees in diesen getriftet wird.

Nur eine kleine Bucht des Sees liegt vor uns; unser Nachen schwimmt auf klarer grüner Flut dahin, noch erkennt man
jedes Steinchen in der schon beträchtlichen Tiefe; plötzlich verschwindet der Boden und wir schweben über bodenloser Tiefe.
Rechts liegt das Inselchen *Christlieger* oder *St. Johann* mit der
Kapelle des heiligen Johannes, des Schutzherrn der Schiffer. Die
Bildsäule des Heiligen ist ein Denkmal einer Rettung aus grosser Gefahr; vier Personen stürzten 1711 hier in den See bei
einem Sturme, retteten sich aber doch hierher. Anlagen ver-

schönern das kleine Eiland. Kühn und trotzig springt jetzt eine
Wand von der rechten Seite vor in den See und stürzt senkrecht in denselben ab, der *Falkenstein*, ähnlich dem Falkensteine
am Wolfgangsee. Das Kreuz an der Wand bezeichnet die Stelle,
wo vor 100 Jahren ein Schiff mit Wallfahrern scheiterte. Hat
man dieses Vorgebirge umschifft, so liegt der See in seiner ganzen Länge vor Augen, eine Ueberraschung eigener Art. Er
gleicht einem 2 St. langen Strome, von der Breite nur einer
Viertelstunde, begleitet von hohen mauerartigen Wänden; auf
den Kanten der Felsschichten reihen sich Bäume in langen Linien; nur dann und wann sind die Seitenwände durch herabziehende Schluchten zertheilt und dann blickt man hoch hinauf
zu weissgrauen, 7—8000' hohen, fast senkrecht herabstürzenden Kalkwänden. Den Hintergrund des Sees umschliesst die
Sagereckwand, über welche der *Grünseetauern* und über diesem
die *Feldalpe* neben dem links noch höher aufsteigenden *Funtenseetauern* sich erhebt. Ueber der *Feldalpe* thürmt sich die 8385'
hohe *Schönfeldspitze*, des Steinernen Meeres auf, die jedoch, je
weiter man den See hinaufführt, hinter den Vorbergen mehr und
mehr untertaucht. Die meisten Reisenden halten die Wände für
viel zu niedrig, aus Mangel eines Maassstabes; denn die unmittelbar aufragenden Wände haben eine Höhe von 1—3000';
das zweite sich darüber ins luftige Grau aufbauende Stockwerk
erhebt sich 6000 und mehr Fuss über den See; denn dieser liegt
2000' über dem Meere, der *Watzmann* 9000', die *Schönfeldspitze*
über 8000', die *Stuhlwand* und der *Funtenseetauern* ebenso hoch,
lauter Berge, welche in den See herabschauen. Schön lässt es,
wenn man einer Gesellschaft lustiger Ruderer im See begegnet,
die vielleicht dicht unter den hohen Wänden hinführt, dann erst
erkennt man bei der Kleinheit der Figuren das Grosse der Gegend.

Links sieht man den *Königsbach* über rothe Felsenbänke
herabrauschen, ein unbedeutender Wasserfall, der jedoch zur
Zeit des Holztriftens ein schönes Schauspiel gewährt, wo oben
im Königsthal das Wasser zum Teich gestaut ist. Bei der An-
wesenheit des Königs wird gewöhnlich die Schleuse geöffnet und
der Holzstrom stürzt von der Höhe in den See herab; man
nennt dieses den *nassen Holzschliff*. Unten am See liegt die

Alpe *Ronen*, wie überhaupt, trotz des steilen Abfallens der Wände längs dem ganzen östlichen Gestade, ein Pfad an verschiedenen Sennhütten vorüberführt. Die Felsenwand zur Linken, vom Königsbach an bis zum Kessel, der nächsten Schlucht, heisst der *Nasspalfen* (Palfen = Felsen). Die Schiffer rudern gegen die Mitte desselben zu, halten inne und feuern an der *Schallwand* oder *Im Echo* ein mitgenommenes Gewehr ab, was man ja nicht vergessen darf; denn es ist kein gewöhnliches Echo, sondern ein Donner, der immer zunimmt und durch das ganze Gebirge rollt, von starken Schlägen unterbrochen. Hier *Am Echo* ist der See am tiefsten (636'). Nicht weit davon liegt das *Kuckler Loch*, eine von Wasser erfüllte Höhle, in welche ein Theil des Sees abfliessen und jenseits den Gollinger Wasserfall bei Kuchl bilden soll. Siehe Schwarzbachfall S. 192.

Es dauert nicht lange, so landen wir und zwar im *Kessel*, wo die linke Thalwand durch eine Kluft, die sich tief hineinzieht, unterbrochen wird; im Hintergrunde der Schlucht stürzt der *Kesselbach*, der sich oben auf den Alpen gesammelt hat, herab und bildet einen schönen, wenn auch nicht wasserreichen Wasserfall. Den ganzen Felsenwinkel (die s. g. *Wallnerinsel*) hat der Kaufmann Wallner mit Anlagen versehen; sie führen in den hintern schauerlichen Kessel zum Wasserfall. Besonders überraschend ist aber der Rückblick durch das saftige, von der Sonne durchglühte Laub der Ahornbäume hinab auf die spangrüne Fläche des Sees und über die Bäume hinan zu dem weissen Gezack des Watzmanns. Von hier führt ein bequemer Reitweg hinauf zur *Gotzenalp*, einem Hauptaussichtspunkte. In ¼ St. zu Wasser erreicht man *St. Bartholomä*, von welchem der See auch der *Bartholomäsee* genannt wird. Dem Kessel schräg gegenüber, südwestlich, öffnet sich nämlich eine wildschauerliche tiefe Schlucht bis zum Kerne des Watzmanns und gestattet dem Blick, in die innerste Wüste der Hochkalkalpen einzudringen. Rechts thürmen sich Zacken auf Zacken, durch furchtbare mit Schnee angefüllte Schründe zerrissen; durch Wolken hindurchdringend, stechen die Hörner hoch oben hinaus in den blauen Aether. Alles kahl, starr und weissgrau; nur auf den Kanten der untersten Felsen kriecht Krummholz hinan. Schneefelder

ziehen in allen Furchen tief herab bis zum Thalboden. Das
tiefste ist die *Eiskapelle.* Links steigt die *Hachelwand* auf; sie
scheint ihren Schichten nach, auf dem Wege vom Kessel nach
St. Bartholomä gesehen, ein Bruchstück, das sich vom Watzmann getrennt und links in den See gesenkt hat, wodurch die
ganze sich hier erschliessende Schlucht entstand, diese heisst
das *Eisthal.* In der Mitte der Fahrt vom Kessel aus lässt man
anhalten; denn bei günstiger Beleuchtung, Nachmittags, ist es
der interessanteste Punkt: links die Hachelwand, gegen den See
zu bewaldet; rechts der Fuss des Watzmanns, der *Eichenkopf,*
dessen Absturz zum See ebenfalls bewaldet; zwischen beide hinein die lichtgraue, schneegestreifte, öde, schaurige Felsenwelt.
Die höchste Spitze der *Hachelwand* ist der *Hachelkopf* (6417');
links unter ihm der burgähnliche Fels ist der *Burgstall.* Der
aus dem Eisthale herauskommende *Eisbach* hat sich, weil er aus
einer zertrümmerten Gegend kömmt, durch den mitgeführten
Schutt eine weit in den See hineinziehende, aber niedrige Halbinsel, die *Hirschau* genannt, erbaut. Auf ihr liegt *St. Bartholomä,* so heisst nämlich eine alte Wallfahrtskirche, welche dem
Heiligen gl. N. geweiht ist, und ein 1732 erbautes Jagdschloss.
Schon 1134 stand hier in dieser, von aller Welt abgesonderten,
Gegend eine Kirche. Noch jetzt ist hier am Bartholomäustage
eine grosse Wallfahrt; dann strömts von allen Seiten herbei,
aus allen Schluchten des Sees, über seine Felswände herab ziehen Züge von Wallfahrern; des Nachts leuchten auf allen Höhen Feuer. Die Halbinsel ist so niedrig, dass man glaubt, die
doppelt bethürmte Kirche schwimme auf den Fluten. Im Jagdschlösschen wohnt ein Förster, bei dem gutes Bier und Saiblinge oder Salmlinge (geräuchert: Schwarzreiter), die bekannten
Bewohner der Alpenseen, und sehr gute Käse zu erhalten sind.
Wer übernachten will, muss sich mit einer Streu begnügen.

Wer die Naturgeschichte des Sees kennen lernen will, findet im Vorhause eine Menge Abbildungen von hier erlegten oder
gefangenen Thieren, unter denen besonders die Ahnen der jetzigen Saiblinge durch ihre Riesengrösse auffallen; auch ein See-
gefecht mit einem Bären ist abgebildet, darunter die Erzählung
in Versen. Vor allem aber finden Wassergutschmecker hier das

köstlichste Wasser der Gegend. An heissen Tagen erblickt man
von hier aus gewöhnlich Hirsche und Gemsen, welche sich, auf
den tiefen Schneefeldern liegend, kühlen; auch sie geben einen
Maassstab; die Schneefelder erscheinen ganz nahe, jene Thiere
aber nur wie schwarze Punkte, und erst mit Hilfe eines Fernrohrs erkennt man die Gestalten. Von Reisenden ist es hier
fast immer voll.

Die *Eiskapelle*, ¾ St. von St. Bartholomä. Wer eigentliche
Gletscher in den Kalkalpen sucht, wird sich getäuscht finden.
Wenn auch die Uebergossene Alpe, der Dachstein u. a. auf ihren
Hochflächen weite Eisfelder tragen, so ist es immer nur das
lockere Gefüge des Firneises, wie es Hugi nennt; es sind nicht
die vielfach zerklüfteten, und in Eispyramiden und Obelisken
zerspaltenen, grünblauen Eisströme der Hochthäler. Die Schneeeismasse der Eiskapelle ist ausserdem nicht sehr beträchtlich
und erscheint dem Nahenden bei den ungeheuren Umgebungen
noch kleiner, als sie ist. Sie besteht in einer grossen Schneeanhäufung an einer Stelle, wo sich mehrere Schneerinnen vom
Watzmanne herab vereinigen, wo also wegen der Steilheit des
Gebirges unaufhörlich Lawinenstürze erfolgen; die Hachelwand
lässt nur in den längsten Tagen einige Sonnenstrahlen zu. Gerade da, wo sich im Rücken dieses Schneefeld an die Wände
des Watzmanns anlegt, fällt ein Bach aus den schmelzenden
Schneefeldern, welche der Mittagssonne ausgesetzt sind, herab.
Er hat sich einen Durchgang gebohrt, unter dem er wieder hervorrauscht, und hier ein Gewölbe über sich gespannt, ähnlich
den Schneebrücken im höheren Urgebirge. Das Eindringen in
die Grotte ist nicht ungefährlich wegen des öftern Abfallens von
Blöcken. Im Winter von 1860—61 wurde sie durch einen
Schnee-, Eis- und Felsensturz ganz verschüttet und ist seitdem
unzugänglich. Die Hauptsache jedoch dieses Ausfluges ist die
Umgegend, wohl einer der schauerlichsten, ödesten Winkel unseres Erdtheils, in welchen man sich so plötzlich innerhalb ¾ St
versetzt sieht. Die Erscheinungen, die anderwärts nur auf Wegen von vielen Stunden folgen, bieten sich hier zusammengedrängt in einer Entfernung von ¾ St. Von *St. Bartholomä* zur
Eiskapelle wandert man über die üppig grünende *Hirschau* unter

dem Schatten der Ahorne dem Eingange der Schlucht zu. Statt eines Bollwerks steht da eine friedliche Kapelle *St. Johann* und *Paul*, gleichsam um die wilde unwirthbare Natur zu versöhnen und zu beschwören; hier sprudelt der berühmte Brunnen, zu dem jeder Wassertrinker wallfahrten sollte. Schaurig drohen die Zacken im Hintergrunde. Durch den Wald gelangt man schnell zur Krummholzregion; immer kahler und schauerlicher wird die Gegend; bald erblickt man das Eisgewölbe; über Felsblöcke rauscht der Bach heraus, eisige Kälte hauchend. Den Bach mehrfach überspringend, gelangt man in das Innere. Nur wer darin stand und hoch über sich das blaue Eisgewölbe sah, kann ein Urtheil fällen über diese Scene.

Den schnellen Wechsel verkündet besonders der Pflanzenwuchs dieses Thales: Juncus Hostii, Carex mucronata, Gymnadenia odoratissima, Salix hastata, retusa, Soldanella alpina, Primula Auricula, Cistus oelandicus, Lunaria rediviva, Betonica Alopecuros, Hieracium staticifolium, villosum, Achillea atrata, Senecio abrotanifolius, Aster alpinus, Erigeron alpinum, Rhododendron hirsutum, Chamaecistus, Veronica saxatilis, Athamanta cretensis, Saxifraga caesia, aretioides?, burseriana, moschata, aizoon, Dryas octopetala, Ranunculus alpestris.

Den schönen Fall des *Schranbachs* rechts lassend erreichen wir zu Wasser das oberste Ende des Sees bei der Alpe *Sallet*, deren Hütte am Gestade des Sees liegt. Zur Linken hat sich unterdessen ein hinteres Seitengemach des Sees erschlossen, ein grossartiger Felsenkessel wunderbarer Art. Auf einem Fusspfade von *Sallet* aus kommen wir zu einem in den See fliessenden Bach, dem wir entgegen gehen, zwischen ungeheuren Felsblöcken, die umher zerstreut liegen; an einem kleinen, kaum bemerkbaren See, dem *Mittersee*, vorübergekommen, stehen wir plötzlich vor dem herrlichen *Obersee*. Der *Obersee*, obgleich nur $\frac{1}{4}$ St. lang und $\frac{1}{4}$ St. breit, gehört dennoch zu den grossartigsten Bildern Berchtesgadens. Links die senkrecht aufsteigende *Kaunerwand*, von der ein Staubbach herabweht, rechts die eben so steile, doch auf ihren häufigeren Absätzen mehr bewaldete *Walchhüttenwand*; den Hintergrund vermauert eine prächtige rothe Marmorwand, über welche, in viele Arme getheilt, der schöne *Röthenbachfall* herabrauscht. Ueber jener Marmorwand, auf welcher die vorhin besuchten Alpen (Branntweinhäusl) liegen, erhebt sich eine zweite mächtige Stufe in die höhere Felsenregion,

es ist der *Laubsattel;* er stürzt rechts steil ab; weissgrau mit
dicken Schneelagen treten hinter dem *Laubsattel* die zwei *Teu-
felshörner* hervor; der kleine Kopf unter ihnen ist der *Lenninger Kopf*, und nun in der Tiefe der dunkele magische Spiegel,
der alle jene Scenen in sich verdoppelt; seine Fläche reicht von
einer Wand zur anderen. Die grösste Wirkung thut die späte
Abendbeleuchtung, wenn die düsteren Wände den See doppelt
verdunkeln, wenn nur noch die Teufelshörner, von den letzten
Strahlen der Sonne ergriffen, aus dem schwarzen Seespiegel heraufleuchten. Wir besteigen hier ein zweites Fahrzeug, um auch
diesen See zu durchschiffen; sollte es aber an einem Schiffer
oder Kahn fehlen, so kann man zur Noth auch rechts am See
hin; nur eine Stelle, gerade die höchste, ist etwas misslich,
schmal und schurrig. Am anderen Gestade findet man wieder
eine Sennhütte, die Alpe *Fischunkel.* Hier werden jährlich grosse
Hirsch- und Gemsenjagden gehalten, nachdem das Wild von
den umliegenden Bergen äusserst mühsam und gefährlich wochenlang zusammengetrieben wird. Da die Gemsen hier sehr
gehegt werden, so gibt es deren sehr viele. Die Hauptsache,
weshalb man jedoch hierher gekommen ist, ist die entgegengesetzte Ansicht des Sees. Rechts und links wiederum die himmelragenden Wände der Kaunerwand und Walchhüttenwand,
welche ein weites Thor bilden; den Hintergrund versperren die
Hachelwand und der Watzmann; hoch erheben sich hier und
weit von einander die Gipfel des letzteren. Der Watzmann selbst
erscheint hier von seiner breiten, aber senkrecht abstürzenden
Seite in furchtbarer, alles niederdrückender, Grösse; denn bis
herab und allenthalben auf seinen Schichtenbänken zeigt sich
auch nicht die Spur einer Pflanze. Hachelwand, Kleiner Watzmann und Grosser Watzmann sind weissgraue, senkrechte Wände,
welche sich hinter einander hinschieben und einander überragen.
Auch hier macht die Verdoppelung dieses Riesenbildes im Seespiegel einen ausserordentlichen Eindruck.

Von *Sallet* stehen 2 Wege zu einem der interessantesten,
aber dennoch von Reisenden nur selten unternommenen Ausfluge offen, nämlich auf die sich gerade im Süden des Königssees stufenweis aufbauende Gebirgswelt. In der Kalkmulde der

ersten Stufe liegt der herrliche *Grünsee;* durch den *Grünseetauern*
getrennt, ruht in der zweiten höheren Mulde der *Funtensee;* die
Wasserwelt der dritten Stufe ist im Augenblick eines Sturmes
versteinert, daher heisst sie das *Steinerne Meer.* So hoch aber
hier vom Königssee die Gestade stufenweis hinansteigen, so tief
und plötzlich stürzen sie von diesem Meere jenseits hinab in die
schwindelnde Tiefe des Pinzgan's. Von *Sallet* aus windet sich
unmittelbar ein Pfad die pflanzenreiche *Sagereckwand* hinan; auf
ihm gelangt man am kürzesten über die *Sagereckalpe* (4238')
zum *Grünsee* (4343') in 2¼ St.; aber ob es gleich ein Viehtrieb
ist, so ist doch eine Stelle, wegen in der Höhe vortretender Felsen, schwindelnden Personen nicht anzurathen; zugleich erschliesst sich der Ueberblick über den See zu allmählich und
stört die Ueberraschung. Schwindelfreien möchte daher dieser
Steig als Rückweg eher zu empfehlen sein. Zur linken Seite
des Wegs liegt die ebenfalls pflanzenreiche *Halsalpe.* Der zweite
Weg, den wir jetzt verfolgen, bringt uns wieder an Bord. Wir
fahren wieder zum *Schranbachfall* zurück. Er ist der grösste
Wasserfall der Gegend; weithin stürzen seine Fluten über und
bestäuben den Schiffenden schon in der Ferne; malerisch ist er
nicht. Noch ehe wir ihn erreichen, landen wir; links brechen
am Rand des Sees zwischen den Geschieben unzählige Quellen
hervor, die von den Schiffern als der Abfluss des hoch oben liegenden Funtensees angesehen werden und es auch wahrscheinlich sind trotz aller dazwischen liegenden Quellen und Gegenden. Der *Funtensee* hat eine geringe Tiefe, wird bei stürmischem Wetter bis auf den Grund aufgeregt und erhält dann eine
braune Farbe, während der tiefe *Grünsee* die Ehre seines Namens behauptet. So oft sich der Funtensee trübt, trüben sich
auch diese Quellen. Alle Gewässer waren längst hell, der Funtensee allein noch trüb, und so auch dieser Abfluss.

Der *Schranbach* ist unser Führer einige Stunden weit. Da
wir seinem Falle nicht wie ein Lachs folgen können, so müssen wir seinen untersten Sturz umgehen. In manchen Windungen steigen wir im einsamen Walde hinan; nur die Axt des
Holzschlägers und das Herabblöchern der Scheiter an den Wänden unterbricht die Stille. Nach ¼ St. haben wir den Bügel des

Falles erreicht und somit den ebenen Theil des Thales, die
Schranbachalpe (2757'), ein wahres Kalkalpenthal; der mächtige
Schranbach, der erst wieder am festen Gestade hervorbricht als
Bach, um sich über dasselbe als Wasserfall in den See zu werfen, ist verschwunden, er fliesst unterirdisch.   Durch einzelne
Felsblöcke zwängt sich der Pfad. Es ist ein Felsenkessel, ein
ehemaliger, jetzt mit Geschieben erfüllter See. Nicht lange
dauert es, so hört das an die Todtenstille gewöhnte Ohr wieder ein Rauschen; man sieht ein leeres Kiesbett, an dessen Geschieben man deutlich die Spuren eines vielleicht erst gestern
darüber hingeströmten Baches erblickt. Noch mehr wundert man
sich, wenn man bald darauf wirklich den Bach über Felsenblöcke
herabrauschen sieht; er läuft eine Strecke obenauf, wird dann
aber von seinem kiesigen Bett, wie von einem Schwamme, auf-
gesogen. Nur bei unhaltendem Regenwetter, wenn der mit Geschieben ausgefüllte Felsenkessel gleichsam gesättigt ist, fliesst
der Bach sichtbar in seinem Bette. Die Felsen, über welche der
Bach herabrauscht, sind wieder ein fester Felsendamm, welcher
das in den jenseitigen Becken gestaute Wasser nicht durchlässt.
Man steigt, einen Steg überschreitend, rechts hinan; so auffallend da unten der Bach plötzlich vor uns in seinem Bette verschwand, eben so plötzlich sehen wir ihn oberhalb aus seinem
Kiesbett hervortreten; zwischen jedem Steinchen brechen schwächere und stärkere Quellen hervor. Sein übriges Bett thalaufwärts ist wasserleer. Rechts und links hohe graue Kalkwände,
deren rothe Abbrüche, wie die noch scharfkantigen zerschell-
ten Felsblöcke in der Tiefe, beweisen, dass hier oft grosse Trümmer herabstürzen. Man setzt noch über zwei Felsenriegel, deren
Kessel nicht ausgefüllt sind, und erreicht die Alpe *Unterlahner*
(3254'), welche im hohen Sommer verlassen ist. Rechts führt
ein Steig auf die Alpe *Sigeret* und über *Trischübl* (5543') ins *Wimbachthal*. Man rastet hier, denn es beginnt jetzt ein mühsames
Stück Weges, die *Saugasse*. — Hier: Tozzia alpina, Hieracium
humile.

Die Alpe *Unterlahner* ist nämlich fast allenthalben von fast
senkrechten Wänden umschlossen; nur nach Süden hinauf öffnet sich eine Spalte, eine Klamm, rechts und links von senk-

rechten, selbst theilweise überhängenden Wänden begleitet. Von
oben herab ist diese Kluft von Schutt und Felsblöcken ausgefüllt, auf welchen sich in 77 Windungen der Weg eine starke
Stunde hinanleitet. Ehe man noch die Hälfte erreicht, rieselt
links unter einem vorspringenden Gewölbe, welches auch zum
Schutz gegen Regen dienen kann, eine eiskalte Quelle. An dieser Wand hängt ein Block wie angelehnt, der *Heirathstein*, dahinter ist eine Oeffnung; wer als Junggeselle durch diese Oeffnung hindurch wirft, muss noch in demselben Jahre heirathen.
Der Rückblick ist äusserst beschränkt; nur der Jenner lugt
durch die Schlucht herein. Das obere Ende der *Saugasse* ist
durch ein Mauerwerk verschlossen; der obere Mauerrand hat
gleiche Höhe mit der Fortsetzung des nun wieder ebneren Thales. Das in dem oberen Gebiet zusammengetriebene Wild, besonders Säue, wurde genöthigt, von der nicht sehr hohen Mauer-
höhe hinabzusetzen, konnte nicht zurück, sondern musste durch
diese enge Schlucht hinab, wo es dann erlegt wurde, daher die
Saugasse.

Die nun folgende bedeutend höher liegende Thalgegend
heisst *Oberlahner* (4441'), mit einer frischen Quelle links unter
dem Wege. Wenn auch das Thal ebener wird in seinem Anstiege, so wird nun der Boden desto ungleicher; allenthalben
treten Felsenriffe hervor und erschweren das Gehen. Je mehr
aber die Pflanzenwelt durch dieses Ueberhandnehmen der Felsen beengt wird, desto kräftiger scheint sie sich zu entfalten,
desto üppiger sprosst sie zwischen dem Geklipp hervor. Von
hier an beginnt seiner Natur nach schon das Gebiet des Steinernen Meeres, nur sind hier noch seine Gebilde theilweise von
dem Pflanzenwuchse bedeckt und umhüllt. Wie am Untersberg,
reiht sich auch hier ein Felsenkessel an den anderen an, nur
umfangreicher und von höheren Rändern umragt. Jetzt geht
es einmal hoch hinan, dann auf dem Rand eines Felsenkessels
hin, der vollkommen den gebleichten Rückenwirbeln eines Rie-
senthieres gleicht; vorsichtig muss man die Füsse stellen, um
sich nicht einzuklemmen oder abzugleiten; an den schwierigsten
Stellen sind Balken an die Felsengrathe befestigt, um den Pfad
etwas breiter zu machen; bald führen Stege über kleinere Kes-

sel hinweg. Links hat man auf diesem beschwerlichen, aber
nicht gefährlichen, Wege den *Simmetsberg;* an ihm hin steigt
man über einen Felsengrath, welcher den *Simmetsberg* mit dem
Deltstein verbindet, in den Felsenkessel des *Grünsees*, der zu-
gänglichste Weg dahin. Wir steigen nochmals auf hohen Felsenstufen mühsam hinan und allmählich abwärts durch das *Ofenloch.* Der weite Felsenkessel des *Funtensees* erschliesst sich grösstentheils von dem seichten *Funtensee* (5060') erfüllt.

Mehrere Sennhütten liegen am einsamen Gestade; man kann
links und rechts hinüber nach den Hütten gelangen; wir halten
uns jetzt links, wo die Berge ein steiles Gestade bilden. Hier
kommen wir zur *Teufelsmühle,* wo man auf in dem See liegenden Steinen hingehen muss, weil der Berg unmittelbar in senkrechter Wand zum See abfällt; hier hört man ein unterirdisches
Getöse, ähnlich dem Geklapper einer Mühle, daher der Name;
hier ist der Abfluss des Sees, denn alle schwimmenden Körper
ziehen sich dahin. Seinen Abfluss unten am Königssee bemerkten wir schon. An den übrigen Ufern breiten sich überall Wiesen aus, ehe die Gebirge ansteigen. Gerade gegen Osten steigt
über einem grünen Vorgebirge links der *Funtenseetauern* (8088')
auf; rechts setzt das Gebirge fort über die *Leiterköpfe*, und
wird durch einen tiefen Einschnitt von dem sich dann als scheinbar spitzige Pyramide erhebenden *Schottmalhorn* (7001') unterbrochen; rechts dahinter starrt die kahlgraue Welt des Steinernen Meeres, gegen Süden wiederum eine hohe Pyramide, der *Viehkogl* (6827'), hoch in die Lüfte.

Wir suchen nun eine Sennhütte am südöstlichen Ende des
Sees zu unserem Standorte aus. Es sind hier nur Sennerinnen
und die Wirthschaft reinlich, die Gesellschaft lustig; bald wird
sich eine Gruppe neugieriger Sennerinnen versammelt haben, um
den Fremdling, dem sie schon von ferne zujauchzten, näher zu
betrachten. Vom Königssee herauf braucht man 4—5 St. Unser
erster Ausflug bringt uns auf die *Feldalpe* (5832'); sie ist nur
1 St. vom *Funtensee* entfernt und liegt in dem tiefsten Einschnitt
des Rückens, welcher das Becken des Funtensees von dem des
tiefer liegenden Grünsees trennt oder den Funtenseetauern mit
dem Simmetsberg verbindet. Unser Weg führt anfangs über ein

hügeliges Gebiet von anfgeschwemmtem Boden, mehrfach zerrissen von Bächen, d:e allseitig herabrinnen zum See; dann, links an die Wand sich haltend, kömmt man, nachdem ein Alpenzaun überstiegen ist, zn einem Schirme (kleines Blockhaus zum Untertreten bei Wettern), von wo man einen schönen Rückblick auf den See von der entgegengesetzten Seite hat. Rechts die *Klungleite*, der Südabhang des Simmetsbergs, mit grösstentheils abgestandenen Lärchen und Zirben, denn allenthalben schaut das kahle Gerippe der Erde hervor; links der *Viehkogl*, an dessen dunkeler, noch mit Pflanzen umhüllter Schulter das Steinerne Meer einen Arm, ähnlich einem herabhängenden Gletscher, weissgrau, völlig pflanzenleer, stufenweis zwischen bewachsenen Höhen herabsenkt auf grünende Matten, der *Schönbühl* genannt; rechts darüber zackt schroff und kahl, mit Schneefeldern umlagert, der *Hundstod* (8224') empor, ein Felsenstock, durch den sich der Grath des Watzmanns an die südliche Hauptmasse anlegt. Doch wir eilen weiter, indem wir uns links wenden, um auf die Einsattelung des *Grünsectauern* zu kommen, welche das *Feld* heisst. Rechts hat man die hoch aufragenden Wände des *Funtenseetauern;* an der Sennhütte der *Feldalpe* vorüber kommen wir zn äusserst merkwürdigen Felsgebilden der verschiedensten Art, eine Eigenthümlichkeit des Steinernen Meeres. Wenn wir schon auf dem Untersberge, dann auf unserem Wege hierher die bald grösseren, bald kleineren kesselförmigen Vertiefungen bemerkten, wo eine an der anderen lag, so dass das Ganze einem zelligen Gewebe glich, so haben wir hier das Gegentheil vor uns; statt der einwärts gewölbten Kessel treten hier gleichsam Kugelabschnitte einer neben dem anderen heraus, wie grosse aufgetriebene, unzerplatzte Blasen, während jene Kessel die aufgesprungenen Blasen darstellen, deren Ränder Ringgebirge des Mondes sind. Dazu kömmt, dass diese Kugelabschnitte gegen die Tiefe fächerförmig zerklüftet sind, wie der Ausguss eines Gletschers; letztere Risse mögen vielleicht von den Wurzeln der auf ihnen gestandenen Bäume entstanden sein, welche dann vom Wasser erweitert wurdou; die Farbe dieser Wölbungen ist weissgrau, öfters roth. In den engen Zwischenräumen, wo die Wölbungen an einander grenzen, sprosst eine üppige Alpenflora;

Rhododendron, die Alpenrose (Rosa alpina), Vergissmeinnicht u. a.
Wie man dort auf den schmalen Grathen zwischen den Felsenkesseln hinwanderte, so hier in den engen tiefen Zwischenräumen zwischen den Aufwölbungen, die oft so eng sind, dass man
den Fuss einklemmt. Eine andere Art der Bildung ist die schon
erwähnte, wo die Kalkriffe bald den Rückenwirbeln eines Rie-
senthieres oder stark gezackten und ausgehöhlten Schlacken gleichen. In Betrachtung dieser merkwürdigen Gebilde gelangen
wir unvermerkt (in 1 St.) vom *Funtensee* auf das *Feld*, eins der
schönsten Aussichtsbilder der Alpenwelt; es ist keine unbe-
schränkte Rundsicht, sondern ein Durchblick durch alle Erscheinungen der Kalkalpenwelt. Unter uns in senkrechter Tiefe der
dunkele grünblaue *Grünsee* in seinem Kessel, von Alpen umgeben, rechts und links aber durch Bergwände verschlossen, die
nur nördlich sich weit öffnen; dorthinwärts, unmittelbar über
dem Rande der Alpe, strömt in Gestalt eines breiten, herrlichen, grünen Stromes der Königssee gleichsam unter unseren
Füssen aus dem Berge hervor, indem sein oberes Ende durch
die Vorstufe des Grünsees bis zur Halbinsel St. Bartholomä verdeckt ist; nur das Schlösschen zeigt sich gerade noch; von da
an steigt er scheinbar, da wir gerade in seine Längenerstreckung
blicken, aufwärts bis zum Falkenstein, wo er sich links umbiegt
und verbirgt; rechts und links fallen die beiderseitigen Schroffwände in die tiefe Spalte des Sees ab, rechts auf ihren Höhen
die Matten der Kauner-, Regen- und Gotzenalpe tragend, überragt vom Jenner, dem Brett, Schneibstein und Fagstein. Links
tragen die vorderen Steilwände des Sees die Alpen Herren- und
Kühraln; dann aber baut sich in kühnen Schneiden, Schichten,
Wänden und Hörnern die Riesengruppe des Watzmanns auf, zuerst die Zackenreihe des Kleinen Watzmanns, welche sich zur
Hohenspitze hinanschwingt, das Eisfeld der Watzmannsscharte
deckend; wiederum näher steigt die Hachelwand, das Eisthal
bergend, unter der zweiten Spitze des Watzmanns, der Schönfeldspitze, herum an den Grath des von dieser abstürzenden Zuges. Der rundliche Felsenkopf, wo sich die Hachelwand am
Felsenkamm des Watzmanns anlegt, ist das *Tabaksmandl.* Dann
senkt er sich auf eine Scharte, durch die man über die *Sigeret-*

alpe in das *Wimbachthal* steigt, und erhebt sich schnell wieder
über die *Rothe Leite* zum *Grossen Hundstod.* Unter der Hachelwand und über dem Grünsee steigt der felsige, bebuschte Simmetsberg empor, über den linken Schultern des Watzmanns der
Steinberg mit dem Hochkalter. Doch wir kehren zur Aussicht
nach Norden zurück. Zwischen dem Abfalle des Watzmanns und
des Brettes zeigt sich eine liebliche Fernsicht: über dem Kührain der Untersberg, durch den Ferndust gemildert, in der Tiefe
auf grünen sonnigen Höhen der Markt Berchtesgaden, rechts
der waldige Schwarzort zur Göllgruppe ansteigend. Zwischen
Untersberg und Schwarzort ein abermaliger Durchblick hinaus
in die Gegend von Salzburg, welche der Gaisberg beherrscht;
dahinter endlich die Linien des Flachlandes. — Wendet man
sich nach Süden, so zeigen sich jenseits des Funtenseekessels
die erstarrten Wogen des Steinernen Meeres; als Leuchtthürme
umstehen es das Schottmalhorn, die hochaufragende Schönfeldspitze, oder das Teufelshorn oder Hochzinken, in schneidiger,
pyramidaler Gestalt, und der ihr ähnliche Viehkogl; weiterhin
rechts das *Diesbacheck.*

Flora: die meisten beim Schneibstein genannten Pflanzen, ausserdem: Eriophorum Scheuchzeri, Carex fuliginosa, Salix herbacea, Hieracium sphaerocephalum,
Achillea Clavenae, sehr schönes Edelweiss, Alchemilla fissa, Sibbaldia procumbens, Geum montanum, Cerastium latifolium, Alsine aretioides, Draba Sauteri,
Arabis coerulea.

Der zweite Ausflug führt uns auf den *Funtenseetauern* (8088').
Er bildet mit seinem Fussgestelle, der *Stuhlwand,* eine mächtige
Scheidewand zwischen den Alpen über dem Obersee und dem
über den südlichen Mauern des Königssees liegenden Alpenge-
biete; er tritt aus der Hauptmasse vom Steinernen Meere von
Süden nach Norden hervor, und stürzt steil in das Seethal zwischen Ober- und Königssee ab. Zu seiner Besteigung muss man
sich rechts von der Feldalpe halten zum *Stuhlgraben,* dann links,
wo das Klettern über das nackte Gehlipp beginnt. In 2½ St.
hat man die Höhe erreicht und geniesst eine herrliche Rundsicht,
zum Theil dieselben Gegenstände der Feldaussicht treffend, doch
viel umfassender, besonders im Süden, wo auch wieder die Uebergossene Alpe über den übrigen Gipfeln mächtig emporsteigt.

Der dritte, wohl unterhaltendste, wenn auch etwas müh-

16 *

same, aber wenigstens bei gutem Wetter nicht gefährliche Ausflug bringt uns endlich auf das so oft genannte *Steinerne Meer.*
Fast alle Kalkhochgebirge tragen ähnliche Flächen auf ihren
Rücken, auf etwas niedrigeren Höhen wird diese Bildung durch
Krummholz etwas verwischt; hier erscheint sie am ausgezeichnetsten. Im steierischen Gebirge heissen solche Hochflächen
Todtes Gebirge, es ist todtes, vom Fleische der Erde entblöss-
tes Gebein. Das *Steinerne Meer* ist eine niedrigere Hochfläche,
als die benachbarte Uebergossene Alpe. Im engeren Sinne ist
es eine nicht viel grössere Hochfläche als der Untersberg, im
weiteren Sinne aber hat es einen weit grösseren Umfang, und
die Becken des Funtensees, Grünsees u. a. sind nur eine etwas
tiefer liegende Stufe des Meeres. Das Meer erstreckt sich vom
Seehorn (7151') im Westen bis zum *Brandhorn* (7748') im Osten.
Schon auf dem Untersberge erkennt man deutlich sein östliches
und westliches Gestade. Wie es im Westen und Osten ein Randgebirge hat, so auch im Norden und Süden, so dass das Ganze
als ein grosser, geschlossener Raum angesehen werden kann;
eine Gobl, die sich nordwärts allmählich durch Stufen bis zum
Grünsee, dann freilich schnell zum See abdacht, südwärts aber
plötzlich bis zur bewohnten Tiefe ohne Vorstufen abstürzt. Das
Meer selbst besteht in einem Klippengewirre, wo sich die vorhin mehrfach erwähnten merkwürdigen Bildungen des Kalkes am
deutlichsten und stärksten zeigen. Bei guter Beleuchtung glaubt
man von einer der Höhen eine Mondkarte vor Augen zu haben;
dazu sind alle Rippen des nackten Gesteins glatt abgespült und
ausgewaschen, offenbar die Spuren starker Fluten.

Unser Weg führt uns vom *Funtensee* aus zwischen dem *Vich-
kogl* und *Hirschkopf* (6133') hinan zur Alpe *Schönbühl* (5895'),
welche am Anfang des Meeres, an der baierisch-österreichischen
Grenze liegt, indem der Funtensee noch zu Baiern gehört, der
Nordrand des Meeres aber die Grenze bildet. Vom *Schönbühl*
aus beginnt wieder die mühsame Klippenwanderung; in 2¼ St.
hat man die Zinne der *Weissbach-* oder *Hohen Scharte* (7195') erreicht und wird durch eine eben so schöne als merkwürdige
Aussicht belohnt. Im Süden stürzt die Höhe, auf der wir stehen, fast senkrecht ab gegen das Becken des Zeller Sees und

von Saalfelden, darüber die hohe Tauernkette mit der Eiswelt
des Glockners und Vischbachhorns, die sich stolz erheben. Neben und um sich hat man die weite Steinwüste, aus welcher,
von Schneefeldern umlagert, die schwer zu ersteigende *Schönfeldspitze* kühn und scharfschneidig als Pyramide (8385') emporsteigt; neben und hinter ihr glänzt die Uebergossene Alpe herüber; gegen Norden thürmen sich nah und fern die Kalkschroffen Berchtesgadens, eine hinter der anderen, auf, mit ihren
Zacken und schneeigen Scharten, nur hie und da dem Blicke
erlaubend, ins Grüne hinab zu dringen. Das schauerlichste, aber
erhabenste Bild gewährt hier ein stürmischer Tag, wenn sich
die Wolken über die graue Wüste jagen, wenn sie aufrauchen
aus den grauen Tobeln, wie aus Feueressen; wenn über ihnen
hin im fernen Süden der Glockner oder das Vischbachhorn sie
durchstechen, oder wenn sie selbst unter uns zerreissen und
plötzlich uns mitten in dieser grausigen Wüste ein liebliches,
sonniges Bild der bewohnten Welt tief unter uns zeigen.

Die arme Flora am Rande der *Steinwüste* gibt den Sommer über doch
2000 Schafen Nahrung; es finden sich: Horminum pyrenaicum, Rhododendron
ferrugineum, Veratrum Lobelianum, Papaver alpinum, Arabis caerulea u. a.; Empetrum nigrum in grossen Rasen; Kobresia, Sesleria microcephala, Oxyria digyna,
Leontodon Taraxaci, Aronicum Clusii, Filago Leontopodium, Valeriana supina. Galium helveticum, Cerastium latifolium, Draba Sauteri, meist in den *Hundstodgru-
ben*; einzelne, wie Draba Sauteri und Papaver alpinum oben auf dem Gipfel. —
Wie auf dem Tänengebirge ist auch hier in dem Geklipp das Murmelthier sehr
häufig.

Wir setzen entweder unseren Weg fort, indem wir anfangs
ziemlich steil über Felsen hinabsteigen zur *Weissbachalm* (5478')
und von da auf gutem Almwege leicht hinab nach *Saalfelden*
(3 St.), der lohnendste Gebirgsübergang von Berchtesgaden ins
Pinzgau, oder wir kehren zum *Funtensee* zurück. Doch führen
den Reisenden, der von hier weiter will, mehrere Steige fort:
der eine am Südfusse des *Hundstodes* hin über die *Diesbach-
scharte* (6440') in die *Diesbachalm*, und von hier entweder rechts
über die herrlichen Matten der *Kaltenbrunner Kematen* (4151')
und *Kammerlingalm* (4237') nach *Hirschbühl*, oder links an den
Wasserfällen des *Diesbaches* hinab in die Hohlwege. Ein zweiter interessanter, aber beschwerlicher Weg führt vom *Funtensee*
am *Schottmalhorn* vorüber über die Hochfläche zur *Buchauer*

Scharte (7222') und nun steil hinab über die *Kreuthofalm* (4964')
nach *A'm in Saalfelden* (in 6 St.). Ein dritter endlich, nicht
minder beschwerlich, zieht von der *Schönbühlalm* nördlich zwischen dem *Hundstod* (8227') und den *Gjaidküpfen* (7353') hindurch zur *Trischübialm* (5543'), in das *Wimbachthal* hinab und
durch dasselbe hinaus nach *Ramsau.* Wir dagegen steigen über
den *Grünsee* wieder zum *Königssee* hinab.

Zum *Grünsee* (4343') kommen wir auf doppeltem Wege: entweder über das Feld und dann an der steilen Wand des *Grünseetauern* hinab, oder durch das *Ofenloch* zurück auf dem Wege,
auf welchem wir heraufkamen, und dann rechts ab zwischen
dem *Peltstein* und *Simmetsberg* hindurch; dieses ist der Viehtrieb.
Die ganze Umgegend des *Grünsees* ist eine nach Norden zu offene Bucht; östlich von der *Hohenscheibe* (7666') und der *Stuhlwand*, dem nördlichen Vorsprung des *Funtenseetauern*, südlich
von dem *Grünseetauern* und westlich vom *Simmet* umschlossen;
im Norden tritt man frei hinaus auf die *Sagereckwand*, welche
steil zum Königssee hinabstürzt. Der Boden der ganzen Bucht
ist voller Höhen und kesselförmiger Tiefen. Die Zirbe (Pinus
cembra) ist ziemlich allgemein verbreitet. In dem tiefsten und
hintersten Winkel, welchen der Tauern und Simmet machen,
schimmert der prächtige, wenn auch kleine *Grünsee;* er soll sehr
tief sein, daher seine herrliche Farbe, welche ihm den Namen
gab, nicht durch Stürme und Regen getrübt wird. In einem
noch kleineren Felsenkessel liegt der *Schwarzsee.* Mehrere Alpen
beleben die sonst einsame Gegend, die *Grünsee-, Hals-* und *Sagereckalpe.* Vom *Grünsee* ziehen wir zu der letzteren und werden hier durch eine prächtige Aussicht überrascht, ähnlich der
vom *Feld*, aber beschränkter; doch den See überblickt man
hier ganz von der Alpe Sallet an bis hinaus zum Falkenstein;
besonders grossartig macht sich der Blick in die fast senkrechte
Tiefe auf die obere Bucht des Königssees. Steil und abschüs-
sig windet sich der nicht allen anzurathende Pfad an der *Sagereckwand* hinab. Von der Alpe *Sallet*, wo wir unseren Schiffer
von St. Bartholomä vorher zur bestimmten Zeit bestellt haben,
fahren wir wieder zurück und eilen nach Berchtesgaden.

Zu vier anderen Ausflügen wählen wir das 2 St. von Berch-

tesgaden liegende *Ramsau* als Standort. Westlich der Strasse
aus Berchtesgaden folgend, ist uns dahin 1½ St. lang die oben
erwähnte *Soolenleitung* eine Führerin. Das ganze *Ramsauer Thal*
ist im höchsten Sinne malerisch durch die ausserordentlichen
Gegensätze des üppigsten Grüns, dicht belaubter Ahorngruppen
und grauer, in die Wolken ragender Felsenmassen, in Gestalten, wie sie sich der Maler nicht schöner denken kann. Die
Ramsauer Ache wird bei starkem Regen grau getrübt, so dass
sie einem Gletscherbache gleicht und dann sehr von der klaren
Königsseer Ache absticht. Der aus dem ganz mit Schutt erfüll-
ten Wimbachthale kommende Bach gleiches Namens ist die Ursache dieser Trübung; denn oberhalb der Einmündung desselben ist die Ache klargrün. In 1½ St. erreichen wir die *Ilsang-
mühle*, wo das zweite Brunnenhaus steht mit einer Reichenbachi-
schen Soolenhebungsmaschine. Diese Maschine hebt die Soole
1218' hoch empor, um sie über den Sattel der Schwarzbachwacht
leiten zu können. Die Leitung steigt hinter dem Brunnenhause
sogleich aus dem Thale in vielen Windungen 3605' lang zu dem
Söldenköpfl, einem Vorsprung des vom Lattenberg herabziehenden Vorgebirgs, welches sich 1218' über das Brunnenhaus erhebt, und wo sich wieder ein Brunnenhaus befindet, doch ohne
Maschine, weil nun die Leitung ununterbrochen abwärts geht;
sie hält sich immer rechts oben an der Thalwand und umzieht
den *Todtenmann* (4302'), einen Vorberg des Lattengebirges.
Aeusserst reizend ist der ganz ebene Weg auf der Soolenleitung
hin bis zur *Schwarzbachwacht*, da er die wechselvollsten Aus-
und Ansichten gewährt auf die südliche Berg- und Thalwelt, den
Watzmann, das Wimbachthal und den Kessel des Hintersees.
Wir bleiben im Thale. Nach ¼ St. öffnet sich links das *Wimbachthal*, an dem wir jetzt vorüber gehen und in ¼ St. das Dorf
Ramsau erreichen.

Ramsau (2086'), 855 E., ist der Name des Kirchdorfes; das
ganze Thal heisst *die Ramsau*, ein Name, der häufig wiederkehrt
in den Alpen. In dem Wirthshause findet der Fremde freundliche und gute Bedienung. Hauptgeschäft der Bewohner ist Holz-
schlägerei. Auch hier macht dieses Geschäft eine Zunft aus.
An bestimmten Orten oben im Gebirge stehen die Holzhütten

oder Holzknechtskasernen, grosse Blockhäuser, in der Mitte der
Heerd, ringsum die Schlafstellen, weil sie die ganze Woche oben
bleiben; jeder kocht sich selbst seine Mahlzeit, wozu der Meister jedem Knechte wöchentlich 2 Pfund Schmalz, 6 Pfund Brot
und 6 Pfund Mehl reicht. Die Aufsicht über die Hütte hat der
Feuerer, welcher auch ausser dem Feuer noch andere ökono-
mische Geschäfte der Gesellschaft verrichten muss. Alle Knechte
haben in der Hütte, am Heerd und bei manchen Verrichtungen
ihren bestimmten Rang und Platz. Im Winter wird das Holz
auf Schlitten herabgeführt.

 Die Lage von *Ramsau* ist reizend; alle schroffen Formen
scheint hier die Gegend ausgeschlossen zu haben; selbst der
Watzmann wölbt sich als grosse Kuppel; thalabwärts stehen der
Hohe Göll und das Brett als ein doppelter Dom mit sanften
Wölbungen vor uns, thalaufwärts der Reitersteinberg, schöne
Felsmassen mit tiefen, schön bematteten Einsattelungen.

 Wir folgen der Strasse aufwärts bis zum *Lattenbach*, welcher rechts herabkömmt vom Lattengebirg, wo sich die Wallfahrtskirche *Kunterweg* mit ihren 2 Thürmen zeigt. Dann theilt
sich die Strasse; wir folgen dem Zuge rechts. Schnell steigt
sie an. Dann und wann rasten wir der Aussicht wegen; besonders schön und grossartig ist der Blick in das *Hinterseer
Thal:* dicke Ahornwälder, durchbrochen von sanft gerundeten
Hügeln und Matten, auf denen einzelne Lehen (Bauernhäuser)
zerstreut und einsam liegen; darüber aber bauen sich die Wände
der *Reiteralpe* auf. Die *Grundübelhörner* und der weiter rechts
aufsteigende *Eisberg* bilden eine weite Scharte, zwischen der man
hinaufblickt in eine öde schneegefleckte Steinwüste, das *Wagen-
dristelkahr* mit dem *Stadlhorn* (7183'), dem *Mühlsturzhorn* (7203')
und dem *Spitzhörndl* (6970'). In ¼ St. vom Fusse an sind wir
auf der Höhe am lieblichen *Taubensee*, welcher nur ¼ St. breit
und ebenso lang ist, aber dennoch mit seinen Umgebungen ein
reizendes Landschaftsgemälde gibt. In der Mitte liegen einige
Inselchen. Wir treten an sein oberes Ende, einige Hütten liegen auf den grünen, von Ahorn umschatteten Wiesen, darüber
aber erhebt sich der Watzmann wieder in seiner ganzen Grösse
und wilden Starrheit; ähnlich wie am Obersee zeigt er hier sei-

nen breiten, bis zur Tiefe des Wimbachthales völlig pflanzenleeren Absturz; man sieht hier den ganzen Abstand der beiden
Hochspitzen, welche bei Berchtesgaden dicht hinter einander
zu liegen scheinen.

Die Soolenleitung zieht noch über den See hin, nähert sich
aber hier der Strasse, und bei ihrem Eintreffen stehen wir am
vierten Brunnenhause auf der *Schwarzbachwacht* (2803'), so heisst
der niedrige Bergsattel, welcher die Gruppe der *Reiteralpe* mit
der des *Lattengebirgs* verbindet; beide steigen rechts und links
in Steilwänden auf zu ihren Hochebenen. Bei dem Brunnenhause ist ein Wirthshaus; Rückblick auf den Watzmann; vorwärts schaut man auf das enge Thal des Schwarzbachs, durch
welches die Soolenleitung und Strasse hinabzieht. Jedem Reisenden, dem es nicht an Zeit fehlt, ist diese Strasse längs der
Soolenleitung nach Reichenhall als der schönste und unterhaltendste anzurathen, ob er gleich 3 St. weiter ist, als die Bischofswieser Strasse. S. Reichenhall.

Die schon mehrfach erwähnte *Reiteralpe*, welche ihren Namen von dem jenseits im Thale der Saalache liegenden Dorfe
Reit hat, erhebt sich zwischen dem Hinterseer-, Schwarzbach-,
Weissbach- und Saalachthale zuerst in grünen rundlichen Vorgebirgen, dann plötzlich, in Steilwänden aufsteigend, zu einer
Hochebene, welche viele Viehweiden trägt, belebt von einer
Menge Seunhütten. (Die Alpe *Bodenrain* zählt allein 14 zusam-
menliegende Hütten.) Das nördliche Ende stürzt als *Reitalphorn*
(5542') von seiner Hochplatte senkrecht in das Saalachthal ab,
wo der *Schwarzbach* mündet, auffallend von Lofer, wie von Reichenhall her; die allgemeine Höhe schwankt zwischen 4500 und
5000', als *Reitertrett* [1] (4943'), *Ristfeuchtbrett* (4440'), *Bodenrain*
(4819') u. s. w. Gegen Süden hin thürmen sich die Massen über
einander grau und kahl als Kalkhochgebirge, der *Reiter Steinberg* genannt, den wir schon von unten sahen; das *Mühlsturzhorn*, das *Stadlhorn*, das *Spitzhörndl* sind die höchsten Spitzen
dieser Gruppe. Die Ostspitze bildet der gegen 5000' hohe *Eisberg* über *Schwarzbachwacht*.

Der kürzeste Weg führt den Botaniker von Schwarzbachwacht über die Un-

---

1) Trett, wo mehrere Senahütten zusammen liegen.

teren Schwegelalpe (3'0') zu der (40' höheren *Oberen Schwegelalpe* (4596'):
Tozzia alpina, Pedicularis recutita, Doronicum austriacum, Betula ovata. Auf der
Oberen Grünangeralpe: Splachnum sphaericum, Gentiana campanulata. Auf
der *Rabenthaler Alpe:* Meum Mutellina, Gnaphalium pusillum, Carex capillaris,
Splachnum serratum. Auf dem *Ristfeuchtalptrett:* Crocus albiflorus, Gentiana
bavarica, Luzula spicata, Geum montanum, Pedicularis rostrata, Apargia alpina.
Auf dem *Reiteralpentrett:* Azalea procumbens, Campanula alpina, Primula
minima, Gentiana pannonica, Allium sibiricum, Juncus triglumis, Apargia alpina,
Ajuga pyramidalis. Auf dem *Reiter Steinberg:* Androsace villosa, Primula
Auricula, Gentiana acaulis, pannonica, punctata, Rhododendron chamaecistus, Cherleria sedoides, Alsine aretioides, Bartsia alpina, Hedysarum obscurum, Hieracium
villosum, Aronicum scorpioides, Achillea Clavennae, Carex atrata, Lotaria nivalis,
coculata. Auf der *Schreck:* Veronica alpina mit Var. integrifolia, Saxifraga androsacea, Silene acaulis, Achillea atrata, Salix reticulata, retusa, hastata, Aspidium
alpinum, rigidum, montanum. An den *Wieswinkelköpfen:* Lonicera caerulea,
Heracleum austriacum, Luzula glabrata; Juncus Hostii, Potentilla Brauneana.
Auf dem *Weitscharlenkopf:* Hedysarum obscurum. Am *Zirmeck:* Pleurospermum austriacum, Hieracium austriacum. Am *Eisberggriedel:* Filago Leontopodium, Achillea Clavennae. Auf den *Erdböden:* Helleborus niger, Betula
ovata.

Auch aus dem *Saalachthale* führen Bergsteige auf die Hochfläche herauf, von *Jettenberg* über die Steilwand der *Schreck* zur
Bodenrainalm, und von *Reit* über die *Alpaalm* und den *Güggen-
bühl* in die weite Mulde der *Reitalm* mit 17 Hütten.

Während wir von der *Reiteralpe* herabsteigen, rufen uns
die lustigen Sennerinnen ihren Abschiedsruf von den Felsenzinnen herab nach in der eigenen, schwer zu beschreibenden, anfangs eintönigen Melodie, welche dann mit Jauchzen schliesst:

Miar ale Raita - Alma - Senna	Wir alle Reiteralpen - Senndinen
Doan von euk jetzat Alab nema,	Thun von euch jetzt Urlaub nehmen,
Und wünschen ale insgemean,	Und wünschen alle insgemein,
Dass ma bald mea zoma kema doan.	Dass wir bald mehr zusammen kommen
Ju — ho — hu — hu — ha — ho — he!	thun.

Der Führer antwortet auf ähnliche Weise. Nur wer diese von
Berg zu Berg tönende Alpensprache einmal gehört hat, kann
sich einen Begriff machen von diesen Tönen, die auch nur in
den Alpen gehört sein wollen.

Wir kommen am *Taubensee* vorüber wieder an die Strassentheilung, und folgen nun der anderen Strasse in das *Hinterseer
Thal.* Die Ache durchbraust hier auch Oefen, kleinere jedoch,
indem sie sich tief eingeschnitten hat. Hier zeigt sich auf eine
kleine Strecke der bunte Sandstein, auf welchem der Kalk auf-

zuliegen scheint. Die Strasse überspringt die Ache zweimal,
links einen kleinen See, den *Antenbühel*, lassend; gleich darauf
steht man an dem Ufer des einsamen, aber reizenden *Hintersees*
(2510'). Er ist bedeutend grösser als der Taubensee, aber doch
nicht so gross, wie der Obersee. Er gewinnt sehr durch die
vielen, zum Theil felsigen, wenn auch niedrigen Einbuchtungen
und Vorsprünge, welche theils bewaldet sind und sich spiegeln.
Das Thal ist weit und die Gegend des Sees eine der weitesten
im Lande. Der See ist der magische Spiegel des Reiter Steinbergs, insbesondere des herrlichen, grossartig aufragenden Mühlsturzhorns. Doch auch noch der entfernte Göll schaut aus den
Fluten heraus. Der See war einst viel grösser, langgestreckt,
wie der Königssee, das beweisen die zum Theil moosigen Ufer.
Nur wenige Häuser liegen am See, darunter ein gutes Wirthshaus und ein königl. Jagdhaus. Die ganze Seite links, welche
das Thal begleitet, bildet der *Steinberg* mit dem *Hochkalter*
(8288'), welcher hier herein seine sanfteren, grösstentheils bewachsenen Gehänge senkt; nur die Schluchten, die von ihm herabziehen, sind wild und grausig und bergen in ihrem Schatten
oft bedeutende Eismassen, so das vom See über eine Holzhütte
emporziehende *Eisthal*, dessen oberster Theil von einer Eisdecke,
dem *Blaueis* (5894'), überspannt ist — der nördlichste Gletscher
der deutschen Alpen. Rechts steigt der *Reiter Steinberg* steil,
oft senkrecht, in mächtigen Wänden empor. Oberhalb des Sees
ist das Thal sehr öde und still, und selbst der Bach hat sich
unter die Geschiebe des Bettes verkrochen, um die Todtenstille
nicht zu unterbrechen; höchstens durchtönt die Axt des Holzschlägers, oder eine abstürzende Steinmasse, oder der Schrei
eines hungrigen Raubvogels die Stille. Erst weiter hinan, wo
sich der Boden wieder aus der mit Schutt überdeckten Fläche,
dem ehemaligen Seeboden, erhebt, hört man wieder das Rauschen des Baches, der nun der *Hirschbühler Klausbach* heisst.
Bald umgibt uns düstere Nadelwaldung, welche jedoch gleich
darauf von einem furchtbaren Steinstrome unterbrochen wird;
dieser kömmt rechts hoch herab aus den Scharten des *Stadlhorns*
und *Mühlsturzhorns*. Endlich schliesst sich das ganze Thal und
die Strasse muss eine Thalstufe hinansteigen, um in ein höhe-

res Thalgelände zu kommen; Krummholz und Alpenrosen verkünden die hohe Lage. Links sieht man abermals in einer
Schlucht blauen Schnee, *Kleineis* genannt, worüber der *Hocheis-
spitz* (7964') aufragt, der Gebirgsstock, von welchem sich der
hohe Felsenrücken des Steinbergs von der Hauptmasse nördlich
abzweigt. Durch eine grosse Klause ist der oberste Theil des
Thales versperrt, um das Wasser zum Holztriften zu sammeln.
Gleich dahinter zeigt sich die *Moosracht* (3757') oder der Grenzpass *Hirschbühl.* Es ist der vierte Eingangspass nach Berchtesgaden und der höchste unter den fahrbaren (*Hängender Stein,
Bischofsriese, Schwarzbachwacht* und *Hirschbühl*). Hier steht
neben der österreichischen Grenzmauth ein gutes Wirthshaus.
Jenseits der sanften Einsattelung des *Hirschbühls* zieht die Strasse
hinab unweit der *Seisenbergklamm* nach *Frohnreis* (2 St.) und
Saalfelden; ein zweiter Fussweg führt rechts über den *Kleinen
Hirschbühl* (4091') hinab nach *Wildenthal* (3167') und hinaus nach
St. Martin und Lofer an der Saalache. Aeusserst lohnend durch
eine prachtvolle Aussicht ist die Besteigung des *Kammerling-
horns* (7855'), die vom Wirthshause weg über die Alm gleichen
Namens und den *Kahrlboden* leicht (in 4 St.) auszuführen ist.

Flora des *Kammerlinghorns:* Orchis Spitzehl, Tofieldia borealis, Primula
minima, Gentiana brachyphylla, Hieracium humile, Aronicum Clusii, Doronicum
austriacum, cordifolium, Laserpitium sibiricum, Senecio Doronicum, Potentilla minima, Phaca alpina, Alsine arctioides, Draba Sauteri.

Wir kehren nach *Ramsau* zum dritten Ausfluge zurück.
½ St. unterhalb *Ramsau* öffnet sich rechts mit einer zugänglich
gemachten grossartigen Felsenklamm das *Wimbachthal,* eines der
ödesten und starresten Thäler, die es geben kann, rings umschlossen von ganz kahlen, 8—9000' hohen Kalkfelsen, zwischen deren Riffen und Hörnern unzählige Steinströme herab-
ziehen und das Thal mit ihrem grausigen Schutte bedecken;
sie sind zugleich die Heerstrassen der Lawinen, daher sich
Schneemassen bis tief herab senken. Gegen 3 St. zieht es hinan, zwischen dem *Watzmann* links und dem *Steinberg* rechts,
und im Hintergrunde ummauert von den eben so steilen und
kahlen Wänden des *Hocheisspitzes, Palfhorns, Seehorns* und *Grossen Hundstodes. Watzmann* und *Steinberg* waren einst eine Masse,
welche bersteto; der *Steinberg* senkte sich gegen das Hintersoer

Thal, daher entstand die Kluft, oder der Boden stürzte in eine
grosse Tiefe und es entstand hier ein See, wie der Königssee;
denn die Grundfläche beider Thäler hat die vollkommenste Aehnlichkeit, einen völligen Parallelismus, die obere Umbiegung in
den Obersee mit eingerechnet. Doch die Wände hier sind ungleich höher und ihre höchsten Spitzen nicht erst durch grosse
Mittelgebirge abgestuft. Wegen der Jähheit und ihres unmit-
telbaren Absturzes von der grössten Höhe zur Tiefe entsende-
ten sie unzählige Steinströme, Griese, welche nothwendig den
See, und wenn er noch so tief gewesen wäre, bald ausfüllen
mussten. Am Königssee ist der Eisbach aus der Eiskapelle der
einzige unmittelbar aus den höchsten Gegenden abstürzende Bach
und dennoch musste er erst in seinem Thale manchen Stein
zurücklassen, ehe er den See erreichte; hier aber füllte er denselben auch sogleich aus und schuf die Halbinsel. Kämen am
Königssee an allen Seiten solche Bäche herein, so wäre er schon
längst ausgefüllt, wie das *Wimbachthal.* Dieses erscheint um so
glaublicher, wenn man sieht, wie weit hinan hier die Wände
von diesem Schutte umhüllt sind, daher ist auch dieses Thal
ein tiefer, mit Geschieben ausgefüllter See. Da dieser Schutt
sich auch noch über die Sohle der Ausmündung des Thales erhebt, so konnte sich kein Wasser auf der Oberfläche halten,
es kroch in alle Zwischenräume der Geschiebe und füllt auch
so noch das ehemalige Seebecken aus; erst an der Ausmündung
des Thales bricht der Bach plötzlich aus dem Schutte hervor,
und läuft nun in seiner festen ursprünglichen Rinne ab. Im
Innern des ganzen Thales ist nichts von einem Bache zu sehen;
alles Wasser ist tief unter Schutt begraben. Das Thal ist eine
grosse Wildbahn, daher auch ein Jagdschlösschen ½ St. vom Eingang. Den Eingang selbst hat der Bach tief ausgesägt und er
bildet die sehr schöne *Wimbachklamm*, durch die man bequem
hindurchgeht. In ¼ St., bei einer Holzstube, betritt man das
Gries, aus welchem der Bach hervorquillt. Längs dieses Gries-
bodens geht es nun unter den Wänden des *Steinbergs* fort bis
zur *Wimbachalpe* oder dem *Schlösschen* (2974'). ¼ St. davon sieht
man gerade in der Mitte des Thales zwischen den beiden Bergriesen, dem *Hochkalter* (8288'), der höchsten Spitze des Stein-

berges, und dem *Watzmann* (8667'). Sie fallen so steil ab, dass
das Loth des Steinbergs nicht ⅓ St. von uns herabfallen würde,
und das des Watzmanns keine ½ St. Nur an den untersten Stufen und dem untersten Griese wagt sich kümmerliche Waldung
und in ihrem Schatten auch die Pflanzenwelt etwas hinan, sonst
alles weissgrau und kahl, schroff und zackig; nur die Gries-
meere, welche die Kanten der Wände umhüllen, zeigen rundliche Formen. In 1 starken Stunde vom *Schlösschen* biegt sich
das Thal um das *Zirbeneck*, einen Strahl des Watzmanns, östlich, wie dort der Obersee um die *Kannerwand* herum. Hier
liegt die öde *Griesalpe* (4241'). Weiter hinan in dieser Gries-
bucht theilt sich der Steig; links kann ein rüstiger Steiger einen
Felsengrath des Watzmanns überklettern und kömmt in das
Hocheis, eine Art Eiskapelle, den Anfang des Eisthales, welches weiter hinab zur Eiskapelle führt, und tritt, nachdem er
seit der Ramsau fast nichts Grünendes gesehen, höchst überrascht auf die herrlich grünende Aue *St. Bartholomä* heraus in
den See. Der andere Steig führt rechts über die für den Botaniker ergiebige (Aquileja pyrenaica) *Trischlalpe* und *Sigeret*
nach *Unterlahner* im *Schranbachthal.* Auch kann man vom *Trisch-
tel* hinüber zu den *Hundstodgraben.*

Der *Watzmann.* Von *Ramsau* rechnet man 4 gute Stunden
zur Spitze. Fast allenthalben sieht er unersteiglich aus, so z. B.
von Aigen, wo man gerade die rechtseitige Kante sieht, auf
der man hinanklettern muss. Der Untersberg, der doch fast
3000' niedriger über Berchtesgaden ist, erscheint dagegen als
ein Spaziergang und ist dennoch mühsamer zu ersteigen und
erfordert eine längere, wenigstens gleiche Zeit, was aus der
Bildung des *Watzmanns* folgt, die so sehr von der Gestalt der
anderen Kalkalpengruppen abweicht, welche gewöhnlich Hochebenen darstellen; hier ist eine Pyramide, welche statt der Sei-
tenflächen nur scharfkantige Strebepfeiler hat, 6 an der Zahl,
die zu dem schneidigen, meiselartigen Doppelgipfel hinanziehen.
Nur gegen Norden stehen sie auf einem san ter gebildeten Fussgestelle und dorthin liegt auch zwischen 2 oben vor der Spitze
zusammenlaufenden Grathen keine Schlucht, sondern sie bilden
eine nach unten sich ausbreitende Fläche, nur in ihrer Mitte

einen flachen Schneebusen darstellend. Durch diese Ausfüllung wird es möglich, den Gipfel ohne Gefahr zu ersteigen. Es lässt sich wohl leicht denken, dass ein so gewaltiger Berg, von so gebieterischem Ansehen, von einer so majestätischen Bildung, auch einen grossen Eindruck auf das Volk macht, wie der Untersberg, aus der Salzburger Ebene gesehen. Daher ist auch hier die Sage geschäftig. Der *Watzmann* war einst ein gewaltiger, gebietender König, die wilde Jagd seine Lust, der er alles, auch das Blut seiner treuesten Unterthanen, mit frecher Grausamkeit opferte. Einst fällt das ihm ähnliche Hundegefolge über den treuen Hund eines armen Hirten und das neben demselben schlafende Kind desselben her. Der verzweifelte Vater ergreift zur Abwehr die Waffe; da treibt der blutgierige König seine Hunde und Knechte gegen den Armen. Von seinem Weibe umarmt, das zerfleischte Kind auf dem Arme, wird auch er im Angesichte des hohnlachenden Königs zerrissen. Da erhebt aber die Erde über diesen Greuel und erstarrende Dämpfe entsteigen ihrem Schoosse; des Königs Blut verwandelt sich in Eisbäche, welche seinem Herzen zu fortwährender Qual unausgesetzt entströmen; er selbst erstarrt zu hartem Fels, umstanden von seinen eben so gottlosen Kindern und Dienern. Auch noch in seiner Erstarrung sucht er zu schaden durch Steintrümmer, die er von sich abschüttelnd zur Tiefe sendet. Der Sage des Volkes nach liess sich auf des *Watzmanns* hinterem Horne, der *Schönfeldspitze*, die Arche Noahs nieder.

Wir brechen, besonders mit Weinvorrath versehen, denn der Berg gehört zu den durstigen, gegen Abend von *Ramsau* auf, überschreiten die Ache unterhalb des *Wimbachthales* und steigen steil den vielgewundenen Weg im dunkeln Tannenforst hinan, dessen Wurzelwerk oft die Stufen unseres Stieges abgeben. Nach 2 St. wird es licht, grüne Matten und auf ihrem Rand plattbedachte Sennhütten, die *Stubenalpe*, leuchten herab. Hier auf dieser ersten Stufe rasten wir; es beginnt die zweite Region, die der Alpen, in welcher zwischen Felsblöcken und üppigen Alpenpflanzen der Pfad über die *Grubenalpe* (4231') zur letzten, der *Guglalpe* (4955'), langsam ansteigt. Wenn auch die Sennhütten hier nicht zu den reinlichsten gehören, und hinter

den Untersbergern und Funtenseern zurückbleiben, so thut man
doch wohl, hier herauf zu steigen, da man hier schon fast die
Hälfte des Berges erstiegen, und daher einen bedeutenden Vorsprung hat; man kann, wenn sich das Wetter verändern sollte,
die Spitze bei Zeiten erreichen und sich noch umsehen, ehe die
Berge zu dampfen anfangen, was des Mittags gerade oft beim
schönsten Wetter statt findet und was man hier unter dem Namen Höhenrauch versteht, eine Verdampfung der Schneefelder.
So früh als möglich breche man wieder auf. Der Weg wird
nun mühsamer; über 2, zum Theil mit Krummholz bewachsene,
Stufen kömmt man zur letzten Region, der steinigen und pflanzenleeren. Der Berg erscheint hier noch sanft gerundet, weil
die höchste Spitze sich hinter einem Buckel verbirgt. Man hält
sich rechts an die Schärfe des Absturzes gegen das Wimbachthal und wird beim Hinaustreten auf eine der hinauszackenden
Vorsprünge durch einen furchtbaren Absturz in das Wimbachthal überrascht. Schon überragen das Birnhorn und Breithorn
die hintere Wand des Wimbachthales, schon glänzen über alle
die grauen Kalkriesen die Eismeere der Tauern. Hinabgewor-
fene Steine verursachen eine Steinlawine und ein eigenes, durchs
ganze Gebirg hin erschallendes Geräusch.

Von hier an steigt der Berg in lauter kleinen Felsenabsätzen auf, deren Zwischenräume mit lockerem Geröll überschüttet sind. Rechts hat man fortwährend den immer tiefer wor-
denden Abgrund neben sich, links eine flache Mulde mit Schnee
erfüllt, die *dürre Grube*, welche man von Berchtesgaden deutlich erkennt und jenseits welcher auf einem gleichen Rücken,
wie der unsere, der Weg von Berchtesgaden heraufführt. In
2 starken Stunden von den Hütten erreichen wir jenen Buckel,
der uns die Spitze verbarg, und hier erst erblicken wir dieselbe, sich scharf und spitzig erhebend, und erschrecken fast
über den zurückzulegenden Weg. Eine armselige Quelle tröpfelt
über eine in das Geröll gestockte Baumrinde; durch das lang-
same Auffangen reizt sie den Durst mehr, als sie ihn stillt. Der
Berchtesgadener Rücken und unserer verbinden sich jetzt zu
einer Masse, indem die dürre Grube sich ausgekeilt hat; der
gemeinsame Rücken wird immer schmäler, der westliche Abgrund

in das Wimbachthal nähert sich dem östlichen in die eisige *Watzmannsscharte;* das Geröll hört auf, die nackten Riffe oder Platten werden steiler; endlich steht man an einem Abschnitt, wo
die Schneide beginnt. Hier möchte für sehr Schwindelnde die
einzige besorgliche Stelle sein; ein platter ansteigender Felsen,
rechts und links von den furchtbarsten Abgründen begrenzt,
bringt in einigen Minuten zur Spitze. Diese ist nur sehr beschränkt und wird grösstentheils von einer aus Steinen aufgebauten kleinen Pyramide, einem sogen. Steinmann, einem grösseren und kleineren rothangestrichenen Kreuze, an deren letzterem sich ein Schrank mit einem Heiligenbild befindet, die
sogen. *Rothe Kapelle,* eingenommen. In dem Schranke befindet
sich ein Fremdenbuch, dessen Blätter so feucht sind, dass man
nur mit Mühe darauf schreiben kann. Diese Spitze heisst die
Hohe Spitze, zum Unterschied der anderen, der *Schönfeldspitze;*
letztere ist etwas höher. Erst hier erkennt man die Grösse des
Felsengrathes, welcher die 2 höchsten Hörner verbindet; furchtbare Felsenmassen, senkrecht auf beiden Seiten durch tiefe Risse
zerklüftet, ziehen von einer Spitze zur anderen. Die Aussicht
ist im höchsten Grade erhaben und theilweis unübersehbar. Die
mathematische Aussichtsweite beträgt 26 Meilen. Demnach wären die möglichst sichtbaren Grenzpunkte des nördlichen Halbkreises: Augsburg, Regensburg, Ips. Jenseits wird aber die
Aussichtsweite noch erweitert durch den Böhmerwald; im Süden dagegen wird der Gesichtskreis gehemmt durch die hohe
Gebirgskette der Tauern. Der grösste Theil des südlichen Halbkreises der Rundsicht ist grau in grau gemalt; da steht im Westen die nackte, fürchterlich abstürzende Wand des Steinbergs;
in der Tiefe des Abgrundes zieht das von den beiden Bergriesen
überschüttete öde Wimbachthal hin; südlich der ganze graue
Kranz des Steinernen Meeres, nur unterbrochen durch die nahe
furchtbare *Schönfeldspitze.* Ueber diese ganze Reihe von Wänden zacken das Birnhorn, die Ochsenhörner, das Breit- und
Flachhorn auf; näher überragt hie und da eine Spitze des Rot-
ter Steinbergs den Steinberg. In noch grösserer, schon blauer
Ferne schwebt der Silberkranz der Tauernkette scheinbar in der
Luft; die Venediger-Gruppe tritt am meisten hervor. Gegen

Schaubach d. Alpen. 2 Aufl III   17

Südost blicken wir tief hinab auf das Eisfeld in der *Watzmannsscharte*, umgürtet von den Zähnen des *Kleinen Watzmanns*, welcher, von unten gesehen, ein freistehendes Horn links vom *Watzmann* zu sein scheint, in der That aber eine zackige Felsenmauer ist, welche bogenförmig den Hintergrund der Scharte umschliesst und als Felsengrath herauf zu unserer Spitze zieht.
Ueber diesen Zacken schimmert aus dunkeler blauer Tiefe der
obere Busen des Königssees und der Obersee aus seinem nächtlichen Kessel herauf; der *Röthenbachfall* erscheint nur als silberner Faden; über den Wänden dieser Seen zeigen sich die
von uns durchwanderten Alpen, und über ihnen wiederum der
starre Gurt von kahlen, weissgrauen Kalkbergen, der Funtenseetauern, das Feld, das Steinerne Meer mit s e i n e r Schönfeldspitze, die Teufelshörner, über denen geisterhaft, wie eine Wolke,
die Uebergossene Alpe schwebt, der Kallersberg, der Schneibstein, Fagstein, das Brett und der Göll. Oestlich über diese
Grenzmauer Berchtesgadens tauchen die ferneren Kalkgebirge,
das Tännengebirge und der beeiste Dachstein, auf. Ueber dem
Steinernen Meere zieht abermals die ferne Tauernkette hin mit
Schneebergen, wahrscheinlich dem Ankogl; nur die Uebergossene Alpe unterbricht jene Kette, welche jenseits derselben wieder hervorkömmt und die Ensthaler Tauern zeigt. In dem nördlichen Halbkreise herrscht das Grün vor und das Grau der Felsen ist dunkeler, oft ins Rothe übergehend, gefärbt. In die
Tiefe hat sich die üppig grünende Welt Berchtesgadens gebettet, überstreut mit niedlichen Häusergruppen; darüber lagert
sich die dunkele Masse des Untersbergs, nur rechts seine rothen
Marmorwände zeigend; auf seine Hochfläche blicken wir hinab;
rechts von seinem Absturz zeigt sich die Gegend von Salzburg,
der rundliche *Gaisberg*, darunter das gartenähnliche Salzachthal,
durchzogen von dem Silberbande der Salzache. Zwischen dem
Untersberg und Lattenberg zieht das breite Bischofswieser Thal
hin zum niedrigen Sattel von Hallthurn und lässt den Blick
hinausstreifen in das Hügelland von Teissendorf. Der graue,
aus grüner Umwallung aufragende Felsenstock des Lattenbergs
wird links durch den Engpass der Schwarzbachwacht abgeschnitten; freundlich blinkt dort der Taubensee und hell auf grüner

Matte das Brunnenhäuschen der Soolenleitung herauf zu uns; gerade unter dem Taubensee zeigt sich die Kirche von Ramsau. Links von der Schwarzbachwacht erhebt sich der Eisberg und das Alphorn der Reiteralpe; über ihr in der Ferne der Wendelstein, und näher das Sonntagshorn und die Gebirge von Innzell. Den Lattenberg überragt der Staufen und über alle diese Berge ziehen die endlosen Flächen des ebenen Landes hin; sie gleichen dem Ocean, der sich in der Ferne zu heben scheint. Der Chiemsee glänzt aus der graublauen Fläche, nur von einigen Felshörnern unterbrochen, herüber. Schon unter dem Taubensee erheben sich die Schultern des Steinbergs, noch unmattet, bald aber steigen sie höher kahl und trotzig auf, und ein tiefer Schneebusen lässt alles Grün verschwinden. Hiermit schliesst sich der nördliche, grüne, belebte Halbkreis der Rundsicht wieder an den südlichen, starren und leblosen an.

Wer nicht wieder nach Ramsau zurückkehren will, sondern nach Berchtesgaden, der wendet sich im Herabsteigen, da wo die mehrerwähnte *Dürre Grube* den Rücken theilt, durch ihre Mulde rechts, so dass er die *Watzmannscharte* rechts unter sich hat. Ueber einen steilen Absatz geht es nun auf die *Falzalpe* (5309') und von dieser auf die *Mitteralpe.* Dahin gelangt man auch, wenn man den alten besseren Weg bis zur *Grubalpe* verfolgt, dann rechts unter der *Dürren Grube* hinüber zur *Mitteralpe* biegt, von wo man hinabgeht in die untere Fortsetzung der *Watzmannscharte*, welche der Weg an ihrem unteren Ende quer durchschneidet und jenseits auf die *Kührainalpe* bringt. Die *Watzmannscharte* selbst ist ein furchtbares Hochthal zwischen den senkrechten Wänden des *Kleinen* und *Grossen Watzmanns*, ganz von den Trümmern dieser Berge erfüllt und erhöht; in der Mitte steht noch ein, mit den beiden Wänden paralleler, Grath. Im Hintergrunde zieht ein, aus der Tiefe nicht sichtbarer, zackiger Felsenkamm vom *Kleinen Watzmann* zur *Hohen Spitze* des *Grossen* hinan und umschliesst den ganz mit Eis ausgefüllten Hintergrund dieser grausigen Wildniss, sie von dem jenseitigen tieferen Eisthale mit seiner Eiskapelle trennend. Ein eigenthümliches Bild voll der grössten Gegensätze findet der Reisende, der keine Mühe scheut, in dieser Schlucht und

17 *

über das Felsenchaos derselben hinanzuklettern. Er wendet
sich um; jetzt erst erkennt er, wie hoch und wie steil er her-
aufgestiegen; ringsum Todtenstille; rechts und links himmelan-
strebende senkrechte Wände; unter sich Felsen und Eis; doch
darüber hinaus erscheint plötzlich, wie in einem Zauberspiegel,
der ganze, üppig grünende Garten von Berchtesgaden mit all
seinen weissen Häusern, das Salzachthal, Aigen, der Gaisberg,
wiederum etwas ernster der Untersberg. — Das Thal der *Watz-*
mannsscharte wird etwas unterbrochen durch den *Schapbachbo-*
den, von welchem an das *Schapbachthal* beginnt, welches unweit
des Wimbachthales in das Ramsauerthal mündet. Die schöne
Alpe *Kührain*, auf der wir ausruhen, liegt auf der Abdachung
des *Kleinen Watzmanns*, zwischen dem Königssee im Osten und
dem Schapbachboden im Westen. Vom *Kührain* geht es durch
einen Wald auf die schöne Alpe *Herrenrain* (4014'), mit einer
stattlichen Sennhütte. Der Weg von hier aus, die Schlucht des
Klingerbaches umziehend, und unter der schurrigen und lettigen
Klingwand hin ist beschwerlich, doch führt er zum nahen Ziele
nach *Am See* (Königssee), wo wir uns nach überstandenen Mühseligkeiten durch ein Seebad stärken und, wie die Gebirgsbäche,
den Staub in seinen Fluten zurücklassen. Das vorher bestellte
Essen und das treffliche Bier, vielleicht noch eine Seefahrt in
der Abendkühle, wenn man lieber hier bleibt, schliesst die Wanderung auf den *Watzmann* auf eine würdige Weise.

Flora des Watzmanns: Kobresia carkina, Carex firma, Potsconit, Sesleria
microcephala, Luzula glabrata, Oxyria digyna, Bartsia alpina, unter den Rhodo-
dendren auch intermedium auf der Ginglalp, Androsace villosa, Primula miniata,
Auricula, Campanula alpina, Scheuchzeri, Galium Bocconi, helveticum, Valeriana
supina, Leontodon Taraxaci (Scharte), Arnicum Clusii, Doronicum cordifolium,
Hieracium aureum, Soyera hyoseridifolia, Potentilla Clusiana (Kl. Watzm.), Saxifraga stenopetala, oppositifolia u. a., Hedysarum obscurum, Viola biflora, Silene
acaulis, Arenaria striata, Cherleria sedoides, Anemone grandiflora, narcissifolia,
Cerastium alpinum, Alsine arctioides, Draba aizoides, Sauteri, Petrocallis pyrenaica, Arabis coerulea, Helianthemum oelandicum, Atragene alpina, auf dem Gipfel
selbst noch Papaver alpinum.

Wer von Berchtesgaden auf einem anderen Wege, als auf
dem er hereinkam, hinaus, besonders auf dem kürzesten Wege
nach Reichenhall zu kommen wünscht, folgt der Poststrasse
nach Reichenhall; diese führt durch das breite Thal der *Bi-*

schafswiese zwischen Untersberg und Lattenberg; allenthalben
belebt durch Lehen, gewährt der Weg viele Unterhaltung, mehr
jedoch dem von Reichenhall Hereinkommenden in die Hochwelt
des Ländchens, wenn er einen Riesen nach dem anderen aufragen sieht: zuerst den Göll und das Brett; dann im Hintergrunde das graue, unheimliche Steinerne Meer mit seiner Schönfeldspitze; endlich rechts den Watzmann und seinen Bruder den
Steinberg; in der Tiefe, im Vorgrunde, das breite Thal mit
Ahorngruppen und Lehen vermischt besetzt — dies alles steigert
die Bewunderung und Ueberraschung bei jedem Schritt, der
eine neue Scene schafft. Die Strasse zwischen den beiden Salz-
orten heisst die *Salz-* oder *Hallstrasse* und der erste baierische
Grenzpass der *Hallthurn* (2145'), welcher trotz der niedrigen
Lage doch die Wasserscheide zwischen der Alm und Saalache
bildet. Bald darauf erreicht man die österreichische Grenze,
doch noch schneller wieder die baierische; das österreichische
Gebiet zieht nämlich von Salzburg an dem Nordwestabhange
des Untersbergs in einer schmalen Zunge hier durch das baierische Gebiet; vom Untersberg herabfallend auf den Hallthur-
ner Sattel steigt sie eben so schnell zum Lattenberg hinan, wo
sie auf dem 5681' hohen *Dreisesselkopf* ausläuft. Auf ihm konnten einst 3 Fürsten: von Baiern, Salzburg und Berchtesgaden,
an einem Tische speisen, jeder auf seinem Gebiet.

Das Salzachthal (Fortsetzung).

Die Strasse von Berchtesgaden in das Salzachthal folgt der
Alm. Ein Felsenhügel, wie ein vom Untersberge herabgestürzter Block, liegt mitten vor der Thalöffnung, und theilt Alm
und Strasse in 2 Aeste; rechts strömt die Alm, sich an diesem
kleinen Felsenstock brechend, rechtwinkelig mit ihrem vorigen
Laufe gerade nach Osten in die Salzache; ihr folgt eine Strasse
über die einsame Wallfahrtskirche St. Leonhard, und fällt in
den mit der Salzache parallellaufenden Strassenzug von Hallein
nach Salzburg; links, oder eigentlich in der bisherigen Richtung des Thales, führt ein Kanal aus der Alm gerade nördlich
nach Salzburg und neben ihm bis dicht vor Salzburg die gerade Strasse dahin, zuerst nach *Grödig,* Curatie, 81 H., 566 E.;
zur Ortsgemeinde gehören Anif, Pfarre, 650 E., Glanegg 90 E.

In der Nähe liegen mehrere Schussermühlen, wo ans den Abfällen der Marmorbrüche bei Adnet jährlich viele Tausend dieser kleinen Kugeln fabricirt und bis nach Amerika versandt werden. Südlich davon liegt das Schloss *Gartenau* und an der Strasse eine dazu gehörige Cementfabrik. *Grödig* lehnt sich noch an den Untersberg; dann aber breitet sich die Thalfläche nach Norden zur weiten Ebene aus, und über den Wipfeln der vielen Wald- und Baumgruppen leuchtet die Akropolis von Salzburg, *Hohensalzburg*, aber auch weiter nichts. Wer sich einen der grössten Genüsse nicht verderben will, richte seine Reise so ein, dass er sich der Stadt von Norden, Osten oder Westen nahe, nur nicht von Süden her, wo der schöne südliche Hintergrund fehlt.

Die Gegend von Salzburg kann man wohl mit Recht die schönste Gegend Deutschlands nennen; schon jede Einzelheit der weiten Gegend würde einer anderen Landschaft zur höchsten Zierde gereichen; die herrliche Felsenburg, oder die üppig, wie nirgends, grünende weite Ebene mit ihren zahllosen Häusergruppen, oder der Kranz von hohen, unmittelbar aus der Ebene bis in die Schneeregion aufsteigenden Bergen. Ausserdem ist die Gegend so gross, so umfassend, und dadurch so ausserordentlich vielartig, dass man, von demselben Flecke aus sich umdrehend, eine grosse Reihe der reizendsten und erhabensten Bilder von dem verschiedensten Charakter erblickt.

Salzburg (1340'), 959 H., 17,253 E., hat eine so eigenthümliche Lage, dass man bald von hohen Felsen hört, die sie einengen, bald von einer grossen offenen, nach Norden unübersehbaren Ebene, von der sie allenthalben umgeben ist. Wenn man bei Golling das innere Gebirge verlassen hat, so weitet sich das Salzachthal, und wird rechts von den Voralpen von 4—5000' Höhe begleitet bis zum Gaisberg, 7 St. lang, links dagegen von dem östlichen hohen Felsengurte Berchtesgadens, aus dem sich in der vordersten Reihe der fast 8000' hohe Göll erhebt; die Nordecke dieses Zuges bildet der 6000' hohe Untersberg. Von hier an breitet sich das Thal zur weiten Fläche aus, indem die Berge linker Hand jenseits des Untersbergs weit zurücktreten, und rechts jenseits des Gaisbergs viel flacher werden; nordwärts hört alles Gebirge auf. Die eigentliche vollkommen horizontale Fläche bildet ein grosses Dreieck, dessen Spitzen am Zusammenflusse der Salz- und Saalache, am Zusammenflusse der Alm und Salzache und am Austritte der Saalache aus den Vorbergen bei Golz liegen. Die Seiten dieses Dreiecks messen 3—4 St. Diese Fläche war einst ein grosser See, welcher später durch tieferes Einschneiden in die aufgeschwemmten Schuttmassen abfloss. Vom *Gaisberge* herab, an der Ostseite dieses Dreiecks, zog sich ein Kalkfelsenrücken quer in die Ebene hinein, welcher jedoch durch die Strömung der abziehenden Gewässer in Inseln zertheilt wurde; die eine dieser Inseln ist der *Kapuziner-* oder eigentlich *Imberg*, welcher im Osten durch eine mit dem Salzachthale söhlige Fläche von dem Gaisberge, und im Südwesten durch die Salzache selbst abgeschnitten wird von einer anderen Insel, dem Kalkfelsenstock, auf dem *Hohensalzburg* liegt; an diesen letzteren Felsen schliesst sich halbkreisförmig ein Nagelfluherücken, der *Mönchsberg*, der sich vielleicht einst, wie eine Sandbank hinter einem Brückenpfeiler, hinter jener Kalkfelseninsel angesetzt hatte. Der Felsenwall von Hohensalzburg mit dem Mönchsberge gleicht einer dicken Mauer, welche auf beiden Seiten senkrecht abfällt und einen Halbkreis um die jetzige Stadt bildet, dessen Sehne die Salzache ist. Durch diesen Felsenwall wird die Stadt auf dieser Seite völlig von der Ebene geschieden. Der nordöstliche, jenseits der Salzache gelegene Stadttheil wird durch den wie ein Keil hereintretenden *Imberg* in 2 Theile gespalten, von denen der südliche eine schmale Gasse *Am Stein* bildet, während der nördliche sich gemächlich ausbreitet in dem Winkel zwischen Salzache und Imberg, und nur durch künstliche alte Schanzen begrenzt wird. Der erste Felsenwall erhebt sich nur 3—400' über der Stadt, der *Kapuzinerberg* dagegen steigt 600' hinan, fällt dann fast senkrecht in die Ebene, die ihn vom Gaisberg scheidet und nur kaum eine Viertelstunde breit ist; der *Mönchsberg* fällt ebenfalls nach aussen über eine senkrechte Wand ab in die grössere Ebene, welche sich 2—3 St. weit bis zum Fusse der unmittelbar ohne Vorberge aus ihr aufsteigenden Hochgebirge erstreckt.

Gasthöfe: *das Schiff*, *der Erzherzog Karl* (ehemals *die Trinkstube*), *die Alliirten*, *zum Mohren*, *zum Goldenen Horn*, *Goldenen Hirsch*, *Blauen Gans* und *Weissen Schwan*; jenseits der Brücke: beim *Meddlhammer Bräu*, *Gabler Bräu* und *Bräu am Stein*, *zum Hofwirth*, *zur Goldenen Traube*, *Tiger*; nächstdem gibt es noch viele Bräu, wo man auch ein billiges Unterkommen findet.

Merkwürdigkeiten: Sowie die Lage der Stadt höchst merkwürdig ist, so ist es auch ihre Bauart. Am meisten fallen dem Fremden die flachen Dächer auf; es liegen nämlich viele kleine Dächer neben einander, welche durch die höhere, der Strasse zugekehrte Wand verdeckt sind. Es ist dieser Baustil im ganzen östlichen, und grösstentheils auch im südlichen Alpenlande in Städten einheimisch; in Baiern macht der Inn die Grenze gegen Westen; Wasserburg, Rosenheim, Traunstein u. s. w. sind schon so gebaut. Als Ursache dieser kostspieligen Bauart wird die Schindelbedachung angeführt, um bei Feuersgefahr die gefährlichste Stelle der sonst massiven Häuser, die Holzdächer, schützen zu können. Ausserdem mag es wohl keine deutsche Stadt von solcher Grösse geben, welche so viele grossartige Gebäude und andere merkwürdige Bauten aufzuweisen hat, als Salzburg. Der nahe Untersberg lieferte den schönen Baustoff, seinen herrlichen Marmor.

Gebäude: Unter den 24 Kirchen der Stadt sind folgende die merkwürdigsten: Die *Domkirche* mit zwei Thürmen und einer Kuppel, im italienischen Stile erbaut von Santino Soari 1668; 360' lang, 150' breit und 220' hoch, 5 Orgeln, Gemälde von Schönfeld, Skretta, Sandrart, Renchi, Le Neve, Mascagni. — Das *Stift St. Peter*, einer der wichtigsten Punkte der Stadt; die Kirche hat ein schönes deutsches Portal. Hier ruhen die Gebeine des Stifters und ersten Bischofs, des heiligen Rupertus; hier ist das Denkmal Michael Haydns; neben Haydns Denkmal der Grabstein der Tonkünstlerin Marianne Freiin von Berchtold zu Sonnenburg, der Schwester Mozarts. Gemälde vom Kremser Schmid, Niklas Streicher und Fackler. Hinter der Kirche der höchst romantische und wahrhaft malerische Kirchhof (nicht mit dem anderen, wohl berühmteren, aber nicht so malerischen Sebastianskirchhof zu verwechseln), in der Mitte auf dem un-

abenen ansteigenden Boden die uralte, im gothischen Stile erbaute *Margarethenkapelle*, umstanden von alten nnd neuen Grabsteinen und Thränenweiden; geschlossen wird der Raum durch
hohe Felsenwände, von denen Hohensalzburg herabdroht; ausserdem noch die *Katharinenkapelle* mit dem Grabe des heiligen Vi-
talis, † 646, und die alte *Kreuzkapelle*. In dem Felsen selbst
befindet sich die *Aegidiuskapelle* oder *Rupertszelle* und die *Einsiedelei* des heiligen Maximus, eines Priesters, welcher zur Zeit
des Verfalls der Römerherrschaft hier wohnte, aber von den
Herulern nebst seinen Gefährten getödtet wurde (477). Die
Kreuzkapelle war die erste Kirche und das erste Kloster Salzburgs. Doch auch in wissenschaftlicher Hinsicht hat sich dieses Kloster hervorgethan, und noch jetzt scheint ein Segen in
dieser Hinsicht auf ihm zu ruhen. Die *Bibliothek*, in ihren
schönen Sälen, zählt 45,000 Bände, besonders viele Incunabeln; ausserdem grosse Samulungen von Münzen, Kupfersti-
chen und Naturalien, Mineralien, Pflansen und Insekten, von
dem Abte Albert IV. angefangen; in der Schatzkammer Paramente von hohem Kunstwerthe; eine grosse Reliefkarte von
Salzburg (Maassst. 1 : 48,000) von *Frz. Keil*; ein Bild in s. g.
Steinguss vom heiligen Thiemo. Die *St. Veitskapelle* mit dem
Grabe des Johannes Staupitz, Luthers Freunde, welcher Abt
von St. Peter war. — Die *Franziskanerkirche* im gothischen Stile
bis auf die bleierne Thurmhaube. Die *Lyceumskirche* mit Gemälden von F. Hermann, Mich. Rothmaier und Bergmüller. Ihr
gegenüber das *Haus* Nro. 225, wo Mozart 1756 geboren wurde.
Die *Kajetanerkirche* mit Fresken und Altarblättern von Troger,
die *Kirche* und das *Nonnenkloster* auf dem *Nonnberge*, mit einem
prächtigen Fenster im gothischen Stile hinter dem Hochaltar,
mit herrlichen Glasgemälden. In dem jenseits der Brücke liegenden Stadttheile, und zwar in dem links vom Kapuzinerberge
liegenden Theile, die *Dreifaltigkeitskirche* mit dem Priesterhause.
Die *Sebastianskirche* mit dem Grabmale des berühmten Theophr.
Paracelsus von Hohenheim; daran stösst der Kirchhof, der rings
von Bogengängen umgeben ist, unter welchen sich die Fami-
lienbegräbnisse befinden.

Andere Bauwerke sind: die *Residens*, mit dem Dome verbanden; in einem Vorsaale derselben befinden sich die Bildnisse der merkwürdigsten Erzbischöfe; ebendaselbst die Gemäldegallerie. In der Harrachischen Gallerie: Gemälde von Caracci, Ryksert, Cavalieri Librl, Paudiz, Heinrich Roos, de Vos, Hondekoeter, Artois, Sachtleben, Tenier; in der neuen Gallerie: Holbein, Paulo Matthaei, Luca Giordano, Kranach, Calabrese, Diez, Ravenstein, Ermels, van Bloemen, Broek; 4 grosse Landschaften von Salzburg von Nesselthaler; das enkaustische Kabinet. Gegenüber, durch den Residenzplatz getrennt, ist der *Neubau* mit dem bekannten Glockenspiel, 1703 von Sauter verfertigt, welches täglich dreimal spielt. In dem Neubau befindet sich das Geschäftslokal der höchsten Landesstellen und die Hauptwache. Der prächtige *Marstall*, jetzt Kavalleriekaserne, längs dem Mönchsberg, für 130 Pferde, 1607 erbaut, von 144 Schritt Länge und 40 Fuss Höhe, weissmarmorne Barrieren und eine prachtvolle Schwemme; durch den Stall und die Schwemme fliesst der oben erwähnte Seitenarm der Berchtesgadener Alm.

Dieser *Kanal* zieht bei Grödig vorüber, theilt sich bei Leopoldskron in zwei Aeste, welche sich, der Hauptarm in einem 6' hohen, 5' breiten und 1200' langen Kanal, mitten durch die Felsenmauern des Mönchsbergs gehen. Diese Wasserleitung versieht gegen 100 Brunnen der Stadt mit Wasser, treibt Mühlen und andere Werke, und setzt einen Theil der Stadt bei Nothfällen unter Wasser. Ihre Anlage wird dem ersten von Karl dem Grossen eingesetzten Bischofe Arno zugeschrieben.

Neben dem Marstalle befindet sich die *Sommer*- und *Winterreitschule*; die erstere bildet einen viereckigen Raum von 106 Schritten Länge und 56 Breite; 2 Seitenwände sind den Felsenmassen des Mönchsbergs abgetrotzt, glatt gehauen, und 3 Gallerien über einander in den Felsen gearbeitet, durch deren Fensterwölbungen die Zuschauer den Ritterspielen zusahen. Ein anderes Werk dieser Art ist das *Neue Thor*, unweit des Marstalles, ein grosses für die Stadt höchst wohlthätiges Werk, wegen der wenigen Ausgänge, welche ihr der Felsenwall des Mönchsbergs übrig lässt. Dieses Thor ist 415' lang, 22' breit und 39' hoch, durch den Felsen des Mönchsbergs, wo er am schwächsten ist, gebrochen auf Befehl des Erzbischofs *Sigismund von Schrattenbach.* Auf der Stadtseite macht eine Baumgruppe auf dem Thore, über welche die höheren Wände des Mönchsbergs hereinschauen, einen malerischen Eindruck. Unmittelbar über dem Thore auf einer Marmorplatte das Brustbild Sigismunds, mit der schönen Unterschrift: Te saxa loquuntur. An der anderen äusseren Seite des Thores steht rechts und links eine abgestumpfte Pyramide; über dem Thore in einer Blende die Bildsäule des h. Sigismund, 16' hoch, aus weissem Marmor, von W. Hagenauer. An dem Fussgestelle: D. O. M. D. Sigismundo M. Publico Bono, Commodo, Decori, Sigismundi Archiepiscopi Salisburgensis, e S. R. I. Comitibus de Schrattenbach Aeternae Memoriae.

Die beiden schönsten Plätze der Stadt sind der *Domplatz* und *Residenzplatz*, durch die grossartigen Gebäude, die sie umgeben, aber öde; auf dem letzteren befindet sich ein herrlicher *Brunnen*, von Antonio Dario (1668) aus weissem Marmor, 45' hoch; die Muschel, die Pferde und die Atlanten sind Monolithen. Auf dem Domplatze steht die eherne Bildsäule der heil. Jungfrau von Hagenauer. An den Residenzplatz schliesst sich der merkwürdige *Michaelsplatz*. Hier steht Mozart's herrliches Denkmal, von Schwanthaler entworfen und von Stiglmayer gegossen. Bei dem Grundgraben fand man herrliche Mosaikböden, 2 unter einander. Ein Näheres nebst getreuer Abbildung findet man im Musealblatt Nro. 26. Linz 1841. Die Brücke über die Salzache ist 370' lang und 40' breit, aber nur von Holz, mit sehr schöner Aussicht. Das grösste Gebäude im jenseitigen Theile der Stadt ist der kaiserliche Palast *Mirabell*, auf dem gleichnamigen Platze, 1818 abgebrannt bei dem grossen Brande, welcher jenen Stadttheil grösstentheils verheerte, der Geburtsort des Königs Otto von Griechenland; dabei ein schöner, grosser öffentlicher Garten, mit Bildsäulen Donners geschmückt.

Dass Salzburg, einst römische Stadt, reich an römischen Alterthümern sei, lässt sich denken: leider sind viele derselben durch frühere Unwissenheit, Nachlässigkeit und Gleichgiltigkeit zu Grunde gegangen oder anderwärts hingewandert. Erst neuerer Zeit hat man, wie allerwärts, diesen merkwürdigen und in geschichtlicher Hinsicht so wichtigen Alterthümern höheren

Werth beigelegt, sammelt und bewahrt sie. Sehr sehenswerth
ist das *Museum Carolino-Augusteum*, unfern des *Klausenthores*
(geöffnet täglich von 10—12 und 1—4 Uhr, Eintrittspreis 10 Kr.),
welches der uneigennützigen Thätigkeit des Waisenhausdirektors
Weiss seine Entstehung und seine wesentlichsten Bereicherun-
gen verdankt. Es enthält sehr interessante keltische, römische
und mittelalterliche Antiquitäten, besonders einen seltsam geformten wahrscheinlich keltischen Helm, plastische Abbildungen
der in Salzburg am Mozartplatze aufgedeckten römischen Ge-
bäudereste, andere römische Antikaglien in und um Salzburg
gefunden; die naturhistorischen Sammlungen und Gemälde sind
ganz unbedeutend. Jedoch ist alles zweckmässig aufgestellt.
In dem unteren Bogengange des *Obergymnasiums* stehen viele
aufgefundene römische Denk- und Meilensteine. Zu den interessantesten Sehenswürdigkeiten Salzburgs gehören unstreitig die
Reliefkarten in Gyps des Herrn *Franz Keil.* So weit sie vollendet sind, umfassen sie bereits das Gebiet der Salzache mit
der Saalache von Salzburg bis Zell am See und die Tauernkette
vom Malnitzer Tauern bis zum Grossglockner und erreichen
südlich Linz und den Gailbach. Die angrenzenden Gebiete sind
vorbereitet und hoffentlich findet der unermüdliche Forscher in
dem Baue der Alpen, der einen Theil seines Lebens diesen Reliefkarten widmet, Zeit, das Angefangene zu vollenden und die
Arbeit immer weiter auszudehnen. Um sich das Gesehene ein-
zuprägen oder auf das, was man sehen will, vorzubereiten, ist
nichts besser als das Anschauen dieser Karten.

Nach Vierthalers Untersuchungen und Angaben lag die alte
norisch-römische Stadt Juvavum, welche unter Hadrian zur Kolonie erhoben wurde, an der Stelle der jetzigen Stadt; Hohensalzburg war Kastell. Sie hatte Legaten, Aedilen, Decurionen,
Duumvirn und ähnliche Magistrate. Eine Legion war daselbst
und eine Abtheilung thracischer Reiter hatte in Aigen, nach
einer dortigen Steinschrift, ihr Castrum. Am Nonnberge war
ein Tempel des Merkur; auf der Riethenburg, ausserhalb des
Neuen Thores, fand man einst Ueberreste eines Triumphbogens;
auf der weiten Fläche gegen den Untersberg fand man öfters
Spuren von Villen und Bädern, marmorne Pferde, einen unge-

heueren Kopf einer zertrümmerten Bildsäule. Ebendaselbst entdeckte man 1695 ein unterirdisches Gewölbe mit Mosaikboden,
Wassertröge von weissem Marmor, Schalen, Münzen und einen
Stein mit einem Relief, die Fortuna darstellend. Alle diese
Entdeckungen gingen fast unbeachtet wieder verloren, sie waren nur Gegenstand augenblicklicher Neugier. Später fand man
ähnliche Spuren, die man auch wieder dem Untergange preis-
gab. Die Sage von dem Untergange eines Sodoms in dem Moose
zwischen Salzburg und dem Untersberge deutete man, als habe
Juvavum hier in dieser Ebene gestanden. Allein der Mönchsberg war der Kern, an welchen sich die alte Stadt Schutz suchend anlegte, wie das jetzige Salzburg. Dafür sprechen insbesondere die in neuester Zeit wieder in Salzburg auf dem Mi-
chaelsplatze, der mit dem Residenzplatze zusammenhängt, bei
Gelegenheit des Grundgrabens zu Mozarts Denkmal aufgefundenen grossen Mosaikböden, deren Verfolgung gewiss noch zu
wichtigen Aufschlüssen führen wird.

Zur Zeit der Römer hiess die Stadt, wie schon erwähnt,
Juvavum, Juvavia, Juvavo, Juvense, und war, den aufgefundenen Denkmälern nach, eine blühende Kolonie der weltherrschen-
den Roma. Wie wir aber dort über eine blühende Alpe das
Strafgericht des Herrn ergehen sahen, die es in ein ewiges Eisgefilde umschuf, so vernichteten auch diese blühende, aber üppige Saat Weltstürme auf eine so furchtbare Art, dass sie den
Nachkommen ihr Dasein nur unter dem Schutze der alles decken-
den Erde verrathen konnte; denn alles übrige, was diese nicht
barg, wurde von den raub- und mordsüchtigen Horden Attila's
vernichtet, und was diese übrig liessen, vertilgten die folgenden Stürme der Völkerwanderung. Nur in der weiteren Umgegend, in den sumpfigen Wäldern und den Klüften des Gebirgs, erhielten sich einige wenige Ueberreste der ehemaligen
Bevölkerung. Da kam der allerdings nicht sicheren Tradition
nach eine christlich fränkische Niederlassung unter dem erwähnten heiligen Rupert; dieser erbaute daselbst die erste Kirche,
2 Klöster und 1 Schule. Die Nahrungszweige der Bewohner um
jene Zeit waren: Viehzucht, Feldbau, Bienenzucht, Biberfang,
Goldwaschen und Salzgewinnen zu Reichenhall. Noch unter

Rupert erfolgten die christlichen Ansiedelungen zu Bischofshofen und Zell am See. Unter dem Schutze Pipins kam 745 der
Britte Virgil nach Salzburg, und dieser Name kam unn vielleicht auf die Burg an der Salza. Virgil baute zu Ehren Ru-
perts eine zweite Kirche, die Domkirche (nicht die jetzige). Es
begann nun der zweite Zeitraum für Salzburg, wie zu Rom. An
die Stelle des weltlichen Römerreichs trat das Christenthum, das
aber auch hier, wie dort im Grossen, zugleich ein Reich für
diese Welt wurde. Es begann mit Arno, dem von Karl dem
Grossen eingesetzten ersten Erzbischofe, die erzbischöfliche Periode Salzburgs; bald glänzend im edlern Sinne des Wortes,
bald schimmernd, mit trügerischem Kleide umhüllt, bald elend.
Diese tausendjährige Periode zählte 64 Erzbischöfe, welche oft
Hirtenstab, Scepter und das Kriegsschwert zu gleicher Zeit führten. 1805 trat Salzburg seine dritte Periode an unter dem weltlichen Scepter Oesterreichs, bei dem es, mit Ausnahme des baie-
risch - französischen Zwischenreichs (1809 — 1814), blieb.

Die vielen Anstalten sind: Das Obergymnasium, früher Uni-
versität, mit einer Bibliothek von 36,000 Bänden, 1000 Incunabeln, 300 Manuscripten, botanischem Garten, physikalischem
und zoologischem Museum; ein Alumnat, 4 Convicte, viele Schu-
len, Verein f. Landeskunde, Kunstverein, Musikverein (Mozar-
teum), Gewerbeverein, landwirthsch. Verein, Liedertafel, 2 gesel-
lige Vereine, Equitationsanstalt, Taubstummenanstalt, 4 Manns-,
3 Frauenklöster, 4 Spitäler, 2 Siechhäuser, 1 Irrenhaus, 1 Salz-
badanstalt, 1 Waisenstiftung, der erwähnte Alterthumsverein.
Die Hauptlebensader der Stadt scheint die Getreidegasse, den
Markt mit eingerechnet, dann die Brücke und jenseits die Linzer
Strasse zu sein; die übrigen Strassen sind todt. Seit einigen Jahren besteht hier eine protestantische Gemeinde mit einem eigenen Prediger und wird mit Unterstützung des Gustav - Adolph -
Vereins eine Kirche gebaut. Für den Bau einer Schule sammeln
zumal die G. - A. - Frauenvereine.

Der *Mönchsberg.* Seinen Namen hat er von den ersten christlichen Ansiedlern, die, wie bei St. Peter erwähnt wurde, sich
in den ausgehöhlten Felsen niedergelassen hatten. Wir begreifen darunter den ganzen Felsenrücken, der sich im Osten stolz
mit *Hohensalzburg* aus der Vorstadt *Nonnthal* erhebt und den

ganzen Haupttheil der Stadt auf dem linken Salzachufer ummauert. Geognostisch besteht das östliche Haupt dieses Rückens aus Kalk, an welchen sich dann die Nagelfluhe anlegt; der Rücken entfernt sich in der Mitte seines Zuges von dem Flusse, zieht aber dann wieder im Westen zur Salzache heran, so dass er hier die Vorstadt *Mülln* völlig von der Stadt abschliesst, und das *Clausthor*, nur eine äusserst schmale Pforte zwischen Felsen und Strom, beide Stadttheile verbindet. Eine Strecke besteht nur in einer an den senkrechten Felsenwänden angebrachten Brücke. *Hohensalzburg* ist der höchste Theil des Zuges, von wo an er sich wellenförmig gegen Nordwest nach Mülln zu senkt. Die Seitenwände sind theils natürliche senkrechte Abstürze, theils auch, um die Gefahr des Einsturzes zu vermindern, behauen. Wenn man von Mülln hereinkömmt, erscheinen rechts die hohen weissen Häuser wie spanische Wände an der braunen Wand; denn die Felsenwand bildet nicht nur die Rückseite der Häuser, sondern in ihr befinden sich auch die Keller und Kammern. Nur die Gewohnheit stumpft den Menschen gegen die Gefahr ab; denn die Gefahr ist hier nicht gering. Schon in den Jahren 1493, 1614 und 1665 hatten sich Felsenstücke abgelöst, und Häuser und Menschen verschüttet. Das grösste Unglück dieser Art erfolgte am 15. Juli 1669. Um 2 Uhr nach Mitternacht stürzte eine bedeutende Masse herab und begrub das Kloster der barmherzigen Brüder, die schöne Kirche St. Marcus, die Kapelle am Berge und 13 Häuser mit allen ihren Bewohnern. Aufgeschreckt durch das Krachen des Sturzes eilte alles zur Rettung herbei, da erfolgte ein zweiter Bruch und begrub auch die Helfenden. Niemand wagte sich jetzt mehr in die Trümmer, um den Wimmernden und um Hilfe Schreienden Rettung zu bringen, da man neue Abstürze befürchtete. 300 Menschen verloren ihr Leben; ihr gemeinschaftliches Grab findet man auf dem St. Sebastiunskirchhofe. Seit jener Zeit wird der Berg jährlich von Leuten, die an langen Seilen an den senkrechten, selbst hie und da überhängenden Wänden hinabgelassen werden, untersucht und an den schadhaften Stellen behauen. Der Rücken des Berges ist an 2 Stellen bedeutend breit; derjenige Theil, auf welchem *Hohensalzburg* liegt, und welcher aus Kalk besteht,

heisst der *Schlossberg*, und dessen südöstlicher Abhang gegen
die Vorstadt *Nonnthal* der *Nonnberg*.

Der Rücken des Mönchsbergs hat bedeutenden Raum, Berg
und Thal, Getreide- und Grasfluren, Buchen-, Ahorn- und Eichen-
wälder, durch die man auf neu und bequem angelegten Wegen
wandelt, öfters an alten Bauwerken, an Thürmen vorüber, oder
durch Thorgewölbe kömmt, auch Wirths- und Kaffeehäuser findet. Der Hauptreiz aber dieses Bergrückens und weshalb es
ja kein Reisender versäumen darf, ihn zu besuchen, sind die
ausserordentlich prachtvollen Aussichtspunkte in das salzburgische Paradies. Die Wald- und Baumgruppen verdecken immer
gerade so viel, dass man mehr sehen möchte; aber sie lassen
so viel sehen, dass jeder Blick ein prächtiges Bild gibt, in den
schönen Rahmen dickbelaubter Bäume gefasst. Steht man am
nördlichen Ende gegen die Vorstadt Mülln, so wird der Blick
nicht gehemmt; ungehindert schweift er über die endlose baierische Ebene hin, die einem weiten Garten gleicht; die frisch-
grünen Fluren sind durchzogen von unzähligen Baumreihen und
Waldgruppen, durch welche der weissliche Strom der Salzache
und das Blaugrün der Saalache blitzt; Schlösser, Kirchen und
Häusergruppen sind die Anhaltspunkte. Erst rechts der Salzache erheben sich die ersten Vorhöhen der Alpen, der *Haunsberg* (3000'). Oestlicher blinkt die doppeltgethürmte Wallfahrtskirche von Maria Plain herüber. Wandern wir weiter, so umdüstert uns dunkele Waldung; treten wir aus ihr östlich hinaus, so schwindelt unser Blick, denn wir stehen an dem mehr
als senkrechten Abgrund, an der Stelle, wo einst jener Bergsturz geschah; da unten in grosser Tiefe erblicken wir, uns
am Geländer haltend, den kleinen Garten mit seinen Bäumen, der uns vorhin unten von der Plattform des Neuen Thores herabwinkte; die ganze Stadt mit ihrem eigenthümlichen
Dachwerk, mit ihren Strassen und Plätzen, mit ihren Thürmen
und Kuppeln; der mächtige reissende Strom mit seiner Brücke;
der jenseitige Stadttheil mit seinen weissen Häusermassen, die
sich 5, 6 und mehr Stockwerk aus dem Bette des Flusses erheben, darüber schon höhere Berge; der ganz mit Häusern und
Matten übersäete *Heuberg* (2168'), der waldige, steil mit Felsen

in die jenseitige Stadt abstürzende *Kapuzinerberg* und über alle
der sanftgewölbte, 4000' hohe *Gaisberg* mit den unzähligen Partien seines Abhanges von Wald, Alpen, Matten, Bauerngütern,
Schlössern u. s. w. Dieses Ganze, die weisse Stadt mit ihren
grauen Dächern, der grünlichweisse Strom zwischen seinen weissen Kiesinseln, die üppig grünen Umgebungen, welche dieses
Weisegrau umkränzen, das Geräusch des in der Tiefe sich tum-
melnden Volkslebens, das eisige Rauschen des Flusses und vielleicht gerade das Läuten der Glocken von allen Thürmen macht
gewiss einen unauslöschlichen Eindruck. Wir durchschneiden
den Rücken und stehen bald darauf an seinem Südwestrand,
und wiederum ein ganz anderes Bild steht vor unseren staunenden Blicken. Eine herrliche grüne Ebene, von Alleen vielfach
durchschnitten und mit Häusern besäet, zieht wohl 4 St. weit
in einen grossen Gebirgsbusen hinein, die weite Oeffnung des
Saalachthales; da erheben sich dunkelblau die stolzen Pyramiden des 5500' hohen *Staufen*, das fernere, aber höhere Sonntagshorn, das Mühlborghorn und die in viele malerische Gruppen zertheilte Wand des Lattenbergs; Hügelrücken verbergen
uns Reichenhall. Indem wir weiter gehen, erblicken wir durch
die Oeffnungen des Laubwerkes eine riesige Wetterwolke, die
sich vor uns unheilbringend aufthürmt; wir treten heraus ins
Freie und erstaunen nicht wenig, statt der Wolke eine gigan-
tische, dunkele, blaue Bergmasse, lang hingestreckt, gleich einer
Sphinx, zu erblicken, welche ihr Haupt kühn nach Osten erhebt; es ist der *Untersberg*, der nirgends so sehr, wie hier, durch
seine Masse auffällt und durch seine dunkele Färbung, eine Folge
der vielen Waldungen, welche diese Seite bedecken. Seine Masse
nimmt einen bedeutenden Theil des Gesichtskreises ein, steigt
unmittelbar in zweistündiger Entfernung aus der grünen Fläche
empor, und leidet nicht, dass sich ein höheres Haupt über seinen dunkeln Rücken erhebe. Herrliche Baumgruppen, die Alm
(Kanal), der *Leopoldskroner Weiher* und das Schloss *Leopoldskron*
selbst beleben die nähere Ebene, die zu uns heranzieht. Bald
entzieht uns der Wald wieder diese Ansicht und, an einer alten
Mauer hinwandernd, wird es nach einiger Zeit wieder licht, die
düsteren Wetterwolken haben sich verzogen; eine ganz neue

Schaubach d. Alpen. 2. Aufl. III.   18

grosse Landschaft liegt vor unseren trunkenen Augen. Eine
Bank ladet zur Ruhe. In der Tiefe unter uns wieder eine reiche angebaute Ebene voller Fluren und Wälder, aus denen die
Kirchthürme hervorragend die Lage ihrer Orte bezeichnen. Nur
einige Felsenhügel, ähnlich unserem Felsenstock, überragen die
Linien der Alleen; es ist *Hellbrunn.* Diese herrliche Ebene umzieht aber ein weiter Kreis von zum Theil hohen, kahlen Al-
pengebirgen, die, obgleich höher, wilder, kahler und schroffer,
als der Untersberg, dennoch durch den verklärenden Duft der
Ferne wie ein zwar grosses, aber zartes, fast luftartiges Gebilde
erscheinen. Rechts überragt der 8000' hohe *Göll* mit seinen
kalkweissen Schroffwänden und Schneefeldern sein grünes Vorgebirge, die *Zill;* links von ihm tritt der Zackenkamm des *Vorderen Göll* weit hervor mit blendendweissen Kalkwänden über
den üppigen Matten des *Rossfeldes;* in einer Bucht desselben
glänzt ein goldener Stern, es ist das Dach der Kirche des *Dürnbergs;* darunter bezeichnen aufqualmende Rauchsäulen die Salzpfannen von Hallein und rechts darüber der doppelte *Barnstein*
die Lage von Kaltenhausen. Dort, wo der *Vordere Göll* links
in die Tiefe steigt, erhebt sich hinter ihm kühn und prallig
eine gewaltige weisse Kalkwand, der *Tirolerkopf* des 7600' hohen *Tännengebirgs,* halb von der Sonne vergoldet, halb im Blau-
duft des Schattens; unter ihm die Engen des *Luegs.* Die ganze
Kette der Tännen mit ihren Kahren, Schneefeldern und Riffen
zieht nach Südost über die schöne Thalfläche hin, bis sie sich
verbirgt hinter den grünen Voralpen. Als würdiger Vorgrund
dieses Gemäldes erscheint links in der Nähe das stolze bethürmte
Hohensalzburg auf dem nächsten Felsenstock, nur durch eine
grüne Vertiefung des Mönchsbergs so weit hinausgerückt, dass
wir die ganze Burg übersehen können mit ihren Zinnen und
Mauern. Die Besichtigung dieser grossen, 600' über der Salzache liegenden, von 6 Thürmen umschlossenen Burg und ihrer
Merkwürdigkeiten unterbricht unsere Aussichtswanderung auf
kurze Zeit, um sie dann aber auf eine würdige Art zu krönen,
durch die Aussicht vom Glockenthurme, welche alle die Bilder,
die wir jetzt einzeln nach einander erblickten, zu einem einzigen Panorama vereinigt. Sehenswerth sind in dem Schlosse:

das Verliess, die Georgskapelle, der Ofen mit merkwürdigen mystischen Arabesken und das Horn (ein Orgelwerk) von Egerdacher, dessen Musik Mozarts Vater komponirte, und welches Abends von der Burg herab über die Stadt tönt.

Auf den *Mönchsberg* führen verschiedene Wege. Durch die Vorstadt *Mülln* der bequemste, weil sich da der Berg senkt; der gewöhnlichste führt bei der Sommerreitbahn zuerst über eine bedeckte Treppe, dann aber frei auf vielen Stufen hinan, wo man gerade über dem *Neuen Thor* die Höhe erreicht. Ein dritter sieht in der Vertiefung zwischen dem *Mönchs-* und *Schlossberg* hinan. Zur Burg führt noch ein besonderer. In ihr befindet sich ein Gefängniss und eine Feuerwache.

Botan. So niedrig der Rücken ist, so reich ist er auch an subalpinen Pflanzen: Cyclamen europaeum steht hier, wie auf den anderen Hügeln um Salzburg unter jedem Busch, auf dem Mönchsberg Viola umbrosa, an den Mauern überall Potentilla canescens; am Schlossberge: Möhringia muscosa, Bellidiastrum Michelii, Rhamnus pumila.

Ausserhalb des *Neuen Thores* an der Strasse liegt noch ein ähnlicher Felsenhügel, dessen Wände, wie die des Mönchsbergs, glatt behauen und durch Kunst in 2 kleinere Felsstöcke zerspaltet sind, der *Ofenlochberg.*

Hier finden sich: Hedysarum Onobrychis, Hieracium staticefolium, Rosa alpina, Lycopodium helveticum und andere alpine und subalpine Pflanzen.

Wenn man über die Brücke geht, fällt jedem Reisenden, wenn er sich umwendet, das hohe ernste Haupt des *Untersbergs* auf, welcher trotz seiner zweistündigen Ferne und der nahen steilen Höhe des 500' hohen *Mönchsbergs* fast unheimlich und geisterartig hereinschaut. Sogleich jenseits der Brücke senkt sich, wenn auch durch Häuser und Ueberbauten verdeckt, der *Kapuzinerberg* herein, eine 639' über der Stadt aufragende Kalkfelseninsel, welche sich nur mit einer Seite an die Salzache anlegt; er zerspaltet die Stadt; rechts geht es durch eine ganz enge Strasse, die an Italien erinnert, und deren linke Seite oft die nackten Wände sind, hinaus ins Freiere, das ist die Vorstadt *Am Stein*; links breitet sich rechtwinkelig die *Linzer Vorstadt* aus, ein bedeutender Stadttheil. Eigentlich heisst nur der unterste, gegen diesen Theil der Stadt vorgeschobene Keil der *Kapuzinerberg*, der grössere nördliche Abfall der *Imberg*, der

18 *

südliche der *Viehberg;* wir wollen ihn als *Kapuzinerberg* besteigen. Auf dem ersten Absatze des Berges liegt das *Kapuziner-kloster* und seine Gärten. Man geht, um dahin zu gelangen, die Linzer Gasse eine Strecke fort, bis sich rechts ein Thor zeigt, durch welches man auf Treppen und einem zum Theil bedeckten Gange, bei den Stationen vorüber, zum Kloster kömmt. Durch einen Klingelzug verlangen wir Durchlass durch eine Pforte und wenden uns rechts durch ein Pförtchen in den Klostergarten, wo wir das Gegenstück zur Ansicht Salzburgs vom Mönchsberg haben: in der Tiefe der reissende mächtige Strom, jenseits desselben die grössten Häusermassen der Stadt, der Dom, die Residenz u. s. w., darüber der Felsenberg mit seiner grossen Feste und der waldige Mönchsberg. Ueber diesem streckt der Untersberg wie ein Riese seine Glieder, weiter hin gipfelt der Staufen empor, links die Schroffen des Göll. Die jenseitige Ebene wird durch den Rücken des Mönchsbergs gedeckt, nur der Fernduft hebt die Massen ab. Wir kehren aus dem Kloster auf den Hauptweg zurück, lassen uns den Eingang in den Park öffnen und steigen im Schatten, der jedoch wegen des vielen Buschwerks oft drückend und schwül wirkt, in vielen Windungen hinan bis zum hintersten Gipfel, den das *Franzis-kusschlösschen* (2160') krönt. Es wurde, wie die ganze Mauer um den *Imberg,* vom Erzbischof *Paris von Lodron* während des dreissigjährigen Krieges zur Sicherheit der Umgegend angelegt, wie die Inschrift über dem Eingange besagt. Man sehe sich nicht zuvor um, lasse auch alle Seitenwege, welche bisweilen links vom Hauptwege abführen, liegen, überschreite die Zugbrücke, gehe durch das Schlösschen auf den jenseitigen freien Platz, eine Art Bastei, welcher mit einer Mauer eingefasst ist, über die man hinwegsehen kann, und trete dann in eins der vorspringenden Eckthürmchen. Gewiss sehr gross wird die Ueberraschung sein. Senkrecht schaut man hinab auf die 700' tief liegende Fläche zwischen dem *Kapuzinerberg* und *Maria Plain.* Sie gleicht einem weiten grünen Garten, der wie eine Landkarte aufgerollt unter uns liegt mit seinen zerstreuten Häusergruppen. Ein besonders artiges Schauspiel ist es, wenn man da unten kriegerische Uebungen ausführen sieht. Tritt man in ein anderea Eckthürmchen, so liegt die Ebene, welche den *Kapuziner-berg* von dem sich jenseits erhebenden *Gaisberge* trennt, unter uns; dort erhebt sich auf einem waldigen Felsenhügel äusserst anmuthig das Schloss *Neuhaus;* rechts hinaus aber liegt das ganze Salzachthal, von Golling herab bis Salzburg, mit seinen vielen Schlössern und Landsitzen, Dörfern und Kirchen, Wäldern und Fluren; als riesige Wächter umstehen es das Tännengebirge, der Göll, im Hintergrunde flimmert grau und weiss das Steinerne Meer; trotzig und kühn steigt plötzlich in grossen Stufen der Untersberg auf bis zum überragenden salzburgischen Hohen Thron, welcher die Ansicht schliesst. In der Tiefe wallt die Salzache gerade auf den Berg zu und scheint von demselben verschlungen zu werden. In der Mitte der Ebene liegt der Felsenhügel von *Hellbrunn,* auf welchen eine Allee hinführt; darüber erhebt sich der doppelgipfelige *Barmstein,* und links von ihm glänzt die Kirche des Dürnbergs. In dem Schlösschen selbst befindet sich eine Bierwirthschaft, und in seinen oberen Räumen hat man ebenfalls eine herrliche Umsicht. Auf dem Wege herunter, einmal rechts abbiegend hat man auf einem Felsenvorsprunge noch einen schönen Blick in die Ebene nach Baiern und auf einen Theil der Stadt.

Botan.: vor dem Linzer Thore und am Fusse des Kapuzinerberges auf der Ebene, durch welche einst wahrscheinlich ein Arm der Salzache floss, bis zur Vorstadt *Am Stein:* Galium austriacum, Phyteuma hemisphaericum, Malaxis monophyllos, Salix Wulfeniana, Laserpitium Siler, Lilium bulbiferum. Die Umgebung Salzburgs besitzt überhaupt eine reiche Vegetation sowohl von subalpinen Pflanzen, als von Moor- und Sumpfgewächsen. Schon im Januar blühen Helleborus niger, odorus, Crocus vernus, Galanthus nivalis. Die *Josephsau* ist reich an Weiden, hat Equisetum umbrosum, Typha minima, Cineraria crispa (s. auch S. 283); auf dem Moore bei Ursprung: Cineraria capitata, Carex heleonastes, dioica; auf dem von Schönrain die Zwergbirken, Carex cordorrhiza u. a.

Weitere Ausflüge auf dem rechten Ufer.

Maria-Plain, ein vielbesuchter Wallfahrtsort am rechten Ufer der Salzache hinab, 1 St. von Salzburg, auf dem *Plainberg* (Fucoidensandstein und Mergel) gelegen, gerade nach Süden, der ganzen Herrlichkeit Salzburgs zugewendet, daher einer der schönsten Punkte zur vollständigen Uebersicht der ganzen Gegend. Gerade vor sich die ganze wohlangebaute Ebene bis zum Kapuzinerberge, dann die Stadt, umgürtet von ihrem Mönchs-

berge und beherrscht von der Burg; endlich der höhere Kranz
der Gebirge, vom Gaisberg beginnend, über das Tännengebirge,
den Göll, Untersberg, Lattenberg, Mühlherghorn, Sonntagshorn
bis zum doppelgipfeligen Staufen. Aus dem Hintergrunde des
Saalachthales starren der Loferer Steinberg und seine Trabanten
empor; die Saalache, blaugrün durch die Gebüsche ihrer
Aue schimmernd, strömt herhei zur Vereinigung mit der Salzache,
die unter uns hinrauscht; dort an die Saalache lehnt sich
das Schloss *Klessheim* und sein Thiergarten; eine stattliche Allee
durchschneidet die Ebene dahin. In der Kirche das Altarblatt
von Le Neve. In der Nähe die Burgruinen von *Radeck*.
Maria-Plain gehört zur Dekanatspfarre *Bergheim*, 437 E., das
eingepfarrte Voggenberg 334 E.

    Der belohnendste, wenn auch grösste, Ausflug ist nach
Aigen und auf den *Gaisberg*. Erst besuche man Aigen, dann
den Gaisberg, nicht umgekehrt. Wir gehen entweder die Strasse
über die neue *Karolinenbrücke* vor dem *Kajetaner Thore* oder
wir bleiben noch auf dem rechten Ufer der Salzache, wandern
aber in entgegengesetzter Richtung zur Stadt hinaus, indem wir
uns gleich, über die Brücke kommend, rechts in die erste Gasse
schlagen und zwischen hohen Wänden der Häuser zur Vorstadt
Am Stein kommen: eine einzige enge Strasse, links zum Theil
die in die Strasse herabsetzenden Kalkfelsen des *Kapuzinerberges*,
rechts Häuser, oft auch Gärten, Durchsichten nach dem
Göll und Tännengebirge gestattend, meistens aber von hohen
Mauern begleitet, wo keine Häuser sind. So kommen wir nach
einer starken Viertelstunde hinaus ins Freie; links hoch oben
erblicken wir das *Franziskusschlösschen*, haben den Durchblick
gegen Maria-Plain vor uns, auf seinem sich an den *Kuhberg* anlegenden
Felsenhügel das Schloss *Neuhaus*. Fortwährend durch
Häusergruppen und über Wiesen wandernd kommen wir in eine
Allee, die uns in 1 St. von Salzburg nach *Aigen* bringt. Unterhaltend
ist auf diesem Wege vorzüglich das allmähliche Vortreten
des Watzmanns hinter den Wänden des Untersbergs;
denn von Salzburg aus sieht man nichts von diesem wildgezackten
Riesen. *Aigen*, 91 H., 630 E., ursprünglich ein Bad,
erhielt später (1411) eine Kirche, und als es der Fürst Ernst

von Schwarzenberg, Bischof zu Raab, an sich brachte und zu
einem Landsitze erwählte, auch ein Schloss; ein stattliches
Wirthshaus hat sich dazu angesiedelt. Die Hauptsache jedoch,
weshalb der Reisende hierher kömmt, sind die Anlagen, die ein
wirklicher Park sind, keine französische Entstellung der Natur,
sondern eine Veredelung derselben durch Nachhilfe. Die ganze
Anlage beginnt in der Ebene des Thales und erhebt sich dann
in einer Bucht des Fussgestelles des Gaisbergs. Gutgehaltene
Rasenstrecken, herrliche Baumgruppen, von Blumengeheck oder
Buschwerk umgürtet, gute reingehaltene Wege sind Eigenschaften, welche man, die Ueppigkeit des Grüns vielleicht abgerechnet, von jedem Garten dieser Art verlangen kann. Allein die
Zuthaten, welche hier die Natur noch von aussen hinzufügte,
und welche hier die Hauptsache sind, fehlen anderwärts, die
herrlichen Bilder, welche bald in grösserer, bald geringerer
Ferne, bald von mildem lieblichem, bald von erhabenem ern-
stem Charakter in einem grossen Halbkreise um diesen Garten
aufgestellt sind. Der Schöpfer des Parkes aber hat die Natur,
die Bäume und ihr Laubwerk nur benutzt zu den Einrahmun-
gen der verschiedenen Gemälde, und hat liebliche Ruheplätzchen erschaffen zur ruhigen Beschauung jedes einzelnen Bildes.
Erst weiter oben, wo sich auf einem Standpunkte alle Bilder
zu einem Ganzen vereinen, erkennt man, dass alle Bilder nur
Theile eines grossen Prachtgemäldes waren; dann und wann
verbietet jedoch der hohe, dunkele, majestätische Forst jede
Fernsicht, um den Beschauer von der Aussenwelt auf sich, in
sich selbst zurückzuführen. So durchwandert man den Park
und gelangt auf die schönen Ruheplätzchen, welche nach den
Hauptgegenständen der Bilder benannt sind: den Stadtplatz, den
Staufenplatz, Untersbergplatz, Watzmannsplatz, Göllplatz; die
Kanzel endlich beschliesst mit allgemeiner Uebersicht das Ganze;
dahinter im Walde ist die Jägerebene, von deren Holzhütte aus
man in einen dunkeln Forst sieht, wo das Auge ausruht von
dem Glanze des oben Gesehenen. Der Gipfel des Gaisbergs
blickt ernst aber ganz nahe über die Wipfel der Bäume herein;
man wähnt in ¼ St. oben sein zu können, und dennoch braucht
man fast noch 2 St. Mitten durch die Anlagen eilt ein Gebirgs-

bach, welcher einen kleinen Wasserfall bildet. Haben wir uns
Vormittags hier umgesehen, so steigen wir Nachmittags sogleich
durch die Anlagen, dann den darauf folgenden Wald, zu den
Bauerhöfen hinan; und haben wir deren Region unter uns, em-
pfängt uns abermals der Wald; endlich lichtet sich dieser und
wir stehen auf dem *Hocheck*, einer Schulter des *Gaisbergs*. Wir
haben das freundliche Gasthaus auf der *Zistel* (3408'), wie die
Alm heisst, erreicht. Ist es nur irgend heiter, so besteigen wir
noch den Gipfel des *Gaisbergs* (4073'), um einen schönen Abend
auf freier Höhe zu feiern. Der rüstige Steiger geht gerade den
Gipfel hinan in 1 St.; andere folgen dem weiteren Wege, welcher bequemer rechts herumzieht. Die Rundsicht auf diesem
kahlen, freien Scheitel, welcher schon in eine reinere Luft auftaucht, ist sehr schön und umfassend. Die nördliche Hälfte des
Aussichtskreises umfasst nur flaches und hügeliges Land, das
südliche Berg- und Alpenland, voll aufragender Zackengipfel
der Kalkalpen, welche jedoch dem Blick die Aussicht in die
innere Hochwelt der schneebedeckten Urgebirge vermauern; nur
an sehr wenigen Stellen erlaubt eine Lücke, dorthin zu dringen, oder wagt es ein fernes Schneehaupt, neugierig über die
hohen Kalkmauern herüberzublicken.

Nach Norden haben wir die weiten Flächen Baierns und
Oesterreichs bis an und über die Donau vor uns. Bei einer
Höhe von 4000' erstreckt sich in vollkommener Ebene die Aussicht auf 17 Meilen, daher also hier im Westen, Norden und
Nordosten bis zur Isar bei München; auf die Höhen jenseits
Landshut, Eckmühl, Linz, Enns und Steier. Die Erhebung des
Böhmerwaldes jenseits der Donau dehnt den Gesichtskreis dahinwärts noch weiter aus. In diesen endlosen Flächen des Nord-
halbkreises heben sich nur die Spiegel der Seen des Vorlandes
hervor, welche sich strahlenförmig nach der Richtung der Halb-
messer des Halbkreises richten und sich in allen Richtungen finden. Gegen Westen, am letzten Abfall der Alpen, breitet sich
der weite Spiegel des Chiemsees aus; gegen Nordwest führt der
Blick über die ganze Länge des Waginger-Sees; gegen Norden
sieht der eben so lange Matt- oder Trumsee hin; etwas östlicher in gleicher Richtung der Wallersee; und wie dort im Wa-

sten der Chiemsee am Fusse der Alpen heraustritt, so schmiegt sich hier der Mondsee im Osten an den Abfall des Gebirgs. Länger hält sich der Beschauer bei dem südlichen Halbkreise auf. Durch die tiefe Kluft des Passes Lueg wird die Südhälfte in zwei gleiche Theile zerspalten. Im Osten erhebt sich die Alpenkette steil und schroff mit dem Traunstein am Gmundner See; ihm folgt der Spitalstein daselbst. Das Höllgebirge tritt näher heran und der diesseitige Abfall desselben, die Heinwand, bezeichnet die Lage des Attersees. Wiederum näher erhebt der Schober am Mondsee sein Felsenhaupt; kühner schwingt sich das Felsenhorn des Schafbergs rechts von jenem auf, links dem Hohen Priel einen Durchblick lassend. Rechts vom Schafberge beginnt eine ziemlich allgemeine Einsenkung, die Faistenau und den Busen des Wolfgangsees bezeichnend; nur im fernen Hintergrund spannt sich eine blauduftige Wand vor, die jenseitige Bergkette des Traunthales bei Ischl. Das Gebirge erhebt sich von neuem in Voralpen; der Faistenauer Schafberg, das Zwölferhorn, der Rainberg u. a. sind die auffallendsten Berge; überragt werden sie vom Retten- und Rinkogl. Näher bilden das Ochsenhorn, der dunkele, dicht bewaldete Schwarzenberg, darüber der höhere Schmiedenstein und der grüne Schlenken den Vor- und Mittelgrund, über welche sich die Dachsteingruppe mit ihren Eisfeldern, Hörnern und Nadeln erhebt. Rechts vom Schwarzenberg eine abermalige Einsenkung, das Fagerthal, welches westlich durch die Mühlsteinwand geschlossen wird, ein buntes Gemisch von Wäldern, Wiesen und Lehen. Den Hintergrund überspannt die lange, graue, schneegefleckte, vielfach durchfurchte Mauer des Tännengebirgs, gerade über der Mühlsteinwand mit dem Tirolerkopf in den Pass Lueg abstürzend. Dieses Viertel der Rundsicht, welches sich hier schliesst, unterscheidet sich von dem folgenden dadurch, dass hier den *Gaisberg* im ganzen Kreisviertel, im Osten, Südosten und Süden, Voralpen umgeben, theils von gleicher, theils von grösserer Höhe, als der *Gaisberg*, mit Matten und Wäldern überdeckt, von einsamen Thälern durchzogen, aus denen nur dann und wann ein Kirchthurm anzeigt, dass auch hier Menschen leben; die höheren Felsenhörner des Kalkhochgebirges überragen nur

wenig diese grüne Bergwelt. Ganz andere Züge hat die Natur
dem folgenden Abschnitt aufgeprägt. Hier stehen die grellsten
Gegensätze neben einander ohne Vermittelung von Voralpen;
das weite, einem Garten gleichende, mit Wohnungen, Dörfern,
Städten, Burgen, Schlössern und Kirchen übersäete Salzachthal,
durchzogen in vielen Windungen von dem Silberbande der Salzache, daneben und darüber unmittelbar und unverhüllt die hohe
schroffe und kahle Gebirgswelt der höchsten Kalkalpen. Die
ganze Gegend, welche wir von Golling an bis Salzburg durchwandert haben, liegt unter uns wie eine Karte ausgebreitet, darüber der ganze Felsengurt von Berchtesgaden, äusserlich eine
Strecke hinan umgrünt. Grau und kahl starren der Göll, das
Brett, das Steinerne Meer mit der Schönfeldspitze und dem See-
horne empor; mitten aus dieser Umhüllung steigt kahl und
zackig der Watzmann, wie der Kern aus einer Schale; der
Steinberg, sein Gefährte, lehnt sich rechts an den Berchtesgadener Hohen Thron des Untersberges. Gerade unter der Schönfeldspitze umfangen dunkele Schatten die Gegend, es ist die
Bucht des Königssees. Ueber eine Schulter des Göll schaut der
Kopf des Jenner. Unter dem weissen Scheitel des Göll liegt
die grüne Matte des Rossfelds, darunter die Kirche des Dürnbergs, unter welchem sich Hallein an den Berg schmiegt. Ueber
dem Simmetsberg ragen der Grossglockner und das Vischbach-
horn herüber und zwischen den Zacken des Vorderen Göll ein
Stückchen der Schneefläche der Uebergossenen Alpe. Durch den
Pass Lueg hindurch erreicht der Blick gerade den Ankogl in
Gastein. Der Untersberg macht wieder einen Abschnitt und
theilt den südöstlichen Viertelkreis in zwei Theile, nämlich
Berchtesgaden, was wir eben sahen, und Reichenhall oder das
Saalachthal von Reichenhall bis nach Salzburg, eine weite Ebene,
welche sich nach Reichenhall zu verengt und endlich schliesst.
Auf der linken Seite stehen: der Untersberg, der Lattenberg;
auf der rechten: der Teisenberg und Staufen; den Hintergrund
erfüllen das Mühlberghorn, der Ristfeuchtkogl und über ihnen
in der Mitte das Sonntagshorn. Eine höhere Region übergipfelt
nur in den höchsten Zacken diese Berge; über dem Lattenberg
sackt der Loferer Steinberg mit dem Ochsenhorn, Breithorn,

Flachhorn auf; links am Sonntagshorn zeigt sich ein kleines
Bruchstück des Wilden Kaisers und rechts der Tresauer oder
Hintere Kaiser. Unter dem Sonntagshorn steigen die Rauchsäulen der Salzpfannen von Reichenhall empor; rechts davon glänzt
die Saalache, deren ganzer Lauf leicht kenntlich ist durch ihr
breites Kiesbett. Unter uns in grosser Tiefe *Salzburg*, in dessen Strassen man gerade hineinsieht. Mit dem niedrigen Teisenberg fällt das Gebirge wieder zur Ebene ab. — Hat man
den Abend einen schönen Sonnenuntergang genossen, so bleibt
man die Nacht über in der *Zistel* und kann dann auch noch den
Sonnenaufgang geniessen, indem man ja leicht den kurzen Stieg
nochmals macht. Von der *Zistel* führt ein kürzerer Weg, als
über *Aigen*, über die *Judenberger* und *Apotheker-Höfe* nach *Salzburg;* er ist steinig, aber die fortwährend schöne Aussicht auf
Salzburg und gegen Reichenhall lässt die Mühe vergessen.

In botan. Hinsicht bietet der Gaisberg folgende merkwürdige Pflanzen: Asplenium viride, Poa alpina, Luzula maxima, Crocus vernus, Allium senescens,
ursinum, Salix Wulfeniana, Pinus Mughus, Ulmus suberosa, Lonicera alpigena,
Galium Boccroni, Valeriana tripteris, montana, Carduus defloratus, Adenostyles alpina, albifrons, Tussilago nivea, paradoxa, Erigeron alpinum, Bellidiastrum Michelii, Buphthalmum salicifolium, Hyoseris foetida, Hieracium aureum, aurantiacum, Sonchus alpinus, Prenanthes purpurea, Rhododendron hirsutum, Gentiana
asclepiadea, verna, Stachys alpina, Calamintha alpina, Nepeta, Lysimachia punctata,
Saxifraga rotundifolia, Sedum atratum, Moehringia muscosa, Rosa alpina, Arabis
alpina, Cardamine trifolia, Ranunculus nivalis.

Ausflüge nach Norden.

Ein sehr lohnender Ausflug für den Reisenden von Salzburg aus, namentlich, wenn er noch nicht im Gebirge war,
führt ihn nordöstlich in ein an Seen und an äusserst reizenden
und weiten Aussichtspunkten reiches Gebiet. Auf der Elisabeth-
Westbahn fahren wir am nordwestlichen Gestade des *Wallersees*,
den See und über ihm das Gebirge zur Rechten, nach dem
Markte *Seekirchen*, 85 H., 824 E., unterhalb der Ausmündung
der *Fischach* aus dem *Waller-* oder *Seekircher-See*, in fruchtba-
rer Gegend. In dem hiesigen Kollegiatstifte hatte der heilige
Rupert seinen Sitz, ehe er ihn nach Salzburg verlegte. Eine
schöne Uebersicht der Umgegend und des Sees hat man von
der Höhe des Schlosses *Seeburg*, des Stammsitzes der erlosche-
nen Familie von Seekirchen; seine jetzige Gestalt erhielt es 1750

durch den Grafen Ernst Maria von Lodron. Auch hier soll der
heil. Rupert eine Zeit lang gewohnt haben. Der *Wallersee* hat
hier an seiner Ausmündung seine grösste Breite, beinahe 1 St.,
und erstreckt sich nordöstlich 1½ St. Sein Hauptzufluss ist der
Wallerbach, welcher im Osten des Sees entspringt, dann den
See aber über Neumarkt nordöstlich umkreist und auf der entgegengesetzten Nordwestseite sich in ihn ergiesst; neben diesem
Bache kömmt von Norden die *Fischach* in den See. Die Höhen, welche den See umschliessen, sind sanft geformt; das süd-
östliche Ufer ist steiler; an der Einmündung und Ausmündung
der genannten Bäche öffnen sich zwischen den Höhen kleine
Ebenen. Wie bei allen Seen des nördlichen Vorlandes der Alpen muss man auch hier die schönsten An- und Aussichten auf
dem nördlichen Ufer und dessen Höhen suchen, wo die Alpen
einen grossartigen Hintergrund bilden. Bei *Neumarkt*, einem
Markte von 105 H. und 650 E. am *Wallerbache*, verlassen wir
die Bahn und besteigen über *Köstendorf*, 89 H., 402 E., den
Tannberg (2413'), auf dessen Höhe ein grosses Jägerhaus, zugleich ein gutes und billiges Gasthaus. Eine der schönsten Aussichten eröffnet sich hier oben, namentlich für den von Norden
Kommenden: vom Oetscher in Oesterreich an liegt die ganze
Alpenkette bis tief nach Baiern vor den Augen; die steierischen
Kalkalpen, das Salzkammergut und die Gegend von Salzburg
mit ihren grossartigen, schöngeformten Bergmassen lassen sich
deutlich erkennen. Das üppig grünende und bewaldete Gehügel wird von den Spiegeln der Umgegend durchblitzt; im Norden erheben sich in blauer Ferne die blauen Gipfel des Böhmerwaldes.

Von diesem hehren Berggipfel wandert der Reisende gemächlich hinab in 1 St. nach *Niedertrum*, am nordöstlichen Ende
des *Matt-* oder *Niedertrumsees*. Dieser See bildet mit dem nur
durch eine schmale Landenge getrennten und durch seinen Abfluss verbundenen *Obertrumsee* und dem auf gleiche Weise getrennten und verbundenen *Grabensee* eine schöne Seegruppe.
Aus dem *Obertrumsee* läuft der Wasserschatz beider Trumseen
durch einen starken Bach in den *Grabensee*, und aus diesem als
Mattig ab, welche bei *Hageran* in den Inn fliesst. Der *Mattsee*

ist 1 St. lang und ½ breit; der *Obertrumsee*, oft auch nur *Trumsee* genannt, ist 1½ Stunden lang. Von *Niedertrum* fahren wir auf dem See hinab nach *Mattsee*, welches auf oder an der Halbinsel liegt, welche von Süden in den See hineintritt und ihn vom *Obertrumsee* scheidet. Der Markt *Mattsee*, 123 H., 738 E., ist sehr alt. Das Stift wurde von Thassilo II. 747 gegründet, dann von den Ungarn zerstört; 907 kaufte es Passau, welches es wieder 1398 an Salzburg verkaufte. Ueber dem Markte auf der felsigen Halbinsel steht auf versteinerungsreichem Nummulitengestein das gleichnamige Schloss, von Heinrich und Statmar von Schledorf 1200 erbaut. Gerade im Süden des Marktes erhebt sich der *Buchberg* (2450') und bildet das Ostgestade des nach Süden ziehenden Trumsees, an seinem Nordende mit dem Tannberge fast einen rechten Winkel bildend, und nur durch einen Sattel von ihm getrennt, auf welchem ein kleinerer See liegt. Von der Höhe des *Buchbergs* hat man die beste Uebersicht der Seen. Auf der Landenge zwischen dem Trumsee und Grabensee liegt der *Zellhof*, ein für Landwirthe sehenswerther Ort, dem Stifte *Mattsee* gehörig. Auf dem *Obertrumsee* hinan steuernd, erreicht man an dessen südwestlicher Bucht *Trum* oder *Obertrum*, 85 H., 513 E., von wo man sich westlich wendet zum nahen, 2520' hohen *Hauns-* oder *Hunens-berge*. Sein langer Rücken läuft in nordnordöstlicher Richtung parallel mit den letztgenannten Seebecken und schliesst im Norden das ehemalige grosse Seebecken von Salzburg. Von Süden und Südost erhebt er sich aus der schon hohen Gegend nur allmählich und nicht hoch, gegen Nordwest dagegen steiler und tiefer. Der *Haunsberg* im weiteren Sinne ist fast ein selbständiges, 3 St. langes und 3 St. breites Gebirge, aus Nummulitensandstein und Sandstein zusammengesetzt und mit Tufflagern; seine unteren Abhänge sind angebaut, die höheren Gegenden bedecken 18,426 Morgen Waldung. An ihm finden sich grosse und tiefe Erdfälle; das Schönste aber ist seine Aussicht vom *Kaiserplatze*, so genannt, weil 1779 Kaiser Joseph hier stand. Die ganze Alpenkette erhebt sich in mehreren über einander emporsteigenden Rücken; besonders schön stellen sich das Salzachthal bis Salzburg und dessen Umgebungen dar. Von hier kann der Reisende wieder über das Jagdschloss *Weidwörth*, *Anthering*, *Bergheim* und *Maria-Plain* in 3 St. nach *Salzburg* zurückkehren. Wer aber seinen Weg noch weiter ausdehnen will, steigt vom Berge nordwestlich hinab nach *Laufen* (1078'), 4 St. von Salzburg. Die Stadt ist sehr alt, römischen Ursprunges (Artobriga), 430 H., 2540 E. Durch die Salzache, welche hier eine mässige Stromschnelle hat (daher der Name der Stadt), wird die Stadt halbinselartig umflossen und getheilt, und zwar so, dass die Stadt und die Vorstädte *Obslaufen* und *Abrain* auf dem linken Ufer in Baiern, die Vorstädte *Altach* und *Oberndorf*, 304 H., 2254 E., auf dem rechten Ufer in Oesterreich liegen. Gewerbe sind: Brauerei, Schifffahrt, Schiffbau, Sockenverfertigung; Sammlung römischer Alterthümer. Eine Brücke verbindet beide Stadttheile. Das Schloss am Kapuzinerthore ist 1608 erbaut. In der Nähe der Pfarrkirche stehen die Reste eines römischen Tempels. Eine besondere Volksklasse bildet die Schifferzunft. Während des Winters durchziehen sie als Komödianten das Land; ihr Hauptfest ist das Fischerstechen. Von *Laufen* kann man entweder über *Unterheining*, an dem alten Schlosse *Triebenbach* vorüber, mit Holzschnitzereien, *Surham*, wo man die aus dem Waginger See kommende *Sur* überschreitet, *Salzburghofen*, einen alten Ort mit Römersteinen, *Saalbruck* nach Salzburg zurückkehren, oder um die Seereise zu vervollständigen, geht man von *Laufen* westlich über *Leobendorf* zu dem *Abtsdorfer-* oder *Haarsee*, auf dessen Insel einst die mehrfach umkämpfte Feste *Abtsdorf* lag; westlicher gelangt man über *Petting* zu dem grossen, von N.W. nach S.O. gerichteten, 3 St. langen *Waginger-Tachen-* oder *Pettingsee*, von wo man auf der grossen Strasse nach Salzburg zurückkehrt.

Ausflüge nach Süden.

Durch die Vorstadt *Nonnthal* ins Freie gekommen, nimmt uns bald eine prächtige eigenthümliche Allee in ihrem Schatten auf; alle Arten der Bäume, welche die Umgegend hervorbringt, haben hier ihre schönsten und grössten Stellvertreter, Eschen, Buchen, Kastanien, Eichen, Tannen, Ulmen u. s. w. Es ist ein grosser Genuss, unter der hohen schattigen Halle dieser ehrwürdigen Bäume hinzugehen, und hinaus und hinauf in die grosse Gebirgsnatur zu schauen. Fast jeder Baum gewährt Unterhal-

tung und der Maler findet unter ihnen treffliche Studien. Schon
in 1 St. hat man die Mauern von *Hellbrunn* erreicht. *Hellbrunn*
war ein Lustschloss der Erzbischöfe; sein Garten lagert sich
um einen mitten aus der Ebene vereinzelt aufragenden Felsenstock. Ein Theil des Parkes ist im schlechten französischen
Stile verunstaltet, ein Theil dagegen voll prachtvoller Baumgruppen. Sehenswerther als die Wasserkünste ist der reiche Wild-
park, worin auch Bären. Das *Felsentheater*, das *Monatsschlöss-
chen* auf der Höhe des Felsens, gegen Salzburg gekehrt, mit
schöner Aussicht. Seinen Namen hat es, weil es Erzbischof Marcus Sitticus innerhalb eines Monats bauen liess, um einen Herzog
von Baiern, welcher durchreiste und geäussert hatte, dass sich
hier ein Schloss schön ausnehmen müsse, bei seiner Rückkehr
damit zu überraschen.

Wir wandern jetzt einmal zum *Neuen Thor* hinaus, dessen
Ausgang der *Ofenlochberg* beherrscht; um seine Wände schlin-
gen sich die Wege. Wir halten uns links und kommen bald
darauf in ¼ St. durch schöne Alleen nach dem Schlosse *Leopoldskron*, unter Erzbischof Leopold Firmian im italienischen Stile
erbaut und einst berühmt durch seine Kunstsammlungen, die
nun in alle Welt zerstreut sind, jetzt im Besitze des Königs
Ludwig I. von Baiern. Im Weiher eine Militärschwimmschule.

Durch das von Leopoldskron bis zum Untersberg hinziehende *Leopoldskroner Moos* führt eine schnurgerade Dammstrasse,
auf beiden Seiten mit den Häusern der Mooskolonie besetzt, in
1½ St. nach dem auf einem Hügel thronenden Schlösschen *Glaneck*. ¾ St. weiter befindet sich eine Kugel- oder Schussermühle
und Marmorsäge, aus 4 Bögen zusammengesetzt. Nicht weit davon in einer Schlucht bricht aus einer Grotte ein mächtiger Bach
des köstlichen Wassers hervor, welches sich einst die Bischöfe
durch eigene reitende Boten zur Tafel holen liessen, daher es
den Namen *Fürstenbrunn* erhielt. Bald darauf bildet der Bach,
die *Glan*, einen schönen Wasserfall in einer äusserst wilden romantischen Gegend. Auf natürlichen Marmorstufen steigt man
zur Grotte hinab, in welcher man das Brausen grosser Wasserstürze hört. Kaum sieht man der Gegend in einiger Entfernung
an, welche grossartige Scenen sie in ihrem Waldesdunkel birgt.

Flora des *Fürstenbrunnens* u. a.: Veronica urticaefolia, Valeriana tripteris, Lonicera alpigena, nigra, Evonymus latifolius, Chaerophyllum cicutaria Villars, Staphylla pinnata, Moehringia muscosa, Rhododendron hirsutum, Rosa alpina, Atragene alpina, Helleborus niger, Dentaria enneaphylla, Arabis alpina, Prenanthes purpurea, Carduus defloratus, Adenostyles alpina, Bellidiastrum Michelii, Buphthalmum salicifolium, Asplenium viride, Scolopendrium officinale.

Höher am *Untersberg* hinan liegt der erste *Marmorbruch,* der ein schönes Amphitheater bildet, welches sich gegen Salzburg öffnet und eine herrliche Aussicht über die Umgegend gewährt. Der Bruch gehört dem Könige von Baiern und er liefert den meisten Marmor zu den Bauwerken Münchens, daher steht hier des Königs Bildsäule. Es sind im Ganzen 8 Marmorbrüche. Den Rückweg können wir an der *Glan* hinab durch die *Walser* oder *Loiger Felder* wählen, wo man 1815 schöne Mosaikböden ⅓ F. tief unter der Oberfläche fand, welche aber nach Wien geschafft wurden. Der Botaniker macht noch Ausflüge nordwestlich längs dem linken Ufer der Salzache durch die Vorstadt *Mülln,* wo man hinter der Kirche des *St. Johannes-Spitals* ein wohlerhaltenes römisches Bad findet, in die *Müllner Au,* welche sich bis zur Einmündung der Saalache zieht, oder in entgegengesetzter Richtung durch die Vorstadt *Nonnthal* in die *Josephsau.*

Flora der *Müllner Au:* Thesium alpinum, Tamarix germanica, Viola biflora, Ornithogalum Personii, Allium ursinum, Adoxa moschatellina, Gypsophila repens, Euphorbia amygdaloides, Calamintha alpina, Antirrhinum alpinum, Kernera saxatilis, Biscutella laevigata, Hieracium staticefolium, Carduus defloratus, Salix praecox, Amaniana, riparia Willd., Hypophae rhamnoides — Flora der *Josephaau:* Salvia glutinosa, Scirpus ovatus, Viola biflora, Loncajum vernum, Scilla bifolia, Allium ursinum, Euphorbia silvatica, Thalictrum nigricans, Helleborus niger, Stachys alpina, Cardamine trifolia, Arabis alpina, Hieracium staticefolium, Tussilago ramosa Hoppii, Carduus personata Willd., Typha minima, Salix Hoppeana, Amaniana, riparia, praecox Willd., Hypophae rhamnoides, Struthiopteris germanica Willd. — Flora der Wiesen am *Glaubache* vom *Lazarethwäldchen* bis *Glaneck:* Gladiolus communis, Phyteuma hemisphaericum, Thesium alpinum, Gentiana verna, utriculosa, Astrantia major, Tofieldia calyculata. Spiraea filipendula, Thalictrum aquilegifolium, nigricans, Scorzonera humilis, Buphthalmum salicifolium, Salix repens, Iris sibirica, Schoenus ferrugineus, albus, Eriophorum alpinum, angustifolium, Primula farinosa, Gentiana Pneumonanthe, acaulis, utriculosa, Linum viscosum, Ornithogalum Personii, Schenchzeria palustris, Pedicularis sceptrum, Biscutella laevigata, Leontodon hridus, Crepis aspergioides W., Tussilago nivea Villars, Orchis globosa, erriephora, odontisalma, Cypripedium calceolus.

Bei der *Kugelmühle:* Veronica urticaefolia, Valeriana tripteris, Lonicera alpigena, nigra, Rhododendron birsutum, Saxifraga rotundifolia, Rosa alpina, Atragene alpina, Totzia alpina, Dentaria oncaphylla, Arabis alpina, Adenostyles alpina, Bellidiastrum Micheli, Asplenium viride.

Diese Salzburger Ausflüge lassen sich zu einem ganzen Umzug vereinigen. Man geht durch die Vorstadt *Mülln*, folgt der *Moosstrasse* nach *Glaneck*, besucht daselbst den *Fürstenbrunnen* und den Marmorbruch. Von *Glaneck* ist man in ¾ St. in *Hellbrunn;* eine Fähre bringt uns hier an das rechte Ufer der Salzache und über *Glass*, auch bekannt als Fundort römischer Alterthümer, in ½ St. nach *Aigen*, von wo wir noch die *Zistel* besteigen, den Sonnenuntergang auf dem Scheitel des *Gaisbergs* geniessen, wie am anderen Morgen den Sonnenaufgang; bis 8 Uhr des Morgens sind wir wieder in Salzburg.

Strassenzüge, welche von Salzburg aus laufen:

Einer Hauptstadt würdig, laufen nach allen Richtungen Strassen hinaus: 1) Südlich, die uns bekannte nach *Hallein*, von welcher sich die *Berchtesgadener* abzweigt; ihre Fortsetzung geht über *Golling* nach *Werfen*, hier links ab die Strasse nach *Triest*, gerade fort nach *Gastein* und durch das *Pinzgau.* Von *Salzburg* nach *Triest* hat man 31½ Posten (h 3 Stunden); nach *Gastein* 8 Posten. 2) Bis *Hallein* führt auch auf dem rechten Ufer eine Strasse. 3) Oestlich nach *Ischl* 5¼ Posten, bis *Bruck* an der Mur 15⅔ Posten, Südbahn. Die Strasse dahin führt zum *Linzer Thore* hinaus unter den Wänden des *Kapuzinerberges* hin, dann nach dem grossen Kirchdorfe *Guigl*, wo man einen schönen Durchblick durch die Lücke zwischen dem *Kapuzinerberge* und *Gaisberge* in das obere Salzachthal und nach dem Göll hat. Hier theilt sich die Strasse; wir gehen rechts und steigen nun zwischen dem *Heuberg* und *Gaisberg*, von welchem der *Nockstein* äusserst kühn heraus gegen die Strasse tritt, in dem *Guggenthale* hinan; das Ansteigen der Strasse ist so anhaltend und hoch, dass wer nur irgend kann, die Station von *Salzburg* bis *Hof* nicht fahren sollte. Auf der Höhe gelangt man in ein unobenes Gebiet, das man aber weithin übersehen kann, das *Thalgau.* An einem einzelnen Wirthshause vorüber, kömmt man an eine Strassentheilung; rechts führt eine Strasse ab in und durch die *Ebenau* nach *Oberalm* an die Salzache; bald dar-

auf erreicht man die Poststation *Hof* (2124'), ein Wirthshaus,
und ihm gegenüber, durch die Strasse geschieden, die Kirche.
Die nächste Station ist *St. Gilgen*, gehört aber nicht mehr in
unser jetziges Gebiet. Diese Strasse heisst die *Gratzer* oder
steierische Strasse, weil sie über *Ischl*, *Aussee*, *Mitterndorf*, *Lietzen*, *Rottenmann*, *Leoben*, *Bruck* nach *Gratz* führt. 4) N o r d -
ö s t l i c h nach *Linz* und *Wien* mit der Westbahn, von *Wels* nach
Passau (Passauer Bahn). 5) N ö r d l i c h nach *Laufen*, auf beiden Salzachufern; hier theilt sich der Strassenzug; der rechts
ab geht über *Braunau* am Inn, *Schärding* nach *Passau;* der andere am linken baierischen Ufer der Salzache hinab über *Tit-
moning* nach *Burghausen*. Letztere Strasse theilt sich abermals,
links über die *Alz*, *Alt-* und *Neu-Oetting*, den *Inn*, *Neumarkt*,
Vilsbiburg nach *Landshut;* rechts nach *Marktl*, von wo rechts
eine Strasse über *Braunau* nach *Schärding* und *Passau* führt;
links über *Eggenfelden* und *Landau* an der Isar nach *Straubing*.
6) S ü d w e s t l i c h nach *Reichenhall* eine Post. Diese Strasse,
wie die folgenden nach Westen und Nordwesten, werden wir
gleich in der genaueren Beschreibung näher kennen lernen.

Nördliche Vorlage des Salzachthales,

die Flussgebiete der *Alz (Kitzbühler Ache)* und der *Saalache*.

Die Vorlage des Salzachthales ist anderer Natur, als die
des Innthales. Alle Thäler der Innthaler Vorlage, Iller-, Lech-,
Isar- und Mangfall, drangen nur in die Kalkalpen ein, ähnlich
dem Almthal Berchtesgadens; sie waren im Süden durch die
höchsten Kalkgebirge oder auch niedrige Joche unmittelbar vom
Innthal und der jenseitigen Centralkette getrennt. Hat man die
Kalkalpen überwunden, so steht man auch im Innthal unmittelbar am Fusse der Centralkette. Hier dagegen liegt zwischen
der Woge der Kalkalpen und derjenigen der Uralpen eine dritte
Woge, ein Uebergangsgebirge, das wir schon mehrfach kennen
gelernt haben. Vom Zillerthale und vom Salzachthale (von
St. Johann bis Werfen) wurde es durchbrochen. Hier dagegen
stammen die Flüsse aus diesem grünen Uebergangsgebirge; geht
man an ihnen hinauf durch die schauerlichen Engen der Kalkalpen, so liegt diese Gebirgskette vor und verhindert den An-

blick der beeisten Urgebirge; wir befinden uns in einer weiten
Thalmulde, im Süden, Westen und Osten von hohen, aber grünen Alpen umgeben, im Norden von hohen Kalkalpen umstarrt;
so bei St. Johann an der Grossen oder Kitabühler Ache, so bei
Saalfelden an der Saalache.

Niedrige wasserscheidende Sattel verbinden diese Mulden
mit den Umgegenden; im Saalachgebiet ist jenes Becken durch
die Gebirgsllicke des Zeller Sees ganz durchbrochen zum oberen Salzachthale, und die Wasserscheide ganz unmerklich zwischen Zeller See und Saalache. Die Ache ergiesst sich bei ihrem
Austritt aus dem Gebirge in den grossen Chiemsee, die Saalache in den ehemaligen See der jetzigen Salzburger Ebene.

Die alte Strasse von München über Wasserburg nach Salzburg ist seit Eröffnung der Eisenbahn gänzlich verlassen, wir
übergehen sie daher um so mehr, als sie grösstentheils ausserhalb unseres Gebietes liegt.

Die Eisenbahn von München bis Rosenheim (vergl. Bd. II)
übersetzt hinter München das tief eingeschnittene Isarthal auf
kunstvoller Brücke und zieht nun in südöstlicher Richtung
meist durch eintöniger Forst bis *Holzkirchen;* kurz vor dieser Station durchschneidet sie das *Trockenthal* des *Teufelsgra-
bens,* senkt sich aber, in starker Curve nordöstlich ziehend,
gleich wieder in dasselbe hinab, das nun bald von der *Mangfall,*
die hier aus der südnördlichen Richtung spitz in die westöstli-
che umbiegt, durchflossen wird, und zieht dann parallel mit der
Mangfall über *Aibling* nach *Rosenheim,* und hinter *Rosenheim*
überschreitet die Eisenbahn den *Inn* auf einer 723' langen steinernen Brücke, die auf 6 Pfeilern und auf Bogen von 75' Spann-
weite, 40' über dem Flussbett, 20' über dem höchsten bekannten Wasserstande, ruht; die Bahn erreicht nun in nordöstlicher
Richtung den einsamen, 1½ St. langen, ½ St. breiten, 170' tiefen *Simssee,* an dessen Nordufer sie geraume Zeit, zum Theil
auf Pfahlwerk ruhend, hinzieht und dann erst die Wasserscheide
zwischen dem *Inn,* zu dessen Gebiet der *Simssee* noch gehört,
und *Prien* überschreitet. Nun wendet sie sich in grossem Bogen südöstlich zur Station *Prien,* ¼ St. vom *Chiemsee* entfernt,
nahe dem Einfluss des Prienflüsschens in dessen Westbucht. Die

19 *

Bahnlinie zieht an seinem Südufer zwischen See und Gebirge hin, tritt ihm zwar mehrmals ganz nahe, doch ist der Blick von dieser Seite über die riesige Wassermasse eintönig und langweilig, weil seine Nord- und Ostufer ganz flach sind; um so grossartiger ist dagegen der Blick vom Nordufer aus auf den See und den Kranz der herrlichen im Süden aufragenden Gebirge dahinter, und niemand sollte es unterlassen, mindestens die *Fraueninsel* zu besuchen, was ohne grossen Zeitaufwand, vielleicht schon bis zur Abfahrt des nächsten Zuges, geschehen kann.

Eine Fahrstrasse führt von *Prien* in ½ St. ebenen Weges nach *Stock*, dem Landungsplatze des Dampfschiffes, wo auch Kähne (meist noch sogen. Einbäume) zu haben sind.

Der *Chiemsee*, der *Simssee* und die kleinen Seen von *Seeon* sind Ueberreste des ehemaligen grossen Wasserbeckens, welches einst die ganze Gegend bedeckte bis zum Gebirge und nordwärts weit hinab. Gegenwärtig sind die *Prien* und *Ache* seine vorzüglichsten Zuflüsse.

Der *Chiemsee* hat 4 St. Länge, 3 St. Breite, 14 St. im Umfange, im Flächeninhalt 27,248 Tagwerke, 504′ grösste Tiefe. Gegen Südwest tritt er weit hinaus mit ausgezacktem Ufer, und am Eingange in diesen weiten Busen liegen die 3 schönen Inseln: *Herrenwörth*, *Frauenwörth* und die *Krautinsel*. Die erstere, auch *Herreninsel* oder *Herren-Chiemsee* genannt, ist die grösste, enthält 608 Tagwerke, meist Waldungen und Jagden, eine ehemalige Benediktinerabtei, mit einem Brauhause und gutem Gasthofe. Die zweite Insel der Grösse nach ist *Frauenwörth* oder *Fraueninsel* oder *Frauen-Chiemsee*, enthält 81 Tagwerke Flächeninhalt, ein wieder hergestelltes Benediktiner-Frauenkloster, 200 Einwohner und einen guten Gasthof. Auf dem Platze vor diesem unter ehrwürdigen Linden hat man die schönste Ansicht des Bergkranzes, der in grossem Halbkreis vom Gaisberg und Watzmann bis zum Wendelstein den südlichen Horizont umspannt und dessen stolze Häupter sich in der riesigen Wasserfläche spiegeln; ein Sonnenuntergang bei klarem Himmel ist hier von wahrhaft magischer Wirkung. Das Gasthaus war lange Zeit eine wahre Malerherberge, — man sehe den kunstvollen „Handwerkschild" und die humoristische, von Loutner begon-

neue Chronik —; auch jetzt noch ist es eine beliebte Sommerfrische solcher, die sich ganz aus dem Weltgetriebe zurückzie-
hen wollen. Die dritte, die *Krautinsel,* enthält nur 24 Tagwerke,
ist unbewohnt, aber mit Kraut-, Gemüse- und Kornfeldern bebaut.

Die Gründung der beiden Klöster datirt ins 8. Jahrhundert
zurück, 1218 wurde sogar ein Bisthum Herren - Chiemsee begründet; die Anfang des vorigen Jahrhunderts erbaute Domkirche wurde 1803 abgetragen und in das jetzige Bräuhaus (!) um-
gebaut.

Der Grund des Sees besteht aus jüngerem Moor und Molasse, welche auch das feste Gestein der Inseln bildet. Der aus
dem Grunde heraufgeholte Muschelsandstein dient als Baustein.
Auch in den isolirten beiden Höhen des Wester- und des Oster-
buchbergs tritt die Molasse und zwar an jenem mit ihren versteinerungsreichen Cerithion- und Cyrenen-Schichten inselartig
aus den südlich angrenzenden Mooren auf. — In den Mooren
um den *Chiemsee, Prien,* auch *Seeon:* Malaxis paludosa, Carex
chordorrhiza, elongata, Calla palustris. — Die Fische des Sees
sind: Lachse, Forellen, Rutten, Hechte, Karpfen, Waller und
Huchen; jährlich werden gegen 500 Centner gefangen. Das
Fischrecht ist königlich und ist durch Ordnungen von 1600,
1768 und 1863 geregelt; 61 Fischerfamilien haben das Recht
des Fanges und 7 Familien das des Verkaufs. — Ein zierliches
Dampfschiff, von einem Münchener Kupferschmiedemeister erbaut und bis jetzt mit grossen Opfern erhalten, befährt den See;
leider ist sein Bestehen gefährdet, da es vom Staate keinen Zu-
schuss erhält. Dasselbe legt auf jeder Fahrt an den beiden Inseln an und berührt die Orte *Stock* (Prien) am östlichen, *Feldwies* am südlichen, und *Seebruck* am nördlichen Ufer; in *Feldwies* ist nur einmal täglich ein Stellwagen-Anschluss nach Station
Uebersee (1½ St.) und weiter nach *Marquartstein;* da man zur
Kahnfahrt dahin 1½ — 2 St. bedarf, so ist es rathsamer, wenn
das Dampfschiff nicht gerade fährt, nach *Prien* zurückzukehren.

Die grosse, nach 3 Seiten ganz offene Wasserfläche wird
schon von einem mässigen Luftzug ziemlich bewegt, vom Sturm
jedoch zu haushohen Wellen aufgethürmt. — Theils durch Re-

gulirung des Laufes der Alz, theils durch andere Ursachen —
vielleicht die zunehmende Lichtung der Gebirgswälder — hat
der Seespiegel merklich abgenommen; noch vor einem Men-
schenalter lagen *Feldwies* und *Grabenstatt* hart am Ufer, heute
ist der See fast eine Viertelstunde weit zurückgetreten; eine
weitere Regulirung des vielgekrümmten Laufes der Alz ist längst
projektirt, sie würde den ganzen Seespiegel um 11' niedriger
legen und das merkwürdige Schauspiel mehrerer dadurch neu
entstehender Inseln gewähren; Tausende von Tagwerken kultur-
fähigen Landes würden dadurch gewonnen werden.

Wir besuchen nun noch *Seebruck* am nördlichen Ufer, wo
die *Alz*, der einzige Abfluss des Sees, diesem mit klargrünen
Wellen entströmt; die Alz muss als Fortsetzung der grossen
oder *Kitzbühler Ache* betrachtet werden, doch liegt sie hier
schon ausserhalb unseres Gebiets; sie durchzieht bewaldetes Hügelland und nimmt einige Stunden unterhalb die baierische Traun
auf, mit der vereint sie dem Inn zufliesst.

Nordwestlich von *Seebruck* der kleine *Seeoner See* mit ur-
altem Kloster und Bade, jetzt herzogl. Leuchtenberg'sche Besitzung; auf den umliegenden Höhen grossartige Ansicht des
Chiemseespiegels und der Gebirgskette vom Salzkammergute bis
zur Zugspitze.

Noch führt von *Rosenheim* eine Strasse zum mittleren *Chiemsee* über *Riedering*, *Söllhuben*, wo man bei der Kapelle rechts
auf der Höhe eine sehr schöne Aussicht hat, und von wo ein
Fussteig links abgeht gerade nach *Prien*, 5 St. von Rosenheim.
Die Strasse führt südöstlich fort nach *Frassdorf* und von da an
der *Prien* hinab nach *Prien*, 1079 E., wo die Prien in den Chiemsee mündet. Man durchschneidet auf beiden Wegen die Soolenleitung von Traunstein nach Rosenheim. In *Prien* recht gemüth-
liche Gasthäuser als Standquartiere.

Die Umgebungen des Chiemsees und die freilich zumeist schwierig zugänglichen Ufer der Priener Achen sind für den Geognosten durch die Aufschlüsse
über die reiche Gliederung des dortigen oligocänen und miocänen Tertiärgebirgs
interessant. An der Stngenheimer Wand oberhalb Prien finden sich Versteinerungen des Wiener Tiegels, aus dem See flacht man die Muschelmolasse als Baustein
aus, die auch an dem Südufer von Herrenwörth ansteht. Bei St. Johann im Prienthal fördert ein Kohlenbergbau die zahlreichen Versteinerungen der Cyrenen- und

Cerithienschichten, unfern bei Döndorf folgt als ältestes Glied die untere Meeres-
molasse.

Das Thal der Prien.

Das Thal bildet bei *Frassdorf* eine reizende Ebene, von
dem 5167 baier. F. hohen malerischen *Kampen* beherrscht, welcher mit der *Ueberhängenden Wand* einen langen, vom Prienthal
bis zum Thal der Ache spannenden Rücken (Potentilla Clusiana)
bildet, nördlich, wie die meisten hiesigen Felsberge, steil ab-
fallend und nur von Süden ersteiglich. Die westliche Thalwand
bildet die Abhänge der alpenreichen *Hochriss* (4801'), weiterhin
des *Spitzsteins* (4930'). Der erste Ort ist *Niederaschau*, 558 E.
In der Pfarrkirche ein schönes Denkmal des verstorbenen Grafen Max von Preising-Hohenaschau; viel Obstbau; auch die Fi-
scherei ist bedeutend, und von den vielen Eschen oder Aschen
soll der Name der ganzen Herrschaft kommen. Gleich darauf
erscheint das malerisch gelegene *Hohenaschau*, ein Schloss auf
schroffem Felsen thronend, mit vielen Oekonomiegebäuden umgeben. Die Berge, welche allenthalben in Stufen ansteigen, bilden ein grosses Amphitheater. Am Fusse des Schlossfelsens lagert sich das einem Städtchen gleichende schöngepflasterte Kirchdorf *Hohenaschau*, 610 E. Schon im 11. Jahrh. kommen die No-
biles de Aschowe vor; 1300 nannten sich die Besitzer der Herrschaft Aschauer von Aschau; 1326 ging sie an Friedrich Maut-
ner, dann an die Familie von Freiberg und von dieser 1375 an
Johann Christoph von Preising über. Im Jahre 1668 wurde das
Schloss wegen Baufälligkeit ganz neu gebaut; dennoch findet
man noch Ueberreste der älteren Burg an Fenstern und Fuss-
böden. Jetzt steht es unbewohnt. Herrliche Aussicht aus den
Fenstern über die Umgegend, besonders den Chiemsee. Schloss
und Herrschaftsgut *Hohenaschau* gehören seit 1861 der Gewerkschaft Achthal-Hammerau, die einen Theil der Kressenberger
Erzlager (s. unten) besitzt und das von dort hergeschaffte Roheisen auf einem Stabeisenhüttenwerk mit vier Frischfeuern und
einem Feinstreckwalzwerk verarbeitet, und damit theils unmittelbar, theils mittelbar einem grossen Theile der zahlreichen
Thalbevölkerung Arbeit gibt. Das *Prienthal* verengt sich unmittelbar hinter *Aschau*, erweitert sich auch wieder ebenso

I

schnell bei *Innerwald*, worauf es enger und waldiger wird. *Hais-
bach* liegt wieder offener; doch erst bei *Ober-Innerwald* gewinnt
es wieder ein heiteres Ansehen, das es auch bis *Sacharang*, seinem obersten Anfang, behält. *Sacharang* ist ein alter Ort, früher bewohnt als Aschau; schon der heilige Ruprecht verweilte
hier; später wurde es chiemseeisches Lehen. Das Thal ist im
Hintergrunde nicht geschlossen, sondern die Bergrücken setzen
auf beiden Seiten fort über einen Sattel, welcher das Gebiet der
Prien von dem Innthal trennt.

Westlich von Schlechting liegt der pflanzenreiche Geigelstein mit Allium
Victorialis, Pulmonaria mollis, Campanula thyrsoidea, Soyera montana, Pleurospermum austriacum, Cirsium eriophorum, Senecio abrotanifolius, Ranunculus Villarsi.

Die *Grosse* oder *Kitzbühler Ache*, der Hauptzufluss des
Chiemsees, ergiesst sich in ihn bei *Grabenstatt*. Dieser Ort ist
am 30. Juli 1862 durch einen furchtbaren Brand fast ganz zerstört worden. Um das Thal zu besuchen, verlassen wir die
Eisenbahn bei der Station *Uebersee*, überschreiten das den Chiemsee im Süden begrenzende *Moos* und gelangen zum Eingang
des Thales links von *Grassau*. Auch von der Station *Bernau*
zieht eine Strasse gegen *Grassau* her, zum Theil an grossartigen Torfstichen vorbei.

Das Grossachenthal,

nicht mit dem Achenthal zwischen Kreuth in Baiern und Jenbach in Tirol zu verwechseln, ist ein grosses Thal mit umfas-
sendem Gebiete. Eng und finster dringt es durch die vorderen
Reihen der Kalkalpen in den ersten weiten Thalkessel zwischen
den Vor- und Hochkalkalpen bei *Kössen*, wo sich von allen Seiten Thäler hereinziehen. Darauf wird es abermals eingeengt
durch die Vorberge der Hochkalkalpen, und erst, nachdem es
diese besiegt hat, im Aufstiege, gelangt es in den zweiten grösseren Thalkessel von *St. Johann*, der im Norden von den Wänden des Hochkalks, im Süden von dem grünen Thonschiefergebirge umringt ist. Hier laufen abermals Thäler von allen Seiten zusammen. Das Hauptthal dringt südlich in das Thonschiefergebirge ein, durch welches unser Gebiet von dem im Süden
vorüberziehenden Salzachthale (Oberpinzgau) und der jenseitigen Tauernkette getrennt wird. Ueber *Kitzbühl*, die einzige

Stadt unseres Gebietes, steigt es über den *Jochberg* hinan zum
Pass Thurn, der Grenze zwischen Salzburg und Tirol, der Wasserscheide zwischen Ache und Salzache. — Das Thal vom *Thurnpass* an hinab bis zum *Chiemsee* ist gegen 20 St. lang. — Wahrscheinlich führte einst eine Römerstrasse durch; später und geschichtlicher ist der Waarendurchzug im Mittelalter. Das Christenthum kam von Salzburg aus herein. Nach der Stiftung des
Bisthums Chiemsee fiel das Gebiet an dieses. Als aber neuerer Zeit die Gerichtsbarkeit ausländischer Bischöfe aufgehoben
wurde, wurde das Thal wieder in geistlicher Hinsicht den Bischöfen von Salzburg zugewiesen.

Nächst der Viehzucht ist Bergbau Hauptgewerbe, und zwar
auf Kupfer, Silber und Eisen. Der *Sinnwell* bei Kitzbühel liefert Kupfer- und Fahlerze, der Centner 16 Pfund Kupfer und
2 Loth Silber. Der *Schattberg* bei Kitzbühel liefert kupferhal-
tigen Kies ohne Silber. Die Gruben auf der *Kupferplatte* haben reichere Kupfererze, die Gruben der *Kelchalpe* reine Kupfererze; sie liefern zusammen aus 20,000 Centner Pocherzen 2000
Centner Kupfer. Die Pocherze werden oben ausgeschieden, in
Kästen gepackt und im Winter herab in die Schmelzhütten geführt (nach *Kitzbühel, Brixlegg, Achenrain*). Im östlichen Theile
des Gebietes, im *Pillersee*, ist der Eisenbergbau bedeutender;
im Ganzen werden 17,400 Ctr. Eisen gewonnen.

¼ St. hinter dem breiten Eingang ins Thal erblickt der Wan-
derer wiederum eine schöne malerische Burg, umlagert von einem
Dorfe, das Felsenschloss *Marquartstein*. Der Erbauer soll Mar-
quart von Hohenstein gewesen sein; nach dem Erlöschen seines
Geschlechts fiel die Burg und ihre Besitzungen an den Staat.
Hohenstein selbst ist ein alter Burgstall unterhalb Marquartstein.
Im Osten von Marquartstein erhebt sich der 5379' hohe *Hoch-
gern*, von dessen Gipfel man im Norden die Ebene mit dem
Chiemsee, im Westen den Kaiser und Wendelstein, im Osten
die Berchtesgadener Gebirge und den Dachstein, im Süden die
Centralkette mit dem Grossglockner und Venediger überschaut.
Man besteigt ihn am besten von *Staudach* oder von *Marquart-
stein* aus. — Pflanzen: Allium fallax, Pedicularis verticillata,
Campanula thyrsoidea u. a. Das Thal nach *Unterwessen*, 769 E.,

hinan wird immer grossartiger und wilder. Hier kömmt links
der *Wessnerbach* herab, an dem man in einem Seitenthale in
2 St. von *Marquartstein* nach *Oberwessen*, 295 E., hinauf geht.
Ehe man es erreicht, führt ein Weg durch den *Leitenbach* mit
seinen Neocommergeln über *Röthelmoos* hinüber zur *Seetraun.*
Von *Oberwessen* führt eine Fahrstrasse, den Astvorsprung des
Schwarzbergs umgehend, in den hochgelegenen Thalkessel von
Reit im Winkel; ein bequemer Alpensteig kürzt bedeutend ab,
indem er kurz hinter *Oberwessen* über die *Moseralpe* hinanführt;
auf der Höhe bei einer Kapelle öffnet sich plötzlich der Blick
in ein weites, von hohen Bergen umstandenes Thal, in welches
südwestlich die wilde Zackenmauer des Kaisergebirges herein-
ragt; fast zu unseren Füssen liegt *Reit im Winkel* (2117'), das
höchstgelegene baierische Pfarrdorf mit 2 Wirthshäusern; Lan-
destracht und Banstil sind schon tirolisch; auch seine Oeffnung
hat das Thal gegen Kössen, wohin die *Weisse Lofer* zur *Grossen Ache* abfliesst. — Ein Fahrweg führt östlich in das Thal
der *Seetraun*, ein Fussweg (nicht ohne Führer) in 4 St. zur
Schwarzbachklamm (s. Unken). Ein lohnender Ausflug von *Reit
im Winkel* für einen Tag ist zum *Kammerkahr ob Waidring.* —
Den Rand des Beckens von *Reit i. W.* umgibt Eocän, an der
Kapelle mit Korallen- und Nummulitenkalk. In der Klamm nach
Kössen lagern die versteinerungsreichen Kössener Schichten.

Im Hauptthale übersetzt die Strasse die Ache und zieht,
hinter *Schleching* diese abermals überschreitend, hoch über ihrer
eingezwängten Thalsohle in die wilden Engen des Grenzpasses
Klobenstein (1750') hinein. Die Ache hat den Felsriegel nach
und nach durchsägt und tobt in grossartiger und schauerlicher
Klamm rechts in der Tiefe durch ausgespültes Geklüft, und
noch hoch oben an den Wänden, wo jetzt nie die Brandung der
Wogen hinsprüht, sieht man die Spuren ihrer ehemaligen Wuth.
Die Tiefe unten heisst das *Entenloch.* Da, wo der Weg in dieser düsteren, einsamen Felsen- und Waldwildniss die höchste
Höhe erreicht hat, liegt die Wallfahrtskapelle *Klobenstein,* und
daneben eine Einsiedelei mit einem erquickenden Brunnen; der
letzte Einsiedler wurde von einer oben brechenden Lawine in
den Abgrund gestürzt und begraben. Unter dem Wege stürzen
Bäche in die dunkele Tiefe, nur Staubwolken zurücksendend

als warnendes Zeichen des Abgrundes. Ebenso schauerlich senkt sich der Weg auch wieder an der oft überhängenden Wand hinab. In 1¼ St. kömmt man wieder hinab zur Thalsohle und tritt bald darauf aus den düstern Engen, nachdem man die Mauth, *Streichen*, passirt hat, hinaus in den weiten lieblichen Thalkessel von *Kössen* (1801'), 446 E., dem ersten Tiroler Dorfe, 8 St. vom Bezirksgerichtssitze Kitzbühel, gutes Wirthshaus. Das hiesige Hüttenwerk ist seit 1864 aufgelassen. Man mag von Norden durch die schauerliche Klamm oder von Süden durch die einsamen, öden Engen kommen, so fällt die Gegend durch ihre Lieblichkeit auf. Die Kirche ist neu (1724). Hier münden verschiedene Thäler. Links kömmt die *Weisse Lofer* aus geognostisch interessanten Engen (Gervillienschichten) von der reizenden Hochebene von *Reit im Winkel* (s. oben) herab. Rechts von *Kössen* zieht ein Thal in 2¼ St. zum schönen *Walchsee* hinan mit dem gleichnamigen Dorfe, 652 E., das sich in seinen Fluten spiegelt (2009'). Hier findet man Führer durch das *Baumgartenthal* auf den *Breitenstein* (5152') mit lohnender Aussicht. Auch der *Walchsee* liegt, wie *Reit*, auf einer Hochfläche, im Süden vom Kaisergebirge umstarrt, im Norden von den milderen Formen der Voralpen umlagert. Fast eben führt die Strasse fort über die Wasserscheide und jenseits hinab am *Jenbach* nach *Ebbs* am Inn in 2¼ St., 2 St. weiter nach *Kufstein*. Auf dem Wege nach *Walchsee* liegt die grosse Brauerei *Kapell*, einem Edelsitze gleich, ¼ St. von *Kössen*, wohin man einen schönen Rückblick hat. In dem Hause ist eine Kapelle und werthvolle Gemälde. In der Nähe steht eine steinerne Säule mit der Zahl 1703 und der Inschrift: „Hier haben 80 Reiter 1000 baierische Bauern ermordet." Im spanischen Erbfolgekrieg waren die baierischen Bauern hier eingefallen, wurden aber unvermuthet von kaiserlichen Reitern überrascht, welche die Bauern niederhieben.

Südlich von *Kössen*, fast mit dem Hauptthale parallel, steigt das *Kohlnthal* (socänes Kohlengebirge) im Westen des Hauptthales hinan, anfangs durch schauerliche Engen, bis *Schwent* (2095'), 446 E., worauf sich ein Seebecken ausbreitet. Der oberste Theil des *Kohlnthales* ist das *Kaiserthal* (s. Th. II. Kufstein), welches sich westlich hineinzieht zwischen dem nördlichen *Hintere* und südlichen *Hoch-* oder *Wildkaiser*, von hier aus nicht leicht zu ersteigen. Aus dem *Kohlnthal* führt die Strasse über einen Sattel nach *Kirchdorf* im Grossachenthal.

Das Hauptthal der Ache verengt sich von *Küssen* aufwärts wieder und zieht 3 St. lang als *Küssenthal* ziemlich einsam hinan nach *Erpfendorf* (1898'); gute Unterkunft. Hier treffen wir auf die Hauptstrasse, die *Kaiserstrasse*, von Innsbruck nach Salzburg, welche südlich von *St. Johann* herankömmt und östlich umbiegt hinauf nach *Reiterdörfl* (2335') und *Waidring* (2462') durch das Thal *Ausserwald*. Dieses kurze, wenig ansteigende Thal scheint von der Natur durch Wälle verschanzt zu sein; wenigstens ist man bei manchen Erhöhungen zweifelhaft, ob es künstliche oder natürliche Wälle sind, besonders, da in der Nähe der vielfach umstrittene Pass *Strub* (2095') ist. In *Reiterdörfl* findet man Führer auf das nördlich gelegene *Fallhorn* (5553'). Grossartig erscheinen über den grünen Vorstufen die würfelartig aufgebauten kahlen, schneegefurchten Kalkmassen des *Loferer Steingebirgs* (vergl. Waidring im Gebiet der Saalache). Im Hauptthale der Ache liegt rechts jenseits der Strasse und Ache *Kirchdorf*, 1139 F. In der 1815 wieder vollendeten Kirche finden sich Gemälde von Schöpf. ¼ St. von der Kirche ein schöner, 300' in 2 Absätzen abstürzender Wasserfall. Da, wo die Kohlnthaler Strasse über den Sattel wieder hereinsteigt, liegt die *Mondalpe*, wo die Ruinen des Sommerschlosses *Moor* liegen, 1560 vom Grafen Moor erbaut, gegenwärtig in bäuerlichem Besitze. *Kirchdorf* ist die Wiege des Heldengeschlechtes Wintersteller.

Schon 1703 erhielt ein Rupert Wintersteller wegen seiner ausgezeichneten Tapferkeit die goldene Medaille. Er hinterliess seinen Kindern eine im Kampf erbeutete Trommel. 1740, als die Tiroler für ihre Kaiserin auftraten, erstürmte Rupert Wintersteller II., der Sohn des Vorigen, mit dem Pandurenhauptmann Trenk München. Obgleich reich mit Beute beladen, vertheilte er dieselbe unter seine Schützen, ohne selbst Theil zu nehmen, ja er nahm selbst die 5000 Fl., die er aus seinem Vermögen zur Löhnung seiner Schützen ausgelegt hatte, nicht wieder. Auch er erhielt eine grosse goldene Medaille. Endlich trat 1797 Rupert Wintersteller III., der Sohn des letzteren, auf,

dessen Glanzpunkt jedoch das Jahr 1809 war. Als Schützen-
major von Kitzbühel vertheidigte er, nachdem der Pass Strub
schon vom Feinde genommen war, denselben mit 2000 Schützen
gegen den sechsmal stärkeren Feind noch 7 St. lang. Das arme
Kirchdorf musste dafür büssen, dass ein Held seiner Gemeinde
angehörte. Der Ort wurde verbrannt und alle Einwohner ermordet. Der Schaden, welchen Wintersteller erlitt, betrug, ge-
richtlich aufgenommen, 46,350 Fl. Aber mit echt spartanischem
Gleichmuthe ertrug er diesen Verlust, da er nur hörte, dass die
Trophäe seines Grossvaters, die Trommel, gerettet sei. Doch
er rächte sich an dem Feinde am 16. September bei Unken. Jenseits der Brücke standen die feindlichen Kanonen. Ohne einen
Schuss zu thun, stürmte Wintersteller hinüber und nahm die Kanonen. Der folgende Tag vollendete die Niederlage des Feindes. 1700 Feinde wurden gefangen. Nach diesem Siege zog
sich Wintersteller zurück und musste aus Armuth die goldene
Kette und Medaille verkaufen; er selbst musste bald darauf
flüchten, wurde dennoch gefangen und nach München gebracht,
von wo er nach ½ Jahre mit zerrütteter Gesundheit zurückkehrte.
1815 erhielt er die grosse goldene Medaille mit Oehr und Band
und 1819 einen Ruhegehalt von 400 Fl. C.M. Er starb 1832.

Von *Erpfendorf* an, wo das Thal *Ausserwald* herabkömmt,
heisst das Hauptthal bis hinauf nach *Kitzbühel* das *Leukenthal.*
Es breitet sich bald zu einer bedeutenden wohlangebauten Fläche aus, in deren Mitte *St. Johann* liegt. Der grösste Theil der
Thalfläche besteht aus Diluvium und Uebergangssandstein. Vier
Thalstrahlen ziehen nach Norden, Osten, Süden und Westen.
Durch das Thal von Norden kamen wir herauf; es liegt im
Alpenkalke bis ½ St. vor *St. Johann,* wo der Sand beginnt; östlich zieht das *Hillerseer Achenthal* hinan zur Wasser- und Lan-
desgrenze *Hochfilzen;* mit einer kurzen Unterbrechung besteht
sein Boden aus dem genannten Sandsteine. Das südliche Thal,
die Fortsetzung des Hauptthales, liegt der Hauptsache nach im
Thonschiefer; das westliche Thal, das der *Rheinache,* hat, so
weit es westlich hinanzieht, Sandboden; von seiner Wendung
nach Süden an dringt es als *Spertenthal* in den Thonschiefer
hinan zum Pinzgauer Scheiderücken, parallel mit dem vorigen.

Die Thalfläche des Pfarrdorfs *St. Johann* (1880'), 690 E., hat 1¼ St. in der Länge und 1 St. in der Breite. Strassen führen ebenfalls nach allen Richtungen hinaus; nördlich durch das Hauptthal die Hauptstrasse nach *Salzburg* über *Waidring* und *Lofer*, von wo sie nördlich über *Reichenhall* nach *Salzburg*, oder südöstlich über *Saalfelden* ins Pinz- und Pongau führt. Ein anderer Weg, auf dem wir herkamen, führt zum *Chiemsee*. Oestlich führt eine Strasse für leichtes Fuhrwerk durch das *Pillerseer Achenthal*, *Hochfilzen* und jenseits im salzburgischen Thale *Leogang* hinab nach *Saalfelden*. Südlich im Hauptthale hinan geht eine Strasse über *Kitzbühel*, den *Thurnpass* nach *Mittersill* im *Pinzgau*. Westlich zieht durch das *Rheinachenthal* über *Ellmau*, *Söll* nach *Wörgl* (Eisenbahnstation) die Hauptstrasse zwischen Innsbruck und Salzburg. Nach *Salzburg* 4¼ Post; nach *Wörgl* 3 Posten. Gasthöfe: die Post und der Schwarze Bär. Die Pfarrkirche ist im neueren Stil 1728 vollendet; in der daran stossenden Antoniuskapelle schöne Fresken von Schöpf. Die ganze Gemeinde hat 2863 E. Ausserhalb des Ortes das von Gebhard von Velben 1262 gestiftete Spital in der *Weitau*. In der Spitalkirche hinter dem Altar ein sehenswerthes Glasgemälde vom Jahre 1483, die Schutzheiligen der Stifterfamilie darstellend, mit den davor knienden Mitgliedern derselben. Nicht weit davon die zerfallende Feste von *Velbenberg*, einem Sitze der Velber. — Oestlich von *St. Johann* der *Maurofenkogel* (4704'), hinter dem die *Scheffauer Alpe*.

Südwestlich von *St. Johann* liegt der in der Bergwerkskunde bekannte *Röhrerbühel*, wahrscheinlich das tiefste Bergwerk Europas; sein tiefster Schacht stieg 3016' in die Tiefe hinab und unterteufte die Meeresfläche um 588'. Die Sage erzählt die Entdeckung dieser reichen Silber- und Kupfergruben so: Drei Bauern, Michael Rainer, Christian Gasteiger und Georg Brucker, kehrten 1539 von einem Kirchweihfeste heim und legten sich, ermüdet oder betrunken, hier nieder unter einem Kirschbaum. Alle drei sahen im Traume die reichen Erzlager, auf denen sie lagen, und erstaunt über die Gleichheit ihrer Träume scharrten sie, nachdem sie erwacht waren, die Erde auf und entdeckten zu ihrer grossen Freude die reichen Erzgänge. — Der Bergbau begann 1540. Zwei Hauptgänge oder Lager dehnten sich von Osten nach Westen, gegen Süden steil einfallend im Thonschiefer mit häufigem Quarz und Schwerspath, auch Gyps, welcher oft in Alabaster mit rothbraunen Flecken überging, Kupferfahlerzen und Kupferkiesen, auch Kieselkupfer; 7 Schachte stiegen in die Tiefe, wovon der kleinste 2202' und der tiefste 3000' Tiefe hatte. Die reichsten Jahre fallen in die Zeit von 1550 bis 1630. Im J. 1597 arbeiteten 1615 Knappen in den Graben. Die berühmtesten Schachte waren der Fugger-, Nudlwald- und Heiliger-Geistschacht. In den J. 1550—1606 wurden 593,624 Mark 10 Loth Brandsilber und 1553—1607 3,103,375 Centner Kupfer gewonnen. Von 1630 an begann der Segen abzunehmen, das Kupfer hatte nach der Tiefe zu immer weniger Silbergehalt. Im J. 1774 wurde der Bau völlig aufgelassen, man machte sich nun über die Berghalden her und gewann auch noch in den letzten Jahren über 800 Fl. aus ihnen. Das Grubenwasser hatte vielen Salzgehalt. Ein einsames altes Kirchlein, die *Röhrerbühelkapelle*, bezeichnet die Stelle, wo einst Tausende Nahrung, Viele Schätze und Reichthümer erwarben. Gegenwärtig wird vom k. k. Aerar wieder Schurfbau betrieben.

Das *Pillerseer Achenthal.* Unter *Pillersee* im weiteren Sinne wird das Gebiet verstanden zwischen dem Thale *Ausserwald* bis *Waidring*, dem *Achenthale* von *Erpfendorf* bis zum *Thurnpass.* Das *Pillerseer Achenthal* im engeren Sinne heisst das Thal, welches von *St. Johann* mitten in dieses Gebiet über *Fieberbrunn* zur Jochgrenze bei *Hochfilzen* hinandringt, während der *Pillersee* in einem von *Hochfilzen* gerade nördlich auf die Sattelhöhe von *Waidring* hinabziehenden Thale liegt, welches ebenfalls deshalb *Pillerseer Achenthal* oder auch nach dem Engpass *Strub*, durch welchen es hinab nach *Lofer* zieht, *Strubachenthal* genannt wird. Der Weg von *St. Johann* an der *Pillerseer Ache* hinan ist ziemlich einförmig. In 2 St. erreichen wir das grosse Eisenhüttenwerk *Rosenegg* (2219') mit einem Schlosse, welches auch *Rosenberg* heisst und das Stammhaus der tirolischen Herren von Rosenberg war, jetzt aber die Wohnung des Eisenhüttenverwalters ist. Die ärarischen Eisengruben des *Göbrabergs*, welche im Hintergrunde das hier von Südwest herabkommenden *Bletzer-*

grabens liegen, liefern das sehr gute und schmiegsame Eisen,
Roheisen 18,000 Ctr., Gusseisen 800 Ctr., Grobstahl 7000 Ctr.,
Streckeisen 17,000 Ctr., Raffinirstahl 800 Ctr., zusammen etwa
60,000 Ctr. jährlich. Es befinden sich hier auch eine Pulver-
mühle. ½ St. vor *Rosenegg* durchzieht Thonschiefer das Thal,
der aber vor dem Ort wieder aufhört. Von hier an aufwärts
heisst das Thal auch *Pramathal* und der Hauptort des Thales
hat einen dreifachen Namen, *Fieberbrunn, Prama* oder *Pillersee.*
Dieser liegt nur ½ St. oberhalb *Rosenegg* und hat beim Anwirth
(früh. Bock) ein recht gemüthliches Alpenwirthshaus. Den Namen *Fieberbrunn* hat der Ort von einer Gesundheitsquelle, welche
einst 1354 die Margarethe Maultasche von einem hartnäckigen
Fieber geheilt haben soll; diese Quelle ist noch jetzt kapellen-
artig überbaut. Die ganze Thalgemeinde zählt 1796 E.

Ein sehr unterhaltender Ausflug führt südlich an der *Weis-
senache* durch den *Bletzergraben* hinauf auf die *Wildalpe* in 3 St.
zu dem *Wildalpensee.* Der Weg führt über fast alle hier vorkommenden Gebirgsbildungen; aus dem bunten Sandstein zum
Uebergangskalke, Thonschiefer, die fortwährend abwechseln,
und zuletzt zum Grauwackenschiefer, welcher einen Theil des
Felsenkranzes bildet, der den *Wildalpensee*, auf der höchsten
Höhe gelegen, umschliesst, die übrigen Wände sind Kalk. Dieser 6422' hoch gelegene bedeutende See gleicht einem düsteren
Krater, ist 9000' breit, 1200' lang; nur gegen Norden öffnet er
sich und bietet, ihn zum Vorgrund genommen, mit der Aussicht
auf die furchtbaren Kalkwände der Loferer Steinberge um den
Pillersee ein höchst eigenthümliches Bild. Seine Fluten sind
schwarz, wie die Fische, die ihn bewohnen, und welche wegen
ihres schlechten Geruches und Geschmackes auch nicht gegas-
sen werden, mit Ausnahme der Saiblinge, die sich in ihm finden. Bei besonderen Naturerscheinungen braust er wild auf.
Unter seinem Felsenrande finden sich tiefe bergmännische Gruben, vom Volke *Heidenschachte* genannt; 2 St. tiefer hinab brechen 3 starke Quellen, die *Schreienden Brunnen*, hervor, kalt
und klar, nach der Meinung des Volkes der Abfluss des Sees;
sie fliessen zur *Schwarzache* ab, welche weiter oben zur Pillerseer Aehe herabkömmt, im Sommer eiskalt, im Winter warm,

so dass die *Schwarzache* nicht zufriert. Im Hintergrunde des *Bletzergrabens* erheben sich der *Bischofkogl* (6749') und der *Sonnspitz* (6431'), beide (mit Führern aus Fieberbrunn) leicht ersteiglich; Aussicht sehr lieblich und reich an Abwechselung. Die nächsten Berge: *Thorhelm* (6395'), *Staffkogl* (6515'), *Gebraberg* (5544'), *Lämmerbüchel* (5471'), *Kitzbühlerhorn* (6197'), *Ochsenkahreck* (6065'), *Bletzerberg* (5801'), *Spielberg* (6401') u. s. w. gruppiren sich schön.

Nordöstlich steigt von *Rosenegg* ein Grund hinan, durch welchen ebenfalls eine Strasse zieht. Auf der Höhe des Sattels, der hinüber in das *Strubachenthal* nach *St. Ulrich* am Pillersee führt, liegt *St. Jakob im Haus* (2691'), 259 E., in schöner frischer Gegend. Es ist der nächste Verbindungsweg zwischen *St. Johann* und *St. Ulrich*. Fussreisende sollten von *St. Johann* aus, wenn sie in das Saalachthal nach *Lofer* wollen, immer, statt der Strasse über *Erpfendorf* nach *Waidring* zu folgen, diesen Weg über *Fieberbrunn*, *St. Jakob* und durch die schauerlichen grossartigen Gegenden am *Pillersee* hinab nach *Waidring* wandern. Diese Gegend wurde um die Zeit der Hunneneinfälle durch Einwanderungen bevölkert, und kam darauf unter die Herrschaft baierischer Grafen, namentlich der Grafen von Rott. Einer derselben, Kuno, ein Zeitgenosse Heinrichs IV., heirathete Elisabeth von Lothringen und that am Tage der Trauung das Gelübde, im Fall einer kinderlosen Ehe, hier ein Benediktinerkloster zu stiften. Einige Tage darauf wurde er zur Heeresfolge des Kaisers abgerufen und fiel in der Schlacht. Es entstand nun das Benediktinerstift zu Rott, und dann die übrigen Kirchen hier in der Gegend.

Gehen wir im Hauptthale von *Fieberbrunn* weiter hinan, so öffnet sich rechts der 3 St. lange *Schwarzachgraben*, aus dessen Hintergrunde Jochsteige in das jenseitige Thal der *Glemmache*, dem obersten Anfang der *Saalache*, führen. Durch einen Seitenast des *Schwarzachgrabens*, den *Spielbach*, zieht ein vielbegangener, zum Theil fahrbarer, Weg über die sog. *Alte Schanze* (4180') und durch den *Hitterglemmgraben* hinüber nach *Saalbach* (3152'), dem Hauptorte im Glemmthale. — Weiter hinan, zum Theil über einen Knüppelweg, kommen wir nach *Hochfilzen*,

254 E., auf der wasserscheidenden Höhe gegen das Pinzgau
(Saalfelden) gelegen, aber dennoch nur 3063' über dem Meere;
es ist eine kleine Hochebene, welche sich nach 3 Seiten hin abdacht: nördlich durch das *Strubachenthal* über *Waidring* nach
Lofer zur Saalache, östlich durch das Thal *Leogang* in die Saalache bei Saalfelden, westlich durch das *Pillerseer Achenthal* zur
Ache bei St. Johann. Die Thalfurche von *St. Johann* über *Hochfilzen* und jenseits in die *Leogang* hinab scheidet im allgemeinen die Kalkalpen von dem grünen Uebergangsgebirge; links
hat man von *Hochfilzen* durch die *Leogang* hinab die grauen und
kahlen Zackenwände des *Birn-* und *Rothhorns*, rechts die grünen, flachgewölbten Thonschieferberge. Kirche, Pfarrwohnung,
Schule und ein gutes Wirthshaus liegen zusammen. Ausser durch
die genannten 3 hier ausstrahlenden Thäler führt noch ein Weg
in dem hier herabkommenden *Schüttachgraben* nordöstlich hinan
über ein *Joch* (3801') zwischen den beiden hohen Kalkgruppen
des *Birn-* und *Flachhorns* und jenseits hinab in das Saalachthal
bei St. Martin. Oestlich führt die Strasse durch den Grenzpass
Griesen ins Salzburgische — eine öde Gegend, in deren kahler
Mitte der *Griesensee* und an ihm das verfallene Mauerwerk des
alten Grenzpasses. Von *St. Johann* bis hierher sind es 5 St.
Viehzucht ist Hauptgeschäft des Pillerseeischen Gebietes; denn,
wenn auch die Thäler, wie überhaupt im Thonschiefergebirge,
eng sind, so breiten sich auf den Höhen desto grössere Alpen-
flächen aus, stein- und baumlos ziehen sie sich aus grossen Tiefen hinan zu den höchsten Hörnern; dorfweis liegen die Sennhütten, Tretten genannt, zusammen. Ausserdem beschäftigen
die Eisenwerke viele Leute. — Der Eisenbergbau findet sich am
Gebraberg, im Süden von *Fieberbrunn*, im Hintergrunde des *Bletzergrabens*, wo im Thonschiefer 4 Lager von Spatheisenstein mit
Schwerspath und seltenem Kupfernickel und Nickelocher.

Im Westen von *St. Johann* mündet die *Rheinache* in die
Grosse Ache und in ihrem Thale führt die Strasse nach Inns-
bruck hinauf, an dem schon beschriebenen *Röhrerbühel* vorüber.
Ehe man, 1½ St. von St. Johann, *Going*, 785 E., erreicht, biegt
sich das *Rheinthal* südlich ab von seiner westlichen Richtung.
In der Kirche, erbaut 1775, ist ein schönes Altarblatt und in

der Nähe ein Kreide- und schwarzer Marmorbruch am *Kaiser-*
berg. Das *Rheinthal, Rheinachen-* oder *Rheinthaleracheuthal* zieht
mit dem Hauptthale der *Kitzbühler* oder *Grossen Ache* südwärts
hinan; zwischen beiden Thälern liegt eine merkwürdige Hügellandschaft, das *Bühelach;* sanfte und abschüssige Hügel, Moore,
kleine Seen und wild umher zerstreute Felsblöcke wechseln hier
mit einander. Aus der **Moorflora:** Carex leucoglochin, dioe-
ca, Schoenus albus, fuscus, Andromeda polyfolia, Malaxis paludosa, Lycopodium inundatum, Nuphar pumilum.

Im Süden wird dieses Hügelgebiet durch eine Vertiefung
von dem höheren Gebirge abgeschnitten, in welcher der *Schwar-*
zensee liegt, berühmt wegen seiner Krebse; herrliche Seerosen
schwimmen auf seiner Oberfläche. Das *Bühelach*, das auch für
den Botaniker wichtig ist, erscheint fast wie ein eingestürztes
oder versunkenes Berggebiet. Die Flora ist nordisch. Vor *Going*
gehen wir links von der Strasse ab, in dem südlichen *Rheinthale*
hinan, links das *Bühelach* lassend, rechts die Vorberge der *Salve,*
den *Astenkogl* (3874'), *Rauhenkogl* (4691'), *Zinsberg* (4910'). Der
erste Ort, den wir erreichen, ist *Reith,* 277 E. Die Kirche, 1330
erbaut, gehört zu den ältesten der Gegend. Links bleibt das
verfallende Schloss *Münichau* auf einer Anhöhe liegen, einst den
Herren von Münichau gehörig, jetzt dem Grafen C. v. Lamberg
a. Steier; die alte Schlosskapelle ist noch wohl erhalten. Bei
Grundkabing, unweit des genannten Schwarzensees, erreicht man
die Strasse, welche aus dem Brixenthal nach Kitzbühel zieht.
Hier nimmt das Thal wieder auf kurze Zeit eine westliche Richtung an bis *Kirchdorf* und heisst auf dieser Strecke das *Klau-*
senthal. Bei dem Dörfchen *Klausenbach*, wo man das Gericht
Hopfgarten betritt, steht eine geschichtliche Kapelle; hier wurden nämlich im letzten Jahre des 30jährigen Krieges die Schweden, als sie von Kitzbühel in dieses Thal eindringen wollten,
von dem Brixenthaler Landsturm geschlagen. Dieser Sieg ist
hier abgebildet und noch jetzt wird er jährlich am Nachmittag
des Frohnleichnamsfestes gefeiert durch eine eigenthümliche Procession, wie sie in der Kapelle abgebildet ist. Da nämlich damals die Brixenthaler die Schweden vertrieben, fochten sie zu
Pferde und an ihrer Spitze der Geistliche im Ornate, in der

20 *

Rechten den Säbel, in der Linken das Kruzifix; demnach ver-
sammeln sich am benannten Tage die Bauern der umliegenden
Gemeinden zu Pferde und ziehen, den Geistlichen an der Spitze,
zu dieser Kapelle, wo Messe gelesen wird. Von *Klausenbach*
erreicht man in ¼ St. *Kirchdorf* (2439'), 184 E., in der Mitte
des Weges zwischen Kitzbühel und Kössen. Die Kirche, Pfarrwohnung und Schule haben eine schöne Lage auf einem Hügel,
wo man die ganze Gegend überschaut; ausser dem Kalswirthe
noch 3 Wirthshäuser. — Das Thal wendet sich jetzt wieder südlich und heisst von hier an das *Spertenthal;* eng und düster
zieht es zwischen den hohen Bergen hin, wohl 5 St. lang. Im
Hintergrunde des Thales liegt das Dörfchen *Aschau* oder *Sper-
ten* (3060'), 7 H., 42 E., mit einer niedlichen Kirche und einem
Bauern - Wirthshause. Oestlich geht es über einen Grath des
Schwarzenkogls (5671') am *Blauensee* vorüber ins *Saukaserthal* nach
Jochberg, westlich über das *Kreuzjoch* (5615') in das *Windauthal*
nach *Hopfgarten.* Bei *Aschau* wird das Thal vom *Schönthal-
spitz* (5695'), der nördl. Forts. des *Grossen Rettensteins* (6954'),
in 2 Aeste getheilt. Rechts hinan zieht der *Tiefenbacher,* links
der *Stanggrund.* Durch den *Tiefenbacher Grund* gelangt man
über ein Joch, die *Westerauer Alpe,* nach *Neukirchen* im oberen Pinzgau und durch den anderen Grund, den *Kleinen Rettenstein* (6748') links lassend, über die *Stang* nach *Bramberg* im
Pinzgau. Die westliche Strecke des *Rheinthales* liegt im Sand,
die südliche Strecke bis *Kirchdorf* in Thonschiefer; von hier
an wechseln die Lager: Grauwackenschiefer, Thonschiefer, Sand,
Thonschiefer, Kalk, Thonschiefer, Kalk folgen fortwährend auf
einander; der Felsenkopf des *Grossen Rettensteins* ist ein hoher
Kalkaufsatz.

Den hohen *Rettenstein* umschweben vielfache Sagen. In einer
Felsenblende befindet sich ein Muttergottesbild, häufig vom Volke
besucht. Unter dem Bilde schlüpft seit den ältesten Zeiten eine
graue Maus ein und aus, von den Pilgern mit Brotkrumen ge-
füttert und sorgsam geschont als ein Berggeist. — Am Fusse
des Berges lag der Sage nach die Burg Falkenstein, der Margaretha Maultasche gehörig; in ihrer Nähe stürzte ein Wasserfall über ein eisernes Thor herab, welches zu einem grossen

unterirdischen Palast führte, die Wohnung wilder Bergfräulein.
Eine derselben gewann den Senner des Hoferwirths aus dem
Brixenthal lieb; an jedem Samstage kam sie ins Freie mit glänzend weisser Schürze und schüttete viel Gold in die Hände ihres
Geliebten. Einst wurden beide von anderen Hirten belauscht;
nur noch einmal kam sie, das letzte Gold bringend, und verschwand auf immer.

Der erste Ort von *St. Johann* aufwärts ist *Oberndorf* (2086'),
735 E., ein schöner Rückblick durch die malerischen Häuser-
und Baumgruppen, über die üppigen Wiesen und Fluren, über
das Hügelland des *Bükelachs* zu den starren, weissgrauen Zacken-
wänden des Kaisers; rechts und links Thonschieferberge; links
das *Kitzbühler Horn* mit seiner Kapelle und seinen herrlichen
Matten. In 2¼ St. von *St. Johann* erreicht man den Hauptort
des Bezirksgerichts, *Kitzbühel*, im Grauwackenschiefer liegend,
(2391') mit der Landgemeinde 3106 E. Der Bezirk umfasst
1 Stadt, 20 Dörfer, 2587 H., 15,516 E. Die Stadt verdankt, wie
so manche Orte in den Alpen, ihre Entstehung dem früheren
starken Waarendurchzuge aus Italien nach Deutschland, indem
der ganze Weg vom Chiemsee an bis über den Thurnpass nach
Mittersill einer der Hauptverbindungswege war. Das Städtchen
liegt an der engsten Stelle des Thales, vielleicht einst einen
festen Pass bildend. Das Stadtwappen ist ein grüner Hügel mit
einer Gemse. Im J. 1165 bestand hier eine Burg, noch im
Thurmgebände des alten Pflegehofs erkennbar, eine Besitzung
der Herren von Marquard von Kitzbühel; um sie siedelten sich,
Schutz suchend, die Bewohner der Umgegend an, besonders
vom Durchgangshandel lebend. Unter den baierischen Herzogen erwuchs es zum Markte. Im J. 1271 erhielt das Städtchen
vom Herzoge Ludwig dem Strengen die Rechte der Stadt München. Das Landesgesetz war die Buchsage. Im baierischen
Erbfolgekriege unter dem Kaiser Maximilian I. kam die Stadt
und das ganze Gebiet an Oesterreich, mit Beibehaltung der alten
Rechte. Zum grösseren Flore der Stadt trug die Entdeckung
wichtiger Erzgruben viel bei. Später gingen die verschiedenen
Rechte wieder nach und nach verloren, weil die Stadt nicht Vermögen genug besass, dieselben aufrecht zu halten. Im J. 1506

überliess sie Maximilian I. pfandweise an Matthäus Lang, den
bekannten Erzbischof von Salzburg, damals aber Bischof von
Gurk, für 40,000 Fl. Dieser befestigte die Stadt. Nach dem
Tode seines Bruders, der kinderlos starb, ging sie 1580 an Sigmund von Lamberg und Kaspar Freiherrn von Wolkenstein über
bis 1679, wo Graf Franz Anton von Lamberg zum alleinigen
Besitz gelangte, bei welcher Familie sie bis auf den heutigen
Tag blieb, als einziges Patrimonialgericht des Innthales. Vier
Strassen laufen von *Kitzbühel* aus: 1) nach St. Johann u. s. w.;
2) nach Mittersill im Pinzgau; 3) durchs Brixenthal ins Innthal;
4) nach Going an der Kaiserstrasse. Die Stadt, 248 H., 1766 E.,
zerfällt in die *vordere* (östliche) und *hintere* (westliche) Stadt und
die Vorstädte: *Hadergasse* am oberen Thore und *Gries.* Durch
die vordere Stadt führt die Strasse. Es finden sich hier: ein Bezirksgericht, Berg-, Hütten- und Waldamt, Bezirksförster, Bürgerspital, Krankenhaus für verunglückte Bergleute, Abnährungs-
haus für erwerbsunfähige Leute, 3 Brauereien, 9 Wirthshäuser.
Eins der besten und verhältnissmässig billigsten Gasthäuser der
weiten Umgegend findet der Reisende beim *Tiefenbrunner,* auch
sind zu empfehlen der *Hinterbräuer* und der *Daimer.* Bei der
Stadt ist eine sehr schöne Schiessstätte. Die Hauptkirche ist
1435 erbaut, mit einem schönen Altare von Benedikt Feistenberger und einem guten Altargemälde von Spielberg, einem Ungarn (1663). Aelter ist die Stadt- oder Katharinenkirche, an
welche sich die Kapuzinerkirche schliesst mit dem Ordenshause,
1700 vollendet. Die Spitalkirche wurde neuester Zeit eingerissen, um den Strassenzug ins Brixenthal zu erleichtern. Das
Spitalgebäude und die Mariahilfkirche. In der Nähe ein Kupfer-
bergwerk mit Silber am *Schattberge* (jährl. 40,000 Ctr. Hauwerk,
6000 Ctr. Erz, 650 Ctr. Kupfer), ein Rothfarbenbruch zu *Asch-
berg,* Kalksteinbruch am *Oehlberg,* ein Pochwerk, Waschwerk,
Farbenmühle und Ziegelbrennerei. Musikverein. Die Stadt ist
die Geburtsstätte der Künstlerfamilie *Feistenberger. Benedikt Feistenberger* hinterliess 7 Söhne, lauter Künstler. — In der Nähe
von Kitzbühl, an der Strasse nach Jochberg das neue Bad, einfach aber viel besucht.

    A u s f l ü g e : Südwestlich liegt an einer Anhöhe die *Einsie-*

delei Kniepass über den Wasserstürzen des *Ehrenbachs;* schöne
Aussicht. Folgt man der Strasse in das *Brixenthal*, so gelangt
man in die Eintiefung, durch welche das Hügelland des *Bühelachs* im Süden von dem höheren Gebirge getrennt wird, in ¼ St.
zu dem schönen, schon genannten *Schwarzsee*, welcher ½ St. Umfang und von seiner Farbe den Namen hat; unzählige Seerosen
bedecken theilweise seine Oberfläche; umkreist wird sein Gestade abwechselnd von Wiesen, Wäldchen und schönen Hügeln
des *Bühelachs*, über welche ernst und erhaben die kahlen gezackten und schneegefurchten Wände des Kaisers hereinschauen
und sich in dem Spiegel des Sees verdoppeln. — Nicht weit
davon, wo die Strasse in das Thal der *Rheinache* tritt, findet
man im tiefsten düstern Schatten hoher Tannen die wenigen
Reste einer uralten Burg, nach der Volkssage die *Löwenburg;*
zur Zeit Karls des Grossen sollen hier heidnische Häuptlinge
gehaust haben, welche Hans von Velben 808 vertrieb. Am *Bühelach* selbst, in der Nähe von Kitzbühel, befinden sich noch
die 2 grossen Felsenkeller des Tiefenbrunners und Dalmers mit
Sommerwirthschaften. Den nächsten Hügel an der Nordwestseite der Stadt krönt das noch wohlerhaltene Schloss *Lebenberg*
mit weit reichender Aussicht. 1531 besassen es die Brüder Rei-
cherzheimer, später die Lamberg. Letztere haben im *Bühelach*
eine grosse Torfstecherei angelegt. In der nahen *Zephyraue* weht
der schöne *Schleierfall* in einer Schlucht herab.

Der belohnendste Ausflug führt uns auf das *Kitzbühlerhorn*
(6197'), welches sich im Nordosten in die Höhe schwingt. In
2¼ St. erreicht man, durch Wälder und über Matten in verschiedenen Absätzen emporsteigend, die *Dratalpe*, wo man übernachten kann. Ist es ein wolkenloser Abend, so ersteigt man noch
in 1 starken Stunde die Spitze des Horns; weil es aber hier die
Aussicht auf die Schneeberge gilt, so ist der frühe Morgen siche-
rer. Eine Kapelle schmückt den Gipfel, welcher gegen Nordwest steil abstürzt. Die Aussicht ist nicht nur schön, sondern
auch sehr interessant. In der nächsten Tiefe alle Thäler der
Grossen Ache, geschaart um den Fuss des Berges: gegen Norden und Nordosten der weissgraue Felsengurt der hohen Kalkalpen des majestätischen Kaisers und die ganze Gruppe des Lo-

ferer Steinberg, das Flach-, Ochsen-, Breit-, Birn- und Rothhorn; zwischen dem Kaiser und östlicheren Fellhorn dringt der
Blick mit der Ache hinaus in die Flächen Baierns, aus denen
noch der blaue Spiegel des Chiemsees hereinschimmert. Den
ganzen südlichen Halbkreis erfüllen zunächst die kantigen Thonschieferberge mit ihren weit ausgedehnten Matten und grauen
Kalkhörnern. Ueberragt werden sie in ihrer ganzen Erstreckung
von der eisumhüllten Tauernkette, aus welcher vor allen als
nächster der hohe Venodiger stolz das Haupt aus seinem Eismeere erhebt. Auf der aus mehreren Hütten bestehenden *Sta-
zeringalpe* sind Erfrischungen zu haben. Führer: Michael Eisen-
mann (v. Hütler), Jos. Bichlmair u. a., Lohn 2 Fl. Oestr. W.
Das *Kitzbühlerhorn* gehört unstreitig zu den schönsten Aussichtswarten der Alpen. Sein ganzes nördliches Gestell besteht aus
Thonschiefer; der Abhang, über den man von Kitzbühl hinau-
steigt, ist Grauwackenschiefer bis zum Rand der *Dratalpe*, welche aus Kalk besteht. Zum Horn hinan übersteigt man wieder
einen Thonschieferstreifen; das Horn selbst ist ein Kalkaufsatz.
Bei der *Dratalpe* wird Schwerspath gewonnen und auf dem *Tau-
erkogl* Rotheisenstein, welcher in der Farbenmühle zu *Aschbach*
zu einer schönen rothbraunen Farbe, dem Kesselbraun, verarbeitet wird. Auch von *St. Johann* aus kann man in derselben
Zeit (3—4 St.) das Horn besteigen, wo man dann in der *Hofer
Alpe* übernachtet. Wer daher von St. Johann aus Kitzbühl und
das Horn besuchen will, thut am besten, über das Horn dahin
zu gehen.

Ueber die geognost. und botan. Verhältnisse der Gegend s. *Unger*, über
den Einfluss des Bodens a. d. Vertheil. d. Gewächse, Wien 1836. Grauwacken-
gesteine mit zahlreichen Kalksteineinlagerungen herrschen vor, über denen im Norden die Flötzgebirge, mit buntem Sandstein beginnend, folgen; Erzlager, zum
Theil abgebaut, insbesondere von Kupferkies mit Schwefelkies, nach Fahlerz, am
Schattberg mit Nickelglanz; im chloritischen Schiefer bei Jochberg an „den Kupferplatten", am Burgeck in Sintersbach, an der Kelchalpe, im Grauwackenschiefer
von Schattberg und Sinnwell im Westen von Kitzbühl und im gleichen Thonschiefer am Röhrerbühel. — Aus der Flora des Kitzbühler Horns: Festuca Halleri,
Carex ferruginea, mucronata, Luzula flavescens, Juncus trisidus, Globularia nudicaulis, Primula longiflora, Auricula, Pedicularis Jacquinii, Ajuga pyramidalis, Rhododendron chamaecistus, Saxifraga oppositifolia, stenopetala, Helianthemum grandiflorum, Draba tomentosa, frigida, carinthiaca var. Joannis, Arabis pumila, Potentilla minima; am Triestkogl: Saxifraga controversa, Cortusa Matthioli, Doronicum

Halleri, Geum reptans, Hutchinsia brevicaulis, Elyna spicata; am Jufen: Gentiana
glacialis, Saxifraga Clusii; am Oschöss: Poa hybrida. Carex Mielichhoferi, Hieracium amplexicaule, Tozzia alpina.

Kaum haben wir *Kitzbühel* verlassen, so treten wir auf dem
rechten Ufer der Ache auch wieder aus dem Gebiete des Grau-
wackenschiefers in das des Thonschiefers und bei der Gemeinde
Aurach auf kurzer Strecke in den Kalk. Bei *Aurach*, 766 E.
(Einkehr bei Jos. Filzer gut), kömmt der *Aurachergraben* von
der weitgedehnten *Kelchalpe* herab; die Kirche in Aurach ist alt,
1427 zu Ehren des heiligen Rupert erbaut, der auch hier, wie
in Salzburg, der Apostel war; ein schönes Altarblatt. Ausserhalb des Ortes eine Kapelle, merkwürdig wegen einer Madonna, angeblich aus Stein gegossen und ein Werk des bekannten
Bischofs Thiemo von Salzburg. Leider ist dasselbe so oft mit
Farben überstrichen, dass man es nicht mehr recht erkennen
kann. Auf der erwähnten *Kelchalpe* wird auf Kupfer gebaut.
Das neue Berghaus liegt 4559' üb. d. M. Der nächste Ort ist
Jochberg (2716'), 985 E., wie auch die ganze obere Thalstrecke
vom *Pass Thurn* bis *Kitzbühel* heisst, 2¼ St. von *Kitzbühel*. Die
2 Gasthäuser (namentlich bei Wagstetten) sind gut. Wirth des
einen war der Schützenhauptmann Anton Oppacher, einer der
Helden der Tiroler Freiheitskämpfe von 1796 — 1809. Im Jahre
1805 zeichnete er sich durch die muthvolle Vertheidigung des
Passes Strub aus. 1809 behauptete er denselben Pass 9 St. lang
gegen 10,000 Feinde. Sein ruhmvollster Tag war der 18. Oktober 1809, wo er mit seiner Kompagnie den weit stärkeren
Feind aus seinen Verschanzungen am Kniepass bei Lofer trieb,
ihn bis Unken verfolgte und 250 Mann und 15 Offiziere gefangen nahm, wodurch er den Sieg Speckbachers und Wintersteil-
lers erleichterte. Er erhielt die goldene Ehrenmedaille mit Oehr
und Band. — Eine neue (1752) niedliche Kirche liegt in der
Mitte; Fresken von Feistenberger; Kupferschmelzwerk, jährlich
1700 Ctr. Rosenkupfer, Poch- und Waschwerk, grosse Köhlerei
(650 Fuder Kohlen); starke Viehzucht, besonders gute Käse,
welche ausgeführt werden. Am oberen Ende des Thales, in der
Nähe des Jochs, geht die Strasse über eine schöne steinerne
Brücke wieder auf das rechte Ufer über und steigt dann in gros-

sem Schlangenzuge zum Joche hinan in 2¼ St. von der Kirche
zu Jochberg. Einst stand auf der Höhe eine Grenzfeste, daher
noch der Name *Pass Thurn* (4020'); jetzt befindet sich hier, da
die Strasse nicht mehr beim alten Spital vorüberzieht, ein Wirthshaus, dessen Wirth die Obliegenheiten eines Tauernwirthes hat
(s. S. 57). Die alte Jochberger Waldkapelle ist ebenfalls an
die neue Strasse versetzt. Sehr schön ist die Aussicht rückwärts
über Kitzbühel zum Kaiser, südlich auf die Tauernkette. Die
Häusergruppe *Spital*, ein ehemaliges Hospiz für Reisende über
den Gebirgspass, bleibt jetzt rechts.

Vom *Jochberge*, wo sich bei der Schmelzhütte ein Wirthshaus befindet, besteigt man noch einen der hohen Grenzwächter gegen Pinzgau, den *Gamshag* (6685'); man steht der Tauernkette näher und um 400' höher, als auf dem Kitzbühlerhorn,
daher man diese eisige Riesenkette vom Ensthale an bis zu den
Oetzthaler Gebirgen hin verfolgen kann; die hohen Eisgruppen
des Glockners und Venedigers, als nächststehende, zeigen sich
hier in ihrer ganzen Pracht und Majestät mit allen ihren Eis-
hörnern, sowie sich auch die hohen Kalkalpen, vom Innthal
herziehend, über den Kaiser und den Loferer Steinberg bis zur
Uebergossenen Alpe in ihrer ganzen wilden Nacktheit und Ausdehnung darstellen. Von der Sennhütte oben am *Gamshag* steigt
man auf dem Rückweg zu den Alpen, welche in dem Hintergrund des *Sintersbachthales* liegen, und welche von den höchsten Bergen der Gegend umragt werden, dem *Gamshag*, *Nagel-
kopf*, *Gaisstein* (7438'), *Reckschönkogl* (6480'), *Schelmberg* und
Kühkaiser (6521'). Gerade unter dem Ostabfall des *Gamshags*
liegt der kleine *Sternsee*, in dessen Nähe am *Saalachkopf* die
Glemmache, nachherige Saalache, entspringt. An den Seitenwän-
den des *Sintersbachs* hinabsteigend, kommen wir zu den Quellen dieses Baches, welcher in einem finsteren Winkel am Fusse
des schon von uns von Mittersill aus erstiegenen *Gaissteines* entspringt; hier ist eine immerfliessende Goldquelle, deren Tropfen
in eine Kanne fallen, die aber bis jetzt noch kein Sterblicher
gesehen hat. Darüber breitet sich die *Schlaberstatt* aus, wo
einst der berüchtigte Schlaberstatter Kirchtag gehalten wurde.
Bacchantische Tänze und blutige Raufereien waren gewöhnlich

das Ende. Da, wo die Spiellente sassen, wächst noch jetzt kein
Gras. Ganz anderer Art waren die Zweikämpfe an der Jochberger Waldkapelle, sie waren geordnet, und die angesehensten
Männer sahen darauf, dass das Ringen nie in bösartige Ranfe-
rei ausartete. Zuerst mussten die Jungen kämpfen, zuletzt die
Hagmaier oder die anerkannten Robbler. Am *Sintersbache* hinab kommen wir zu seinen herrlichen Wasserfällen; nach einigen Stürzen von 200' stäubt er gewaltig aus dem untersten Felsenkessel hervor. Der *Sintersbachfall* ist unstreitig der schönste
Wasserfall des Gebietes. Der *Pass Thurn* selbst bildet eine öde
moosige Fläche mit Torflagern. Man steigt jenseits hinab nach
Mittersill, dem Hauptort des Oberpinzgau's, 5 St. von Kitzbühel.

Rundreise durch das Gebiet der *Grossen Ache* und die
ihm angrenzenden: Von *Chiemsee* südlich eindringend durch den
Pass *Klobenstein*, wendet man sich bei *Erpfendorf* östlich nach
Waidring, dann südlich durch die *Oefen*, am *Pillersee* über *St. Ulrich* nach *Hochfilzen* oder *St. Jakob im Haus*, hinab nach *Fieberbrunn* (Abstecher zum *Wildalpensee*), *St. Johann*, *Hofer Alpe*,
Kitzbühler Horn, *Dratalpe*, *Kitzbühel*, *Jochberg*, *Gamshag*, *Sintersbachfall*, zurück nach *Kitzbühel*, am *Schwarzensee* vorüber nach
Klausenbach, *Kirchberg*, *Brixen* im *Brixenthal*, auf die *Hohe Salve*,
hinab nach *Söll* (Ausflug zum *Hintersteiner See*), *Scheffau*, *El-
mau* (*Röhrerbühel*), *St. Johann*, *Kirchdorf*, links ab nach *Gasteig*,
hinab nach *Griesenau* im *Kohlnthal*, links im *Kaiserthal* hinan
(Besteigung des *Kaisers*), über *Schiend* hinab nach *Küssen*, von
wo entweder gerade zurück nach Baiern über *Marquartstein* oder
westlich über *Walchsee* ins Innthal bei Kufstein, oder östlich
nach *Reit im Winkel*, über die *Schusteralpe*, an den *Weitsee* und
an der aus ihm entspringenden *Seetraun* hinab nach *Traunstein* u. s. w.

Das Thal der baierischen Traun und ihr Gebiet.

Die tiefsten Wurzeln des Traungebietes erreichen noch nicht
die kahlen Schroffwände der Hochkalkalpen. Dennoch enthält
es sehr schöne und reizende Scenen und Bilder. Die *Traun*
tritt bei *Traunstein* aus dem Gebirge. Dahin führt die Eisenbahn zwischen den Stationen *Uebersee* und *Bergen* über eine 360'
lange, nach Pauli'schem Systeme erbaute Brücke. *Bergen* (1814'),

1038 E., hat ein k. Berg- und Hüttenamt, in der Nähe die Werke
Maximilianshütte und Eisenarzt mit Hochöfen, Nagelschmiede
und Blechwalzwerk. — Bei *Achthal* hat eine Gewerkschaft ihre
Hütten, deren Roheisen zum Theil in Hohenaschau (S. 295) weiter verarbeitet wird. Die Erze werden am *Kressenberge* gewonnen. Der Eisenstein ist thonicht-körnig mit vielen Versteinerungen: Nummuliten, Echiniten, Zwei- und Einschaler, kurz-
schwänzige Krebse, Haifischzähne. Jährlich über 122,000 Ctr. im
Werth von etwa 12,000 Fl. — Von *Bergen* aus besteigt man den
aussichtsreichen *Hochfellen* mit schöner Flora und Korallenriff auf
dem Gipfel. — Von *Bergen* kann man mit Ersparung 1 St. Zeit
über das Wildbad *Adelholzen* (s. u.) nach *Siegsdorf* kommen (1 St.),
da sich die Bahn von Bergen fast nördlich wendet und bald über
50' hohe Dämme, bald durch gegen 80' tiefe Einschnitte nach
Traunstein (1861'), 3098 E., zieht, nach dem Brande von 1851
neu aufgebaut. Die Stadt, Sitz eines Bezirksamts, mit Gast- und
Brauhäusern reichlich versehen, liegt auf einer kleinen Hochebene, unter ihr an der Traun die Saline. Der Abhang ist gegen Süden gerichtet und man hat daher eine schöne Aussicht
auf die dunkel bewaldeten Vorhöhen und die dahinter aufragenden Alpen, sowie auf das aus den Bergen heraustretende Thal
der Traun. Schon Kurfürst Maximilian I. hatte einen Theil der
Reichenhaller Soole 1618 hierher geleitet wegen des Holzreich-
thums der Umgegend. Die Maschinen sind verbessert durch Reichenbach'sche Druckwerke. Das Salzwerk, die sich hier durch-
kreuzenden Strassen, die Fruchtmärkte, das Soolbad beleben die
Stadt. Versteinerungssammlungen bei Hrn. Gerichtsarzt Dr. Hall
und Apotheker Paur jun. — Ausflug auf den benachbarten *Hoch-
berg* im NO. von Siegsdorf mit Thurm und sehr lohnender Aussicht. Für den Geognosten interessant sind die Aufschlüsse der
jungen Molasse an der Traun ober- und unterhalb des Ortes und
die nummulitenreichen Gesteine in der Gegend von Siegsdorf,
bei Adelholzen, Mariaeck, Schatzreit, Eisenarzt.

Siegsdorf (1931'), 849 E., 2 Wirthshäuser, theilt sich in
Unter- und *Obersiegsdorf*, in letzterem steht die Kirche mit einem
schönen Gemälde. Eisengewerbe beschäftigen viele Bewohner
und beleben den Ort. Die Soolenleitung, von Reichenhall kom-

mend, theilt sich hier. Die nach Rosenheim gehende Soole wird
bei *Unterniegsdorf* durch eine Reichenbach'sche Wassersäulenma-
schine auf den *Donnberg* gehoben, von dem sie nach Rosenheim
abfliesst; die für Traunstein bestimmte ist der Traun entlang
geleitet. Südwestlich, nur ⅔ St. entfernt, liegt das Bad *Adelholzen* (2025'), von Bergen ¼ St. Drei Quellen brechen aus der
Nagelfluhe am *Reinerberge* hervor, die Salpeter-, Schwefel- und
Alaunquelle. Das Wasser ist kalt, gefriert nie. Im benachbarten *Höllgraben* riesige Nummuliten.

Bergpartien von *Siegsdorf* aus: Das *Horn*, ein weit nördlich vorgeschobener bewaldeter Vorberg, mit dessen Besteigung
sich der Besuch der Erzgruben am *Kressenberge* verbinden lässt;
auf der Höhe Einkehr beim Obersteiger. — Der *Teissenberg*
(4106') wird gleichfalls viel bestiegen; die an seinem Südabhange gelegene *Strisseralpe* gewährt eine treffliche Gebirgsansicht; seine höchste Spitze heisst der *Kachelstein*. — Die Besteigung des *Hochfellen* (5164') endlich geschieht von *Siegsdorf*
über *Maxhütte* und die *Brümling-* oder von *Ruhpolting* über die
Hochfellenalpe; die Aussicht ist der vom Hochgern ähnlich, die
Besteigung des *Hochfellen* aber noch leichter. — Weniger gegen
das Gebirge, als gegen die Ebene und den Chiemsee gerichtet
ist die Aussicht von der weithin sichtbaren Wallfahrtskapelle
Mariaeck gerichtet; sie wird alljährlich von über 20,000 Menschen besucht; der Weg führt über *Eisenarzt*.

Von *Siegsdorf* stehen uns zunächst 2 Thäler offen: südöstlich das Thal der *Rothen*, südlich das Thal der *Weissen Traun*.
In letzterem ist der erste Ort *Eisenarzt* mit Hüttenwerk für das
Kressenberger Eisenbergwerk. In 1⅔ St. von Siegsdorf. 1 St.
von Eisenarzt kommen wir nach *Ruhpolting* (2101'), nachdem
wir den ersten Felsenriegel der Kalkalpen, welcher vom *Hochgern* (5537') herübersetzt zum *Sulzberg* (4112'), durchschritten
haben. Bei *Ruhpolting* öffnet sich das Thal wieder zu einer ziemlichen Thalfläche, *Miesenbach* genannt. Alle Anhöhen umher sind
mit Häusergruppen besetzt. Diese Gegend ist die Wiege der
Weissen Traun; denn hier fliessen die *Seetraun* und die *Urschlau*
von *Bärenschwend* westlich herab und der *Weissbach* östlich herein. So klein letzterer Bach ist, so ist sein Thal doch breit

und durch diese niedrige Gegend führt ein Weg, nicht hoch ansteigend, hinüber nach Inzell an der Rothen Traun. Dieser
Thalkessel zählt 1183 Bewohner. Das Thal verengt sich abermals bedeutend und schäumend bricht die *Seetraun* aus ihm hervor. Der folgende Felsenriegel, durch welchen sich Bach und
Weg zwängen, wird von dem *Bauschberg* (5345') links und dem
Unternberg (4676') rechts gebildet. Nur wenig lichtet sich das
Thal jenseits dieser Enge, an der Vereinigung der *Seetraun* und
des *Fischbachs*.

Der Seitengrund des *Fischbachs*, gerade nach Süden gerichtet, wird alsbald durch die Felsenwände so eingeengt, dass der
schmalere Pfad links hinanklettern muss, um sich an den Wänden und ihren Kanten herumzuschmiegen: rechts in der Tiefe
der Abgrund, links schwindelnde Höhen, jenseits düstere drohende Wände: ein Schauerpfad. Plötzlich scheint der Weg abgeschnitten, der staunende Wanderer sieht links aus grosser Höhe
einen Bach herabstürzen. Da öffnet sich links eine schmale Ein-
buchtung der Felswand, in diese stürzt der Bach herab, bricht
sich über uns an einer Felsklippe und springt dann mit ver-
doppelter Wucht, dass der Boden unter unseren Füssen bebt,
weit hinaus und gegen 600' hinunter in die gähnende Tiefe;
früher führte ein schwindelnder Holzsteg über die Kluft, gegen
den Wasserstaub durch ein Dach geschützt; jetzt ist der Weg
durch den Felsen hinter dem Fall gesprengt und ganz gefahrlos, aber unheimlich ist es immerhin, durch die dunkele Höhle
zu kriechen, zur Seite den Schleier der riesigen Wassersäule,
deren Eindringen eine hölzerne Schutzwehr verhindert. Der
Fall ist einer der bedeutendsten in den nördlichen Kalkalpen
und jedenfalls der originellste; wäre er in der Schweiz, wir
hätten hier längst ein „Hôtel zum Staubbach", freilich dann
auch Gelegenheit, den Fall auch aus der Tiefe betrachten zu
können, was jetzt nur einer Gemsennatur möglich ist. Hinter
dem *Staubbache* oder *Staub* öffnet sich das Thal nur wenig. In
dem jenseitigen beschränkten Felsenkessel erblickt man bald
den Fall des *Fischbachs*, welcher sich in einem Doppelsturze
zur Tiefe wirft und der Schlucht zueilt, in welcher ihn der
Staubbach verstärkt. Der Felsenriegel der Staubbachenge wird

links von der *Fischbachwand*, welche vom Sonntagshorn herab-
sieht, und rechts von der *Fischbachschneide* gebildet, und ist
zugleich Grenzrücken zwischen Baiern und Oesterreich; der
Staubbach ist der Schlagbaum. Aus dem innersten Fischbach-
kessel gelangt man über einen Alpensattel in die Region des
Saalachgebietes, nämlich in die oberste Gegend des Unkentha-
les, das *Heuthal:* herrliche Alpen, allenthalben Sennhütten und
ein überraschender Blick auf das Reitalpengebirge im Osten.
Von hier lohnt sichs, nach Unken an der Saalache hinunter zu
steigen nicht auf dem kürzesten Wege, sondern durch die *Schwarzbachklamm.* (S. Unken.)

Das *Thal der Seetraun* ist einsam, nur von Sennhütten belebt, nach SW. ansteigend zum stattlichen Wirthshause *Seehaus*
(2368') und dem ersten ziemlich kleinen See, dem *Förchensee.*
Das Thal verengt sich wieder bis zum *Lödenboden,* wo die einem
Dorfe gleichende *Lödenalpe* am Gestade des *Lödensees* (2400')
liegt; südlich ragt das schauerliche *Wildalpen-* (5553') und *Dür-
renbachhorn* (5603') mit zerrissenen Kalkwänden empor, Gries-
bäche ausschüttend; nördlich der Felsenkranz des *Kienbergs*
(5384'). Mit dem *Lödensee* hängt der *Mittersee* unmittelbar zusammen. Eine mit Sennhütten bedeckte Fläche, von der Seetraun durchflutet, trennt diesen See von dem *Weitsee.* Dieser
wird an seinem oberen Ende vielfach durch Buchten und Halbinseln ausgefranst. Von ihm führt ein Weg hinüber nach *Reit
im Winkel.* Nicht umsonst heisst diese Traun die *Seetraun,* wie
es überhaupt den Traunen eigenthümlich zu sein scheint, die
Seen zu lieben.

Petrefakten und Mineralien: Raiblerschichten am Rauschenberg, am Wes-
sener Kienberg, über dem Lödensee reiches Petrefaktenlager, Gervillien- oder Kössener Schichten am Wundergraben bei Ruhpolling, am Zeitelgraben bei Seehaus,
Amaltheenmergel am Wundergraben, rothe Jurakalke am Haselberg, Aptychenschiefer am Bachwinkel, Neocommergel am Graben hinter dem Brandner, Orbitulliten-
sandstein unter dem Hofelberg und Breccie in der Gruttau.

Das Thal der *Rothen Traun.* Von *Siegsdorf,* dem Zusammenfluss mit der *Weissen Traun,* führt eine Strasse neben der
Soolenleitung hinan über *Inzell* nach *Reichenhall.* Zweimal täglich Post und Stellwagen in 4 — 5 St. Der nähere Weg über
Teisendorf ist weniger zu empfehlen, als dieser Gebirgsweg in

dem lieblichen Thale. Man gewinnt nach und nach eine bedeutende Höhe und hier breitet sich der oberste Thalkessel der *Rothen Traun* aus, eine ziemliche Weitung darstellend mit ebenem Thalboden, einst mit einem See bedeckt. Hier liegt äusserst anmuthig das Dorf *Inzell* (2181'), 911 E., gewöhnlich die *Inzell* genannt, 3 St. von Siegsdorf, mit stattlichem Gasthof, einer grossen, auf einer Felsenbank einer ehemaligen Insel ruhenden Kirche und einem Brunnenhaus der Soolenleitung. Diese Weitung liegt parallel dem Thalkessel von Ruhpolting, mit dem sie auch durch eine niedrige Gegend in Verbindung steht. Gerade südlich vom Dorfe erheben sich 2 malerische Felsberge, rechts der *Kienberg*, links der *Falkenstein* (4112'), ein Durchgangsthor lassend; dahinter aber und darüber thürmen sich rechts im Höhenduft die Massen des erzreichen *Rauschenbergs* (5345'), der sich bis hinüber nach Ruhpolting zieht, auf, und links die Vorwände des Staufen. Zwischen den beiden Thorpfeilern hindurch aber erreicht der Blick das graue Felsenhaupt des Watzmann mit seinen Schneeschluchten, das von hier in Gestalt eines Doms erscheint.

In geognostischer Hinsicht ist besonders der schon erwähnte *Rausch-* oder *Rauschenberg* merkwürdig. So heisst die ganze Bergmasse, welche von *Inzell* bis hinüber zur *Seetraun* zieht, aber wieder in viele einzelne Theile, Rücken, Schneiden und Köpfe zerfällt. Der Theil, welcher Inzell zugekehrt ist, umgibt den vor ihm hingestellten *Kienberg* mantelförmig in einem Halbkreise; der Rücken oder Kranz beginnt im Süden mit dem *Platting*, setzt über den *Kienbergkopf* (5353') fort und endigt mit dem *Fahrriesrücken*. Gegen Inzell herab liegt die *Knappenstube* (3285'), 2 St. von Inzell. Nirgends wurden die Gewerke mehr vom Berggeiste geneckt, wie hier. Durch frühere Gewinnste gereizt, begann man den Bau auf Blei und Zink, steckte grosse Summen hinein, allein umsonst; doch mit dem letzten Hammerschlage that sich wiederum eine neue reiche Mine auf, welche allen Schaden reichlich ersetzte; denn im J. 1689 betrug der reine Gewinn über 51,000 Fl. Allein der Bergsegen nahm eben so schnell ab; 1701 wurde viel zugesetzt. Bald darauf warfen die Gruben wieder innerhalb 10 Jahren 122,000 Fl.

ab. So ging es abwechselnd bis auf unsere Zeiten fort. Jetzt
liegt alles brach. Der ganze *Rauschberg* ist wie durchwühlt und
mehr als 72 Stollen führen in sein Inneres, eine Folge des re-
gellosen Vorkommens des Erzes; es gibt weder Gänge, noch
Flötze, noch ordentliche Lager. Die Lagerstätten sind Höhlungen, mit Erz angefüllt, von verschiedener Grösse. — Auf der
Höhe des *Rauschberges* eröffnet sich eine herrliche Aussicht auf
die ganze Umgegend.

Die *Traun* rauscht zwischen dem *Kienberge* und *Falkensteine*
hervor, hinter denen sie entsteht, und gleich darauf öffnet sich
eine zweite Bergpforte zwischen dem *Rauschberge* rechts und den
Vorgebirgen des *Staufen* links, durch welche der ebenfalls hier
entspringende *Weissbach* südöstlich zur Saalache abfliesst. Hinter dem *Falkensteine* liegen noch 2 kleine Seen, der *Falkensee*
und der *Krötensee*, welche durch den *Marterbach* zur Traun abfliessen. Sowie westlich durch eine niedrige Sattelgegend ein
Weg nach *Ruhpolting* führt, so bringt auch östlich ein Sträss-
chen durch eine ähnliche Gegend, am Nordfusse des Staufens
hinziehend, nach *Holzhausen* und *Anger* zur Strasse von *Teisendorf* nach *Reichenhall.* Unsere Hauptstrasse von *Inzell* führt nun
durch jene genannten Engen in das *Weissbachthal*, hält sich
aber, unter dem Namen *Neuweg*, immer auf ziemlicher Höhe
der linken Thalwand, bis dahin, wo von Süden her die Loferer Strasse (von Innsbruck) heraufzieht und sich mit ihr verbindet; hier biegt sie rechtwinkelig nach Nordost um und steigt
hinab nach Reichenhall, 4 St. von Inzell, ein grossartiger Ge-
birgseingang.

Das Thal der Saalache und ihr Gebiet.

Wie in dem Thale der Grossen Ache liegen auch hier die
Wurzeln des Thales in jenem Thonschiefer- oder Uebergangsgebirge, welches wir in jenem Gebiete kennen lernten; es durchbricht dann die verschiedenen Schranken und Felsenketten der
Kalkalpen, tritt endlich in die Salzburger Fläche, in welcher
sich alle Gewässer dieses grossen Gebietes durch die Saalache
1 St. unter Salzburg in die Salzache ergiessen (1310'). Es unterscheidet sich aber von jenem Thale dadurch, dass es viel länger und eingeengter sich durch die Kalkalpen drängt. Schon

3 St. von dem Anfange des Thalgebietes abwärts beginnen die
schauerlichen Engen der Hochkalkalpen. Statt eines hohen Joch-
überganges, wie dort über den Thurnpass, öffnet sich hier die
obere Thalregion durch ein breites Thal zum Pinzgau und wird
nur durch eine kaum sichtbare Wasserscheide vom Salzachthal
und dem Zellersee getrennt. Hat man daher, aufwärts wandernd,
die Kalkalpen im Rücken, so öffnet sich das Thal, nicht wie
dort bei St. Johann, zu einer von allen Seiten von grünen Bergen umgebenen weiten Mulde, sondern zu einer stundenweiten
Ebene, und die beeiste Tauernkette liegt unverhüllt vor den
Augen; statt eines Joches bildet ein grosser See den Uebergang
zum Salzachthale.

Auf der Strasse von Salzburg nach Reichenhall kommen
wir zunächst über die weite Fläche der *Walser* oder *Loiger Felder*, berühmt durch die daselbst aufgefundenen römischen Alterthümer, besonders die Mosaikböden, die Mythe des Theseus und
der Ariadne darstellend. Hier auf den Walserfeldern soll einst
die grosse Völkerschlacht geschlagen und das deutsche Reich
wieder hergestellt werden, wenn Kaiser Karl d. Gr. mit seinen
Reisigen aus dem Untersberge hervorbricht. Ueber *Schwarzbach*,
Marzoll, mit schöner Kirche in gothischem Stil, und *Weissbach*
nähern wir uns dem Gebirge und die weite Thalebene wird eingeengt durch den *Untersberg* und den *Staufen;* aus der gemein-
schaftlichen Thalfläche der *Salzache* und *Saalache* treten wir
jetzt in die der *Saalache* allein. Rechts kömmt die vordere
Strasse von *Traunstein* über *Teisendorf* her. Der Markt *Teisendorf* (1606'), 870 E., ist nach einigen das Artobriga der Römer.
Eisenbahnstation; täglich 2 Stellwagenfahrten in 4 St. nach Reichenhall. Die Post ist ein guter Gasthof. Bei *Oberteisendorf*
liegen die wenigen Reste des alten Schlosses *Raschenberg*, wahrscheinlich von den Grafen von Plain erbaut. Seit 1575 ist es
verlassen. Der Markt liegt in einem Thale am Fusse des 4400'
hohen *Teisenbergs*, einer Vorstufe des Staufen, an dessen Nordfusse die wichtigen Eisengruben des nummulitischen Gebirgs im
s. g. *Kressengraben* und zu *Achthal* liegen mit ihrem Reichthum
an Versteinerungen. Auf dem *Teisenberge* die vielbesuchte *Boi-
ker Alm* mit einer herrlichen Aussicht über die Ebene und auf

das Gebirge. Vorüber eilt die *Sur*, welche hier entspringt und zwischen Laufen und Salzburg in die Salzache fliesst. Wenn man sich von *Teisendorf* dem Saalachthale nähert, kömmt man durch *Mauthausen* (1418′), über welchem die Burg *Staufeneck* thront. Der Erbauer ist unbekannt, aber 1305 kömmt sie schon vor. Die Grafen von Plain und Staufeneck waren Besitzer. Der westliche Theil ist 1513 vom Erzbischof Leonhard angebaut, wie eine Inschrift am Schlossthore sagt. Plötzlich tritt hier die *Uebergossene Alpe* gleich einer Geistergestalt zwischen den dunkeln grünen Bergen, in ihren dicken Schneemantel gehüllt, hervor, verschwindet aber eben so bald wieder. Unweit des Vereinigungspunktes beider Strassen erreichen wir ein ehrwürdiges Heiligthum, *St. Zeno*. Das Kloster ist 1803 aufgehoben, 1853 aber theilweise zu einer Erziehungsanstalt der englischen Fräulein eingerichtet; die Kirche, ein majestätischer Bau in gothischem Stile, 300′ lang, 90′ breit, fasst 6000 Menschen. Die ältesten baierischen Familien haben hier ihre Ruhestätte. Nachdem sie abgebrannt war, wurde sie 1512 wieder hergestellt. Gemälde von Christoph Schwarz und Ulrich Loth. Gegründet wurde die Kirche von Karl dem Grossen 803 auf Bitten der Reichenhaller, welche den heiligen Zeno, Bischof von Verona, als berühmten Wasserpatron, gegen die Ueberschwemmungen der Saalache zum Schutzheiligen erwählt hatten.

In ¼ St. sind wir in *Reichenhall* (1483′), 3071 E., sehr alt, aber nach dem grossen Brande 1834 grösstentheils neu aufgebaut. Sie verdankt ihre Entstehung den reichen Salzquellen und verdient ihren Namen mit Recht. Wahrscheinlich waren die Quellen den Römern bekannt; im 7. Jahrh. war der *Hügel* schon bewohnt; es gab schon ein *Hal* (ad salinas, quod dicitur hal), wo man vom Mai bis zum November Salzwasser schöpfte, um es zu sieden; unter Thassilo sah man schon zu Hal und Marzoll Kirchen. — Die Saalache bildet hier einen Thalkessel, durch Vorberge von der schönen Salzburger Ebene abgeschlossen. Der *Untersberg*, der *Lattenberg*, das *Müllnerhorn* und der *Staufen* stehen, durch Thäler von einander getrennt, als Wächter des Thales umher; nur gegen Norden umlagern flachere Höhen den ehemaligen See. Von Südwesten bricht zwischen dem

21 *

Müllnerkorn und *Lattenberg* die Saalache herein und die Stadt
hat sich ihr, wie einem erstürmenden Feinde, gerade entgegen-
gestellt und den Fluss genöthigt, ihr westlich auszubeugen. Die
Hauptmerkwürdigkeit der Stadt ist das Salzwerk. Hier sind
keine Bergwerke, wie in Hallein, Berchtesgaden u. s. w., sondern Quellen, welche aus der Nagelfluhe am *Gruttenberg* 52' tief
unter der Oberfläche hervorbrechen. Das Brunnenhaus überbaut
den Schacht. Auf 58 Stufen steigt man hinab. Die Gänge sind
meistens gemauert. Sudbare Quellen von 20 — 23½ Grad sind
vier: die *Gnaden-* oder *Edelquelle*, die *Kathederquelle*, der *Plat-
tenfluss* und die *Mitterkettenquelle*; die anderen 10 Quellen von
geringerem Gehalt werden gradirt. Dazu kömmt die Berchtesgadener Soole von 25 Grad. Heb- und Druckwerke fördern diese
Salzwasser zu Tage und leiten die ersteren unmittelbar in die
Sudhäuser, die letzteren erst in die Gradirwerke, von denen
sie zurück in die Sudhäuser laufen. In der Tiefe befindet sich
der *Grabenbach*, ein Stollen, welcher die süssen und zu gering-
haltigen Salzwasser zur Saalache ableitet. Dieser unterirdische
Kanal liegt 40' unter der Oberfläche, ist mit Quadern gewölbt
und ¼ St. lang, führt theils unter der Stadt, theils unter Gärten hin und ist 8' hoch und 6' 2" breit. Wie man in Hallein
durch den Wolf-Dietrichstollen auf Wagen, so fährt man hier
auf einem Kahne unter den Wohnungen der Menschen, oft zu
20 Personen, mit Fackeln versehen, hinab zur Saalache; auch
hier zeigt sich die Oeffnung zuerst als glänzender Stern. Dieser Stollen wurde vom Herzog Wilhelm IV. 1524—1532 angelegt. Die Soole, mit Ausnahme der Berchtesgadener, wird erst
in Wärmpfannen geleitet, dass sich zuvor die gröberen, nicht
salzigen Theile niederschlagen; von da kömmt die geläuterte
Soole in die eigentliche Sud- oder Kernpfanne und nach Verdampfung des Wassers auf die Dörre, heisse Metallplatten, um
das noch feuchte Salz zu trocknen. Die Salinengebäude sind
bei dem grossen Brande am 8. Nov. 1834 fast alle abgebrannt,
ebenso grossartig als geschmackvoll aber wieder aufgebaut, 1854
vollendet. Sehenswerth sind noch die verschiedenen Werke, welche zur Saline gehören, z. B. die grosse Schneidemühle, wo besonders die Rundsäge merkwürdig ist, welche in 12 St. 800 Fass-

böden für die Salzfässer zirkelrund schneidet; die grosse eiserne
Scheere, welche das dicke Eisenblech zerschneidet für die Salzpfannen; die Kirche *St. Nikolaus* in romanisch - byzantinischem
Stile meisterhaft restaurirt, mit Fresken von Max v. Schwind;
die *Brunkapelle* mit 3 neuen Glasbildern: Christus, St. Rupert
und St. Virgil; die alte *Römermauer* mit Buckelquadern im Hofe
des Fischerbräu; *Museum im Rathhaus; Mack'sche Petrefakten-
sammlung.* — Zahlreiche, zum Theil prachtvoll eingerichtete
Gasthöfe und Hôtels sind entstanden, seit bei Reichenhall (von
1846 an) durch die Bemühungen des k. sächs. Steuerinspektors
Rinck der Kurort *Achselmannstein* begründet wurde; 1854 mit
bedeutenden Verbesserungen versehen, ist *Reichenhall* zum besuchtesten Badeort Baierns (nach Kissingen) geworden, jährlich über 2000 Kurgäste. — Kurmittel sind Soolbäder von der
23½ ½igen „Edelquelle", Moorschlamm-, Latschen- und Molken-
bäder, Inhalationen in den Gradirhäusern und einer eigenen In-
halationshalle das Apothekers Mack, dabei Gelegenheit zur In-
halation zerstäubter Medikamente nach Sales - Girre's Methode;
Ziegenmolken und Kräutersaft; alles zu bestimmter Taxe [1]. —
Ein schönes Standquartier ausserhalb der Stadt an der Strasse
nach Inzell ist beim *Kaitl.*

Geologisches. Reichenhall kann auch dem Geologen als Ausgangspunkt
interessanter Ausflüge dienen. Im Orte selbst tritt beim Sudehaus, im langen
Stollen unter dem Quellhaus, in Achselmannstein der dunkele G u t t e n s t e i n e r-
k a l k mit seinen weissen Spathadern hervor. Nördlich von Reichenhall im *Kirchholz* bei St. Zeno bedeckt er den mächtigen Gyps. Dort auch Steinbrüche auf
eine e o c ä n e orbitulitenreiche Kalksteinbreccie mit Nummuliten, Ostrea gigantea u. a. V. Vom Kirchholz bis zum unteren Gehänge des *Untersberges*, so im
Weissbach - und *Schweigmühlengraben*, bei *Grossgmain* überall Num-
muliten- und Operculinenführender, ziemlich versteinerungsreicher Sandstein und
sandiger Nummulitenkalkstein, der auch den Hügel von *Schloss Plain* zusammensetzt und bis Hallthurn reicht. — Rechts von der Chaussee von *Reichenhall* nach *Hallthurn* mächtiger Gypsgebirge, im Floderergraben und Steinbruch
beim Pechter. — Gegen den *Weidbach* hin Steinbruch auf weissen Hippuriten-
kalkstein. An der Strasse selbst am *Fuchsstein* weisser Kalk mit Liasterebra-
teln. Unweit hinter Hallthurn, von der Strasse durchschnitten, das korallen- und
orbitulitenreiche E o c ä n. Links, am Ostfuss des Untersbergs, im schuttreichen
Mausgraben und im *Nierenthal* die versteinerungsarmen rothen und grauen,

---

[1] Näheres in den Monographien von M. Hess, von M. J. R ... (mit Karte)
und in dem Badebericht von Dr. v. Liebig (Sohn des Chemikers).

Inoceramen führenden, oberen Kreidemergel mit Belemnitella und ein versteinerungs-reicherer weisser Kreidekalkstein. Auf dem *Hallthurn* erhält man Führer oder Nachweis des Wegs zu den Hippuriten an der Naglwand. Auch lässt sich von Hallthurn aus durch das Nierenthal der Weg zum *Berchtesgadener Thron* nehmen; wohlaufwärts man häufig im Dachsteinkalk die Muscheldurchschnitte, dazu weissen und rothen Liaskalk mit sparsamen Versteinerungen findet (so *Rosshüttenalpe, Zehnkaser*). — Von der *Naglwand* zu den *Untersberger Steinbrüchen*, über das Bruchhäusle rechts, ein verfallener Steinbruch auf schönen rosenrothen Marmor (Kirche zu Grossgmain) und dann Nummulitenterrain. Für den Marmor der Brüche, der dem Hippuritenkalk zugerechnet wird und wenigstens Reste radiolitenähnlicher Versteinerungen führt, jeder neue Petrefaktenfund wichtig. Auch der Weg von hier aus zum *Salzburger Thron* des Untersbergs führt wieder über Dachsteinkalk und weissen und rothen Lias. Beide verhältnismässig versteinerungsreich, unter dem *Abfalterkopf*, auf dem Stiege von der Schwaigmühlenalpe zum Thron; ersterer ebenso abwärts am Stieg unter *der Leopoldskroneralpe*.

Zum *Hohen Staufen* über, zum Theil rothe, Kalksteinbreccien der Kreide und Dolomit zu den oolithischen Cardita-crenata-Schichten und Sandsteinen von *Raibl* auf der Höhe, auch versteinerungsarmen Hallstadterkalk. Von dem Staufen weiter im Norden und Nordwesten der *Högel* und *Teisenberg* mit ihren Fucoïdenschiefern und Cementsteinen, und das versteinerungs- und erzreiche Eocän der Vorhöhen des Teisenbergs mit den Bergbauten im Kressengraben bei Neukirchen und bei Achthal. Interessant der Wasserban- und Maxstollen durch den Aufschluss der Kreide unter dem erzführenden Nummulitengebirge. — Neu entdeckt wurde durch Schenk, k. Revierf. in Teisendorf, und Dr. Winkler der Vilser Terebratelnkalk beim Weiler *Högel*, links unfern der Reichenhall-Teisendorfer Strasse, eine gute halbe Stunde vor Teisendorf, beim Beylehenbauer neben dem Weiler Teisenberg und beim Wirthshaus Wagnerröde an der Teisendorf-Traunsteiner Strasse. Ueber das Tertiärgebirge weiter nördlich s. Einleitung. — Südöstlich von Reichenhall lagert auf der *Röthelbachalpe*, insbesondere auf der Blatscheben und an der Klause, auf der Höhe des Lattengebirgs über dem Dachsteinkalk Hippuritenkalk mit Sandstein und den rothen und grauen oberen Kreidemergeln; wie sie auch in der Mulde auf der Höhe des *Müllnerbergs* anstehen. Hier zahlreiche erratische Geschiebe. — Nach Süden ladet die Gegend von *Unken* ein mit dem Sonntaghorn, das Schwarzbachthal mit seiner Klause, Kammerkahr und Lofereralpe mit den petrefaktenreichen Kössenerschichten, den ammonitenreichen Lias, den Aptychenschiefern und Neocom.

Ausflüge. Nach *Grossgmain* (1572'), ein österr. Dorf mit einem vom Erzbischof Thiemo 1080 gegossenen Steinbild der Madonna, in der Kirche 6 schöne Gemälde altdeutscher Schule von 1499. In der Nähe liegt die Schlossruine *Plain* (scherzweise „Salzbüchsel" genannt), wahrscheinlich schon zu Römerzeiten erbaut, später nebst Staufeneck Sitz der mächtigen Hallgrafen von Plain. Hier Ansicht der Uebergossenen Alpe. —

Marzoll (1580'), Marciola der Römer, das Schloss ist uralt, die Kirche kommt schon 785 als Pfarrkirche vor. — Der *Unters-berg* (s. Berchtesgaden) wird von hier aus leicht bestiegen über *Grossgmain* und die *Vierkaseralm.* — Das Dreieck, das durch die Saalache, die Strasse nach Teisendorf und die München-Salzburger Eisenbahn gebildet wird, ist von dem sanften Gehügel des *Högelberges* (2580') erfüllt, das auf seinen Höhen (*Johannishögel*, Schloss *Rachenluegg* u. a.) vielbesuchte prächtige Aussichtspunkte bietet.

Der *Staufen* (5787') bildet einen langen schneidigen Rücken, welcher aus der Gegend von Inzell bis in das Saalachthal zwischen Reichenhall und Mauthausen zieht; mehrere Zackengipfel ragen vor allen auf, unter denen der östlichste der höchste ist, der *Hohe Staufen*, der westlichste, der *Zenokopf*, ist niedriger; in der Mitte liegt der *Mitterstaufen* oder *Zwiesel.*

Der beste Weg zum *Hohen Staufen* geht von *Reichenhall.* *Nonn* (Altar aus der gothischen Periode 1450—1530) und über die *Padingalpe* in 3 — 4 St. Die Aussicht ist sehr schön, nördlich in das Flachland, über den Chiem- und Waginger See, nach Salzburg und dessen Umgegend, südlich in die Gebirgswelt Berchtesgadens und des oberen Saalachthales, des Salzkammerguts und Steiermarks. In botanischer Hinsicht bietet er wenig Seltenes. Auf der Höhe Raiblerschichten mit Cardita.

Die *Soolenleitung* von *Berchtesgaden* nach *Reichenhall* (8 St.) hätte zwar den niedrigeren und kürzeren Weg über den Hallthurn nehmen können, allein, um sie selbständiger nur durch baierisches Gebiet zu führen, wurde der noch einmal so grosse Umweg und die bedeutende Höhe des Sattels von *Schwarzbachwacht* nicht gescheut. Die Leitung geht daher von *Berchtesgaden* in die *Ramsau*, ersteigt das *Söldenköpfl* und senkt sich nördlich der *Schwarzbachwacht* über *Jettenberg* in das Saalachthal hinab nach *Reichenhall.* Von da ist sie nach *Traunstein* geleitet, um den Holzreichthum der Traunthäler zu benutzen; eine Abzweigung führt sogar bis *Rosenheim* (über 20 St. von Berchtesgaden) in die Nähe der Forste des Mangfallgebiets.

Für den Botaniker ist die Kuglalpe über Karlstein wichtig als (ehemaliger) einziger deutscher Fundort der Paeonia corallina.

Lohnender und weniger beschwerlich ist der Ausflug auf den *Zwieselkopf* (5551'). Der neu angelegte Weg führt über *Kirchberg* am linken Ufer der Saalache, ein sehr nettes freundliches Bade- und Gasthaus, hinan zu der *Kirchbergalm* (4150') (Heulager, gutes Bier) und in leicht 4 St. ist die Spitze erreicht mit ihrer weiten Aussicht über Berg und Ebene.

In *Reichenhall* vereinigen sich mehrere Strassenzüge. Jene von *Teisendorf* hieher kennen wir schon. Von *Freilassing,* der letzten Eisenbahnstation auf baierischem Boden, zieht am linken Saalachufer über das Eisenhammerwerk *Hammerau* (Ausflug) ebenfalls eine Strasse herein, die bei *Mauthausen* in die erstere mündet. Die Strasse von *Salzburg* kennen wir ebenfalls. Von *Glanegg* bei Salzburg schlängelt sich eine minder gute Strasse über die *Marmorbrüche* am Fusse des Untersberges und über *Grossgmain* herüber in unseren Standort. Die Poststrasse nach *Berchtesgaden* führt am Fusse des Lattengebirges hin nach *Hallthurn* (2145') und durch das Thal von *Bischofswiese* (in 4 St., s. S. 204). Eine weitere Strasse nach *Berchtesgaden* über *Jettenberg* werden wir bald kennen lernen. Die Hauptstrasse endlich zwischen *Salzburg* und *Innsbruck* wollen wir jetzt wandern. Sie durchzieht die Thalmulde westwärts zum *Kaltl* und steigt am *Seebache* hinan, bei einem Brunnenhause vorüber, zum *Thumsee.* Zwei Felsenköpfe ragen rechts auf, der eine mit einer Burg, *Karlstein,* der andere mit einer Kirche, *St. Pancraz,* gekrönt. Einst lag auf jedem Felsen eine Burg, durch eine Brücke verbunden, bewohnt von den Hallgrafen von Peilstein, später von herzoglich baierischen Schlosshauptleuten; sie kamen dann an die Herren Fröschl von Fröschlmoos, wurden aber am Ende des 16. Jahrh. ihrem Verfalle überlassen; nur auf dem höheren Felsen sind noch die Ruinen der Burg *Karlstein;* auf dem niedrigeren vorderen wurde von dem Stifte *Zeno* eine Wallfahrtskirche *St. Pancraz* erbaut. Hier hat man eine herrliche Aussicht hinaus nach Salzburg; ebenso auf die jetzt auch wieder zugänglich gemachten Burgruine. Der einsame *Thumsee* (1670') ist nur ¼ St. lang und halb so breit, aber äusserst lieblich; die höhere Alpenpflanzenwelt steigt hier zur Tiefe herab; das Krummholz windet sich neben der Strasse hin und das schöne Alpenröschen

überwuchert die freieren Plätze. Die Strasse steigt nun stärker
hinan zu dem an der Wand schwebenden Soolenhebungsgebäude
im *Nesselgraben* und erreicht bald darauf den Bergsattel (2046'),
durch den das *Müllnerhorn* mit den westlicheren Gebirgsgegen-
den zusammenhängt. Rasch senkt sie sich jenseits hinab in die
Felsenge des *Weissbaches* und erreicht in ½ St. *Schnaizlreit* (siehe
unten). Oben aber auf dem Bergsattel zweigt sich die Strasse
ab, die von *Reichenhall* über *Inzell* nach *Traunstein* führt. Diese
Strasse, der *Neuweg* genannt, zieht sich oben an der Wand hin,
fortwährend ansteigend, links in der Tiefe den Abgrund des
Weissbachs lassend. Dieser *Neuweg* ist eine herrliche kühne
Strasse; links der schwindelnde Abgrund, mit Geländern ver-
wahrt, rechts hochaufragende, bisweilen überhängende Wände;
jenseits des Abgrundes das stufenweis sich erhebende *Ristfeichthorn;* kleine Wasserfälle stäuben von ihm herab. Nach und
nach steigt die Tiefe des Thales herauf und wird flacher, so
dass sich zuletzt die Strasse und Leitung im Thale selbst ge-
meinschaftlich fortziehen. Die Gegend wird bei dem *Mauthäu-
sel* (gutes Wirthshaus) wieder belebter. Rechts ziehen die Vorhöhen des *Staufen* heran, welcher sich hier am allmählichsten
abdacht. Bald darauf erreichen wir das Felsenthor, durch welches wir in den schon bekannten Thalkessel von *Inzell* treten.

Nach *Reichenhall* zurückgekehrt setzen wir nun unsere Reise
im Hauptthale fort. Wir folgen jetzt aufwärts der Saalache, der
Soolenleitung und der Strasse. Das Thal ist eng, links die Wände des *Lattenberges*, rechts die dunkelumforsteten Gehänge des
Müllnerhorns oder *Mühlberghorns* (4599'); in der Ferne links in
blauem Dufte der kühne senkrechte Absturz des *Alphorns* (5512')
mit der oben abgeplatteten Fläche, der nördliche Vorsprung der
Reiteralpe. Die Saalache rauscht rechts grünblau in ihrem weissen Kalkbette daher; die Strasse hält die Tiefe, dicht am Flusse
hin; erst weiter hinein erhebt sie sich etwas. Nach 1 St. kömmt
links aus einem Grunde bei der Häusergruppe *Lueger* der *Röthelbach* herab aus dem *Lattenberg* und an ihm führt ein Pfad
hinauf auf die Alpen dieses Gebirges. Das *Lattengebirge*, das
wir nun fast von allen Seiten umwandert haben, trägt ebenfalls
den Charakter der Kalkhochflächen an sich; allseitig stürzt es

in Steilwänden ab, die nur in NW. von dem *Röthelbach* durchsägt sind. Allein statt der Felstrichter, Gruben und Löcher des
Untersberges und der Reitalm, statt der Schrände, Spitzen und
Karfelder des Steinernen Meeres finden wir hier oben ebene
Flächen oder sanfte Buckel, überkleidet mit einer dichten Gras-
decke, die nur selten vom nackten Felsgerippe durchstochen
wird. 9 Almen mit 26 Hütten beleben die trapezförmige Hochfläche, schöner Hochwald bedeckt die Gehänge, der Zwergwald
tritt zurück. Wasser, dieses lebende und belebende Element,
das wir auf den früher besuchten Kalkhochflächen nur als star-
res Eis oder als nothleidige Hungerquelle fanden, ist hier reichlich vorhanden, ja als ob die Natur früher Versäumtes nachho-
len wollte, hat sie auf der höchsten Ebene ein ziemlich umfang-
reiches Moor, „das schwimmende Moos“, geschaffen, dem der
Röthelbach entströmt, mit dem sich bei der *Röthlalm* (2977') der
Moserbach vereint. Die sanft gerundeten, nur wenig über die
Hochfläche aufragenden Gipfel, *Dreisesselberg* (5332'), *Thörlkopf*
(5179'), *Schwarzbachhorn* (5194'), *Brechlkopf* u. s. w. bieten sehr
schöne Aussichtspunkte. Bestiegen wird der Bergstock ausser
am *Röthelbach* empor direkt von *Reichenhall* über den *Hochschle-
gel* zur *Schlegelalm* (4820'), von *Bischofswies* über die *Steinberg-
alm* (4102') und über die *Brandalm;* von *Ramsau* über die *Mord-
aualm* (3601') und die *Lattenbergalm* (4657'); oder endlich vom
Schwarzbachthal aus über die *Grasselfahrt* und die *Anthaupten-
alm.* Nach 2 St. von *Reichenhall* kömmt man an die Oeffnung
eines zweiten grösseren Grundes, welcher den Lattenberg von
der Reiteralpe trennt. Gerade vor uns im Süden steigt das *Alphorn* an und wird durch einen kleinen Grund, welcher in der
bisherigen Richtung des Saalachthales herabkömmt, von seiner
Vorstufe, dem *Kienberg*, etwas getrennt. Hierdurch wird das
enge Thal der Saalache westlich hinausgedrückt, so dass es rechtwinkelig nach Nordwesten hinanzieht, während südöstlich der
Schwarzbach herabkömmt zwischen Lattenberg und Reiteralpe.
Hier liegt in der Tiefe das Dörfchen *Jettenberg* (1568'). Aus
dem *Schwarzbachgrund* kömmt die Strasse und Soolenleitung herab, der wir jetzt erst folgen, etwas ansteigend, zum sechsten
Brunnenhause der Leitung von Berchtesgaden aus. Es hat eine

sehr malerische Lage; eine kühne Brücke über den schäumend herabstürzenden *Schwarzbach*, die grossartigen Bergwände, der Blick in dem Saalachthale hinauf und in seiner Durchsicht auf die blauen Massen des Ristfeichthorns sind die Bestandtheile dieses Bildes. Bei dem Brunnenhause befindet sich ein Wirthshaus. Durch den Grund des links im Abgrunde tobenden *Schwarzbachs*, den wir hernach auf einer kühnen Brücke übersetzen, erreicht man in 2 St., von *Jettenberg* fortwährend ansteigend, den uns schon bekannten Sattel der *Schwarzbachwacht* (2803'). Fussgänger, die von der *Schwarzbachwacht* kommend nicht nach Reichenhall, sondern direkt entweder nach Unken oder nach Inzell wollen, sparen bedeutend an Zeit, wenn sie die Strasse beim Brunnenhaus *Jettenberg* verlassen und westlich nach *Unterjettenberg* hinabsteigen, wo der Steg über die Saalache leicht zu finden ist. Man folgt dann dem Pfade am jenseitigen Ufer stromaufwärts bis zum Einfluss des *Weissbaches*, an diesem nördlich hinan ist bald der nach *Schnaizlreit* (1602') hinüberführende, zur Noth fahrbare Weg erreicht, der das *Müllnerhorn* rechts lässt.

¼ St. von *Schnaizlreit* verlässt die Strasse die Saalache auf kurze Zeit, um sich hinter dem *Wendelberge* herumzuziehen. Ehe sie die Saalache wieder erreicht, kömmt rechts der *Steinbach* herab vom *Sonntags-* und *Ristfeichthorn* (5283'); er bildet die Grenze zwischen Salzburg, und zwar Unterpinzgau, und Baiern, welche an ihm hinaufzieht zur Spitze des Sonntagshornes. Diesseits des Baches ist die baierische Mauth *Melcck* (1958'); der österreichische Grenzpass heisst mit Recht *Steinpass*, denn er ist zwischen Felsen eingeengt. Bald darauf zeigen sich die ersten Häuser von *Unken* (1815'), 96 H., 489 E., welches sich bis zum Einfluss des *Unkenbaches* in weithin zerstreuten Häusern hinlagert. 2 Gasthöfe: die Post und beim Oberrainer am Ende des Orts. Letzterem gegenüber liegt das *Schinder-* oder *Schüttergütchen*, wo ein Bad, das *Schütterbad*, ist. Die Quelle bricht aus Flötzkalk, hat einen angenehmen Geschmack und wird von den Umwohnern stark besucht gegen Gicht, Steifheit und Lähmungen der Glieder. Im Süden erhebt sich die *Pfannhauswand* und an ihr das *Pfannhausgütchen*, dessen Name seinen Ursprung verkündet; hier wurde nämlich von den Besitzern des Gutes

1666 beim Graben eine Salzquelle entdeckt und beim Verfolgen
der Quelle stiess man auf eine alte Fassung derselben, 6 Viertel Wasser gaben 2 Pfund Salz. Sie wurde benutzt, um das
Viehfutter damit zu benetzen, ist gegenwärtig verschüttet.

Von *Unken* Ausflüge: 1) Das *Sonntagshorn* (6227'). Es gehört zu dem mittleren Zuge der Kalkalpen und bildet die höchste Spitze eines gegen Norden steil abstürzenden Felsengrathes;
dorthin dacht es sich zur Seetrann ab und ihm steht nördlich
der Rauschberg entgegen. In 5 St. erreicht man über das senn-
hüttenreiche *Unkener Heuthal* und das *Hochgsang* (4851') die fast
überhängende Spitze; die nächste Alpe unter ihm ist die *Hochalpe*, in der man ein Nachtlager findet. Die Aussicht ist sehr
schön und überraschend: in der Tiefe Reichenhall und in derselben Richtung zwischen dem Staufen und Untersberg die herrliche Fläche von Salzburg mit der Stadt selbst; nördlich das
durchwanderte Gebiet der Traun und über den Bergen der Spiegel des Chiemsees; südwestlich durch die Lücken der Hochkalk-
alpengruppen die grünen Alpen von Kitzbühel und darüber die
Eishäupter der Tauern, südlich und südöstlich die Loferer und
Berchtesgadener Kalkriesen.

Flora: Juncus trifidus, Luzula spicata, Potentilla Braueana, Anemone narcissiflora, Pedicularis foliosa.

Das *Sonntagshorn* bildet die höchste Spitze eines Hochplateaus, des achten[1]), das wir kennen lernen, und das wir
von dem fast in der Mitte gelegenen *Scheibelberg* (4657') den
Scheibelstock nennen wollen. Es ist umgrenzt östlich von der
Saalache von Schnaizlreit bis Lofer, südlich von dem Waidrin-
ger Thal und dessen westlicher Fortsetzung, dem Ausserwald-
thale, westlich von der Grossen Ache bis Kössen hinab und nördlich von der Thalsenkung, die über Reit im Winkl herüberführt
in das Traungebiet und am Rauschberg vorbei in das Weissbachthal. Auch diese Hochfläche fällt ähnlich den übrigen fast allseitig in Steilgehängen zur Tiefe, besonders südlich und nördlich ragen die Wände steil zu 2—3000' empor. Auf dem Nord-

---

1) Die Kalkhochflächen Salzburgs sind: Uebergossene Alpe, Steinernes Meer,
Tännengebirge, Hagengebirge, Reitalmgebirge, Untersberg, Lattengebirge und
Scheibelstock.

rande erheben sich die höchsten Spitzen, so das *Sonntagshorn* (6227'), *Fischbachwand* (6071'), *Wildalmhorn* (5563'), *Dürrnbachhorn* (5603') u. a.; am Südrande stehen das *Grubhörnl* (5204'), *Urlkopf* (5440'), *Kammerkirkopf* (5925'), das *Fellhorn* (5564'). Die Hochfläche, ein verschobenes Viereck darstellend, dacht sich nach 4 Seiten ab. Der *Fischbach*, der sich im Unkener Heuthale sammelt, geht nordwärts in die Seetraun; westwärts fliesst die *Weisse Lofer* mit ihren zahlreichen Aesten hinab zur Grossen Ache; nach Süden wendet sich der *Schwarzlanerbach* hinunter ins Ausserwaldthal; ostwärts endlich strömt der *Unkener Klausbach*, verstärkt durch viele Zuflüsse, hinaus zur Saalache. Der Hochflächen-Charakter, wie wir ihn am Untersberg, Reitalm u. s. w. kennen gelernt, tritt im Scheibelstocke vorzüglich in der Westhälfte deutlicher hervor; dort finden wir die bekannten Felsgebilde, Trichter und Karfelder u. s. w., in der Osthälfte guckt das nackte Steingerippe nur selten durch die dichte Pflanzendecke; herrliche Waldungen, trefflich beforstet, wechseln mit weitgestreckten saftigen Bergmahden, 32 Almen, deren manche oft an 30 Hütten zählt, beleben die Hochfläche und bis fast in das Centrum derselben haben sich die 9 Bauernhöfe von *Hintergföll* vorgeschoben. Welcher Kontrast zwischen dem wechselvollen Leben des Scheibelstockes und dem eisigen Tode der Uebergossenen Alpe, zwischen dem lustigen Wassernetze desselben und der trostlosen Wüste des Steinernen Meeres!

Wir steigen nun herab vom *Sonntagshorn* in das mattenreiche *Heuthal* (3129') (*Unkener Bergmähder*), belebt von 40 Sennhütten. Mehrere Wege stehen uns hier offen; der eine führt nördlich in das *Fischbachthal* unter dem *Staubbachfall* hindurch (1 St.), wir kennen ihn schon. Ein zweiter bringt uns östlich über die Abhänge des *Sonnberges*, an den Höfen von *Vordergföll* vorbei, nach *Unken* (2 St.); gerade nach Süden können wir hinüberziehen nach *Hintergföll* und hinab zum *Klausbach*. Wir aber wenden uns westwärts über die *Schneideralm*, den *Fischbach* aufwärts am *Hochgimpling* (5892') vorbei, übersteigen einen breiten niederen Bergsattel; hier theilt sich der auf weite Strecken mit Knüppeln belegte Weg: gerade aus gelangen wir zur *Winkelmoosalm* (3727'), ein ganzes Almdörfchen (28 Hütten), und weiter hinab nach *Reit im Winkl*, links bringt uns der Weg hinab zur *Mukklause* (3496') und dem Bache folgend bald zu der mit Recht berühmten *Schwarzbachklamm* (2551'), ein schauerlicher Kalkfelsenriss. Die Klamm, in die man auf Treppen hinabsteigt und auf sicheren Stegen durchwandert, ist in der That wundervoll und grösser als die Seisenbergklamm. Von hier können wir nun auf sehr gutem Wege den *Unkener Klausbach* entlang zurückkehren nach *Unken* ($2\frac{1}{2}$ St.), oder wir steigen von der Klamm westwärts an zur *Schlifbachalm* und über die *Kammerkiralm* (4877') hin und jenseits steil hinab nach *Waidring*. Rüstige Fussgänger können in 1 Tage von *Unken* über das *Sonntagshorn*, den *Staubbach* und die *Klamm* nach *Unken* zurück, oder über das *Horn*, die *Klamm* und nach *Waidring* gehen. Besser ist es, in der *Hochalm* zu übernachten.

2) Zur *Schwarzbachklamm* führt ein Reitweg von *Unken* westlich dem *Unkener Sonnberg* zu, dann beim letzten Bauernhofe bei der Wegtheilung links ab durch ein einsames Waldthal; nach etwa 1 St. ein Bergsturz, der am Palmsonntag 1860 unter den Füssen eines auf der Höhe Hinschreitenden losbrach. Gleich darauf zwängt sich der *Schwarzbach* durch eine Felsenenge und im Hintergrunde des Thales, $2\frac{1}{2}$ St. von Unken, erreicht man die *Klamm* selbst, deren Anfang riesige Felsblöcke bezeichnen, einen schauerlichen Kalkfelsenriss in die Thalsohle, die sich hier verengt und erhöht hat; eine solide Holzbrücke, durch eiserne Haken in den Felswänden befestigt, führt gefahrlos in vielen Windungen in die schauerliche Kluft hinein, tief unter uns tost der *Schwarzbach;* die grauweissen Kalkwände treten bald, oben überhängend, ganz nahe zusammen, bald lassen sie wieder von oben einen durch hereinhängendes Buschwerk gebrochenen Sonnenstrahl hereinfallen, der ein magisches Halbdunkel verbreitet. Die Wanderung durch das einem riesenhaften Dome zu vergleichende Gewölbe dauert fast 10 Minuten. Der Steg ist zur Erleichterung der Holztrift, die durch die Klamm geht und früher nur mit Lebensgefahr bewerkstelligt werden konnte, unter König Ludwigs I. Regierung erbaut, worauf das L. mit dem unvermeidlichen lateinischen Denkspruch hindeutet; Grund und Boden sind zwar österreichisch, die umliegenden

Forste aber stehen unter baierischer Forstverwaltung und aus
ihnen wird das Holz durch den Schwarzbach in die Saalache
und auf dieser zur Reichenhaller Saline getriftet. — Wer nur
die *Klamm* besuchen will — und sie lohnt an und für sich schon
reichlich den weiten und etwas einförmigen Weg — bedarf kei-
nes Führers und kehrt auf demselben Wege nach *Unken* zurück;
desto mehr aber der, welcher eine der folgenden Touren mit
ihrem Besuche verbinden will. — Am Ende der *Klamm* führen
Treppen in die Höhe und freudig begrüssen wir das helle Sonnenlicht wieder; 2 Pfade führen aus dem *Schwarzbachthal,* der eine
am Nordabhange zu einigen Einzelhöfen und über einen Bergrücken ins *Heuthal;* man verbinde damit, wenn nicht die Besteigung des Sonntagshornes, so doch den Besuch des *Fischbach-*
und *Staubfalles* (s. S. 318), was zur Noth auch noch ohne Führer geschehen kann; aus dem *Heuthal* führt westlich ein ohne
Führer nicht zu findender Pfad über die *Weitmoosalpe* nach *Reit
im Winkl* (s. S. 298); ein zweiter Pfad führt gleichfalls mit Führer aus dem *Schwarzbachthal* südlich auf die Höhe der ausgedehnten *Loferer Alpen* und über diese nach *Lofer;* er spart dem
nach Lofer Reisenden den Rückweg nach Unken. — Ein rüstiger Fussgänger verbindet diese Touren zu einer, indem er
Nachmittags auf eine der Alpen am *Sonntagshorn* steigt und übernachtet, Morgens auf die Spitze und dann gleich herab zum
Staubbachfall steigt, quer über das *Heuthal* in die *Klamm,* und
aus dieser über die Alpe nach *Lofer* geht.

Das Thal von *Unken* hinauf an der Saalache bis *Lofer* heisst
das *Unkenthal.* Rechts liegt der *Unknerberg* (2224'), ein Berg
in dem gewöhnlichen Sinne, nämlich die unterste noch angebaute und bevölkerte Bergstufe, welche zur Gemeinde Unken
gehört. Weiter thalaufwärts tritt die Bergwand rechts mit steilem Absturz an die Saalache vor und musste gesprengt und behauen werden, um Raum für die Strasse zu gewinnen. Es entstand dadurch ein neuer Pass in dieser passreichen und daher
viel umkämpften Gegend, ein abermaliger *Kniepass,* 1621 erneuert vom Erzbischof Paris v. Lodron. Ueber *Hallenstein* (1800')
und *Moosbühl* zieht die Strasse weiter, nun erschliesst sich ein
äusserst grossartiges Bild, der Markt *Lofer* mit seinen Umge-

bungen. Links das Bett der Saalache, voll von Riesenblöcken,
auf welche gestützt, ein kühner Steg sie überspringt; wild toht
ihre weissschäumende Flut über und zwischen den Blöcken. Jenseits rechts und links alpenfrische Matten im hellen Sonnenlichte,
der Kirchthurm und einzelne Häuser von Lofer; darüber aber
bauen sich in malerischen kühnen Formen die *Loferer Steinberge*
auf, rechts das *Breithorn* (7879'), links die *Ochsenhörner* (7870');
die Strebepfeiler dieser in flimmerndem Hochduft aufragenden
Massen stellen ihren Fuss in das Thal von Lofer; der dunkele
Wald an diesen Pfeilern hebt um so mehr die eisgrauen, tief
mit Schnee ausgebuchteten Zacken und Wände, die sie überragen; in der Mitte aber zwischen beiden, im Hintergrunde eines
grossartigen, in massigen Stufen aufsteigenden Amphitheaters
schwingt sich das pyramidale *Reifhorn* (7630'), mit Schneefeldern umlagert, treppenartig hoch auf. Dieses Felsenamphitheater ist das *Loferer Thal*, aus welchem der *Loferbach* herauskömmt, sich mit der *Strubache* vereinigt und durch einen Theil
von Lofer fliesst. Es ist eines Besuches werth wegen seiner
wildromantischen Natur und seiner Nähe, indem der ganze Ausflug kaum 1½ St. mit dem Rückwege erfordert. Wenden wir
den Blick nordöstlich, so begegnen wir einem nicht minder grossartigen Bilde. Dort stürzen in wilder Steilheit die Wände des
Reitalmgebirges herab auf die bematteten Vorberge: die *Drei Brüder* (5919'), die *Alpa-* und *Hifelwand* (5703'), das *Häuselhorn*
(7203'), *Spitzhörnl* (6973') und *Mühlsturzhorn* (7253') ragen in
schroffem Gezacke empor. Vor ihnen steigt das mit Schwarz-
wäldern umhüllte *Perhorn* empor. Auf seinem Gipfel steht eine
silberne Riesenkanne, welche mit geschmolzenem Golde gefüllt
ist, das fortwährend überfliesst; doch nur an den Vorabenden
heiliger Feste, namentlich in der Johannisnacht, kann dieser
Schatz von besonders Beglückten gesehen werden. Der Markt
Lofer (1981'), 56 H., 394 E., Poststation zwischen Reichenhall
und Waidring. Gasthöfe: beim *Hacklwirth* und beim Bräuer
Potschacher (dem Bruder des Bräuers in Zell am See), die *Post.*
Die Kirche ist ursprünglich und im Innern im gothischen Stile,
hat aber äusserlich viele Veränderungen erlitten wegen der öfteren Feuersbrünste, welche den Markt trafen und die Kirche be-

schädigten. Im J. 1540 befand sich hier eine ergiebige Silber-
grube, welche jährlich 18,000 Mark lieferte.

Ausflug in das Thal und Gebiet des Strubbachs,
das wir schon oben bei St. Johann berührten. Sowie wir den
Markt auf der Hauptstrasse verlassen, zieht dieselbe rechts in
dem Thale des *Strubbachs* hinan, das Thal der Saalache verlassend. Auch hier kommen wir bald wieder an einen von den
Erzbischöfen befestigten Pass, den *Pass Strub* (2125') an der
Tiroler-Salzburger Grenze. Der salzburgische Grenzpass heisst
eigentlich *Mollenstein*. Im J. 1805 wurde dieser Pass nach ta-
pferem Widerstande von den Baiern genommen, denselben Abend
von den Tirolern wieder gewonnen; 170 Tiroler und Oesterreicher und 1500 Baiern fielen. Auch 1809 wurde dieser Pass am
Himmelfahrtstage von dem Herzog von Danzig und Wrede an-
gegriffen, und einen ganzen Tag kämpfte diese zwanzigfach über-
legene Macht mit den Tirolern, deren Helden die obengenannten *Wintersteller* und *Oppacher* waren, und erst am anderen Morgen rückte der Feind in Waidring ein. Wie leider nur zu oft,
erbitterte auch hier die heldenmüthige Tapferkeit Weniger den
überlegenen Feind, und die Tiroler Dörfer mussten es erfahren,
wie wenig es der Stolz eines Heeres vertragen kann, wenn es
von einer nicht geordneten und an Zahl geringeren Macht aufgehalten oder gar besiegt wird. — Oberhalb der Passenge erweitert sich der ansteigende Grund und man erreicht in 1½ St.
von *Lofer* das erste Tiroler Dorf *Waidring* (2428'), 771 E, Poststation zwischen Lofer und St. Johann an der Grossen Ache.
Die Post, ein sehr guter billiger Gasthof mit Badeanstalt, eignet sich zum Standquartier für Ausflüge. Die Kirche ist ein
schönes Gebäude mit einem eben so schönen Hochaltar und einem
meisterhaften Gemälde von unbekannter Hand. In der Nähe ein
Bruch von rothem und schwarzem Marmor. Die Gegend um
Waidring ist ein hochgelegener Thalkessel, in welchen von allen Seiten Bäche herabstürmen, den Boden theilweise versumpfen und von da durch Felsenklausen tieferen Gegenden austür-
zen. Der eine Abzugsgraben ist das Thal *Innerwald*, westlich
hinab nach Erpfendorf zur Grossen Ache; der andere, durch
welchen der Hauptbach, der *Strubbach*, östlich zur Saalache hin-

abstürzt, ist der *Strubpass*. Im Norden über *Waidring* erhebt sich ein hoher, theils felsiger, theils bematteter Berg, die *Hohe Platte;* unter ihr ziehen vielfach gewundene Horizontalschichten hin, gekrönt mit einer Mauer senkrecht aufgerichteter Wände des versteinerungsreichen rothen Ammonitenkalksteins (Liaskalk). Ein guter Weg führt links um die Platte herum, zwischen ihr und dem westlich aufragenden *Fellhorn* (6553') auf die Alpe *Stallen* in 2 St., und von da in 1½ St. auf die *Platte*. Viele Versteinerungen: Ammoniten, Orthoceratiten; darunter die versteinerungsreichen Kössener Schichten. Sehr schöne Aussicht nach dem Chiemsee und der baierischen Ebene, über die Gebirge und durch die Thäler des Traun- und Grossachengebietes, nach den erhabenen Gruppen des Kaisers und Steinberges und zwischen ihnen südlich hin über die grüne Gebirgswelt von Kitzbühel und Brixenthal, rechts nach den grauen Kalkmanern, welche im Norden das Innthal begleiten, und links auf die eisige Tauernkette. — Südlich von *Waidring* kömmt die *Strubache* aus einem engen Thale hervor. Nicht weit hinter den letzten Häusern beginnen wildromantische Scenen; die *Oefen von Waidring*, schauerliche Felsenengen, durch welche der Bach braust und welche ihm den Namen *Strubache* gaben; die Strasse führt an ihm hin, bedroht von den wildaufgezackten und theils überhängenden, einst von der Strömung ausgespülten, Wänden; überragt werden diese noch von den grauen Felsenhörnern des *Steinbergs*. Endlich wird es lichter; auf einem Felsenhügel ruht eine uralte zierliche Kapelle, dem heiligen *Adolar*, dem Heerdensegner, geweiht, darin 2 sehr gute Freskogemälde, der Sage nach von Leonardo da Vinci, der sich längere Zeit im Kloster Rott aufgehalten haben soll. Bei dieser alten Wallfahrtskapelle, welche die schönste Uebersicht des Thales bietet, steht noch ein Wirthshaus. Gleich darauf, 1½ St. von Waidring, blinkt der blaue Spiegel des *Pillersees* (2651'), welcher der ganzen schön oben durchwanderten Gegend den Namen gab, entgegen; 500 Schritte breit, ½ St. lang streckt er sich von Norden nach Süden, wo die Kirche der ganzen Thalgemeinde, *St. Ulrich*, liegt, (2581'), 421 E., gutes Wirthshaus, im Osten umstarrt von den Kalkhörnern des *Steinbergs*, im Westen eingeengt vom *Kirchberg* (5802'),

Brentakogl (4385'), *Groseberg* (4700') nud *Walderberg.* Der See
ist reich an Fischen, besonders an Lachsforellen. (Im J. 1599
wurde eine solche von 25½ Pfund gefangen; jetzt jährlich gegen 25 Centner.) Das obere Ende des Soos geht in Sumpf und
Moos über und das Thal breitet sich zu einer ziemlichen Fläche
aus; ehemals, als sich der Bach noch nicht so tief durch die
Oefen gewühlt hatte, eine Seefläche, von welcher noch 2 kleine
Ueberreste, der *Flecknersee* gegen St. Jakob und der *Warmin-
gersee* gegen Hochfilzen, übrig sind. Von hier aus kann man,
wie oben bemerkt, südwestlich über *St. Jakob zu Haus* nach *Rosenegg, Fieberbrunn* nach *St. Johann,* oder in dem letzten Thal-
zweig hinan nach *Hochfilzen,* wo die *Strubache* entspringt, und
durch die *Leogang* nach *Saalfelden* hinab. Wir besteigen aber
von *St. Ulrich* noch eine Spitze des *Loferer Steinbergs.* Das
Strubachthal von Hochfilzen über Waidring bis Lofer, das Thal
der Saalache von Lofer bis gegen Saalfelden, und das Thal der
Leogang von Saalfelden aufwärts wieder bis Hochfilzen, umfassen einen hohen kahlen Kalkgebirgsstock, dessen höchste Spitzen 8500' erreichen; dieser Rücken wird durch ein Joch in
seiner Mitte, über welches wir von Hochfilzen nach St. Martin
gingen, in 2 Gruppen getheilt; die nördlichere, welche wir schon
von Lofer aus anstaunten, führt den allgemeinen Namen des
Steinbergs, und zum Unterschied von anderen Steinbergen auch
der *Loferer Steinberg.* Eigenthümlich sind dieser Gruppe die
treppenartig-pyramidalen Gipfel, Hörner genannt, als das *Flachhorn* (7951'), das *Breithorn* (7879'), *Mitterhorn* (8028'), die *Oechsen-
hörner* (7970') u. a. Auffallend sind diesen Bergen die horizontalen Schichten oder Bänke, welche bald eine würfelartige, zerklüftete Masse zeigen, wie auf dem Wege von Erpfendorf nach
Waidring, oder ein treppenartiges Aufsteigen über Riesenstufen.
Von den Gipfeln stürzen nach allen Seiten die Ablösungen über
dieselben herab, daher die treppenförmigen Pyramiden oder
eigentlich Kegel, wie das Reifhorn auf dem Wege von Unken
nach Lofer, wo der Schnee recht deutlich jene Kanten und Stufen bezeichnet, besonders, wenn es angeschneit hat. Ueber diese
Stufen, welche 10—12' hoch sind, muss man, wenn man von
St. Ulrich aus das *Flachhorn* ersteigt und die Region der hier

22 *

steinigen Matten hinter sich hat, den Berg regelmässig, aber
ermüdend erklettern. Die Aussicht soll sehr umfassend und belohnend sein, wie sich bei der Fernsichtbarkeit dieses Berges
denken lässt. Zwischen Staufen und Untersberg hindurch dringt
der Blick in die Gegend von Salzburg nach Maria-Plain, südlich zu dem Glockner und seinen eisigen Trabanten, westlich
erheben sich der Kaiser und die Innthaler Gebirge, östlich die
Berchtesgadener grauen Wände und Zackengipfel.

Das Thal der Saalache (Fortsetzung).

Von *Lofer* aufwärts bis zum Pass *Luftenstein* wird auch das
Saalachthal das *Loferthal* genannt, gleich jenem, aus welchem
der *Loferer Bach* herabkömmt. Dieses bildet eine ziemlich geräumige aber moosige Fläche, das *Wilde Moos* genannt; da wo
jetzt das kleine, aus 5 Häusern bestehende, Dörfchen *Gumping*
liegt, soll eine grosse Stadt gleiches Namens in der Erde begraben liegen. Man hat ausserdem öfters Alterthümer ausgegraben, wie z. B. 1694 eine eherne Figur, 4½ Pfund schwer,
welche nach Salzburg in das hochfürstliche Kabinet kam; später auch Küchengeräthe. Ueber den stattlichen Grubhof und den
ebenfalls stattlichen Pfarrhof von *St. Martin* kömmt man nach
St. Martin, 23 H., 266 E., die ganze Ortsgemeinde 82 H., 945 E.,
eine schöne Kirche in gothischem Stile; das Altarblatt von Zanusi ist sehr gelungen., Rechts von *St. Martin* steigt man hinauf in das *Kirchenthal* (2794'), das unter den Ochsenhörnern entsteht und dessen Bach zwar hier in die Ebene tritt, aber erst
bei Lofer in die Saalache fällt. Ein gepflasterter Weg führt
bis zum Berg, dann durch den Wald steil hinan zu einer Kapelle, von der man in ¼ St. auf einen weit vortretenden Felsen kömmt mit einem grossen Kruzifixe; hier hat man eine
herrliche Aussicht hinab auf das Saalachthal. Man steht auf
dem Rücken, der das seitwärts nach Lofer hinablaufende Thal
von dem Saalachthal bei St. Martin trennt und geht nun eben
hinein in das *Kirchenthal*. In einer kleinen runden Fläche liegt
die grosse Kirche in italienischem Stile mit 2 hohen Thürmen.
1701 wurde sie eingeweiht und ist eine stark besuchte Wallfahrt.

Nicht weit von *St. Martin*, wo ein niedriger Rücken riegel-
artig durchs Thal setzt und die Thalebene von *Lofer* schliesst,

liegt schon wieder ein ehemaliger erzbischöflicher Pass, der *Pass Luftenstein* (2054'), jetzt verfallen; er war gegen den hier links aus Berchtesgaden herabkommenden Steig von *Hirschbühel* gerichtet. Der Wanderer, welcher noch Zeit hat, 4 St. zu gehen bis Ramsau bei Berchtesgaden, mag von *Luftenstein* aus diesen fast 2 St. sparenden Richtweg links hinan zum *Hirschbühel* einschlagen. Besser thut man aber, der Saalache zu folgen. Die Gegend wird düster, äusserst einsam, fast keine Hütte, dunkele Wälder umhüllen den Fuss der Berge, deren Felsen grau und ernst herab drohen. In dieser unheimlichen Stille ruht der *Schlösslwald;* die aus ihm aufragende Felsenspitze trug einst das *Lambrechtsschloss,* jetzt auch *Heidenschloss* genannt; noch sieht man wirklich die Trümmer der alten Burg, von der die Geschichte nichts sagt, eine desto willkommenere Beute der Sage. Diese verkündet, der letzte Ritter Lambrecht habe seine hinterlassenen Schätze zu milden Stiftungen bestimmt, seine Tochter aber habe dieselben in die am Fusse des Berges befindliche Höhle, das s. g. *Lambrechtsofenloch,* vergraben. Deshalb spukt ihr Geist hier; sie bewacht ihren Schatz mit Hilfe höllischer Hunde. Man verschloss die Höhle, um dem Aberglauben zu steuern, doch umsonst, indem sie fortwährend das Ziel vieler Schatzgräber war. Die Oeffnung ist 15' hoch; von da kömmt man in einen 12' hohen, 40' langen und 30' breiten Raum; die noch wenig untersuchten Gänge führen noch weiter; man findet keine Stalaktiten, wohl aber kleine runde, wahrscheinlich vom Wasser glattgeschliffene Steine, Augensteine (Augensteinchen) genannt, deren man sich bedient, wie in anderen Gegenden der s. g. Krebsaugen, um etwas in die Augen Gefallenes wieder herauszuschieben. Bald darauf erscheinen endlich wieder Häuser, *Unterweissbach,* 70 E., *Oberweissbach,* 127 E., an dessen Ende das Wirthshaus *Auf der Frohnwiese* (2095') (pinzg. *Frau Wies* gesprochen).

Wir machen von hier aus einen Abstecher auf den *Hirschbühel* (3657'), eine Einsattelung zwischen dem Reiteralpengebirge und der Watzmann- und Steinberggruppe, über die eine steile Fahrstrasse an den Ramsauer Hintersee und nach Berchtesgaden führt. Diese Strasse steigt gleich hinter *Weissbach* scharf an mit prachtvollem Rückblick auf das Saalachthal und den jen-

seitigen Loferer Steinberg; nach etwa ¼ St. zeigt ein Wegweiser links zur *Weissbach-* oder *Seisenbergklamm*. Der *Weissbach*
kömmt nämlich vom Hirschbühel herab und hat sich eine tiefe
Kluft ausgewühlt, ähnlich der Unkener oder Schwarzbachklamm;
auch durch die *Seisenberg-*, *Seisenbach-* oder *Weissbachklamm* führt
ein Steg, wie durch jene, gleichfalls zur Erleichterung der Trift
angelegt, denn auch von hier wird noch Holz nach Reichenhall getriftet; darauf deuten auch die Chiffern F J. (Franz Joseph I.) und L. (Ludwig I.), und die Inschrift: Vos saxa loquuntur, hin. Treppen führen in die Tiefe, in der sich der
Steg 140 Schritt lang, mehrmals durch Stufen unterbrochen, hinzieht. Die *Seisenbergklamm* ist kürzer als die Schwarzbachklamm
und die Felsbildungen und Verschiebungen sind weniger gro-
tesk, dagegen übertrifft sie jene an Wasserreichthum, und besonders ihr Ausgang ist von imposanter Wirkung; der Steg endigt an einer sich umbiegenden Felswand, unter uns stürzt sich
der Bach wildschäumend in die Kluft herein, sein Donnergetöse erfüllt die Klamm; durch eine schmale Spalte blicken wir
hinaus in den Forst.

Die Schwarzbach- und Seisenbergklamm sind von den anderen zahlreichen Klammen unserer Kalkalpen dadurch gründ-
lich verschieden, dass man sie auf den Triftstegen durchwandern, also in ihrer ganzen Formation mit ihren bizarren Aus-
waschungen übersehen kann, während man in die anderen Klammen nur von oben oder doch nur von einem Punkte aus hin-
einsehen kann. Der Umweg über die *Klamm* nach *Hirschbühel*
ist nur ½ St.

Die Hirschbühler Bergstrasse zieht sich noch 1 St. hinan
bis zur Passhöhe, mehrmals mit überraschendem Blick auf den
Watzmann; wenige Schritte weiter das *Hirschbühel-Wirthshaus*
(3757') mit der österreich. Mauth *Moosrucht*, wo links der von
St. Martin direkt heraufführende Steig einmündet. Schöne Rückblicke auf den *Hochkranz* (6206') und die Kalkschroffen der
Birnhorngruppe.

Von hier ist in 5 St. das *Kammerlingshorn* (7672') zu besteigen, eine Spitze des *Steinberges;* die Aussicht soll sehr umfassend und freier als jene vom Watzmann sein.

Oberhalb der *Frohnwiese* wird das Thal der Saalache noch einsamer und zugleich wilder, und die ganze Strecke von hier hinan bis gegen Saalfelden ist bekannt und zu gewissen Zeiten gefürchtet unter dem Namen der *Hohlwege*. Diese sind indess keineswegs mit den eigentlichen Engpässen der Alpen zu vergleichen; denn die ebene Thalsohle ist immer noch ziemlich breit und schön grün; das Schauerliche mancher Stellen der Strasse besteht darin, dass sie oft dicht unter einer brüchigen Felsenwand hinläuft, deren Riesentrümmer oft alles überdecken, und ihre neuen und frischen Brüche verkünden, dass es kein alter Bergsturz ist. Nicht ohne Zagen blickt besonders der fahrende Reisende zu den geborstenen Wänden hinan, die nur des Winkes warten, um ihren Vormännern nachzustürzen; jeder Stoss des Wagens scheint einen Block herabrütteln zu müssen, der gross genug wäre, ganze Häuser zu zermalmen. Doch ist im Sommer und bei trockenem Wetter der Weg nicht gefährlich. Das Wilde der Gegend wird erhöht durch ihre Einsamkeit, denn durch die ganze dreistündige Strecke der Hohlwege stösst man fast auf kein Haus. Nur dort, wo der *Diesbach*, vom Steinernen Meere herabkommend, einen prächtigen Wasserfall bildet, steht eine Mühle, äusserst malerisch vor dem Sturze. Zugleich ist hier ein elffaches Echo.

Auch in botanischer Hinsicht sind die Hohlwege merkwürdig, indem manche Pflanze der höheren Alpenwelt hier wuchert: Valeriana tripteris, saxatilis, Poa alpina, Globularia cordifolia, Rhododendron hirsutum, Saxifraga aizoon, Silene rupestris, Gypsophylla repens, Potentilla caulescens, Dryas octopetala, Teucrium montanum, Thymus alpinus, Horminum pyrenaicum, Antirrhinum alpinum, Myagrum saxatile, Biscutella laevigata, Lunaria rediviva, Arabis alpina, Carduus defloratus, Bellidiastrum Michelii, Carex firma.

Erst dort, wo das Thal von seiner südöstlichen Richtung eine südliche annimmt, wo eine Tafel mit der Aufschrift: *Hohlwegen*, das Ende dieser Engen bezeichnet, erschliessen sich die Hohlwege nach und nach und die Gegend wird freundlicher, ja es eröffnet sich nach Süden unerwartet eine bedeutende Fernsicht über den weiten Thalkessel von *Saalfelden* (2387′) hinweg auf die Tauernkette, besonders schön das Visehbachhorn, im Hintergrunde den Grossglockner, über das Fuscher Eiskahr hereinragend. In 4 St. von *Frohnwiese* erreichen wir den Markt

Saalfelden, welcher an der *Urslauer Ache* liegt, unweit ihrer Einmündung in die Saalache, 139 H., 975 E. Gasthöfe: Auerwirth nnd Timmerlwirth. Der Markt ist Sitz des Bezirksgerichts Saalfelden, welches, nebst dem Pflegegericht Lofer, *Unterpinzgau* bildet. Trotz der kahlen, ganz schroffen Felsengebirge (Steinernes Meer), welche einen Theil des Gebietes von Saalfelden bedecken, ist dennoch die Viehzucht bedeutend. Die geschichtlichen Urkunden gingen fast alle durch einen grossen Brand, der durch einen Blitzstrahl veranlasst wurde, verloren. Die Pfarrkirche mit einem 200' hohen Thurme ans Tufstein erbaut, hat 12 Altäre; das Hochaltarblatt ist von Zanusi. Die Gegend um *Saalfelden* ist sehr schön und bietet viel Interessantes. Den weiten hügeligen Thalboden bedecken Fluren und Häusergruppen, die Höhen sind geschmückt mit Burgen und Schlössern; hoch über dem Markte ragen die weissgrauen Wände des Steinernen Meeres auf, südlich ein schöner Durchblick zwischen grünenden Höhen des Uebergangsgebirges zur Eiswelt des Glockners. Zu den Sehenswürdigkeiten der Umgegend gehören:

Das Schloss *Lichtenberg* (2688'), 69 H., 400 E., auf einem Vorgebirge des Steinernen Meeres liegend. Schon im 13. Jahrh. kam diese Burg und ihr ganzes Gebiet aus den Händen der Schenken zu Habach an die Erzbischöfe. Unter Matthäus Lang zerstörten es die Bauern, und ausser den Mauern sind nur noch wenig Ueberreste des Mittelalters vorhanden [1], als gemalte Fenster, die Wappen der Erzbischöfe darstellend, die Gefängnisse, eine Kapelle u. s. w. Die Höhe, auf welcher die Burg liegt, ist durch eine düstere Schlucht, in welcher ein Bach herabschäumt, von den dahinter hoch und prallig aufsteigenden Kalkwänden des Hochgebirgs getrennt. Ein schmaler Steig führt in ½ St. an eine Wand, wo sich eine in Felsen gebauene Einsiedelei mit 4 Zellen befindet, bewohnt von einem Einsiedler, welcher sich auf einem Felsenvorsprunge ein kleines Gärtchen angelegt hat; hier hat man eine herrliche Aussicht über die ganze Fläche von Saalfelden und des Zeller Sees, wie in die hier mündenden Thäler und auf die im Süden sich aufthürmenden Schnee-

---

1) In der Burg Fischhorn am Zeller See sieht man auf einer gemalten Fensterscheibe die Zerstörung der Burg.

kolosse der Tancrukette, namentlich auf das Kitzsteinhorn und
in das Kapruner Thal. Nicht weit davon ist eine ebenfalls in
Felsen gehauene Kapelle, in welcher wöchentlich Messe gelesen
wird. Am Tage des heiligen Georg, dem sie geweiht ist, wall-
fahrtet die Umgegend hierher, um die Predigt eines Geistlichen
von einer Felsenkanzel herab anzuhören. Im Süden von Saalfelden, auf einem Vorsprunge des waldigen Gehügels, welches
den Thalboden der Saalfeldener Weitung theils bedeckt, liegt
das Schloss *Grub*, in dem dieser Gegend eigenthümlichen Stile,
mit 4 Thürmen an den Ecken; es ist fast ganz unbewohnt, gehörte einst den Herren von Ramseiden, den Weitmosern, Ritz,
Pauernfeind, von Eis und von Waldenhofen, jetzt einem Bauer.
Ihm ähnlich im Stil, nur in der Thalsohle liegend, westlich
von Saalfelden, liegt das Schloss *Dorfheim*, mit 4 Thürmchen
an seinen Ecken, Ringmauern und einer Kapelle; es ist noch
bewohnt, aber von dem Besitzer Kajetan Lürzer von Zehend-
thal, der sich durch Schriften um die Landwirthschaft verdient
gemacht hat, in alter Weise erhalten. Es gehörte einst den
Grafen von Hund, dann den Herren von Klühbach und Stadl-
mayer, jetzt dem Herrn von Lürzer. Ein alter Ofen zeigt noch
die Wappen der älteren Besitzer; einen Saal schmücken Gemälde, die Sagen und Geschichten der früheren Herren darstellend. Nach einer Sage begegnete einst Irmentritt, die Gemahlin Isenharts (887), einer armen, mit Zwillingen niedergekom-
menen Frau; Irmentritt schmähte die Arme, als sei dies Folge
eines liederlichen Lebens; die Frau that in der Verzweiflung
den Fluch, dass Irmentritt zugleich 12 Kinder gebären solle;
dieses geschah wirklich, während sich Isenhart auf der Jagd befand. Die Gebieterin, erschrocken hierüber, gebot der Magd,
11 der Knaben in einen Korb zu legen und zu ertränken; sollte
ihr der Herr begegnen, so solle sie sagen, dass sie kleine Hunde
in den Fluss trage. Isenhart begegnete der Magd wirklich und
entdeckte die Sache; er gebot der Magd Stillschweigen und
schickte die Kinder an einen fernen Ort zur Erziehung. Als
sie etwas herangewachsen waren, veranstaltete er ein Gastmahl
und fragte während desselben, welche Strafe einer Mutter ge-
bühre, die mehrere ihrer Kinder umgebracht habe. Irmentritt

selbst, nichts ahnend, fällte ein fürchterliches Urtheil; da traten die 11 Knaben herein, deren Aehnlichkeit mit dem einzigen zurückgebliebenen zu auffallend war, um nicht von der Mutter erkannt zu werden; todt stürzte sie von ihrem Sessel. Diese Sage ist der Gegenstand eines alten Gemäldes. Das Schloss *Farmach* (2432') südöstlich, ¼ St. von Saalfelden, gehörte einst den Freiherren von Törring zu Seefeld, ist jetzt Sitz des Bezirksgerichts. Ihm gegenüber liegen die Ruinen der Burg *Ramseiden*, des Stammsitzes der gleichnamigen Herren, welche 1579 ausstarben. Auf einer Höhe über der Strasse nach Zell zeigen sich die Burgtrümmer von *Piberg.*

An Saalfelden vorüber strömt die *Urselauer Ache*, welche aus dem Thale *Urselau* oder *Urschelau* kömmt. Von Saalfelden zieht sich dieses Thal zuerst südöstlich 1½ St. eben hinan bis zum Dorfe *Alm* (2401'), 468 E.; dann wird es enger und heisst das *Vorderthal*, wendet sich aber zuletzt plötzlich nach Nordost als *Hinterthal*. Hier wird man durch eine äusserst malerische Scene überrascht: auf beiden Seiten grüne Berge mit Wäldern und Matten überkleidet, auf einem Hügel die Kirche (3243'), Pfarre und 12 Bauernhäuser, darüber, den ganzen Hintergrund verschliessend, die furchtbaren grauen wolkenumrankten Wände der Uebergossenen Alpe, hier die *Wetterwand* genannt; ernst und erhaben blickt sie in das grüne Leben in der Tiefe, das sie umlagert, herab. Das Klima ist hier sehr gesund. Die Kirche 3 St. von Saalfelden entfernt. Von hier führt ein Weg steil über die *Urselauer Scharte* (6643') zwischen der Uebergossenen Alpe und dem Steinernen Meere hinüber ins *Blühnbachthal;* ein zweiter über den Sattel *Filzen* (3812'), eine Gegend, welche nicht mit dem gegenüberliegenden Dorfe *Hochfilzen* verwechselt werden darf. Auch hier war einst ein Hauptkampfplatz des kampflustigen Volkes, wo alle Streitigkeiten, welche im Jahre vorkamen, mit der Stärke der Faust, doch nach gewissen Regeln und Gesetzen, geschlichtet wurden. Es waren 4 solcher Kampfplätze für das Pinzgau und das zunächst angrenzende Tirol (Kitzbühel): diese Hochfilzen, der schon oben erwähnte Hundstein, die Schlaberstätte, und bei der Jochberger Waldkapelle 4 hohe Berggegenden mit weithin gestreckten Almen. Am Feste des heiligen Laurentius wurden hier die Kampfspiele, am

Jakobstage auf dem Hundstein und 14 Tage vor Michael auf der Schlaberstätte, gefeiert. Das Volk aus der ganzen Umgegend nahm Theil. Sie bestanden jedoch nicht nur in ernstlichen Zweikämpfen, sondern auch in heiteren Kampfübungen, welche letztere sich zum Theil noch erhalten haben. Jenseits steigt man nach *Dienten* hinab, das wir schon kennen. Dahin führt auch schon aus der Gegend, wo sich die Urselau nordöstlich wendet, 1 St. vor der Kirche ein Bergsteig am *Scheideck* (5414') rechts hinüber.

Folgen wir von *Saalfelden* der Urselau abwärts, so bringt uns eine Strasse in ¼ St. an die Saalache, und der Einmündung der Urselau gerade gegenüber kömmt der *Griesenseebach* aus dem Thale *Leogang* herein, welches gerade westlich hinansteigt. Rechts thürmt sich in wilden Zacken das *Birnhorn* (8355'), links der grüne *Durchenkopf* (5952') auf. Das Thal ist im Ganzen ziemlich einförmig und wird nur dadurch unterhaltend, dass man rechts die grauen Wände eines Kalkhochgebirges, links die sanftere Abdachung des Thonschiefergebirges hat. Es ist ein Theil jener grossen Furche, welche über den Arlberg, das Innthal von Landeck bis Wörgl herabzieht, dann über Söll, St. Johann, Fieberbrunn und die Hochfilzen hier herabzieht, um jenseits wieder durch das Vorderthal der Urselau hinan zum zweiten Hochfilzensattel zu ziehen, von dem sie über Dienten und Mühlwaldthal bei Bischofshofen zur Salzache geht, und von dort durch die Fritz östlich zur Ens hinüberläuft; sie schneidet die Kalkalpen von dem südlichen Uebergangs- und Urgebirge ab. *St. Leonhard* (2436') ist die einzige Kirche des Thales, welches nur eine Gemeinde bildet; daher heisst auch die Häusergruppe mit dem Wirthshause *Leogang*, die ganze Thalgemeinde 1162 E. Das Wirthshaus ist gut. Die Kette, welche um die Kirche gezogen ist, wurde der Sage nach von Weibern gestiftet, deren Männer in den Krieg gezogen waren; sie kamen auch alle glücklich zurück bis auf einen, dessen Frau keinen Beitrag gegeben hatte. ¼ St. weiter hinan kömmt man nach *Hütten*, dem ehemaligen Schmelzwerke der Nickelerze, die hier gefunden wurden. Nicht weit oberhalb *Hütten* kömmt links der *Schwarzleograben* herab, in welchem die Gruben sich befinden, aus denen das Schmelzwerk seinen Stoff bezieht. Von *Hütten* weiter hin-

angehend, überschreitet man ein grosses Gries, einen Kalkstein-
strom, der rechts zwischen den Zacken und Klüften des *Hirs-*
und des *Rothhorns* (7631') herabzieht; ein kleiner See und dicht
an seinem Gestade die Ruinen des erzbischöflichen *Passes Gries-*
sen bezeichnen die Grenz- und nahe Wasserscheide gegen Pillersee; denn in nicht grosser Ferne zeigt sich schon auf derselben Höhe das erste Tiroler Dorf *Hochfilzen* (3064'), zu dem
wir hiermit zum dritten Mal hinangestiegen sind. Das *Steinerne*
Meer besteigt man von *Saalfelden* aus und über die *Weissbach-*
alpe (5478'), wo man über die *Hochscharte* (7157') seine Höhe
erreicht. Von da ein mühsamer Weg über die *Funtenseealpe.*

Der gegenwärtig unbedeutende Bergbau von *Schwarzleogang*
baute die Kupfererze eines Ankeritlagers im Grauwackengebirge
ab, mit Kupferkies, Fahlerz, Schwefel- und Strahlkies, Arsenikkies, selten Antimonglanz, noch seltener Federerz; dann die Zer-
setzungsprodukte: Kupferlasur, Malachit, Kupfergrün, Kobaltblüte und Kobaltvitriol. Interessant sind die schönen Durchwach-
sungszwillinge von Aragonit und Strontianit, auch Cölestin kommt
vor, selten Apatit; Schwerspathtafeln auf dem Erasmusstollen.
Im Thonschiefer findet sich Zinnober und seltenes Amalgam;
auch wurde beim Bergbau ein Gypsstock mit einem Kupferkies
und Bleischweif führenden Gange aufgeschlossen. Interessant
sind die Pseudomorphosen. — Am Nöckelberg baut man Adern
und Putzen von Nickel- und Kobalterzen auf ähnlichen Lagerstätten ab.

Das *Glemmthal.* Die grosse Gebirgsweitung, in welcher
Saalfelden und der *Zeller See* liegen, ist zum Theil das *Mitter-*
Pinzgau, nämlich das Gebiet von *Zell.* Es gehört der grössere
nördliche Theil zum Gebiete der Saalache, der kleinere südliche
mit dem Zeller See zum Gebiete der Salzache. Letzteres wird
von einem tiefen See erfüllt, ersteres bedeckt zum Theil ein
niedriges waldiges Gehügel, in dessen Westen die Strasse, im
Osten eine Niederung hinzieht, die ehemalige Wasserverbindung
anzeigend, während die Saalache das Gehügel in der Mitte durchbricht.

Die Strasse führt durch eine etwas moosige Fläche, welche
mit unzähligen Heustadeln bedeckt ist, überschreitet die Saalache, kommt dann an mehreren Häusergruppen vorüber in eine

einsamere waldige Gegend, rechts das *Neunbrunnenbad* liegen
lassend, in 3 St. zum Schlosse *Saalhof* im pinzgauischen Stile,
ein hohes steinernes Gebäude mit hohem gezacktem Giebel und
4 Eckthürmchen. Links zeigen sich die Reste des Schlosses
Kammer. Der *Zeller See* liegt vor uns und man glaubt, die
Saalache käme aus ihm; allein bald, nachdem man die *Saalach-
brücke* überschritten hat, sieht man sie rechts aus einem Thale
hervorbrechen. Dieses Thal, das *Glemmthal*, ist die letzte oberste Thalregion der Saalache, es biegt rechtwinkelig ein nach
Westen und läuft parallel mit dem Thale Leogang, ist aber fast
noch einmal so lang. Die Saalache, der Bach desselben, heisst
auch die *Glemmer Ache*, der *Saalbach, Saala — Saalache* heisst
sie besonders in ihrem unteren Laufe wie die Salzache, die auch
zuerst Salza heisst. Die *Glemm* ist 6 St. lang und wird in der
ersten Hälfte nördlich durch den *Glemmerberg* von der Leogang,
in der zweiten oberen Hälfte aber durch den Rücken der *Drei-
königspitze* (6130') von dem Schwarzachengraben (Pillersee —
Fieberbrunn) getrennt; im Westen stellen sich zwischen das
oberste Quellengebiet der Saalache und das Kitzbühler Thal,
Jochberg, der *Brunnkogl* (6259'), der *Staffkogl* (6340'), das *Thor*
(6224'), der *Gamshag* (6480'), der *Nagelkogl* und der *Gaisstein*
(7240'). Gegen Süden liegt eine lange Bergkette zwischen Glemm
und dem Pinzgau von Mittersill bis herab nach Zell am See mit
dem *Manlitz, Hochkogl* und Zirmkogl (7000'). Die Saalache selbst
entspringt am *Tristsattl* (6135') unter dem *Saalkopf* an der *Saal-
wand.* Zwei Kirchen befinden sich im Thal: *Vichhofen* (2624'),
285 E., und *Saalbach* (3152'), 242 E.; bei letzterem Dorfe, ohngefähr in der Mitte des Thales, hat dasselbe eine kleine ebene Weitung. 1 St. oberhalb *Saalbach* liegt an der Mündung der *Schwarzache* das letzte Wirthshaus im Thale. Durch diesen Grund führt
südlich ein Jochpfad über den *Pihapakogl* nach Stuhlfelden bei
Mittersill; auf der Jochhöhe eine schöne Ansicht der Glockner-
und Venedigergruppe. Ausserdem führen noch mehrere Jochsteige in das Salzachthal, das Jochberger, Pillerseer und Leo-
ganger Thal.

Das Ens-Gebiet

und seine östliche und nördliche Vorlage,

oder

das salzburgische Ensthal (Pongau), Obersteiermark, Ober- und Unterösterreich.

Das *Ensthal* ist das dritte und letzte grosse Längenthal, welches die Centralkette im Norden begrenzt und dieselbe von den Nordalpen scheidet, und es hat wiederum einen anderen Charakter, als Inn- und Salzachthal, den es jedoch in seinem Verlaufe nach gewissen Strecken wechselt. Die Nordalpen bilden die linke Thalwand, werden zuerst, so weit das Ensthal salzburgisch ist, bis zum Passe Mandling, wie im Pinzgaue Salzburgs, durch das Uebergangsgebirge (Gründeckgruppe) gebildet, und dieses verdeckt die im Norden dahinter hinziehende Kalkhochkette. Erst von Mandling an weicht das übergrünte und bewaldete Gebirge zurück und die Kalkkette tritt in ihrer ganzen Grösse prallig gegen das Ensthal vor, nur eine niedrige Stufe unter sich habend. Gerade wie der Solstein bei Innsbruck und der bevölkerte Höttinger Berg darunter, steht hier der höhere Dachstein und die Ramsau darunter. Erst von Lietzen an verbirgt sich die Kalkkette wieder thalabwärts hinter Gruppen hoher bewaldeter kalkiger Vorberge, zwischen deren Lücken jedoch im schönen Wechsel die weissgrauen Wände des Kalkes wie Zauberbilder bald hervortreten, bald wieder verschwinden. Unterhalb *Admont* durchschneidet die *Ens* diese Kette in dem grossartigen Engpass des *Gesäuses* und wendet sich nun erst nördlich, um auch die anderen, jedoch niedrigeren, Reihen der Kalk-

alpen zu durchbrechen; daher hier eine Reihe von Engen und
Thalkesseln im Ensthale bis hinaus nach Steier. Im Süden begleitet der nördliche Rücken der Tauernkette das Thal, jedoch
in anderer Gestalt, als die bisherige. Die Tauern haben sich
nämlich an der Murquelle ostwärts in 2 Arme getheilt, das Murthal abwärts begleitend. Mit dieser Theilung verlieren ihre Gipfel 1000 Fuss an Höhe. Gletscher und Schneeberge fehlen ganz;
die Hochgipfel erscheinen nur schneegefurcht; an die Stelle der
Schneegipfel treten in der ersten Strecke hohe und kahle Kalk-
kahre, ohngefähr so weit die Ensthaler Tauernkette salzburgisch
ist; daher die dem Reisenden, welcher die westlichen Tauern
schon kennt, auffallende Erscheinung, wenn er aus dem Ensthale südlich in die Tauernthäler tritt. Anfangs erscheinen die
Vor- und Seitenberge echt tauernmässig, grün überkleidet bis
zu den Spitzen, doch scharfkantig. Im Hintergrunde aber erscheinen, statt der braunen, schneegefurchten oder begletscherten Berge des Kernes der Tauernkette, kalkweisse Berge und
Riffe, die jedoch etwas tauernartig zugeschnitten sind, so dass
sie nach einem Schneefalle leicht für schöngeformte Gletscherberge gelten könnten. Erst im Osten des Radstädter Tauern
tritt wieder der braune Urfels an die Stelle des Kalkes, obgleich
noch einzelne Spitzen eine Kalkhaube haben. Da die Tauernkette bei ihrer Theilung nach Norden vorspringt, so werden die
Thäler derselben dadurch verkürzt, wodurch sie einen starken
Fall haben und man in Bezug auf die Thalstufen bald die Was-
serfallnatur der Pinzgauer Tauern, bald die Katarakten der inn-
thalischen Seitenthäler findet. Das Thal ist breit und wird nur
durch die aus den Seitenthälern vortretenden Schuttberge hie
und da eingeengt; aus eben diesem Grunde sumpft die Ens.
Da sie keine Zubäche aus Gletschern und sehr wenige aus Seen
erhält, so ist sie weder so klargrün wie die Traun u. a., noch
so milchig wie die Salzache und der Inn, sondern dunkel oli-
venfarbig. Sie fliesst ruhig und treibt ihre Fluten in grossen
Krümmungen daher zwischen Erlengebüsch, ohngefähr wie ein
Fluss in Mitteldeutschland. Der oberste Theil des Thales ist
salzburgisch bis *Mandling*, die zweite Strecke bis *Altenmarkt*
steierisch und die unterste Strecke österreichisch.

Zerfällt geologisch dies Gebiet auch, wie das nachbarliche der Salzache, in die 4 gleichen Zonen, so besitzt es doch wesentliche Eigenthümlichkeiten lokaler Entwickelung. Einmal ist der Zusammenhang zwischen den krystallinischen Tauern im Westen und dem krystallinischen Urgebirge Obersteiermarks im Süden der Ens durch das mächtige versteinerungsführende Schiefer- und Kalkgebirge der *Radstädter Tauern* unterbrochen. Für das Gebiet der Kalkalpen ist das Auftreten von Steinkohlen, und zwar bauwürdigen, auf 3 verschiedenen Horizonten, charakteristisch, nämlich das von Keuperkohlen in den Schichten von Lunz, von Liaskohle in den Grestener und selbst von Kreidekohle in den östlichen Gosauschichten. In der dritten Zone des waldigen Vorgebirgs treten die Fucoiden führenden Neocom- und Eocänsandsteine und Schiefer nach den vorliegenden Untersuchungen in solch innige Berührung, dass eine vollkommene Scheidung beider noch nicht gelungen ist; auch tritt das Nummulitenterrain auffallend zurück. In dem neogenen Hügellande am Gebirgsfuss fehlt bis jetzt jede Andeutung des im Westen der Salzache so verbreiteten, oligocänen, kohlenreichen Tertiärgebirgs und wird nur innerhalb des jüngeren, miocenen Tertiärgebirgs auf Braunkohlen, zum Theil Flötze von bituminösem Holz, ein schwunghafter Bergbau getrieben.

Im *Radstädter Tauern* erheben sich kolossale Kalk- und Dolomitmassen über schieferiger Unterlage, in welch ersterem allein, aber nur auf der Südseite der Tauern, Versteinerungen aufgefunden wurden, nach denen sie durch Murchison und Sedgwick früher für paläozoische angesprochen wurden, von Stur gegenwärtig für triasisch-liasische. Während die Kuppen selbst vorherrschend aus lichtgrauen Dolomiten bestehen, herrschen gegen die Basis dunkle Kalke, bei Mauterndorf mit schwarzen Crinoïdenkalken, eingelagert in schwarzem Kalkschiefer. Auf dem Zehnerkahr bei Tweng glaubte Stur selbst einen Belemniten in schwarzem Kalkschiefer unter weissem Kalk zu erkennen. Vorherrschend schwarze Thonschiefer, zum Theil wahre Dach- und Thonschiefer, oft mit Schwefelkieswürfeln, bilden die unterste, auf dem Grundgebirge ruhende Abtheilung. Jene aus Glimmer-, Chlorit- und s. g. Thonglimmerschiefer, im Westen der Tauernache selbst aus Grauwacke bestehende Unterlage reicht nicht allein am Nord- und Südfuss weit in die Thäler hinein, sondern tritt selbst innerhalb des Tauerngebiets zu Tage, so krystallinisches Schiefergebirge am Oberhüttensee, überhaupt zwischen Sonntagskor, Oberhüttensee und Formaalpe. — Das *Lakenkahr*, südlich von Altenmarkt, ist ein mächtiger Aussenposten der Tauerngebilde.

Die krystallinischen Gesteine setzen das ganze übrige Gebirge zwischen Radstädter und Rottenmanner Tauern zusammen. Das breite Ensthal selbst liegt in dem, sich unmittelbar an erstere anschliessenden, leicht zerstörbaren Uebergangsgebirge, welches, jenseits des Paltenthals an Breite wachsend, bis zum Semmering die krystallinischen Gesteine des Mürzthales von den darüber sich erhebenden Kalkgebirgen auf der steierisch-niederösterreichischen Grenze scheidet und, noch über den Semmering fortsetzend, zuletzt gestückelt, bis Pitten reicht. Hier setzt auch krystallinisches Gebirge aus dem Mürzthale über den Wechsel nach Niederösterreich hinüber, nördlich und westlich von dem Uebergangsgebirge überlagert. — Dem krystallinischen Gebirge gehört die höchste Höhe unseres Gebiets, der 9047' hohe *Hochgolling*, an, während auch die höchste Höhe des Uebergangsgebirgs, die *Wildfelsspitz* bei Eisenarzt, von 6814', hinter denen der Kalkgebirge zurücksteht; der dem Uebergangsgebirge zugehörige *Semmering* erreicht nur 3054', während der krystallinische *Wechsel* noch über 5000'; dagegen senkt sich das krystallinische Gebirge Niederösterreichs rasch, besitzt bei der *Rosalienkapelle* nur noch 738' und löst sich zuletzt in die niedrigen isolirten Höhenzüge des Leithagebirgs und der Halnburgerberge auf, welche, das weite tertiäre Becken von Wien im Osten begrenzend, Alpen und kleine Karpathen in Verbindung setzen.

Zwischen Radstädter und Rottenmanner Tauern herrscht der Glimmerschiefer, in dessen Gebiete aber 2 Gneiss- und Granitmassive auftreten; die grössere bildet in westöstlicher Erstreckung eine Gneissellipse, welche von den Schladminger Thälern durchschnitten wird; wenn auch von dem, an ihrer Südseite sich erhebenden, Hochgolling überragt, besitzt sie doch in der *Hochwild stelle* 8616' Erhebung über dem Meere. Das zweite begleitet das Paltenthal an seiner Westseite und hat, schon abweichend von den Tauern, die nordwestliche Richtung der Koralpe; zu ihr gehören der 7728' hohe *Bösenstein* und der *Hohe Griesstein* von 7378'. Den Glimmerschiefer theilt Dr. *Stur* in einen südlichen erzführenden, einen mittleren granatführenden (Sölkthal, Schladming) und einen nördlichen Thonglimmerschiefer, mit dem sich, als nördliches Grenzglied gegen das Grauwackengebirge, Chloritschiefer verbindet. Eine scharfe Scheidung jener 3 Glieder ist nicht durchführbar. Uebrigens kommen die, ferne hin schon durch ihre braunen Verwitterungsprodukte an den Bergwänden erkennbaren, schwefelkiesreichen Lager in Verbindung mit bauwürdigen Lagerstätten von Kupfer-, Kobalt- und Nickelerzen nicht bloss im erzführenden Glimmerschiefer der oberen Schladminger Thäler (*Zinkwand* u. a. O.), sondern auch in Stur's Thonglimmerschiefer in der *Walchern*, südlich von Oeblarn, vor. Ausserdem finden sich dem Glimmerschiefer untergeordnete gering mächtige Gneisseinlagerungen vor, so am Hochgolling, dazu häufige, kürzere oder aushaltende Lager von körnigem Kalk (Marmor) und von schiefrigen Hornblendegesteinen, letztere meist mit dem Kalk und seltenem Kalkglimmerschiefer in Verbindung, und beide oft in Höhenzügen über den Schiefer hervorragend. Der bedeutendste Marmorzug, der sich aus dem Glimmerschiefergebirge erhebt, reicht vom Pruggerberg über das Sölkerthal zum 6114' hohen *Gumpeneck* und noch über den Irdningerbach hinaus, wo sich isolirt die *Gstammerspitze* erhebt. — Das krystallinische Gebirge *Niederösterreichs*, in welchem das Pittenthal liegt, zeigt einen reichen Wechsel von Gneiss, Glimmer-, Chlorit-, Hornblend- und Talkschiefern, führt Lager von porphyrartigem Gneiss, Marmor, Dolomit und Rauchwacke, zum Theil mit pittoresker Felsbildung, wie bei Sehenstein, dazu einzelne Serpentinstücke, bei Pitten auch ein reiches Erzlager von Roth-, Magnet- und Spatheisenstein. Die Falten des älteren Gebirges bildeten Mulden für Braunkohlenlager (Schaatzleithen und Leiding bei Pitten, Krumbach). Das Ganze bildet ein freundliches, reich angebautes, bewachsenes Hügelland, von der Rosalienkapelle aus mit weit hinreichender Aussicht.

Die Zusammensetzung des Uebergangsgebirgs aus vorherrschend schieferigen Gesteinen ist bei ihrer leichten Zerstörbarkeit Grund der Thalweite zwischen Schladming und Admont, und der sanften Formen seiner dicht bewachsenen Höhen. Es besteht nämlich aus dunkelen Thonschiefern mit dunkelem Kalk,

Schaubach d. Alpen. 2. Aufl. III.   23

aus dünn geschichtetem, quarzitisch-kalkigem Schiefer, oft im Wechsel mit kalkig dolomitischen Schiefern (Sömmering), bei Schottwien am Simmering die Lagerstätte mächtiger Gypsstöcke, aus grauem Kalkstein und zum Theil grünlichen Grauwackenschiefern, auch rothen Thonschiefern (Erzberg). Nur der Kalkstein, in welchem man am Erzberg Crinoïdeenstielglieder gefunden hat, tritt hie und da in pittoresker Felsbildung auf, so bei Schottwien. Seine hohe Wichtigkeit verdankt es dem Reichthum an linsenförmigen, meist mit dem oberen Kalkstein verknüpften, Spatheisenstein- und Ankeritlagern, welche die Erze für das treffliche steierische Eisen liefern; sie reichen von *Lietzen* an der Ens bis *Gloggnitz*; in unserem Gebiete gehören hierher die von *Ardning, Admont* und *Johnsbach*, und die vor allen reichen von *Radmär, Eisenarzt* und *Gallrad*. Ausserdem gehören diesem Uebergangsgebirgsgebiet noch einige Serpentin- (am Lorenzerbach bei Triebenstein) und Magnesitstöcke an (am Aichberg u. a. O. zwischen Gloggnitz und Schottwien, auch am Triebenstein südlich von St. Lorenzen); bei Gloggnitz tritt selbst Weissstein (Forellenstein) hervor.

Das Gebiet der Kalkalpen wird auch hier vorherrschend von den Gliedern der alpinen Trias, des Jura (inclusive Lias) und Neocom mit vereinzelten Beckenausfüllungen durch Gosaubildungen zusammengesetzt; marine Tertiärbildungen fehlen gänzlich und selbst Süsswasserbildungen sind bis auf das sogenannte geschichtete Diluvium nur sparsam vertreten. Lipoid unterscheidet nach seinen neuesten Untersuchungen der Kohlenreviere folgende Glieder, deren Folge sich im Traisenthale am besten studiren lässt: 1) Werfenerschichten oder den gypsführenden bunten Sandstein (Wienerbrückel); 2) Rauchwacke und 3) dunkelen, zum Theil bituminösen Dolomit; 4) schwarze späthige Kalksteine mit Ceratites Cassianus, mit vorigen die Guttensteinerschichten bildend; 5) die horusteinführenden Kalke im Wechsel mit dünnschieferigen schwarzen Kalken und Mergeln von *Gösling*, welche Halobien und Ammonites Aon führen, gleich dem Hallstädter Kalkstein; 6) die Schichten von *Lunz* aus Steinkohlenflötze führenden Sandsteinen und Schieferthonen mit Keuperpflanzen, über denen Schiefer mit der Posidonia Wengensis und ein Kalklager mit dem Ammonites floridus des Bleiberger Muschelmarmors; 7) dunkle, darüber lichte Kalke, bedeckt von Dolomit und in den ersteren mit den Versteinerungen der Raibler- oder Carditaschichten (Schichten von Opponitz). Ihnen folgen 8) die Kössener- oder Grvvillienschichten; 9) Hierlataschichten von Freiland; 10) Fleckenmergel bei Markt! unfern Lilienfeld; 11) die Klausschichten, rothe Kalke mit Ammonites triplicatus; 12) die oberjurassischen Aptychenschiefer und Kalke u. a.; 13) die neocomen Aptychenschiefer und Neocomsandsteine.

Eigenthümlich ist die Lagerungsweise dieses Kalkgebirgs; während das Kalkhochgebirge mit seiner vorherrschend schwebenden Schichtung, mit seinen ausgedehnten, über den Baumwuchs sich erhebenden, Plateauhöhen, seinen häufigen Karrenfeldern auf denselben, seinen schroffen Felsabstürzen und seinen Schuttanhäufungen ganz den gleichen Charakter wie in dem nachbarlichen Salzachgebiet hat und auch zu entsprechender Höhe sich erhebt, springt dasselbe im Westen und Osten vor und umfasst eine tief, bis Altenmarkt an der Ens, nach Süden reichende Bucht, in welcher, wie Fr. v. Hauer bemerkt, concentrisch um das Südende des böhmischen Urgebirgs sich die Keuper- und Liaskohlenflötze der

Lunzer- und Grestenerschichten ablagerten. Westlich der Ens streichen die Gebirgsformationen vom Almbach an der Nordseite des hohen Kalkmassivs des Priolgebirgs aus Nordwest nach Südost gegen St. Gallen und Altenmarkt, während im Osten von Altenmarkt bis Wien nordöstliches Streichen, in der Mitte und an der Ens selbst, fast nördliches der Höhenzüge herrscht; nur am Nordrand gegen die wellenförmigen Vorgebirge findet sich ostwestlicher Verlauf. Hier ist das dem Hochgebirge vorliegende M i t t e l g e b i r g e ein Gebiet der Zusammenfaltung in seine concentrisch verlaufenden Parallelketten, aus lang gestreckten Mulden und Sätteln zusammengesetzt, vor allem ausgezeichnet zwischen Hollenstein und Lunz. Die einzelnen Rücken sind nach Kudernatsch (Jahrb. 1852. 6, 45) oft stundenlang in gleichem Niveau verlaufende bewaldete Kämme von 3500—4500' Höhe, von grosser Einförmigkeit und nur da, wo in der Tiefe aufgerissener Spalten die Sandsteinformationen auftreten, wird sie durch das terrassenförmige Ansteigen der Ränder, durch die Bildung paralleler Terrassen mit Wiesenkultur und Feldbau und mit Ortschaften, überragt von schroffen Kalkfelswänden, unterbrochen. Die oft nur schmalen Einsenkungen, in denen der Sandstein, oft von Schutt bedeckt, auftritt, sind ebenfalls durch üppige Wiesen, durch zerstreute Bauernhöfe, wenigstens durch Erlenreichthum ausgezeichnet. Der Vorderzug Kudernatschs ist östlich der Ens, so vor allem am Scheibbs, ein platenartig ausgebreitetes, von vielen Schluchten unregelmässig durchschnittenes, Bergland, auf dessen, im Mittel um 2400' sich erhebenden, Hochrücken der arme Gebirgsbauer sein spärlich Brot baut, während nur sehr zerstreute Punkte bis über 3000' ü. d. M. sich erheben. Auch hier ist der Absturz zum hügeligen, sandigen Vorgebirge steil.

In diesem Gebiet besitzt die tiefste Triasbildung, der b u n t e S a n d s t e i n, die unmittelbare Unterlage der Triaskalke, eine ausgedehnte Verbreitung. Nur vom Südostfuss des Dachsteingebirges bis Lietzen, wo nicht Schuttland die Grenzen verdeckt, ruht der dunkele, spathadrige G u t t e n s t e i n e r k a l k, der älteste der Triaskalke, unmittelbar auf der Grauwacke auf; von Lietzen aus aber treten auf der ganzen übrigen Grenze, allen Einbuchtungen der Kalkgebirge folgend, die rothen und grünen glimmerreichen Werfenerschichten, trennend zwischen Kalkalpen und Grauwacke, als breiterer oder schmälerer Saum am Fusse der ersteren hervor, so von Lietzen über Admont, Eisenarzt, Aflenz, Seewiesen, Neuberg bis westlich von Neunkirchen. Innerhalb des Kalkgebirgs ist er auf 3 ausgedehnten Spalten emporgebracht, streckenweise jedoch noch unter einer Decke von Guttensteiner Kalk stockt, auf Höhen, wie der Sandstein selbst, reich bewachsen sind. Die beiden südlichen Züge, der in der Freyen und der von Maria-Zell, welcher zum Nordfuss des Schneebergs fortsetzt, erscheinen nur wie einzelne Fäden eines Geflechtes von Linien, auf welchen Werfener- und Guttensteinschichten von dem Ostrande des Gebirgs bei Grünbach und Buchenstein bis zur Mariazell-Aflenzerstrasse hervortreten. Der dritte Zug ist der längste, er reicht von der Brühl bei Wien über Heiligenkreuz, Altenmarkt, Kleinzell, Anna- und Josephsberg nach dem Lakenhof am Nordfuss des Oetschers und südwestwärts weiter bis Lassing. Von Ländl an der Ens lässt er sich dann weiter nach der grossen Bucht von Windischgarsten und bis zum Ostfuss des Priels verfolgen. Auch am Nordostfuss des Priels und weiter bis zum Nordfuss des Traunsteins verläuft dieser ausgedehnte Bogen, das Mittel- und Hochgebirge Kudernatschs vom Oetscher an westwärts scheidend,

23 *

Westlich bricht der bunte Sandstein an einzelnen Punkten hervor und gewinnt keinen grösseren Einfluss auf die Plastik des Bodens, um so grösseren national-ökonomischen, indem er nicht bloss mit zahlreichen Gypsstöcken verknüpft ist, wie auch im Osten, sondern mit den wichtigen Steinsalzlagerstätten von Ischl, Aussee und Hallstadt. Dort tritt auch der dem Guttensteiner Kalk im Alter folgende Hallstädter Kalkstein mit seinem ganzen Reichthume an Cephalopoden, insbesondere Ammoniten, auf, am reichsten über dem Salzberg von Hallstadt. In weiter Verbreitung tritt das oft hornsteinführende Gestein auch in den östlichen Kalkalpen auf, wo es nach Fötterles geognostischer Karte die Höhen mächtiger Kalkmassive bildet: des *Hochschwab* (7176'), der Starrizen, hohen Veitsch, Raxalp bis zum Schneeberg. Als fast elliptische, nach beiden Enden aber spitz auslaufende, jüngere Sedimente einschliessende Mulde lässt es sich vom Nord-gehänge des Oetschers über Josephsberg verfolgen, mit dem südlichen Ast über Guttenstein, dem nördlichen über Türnitz mit Unterbrechung nach Altenmarkt ver-laufend und von da bis in die Brühl und bis Hörnstein reichend, wo man wie-der zahlreichere Ammoniten in ihm anffand, während im übrigen Osten recht viele Fundorte der Monotis salinaria bekannt sind, Ammoniten aber nur vereinzelt ge-funden wurden. Die Guttensteinerkalke unter dem Hallstädterkalk sind überall versteinerungsarm. Ausgedehnt ist in beiden Kalken das Auftreten mächtiger Do-lomite; Rauchwacke ist häufiger Vertreter der dunkeln Guttensteinerkalke. — Der bis jetzt einzige Fund eines Ichthyosaurus im Kalk bei Reifling unter Admont er-folgte in den oberen Hallstädterschichten, über dem hornsteinführenden Kalk mit Ammoniten. Dort wurde im darüber lagernden Mergelschiefer durch F. v. Bauer auch die Posidonia Wengensis entdeckt. — Es folgen hier darüber die, zuerst von Lipold als besonderer Horizont festgestellten, Schichten von *Lunz*, die in ihren feinkörnigen Sandsteinen und Mergelschiefern die Pflanzen des schwäbischen Ken-pers führen: Pterophyllum longifolium, Taeniopteris, Pecopteris Stadtgardiensis, Equisetum columnare, am reichlichsten bei Steg unfern Lilienfeld. Sie führen bau-würdige Kohlenflötze, es gehören hierher die Berg- und Versuchsbauten von Li-lienfeld und Tradigist im Traisengebiet, von Lakenhof am Oetscher, am Lunzer-see, am Königsberg bei Grossheilenstein und auf einem nördlichen Zuge bei Scheibbs und Gaming. Bei Türnitz wurden in Zwischenschichten dieser Formation die Ammoniten des Bleiberger Muschelmarmors gefunden, bei Reifling die Posidonia Wengensis im Mergelschiefer. Die Raibler- oder Carditaschichten wur-den bei Reifling und bei Opponitz an der Ips, im Traisenthal u. a. aufgefunden. Ueber die Stellung all dieser Gebirgsglieder zur Trias sind Alle einig.

Grossartig ist die Entwickelung des Kenper und Lias verbindenden, Dach-steinkalks mit den grossen „Hirschtritten", wie sie hier heissen, den Muschel-durchschnitten des Megalodus scutatus, im westlichen Gebiet, wo sie das Haupt-gestein der Kalkmassive des *Dachstein-* und *Todtengebirgs*, des *Priel, Höll-* und *Sengsengebirgs*, des *Burgas*, der Berge zwischen *Admont, Oetscher* und *Mariazell* bilden und nur Felsen jüngerer Flötzsedimente auf ihren Plateaus zerstreut lagern. Oestlicher tritt er nur in schmalen Zügen auf, dafür aber häuf-iger verknüpft mit den versteinerungsreichen Schichten von *Kössen* (*Gum-poldskirchen, Enzesfeld* bei Wien, *Mandlingerwand* und *Kitzberg* bei Pernitz. — Im Westen nach v. Bauer um den *Königsbach* und andere Gräben bei St. Wolfgang) und mit den Stahremberger Schichten (*Stahremberg* bei Wien, *Tonionalpe*, *Grimming*). Auch die grauen Kalke mit Terebratula amphitoma kennt man von verschiedenen Punkten, so von der Werfingerwand unter dem Hierlatz am Dachsteinplateau u. a. O.

Dem entschiedenen Lias gehören die kohlenführenden Schichten von Gresten, die Adnether- und Hierlatzkalke und die Flecken- oder Amaltheenmergel an. Die Schichten von Gresten, bestehend aus steinkohlenführenden Mergeln und Sandsteinen und, ihnen ein- oder übergelagerten, versteinerungs-, insbesondere brachiopodenreichen, dunkelen Kalksteinen, sind am besten im *Pechgraben*, in der *Grossau* und im *Hinterholz*, zwischen Grossraming im Ensthal und Waidhofen, durch Bergbau aufgeschlossen, Ostwärts setzen sie dann über *Ipsitz* nach *Gresten* fort. Thier- wie Pflanzenreste (ausser Pterophyllen auch Nilssonien, Jeanpaulien und Farrn) gehören dem Lias an. Im Pechgraben folgt den Grestenerschichten der Fleckenmergel der baierischen Alpen, in der Grossau trennt beide eine Bank mit den Hierlatzterebrateln, während im Traisenthal bei Freiland unfern Lilienfeld unmittelbar über den Kössenerschichten der brachiopodenreiche Hierlatzkalk lagert, und dieser bei Marktl von den Fleckenmergeln überlagert wird. — Am versteinerungsreichsten ist der *Hierlatz* auf dem Dachsteinplateau, der typischen Lagerstätte, wo zahlreiche Ammoniten, Gasteropoden und Zweischaler in ihm vorkommen. Ausser den angegebenen Lokalitäten kennt man diesen Kalkstein mit seinen Versteinerungen im *Imbachgraben* an der Ens, am *Schafberg*, *Grimming* u. a. O. — Die rothen baierischen ammonitenführenden Adnetherschichten sind bis jetzt nur im Westen und Osten bekannt, dort nach v. Hauer in der Umgegend von St. *Wolfgang*, im *Rinbachgraben* bei Ebensee, zu *Kainischdorf* bei Aussee, hier bei *Enzesfeld* und *Hörnstein*, im Süden von Wien. — Die amaltheenführenden Fleckenmergel sind in Oesterreich minder verbreitet als im westlichen Gebiet, doch kennt man sie bei *Markti* unfern Lilienfeld und an anderen Punkten des Traisengebiets (*Zögelsgraben*, *Kleinzell*), bei *Grossau* im Westen von Waidhofen, im *Pechgraben* bei Grossraming, am Nordfuss des *Traunsteins*.

Dem mittleren Juragebirge gehören die terebratelreichen Kalke von *Fils* mit Terebratula antiplecta, pala u. a. an, die jedoch nur vom Gonsberg nächst *Windischgarsten* bekannt sind. Grössere Verbreitung haben die jurassischen Klausschichten, hornsteinreiche, meist rothe Kalke mit dem Ammonites tatricus, doch finden sie sich nur in zerstückelten Partien von der Klausalpe am Dachsteinplateau bis in die Gegend von Wien (Mandlingerwand bei Pernitz und Enzesfeld), westlich im Karbachgraben des Rinbachthales bei Ebensee. Am Hals bei Neustift, wie bei der Steinmühle an der Ips zwischen Ipsitz und Waidhofen kennt man durch Ehrlich und Madelung auch die für die Südalpen so wichtige Terebratula diphya.

Zwischen St. Veit und Hietzing bei Wien treten oberjurassische hornsteinreiche rothe Kalke auf; auch am Krenkogel in der Grossau und an der Vorderlegstätte bei der vorderen Sandlingalpe, im N.W. von Aussee, gehört nach v. Hauer ein grauer, Ammonites inflatus nebst Planulaten führender, Kalk wohl zum oberen Jura; den Plassengipfel über dem Hallstädter Salzberg bildet ein Nerineenreichlicher Kalkstein, dessen Alter noch genauer zu bestimmen ist.

Grosse Ausdehnung besitzen die Aptychenschiefer, die uns vom Jura zur unteren Kreide führen, von deren Aptychenschiefern mit Aptychus Didayi es auch hier schwierig ist, die jurassische auszuscheiden. An den mergeligkalkigen Neocom mit seinen eigenthümlichen Cephalopoden schliessen sich Sandsteine an, denen von den Wiener Geognosten auch der grössere Theil der Fucoidensandsteine und Mergel von der Ens bis zum Leopoldsberg zugerechnet wird, weil Riffe von Aptychenschiefern aus ihnen hervorstehen, welche diesen Fucoidenbildungen als gleichförmig eingelagert angesprochen werden: doch muss ich bemerken, dass dieser Wienersandstein an der Ens im Süden von Steier in nichts von den eocänen Bildungen des Westens unterschieden ist. Die jurassischen und neocomen Aptychenschiefer, dem weissen Jurakalke vielfach ähnliche Gesteine, besitzen insbesondere eine weite Verbreitung im Ensgebiet (Losenstein) und setzen weiter über Waidhofen, wo Serpentin innerhalb ihrer Grenzen auftritt, bis in die Gegend von Wien fort, wo sie ebenso wie die Kalkmergel der eocänen Fucoidenbildung zu Cement verwendet werden. Im Kessel von Ischl, im Steirlingthal südlich von Molln (Steyr), wo Ehrlich das interessante Profil am Bodinxbach, welcher rothen Jurakalk, Aptychenschiefer und Neocommergel und Sandstein aufschliesst, fand, in der Nähe der grossen Klamm, südlich von Reichramings, an der Ips bei Waidhofen ist der Neocom durch seine Versteinerungen nachgewiesen.

Für die jüngere Kreide ist unser Gebiet klassischer Boden, gehören doch demselben die Kreidebecken der Gosau, von Gams und das von Buchberg über Grünbach durch die neue Welt bis zur Piesting im Westen von Wiener-Neustadt fortsetzende Kreidebecken an, welch letzteres Flötze trefflicher Steinkohle besitzt. Die weite Verbreitung hierher gehöriger Gesteine aus der Mödlinger Gegend bei Wien über Lilienfeld bis Windischgarsten links der beim bunten Sandstein erwähnten Bruchlinie und in zahlreichen vereinzelten Punkten beweist uns das Alter jener Schichtenstörungen, durch welche die älteren Triasbildungen zu Tage treten; späteren Bewegungen verdankten die Kreidebildungen selbst ihre gestörte Lagerung, mächtigen Entblössungen ihre Zerstückelung in einzelne Fetzen.

So verbreitet die Fucoidenschiefer und Sandsteine sind, die von der Salzache bis nach Wien die Vorhöhen bilden, so vereinzelt ist das Auftreten der Nummulitengebilde, man kennt sie nur an der Traun bei Oberwies und im Gschliefgraben bei Gmunden, und dann erst weit westlich an der Nordseite des Kahlenberges zwischen Kloster Neuburg und der Donau; ein ganz unbedeutender Fetzen tritt auch im Perhgraben bei Grossraming auf.

Das tertiäre Hügelland am Gebirgsfuss gehört ganz dem jüngeren Neogen ohne alles Oligocän an, es bildet das Becken von Oberösterreich, das mit dem ostbaierischen zusammenhängt und dem die wichtigen Lignitlager am Hausruckwald angehören, bei Wolfsegg verknüpft mit versteinerungsreichem neogenem Tegel (Schlier), im Sand von Linz die Fundstätte interessanter Cetaceenreste: ferner das kleine, mit vorigem zusammenhängende Becken von St. Pölten, in welchem ebenfalls bei Thallern an der Donau Lignitlager abgebaut werden, und das versteinerungsreiche Becken von Niederösterreich. Eine Reihe der wichtigsten Fundorte von Versteinerungen des Wiener Beckens gehören dem Ostrande der Alpen an, so die Leithakalke von Nussdorf bis Gloggnitz und ebenso am Rande des Leitha- und Rosaliengebirgs, die sandigen Tegel und Sande von Ebnzenfeld, *Vöslau* und *Gainfahren*, südlich von Baden, der marine Tegel von Nussdorf, Sievering und Grinzing und der Sand von *Pötzleinsdorf* am Ostfusse des Kahlenbergs im N.W. von Wien, der marine Tegel von *Baden*, die Cerithienschichten von *Nussdorf, Mauer, Atzgersdorf, Brunn* u. s. w. mit dem Leithakalk die Hauptbausteine für Wien liefernd, der brakische Tegel von *Inzersdorf*, der das Material für die grossartigsten Ziegeleien bietet, der Dinotherium-führende Sand von *Belvedere*. — Braunkohlenführende Süsswasserbildungen sind noch innerhalb der Randgebirge vorhanden, so zu Hart bei Gloggnitz, bei Krumbach im älteren Gebiet, in der Jauling südlich von Pottenstein im Kalkalpengebiet. Grosse Ausbreitung besitzt das sogenannte geschichtete Diluvium, die grösste längs der Traun (Welserhaide), der Ens, Steier, im Becken von Mittelsdorf, im Wiener Becken, wo das Steinfeld bei Wiener-Neustadt eine der ausgedehntesten sogen. Diluvialflächen ist. Ueber ihm folgen ausgedehnte Lössablagerungen; auch das erratische Diluvium ist weit hinaus ins Vorland verbreitet. Zu den jüngsten Bildungen gehören die mächtigen Ablagerungen von Kalktuff bei Sebelibba u. a. O. Auch Torf kommt, doch nur vereinzelt, vor.

Der wasserscheidende Sattel zwischen Wagrain (Kleinarl, Salzachgebiet) und Altenmarkt (Ensgebiet) ist nur eine niedrige Höhe (2833'); die ensthalische flachere Abdachung heisst das *Genigau*. Das frische Grün der Wiesen, die schattenden Bäume und der weite Hintergrund, in welchem sich der Dachstein und seine Trabanten weissgrau und schneegefurcht aufbauen, überraschen den Wanderer, der aus dem Pongau von St. Johann her durch die brüchigen Thonschieferengen über Wagrain heraufkam. Der Bach rinnt in einem selbstgeschaffenen Bette hoch über dem Thalboden, daher nach starkem Regenwetter häufige Dammausbrüche, welche die Fluren veröden und die Verbindungen abschneiden. Grosse Kirschbäume überschatten den Weg. In der Gegend von *Reitdorf* erschliesst sich rechts das erste grosse Seitenthal von der Tauernkette, das eigentliche Ursprungsthal der Ens, die *Flachau*. Der weit geöffnete Schooss dieses grünen und bewohnten Alpenthales gewährt einen sehr schönen Anblick. In der Mitte des Thales zeigt sich die Kirche des Hauptortes *Flachau* (2752'), umragt von hohen, doch grünen, wenigstens grün überschimmerten Bergwänden und Hörnern. Der Kogl, der sich im Hintergrunde schief aufthürmt, ist das *Mosermandl* (8477'), links neben ihm der *Faulkogl* (8324'), eine Kalkmasse. *Flachau*, 54 H., 325 E., ist das wichtigste Eisenwerk Salzburgs.

• **Geognost.** Die Eisenwerksverwaltung baut die in dem Uebergangskalkstein auftretenden Eisenlager am *Hohen Priel*, auf der *Penkerötz*, am *Thurmberg*, *Buchstein* u. a. a. O. ab. Sie bestehen aus Ankerit, Mesitin und anderen kalk- und bittererdehaltigen Eisenerzen, und führen zahlreiche krystallisirte Mineralien: Brauneisit, Ankerit. Dolomit, schöne Kalkspathkrystalle, Quarz u. a.; am Thurmberg Eisenglanz mit Schwefelkies, am Buchstein Eisenglanzschiefer mit Magneteisenstein. — Auf dem Brauneisenstein der obersten Teufen findet sich Eisenblüte. — Auf der Grenze von Ens und Salzachgebiet lagert mitteltertiäres, braunkohlenführendes Sandstein- und Conglomeratgebirge (s. Salzachgebiet, geol. Uebers.).

Das Thal aufwärts ist ziemlich einsam, fast nur noch von Almen belebt, und zieht noch 3½ St. hinan. 3 Jochsteige verbinden den Hintergrund mit den anstossenden Thälern, nämlich östlich über das *Bleislingthor* in das oberste Gebiet des *Radstädter Tauern* (Ens), südlich über das *Windsfeld* (6785'), am *Faulkogl* vorüber in das *Zederhaus* (Mur) und westlich an den *Ensquellen* (5471') vorüber über die *Kraxe* (7700', schöne Aussicht) nach *Kleinarl* und *Tappenkahr* (Salzache). 2 Berggipfel laden zu schönen Aussichten. Im Osten des 6434' hohen *Lakenkogls* pyramidaler Gipfel, noch spärlich mit Gras überzogen, beherrscht die ganze Umgegend von Radstadt; in 4 St. ist derselbe ersteigbar. Westlich über *Flachau* erhebt sich der bedeutend niedrigere *Grieskahrkogl* über herrliche Alpen. In 1½ St. ist er von *Flachau* ersteiglich und gewährt eine sehr interessante Rundsicht, westlich gerade das ganze Pinzgau hinauf, südwestlich auf einen Theil der eisbedeckten Tauern, südlich in die ganze Flachau und Kleinarl bis ins Tappenkahr, nördlich auf die 3 gewaltigen Kalkalpenstöcke, den Ewigen Schnee, das Tännengebirge und den Dachstein, östlich das Ensthal hinab.

Von *Reitdorf* (2661'), 301 E., setzt die Strasse über die Ens und bringt uns nach *Altenmarkt* (2610'), 61 H., 635 E., nach einigen das römische *Ani*. Der *Zauchbach* kömmt hier aus der *Zauch*, einem untergeordneten Thale der Tauernkette, indem es nicht bis zu dem innersten Kern derselben eindringt; im Hintergrunde der *Zauchsee* (4310'). *Altenmarkt* hiess früher *Radstadt* und erst nach Entstehung des jetzigen *Radstadt* hiess es der *alte Markt* oder auch *Alt-Radstadt*. Die Kirche ist alt, hat aber viele spätere geschmacklose Zuthaten, und die Naseweisheit des vorigen Jahrhunderts hat sie übertüncht. In ihr eine Steingussbildsäule von *Thieno*. Die Strasse ersteigt nun

eine niedere Bergstufe, verbindet sich hier mit der von Salzburg über Werfen nach Hüttau kommenden Poststrasse und
zieht auf der nördlichen Thalwand der Ens in ½ St. nach *Radstadt.*

Radstadt, hier *die Radstadt* genannt, (2472'), 113 H., 871 E.,
liegt auf einem niedrigen Vorsprung der nördlichen Thalwand,
als ob es sich vor den Fluten der Ens oder anderen Feinden
hierher geflüchtet hätte. Die verhältnissmässig grossen Ringmauern um das kleine Städtchen lassen das letztere vermuthen.
Sie gleicht, da die Mauern fast alle Häuser decken, einer Rit-
terburg. Nach einigen lag hier das römische Ani. Nach Salzburg 5¼ Posten, nach Gastein 6½ P., nach Klagenfurt über den
Tauern 14¼ P., nach Gratz das Ensthal hinab 13½ P. Man darf
das Alter der Stadt nicht nach ihrem jetzigen Aussehen beur-
theilen, denn 1781 brannte sie bis auf das Kapuzinerkloster
ganz ab. Die hohen Stadtmauern lassen ihr nur 2 Auswege,
ein östliches und ein westliches Thor. Sie bildet ein Viereck,
von dessen Raum der sehr grosse, mit Rasen überzogene Markt
einen bedeutenden Theil einnimmt. Schöne, fast grossartige Gebäude, im salzburgischen Stil (das Rathhaus und Bezirksgericht),
umschliessen ihn; auch die *Post*, jenen gegenüber, der beste
Gasthof der Umgegend, welcher allen Reisenden wegen seiner
Güte und Billigkeit empfohlen zu werden verdient, liegt hier.
Im J. 1285 erhielt die Stadt Mauern durch den Erzbischof Rudolph zum Schutz gegen die feindlichen Angriffe des Stiftes Admont. Wegen ihrer treuen Anhänglichkeit an die Erzbischöfe
bei allen Stürmen der Zeit erhielt sie den Beinamen *die Getreue.*
Wegen der hohen Lage der ganzen Gegend ist das Klima rauh
und die Getreideproduktion nicht ausreichend. Besser steht es
mit der Viehzucht. Gesucht sind die Radstädter Käse. Die
Hauptkirche ist die Kapuzinerkirche, unweit des östlichen oder
Schladminger Thores. Der Thurm, byzantinisch, ist alt, wie ein
Theil der Kirche, der vom Brand verschont blieb, obgleich der
grosse Brand von der Kirche ausgegangen sein soll; allein leider ist alles übertüncht. In der Kirche sind sehenswerth: das
Hochaltarblatt und an der Epistelseite eine Bildsäule der Maria
in Steinguss von Thiemo; auf dem Kirchhofe eine uralte Ka-

pelle in Gestalt einer (sehr schönen) gothischen Spitzsäule, leider ist die Steinart, eine Nagelfluhe, ungünstig.

Kleinere Ausflüge.

Von der Kapuzinerkirche gehen wir neben dem Kloster sogleich zum Schladminger Thore östlich hinaus. Sehr überrascht
auf der Stadtgrabenbrücke die Aussicht. Rechts im Vorgrund
die alten Stadtmauern mit ihren Thürmen, in der Tiefe der grüne
Stadtgraben, darüber die schön angebaute und mit Häusern über-
streute, sanft gegen das Tauernthal ansteigende Fläche des Ensthales. Jenseits des Thales die unten bewaldete, nach der Höhe
zu in scharfschneidige Hörner und Wände auslaufende, doch
grösstentheils noch übergrüte, Tauernkette. Zur Linken des
Thores liegt der *Kressenkeller*, ein besuchter Vergnügungsort mit
trefflichem Biere. Man kann nun die Strasse zuerst verfolgen bis
zu dem Wegweiser, dessen einer Arm nach Steiermark (Schladming), der andere nach Kärnten (über Langau nach Gmünden
und Spital) und der dritte nach Salzburg zeigt. Von hier aus
folgt man der Strasse nach Kärnten südlich bis über die Ens,
biegt dann rechts ab und folgt auf gut Glück dem Wege durch
die Häusergruppen bei einer Mühle vorbei. Der Zweck dieses
Spazierganges ist der *Dachstein*, dessen rauhe Zackengipfel man
bald im Nordosten über die nördlichen Waldberge auftauchen
sieht, und sie sind der Wegweiser. Schöner Blick durch die
malerischen Häuser-, Lärchen- und Höhengruppen auf den *Dachstein*. Ohngefähr in der Mitte zwischen *Radstadt* und *Altenmarkt*
im Süden steigt man die Höhe hinan. Je höher man steigt, desto
mehr erhebt sich die graue Kalkmasse der Dachsteingruppe. Von
der Linken zur Rechten gehend stellen sich folgende Gipfel dar:
der *Thorstein* (9390'), der (kleinere) *Mitterspitz* (9100'), der *Dachstein* (9491'), die *Diendeln* (hier in eine Spitze zusammenfallend),
der *Scheuchenspitz* (8411') und *Hohe Roms*. Vom *Dachstein* an
zeigt sich hinter diesen Gipfeln die weisse Ebene des *Karls-
eisfeldes*. Man kann diesen Spaziergang nach der Höhe zu nach
Gefallen ausdehnen, um die Dachsteingruppe sich immer schöner entfalten zu sehen.

Den Rückweg kann man über *Altenmarkt* nehmen. Schöne
Häusergruppen, mit Scheiben und dabei gleich Cypressen aufra-

genden pyramidalen Zirben geschmückt. Das Schlösschen rechts im Thalboden ist das *Dandalierschloss*, jetzt Wirthschaftsgebäude. Ehe man das westliche (Salzburger) Thor der Stadt erreicht, wendet man sich links empor, an dem *Lorettokirchlein* vorüber, zum *Schönberg* (auf den Karten *Schwemberg*), dessen Höhe der *Rossbrand* (6590') heisst, hinan, um nun auch die Kette der Tauern vor den Blicken sich entfalten zu lassen.

Der grösste und interessanteste Ausflug ist unstreitig der auf den *Radstädter Tauern* (5499'), zu Wagen in 1 Tage hin und her zu machen, zu Fusse in 2 Tagen — mit Uebernachten im Tauernhause. Jede Höhe eines Alpenjoches hat ihren eigenthümlichen Reiz, nicht wegen der schönen Aussicht auf die beiderseitigen Abhänge, denn diese ist selten weit und schön zu nennen, sondern wegen der stillen Einsamkeit, die hier herrscht. Menschenwohnungen, welche sonst beleben, machen durch ihre einsame Lage die Gegend oft nur noch einsamer. Tritt aber an die Stelle alles Lebens, selbst des Einsiedlers, der Tod, wie hier, dann liegt eine tiefe Schwermuth, welche durch Grösse der Umgebungen, durch die scheinbar abgestorbene Natur auf solchen Höhen nur erhöht wird, auf diesen erhabenen Stätten. Hier ist der Gottesacker der Tauernwanderer, die Scheide nicht nur zwischen Ens und Mur, sondern öfters die weit wichtigere zwischen Leben und Tod. Der Geolog und Geognost erblickt hier die Tauernwelt auch einmal im Kalkgewande, der Botaniker sammelt hier die Pflanzen aller Gebirgsgebilde und der Maler findet hier die reichhaltigsten Studien von Wasserfällen mit den schönsten Umgebungen und Hintergründen, eine so seltene Zugabe zu Wasserfällen. Auch der Geschichtschreiber erwarmt an den römischen Meilensteinen; an diesen Wasserfällen vorüber zogen nicht nur Maler, Botaniker und Geognosten, sondern auch römische Legionen. — Die Tauernstrasse führt über die Ens an den uns schon bekannten dreiarmigen Wegweiser, von wo wir der südlichen Richtung *nach Kärnten* folgen. An der *Tauernache* hinan erreichen wir bald das sich weit öffnende Thal. In 2 St. erschliesst sich das schöne Bild von *Untertauern* (3219'), 199 E. Vorgrund eine braune Häusergruppe; die Kapelle links an der Thalwand umstehen einige Zirben; rechts grüne, bewal-

dete Berge mit Felsenabsätzen, links hohe runde Felsengipfel;
im Hintergrunde das kalkweisse, schneegefurchte *Tauernkahr*
mit dem *Windsfelde* (8227') rechts, und dem *Bleislingkeil* (7908')
links. Das Wirthshaus in *Untertauern*, zugleich Post und Tauernhaus, ist ein altes, grosses, massives Gebäude. Die nächste
Station, *Tweng*, am südlichen Fusse des Tauern im *Lungau*, ist
sehr stark. Von *Untertauern* zieht sich die Strasse links an der
Bergwand hinan; doch bald wird sie durch die *Koppenwand* gesperrt und nur eine enge Klamm, die *Tauernklamm*, eröffnet der
Strasse neben der *Tauernache* den Eingang. Düstere Schatten
umfangen den Wanderer, wie er um die Ecke links biegt, und
wildes Wassergeräusch verdoppelt den Schall (daher die *Schallwand* genannt). wie die schwarzen Kalkwände die Dunkelheit
vermehren. Dem vom Tauern Herabkommenden ist dagegen dieser Wendepunkt an der *Tauernklamm* ein um so erfreulicherer,
als er aus dem Schatten der schwarzen Wände, aus dem Donner der Wasserfälle plötzlich hinaushlickt in ein sonniges, grünes Gelände; äusserst reizend erscheint dann die Lage von *Untertauern*.

Wir befinden uns im *Kessel* und die nächste Felsenwand,
welche den Kessel im Süden begrenzt, heisst die *Kesselwand*.
Zur Linken stürzt hier ein schöner, von der Strasse aus nur
theilweise sichtbarer Wasserfall herab, ähnlich dem Fall der
Gasteiner Ache hei Lend, wenn auch nicht so wasserreich; man
muss sich daher die kleine Mühe nehmen und einige Schritte
hinansteigen, um wenigstens etwas näher zu kommen. Da der
Bach auf den Grundstücken unseres Gastwirths fliesst und herabstürzt, da der Wasserfall noch keinen Namen hat, wenigstens
konnte ich von allen, die ich daselbst befragte, keinen erfahren, so will ich ihn den *Pschacherfall* nennen, da sich diese
Familie durch ihre freundliche Aufnahme der Fremden und ihre
billige Bedienung gewiss viele Freunde unter dem Reisepublikum erworben hat und erwerben wird. Aus dem *Kessel* tritt
man nun in eine Reihe von Felsenengen, durch welche die Ache
in den schönsten und malerischsten Fällen herabstürzt. Die
nächste Höhe linker Hand über der Strasse hat eine Sennhütte
unseres Wirthes, und von dieser niedrigen Höhe bietet sich aber-

mals ein herrlicher malerischer Einblick ins Tauernthal. Rechts
von der Strasse bildet jetzt die Ache die schönsten Katarakten,
ein Felsenriff überstürzend. Mein Wirth nannte ihn den *Schaum-
fall*, und so mag er heissen, bis der wirkliche Name entdeckt
ist; links der Strasse stehen die schwarzen Kalkschichten senkrecht. Plötzlich überspringt eine Brücke die Ache am *Wasser-
fallbühel* und zeigt den Wasserfall in seiner ganzen malerischen
Schönheit. Etwas zwischen Felshänke eingeengt, wirft sich die
Ache herab in einen Kessel, aus welchem sie schäumend in ein
zweites Becken zwischen Felsen überwallt, von dem sie sich
abermals tief in den unteren Kessel stürzt. In der darüber sich
öffnenden Thalspalte vollendet der schöne Hintergrund das grosse
Bild. Der *Bleislingkeil* und das *Windsfeld* in ihren malerischen
Formen und weissgrauer Farbe lagern sich hinter einem hohen,
zum Theil noch bematteten Felsenstock. Der ganze Vordergrund,
wie der ganze Weg herauf, liegt im dunkeln Schatten, der Hintergrund im heiteren Sonnenlicht. Dieser sonnige Hintergrund
lässt den erfahrenen Wanderer auf eine Veränderung der bisherigen Gegend schliessen. Unten bei der *Tauernklamm* verliessen wir das Sonnenlicht und die von ihm begrüssten Gründe und
Höhen. Hier treten wir wieder heraus aus dem Schatten, wir
haben ein Nassfeld erreicht, die *Gnadenalpe* (3910). Ein weiter Thalkessel breitet sich aus, vollkommen eben, von einzelnen Sennhütten belebt; ruhig und still gleitet die Ache durch
die Triften, an die Stelle ihres Rauschens tritt das Geläute der
Viehheerden oder das Rufen der Hirten. Die Strasse zieht sich
nun links an der Bergwand hinan und erhebt sich bald über
die Ebene der Alpe. Ehe sie links umbiegt und sich dem bisherigen Anblick entzieht, wird gerastet, um noch einen Rückblick zu thun, ehe der scharfe Tauernwind solches verbietet:
links unten der Thalboden und die Hütten der *Gnadenalpe;* dort
aber, wo sich der Thalboden hinter einem Hügel entzieht, wo
wir vorhin die Ache sich in die Schluchten des Tauern stürzen
sahen, ziehen sich die beiderseitigen Bergreihen des vorderen
Tauernthales zusammen. Die hohe zackige Kalkmauer über dem
Hintergrunde ist der *Gosauer Stein,* der höchste Zahn der *Donnerkogl* (6486'), hier sehr passend wegen der 2 Spitzen die *Bi-*

schofsmütze genannt; die hohe scharfe Pyramide rechts aber, welche über die Schultern des Tauern hereinblickt, ist der *Thorstein* (9390') und rechts davon der *Mitterspitz* (9100'). Im Westen steigen die öden und formlosen Gipfel des Kahres gegen
die Flachau auf. Das Tauernthal und die Strasse, immer sich
links an der Höhe haltend, wendet sich nun gerade von seiner
bisherigen südlichen in eine östliche Richtung; wir betreten hier
den obersten Thalkessel, das *Tauernkahr*, und hier stellt sich
bei günstigem Wetter der Tauernwind ein. Der Thalboden ist
in der Tiefe verschwunden, nur in einiger Ferne, rechts über
dem Gehügel, zeigt sich eine Kluft und das unterirdische Rauschen der Ache verkündet, dass dieselbe enger gebettet ist. Ein
Wegweiser mit der Aufschrift: *Nach dem Johannsfall*, bringt
den Naturfreund nochmals zu der Ache. Der Steig führt rechts
ab über einiges Gehügel, spärlich mit Holz bewachsen. Ein
Geländer zeigt die Stelle an, wo man einen der schönsten Wasserfälle übersehen kann. Die *Tauernache*, welche im obersten
Tauernkahr zusammenfliesst aus vielen Bächen, schneidet sich
in dem oberen Kessel ziemlich tief ein, der Boden jenes Kessels bricht hier aber senkrecht in einen Abgrund ab. Die Ache,
aus ihrem Schlunde hervorbrechend, wirft sich daher in einen
600' tiefen Abgrund und bildet trotz ihres Wasserreichthums
einen schönen und einen der grössten Schleierfälle oder Staubbäche. Brausend dringt die Ache aus ihrem Schlunde hervor,
schweigend und majestätisch wallt sie nieder in den Schooss des
Abgrundes. Nachmittags 4 Uhr (im August) möchte die passend-
ste Beleuchtung sein. Die gelb, weiss und braun gestreifte Kalkwand des Absturzes ist im Schatten, der hervortreibende Wasserfall allein tritt in den Bereich der Sonnenstrahlen, bis er das
Dunkel seines Abgrundes erreicht, malerisch klammern sich Fichten an den Absturz der Wand. Ueber dem dunkeln, spärlich
bewaldeten Gehügel, welches die Wasserfallwand krönt, zieht
wiederum das kalkweisse Tauernkahr mit seinen Schichten, Lagern und Hörnern hin im hellsten Lichte. Der Steig, welcher
früher hinabfuhrte zum Fall und unter dem Sehirmdache desselben hin, ist sehr verfallen und schlüpfrig, und nicht allen
möchte ich es rathen, diese Wasserprobe hier zu bestehen. Die

vom Wasser abgeschliffenen Steine im Kessel des Falles werden als Wetzsteine von den Umwohnern benutzt.

Zur Strasse zurückgekehrt, steigt man noch etwas höher hinan, um den Boden des Tauernkahres zu erreichen, in dessen Schoosse das *Tauernhaus Wieseneck* liegt. Das mehrerwähnte Tauernkahr ist die Mulde eines hohen Felsengartes, das Innere eines Kalkringes, dessen Kranz durch den Einschnitt der Ache abwärts und die Tauernscharte aufwärts zerbrochen ist. Er zerfällt daher in 2 Ringbruchstücke, in ein nordöstliches, das *Seekahr*, und südwestliches. Das erstere hat folgende Gipfel: *Seekahrspitz* (7840'), *Hundsfeldkogl* (7621') und *Hundsfeldkopf*; aus dem letzteren ragen auf: die *Gamsleiten* (6928'), *Wildseespitz* (7432'), *Bleislingkeil* (7908'), das *Windsfeld* (8277'). Innerhalb des ersten Amphitheaters, links über der Strasse, liegt eine Gruppe von Hochseen: der *Grünwaldsee*, *Hundsfeldsee* und *Kramsee*; daher der Name *Seekahr*. In diesen öden Kahren liegt das *Tauernhaus*, nebst Kirche und Wohnung eines Geistlichen. Der Reisende erhält die nöthigsten Bedürfnisse, so dass er sich selbst länger in einer so merkwürdigen Gegend aufhalten kann. Die Kirche stand schon 1224. Flach zieht sich nun die Höhe hinan zur *Tauernscharte*, bei den Römern *in alpe*, jetzt *Friedhofhöhe* (5499') genannt, denn hier, auf der Grenze zwischen Mur und Ens, liegt der Gottesacker, die ewige und stille Ruhestätte der durch Schnee und Lawinen verunglückten Wanderer. In der Kapelle das Grabmal des ersten Erbauers des gegenwärtigen wohlthätigen Tauernhauses (1557), *Wolfgang Wiesenecker*. Am südlichen Abhang befindet sich ein zweites Wirthshaus, *Am Scheidberg*. Der Tauern bildet die Grenze zwischen den salzburgischen Gauen Pongau (Ens) und Lungau (das salzburgische Murgebiet). Jenseits geht es steil hinab nach *Tweng* (3703').

Geognost. Ueber eine im Osten dem Glimmerschiefer-, im Westen dem Thonglimmerschiefergebirge angehörige Unterlage, die im Zauchthal sowohl, wie im innern der Tauern, so am Oberhüttensee, zu Tage tritt, erheben sich die Gebilde der Tauern selbst. Unten wenig mächtige dunkle, schwefelkiesreiche Thonschiefer, darüber das mächtige Kalk- und Dolomitgebirge. Während die Unteren Kalke dunkel und zum Theil schieferig, am Nordgehänge der Lakenalpe gelbbraune, in Dolomitsand zerfallende Rauchwacke sind, herrschen auf den Höhen lichte dolomitische Kalke und Dolomite. Die versteinerungsführenden Schichten gehören der

Südseite an; s. Bd. V. Murgebiet. Ueber die Radstädter Tauern s. Peters und Stur.
Jahrb. V.

Botan. längs der Strasse: Valeriana montana, tripteris, saxatilis, Crocus albiflorus Schultes, Campanula pulla, barbata, Gentiana acaulis, nivalis, Lomatogonium
carinthiacum, Azalea procumbens, Statice alpina, Juncus triglumis, castaneus Smith,
Anthericum serotinum, Rumex alpinus, Polygonum viviparum, Moehringia muscosa, Rhododendron hirsutum, Saxifraga aizoon, mutata, burseriana, oppositifolia,
caesia, aizoides, stellaris, Sempervivum hirtum, Dryas octopetala, Aconitum Napellus, Calamintha alpina, Betonica alopecurus, Bartsia alpina, Biscutella laevigata,
Arabis pumila, Hieracium aureum, villosum, Carduus personata, Cacalia alpina, albifrons, Tussilago alpina, Senecio abrotanifolius, carniolicus (Seekahr), Cineraria
crispa, Filago leontopodium, Salix retusa, Pinus pumilio, Juniperus alpina, Veratrum album. Auf dem Friedhof: Gentiana nivalis, Lomatogonium carinthiacum,
Salix reticulata. — Das Tauernhaus eignet sich sehr zu Excursionen in das pflanzenreiche Hochgebirge, wo zu den genannten noch zahlreiche andere Hochgebirgs-
pflanzen kommen, so an der Seekahrspitz: Ranunculus rutaefolius, Cherleria sedoides, Alsine arctioides, Saxifraga oppositifolia, Primula minima, Aronicum Clusii, Lloydia serotina; an den faulen Wänden: Valeriana celtica; um die Leiter
alpe: Viola alpina, Phyteuma hemisphaericum pauciflorum, Artemisia Mutellina
u. z. a. Ausserdem am Tauern noch manche Seltenheit: Galium helveticum, Juncus castaneus.

Das Ensthal (Fortsetzung).

Von *Radstadt* verfolgen wir wieder den Lauf der Ens abwärts. Unweit der Stadt wird das Thal enger, indem sich ein
röthliches dolomitisches Vorgebirge von Süden her vorschiebt,
der *Eibenberg* (4074') und *Predigtstuhl*. Dieser Bergrücken, in
der Richtung des Schönbergs von Westen nach Osten ziehend,
im Gegensatz der von Süden nach Norden ziehenden Querrücken
der Tauernkette, verlegt dem nächsten Tauernthale, der *Forstau*,
den Weg, so dass sich diese am Ausgange östlich umbiegen
muss. Die Satteleintiefung, welche den Eibenberg von der
Tauernkette trennt, ist die *Lenau*, ähnlich dem Piller im Ober-
innthale.

Die Engen der Ens sind nicht schauerlich und nach $1\frac{1}{2}$ St.
von Radstadt kömmt links ein Bach, die *Mandling*, herein, und
wir betreten bei dem *Pass Mandling* das *Herzogthum Steiermark*,
den vierten Gau des deutschen Alpenlandes. *Steiermark* zählt
390 Q.M. und 1,056,773 E. (2728 a. d. Q.M.), 20 Städte, 96 Märkte, 3420 Dörfer. Wie alle Alpenländer bietet auch dieses des
Wunderbaren viel: die Eiszinnen des Dachsteins und die wein-
reichen Gebiete des Unterlandes, die Eisenminen des Erzbergs

und die Salzlager von Aussee, die herrlichen Seen hier im
Schoosse der Tauernkette, dort in den Buchten und auf den
Kahren der Kalkalpen Felsenburgen und Heilquellen, und vor
allem die jodelnde Musik des Gesanges und Tanzes, denn hier
möchte vorzugsweise das Alpenleben der Sennerinnen einen Reiz
haben durch ihr helles Gejauchze und Gejodel, sowie durch
die grössere Wohnlichkeit der Sennhütten. Doch auch eine
Schattenseite hat Steiermark, die grosse Zahl von Feebsen (Cre-
tins), welche auffällt, sowie man das Land betritt. Die Haupt-
farbe der steierischen Volkstracht vom Hut bis auf die Strüm-
pfe ist grün und grau. Der Hut breitkrämpig.

Die *Mandling* entsteht ¼ St. oberhalb des Passes aus der *Warmen* und *Kalten Mandling*. Beide Bäche fliessen hinter der nördlichen Bergwand zusammen. Die erstere kömmt von dem *Gosauer Stein* und fliesst zuerst südlich nach *Filzmoos* (3235'),
531 E., noch salzburgisch, dann südöstlich, wo ihr die aus den
Eisfeldern des Dachsteins abfliessende *Kalte Mandling* entgegen-
kömmt; vereinigt rinnen beide nun durch eine Thalenge hinaus
zur Ens. Die *Warme Mandling* wird nur im Gegensatz der eis-
geborenen und daher *Kalten Mandling* so genannt. Eine prächtige Aussicht hat man von dem aus der Dachsteingruppe südlich zwischen die beiden Mandlbugthäler tretenden *Retten*- oder
Röthenstein (7091'), sowohl auf die furchtbar jäh abstürzenden
Wände des Thor- und Gosauer Steins, wie auf das Ensthal und
die jenseitigen Tauern, auf das Tännengebirge und ins Pinzgau

Aus dem Engpass von *Mandling* heraustretend erweitert sich
das Ensthal; rechts mündet das schon erwähnte *Forstauthal*. Die
Forstau liegt noch ganz im Salzburgischen, indem die Grenze,
vom Dachstein herabziehend, in der Kalten Mandling die Ens
am Passe überspringt und jenseits, das Vorgebirge und die Mündung der Forstau quer durchschneidend, zu dem Bergrücken
hinanzieht, welcher *Forstau* und das östlich neben ihm liegende
Thal *Preunegy* trennt. Die *Forstau* ist über 3 St. lang. Ein Jochsteig führt über die *Schwaigeralm* (3740') an den *Oberhüttensee*,
schon auf dem Joche selbst, vorüber in das jenseitige lungauische Thal *Weissbriach*, ein anderer in das *Seekahr* des Radstädter Tauerns.

Der Markt *Schladming* (2316'), 952 E., welcher inmitten einer herrlichen Natur und vieler, erst durch Weidmanns treffliche Schilderungen bekannt gewordener Naturschönheiten liegt, ist unser nächstes Standquartier. Es war früher eine blühende Bergstadt, aber die Stürme des Bauernkriegs vernichteten ihren Wohlstand. In diesem Kriege (1525) erhoben sich zuerst die Bauern und besonders die Bergknappen im Salzburgischen, in der Gastein und in der Rauris. Die Bewegung pflanzte sich rasch nach Steiermark ins Ensthal, wo sich ebenfalls zuerst die Knappen um und in Schladming, Aussee und Eisenarzt erhoben. Sie zogen gegen Adel und Geistlichkeit ins Feld, aber es war noch nicht die Lehre Luthers, für die sie die Waffen ergriffen. Sie wollten Verminderung der Abgaben, gleiche Vertheilung derselben unter alle Stände, Freiheit des Holzschlages, der Wildbahn, des Fischereirechtes. Der Landeshauptmann von Steiermark, Sigmund von Dietrichstein, zog mit kaiserlichen Söldnern gegen das aufrührerische Ensthal; nach einem ersten unglücklichen Gefechte bei Rottenmann zog er Verstärkungen zu sich und mit diesen gelang es ihm, Rottenmann, Irdning und Schladming zu besetzen; in Schladming aber wurde er von den Salzburgern überfallen, von seinen Soldknechten, die zu den Feinden übergingen, verlassen und gefangen genommen. Da rückte Graf Niklas Salm (4 Jahre später, 1529, der Vertheidiger Wiens gegen die Türken) mit frischen Truppen heran, besiegte die Bauern, nahm Schladming und zerstörte es; viele gefangene Bürger und Bauern wurden hingerichtet; Dietrichstein, der auf der Feste Werfen in Gefangenschaft der Bauern sass, wurde befreit. In allen diesen Gefechten sollen an 3000 Mann von den kaiserlichen Truppen gefallen sein. Die Bauern hatten allerdings, als sie siegreich waren, gefangene Böhmen und Husaren auf dem Platze zu Schladming enthaupten lassen; dass sie aber auch 32 Edelleute hingerichtet hätten, erzählen zwar spätere Chroniken, scheint aber, da Dietrichstein und Salm in ihren Berichten keine Erwähnung davon thun, in den Bereich späterer Erfindungen zu gehören. — Die Protestanten haben in Schladming eine, 1863 mit grosser Feierlichkeit eingeweihte, schöne, grosse Kirche — Im J. 1814 verheerte ein Brand den

Ort. Die katholische Kirche ist alt, hat aber ausser einigen
sehr alten Flügelgemälden nichts Merkwürdiges. — Die Lage
von *Schladming* ist sehr schön; man übersieht sie zunächst von
der nahen sogen. *Burg*, wenigen Ueberbleibseln einer alten Burg,
von der die Geschichte nichts mehr verkündet. Im Norden erhebt sich die *Ramsauerleiten*, eine schöne, üppig grünende Vorstufe des sich dahinter starr und kahl in die Wolken erhebenden *Steins (Dachstein)*, dessen Hochgipfel 9000' übersteigen und
die höchsten Zinnen Steiermarks sind. Das völlig Pflanzenleere,
Weissgraue dieser himmelragenden Wände sticht auffallend ab
gegen das Grün der Leite. Gegen Süden erheben sich allmählich die Urgebirge in sanfteren Formen und fast bis zu ihren
Hochgipfeln umgrünt; gegen Osten die schöne Durchsicht das
Ensthal hinab, ebenso westlich hinauf.

Ausflüge.

Zuerst besuchen wir die schöne *Ramsau*, ein in den Alpenländern öfter vorkommender Name. Mehrere Wege führen dahin. Man durchschneidet zuerst das Ensthal, dann führt der
Torfweg, der *Schneckenweg* und endlich ein elender Fahrweg, die
schon erwähnte *Leite*, hinan. Erst beim Ansteigen bemerkt man
die Höhe dieser unter den dahinter senkrecht aufsteigenden Wänden ganz niedrig scheinenden, nur einem Raine gleichenden Stufe.
Auf der Höhe der Hochebene angekommen, wird man überrascht
durch den Blick auf das Ensthal, das sich in grosser Tiefe hinzieht mit seinem Flusse, auf die jenseitigen grünen Urgebirge,
auf die grauen drohenden Wände des *Steins*, vor allem aber
durch die Ansicht der Hochebene selbst, welche man nicht erwartete, denn die Länge derselben beträgt 4 St., ihre Breite
1½ St. Die Gemeinde *Ramsau* hat 612 E., *Leiten* 438 E., fast alle
Protestanten, sie haben ihre eigene Pfarre und Schule, 120 Schul-
kinder. Doch ist eine katholische Vikariatskirche da, in der
Rössing, St. Rupert a. Kulm, fast ohne Gemeinde. Das Gebäude
in gothischem Stile gereicht der Gegend zum Schmuck. Auch
die Sage waltet hier, denn die Natur ist zu abenteuerlich, um
nicht die Phantasie anzuregen. Dort oben zwischen dem eisigen *Thorstein* und dem *Scheuchenspitz* hat der Böse seine Wohnung, und wie er dort an heiteren sonnigen Tagen Schneewol-

24 *

ken emporwirbelt, so bezeugen des Nachts feurige stäubende
Funken sein Dasein. Besonders führt er liederliche Dirnen fort
und lässt sie an ihren Knien mit Hufeisen beschlagen; der alte
Schmied in Steinach musste dieses Geschäft, um Mitternacht vom
Satan geweckt, mehrmals vollziehen. Die Veranlassung dieser
Sage mag das Auffinden von Hufeisen oben in diesen unwirth-
baren, jetzt kaum noch von eines Menschen Fuss betretenen
öden Steinwüsten gewesen sein. Bei einer pestartigen Krankheit 1715 that man zuletzt derselben dadurch Einhalt, dass man
die Kranken bis an den Hals in Dünger steckte; dieses Mittel
half; daher setzte man zum Andenken in der Nähe des Hofes,
wo man das Mittel zuerst anwendete, ein Denkmal. Hoch oben
an den grauen Wänden des *Steins* zeigt man einen vorspringenden Felsen, die *Felsenkanzel* genannt, weil sich die Protestanten während der Verfolgungszeit in die Klüfte des Steins flüch-
teten und ein Geistlicher von diesem Felsen zu ihnen predigte
Merkwürdig sind noch die auf einer steilen Höhe liegenden, in
tiefes Waldesdunkel versteckten Ruinen der *Katzenburg* mit vielen unterirdischen Gängen, in welchen natürlich ungeheure Schätze, von Berggeistern und feurigen Hunden bewacht, verborgen liegen. Die Geschichte der Burg liegt in völligem Dunkel.

Die Ramsauer zeichnen sich aus durch Fleiss, Ordnungslie-
be, Reinlichkeit und Frömmigkeit. Winterbeschäftigung: Holz-
arbeiten und Bandmachen. Gebaut wird: Korn, Hafer, Flachs,
Klee, Weizen, doch nicht hinreichend wegen der hohen Lage
(3000'), nur Hafer im Ueberfluss; Kraut, Rüben und Kartoffeln
zum Bedarf. Auch hier muss der Aelpler, wie meistens, in der
Viehzucht Entschädigung finden. Mit Pferden, Ochsen und Käl-
bern wird gehandelt; Schafe werden zum häuslichen Bedarf,
der Kleidung wegen, gehalten; Ziegen viele, da sie viel abwerfen.

Ein zweiter äusserst lohnender und wenig beschwerlicher
Ausflug bringt uns (in 3 St.) auf den *Planaykopf*, gerade im Süden von *Schladming*. Der Weg geht anfangs etwas steil hinan
zwischen Bauernhöfen durch, dann links am Westabhange des
Berges ganz mählich hinan durch Wald. Grossartig und überraschend ist die Aussicht, die sich hier bietet. Zu Füssen das
ganze Ensthal bis hinab gegen Admont, mit Ortschaften über-

säet, darüber hin die Kalkalpenkette vom Hochschwab im Osten
an über den Grimming nnd das Todte Gebirge her zur gewaltigen Dachsteingruppe, die in erhabener Majestät im Norden
thront, darunter die Terrasse von Ramsau mit den freundlichen
Häusern, das Tännengebirge links, davor der Watzmann als langer gewaltiger Kamm; neben den Teufelshörnern das Steinerne
Meer mit dem Hundstod; über dem Gründeck ragt die Masse
der Uebergossenen Alpe empor mit der Wetterwand, neben ihr
die Dientner und Glemmer Berge. Im Westen aber baut sich
neben dem nahen Schledeck die Glocknergruppe auf in pracht-
vollster Gliederung; scharf zeichnet sich der Hauptkamm in den
klaren Lüften, Adlersruhe, Glockner und seine Wand hin bis
zum Kastenberg, vor ihm der Fuschereiskahrkopf und Sinnibelleck; über dem Breitkopf guckt der oberste Pasterzenkees-
boden herein bis zum Johannsberg und den Bärenköpfen. In
der That ein erhabenes Bild!

Südlich von *Schladming* liegen die Thäler *Preunegg, Schladminger Ober-* und *Unterthal.* Das *Preuneggthal* ist ein Parallelthal der Forstau und des Radstädter Tauernthales. Von *Schladming* bis zum Eingang dieses Thales gehen wir wieder 2 St. an
der Ens hinan bis *Pichl.* 273 E., überschreiten die Ensbrücke
und wenden uns südlich. An dem ehemaligen Schmelzhütten-
werk (Kupfer, Silber, Gold) gelangt man zum Eingange des Thales Dieser ist eng und muss umgangen werden; in 3 St. vom
Markte hat man die Thalstufe erstiegen und befindet sich auf
dem linken Ufer des Baches. Diese Ensthäler der Tauernkette
haben das mit den Salzachthälern gemein, dass man schon bald
nach dem Eintritte die hier wenigstens noch schneegefurchten
Häupter, den Kern der inneren Hochwelt, erblickt, welche einen
grossartigen Hintergrund zu dem saftigen Grün der Thäler machen. Im *Preuneggthale* liegen die Bauernhöfe oder Lehen zerstreut; die unteren Abhänge der Wände sind bewaldet, höher
hinan bemattet und im Hintergrunde ragen die grauen Wände
und Zacken des 7231' hohen *Kalkspitzes* empor. Schön ist auch
der Rückblick über das Ensthal hinüber auf die Ramsau und
deren riesige Kalkwände. Noch 1 St. thaleinwärts liegen Bauernhöfe, dann aber beginnen mit den ersten Zirben auch die Vor-

alpen, welche im Sommer, während das Vieh auf den Hochalpen
ist, einmal gemäht werden. Die letzte dieser Alpen ist die *Klausalpe*. Hinter ihr erhebt sich das Gebirge in grossen Stufen, über
welche ein schöner Wasserfall, den wir den *Klausalpenfall* nennen, herabstürzt. Durch dunkele majestätische Fichtenwälder
steil ansteigend gelangt man auf die letzte Thalstufe, die äusserst reizend liegende *Ursprungalpe;* 10 Sennhütten liegen auf
ebener, von vielen Bächen durchschnittener Matte. Im Süden
ist die Alpe ummauert von den schneeumlagerten Wänden des
Kalkspitzes. Aus einem höhlenartigen Loche an diesem Berge
stürzt bisweilen Wasser heraus, nach der Aussage der Aeplier
schlechtes Wetter bedeutend; hört es auf zu fliessen, so wird
das Wetter schön. Die Sage weiss hier viel von Lindwürmern
und Schlangen zu erzählen, welche da unten in den Wäldern
hausen. Einst wimmelte es so von giftigen Schlangen, dass ihr
Hauch die ganze Gegend verpestete; da versprach ein Mann,
dieselben zu bannen, doch fragte er sorgfältig, ob keine weisse
Schlange darunter sei, und auf die Verneinung begann er sein
Werk. Er bestieg einen Baum, liess ihn mit Holz umlegen und
dasselbe anzünden, worauf er seine Beschwörung aussprach. Von
allen Seiten kamen die Schlangen herbei, krochen ins Feuer und
kamen um; doch als er plötzlich auch eine weisse Schlange erblickte, schrie er laut auf, er sei verloren, und wirklich, die
weisse Schlange kroch durch das Feuer durch, den Baum hinauf und erwürgte den Zauberer. Von dieser Zeit an zeigte sich
keine Schlange mehr in der Gegend. Die Sennhütten der *Ursprungalpe* sind geräumig und haben heizbare Zimmer. Jochsteige führen südwärts in das *Weissbriachthal* und nach *Tamsweg* (Lungau).

Anstatt von hier durch dasselbe Thal zurück zu gehen, übersteigen wir das nahe Joch, um im folgenden Seitenthal, dem
Schladminger Oberthal hinabzuwandern. Im Osten der Alpe erhebt sich der *Kamp;* zwischen diesem und dem *Kalkspitz* ist das
Joch, über welches wir in das Gebiet des *Schladminger Oberthales* gelangen. Von den Sennhütten braucht man wohl 1 St.,
über Kalk- und Schiefertrümmer kletternd, ehe man das Joch
erreicht. Gleich unter dem Joche stehen wir an dem *Oberen*

Giglachsee, dessen kleiner, runder, ¼ St. im Durchmesser halten-
der Spiegel in dieser Felseneinöde ein schönes Bild gewährt. Nur
wenige Klaftern tiefer streckt sich der ½ St. lange *Untere Giglachsee* zwischen Felsenufern hin; auch seine in ihm vortretenden Felsenwände, die sich in ihm spiegeln, geben ihm den hohen Reiz eines Hochsees. Rings umher verfallene Gruben ehemaligen Bergbaues auf Kupfer und Silber. Am See beginnt die
Giglachalpe, welche den obersten Anfang eines Seitengrundes des
Oberthales einnimmt; die Hütten liegen etwas tiefer, sind geräumig und haben holzbare Stuben. Von diesen Hütten kömmt
man auf einem bequemen Alpenwege im Grunde fort, an Kupfergruben vorüber, zum *Landauersee*, von welchem der Grund steil
in die Tiefe setzt und sich bei der schönen, eine kleine Thalfläche bildenden, Alpe *Hofwiesen* mit dem Hauptthale vereinigt.
Von der *Giglachalpe* braucht man 3 St. bis zum *Ferbigerlehen* im
Oberthal, unterhalb der Hofwiesenalpe. Wer Zeit, Kräfte und
einen schwindelfreien Kopf hat, steigt, statt von der Giglachalpe auf dem kürzesten genannten Wege ins Oberthal hinabzu-
gehen, von dem *Unteren Giglachsee* südlich hinau zum *Vettern-
schartl*, durch eine grossartige Wildniss, an einer verlassenen
Knappenstube und dem kleinen, nur selten aufthauenden *Vettern-
see* vorüber. Weiter hinan ist die neue Knappenstube. Auf der
Scharte blickt man zunächst über ein ausserordentlich wüstes
Felsenkahr mit kleinen blauen Eisseen hinab in die Thäler des
Lungau's; links hat man den *Neualpenkopf*, an welchem sich
die *Vetterngruben* (Kobalt, Wismuth, Spiessglas und Nickel) befinden. Um auf dem Kamme des Gebirgs östlich fortzukommen,
muss man den *Neualpenkopf* südlich durch jenes öde Felsenkahr,
also auf salzburgischem Boden (Lungau), umgehen, ein sehr beschwerlicher, mitunter gefährlicher Weg. In ⅓ St. ist der *Neualpenkopf* umgangen und man steigt wieder zur *Zinkwandscharte*
hinau, sehr beschwerlich. Von dieser Scharte aus steigt man
nun in dem eigentlichen Oberthale hinab. In ½ St. erreicht man
die *Kobaltgruben*, 8 an der Zahl (grauer Speiskobalt, Wismuth,
Kupfernickel, Ocker, Spiessglanz). Die Knappenstube liegt 1 St.
weiter thalabwärts, das ganze Jahr hindurch von 8 — 10 Knappen bewohnt; die majestätische *Zinkwand* mit ihren Erzgängen

erhebt sich hoch über die Hütten. Von hier geht der Steig fortwährend über Felsen hinab, rechts das von Süden hereinzie-
hende *Neualpenthal* lassend, durch welches ein Jochsteig in das
lungauische Lignitzthal führt. An der Mündung jenes Thales
in das Oberthal kommen wir in 1¼ St. von der Knappenstube
zu der reizend gelegenen *Neualpe* mit der grossen und stattlichen *Rojerhütte.* Schöner Ausblick durch das Oberthal zum Dachstein. Hier beginnt die Waldregion. 1 St. abwärts liegt die
Knappenstube und das *Pochwerk am Brandl.* Nicht weit davon
Gruben auf Blei, Kupfer und Silber. Rechts kömmt der *Alpenbach* vom *Eiskahr* herab (an ihm hinauf und über das Eiskahr
ein guter Steig, am jenseitigen *Wildkahrsee* vorüber in das oberste *Unterthal* zu den Stegerhütten, zu denen wir später noch
kommen werden). Thalabwärts kömmt man links an einem Seitengrunde vorüber, welcher zum *Duywitzkahr* führt, mit 2 Hochseen. Endlich erreicht man die Alpe *Hofwiesen*, wo sich der
erwähnte kürzere Weg von der *Giglachalpe* mit dem Hauptthale
vereinigt; unser Umweg beträgt 7 — 9 St. Westlich liegen Blei-
gruben. Von *Hofwiesen* aus thalabwärts beginnen die Lehen,
das *Fenzerlehen*, *Ferbigerlehen* und 1 St weiter das *Rojerlehen*,
wo sich das Oberthal öffnet, um sich mit dem rechts herabkommenden *Unter-Schladmingerthal* oder *Unterthal* zu vereinigen.
Hier hat man wieder eine schöne Aussicht zum eisigen Dachstein hinan, an welchem man von hier aus eine Felsenöffnung
erblickt, das *Fensterl*, durch welches der jenseitige blaue Himmel hereinscheint. Man kömmt zum *Detter*, einem Bauernhofe,
und von da an dem vereinigten *Schladmingbach*, der wild durch
die lieblichen Fluren hinabtost, zum *Brucker*, einem Vergnü-
gungsorte der Schladminger, 1 St. vom Markte entfernt.

Wir besehen nun das *Unterthal* und können deshalb auch
gleich rechts um den *Mitterberg*, welcher es vom Oberthal am
Eingange scheidet, biegen. Bei Detters Haus betreten wir dieses Thal. Von da an drängt es sich mit geringer Breite zwischen dem *Ofnachgebirge* links und dem *Mitterberg* rechts hinan.
Das *Ofnachgebirge* ist ebenfalls, wie der *Mitterberg*, ein Seitenrücken der Hauptkette, aber er breitet sich nördlich zu einem
grossen Gebirgsstock, die beiderseitigen Thäler auseinandertrei-

bend, und nöthigt sie, sich mit ihren Nachbarthälern zu vereinigen, woraus die Zwillingsthäler *Ober-* und *Unterthal, Klein-* und *Gross-Sölk* entstanden. Das *Unterthal-* und *Klein-Sölkgebiet* stehen oben im Rücken des *Ofnachgebirgs* durch mehrere Jöcher in Verbindung und jedes hat einen schönen nicht unbedeutenden See aufzuweisen, den *Riesach-* und *Schwarzsee;* der höchste Gipfel dieses Gebirges ist die *Hochwildstelle* (s. u.).

Bald nach dem Eingange in das Thal gehen die Wiesen in Almen über, die nun in schnellem Wechsel auf einander folgen. Im Hintergrunde des steil austeigenden Thales zeigen sich die Hochgipfel: *Wildkahrspitz, Rauchenspitz* und *Waldhornspitz.* Oberhalb der *Hinkeralm* rauscht aus dunkeler Waldesschlucht links die *Riesach* hervor, und das südlich fortsteigende Hauptthal erhält nun den Namen *Steinriesenthal.* Wir besuchen zuerst das *Riesachthal* und biegen links ein; bald hören wir den dumpfen Donner eines Wasserfalles. Kaum sind wir im Walde etwas hinangestiegen, so zeigt sich der unterste Sturz des *Riesachfalles.* Der ganze Fall ist 150' hoch, hat aber 3 Abstürze und gehört mit zu den schönsten und malerischsten Fällen der Alpen, auch schon wegen seiner Wassermasse. Der oberste Sturz hat 60' Höhe und wird durch Felsen mehrfach getrennt. Der Fall ist in neuester Zeit durch bequeme Wege von allen Seiten zugänglich gemacht. Nicht weit von diesem Thalsturz gelangt man zu der Ausmündung der *Riesach* aus dem *Riesach-* oder *Pfellersee;* ¼ St. lang und ¼ St. breit dehnt sich sein smaragdgrüner Spiegel zwischen Wäldern, Matten und Hütten aus; ernste Felsenhäupter ragen über die grünen Vorberge herein. Er enthält Saiblinge. Um ihn herum lagern die Sennhüttengruppen der *Riesach-, Kerschbaum-* und *Kothalpe.* Von diesem See aus kann ein kühner Bergsteiger die *Hochwildstelle* (8678' △) ersteigen, einen der höchsten Berge Steiermarks. Im J. 1814 den 19. August erstieg ihn der Erzherzog Johann. Man geht über die *Kothalpen,* 1½ St. vom See, wo das Thal abermals durch eine Wand verschlossen ist; der Bach stürzt in einem schönen Wasserfalle über diese Thalstufe herab. Fast 1 St. hat man unter schönen Rückblicken auf den Riesachsee steil anzusteigen, um diese Stufe zu überwältigen. Ist die Höhe erreicht, so öffnet sich das reizende

Thal der *Waldhornalpe;* die Sennhütten liegen nahe an einander;
hier ist echte Urgebirgsnatur; braune Felsenmassen, grün aus-
gebuchtet mit frischen Matten oder auch gefranst mit Schneefeldern. Das einsame Thal umstehen der *Waldhornspitz,* das *Wald-*
hornthörl, der *Flacken* und *Greifenberg,* das *Schareck* und die
Trattenscharte, auf welcher die *Wildstelle* ruht. Nordöstlich erhebt sich vom Thalboden das *Himmelreich.*

Mineral. und Geognost. Die Erzgruben auf der Neualpe, an der Zinkwand
und im Vettern schliessen ein Quarzlager im Glimmerschiefer auf, welches von
Quarz- und Kalkspathgängen durchsetzt wird. Das Erzlager selbst führt Anti-
mon- und Bleiglanz, Schwefel- und Kupferkies und einiges Fahlerz, die Gänge
dagegen, insbesondere wo sie sich mit dem Lager zusammen schaaren, Ankerit,
Nickelglanz (Neualpe in schönen Krystallen), Kupfernickel, Speiskobalt, Arsenik-
eisen, Arsenikkies, gediegen Arsenik, selten gediegen Wismuth und Wismuthocker.

Botan. Die Schladminger Alpen, besonders der Hochgolling, sind pflanzen-
reich, u. a.: Ranunculus glacialis, rutaefolius, Cardamine alpina, Draba Zahlbruckneri (Ewiges Eis), frigida, Fladnitzensis, Dianthus alpinus, Potentilla grandiflora,
frigida, Geum reptans, Silene Pumilio, Trifolium caespitosum, Saxifraga retusa,
oppositifolia, aspera, bryoides, Sempervivum hirsutum, Hieracium Halleri, Filago
leontopodium, Achillea moschata, Clavenae, Artemisia spicata, Chrysanthemum
alpinum, Senecio carniolicus, Aronicum Clusii, scorpioides, Rhododendron Chamaecistus, Gentiana bavarica, nivalis, prostrata, imbricata, Phyteuma pauciflorum, Valeriana celtica, Myosotis nana, Androsace alpina, Primula glutinosa, Flörkeana, minima, Soldanella pusilla, Pedicularis Portschenschlagii, Statice alpina, Sesleria disticha, sphaerocephala u. s. w.

Auf der *Waldhornalpe* übernachtet, wer die *Wildstelle* ersteigen will. Sehr früh aufgebrochen geht es die *Himmelreichwiese*
hinan zu dem Absatz der *Tratten;* hier sieht man die 2 Seen
der *Rietingscharte;* rechts geht es zur *Schareckscharte,* links nordöstlich zur *Trattenscharte,* unser Weg; grosse Schneefelder beginnen; von der *Trattenscharte* 1 St. mühsam über sie hinan;
nördlich gelangt man nun an den Fuss der *Wildstelle.* Neben
dem *Himmelreich* noch steil hinansteigend, erreicht man eine
Schneide, 2½ St. von dem Nachtquartier, wo sich erst die Massen des Berges entfalten. Hier werden die Steigeisen angelegt
und dann beginnt der Steig bald längs jäh abstürzender Schnee-
lähnen, in welche Tritte eingehauen und Stricke die Stelle von
Geländern versehen, bald steil durch Felsen- oder Schneerinnen
hinan, bald um schneidige Ecken herum. In 5—6 St. erreicht
man die Spitze. Der Gipfel hat 4 Klaftern Raum und fällt fast

nach allen Seiten senkrecht ab; er besteht aus Gneiss und Schiefer. Weil der Gebirgsstock der *Hochwildstelle* aus der Hauptkette weit nach Norden in das Ensthal heraustritt und au Höhe
alle anderen Seitenrücken weit übertrifft, so ist die Rundsicht
von ihrem Gipfel nicht nur grossartig, sondern durch den Blick
in die nahen angebauten und bevölkerten Tiefen auch reizend.
Nördlich zunächst unter sich das *Sebig-* und *Suttenthal* mit ihren
4 glänzenden Seen; näher heran die wildzerrissenen Wände der
Wildstelle selbst und des *Hexsteins*; zwischen ihnen und über
sie hinab das herrliche Ensthal von Radstadt bis Admont, nur
dann und wann von Voralpen verdeckt; jenseits die ganze liebliche Bergebene der Ramsau, überragt vom Dachstein und seinem Gefolge; östlicher die niedrigere Fortsetzung desselben, der
Kamp und *Grimming;* über sie hin die *Ausseer* Gebirge, das
Todte Gebirge genannt, der *Priel* und das *Fenerthalgebirge;* östlich daran wieder die niederen Berge, der *Stoder,* *Waschenegg*
und *Pyrgas.* Oestlich steigt aus den Engen des Ensthales der
Buchstein mächtig empor; südlich von ihm die hohen und steilen *Johnsbacher Kalkalpen* mit dem gewaltigen, alle überragenden *Hochthore;* durch die Schluchten der Ens die ferneren Gebirge, besonders die Gruppe des *Hochschwabs.* Zwischen jenen
Admonter Kalkschroffen und uns wiederum die braunen übergrünten Urgebirge von der *Sölk* bis zum *Rottenmanner Tauern.*
Südlich zunächst das sich an die *Wildstelle* herumziehende obere
Gebiet der *Sölk,* nämlich die *Putzenthaler* und *Schwarzenseer Alpen;* der gewaltige *Preber,* *Rauchenspitz,* *Waldhornspitz,* das *Eiskahr* und der *Hochgolling,* der höchste dieses ganzen Gebietes.
Westlich die Gebirge des *Ober-* und *Preunegythales,* des *Radstädter Tauerns,* der *Flachau,* wo besonders das *Mosermandl* aufragt; das ganze obere Pinzgau mit den südlichen Eisgebirgen
der Thäler *Grossarl,* *Gastein* und *Rauris;* unter allen ragt der
Gloekner und das *Fischbackhorn* glänzend empor, die westlicheren Eisberge deckend; die Berchtesgadener Kalkmauern mit der
Uebergossenen Alpe, links dahinter die grünen Berge von Kitzbühel; nordwestlich beginnt die lange Mauer des Tännengebirges, unterbrochen durch die grünen Höhen von St. Martin; an
dieses reiht sich hier die wilde Zackenmauer der *Gosau* an, wel-

che sich wiederum zum Dachstein erhebt; über die Lücke von
St. Martin streift der Blick hinaus in die Flächen Salzburgs.

Von der *Waldhornalpe* verfolgen wir nun noch, um das
ganze Thal kennen zu lernen, dasselbe südlich bis zum Joche,
dem *Waldhornthörl*, 3 St. Das Thal steigt fortwährend stark
an; erst in 2 St. erreicht man wieder eine Fläche, auf welcher
in wilder öder Gegend die beiden *Kapuzinerseen* liegen. Der
Pfad führt zwischen beiden hindurch, dann links über Geröll
hinan zur schmalen Scharte des *Thörls*, an der Grenze des Lungan's. Hier hat man eine schöne Aussicht zurück auf die *Wildstelle*, südlich zuerst auf eine kleine Hochfläche mit mehreren
Seen, tiefer auf das *Lassachthal* und in demselben hinab gerade nach *Tamsweg* an der Mur, und die jenseitigen *Bundschu-
her Alpen*.

Von hier hinüber in das oberste Gebiet der *Söll* führt ein
mühsamer Weg, der aber dem Alpenwanderer manchen grossen
Genuss verschafft. Der Gebirgsrücken wendet sich mit der Grenze vom *Waldhornthörl* plötzlich von seiner bisherigen östlichen
Richtung nach Norden bis zum *Waldhornspitz*, dann aber wieder nach Süden, um dann in östlicher Richtung wieder fortzu-
ziehen. Von Süden zieht das erwähnte *Lassach-* oder *Lessachthal* aus dem Lungan gerade herauf und seine oberste Thalstufe
liegt in dieser nördlich hineinziehenden Gebirgsbucht. Vom *Waldhornthörl* steigt man daher von dem Hochrücken herab auf diesen obersten öden Thalkessel, in welchem 3 kleine Seen liegen,
durchschneidet ihn in östlicher Richtung und steigt dann, wo
der Gebirgsrücken nach seiner nördlichen Ausbeugung wieder
hier eintrifft, zur *Kaiserscharte* hinan, von dieser Seite leicht
zugänglich; desto steiler fällt die nördliche Abdachung in zwei
Absätzen, welche mit Schnee bedeckt sind, hinab. Auf ihnen
fährt man, nach Aelpler Art auf den Stock gestützt, hinab.
Nach 1 St. von dem letzten Schneefelde betritt man wieder einen,
wenn auch schlechten Steig, welcher zur *Putzenthaleralpe* führt.
Auf dem Joche hat man eine schöne Ansicht des *Hochgollings*.
In 2 St. erreicht man die *Putzenthaler Alphütten*, die wir hernach, von unten heraufkommend, besuchen werden.

Jetzt kehren wir zum *Riesachsee* zurück, um auch den anderen Thalast des Unterthales, das schon genannte *Steinriesen-thal*, die eigentliche Fortsetzung des Hauptthales, zu besuchen. Seinen Namen hat es von den Riesen, d. h. hier zu Lande Stein-rutschen, Geröllen (Rieseln), welche sich von den Höhen herab-ziehen, und manche Stellen des Thales ganz bedecken.

Anstatt von dem See an der *Riesach* hinabzusteigen bis zu ihrer Einmündung in den Unterthaler Bach, schneiden wir die Ecke, uns links wendend, ab, nicht nur der Kürze, sondern auch der Unterhaltung wegen. Die Ecke links, um welche wir in das *Steinriesenthal* biegen müssen, wird von dem Fusse des *Pla-ckern* gebildet. An ihm steigen wir ¼ St. steil über Matten hin-an zur *Detterhütte*, einer äusserst reizend liegenden Sennhütte, gerade an der Ecke des Thales, so dass man thalabwärts das ganze Unterthal übersieht und jenseits die weissgrauen Schrof-fen des Dachsteins; in der Tiefe das enge, theils verdeckte Stein-riesenthal, östlich das Riesachthal, dann ein Kranz von Felsen-hörnern, der Hexstein, die Wände der Wildstelle u. s. w. Jetzt geht es rasch abwärts zum *Steinriesenthal*, in ¼ St. zur schön ge-legenen *Anreithütte*, doch finden sich auf dieser ersten Strecke an einer Wand einige böse Stellen. Weiter abwärts kömmt man an einer trefflichen Quelle und der *Zaserhütte* vorüber zu den *Lubererhütten* in 1 St. (2 St. vom See), welche auf dem Thalbo-den des *Steinriesenthales* liegen. Die nächste Hütte ist die *Ste-gerhütte*, gross und bequem zum Uebernachten, 1 St. von der vorigen. Wiederum in 1 St. kömmt man über die *Untere* zur *Oberen Steinwandhütte*, der letzten des Thales, in wilder gross-artiger Gegend; jeder, wer auch nicht den Golling ersteigen will, sollte von Schladming aus diesen Ausflug bis hierher un-ternehmen. Wilde Felsentrümmer bedecken den Boden der *Stein-wandalpe*, welche den Schluss des Thales macht. Der ganz ebene, 500 Schritte lange und eben so breite Thalboden ist saftig grün, von hellen Gewässern durchrauscht; nur gegen Norden öffnet sich der mit Felsen überschüttete Eingang in dieses innerste Hei-ligthum; östlich erheben sich die Wände des *Schottxiegen*, da-neben die *Kleine Gollingscharte* mit Schneefeldern; südlich da-neben steigt in ernster Majestät der *Hochgolling* (9045′ △) in die blauen Lüfte, der höchste Berg der steiermärkischen Urgebirge

und der zweite im Rang nach dem Thor- oder Dachstein. Rechts
vom *Hochgolling* ist die noch übergrünte *Grosse Gollingscharte*.
Schwarz und steil zeigen sich die Wände des Gebirgs; nur die
lichter gefärbten Erzgänge unterbrechen das Düstere dieses Gesteins.

Der *Hochgolling (Hochgailing)* (9045') (s. Mitth. II. S. 157 ff.).
Führer in Schladming: Johann Bachler und Matth. Lechner. Der
Weg geht durch das untere *Schladmingthal*, über die *Weisswand-
alm*, wo der Senner ein gutes Glas Bier schenkt, die *Gfölleralm*,
durch das *Steinriesenthal*, die untere *Eibelalm* und obere *Eibel-
hütte* zur oberen *Steinwänderalm* (5365') in 7 St. — ein enger
schroffer Thalwinkel, über den sich steil aufsteigend der *Hochgolling* um 4000' erhebt, mit einer einzigen Schweighütte und
daneben einem Jagdhäuschen des Hrn. von Vernouillien in Schladming, worin man auch übernachten kann. Von hier ersteigt man
zunächst mühsam die *Gollingscharte* (7315'), von da in 3 St. den
Gipfel, auf dem ein Hüttchen, eben gross und hoch genug, um
2 — 3 sitzende Personen zu fassen. Die Rundsicht ist sehr lohnend. Die Aussicht ziemlich dieselbe, wie auf der Hochwildstelle; doch fehlt ihr das Ensthal in seiner ganzen Ausdehnung:
nur theilweise sieht man in dasselbe hinab; dagegen ist die Aussicht auf die Südseite umfassender, weil der Berg selbst auf dem
Rücken der Hauptkette steht. Besonders schön sieht man in den
Thälern *Görriach* und *Lassach* hinab nach *Tamsweg*, nach den
Rundschuher, Turracher und *Karnischen Alpen* im fernen Süden.
Von der *Steinwandhütte* braucht man bis zum Gipfel 4½ St., hinab 3 St.

Die Flora ist bei der Steilheit von 45—50 Grad natürlich arm, doch ändert
sich bis auf den Gipfel das Zwergvergissmeinnicht (Eritrichium nanum). Vergl.
ob. u. Schladming S. 378.

Das Ensthal (Fortsetzung)

wird bald breiter; aus den Seitenschluchten treten Schuttberge
hervor, von ihren Bächen angehäuft, welche aus dem Geklüft
der Hochwildstelle herabbrausen; denn dieses Gebirge haben wir
jetzt zur Rechten. In *Haus* ist ein gutes Wirthshaus. Bei *Aich*,
521 E., führt die Strasse über die Ens auf ihr linkes Ufer. Mit
diesem Uebergang geht auch im Baustile der Häuser eine Ver-

änderung vor. Bis *Aich* herrscht der gewöhnliche malerische
Alpenstil mit flachen steinbelasteten Dächern und seinen übrigen Eigenthümlichkeiten vor; von jetzt an abwärts gibt es hohe
Giebeldächer mit abgekappten Giebeln, wahrscheinlich Folge des
grösseren Eisenreichthums. Hier kömmt die *Sebig* südlich aus
dem *Ofnachgebirge* heraus; in dem Hintergrunde dieses Thales
liegen einige Seen, unter denen der *Bodensee* der bedeutendste
ist. Von der Wildstelle sahen wir herab auf sie. Die Strasse
verlässt gleich darauf die Sohle des Ensthales, um auf die niedrige Vorstufe des Absturzes der Kalkalpen, den *Mitterberg*, zu
steigen. — In 4 St. erreicht man beim Dörfchen *Stein*, zur Pfarre
Grosssölk gehörig, den Ausgang der *Sölk*, wieder eines grossen
interessanten Thalgebietes.

Die Sölk.

Aehnlich den Schladmingthälern theilt sich auch dieses Gebiet eine Strecke aufwärts in 2 Hauptäste, links die *Grosse Sölk*
und rechts oder westlich die *Kleine Sölk*. Jeder Ast theilt sich
wieder in Zweige. Die Strasse übersteigt den *Gatschberg*, ein
Vorgebirge in einer grossen Krümmung, weil der Bach an seinem Ausgange sich ein zu tiefes Bett gewühlt hat, um ihm folgen zu können. Ein steilerer Fusspfad an einer Wand, dem
Hutrofen, bringt ½ St. eher zum Ziele. Der *Gatschberg* ist noch
ganz bebaut und gewährt einen schönen Rückblick auf die jenseitige Kalkkette. Wo sich der Fusssteig mit der Strasse wieder vereinigt, hat man die hochgelegene Kirche von *Sölk* schon
vor Augen. Am Eingange in die *Sölk* steht mitten im Wege
auf einem grossen Felsblock das sogen. *Leonhardikreuz*, bei welchem die Sennerinnen beim Auftrieb auf die Alpen um Schutz
und Segen beten, und beim Abtrieb, wenn der Sommer glücklich war, ein Opfer bringen, wodurch dieser Opferstock so reich
ist, dass die Kirche von Sölk fast allein durch ihn besteht, dass
er aber auch oft Gegenstand des Raubes ist. Das Gemälde an
dem Kapellchen stellt den heiligen Leonhard als Schirmherrn des
Alpenlebens dar. Wie häufig in den Alpen hat auch dieser Ort
verschiedene Namen; als Hauptort des ganzen Thalgebiets heisst
er *Sölk*, die *Sölk*, 381 E., als besonderer Hauptort des Thales
Grosssölk, und endlich ohne Bezug des Thales *Meister*. Es be-

steht aus der Kirche, einem Schlosse, welche auf einem Felsen liegen, und dem Orte, mit einem Herrenhause des jetzigen Besitzers, *Groinigg.* Früher gehörte der Ort den Jesuiten und war ein Strafaufenthalt für sie. Von dem alten grossen und düsteren Gasthause gehen viele schaurige Sagen; es stammt noch aus den Zeiten, als durch die Sölk einer der besuchtesten Saumwege aus dem Norden nach dem Süden führte. Unfern des Schlosses befindet sich die *Trudenhöhle,* aus 3 Abtheilungen bestehend, einst, der Sage nach, der Aufenthalt einer Hexe. Die Höhle befindet sich in einem Kalklager, welches aus dem benachbarten *Donnersbachthale* über das *Gumpeneck* (7029' △), den Schlossfelsen von Sölk und die Schladmingthäler zieht, 2 — 400 Klaftern mächtig ist und zwischen Schiefer liegt. Von der Kirche aus blickt man in die Thäler Klein- und Grossölk und das Ensthal.

Um in die *Kleine Sölk* zu gelangen, steigt man von *Sölk* herab zum Bach, geht über ihn und steigt wieder eben so steil hinan, um wenigstens im Anfang auf der Höhe über den *Klein-Sölkerbach* thaleinwärts zu wandern. Nach 1 St. kömmt man nach dem schön liegenden Dorfe *Wald,* 441 E., mit einer Vikariatskirche, Pfarrwohnung und einem Wirthshause. In der Kirche eine schöne Madonne von Redl nach Füger und ein schönes Kreuzbild aus dem Stifte Admont. Vor dem Pfarrhause hat man eine schöne Aussicht, sowohl thalauf- als abwärts nach der Kirche und dem Schlosse Sölk, östlich hinüber auf die grüne Pyramide des Gumpenecks. Das Thal behält noch etwa 2 St. lang seinen lieblichen Charakter, dann aber verengt es sich; rechts (westlich) von der Hochwildstelle zieht ein Rücken heran, der *Kesselberg,* und stürzt sich mit der *Pikenellwand* ins Thal herab; links von dem majestätischen *Knallstein* (8207' △) streckt sich ein anderer Arm herein, um die innere Sölk den Weg zu versperren. Durch diese Enge tritt man in den sogen. *Kessel.* An der *Pikenellwand* bricht das herrliche *Hieronymusbrünnlein* hervor. Hier soll einst ein Priester einem Holzknechte, der sich oben an den Wänden verstiegen hatte, das allerheiligste Sakrament gebracht haben, indem er es dem Unglücklichen zeigte; um dem Hungertode zu entgehen, stürzte sich jener

dann herab; zum Andenken weihte der Priester die Quelle. In
dem *Kessel* verändert sich die Natur des Thales. Mitten in das
Thal tritt von Süden heraus ein Bergrücken und theilt die *Kleine
Sölk* wieder in 2 Zweige, rechts oder westlich das *Oberthal* oder
Lassachthal genannt, nicht mit dem lunganischen Lessachthal
zu verwechseln, und links das *Unterthal*. Der Charakter des
Thales selbst wird ernster; vor allen ist es der *Knallstein*, welcher mit seiner Masse den Kessel beherrscht. Hier ist das letzte
Lehn, indem nun die Almen beginnen. Wir folgen zuerst wieder dem *Oberthal* rechts. Ueber *Sachensee* kommen wir, das
Stubenthal mit seinen Alpen rechts lassend, nach *Breitlehn*, wo
viele Alphütten umherliegen. Nach 1 St. von *Breitlehn* oder 4
von *Wald* schimmert der prächtige grüne Spiegel des *Schwarzensees* durch das Dunkel des ihn umgebenden Waldes entgegen.
Obgleich sein Umfang nur etwas über 1 St. beträgt, gehört er
doch zu den reizendsten des Alpenlandes. Er liegt ausserdem
in dem Mittelpunkte mancher sehr unterhaltender Ausflüge; die
Sennhütten sind reinlich und besser als in den meisten Alpengegenden, so dass man von hier aus seine Ausflüge am besten
machen kann. „Schön ist der See des Morgens," sagt Weidmann in seinen trefflichen Darstellungen, „wenn das Frühroth
auf den Alpenspitzen die heilige Flamme entzündet, wenn der
Urwald dampft, und das rege fröhliche Alpenleben erwacht.
Schön ist er am Abend, wenn die Heerden mit fröhlichem Geläute heimziehen, die feierliche Dämmerung ihren Schleier über
die Alpen breitet und gleich Schwänen die Kähne der Sennin-
nen über den Spiegel des Sees gleiten und die fröhlichen Lieder der Mädchen erklingen. Und wenn nun vollends der silberne Mond heraufschwebt und im dunkelen Spiegel des reizenden Wasserbeckens widergläuzt, wenn die heilige Ruhe der Nacht
auf Hütte, Flur und Alpe ruht und die Sterne aufgezogen sind
am tiefblauen Aether, da wird jedes fühlende Herz ergriffen von
der Herrlichkeit dieser schönen Natur und die hier verlebten
Stunden werden zur Feier der süssesten Erinnerung." Der See
gehört dem Stifte Admont und ist fischreich; die Forellen werden 3 — 4 Pfund schwer. Drei Thäler steigen vom Hochgebirge
herab, von Süden das *Neualpenthal*, von Südwest das *Putzenthal*

und von Westen das Thal der *Rietingscharte;* zwischen den beiden ersten erhebt sich stolz und kühn der *Lercheckspitz.* Der See ist länglichrund, oben breiter, und sein Abfluss bildet gleich darauf noch einen kleineren Spiegel. Das nördliche und östliche Ufer ist steil, waldig und felsig. Nahe an seinem unteren Ende liegen die 6 Hütten der *Ausseralpe,* am oberen Ende auf einer schönen Fläche die 10 Hütten der *Inneralpe.* Dort befindet sich ein Kreuzbild an einer uralten Föhre, wo in den Jahren 1811 und 14 während des Aufenthaltes des Erzherzogs Johann hier selbst die Messe gelesen wurde; die *Danklmayrhütte* war die Residenz des kaiserlichen Bergfürsten während seiner Alpenwanderungen in diesem Gebiete. Der *Putzenthalerbach* theilt sich auf dem ebenen Thalboden vor seiner Ausmündung in mehrere Arme, zwischen denen die verschiedenen Sennhütten liegen, welche deshalb durch lange Stege mit einander in Verbindung stehen. Den Hintergrund des Alpenbodens schliesst ein majestätischer Urwald. Auch hier herrscht die Sage von grossen Wasserschlangen.

Botan.: Rhodiola rosea, Carduus heterophyllus, Allium sibiricum, Uvularia amplexifolia, Lycopodium alpinum, Polypodium rigidum, Allosurus crispus.

Ein belohnender Ausflug bringt uns zur *Neualpe,* deren Besteigung 1 Tag erfordert. Von der *Ausseralpe* steigt der Weg steil hinan eine gute halbe Stunde. Hier öffnet sich der Thalboden der *Unteren Neualpe* mit ihren Hütten. Weniger steil gelangt man zu dem Boden der *Oberen Neualpe* in $\frac{1}{4}$ St. Dieses Thal ist ziemlich breit, üppig grün und noch mit schönen Waldgruppen besetzt. Das Grüne zieht sich noch $\frac{1}{4}$ St. weiter hinan bis zu den braunen Felsenstirnen des Hochgebirgs. Im Hintergrunde führt ein Steig über die *Neualpenscharte* in das jenseitige steiermärkische *Krackau-* oder *Grusgunthal;* denn von hier an legt sich Steiermark über den Hauptrücken hinüber zur Mur. Links von dem Steige liegen die kleinen, aber schönen *Neualpseen* mit köstlichen Saiblingen, welche hier jedoch nur gefangen werden, um in den Schwarzensee versetzt zu werden. Der auffallendste Berg ist der *Predigtstuhl.* Von den oberen Sennhütten hat man einen schönen Rückblick auf die Gruppe der Hochwildstelle.

Noch belohnender, wenn auch mit etwas mehr Mühe verbunden, ist der Ausflug in das *Putzenthal*, auf seine Alpen bis zum *Weissthor*. Man wandert von der *Inneralpe* südwestlich hinan. Durch den Urwald geht es dem *Putzenthaler Bache* entgegen. Nach ¼ St. tritt man aus dem Walde in den Kessel der *Unteren Putzenthaler Alpe*. Nur 2 Sennhütten liegen in dieser grossartigen Wildniss; der Thalboden ist mit grossen Trümmern bedeckt. Westlich zieht sich eine Schlucht zur *Kaiserscharte* hinan. Wir steigen südlicher hinan, neben einem Wasserfalle empor zu der *Oberen Putzenthaler Alpe* in ½ St. Von den Hütten dieses Thales steigt dasselbe allmählich 1 St. hinan, dann aber geht es 2 St. stark aufwärts, die *Lansitzscharte* rechts lassend, zum *Weissthor*. Auf diesem Joche wird man durch eine herrliche Aussicht überrascht. Fast in senkrechter Tiefe blinken, in Schatten gehüllt, die *Lansitzer Seen* herauf; jenseits thürmen sich in der Nähe und Ferne die Alpen des Lungau's auf, denn die 3 Seen fliessen in das lungauische Lessachthal ab; links zunächst blickt das *Schöneck* herab, weiter hin die *Preberspitze* (8656' △), in grösserer Ferne durch die Oeffnungen des *Görriach*- und *Lessachthales* die ferneren Alpen von *Bundschuh* und des *Katschbergs*. Besonders reizt der Rückblick auf den Spiegel des Schwarzensees durch das Putzenthal und jenseits auf die Wildstelle, den Grimming und die Ausseer Alpen: ein unendlicher Wechsel von Farben und Tönen.

Die Sennhütten hier werden täglich ausgewaschen, die Ställe ausgemistet, das Geschirr gescheuert. Sie enthalten 3 Abtheilungen: in der Mitte die Küche, wo die gröberen Geschirre aufbewahrt werden; auf einer Seite die Milchkammer, wo zugleich das Bett; auf der anderen Seite die Stube mit einem guten Bett, Ofen, Tische, Bänken und Stühlen; ordentliche Glasfenster.

Botan. auf dem Wege: Sibbaldia procumbens, Saxifraga hieracifolia, Sempervivum Wulfium, Hieracium grandiflorum.

Im Thal der *Grossen Sölk*, unweit des Schlosses, kömmt der *Gumpenbach* südöstlich hervor; ihm folgen wir, um das schöne *Gumpeneck* (7031'), welches sich durch seine Gestalt so sehr auszeichnet, zu ersteigen. Ein bequemer Weg führt in 2 St. zu den 8 Sennhütten; ½ St. höher liegen noch 2 andere, wo man

25 *

übernachtet, wenn man Nachmittags aufgebrochen ist. Schon
hier hat man eine herrliche Aussicht. Von hier aus geht der
Steig noch eine Strecke die Alpen hinan bis zum Fusse des Berges im engeren Sinne. In etwa 4 St. von den Hütten erreicht
man den frei aufragenden und ganz mit Rasen bedeckten Gipfel
ohne alle Gefahr. Wegen der freien Stellung dieses Berges hat
man eine sehr umfassende Rundsicht: unter sich die ganze *Grosse
Sölk*, die *Kleine Sölk* und deren Gebirge; vor allen strecken die
Hochwildstelle und der *Knallstein* als nächste Nachbaren ihre
Häupter empor, mit dem *Hexstein;* das ganze Ensthal von Radstadt herab bis *Wolkenstein* liegt wie eine Landkarte aufgerollt
unter uns; westlich erkennt man deutlich in derselben Richtung
die Fortsetzung des Ensthales, das obere Salzachthal; etwas
nördlicher die Berchtesgadener Kalkschroffen mit der Uebergossenen Alpe, darunter die dunklere Mittelgebirgszone zwischen
Ens- und Salzachthal, das Tännengebirge, die ganze Masse des
Dachsteins, dessen Gletscher und einzelne Felsengipfel man hier
am besten übersieht, vor allen den aus der Mitte dieser Eiswelt
aufsteigenden höchsten Gipfel des *Dachsteins* als Grenzstock von
Salzburg, Steiermark und Oesterreich. Unter den Wänden des
Kamp, der östlichen Fortsetzung des Steins, das schöne *Grö-
ming*, 1875 E., mit seinen der Ramsau ähnlichen Fluren auf der
Stufe des *Mitterbergs*. Gerade gegenüber im Norden dringt der
Blick in die Schlucht des Steins, aus welcher die Salza hervorrauscht, rechts daneben erhebt sich der Zackenkamm des Grimming als Fortsetzung des Steins. Oestlich vom Grimming wird
das Gebirge niedriger; durch die Lücke des *Pürhn* dringt der
Blick in das Gebiet der oberen Steier, nach Windischgarsten.
Oestlicher ragt aus niederen Umgebungen der *Buchstein* auf, wilder und höher aber die Johnsbacher Kalkfelsen mit dem *Hochthore*, wodurch die östliche Fernsicht geschlossen wird. Näher
heran das *Donnersbacher Thal;* das Urgebirge zwischen den
Johnsbacher Kalkalpen und uns, aus welchem sich der *Grosse Bösenstein* (7731' △) erhebt und die Lage des *Rottenmanner Tauern*
bezeichnet. Südlich durch das *Pölsthal* erblickt man die *Geil-
thaler* und *Seckauer Alpen* mit ihren Kogeln, im fernsten Hin-

tergrunde den Weisskirchner *Hochgössing* (vulgo *Grössenberg*) an
der Grenze von Steiermark und Kärnten.

Von *Sölk* aus zieht sich die Strasse im *Sölkerthale* fortwährend hinan; 2 St. lang ist der Weg einförmig bis zum Wirthshause *In der Oed*, wo sich das Thal erweitert; links über sich
hat man das *Gumpeneck*. In 3 St. von *Sölk* erreicht man *Mösna*,
wo sich das Thal spaltet; das Hauptthal, die *Grosse Sölk*, geht
südwestlich fort; südöstlich die *Seyfriedin*. Letzteres ist noch
3 St. lang und enthält schöne Wälder und Alpen. Aus seinem
Hintergrunde führt ein Steig in das östlich angrenzende Don-
nersbachthal. Von *Mösna* hat man im eigentlichen *Sölkerthale*
1 St. nach *St. Nikolai*, 510 E., mit einer kleinen Kirche; diese
Gemeinde ist die drittgrösste in Steiermark (23,528 Joch). Von
hier führt der einst sehr besuchte Saumpfad durch das oberste
Sölkerthal in 2 St. auf die niedrige *Sölkerscharte* und hinüber
nach *Muran* im Murthal. Auch hier liegen 2 Seen. Rechts oder
südwestlich zieht sich bei *St. Nikolai* das *Wasserfallthal* steil aufwärts zum einsamen *Hohensee*, bekannt wegen seiner grossen Forellen; über ihm liegen die *Gruberseen*. Aus dem *Wasserfall-
thale* führt westlich noch ein Seitenthal hinan, in dessen Hintergrunde, am Fusse des *Knallsteins*, zwischen 6 kleineren Seen,
unter denen der *Weissee* der grösste, einige Sennhütten liegen.

Mineral. Granat, Grammatit.

Das Ensthal (Fortsetzung)

wendet sich bei *Stein* etwas nördlicher, fast gerade gegen den
Grimming (7425'), der um so erhabener erscheint, als er von
den Umgebungen durch tiefe Thaleinschnitte abgesondert ist. Er
ist jetzt eine Zeit lang die Achse, um welche wir uns bewegen,
und bildet längere Zeit den Hauptgegenstand der Landschaftsbilder. Wegen seiner vereinzelten Lage, wie wegen seiner furchtbar nackten und schroffen Wände und Zacken, stand er früher
in dem Rufe grosser Höhe, so dass er in älteren Werken mons
altissimus Styriae genannt wurde. Er tritt nur mit einer unbedeutenden, theilweise gar keiner Vorstufe in das Ensthal vor,
wird im Osten durch die *Klachau* und den *Grimmingbach*, im
Westen durch den Pass *Stein* und die *Salza*, im Norden durch
die hochliegende Thalfläche von Mitterndorf und im Süden durch

das Ensthal von seinen Umgebungen abgesondert, sowie durch Strassenzüge, welche von Mitterndorf durch die genannten Thäler zum Ensthaler Strassenzuge gehen, umkreist. Er gehört zu der Kalkkette des Dachsteins, dessen nordöstliche Fortsetzung er bildet; allein durch den Engpass des *Steins* (Salza) von der Hauptmasse des Dachsteins abgesondert, wie im Westen das Tännengebirge durch den Pass Lueg von der Berchtesgadener Gruppe. Sein Rücken bildet einen Kamm mit 15 Zacken.

Das Ensthal wird hier wieder breiter, nachdem es vorher durch das Mittelgebirge von *Gröbming*, den *Mitterberg*, eingeengt war. Unter *Edling* kommen wir nach *Oeblarn* (2164'), 620 E. Der Reisende, welcher aus dem oberen Ensthale kömmt, die Sölkthäler und das Gumpeneck besucht hat, steigt von letzterem herab nach *Oeblarn*, das eine reizende Lage hat, zwischen den grünen Urgebirgen und den grauen Kalkalpen des Grimming. Das Schloss *Gstatt* auf der nördlichen Höhe jenseits der Ens beherrscht die Gegend. Südlich von *Oeblarn* öffnet sich das *Walcherntal*, mit einem Schmelzwerke und Grubenbau; nach 19jährigem Durchschnitt jährlich 6½ Mark Gold, 478 M. Silber, 400 Ctr. Rosettenkupfer, über 200 Ctr. Schwefel, 500 Ctr. Vitriol; mehr als 230 Arbeiter in Thätigkeit. Die arsenikalischen Dämpfe haben die Gegend verpestet und verödet und dadurch den abstürzenden Fluten freieren Spielraum gegeben; die Bergwände sind daher auffallend zerrissen.

Geognost. Im Glimmerschiefer ein dem Schladminger ganz ähnliches Quarzlager mit mannichfachen Kiesen: Schwefel-, Kupfer-, Magnet-, Arsenikkies, Antimonglanz, Rothgulden, Zinkblende.

In 2 St. von der Schmelze erreicht man die *Gstatter Alpe*, von hier in ¼ St. die ehemaligen reichen Silbergruben von *Mathalden* und in 1 St. von diesen den Gipfel des *Gumpenecks*. Bei *Oeblarn* gehen wir unter dem Schlosse *Gstatt* auf das linke Ufer der Ens über, welche hier für Plätten schiffbar wird. Bei *Diemlern* erreichen wir die Poststrasse, welche von *Lietzen* aus bis *Aich* und *Pruggern* auf dem linken Ufer hinzieht. Hier mündet auch die *Salza*. Diese entsteht auf dem erwähnten *Mitterberg* bei *St. Martin* aus der Vereinigung der *Salza* mit dem *Gröbminger Bach*, welcher schon aus den Steinkahren der Dachsteingruppe zwischen dem *Stoderzinken* herabkömmt auf den Mitterberg bei *Gröbming.*

Die Strasse von *Aich* auf dem linken nördlichen Ufer der Ens erhebt sich schnell zu der Höhe des *Mitterbergs*, ist aber in neuester Zeit bedeutend verbessert worden durch eine neue Anlage. Auf der Höhe erreicht man den Markt *Gröbming* am *Gröbmingbach*, 111 H., 875 E., kathol. und evangel. Kirche, (2380'). Grosse Märkte 16 Jun. und 16. Aug. Die Post ist ein gutes Gasthaus, wie auch das zweite der Kirche gegenüberliegende. Postwechsel zwischen Steinach und Lietzen; doch führt auch eine schlechte, aber wild romantische Strasse durch den Stein zur Post nach Mitterndorf. Die Kirche in gothischem Stile hat einen Altar mit schönen Schnitzwerken und alte Gemälde. Grabmäler der Ritter von Mosheim. Die Poststrasse zieht nun am *Gröbmingbache* wieder allmählich hinab, gerade dem *Grimming* zu. Deutlich erkennt man den *Knallstein* (8207'), etwas westlicher die *Wildstelle* und den *Hexstein* mit ihren Schneefeldern. Bei *Salza* und *St. Martin* kömmt von Norden herein die *Salza* aus den grossen, 2540' über dem Meere und ohngefähr 6—700' über dem Ensthale liegenden Becken von *Mitterndorf*. Der Engpass des *Steins*, durch welchen sie herab- und herauskömmt, gleicht nur einem Felsenriss zwischen Grimming und dem Stein (Dachsteingruppe). Die Strasse, hier Strässl, zieht ziemlich hoch hinan, besser zu gehen als zu fahren. Der Weg führt an der westlichen Wand links hinein über kühne Brücken, unter denen Bäche in den Abgrund stäuben. Vor dem Eintritt in die Enge schöner Rückblick auf die Tauernkette mit ihren Hochgipfeln in ihrer ganzen Herrlichkeit. Nur kurze Zeit weilt man in dem dämmernden Schatten der Kluft, bald eröffnet sich nördlich eine neue Aussicht; der weite Bergkessel von *Mitterndorf* erschliesst sich, der nach 3 Seiten sich abdacht (Salza, Grimmingbach und Traun). Steil steigt die Strasse wieder abwärts in diesen hochgelegenen Boden, den sie bei einem Eisenhammer erreicht. An der *Salza* hinan gelangen wir nun obenen Weges durch Wiesen und Felder nach *Mitterndorf* (2544'), 1217 E., welches mit Recht diesen Namen hat, denn es liegt in der Mitte der mehrerwähnten Ebene, rings von hohen Kalk-

gebirgen umkränzt. Im Süden ragt die majestätische Zackenmauer des *Grimming* auf, rechts und links durch seine Thaleinschnitte von dem übrigen Gebirgskranze abgesondert; gegen
Westen erhebt sich massiger mit Hochebenen das *Kammergebirge*,
die östliche Absenkung der *Dachsteingruppe;* im Osten und Norden die Massen des *Todtengebirges.* Durch die flachhügelige Ebene
liegen allerseits Henstadel und Häusergruppen zerstreut. Postwechsel zwischen *Aussee* an der Traun und *Steinach* an der Ens.
Die Post ist ein gutes Gasthaus. Die Kirche ist ein schönes
altes Gebäude mit gutem Altarblatte von Schmidt. In der Nähe
Kohlengruben und eine warme Quelle, der *Heilbrunnen.* Jedenfalls möchte *Mitterndorf* ein Filialstandquartier von Aussee sein,
von wo man den *Grimming*, die Hochebenen des Kammergebirgs
und selbst des Dachsteins, sowie nordwärts an der Salza hinan
das Todte Gebirge an der Grenze von Oesterreich besucht. Geht
man an der Salza von *Mitterndorf* aufwärts, so erhebt sich ½ St.
von da zur Linken der nicht hohe *Hartkogl*, berüchtigt in der
Gegend durch die Sage vom wilden Jäger, hier vom wilden Ge-
jaid, ganz ähnlich der Sage im Odenwald und Harz.

Au die Ensthaler Poststrasse bei *Diemlern* zurückgekehrt,
wandern wir nun unmittelbar unter den Abstürzen des *Grimming*
weiter. Schauerlich erscheinen sie, wenn Wolken die Gipfel umhüllen, aus deren Schatten dann düstergrau die Felsengrathe
herabsteigen in die Nacht der Wälder, welche den Fuss ein-
hüllen; die Schneefelder, welche zwischen jenen herabhängen,
gleichen dann einem Bahrtuche. Freundlicher gestaltet sich die
Gegend bei heiterem Wetter, dann wendet man auch bisweilen
den Blick vom Grimming ab auf die südliche Thalseite, von
welcher die grünbekleidete Tauernkette hereinleuchtet. Reizend
wird aber die Gegend da, wo sich links von Norden herein die
Klachau öffnet, durch welche der *Grimmingbach* herab zur Ens
kömmt und jenseits das *Irdningthal* den Schooss der Tauern erschliesst. Das Ensthal wird breiter, bevölkerter und angebau-
ter. Dort rechts zeigt sich der Markt *Irdning*, links über uns
auf dem weit nach Osten vortretenden Vorsprung des *Grimming*
die wohlerhaltene Burg *Neuhaus* und in dieser Richtung fort das
ganze Ensthal bis nach *Lietzen* hinab. In *Steinach* (2121'), 442 E.,

dem dreifachen Postwechsel zwischen *Mitterndorf* (Ausseer Strasse), *Gröbming* (Radstädter Strasse) und *Lietzen* (Unter-Ensthaler oder Gratzer Strasse), machen wir Halt.

Ein Glanzpunkt des Ensthales möchte $\frac{1}{4}$ St. oberhalb *Steinach* sein, thalaufwärts gesehen. Den ganzen Mittelgrund erfüllt der majestätische *Grimming*, in dessen Schneekahr man hier hineinblickt, darunter auf einem seiner sonnigen Vorposten die Burg *Neuhaus;* rechts hinein das Thor der *Klachau* neben einem runden und rothen Felsenkopf, dem *Noyerberg*, darunter die Kirche von *Pürg* an und auf den Wänden; südlich zeigt sich die grüne Gegend von Irdning mit den Tauern.

Ausflüge von Steinach.

Besitzer des Schlosses *Trautenfels* (*Neuhaus*) ist der Graf Ferd. v. Bakowsky. Die Strasse nach *Mitterndorf* erhebt sich stark durch die *Klachau* (2489') in mehreren Absätzen, indem man rechts in der Tiefe den *Grimmingbach*, links über sich in schwindelnder Jähe die Wände des *Grimming* hat, welche in einem Sturze auf das enge Thal niederfallen. Etwa nach 1 St., während welcher der *Grimmingbach* sich immer tiefer eingeschnitten hat, sieht man rechts jenseits zwischen felsigen bewaldeten Höhen halb versteckt den *Wallerbach* in einem schönen und grossen Wasserfalle herabstürzen. Sein oberes Thal zieht nordöstlich empor, parallel mit der Strecke des Ensthales von Steinach nach Lietzen. Bei dem Dorfe *Klachau* verlässt die Strasse den *Grimmingbach*, indem sie westlich durch die Mitterndorfer Niederung über *Furth* und die *Zauchen* nach *Mitterndorf* zieht, während das Thal des Baches zuerst über *Tauplitz* nördlich, dann aber parallel mit dem Wallerbach nordöstlich hinansteigt zur Grenze Oesterreichs (Gebiet der Steier). Es ist ein waldreiches Thal, aus welchem nur die höchsten Felsen in ihrem zum Theil auffallend rothen Gewande aufragen. Von *Klachau* aus ersteigt man in 5—6 St. den *Grimming;* ein sehr beschwerlicher Stieg über Geklipp und Geröll fast von unten an; doch belohnt die Aussicht in das Ensthal und nach Mitterndorf, sowie die Fernsicht in das Gebirge reichlich. Noch ist die Kirche von *Pürg* wegen Alters und herrlicher Aussicht eines Besuches werth.

Südlich von *Steinach* liegt an der Mündung des *Donnersba*

cher Thales, vom *Irdningbache* durchströmt, der Markt *Irdning*
(2118'), 595 E. (bedeutende Märkte, 1. Mai, 30. Jun. und 15. Sept.),
Armeninstitut mit 10 Pfründnern. Hier war Aeneas Sylvius (Pic-
colomini) Pfarrer, ehe er als Pius II. Papst wurde.

Das *Donnersbacher Thal* zieht südlich in die Tauernkette
hinau, parallel mit der *Sölk* bis zur *Hohenwarte* (7455'), unter
welcher ein Jochsteig durch den *Schüttlgraben* nach *Oberwölz* (Murgebiet) führt. Das Thal ist stark bewaldet und die Holzvor-
rathskammer für die umliegenden Hüttenwerke. Am Eingange
des Thales liegt ein *Wildbad.* Der Hauptort ist *Donnersbachwald.*

Botan. a. d. Hohenwarte: Thalictrum alpinum, Phaca frigida, astragalina,
Crepis aurea, Gentiana frigida, Pedicularis versicolor, Scularia microcephala.

Von *Irdning* an sieht es aus, als ob der vordere Theil des
Querrückens der Tauernkette zwischen dem *Donnersbacher Thale*
und dem folgenden *Gollingthale* eingesunken wäre, so dass der
unterste Theil des *Donnersbaches* und *Gollingbaches* einen grossen und schönen Gebirgsbusen bildet, umfasst von einem Amphitheater, dessen Boden ein Gehügel ausfüllt, ähnlich dem Büchl-
ach bei Kitzbühl. Seine tiefste Stelle bezeichnet der *Pullerer
See.* Das *Gollingthal* zieht sich aus dieser Niederung bis zum
Pichler hinau in engem Schrunde; hier zweigt sich das *Obergol-
lingthal* südlich ab, nur von Sennhütten belebt; sein oberster
Thalboden, zu dem man etwas steil hinau steigen muss, heisst
In den Ursprüngen und ist schon waldlos und alpenhaft. Das
Untergollingthal beschreibt einen nach Osten ausgehenden Bogen,
der sich im Süden des Oberthales wieder herumzieht. Vom *Pichler* aus liegen noch viele Häusergruppen auf der sonnigen nördlichen Thalhöhe. Bis *Oppenberg*, 479 E., dem einzigen Orte des
Thales, hat dasselbe eine fast östliche Richtung; hier geht nordöstlich eine Thalniederung hinüber in das *Strechauthal* und in
ihm unter der *Burg Strechau* vorüber nach *Rottenmann.* Reisenden, welche den Weg von *Steinach* über *Liezen* nach *Rottenmann* schon kennen, ist dieser äusserst angenehme und an reizenden überraschenden Bildern reiche Weg anzurathen. Geht
man von *Oppenberg* nach *Rottenmann*, so wird man überrascht
durch den Anblick des *Paltenthales* und der Burg *Strechau.*
Schlägt man aber den umgekehrten Weg von *Rottenmann* über

Oppenberg ein, so bietet der *Grimming*, welcher hoch über die grünen Berge des *Gollingthales* grau aufzackt, und weiter hinaus die Oeffnung des Thales bei *Irdning* eine prächtige Landschaft dar, deren Hauptpunkte *Irdning* Vorgrund, die Burg *Neuhaus* Mittelgrund, der *Grimming*, die *Klachau*, *Pürg*, *Steinach* und die dahinter aufragenden rothen Kalkberge der Hintergrund sind. Dieser Weg möchte zugleich kaum ein Umweg zu nennen sein.

Von *Oppenberg* steigt das *Gollingthal* gerade südlich hinan 3 St. bis zur Häusergruppe *Eberl*. Weiter aufwärts heisst der Bach die *Schwarze Golling* und von hier beginnen die Alpen oder Almen; die letzte und höchste unter dem *Breiteck*, dem Schlusssteine des Thales, ist die *Gollingalpe*. Jochsteige führen hinüber in die *Strechau*, in das *Untergolling*-, *Donnersbacher*- (Ens), *Breitsteiner*- und *Pusterwaldthal* (Pöls == Mur).

Das Ensthal (Fortsetzung).

Unterhalb *Steinach*, wo das Stammschloss der gleichnamigen Grafen vor 12—15 Jahren durch einen Wetterstrahl in Brand gesteckt und an dessen Stelle ein Haus im Schweizerstile erbaut ist, die Burg *Friedstein*. In *Niederhofen* ist angeblich die älteste Kirche Obersteiermarks. Der nächste Ort ist *Wörschach*, 559 E., an der Ausmündung des *Wörschachbaches*, der in der Gegend des *Wallerbaches* entsteht, dann in einen Kessel bei *Wörschach* herabstürzt, um sich unterhalb des Ortes in die Ens zu ergiessen. Ueber *Wörschach* kleben, wie aus der Felsenwand gehauen, die Trümmer von *Wolkenstein* (2276'). Der Kalk ist ausgezeichnet roth, ebenso die Ruinen, welche einer Burg aus dem unteren Etschthale gleichen; die Burg war Stammsitz der gleichnamigen Grafen und gehört jetzt der gräflich Saurau'schen Familie. In der Nähe das Schwefelbad *Wörschach*.

Die Strasse zieht nun dicht an der linken Thalwand hin und erreicht bald wieder bei *Weissenbach*, 405 E., eine Thalöffnung, aus welcher zwischen Kalkfelsenpfeilern der *Weissenbach* hervorrauscht. Der Einblick in dieses kurze Thal gibt dem Maler ein schönes Bild; den Hintergrund des grünen Thalbodens umschliesst amphitheatralisch eine hohe Kalkmauer, der Nordabsturz der *Angerhöhe*. Schnell, wie durch einen Zauberschlag, verschwindet dieses Bild wieder und wir erreichen *Lie-*

tzen (die Thalsohle 2090'). Der Markt ist einer der belebtesten und schönsten in Steiermark, 205 H., 1084 E., Postwechsel zwischen *Steinach* und *Rottenmann*; eine Niederlage von Mariazeller Eisenwaaren; viele Gasthäuser, von denen der *Bräu* das beste ist. In der Nähe ein 300 Joch grosses, 19 Klaftern starkes Torflager. Das Ensthal biegt sich hier aus seiner bisherigen nordöstlichen Richtung bis zur Einmündung des *Palienbaches* östlich, wodurch in der Nordwand eine Einbucht und in dem dasigen Gebirge gleichsam ein Bruch entsteht; die dadurch verursachte Gebirgslücke wurde zu einem Strassenübergang nach Oesterreich (Steiergebiet) benutzt, und zwar schon seit alten Zeiten, dem *Pürhn*. Dadurch ist *Lietzen* der Mittelpunkt eines dreifachen Postlaufes: von Oesterreich über *Windisch-Garsten* und den Pürhn, aus Wien und Gratz über Rottenmann, aus Kärnten und Salzburg von Radstadt, Schladming, aus Steinach von Salzburg und Baiern, von Ischl, Aussee und Steinach. Der Markt hat sich in jene Bucht des Ensthales gebettet und ist daher etwas geschützt gegen die Nordostwinde. Sehenswerth ist die alte Kirche mit altdeutschen Gemälden. Der Stil des Thurmes erinnert an das baierische Oberschwaben. Das Schönste ist die Aussicht vom *Calvarienberge* thalaufwärts, wo der *Grimming* mit seiner Schneescharte sich am grossartigsten darstellt; rechts darunter die nördliche Thalwand mit dem ausgezeichneten rothfelsigen *Noyerkopf*, in der Tiefe der ebene, weit ausgedehnte Boden des Ensthales, von der Ens durchströmt, zunächst die Häusergiebel und die Kirche von Lietzen.

Botan. a. d. *Hinteralpe* bei Lietzen: Draba stellata, Linum austriacum, Alsine austriaca, Arenaria bifolia, Valeriana celtica u. a.

Die österreichische Strasse über den Sattel *Pürhn* (3049') nach *Windischgarsten* zieht ziemlich steil nordöstlich hinan im Thale des *Pürhnbaches* und ist im Aufange noch ziemlich belebt, namentlich durch Eisenwerke: diese liefern in einem Ofen 4000 Ctr. Flossen und in den Hammerwerken 1000 Ctr. Stahl und Eisen. Oestlich vom Sattel erhebt sich der hohe *Burgas* (*Pyrgas*) (7088'), westlich der *Rossarsch* (7057'). Jenseits senkt sich die uralte Strasse über *Spital* nach *Windischgarsten* im Steiergebiet (siehe unten).

Der *Pürhnbach* fliesst von Lietzen gerade südlich durch die ganze Breite des Ensthales zur Ens, welche hier an der Südwand in vielen Bogen hinzieht. Die Poststrasse folgt dem *Pürhnbach* zur Ens und setzt hier über den Fluss. Der hohe kahle Kalkberg, welchen man auf diesem Wege im Osten im fernsten Hintergrunde des Ensthales aufragen sieht, ist der *Grosse Buchstein* (7009′) bei Admont. Der Lauf der Ens wird jetzt ruhig und treibt ihre Wogen ohne alles Geräusch in vielen Windungen. Die Strasse führt in dem Schatten der südlichen Thalwand fort. Unweit der Mündung des von Süden kommenden *Paltenthales* kömmt man an einer sehr grossen Torfstecherei vorüber; in endlosen Reihen ziehen Trockenhütten hin und ebenso die Fahrgassen zwischen jenen. Die Ens fängt hier an zu sumpfen, weil ihr Fall durch die natürliche Schleuse des *Gesäuses* gehemmt oder ungleichmässig vertheilt wird; von Lietzen bis Admont, 6 St., beträgt ihr Fall nur 42′ und von Admont bis Hieflau, in 5½ St., durch die Engen des Gesäuses, 665′. Gegenwärtig wird hier wie an anderen Stellen stark an Entsumpfung des Thals gearbeitet.

Das Paltenthal.

Bald darauf biegt die Strasse rechts um eine Ecke in dieses Seitenthal, welches südlich herabkömmt. Jedem aufmerksamen Reisenden wird gewiss auffallen, dass der Bach, die *Palten*, die ihm entgegen kömmt, kein rauschender, stürzender Bach ist, wie die anderen Tauernbäche, sondern dass sie ohne alles Geräusch durch ihr Wiesenthal, halb unter Erlen verdeckt, in vielen Krümmungen daher gleitet, fast schleicht; nur an den Hammerwerken wird sie laut; die Wiesen sumpfen, wie im Ensthale; der Blick im weiten offenen Thale hinan ist ein anderer wie bisher in den Seitenthälern, man glaubt ein Längenthal zu sehen. Rechts die Bergwände brechen eigenthümlich mit vorspringenden Köpfen ab, setzen dann aber zur Tiefe wieder schräg ab; der Hintergrund des Thales ist nicht durch ein Bergjoch gesperrt, sondern offen, und scheint ein Durchgangsthal von der Ens zur Mur zu sein, wie man es auch so nennen kann. Kurz alles zeigt einen merkwürdigen Abschnitt der Tauernkette an. Der *Rottenmanner Tauern*, welcher von Westen her auf die-

ses Thal abfällt, ist der letzte Tauern nach Osten zu, nicht nur
dem Namen, sondern auch der That nach. Denn bei Admont
setzen die Kalkalpen herüber und in der Richtung der bisherigen Tauernkette zwischen Ens und Mur nach N.O. fort.

Hotan. Aus dem altberühmten Pflanzenreichthem der Rottenmanner Tauern:
Ranunculus crenatus, Cardamine alpina, resedifolia, Viola lutea, Arenaria bifolia,
Stellaria cerastoides, Cerastium lanatum, latifolium, Epilobium organifolium, Sedum repens, Saxifraga biflora, aspera, Chaerophyllum Villarsi, Achillea atrata,
moschata, Chrysanthemum alpinum, Aronicum Clusii, Cirsium pauciflorum, Hieracium angustifolium, Schraderi, Phyteuma pauciflorum, betonicaefolium, Gentiana
punctata, pumila, excisa, Scrophularia vernalis (Alphütte), Pedicularis Portschenschlagii, asplenifolia, Androsace alpina, Soldanella pusilla, Ornithogalum minimum
(Alphütte), Orchis globosa, Luzula glabrata, spicata, Carex aterrima, fuliginosa,
frigida, Calamagrostis Halleriana, tenella, Sesleria microcephala, Poa laxa, Festuca
Halleri, Asplenium fontanum; a. d. Wiesen des Paltenthals: Myosotis versicolor,
Arabis Halleri; a. d. Aeckern: Cirsium setosum; an den Zinnen am Hohenstei-
ner Weg: Myrrhis odorata; am Wege b. Trieben: Sedum annuum; im Palten-
moor u. a.: Malaxis paludosa; im Triebensee: Nymphaea biradiata. — Ueber den
Hochzinken s. Th. V und Serkan.

Unter einer Felsenwand setzen wir am Eingange über die
Palten auf einer schönen Brücke, um jenseits auf dem rechten
Ufer des Baches fortzuwandern. Das erste, was auffällt, ist
die grosse Burg *Strechau* auf einem langen Felsenrücken. Sie
gleicht, von der Seite gesehen, einem ummauerten Städtchen,
dessen Mauerzinnen und Dachgiebel hie und da über den Wald,
der neben und zwischen den Felsen emporsprosst, aufragen.
Den schönsten Anblick gewährt die Burg von Süden, von Rottenmann her, wo der Felsen pyramidal mitten aus dem Thale
aufzuragen scheint, gekrönt mit seiner Burg; zugleich bilden
die duftigen Fernen des Ensthales einen passenden Hintergrund.
Rottenmann (2136′), 163 H., 1201 E., bildet eine lange Gasse,
welche etwas ansteigt, hat 2 Vorstädte und wichtige Eisenwerke,
der Familie Pesendorfer gehörig. Neben dem Städtchen ein
schöner Park eines Gewerken. Die Post ist ein gutes Gasthaus.
Südlich vom Städtchen liegt der Edelsitz *Thalhof* und nördlich
auf waldiger Höhe die Burg *Grünbüchl.*

Ausflüge. *Strechau*, die schon erwähnte Feste, besteht
aus der alten und neueren Burg; von ersterer stehen nur noch
einige Thürme, ohne geschichtliche Nachrichten. Die neuere
stammt aus dem 15. Jahrh. Seit 1529 ist Admont in Besitz.

Eine schöne Zirbenallee führt auf dem Bergrücken zum Eingange der Burg. Es fehlen dem alterthümlichen Bane fast alle Alterthümer; nur ein alter gläserner Pokal hat sich erhalten, in welchem alle Namen derjenigen eingeschnitten sind, die seit 1591 daraus tranken. Die Aussicht konnte man glücklicher Weise in keine andere Sammlung verschleppen.

Unterhalb *Strechau* zieht westlich, parallel mit dem Ensthal, ein Thälchen hinan nach *Lassing* und hinüber nach *Döllach*, *Fischern* und *Wörschach* an der Ens; durch dieses Thal führt der nächste Verbindungsweg von Wörschach nach Rottenmann. Nur ein niedriges Vorgebirge scheidet es nordöstlich vom Ensthale, sowie es eine flache Wasserscheide in 2 Abdachungen trennt. Auf beiden liegt *Lassing*. Sonnenseite 991 E., Schattenseite 960 E., mit uralter Kirche und einem admontischen Hüttenwerke.

Die *Kaiserau* (*Kaierau*) (4033′). Fussreisende, welche den Weg von Rottenmann nach Admont durch das Ensthal kennen, werden am besten thun, den kürzeren Weg über die *Kaiserau* zu wählen. Etwa ⅜ St. oberhalb *Rottenmann* biegt der Weg links ab über *Bärndorf*, 385 E., nordöstlich hinan in die herrliche, 3423′ hoch liegende Hochebene der *Kaiserau*, rings von Waldhöhen umgürtet, aus welchen Felsengipfel des *Kalbling* und *Sparafeld* (7083′) aufragen; in 2 St. von *Rottenmann* hat man sie erreicht. Felder und Alpenweiden mit vielen Sennhütten liegen hier zerstreut neben einander, das Hauptgebäude ist der admontische Meierhof, zugleich Jagdschloss und Sommerfrische des Stiftes. Die inneren Räume sind mit Jagdscenen bemalt. Die Meierei zählt 100 Kühe, welche täglich 50 Pfd. Butter geben; das Butterfass wird durch den Bach in Umschwung gesetzt. Nach *Admont* hinab führt ein anmuthiger Weg über den *Lichtmessberg*, an dem Schlosse *Röthelstein* vorüber, in 1½ St. (siehe unten). Reisenden, welche von Aussee oder Schladming kommen, ist, in Verbindung mit dem oben angegebenen, folgender Weg zu rathen, wenn sie nämlich das Ensthal hinab reisen, um Admont und das Gesäuse zu sehen und dann vielleicht zurückkehren. Von *Steinach* (Post), *Lietzen* (Post), das Ensthal hinab bis *Admont* (*Gesäuse*), *Kaiserau*, *Rottenmann*, *Oppenberg*, *Irdning*, oder von *Rottenmann* über *Gaishorn* (Post) in das *Murthal (Leoben)*, oder über den *Rottenmanner Tauern* und *Zeyring* in das *Murthal.* Von *Rottenmann* ans kann man auch gerade nach *Wörschach* über *Lassing* gehen. Etwa 2 St. oberhalb *Rottenmann* liegt *Trieben*, 372 E., an der Poststrasse, mit einem grossen admontischen Eisenwerke. Der höchste Punkt der Poststrasse zwischen *Rottenmann* und *Leoben* ist 2676', *Hohentauern* hat 3957', der *Triebenstein* 5711'. Hier zweigt sich von der Poststrasse nach Gratz die Strasse über den *Rottenmanner Tauern* ab, welche zuerst in dem Thale des *Triebenbachs* 1 St. hinanzieht, dann rechts am *Tauernbache* auf den Rücken und in das jenseitige *Pölsthal* steigt. Die höchste Höhe ist der *Rottenmanner Tauern* (5652'), (Radstädter Tauern 5499'). Rechts von der Strasse geht der nähere Fussweg ab, auf dem man dieselben schönen Wasserfälle wie von der Strasse ans erblickt. Die Stelle, wo der *Tauernbach* in die Erde sinkt, heisst der *Sunk*; weiter unten kömmt er wieder zum Vorschein. Dieser Steig führt endlich auch an dem Steinbruche des schönen Pineolensteins vorüber (Hornblendeporphyr?, in welchem pineolenförmige Stücke von weissem Feldspath in dunkelgrüner Hornblende eingebettet sind; hier und da auch kleine Granaten mit Quarzadern durchzogen), aus welchem die Fenster- und Thürstöcke im Stifte Admont genommen sind. Die Verkrüppelung des Holzwuchses verkündet die Nähe des Tauern selbst. — Die Strasse führt aus dem *Paltenthale* zuerst über Grauwackenschiefer, nach der Höhe folgen Glimmerschiefer und Gneiss; die Jochhöhe besteht aus Granit. Sowie man heransteigt aus der Tiefe des *Paltenthales* erblickt man auch die Kalkgipfel im Osten desselben, welche in der Tiefe von den granitischen waldigen Vorbergen gedeckt werden. Die letzten Bäume sind Lärchen und Zirben. Durch den spärlichen Ueberzug des Grases schimmert auf dem Joche allenthalben das braune Unterfutter des Gneisses. Hier auf der öden Wasserscheide zwischen Mur und Ens liegt das *Tauernhaus*, auch *Hohentauern*, dabei eine Schmiede, Kapelle und Pfarrwohnung. Des Ausserordentlichen wegen versammelt sich auch hier zur Kirchweihe viel Volk der Umgegend und belebt die sibirische Gegend durch bunte Trachten und lustiges Juchheien. Der Süd-

abhang ist weniger steil. Einen schönen grossen Anblick gewährt am westlichen Abstieg der *Bösstein* (7730'), der höchste
Berg der Gegend (siehe unten).

Nun folgen wir noch dem *Paltenthal* bis zu seinem Ursprunge.
Die Poststrasse führt von *Trieben* in dem weiten Thale hinan
nach *Au* (2268'), 319 E. Kurz vorher kömmt links vom Norden aus einem Grunde der *Flitzenbach* herab. Der Hintergrnnd
des Thales ist von den Kalkwänden des *Reichensteins* (6829') und
des *Sparafelds* (7083') umschlossen. Nach einem Wolkenbruche
trat der Bach aus und führte bei seinem Eintritt in das *Paltenthal* eine grosse Mure mit sich, welche das obere *Paltenthal* ver-
dämmte und dadurch den *Gaishornsee* mit einer Insel schuf. Die
Strasse führt über die Mure nach *Gaishorn* (2255') am nördlichen
Ufer des Sees, dem Postwechsel zwischen *Rottenmann* und *Kallwang*. Die Post ist ein gutes Gasthaus. *Furth*, 239 E., ist die
letzte Gemeinde im *Paltenthal* und bei einem einzelnen Wirthshause erreicht man die sehr niedrige Wasserscheide, einen der
tiefsten Einschnitte der Centralkette, die wohl 3000' nicht viel
übersteigen dürfte, indem die nächste Post jenseits im Liesingthale, *Kallwang*, 2263' Höhe hat. Die Strasse führt nun durch
das *Liesingthal* (Murgebiet) über *Wald*, *Kallwang*, *Mautern* nach
St. Michael an der Mur, von wo sie sich theilt; westlich thalaufwärts über *Knittelfeld*, *Weisskirchen* und *Obdach* nach *Kärnten*, östlich thalabwärts über *Leoben* nach *Bruck* an der Wien-
Triester Eisenbahn.

Das Ensthal (Fortsetzung).

Von der Brücke über die *Palten* rechts erschliesst sich ein
neues Bild des Ensthales. Zunächst vor uns die grüne Ebene
des Thales, durch welche der Fluss sich windet, mit Heustadeln
bedeckt. Das Thal wird abwärts bald geschlossen durch hohe,
bewaldete, oben behmattete Berge; der mittlere höhere ist der
Pleschberg (5413'), der uns nun mit seinen Vorbergen bis Admont begleitet und den Wechsel der Landschaft zum Theil verursacht, indem er den Kranz von hohen Kalkgipfeln jetzt einmal verdeckt, jetzt wieder zeigt. Die 2 kalkweissen pyramidalen Kalkberge hoch hinter den dunkeln Waldbergen sind links
der *Hohe Burgas* (7083') und der *Scheiblingstein* (6932')

Botan. Reiche Kalkflora, wie a. d. Oetscher (s. n.); ausserdem: Kernera saxatilis, Alsine austriaca, Cherleria sedoides, Cineraria sudetica, Saussuria disco- lor, Tozzia alpina, Cortusa Matthioli, Orchis globosa u. a.

In einem kleinen Wirthshause, *Setzthal*, rechts an der Strasse, noch an der *Palten*, fand A. Sch. guten Wein und freundliche Bedienung. In dem Sommerhäuschen vor dem Wirthshause hat man eine schöne Aussicht auf Lietzen und den Grimming. Man biegt um eine waldige Ecke, um abermals ein ganz neues Bild des Ensthales sich entfalten zu sehen. Das erste Bild ist der Einblick in das *Ardningthal* mit seinem Felsenamphitheater im Hintergrunde, aus welchem der *Bosruck* und *Burgas* aufragen, rechts der grüne *Pleschberg;* den engen klammartigen Eingang bewacht die Kirche und das Dorf *Ardning*, 804 E. Thalab- wärts das burgähnliche doppeltbethürmte Gebäude auf einem vom Pleschberg abgesonderten Vorberge ist *Frauendorf* oder *Maria- kulm*. Der höchste Berg, welcher kahl, grau und doppelgipfe- lig darüber aufragt, ist der *Grosse Buchstein* (7009'), und der Doppelfelsengipfel rechts darunter, welcher rechts senkrecht ab- stürzt, ist der *Druckstein*, die linke Thalwand des Gesäuses be- zeichnend. Rechts davon die zum Himmel aufzackende graue Kalkkette ist das *Johnsbacher Gebirge* und sein höchster Zacken das *Hochthor* (7212'). Rechts unter dem *Johnsbacher Gebirge* ist der dunkele rechtseitige Eingangspfeiler, unter welchem sich in duftiger Ferne die Doppelthürme von Admont zeigen; weiter rechts hinan zieht das *Sparafeld*.

Je mehr wir uns Admont nähern, desto höher hebt sich der Doppelgipfel des *Buchstrins*. Eine Höhe hinan führt die Strasse durch das Thorgewölbe und eine Art Burghof, die *Ad- monter Klause*, wie über die Trümmer eines ausgebrochenen Giessbaches nach *Admont*. — Nicht uninteressant ist auch der Weg von *Lietzen* nach *Admont* auf dem linken Ensufer, und möchte noch etwas kürzer sein. Der interessanteste und schön- ste Punkt dieses Weges, welcher über *Reithal* (Setzthal gegen- über) und *Ardning* führt, möchte *Frauendorf* sein, hier auch *Mariakulm* genannt, mit der Aussicht gegen Admont und auf die dahinter kahl und schroff aufzackenden Johnsbacher Gebirge, auf den Kalbling und das Sparafeld, wie auch gegen den Hintergrund des *Mühlauthales* mit seiner *Bärenkahrmauer.* Neben der vielbesuchten Wallfahrtskirche, 1404 erbaut und mit einem grossen, aus Holz geschnitzten, Marienbild von Thiemo steht ein Wirthshaus.

Admont (1933'), 119 H., 699 E., bildet einen Hauptabschnitt im Ensthal und ist in geognostisch-geologischer, wie in malerischer und geschichtlicher Hinsicht ein Hauptpunkt des Thales. Es besteht aus dem Markte und einer Benediktinerabtei; Gasthäuser: beim Hepflinger und Eiselbergschen Bräu. Die Abtei wurde 1074 vom Erzbischof Gebhard von Salzburg gestiftet; der erste Abt war Isegrim, unter welchem der wegen Erfindung des Steingusses berühmte Mönch Thiemo hier war. Dieser war früher zu Hirschau, dann zu Tegernsee, später zu St. Peter in Salzburg, von wo, durch den Afterbischof Berthold, Grafen von Moosburg-Brunzasil, vertrieben, er sich hier als Flüchtling einige Zeit aufhielt. Sehenswürdigkeiten: die Stiftskirche, 1623—27 von Preininger erbaut, mit 10 Altären; Hauptaltarblatt von Bock, die anderen von Altomonte, Verbeck, Reslstein und Bachmann; am Jungfrauen- und Josephsaltar 4 grosse Bassanos; schöne Fresken und Sculpturen von Stamml aus Admont (1769); von ihm auch die Chorstühle und Schnitzwerke hinter der grossen Orgel. In der Kapelle des Stifteraltars ruht Erzbischof Gebhard, seine Bildsäule auf dem Sarge; herrliche Orgel von Chrismauni. Der wahrhaft prächtige Bibliotheksaal, um den Napoleon das Stift beneidet haben soll, 1774 — 81 erbaut vom Abte Ofner; schöne Halle; Deckengemälde von Altomonte, der Fussboden von hiesigem Marmor; rings herum eine Gallerie; Reliefschnitzwerke von Stamml; in der Bibliothek von 20,000 Bänden, 800 Incunabeln und 1000 Handschriften befindet sich auch ein echtes Exemplar der Reimchronik Ottokars (genannt von Horoek); prächtige Ornate der Aebte, Inful und Hirtenstab Gebhards. Zoologische und mineralogische Sammlungen (prächtige Eisenblüte). Physikalisches Kabinet. Gemäldesammlung mit einem Hannibal Caracci, Altomonte und vielen altdeutschen Gemälden und Glasmalereien. In den Zimmern des Priors ein Petrus von Altomonte (sein eigenes Bildniss). Das Refectorium mit schönen Deckengemälden, den

26 *

kolossalen vergoldeten Bildsäulen der heiligen Hemma, der hohenstaufischen und habsburgischen Kaiser. Das Haustheater. Der grüne Saal mit Bildnissen von Kupetzky. In den Gängen 2 Madonnen aus Steinguss von Thiemo. Schöner Garten mit einer Allee von Zirben. Das Stift enthält eine theologische Lehranstalt und Hauptschule. Wie die meisten Benediktinerstifte in Oesterreich thut sich auch dieses hervor in wissenschaftlichem Streben und Liberalität gegen Fremde.

Botan. Im Thale Sumpfpflanzen: Calla palustris, Andromeda, Ledum: in der Bergregion: Pyrola media. Epipogium Gmelini; auf den Admonter Alpen, besonders am Kalbling z. Th. bis zu dessen Fusse in der Kaiserau: Papaver Burseri, Arabis pumila, Draba stellata. Thlaspi alpinum, Helianthemum oelandicum, Alsine arctioides, verna, Moehringia polygonoides, Arenaria multicaulis, Potentilla minima, Saxifraga aphylla, Burseriana, Chaerophyllum Villarsi, Galium lucidum, Valeriana elongata, celtica, Cineraria alpestris, Senecio lyratifolius, Achillea Clusiana, Saussurea pygmaea, Leontodon Taraxaci, Crepis Jacquini, Soyeria hyoseridifolia, Phyteuma betonicaefolia, Gentiana brachyphylla, nivalis, Pedicularis asplenifolia, incarnata, rosea, Rhinanthus alpinus, Androsace obtusifolia, lactea, Soldanella minima, Salix Wulfeniana, Waldsteiniana, Jacquiniana. Ornithogalum minimum. Allium Victorialis. Juncus Jacquini, Luzula flavescens, glabrata, Carex nigra. mucronata, Phleum Michelli, Avena alpestris, sempervirens, versicolor, Poa minor. Festuca Halleri, pumila. Scheuchzeri. Sesleria microcephala: — im Gerölle: Euphorbia pilosa, Cortusa Matthioli, Aethionema saxatile, Rhamnus saxatilis; — am Lichtmessberg: Microstylis monophylla.

Ausflüge. Zunächst über *Admont* liegt das schöne Schloss *Röthelstein* mit grossen Felsenkellern. Durch den Grund, welcher hinter *Admont* sich südlich hinan zieht, führt ein Weg in die romantische *Kaiserau* (siehe oben). Von hier kann man den *Kalbling* in 2 St. ersteigen, auf dem man eine herrliche Uebersicht des Ensthales hat. Nördlich ragt über *Admont* der *Natternriegel* (6542') empor, umstanden von der *Bürenkahrmauer*, dem *Hexenthurm* und *Hochthurm*, Berge, welche die steiermärkische Fabel- und Sagenwelt vielfach umgaukelt. Sehr belohnend ist die Ersteigung des *Natternriegels*. Von *Admont* führen 2 Wege dahin, welche sich am *Grabner Thörl* vereinigen; der weitere führt in 3 St. auf die *Grabner Alpe*, bis wohin man reiten kann; der andere kürzere ist nur Fussstelg und geht über die *Moser Alpe*. Am *Grabner Thörl* findet man eine gute Quelle. Von hier braucht man noch 1½ St. zum Gipfel; man kömmt über 2 böse Stellen, über eine abschüssige Steinriese und die Schneide.

Doch führt vom Thörl auch noch ein weiterer gefahrloser Steig auf der Nordseite hinan, von wo man in das jenseitige *Seethal* hinabschaut, einen merkwürdigen Felsenkessel. Die Aussicht überfliegt nördlich das ganze Gebiet der Steier, die Ebenen Oesterreichs bis zur Donau und den blauen Rücken des Böhmerwaldes; Kremsmünster, Ens und Linz soll man mit Fernröhren erkennen; gegen Süden, Osten und Westen die wilde graue Zackenwelt der Johnsbacher Felsen und des Hochschwabs, die grünen sanfteren Massen des Urgebirgs, die Seekauer und Schladminger Alpen mit dem Hochgolling und der Hochwildstelle, die Salzburger beeiste Tauernkette bis zu dem alle überragenden Glockner, den Grimming und Dachstein.

Gegen Nordosten von *Admont* erhebt sich fast isolirt aus niedrigeren Bergen und daher sehr hoch erscheinend, der *Grosse Buchstein* (7009′). Um auf seinen Gipfel zu gelangen, muss man entweder durch das *Gesäuse* 3 St. hinab, dann links nördlich hinan auf den *Gstatter Boden*, eine hohe Alpengegend ringsum im Norden von den Wänden des *Buchsteins*, des *Hinteren Winkels*, der *Tieflmayer*, des *Erks* und *Bocks* ummauert; hier übernachtet man in einer Holzknechtkaserne; von der Ens hinan bis zum Gipfel braucht man 7 St.; auch kann man von *Admont* nordöstlich der Strasse nach Oesterreich folgen über *Weng*, mit *Buchau* 455 E.; schöner Rückblick auf das ganze Ensthal; bald hat man die Höhe des Sattels erreicht, von welchem man jenseits in das *Buchauerthal* die *Buchau* hinabsteigt, welches bei Altenmarkt, wo die Ens Steiermark verlässt, in deren Thal mündet. Durch dieses Thal führt die gerade Strasse nach Oesterreich von Admont und umgeht dadurch zugleich die schauerlichen Engen des Ensthales; sie ist eine Parallelstrasse mit der von Lietzen über den Pürhn. In dem nächsten Orte *Buchau* übernachtet man im Wirthshause und ersteigt von dort am anderen Morgen den *Buchstein*. Die Aussicht ist der vom Natternriegel ähnlich; sie wird aber dadurch interessanter, dass man hinab in die dunkelen, im tiefen Schatten liegenden Engen der Ens blickt, aus welchen jenseits die weissen, grell erleuchteten und furchtbar zerrissenen Kalkwände von *Johnsbach*, besonders des noch unerstiegenen *Hochthores* (7200′) aufstarren. Nördlich

von *Admont* zieht die *Mühlau* hinan, vom *Esslingbach* durcheilt, mit den Orten *Unterhall*, 520 E., und *Oberhall*, 373 E., deren Namen auf Salzquellen deuten, welche jedoch jetzt nicht
mehr benutzt werden; dagegen gibt es desto mehr Eisenwerke,
welche dem Stifte gehören.

Von *Admont* längs der Ens fortwandernd, an einigen Tei-
chen vorüber, ahnet man kaum die Verwandelung, die dem Thale
und Flusse bevorsteht. Ruhiger als je gleitet der mächtige Bergstrom durch sein grosses, weites und ebenes Thal, und nur die
gewaltigen Felsenthürme der Zackenmauer, welche den Ausgang
des Thales versperrt und nur eine enge Kluft übrig lässt, verkündet dem Erfahrenen ein grosses Schauspiel der Alpenwelt.
Etwa 1½ St. von *Admont*, bei dem *Heinlbauer* (1926'), einem
einzelnen Wirthshause, wird das Thal geschlossen; links der riesige *Buchstein* mit seinem niederen Vormanne, dem *Bruckstein*,
und rechts das *Sparafeld* und dessen Nachbar, der *Reichenstein*,
mit einem ähnlichen Vorposten, stemmen sich gegen einander,
um dem Bergstrome, da er zahm geworden zu sein scheint, den
Abzug zu sperren; allein wie eine abgeschossene und auf der
Erde dahinrollende Kanonenkugel ihre scheinbar verlorene Kraft
gleichsam wieder erlangt oder vielmehr zeigt, wenn sie auf Widerstand stösst, so wird auch die ruhig dahergleitende Ens jetzt
auf einmal zum wildesten Bergstrome, wie sie wieder ihr ur-
sprüngliches Element findet, Widerstand. Es beginnt hier die
grossartige Enge des *Gesäuses.* Es ist dieses die erste Felsenenge in den Kalkalpen des Ensthales von Westen nach Osten,
während das Inn- und Salzachthal ihre Kalkalpen nördlich durchbrechen. Es ist dieses eine Folge des Zuges der Hochkalkalpen,
parallel mit dem Paltenthal, nach der Centralkette hin. Trotzig
strecken die Bergriesen ihr Fussgestelle gegen einander und
zwängen den vorher noch so breiten Bergstrom in einen schmalen Schrund. Die vorher stillflutende Ens wirft sich jetzt in
dieses unbequeme Bett, wird schäumend und tobend von einem
der schräg gegen einander stehenden Pfeiler geworfen oder wirft
sich donnernd bald über Felsenbänke, bald über Trümmer der
Berge. Reisst sich der Blick von diesen grossen Wasserstürzen
los, so fesseln ihn eben so bald die hohen Wände und die wais-

sen Kalkzacken des *Hochthores*, welche ernst hereinschauen. Der
Weg durch diese Enge war früher ein Fussweg, der auf schwan-
kenden Stegen von einem Ufer auf das andere setzte, jetzt ist
hier eine vortreffliche Kunststrasse. Nur das Laubholz mildert
den Ernst der Gegend etwas. Der Fall der Ens beträgt durch
die 4 St. lange Thalenge 665'. Die wildesten Stürze erstrecken
sich nur durch ¼ St. Weges.

Das Johnsbacher Thal

öffnet sich 2 St. von *Admont* rechts, eine der engsten, wildesten
und wüstesten Gebirgsschluchten, wo senkrechte Felsenwände
mit Bergstürzen und Griesbänken sich fortwährend einander in
Wildheit zu überbieten scheinen. Nach zweistündigem Klettern
durch diese Steinwüste öffnet sich zwischen 2 engstehenden senkrechten Felsenpfeilern der Thalkessel von *Johnsbach* (2314'),
243 E., wo friedlich auf grünem Thalboden die Kirche, die
Pfarre, das Wirthshaus und einige andere Häuser zerstrout umher liegen. Die Natur scheint sich ausgetobt zu haben. Noch
überraschender ist der Weg von *Hieflau* oder *Johnsbach* nach
Admont. Von *Johnsbach* führt ein Steig südwestlich über die
Nabingalpe nach *Gaishorn* im *Paltenthal;* ein zweiter nordöstlich
über die Alpen *Rötter* und *Sulzker*, unmittelbar unter den uner-
steiglichen Wänden des *Hochthores* hinab, durch den *Härtelgraben* in das Enstbal oberhalb *Hieflau;* ein dritter Steig bringt
auf die Alpe *Neuburg* (4260'), mit grossen Torflagern, und von
dieser links hinab, den hohen *Lugauer* (6952') rechts lassend,
durch den *Härtelgraben*, oder rechts gerade nach *Hieflau.* Von
der *Neubergalpe* führt ausserdem noch rechts ein Steig hinab in
die *Kadmer*, deren Hauptort von *Johnsbach* 4 St., von wo man
das Thal hinab in 2 St. nach *Hieflau* gelangt.

Einige nennen das *Johnsbacher Thal* das *Obere Gesäuse* und
die Ensenge, besonders von der Einmündung des *Johnsbaches*
aufwärts bis zum *Heinlbauer*, das *Untere Gesäuse.* Hier führt
vom linken Ufer der oben erwähnte Steig links hinan zum *Gstat-
terboden* und dem *Buchstein;* rechts öffnet sich weiter hinab der
genannte *Härtelgraben*, wo sich eine Höhle, die *Boanluke (Bein-
luke)* (4250'), befindet, weil Thierknochen darin vorkommen.
Ensbrand ist die erste Häusergruppe, welche wir seit dem Heinl-

bauer in 3½ St. Wegs antreffen; ¼ St. darauf erreichen wir *Hieflau*
(1483'). Hier stossen 3 Thalfurchen zusammen: von Westen her
das obere Ensthal, nach Norden das untere Ensthal, von Süden
herein das Gebiet des Erzbachs. Die Ens ist hier durch einen
grossartigen Rechen geschwellt, erbaut von dem Tiroler *Hans
Gasteiger*, um hier das von den Bergen und auf ihr selbst
herabgetriftete Holz aufzufangen, welches zum Theil hier ver-
kohlt wird; daher gibt hier die Gewerbthätigkeit der Gegend
einen eigenthümlichen Charakter: mitten zwischen den hohen
Bergen der über den 1360' langen Rechen in weissem Schaum
herabrauschende und tosende Fluss, die rauchenden Meiler, der
feuerspeiende Hochofen und die grossen Mühlsteinbrüche (Kalk-
breccie). *Hieflau*, 651 E., und *Jassingau*, 166 E., bilden eine
Gemeinde, *Radmer a. d. Stube*, 526 E. , und *Radmer a. d. Hasel*,
460 E., eine zweite. Gute Wirthshäuser bei Stiegmayr und dem
Ortswirth. Von hier führen 2 Strassen, nach Norden und nach
Süden; die erste führt im Ensthale hinab bis *Reifling* und theilt
sich dort (siehe Reifling); die südliche führt über *Eisenerz* und
den *Prebühl* nach *Vordernberg*, *Leoben*, dann links nach Grätz,
rechts nach Klagenfurt. Es ist Poststation zwischen *Reifling* und
Eisenerz.

Geognost. Im Weggraben finden sich die Versteinerungen führenden Gosauschichten mit Hippuriten u. s. Einschalern und Korallen, wie in der benachbarten Gams. — Zwischen Hieflau und Reifling Aufschluss der Triasschichten, der
Hallstädter Kalk - und der Lunzerschichten.

Das Gebiet des Erzbaches.

Die Kalkalpen, nachdem sie bei *Admont* die Ens übersprun-
gen und diesen Fluss nun ganz in Besitz genommen, ziehen wieder östlich fort. Das Gebiet des *Erzbaches* liegt eigentlich im
Süden der höheren Kalkalpen und dringt durch eine einzige
Spalte derselben bei *Hieflau* zur Ens. Den südlichen Hintergrund des Gebietes bildet ein südlich ausgehender Bogen von
Uebergangsgebirgen. welche von der Gruppe des *Hochschwabs*
westlich herüberziehen zur Gruppe des *Kalblings*. In der Mitte
des Gebietes erhebt sich der *Kaiserschild* (6573') und theilt den
ersten gemeinsamen Stamm in den Ast des *Erzbaches* und der
Radmer. Als westlicher Grenzrücken des Gebietes erhebt sich
der auffallend gestaltete und geschichtete *Lugauer* (6952'). Er

kann von *Hieflau* aus erstiegen werden, obgleich mit einiger Mühe; für gute Führer sorgt der Wirth Stiegmayr, dessen Alpen auf diesem Berge liegen.

Wir folgen längs dem *Erzbache* der Strasse von *Hieflau*, welche südwärts ins Gebirge geht; in ¼ St. erreichen wir die Theilung des Gebietes in seine 2 Hauptäste: rechts zieht die *Radmer* hinan, links am *Erzbach* der *Jassinggau*. Jene theilt sich in die *Aeussere Radmer* oder *An der Stuben*, und die *Innere Radmer* oder *Am Hasel*. Durch eine enge wilde Schlucht, *Zwischen den Mäuern* genannt, betritt man das etwas weitere Thal. Hier in der *Aeusseren Radmer* (2310') war Ferdinands II. Lieblingsaufenthalt, der Jagd wegen. Aus dem Jagdschlosse wurde ein Gewerkhaus, da auch hier Eisenbergwerke angelegt wurden. Das Eisensteinlager — Spatheisenstein, Ankerit, Brauneisenstein mit eingesprengtem Schwefel- und Kupferkies — liegt in der Grauwackenformation. In seinem Liegenden findet sich ein Gypsstock. Von Ferdinand stammt noch die Wallfahrtskirche *St. Anton*. An der Kirche theilt sich das Thal, links steigt der *Finstergraben*, rechts der *Haselbach* hinan, letzterer bildet die *Innere Radmer* oder *Am Hasel*, wo sich ein Kupferwerk befindet (von 1761—1801 16,279 Ctr.). Ein belohnender Ausflug führt uns auf den *Zeiritzkampel* (6703'). In 2 St. von *Radmer* (an der Stuben) erreicht man, südlich ansteigend, die Schwaige (Alpe) des Radmerer Wirthes, wo man rastet und sich durch Alpenkost erfrischt. In 2 anderen Stunden steht man auf dem Gipfel, 5100' hoch. Im Norden liegt die ganze *Radmer* unter uns, links ihr zur Seite der *Lugauer* mit seinen sonderbaren Schichten (in der Tiefe fast horizontal, auf der Höhe senkrecht); westlich von ihm das *Hochthor* und die steinige *Johnsbach*, nebst einem Theile des schönen Ensthales; dahinter die *Ausseer Gebirge* und der *Priel*. Nordöstlich zieht der *Finstere Graben* hinab zur *Radmer;* darüber der *Kaiserschild*, das *Hochhorn*, der *Lienhart* u. a.; in grösserer Ferne die *Schwabengruppe* und der *Oetscher;* im Osten der *Waidboden* und *Reichenstein*, südöstlich der *Reiting* oder *Gosseck* (6983'), südlich die zackigen *Seekauer Alpen*, westlicher der *Rottenmanner Tauern*, die oberen Ensthaler Alpen bis zur Uebergossenen Alpe. An dem *Kampel* selbst befindet sich noch eine

Höhle, das *Wunderloch*, in welcher ein grosser See ist, von
schwarzen Fischen und einem grossen Lindwurm bewohnt; He-
xen, auf Ofengabeln reitend, halten Wettrennen um denselben,
sie machen daselbst die Wetter; wirft man einen Stein in dieses Loch, so ziehen sich beim heitersten Wetter die Wolken zusammen und Blitz und Donner folgen. — Im Osten und Westen unseres *Kampels* führen Jochsteige aus der *Radmer* durch
die *Hölle* hinab nach *Kallwang* im *Liesingthale*, wo Statuenmar-
mor gebrochen wird. Oestlich bringt uns aus dem *Finstern Graben* (Radmer) ein Jochsteig (3723′) in die nach *Eisenerz* führende *Ramsau*.

Nachdem wir von *Radmer* etwa 1½ St. in den Engen des
Jassinggauer Thales dem *Erzbache* entgegengewandert sind, öffnet
sich links ein Gebirgsbusen, durch eine kleine Höhe vom *Erzbache* getrennt; nur der *Seebach* hat sich eine enge Bahn her-
ausgearbeitet. Auf der niedrigen Höhe liegt das Schloss *Leopoldstein*, 1670 erbaut, jetzt einem Bauer gehörig. Dahinter
ruht der herrliche grüne Spiegel des *Leopoldsteiner Sees*. 1860′
über dem Meere; er kann in 1 St. umgangen werden, war aber
dem ebenen, etwas sumpfigen Boden bei der Einmündung des
Seebachs nach einst noch einmal so lang. An ihm Versteinerungen führender bunter Sandstein aufgeschlossen. Den Kessel
umsteht die *Seemauer* und 5—6000′ hohe Felsenberge, welche
zu der *Schwabengruppe* und ihren Ausläufern gehören. Besonders merkwürdig ist dieser See bei Regenwetter, wo plötzlich
Strömungen auf ihm entstehen, während an anderen Stellen das
Wasser heftig aufsprudelt; man glaubt, dass er ausser den sichtbaren auch einen unsichtbaren unterirdischen Abfluss hat, welcher weiter hinab am *Erzbache* hervorbricht und dessen Wasser
dem Seewasser ganz gleich ist. Von den Ufern des Sees führt
ein Pfad durch die schon erwähnte sumpfige *Secau*, dann steil
hinan zu der *Eisenerzer Höhe* (4590′), wo ein Kreuz steht, und
jenseits durch eine schauerliche, von Wasser durchtoste Schlucht,
der *Schreier* genannt, in welcher der kühne Steg bald an den
Felsen, bald über den Stürzen des Baches hängt, wieder durch
den Wald hinab in 7 St. nach *Wildalpen* (siehe unten) im Salza-
gebiet. Dieser Weg war sonst ein starkbesuchter Saumpfad, auf

welchem man die Flossen aus Eisenerz nach Wildalpen brachte
und von dort als Gegenladung Kohlen herüberführte. Nach 1½ St.
von *Leopoldstein* steht man vor *Eisenerz* an der Mündung des
Gsollbach in den *Erzbach*, und seinem altersgrauen, berühmten
Erzberg, einer der Herzkammern Steiermarks. Der von Kohlen
geschwärzte Hüttenort liegt 2212' über dem Meere, da wo der
Erzberg das Thal spaltet. Es ist ein Markt, 157 H., 1949 E.,
heisst auch bisweilen, im Gegensatze des jenseitigen *Vorden-*
berg, Innernberg, und ist der Sitz der k. k. hauptgewerkschaftlichen Eisenwerksdirektion. Dazu gehören: Krumpenthal, 183 H.,
1296 E., Münichthal, 72 H., 450 E., Trofeng, 95 H., 939 E.
Guter Gasthof zum Ochsen. Ueber dem Markte liegt die herrliche gothische St. Oswaldskirche, 1279 von Rudolf von Habsburg erbaut, von deren Thurm man eine schöne Aussicht hat.
Hauptmerkwürdigkeit der *Erzberg* (4835') Die Entdeckung reicht
in die frühesten Zeiten hinauf, vielleicht war das norische Eisen
der Römer aus dem Erzberge. Der Sage nach wurde hier einst
ein Wassermann gefangen; seine Bemühungen, sich zu befreien,
waren umsonst; er versprach deshalb für seine Befreiung ein
reiches Silberbergwerk von nicht langer Dauer oder ein Eisenbergwerk von ungeheuerem Reichthum und fast ewiger Ausbeute.
Man wählte das letztere; der Wassermann zeigte den Erzberg
und stürzte sich wieder in seine Fluten.

Höchst interessant ist die Befahrung des Innern, besonders
in die von der Natur gewölbten Räume mit herrlicher Eisenblüte überzogen, die sogen. Schatzkammern. Er enthält nach
einer Berechnung 900,000,000 Ctr. Eisen. Das Erz ist ein Spatheisenstein, dessen Lager dem obersten Grauwackengebirge angehört, wo es meist zwischen Grauwackenkalkstein im Liegenden und rothem Schiefer oder einem rothen und schmutzigweis-
sen Trümmergestein im Hangenden auftritt (Schouppe, Jahrb. V).
Darüber folgt der bunte Sandstein unter der Gsoll-Gries-Mauer,
dem Kaiserschild. Die Erze sind Spatheisenstein und Ankerit,
z. Th. in Brauneisenstein umgewandelt; Eisenglimmer, Schwe-
fel- und Kupferkies, Quarz, Kalkspath, Braunspath, selten Zinnober sind Begleiter. Ausgezeichnet ist das Vorkommen des
Aragonits als Eisenblüte in den s. g. „Schatzkammern". Das Erz

hat 35—44 % Eisen und erspart durch seine glückliche Verbindung mit Nebengesteinen jeden Zusatz im Hochofen.   Der Bau
ist beinahe frei von Grubenwässern und beschäftigt 5300 Berg-
und Hüttenleute; noch für 1000 Jahre verspricht der in 6 Stollen getheilte Berg gleiche Ausbeute.

Auf der halben Höhe des Berges steht die Barbarakapelle,
in welcher Gottesdienst gehalten und am Kirchenfeste das ma-
rianische Wunder ausgestellt wird, eine Erzstufe. welche durch
den Uebergang von Pflinz in Brauneisenstein ein Marienbild darstellt.   Weiter hinan ist die *Geschwornenstube* (3792') und der
Kaisertisch, von dem man eine schöne Aussicht hat.   Auf dem
Gipfel des Berges steht das herrliche kolossale Kreuzbild von
Gusseisen, am 4. Juni 1823 durch den Erzherzog Johann errichtet; es ist 24' hoch (das Kreuzbild allein 7') und wiegt
10 Ctr. Es wurde in Mariazell gegossen.   Am Fusse des Kreuzes enthält ein doppeltes Gehäuse von Eisen und Holz ein sinn-
volles Votivgemälde von Schnorr und eine eben so schöne Inschrift von dem Erzherzoge. Die Schlüssel dazu erhält man in
der Geschwornenstube.   In *Eisenerz* bestehen 2 Hochöfen, 14
Schmelzhütten, 1 Drahtzug, 1 Schlackenbad und 1 Theater. —
Am Wege: Saxifraga Cotyledon.

In *Eisenerz* theilt sich das Thal aufwärts wieder in 2 Aeste,
rechts vom *Erzberge* der Grund heisst *In der Klamm*, weiter
hinan *In der Ramsau;* bis weit hinan folgen sich Häusergruppen
auf Häusergruppen; von den letzten führt westlich ein Steig
hinüber in die *Radmer*, südlich über das *Hochthörl* nach *Kallwang* im *Liesingthale.*   Aus *In der Klamm* führen ebenfalls südlich Steige in das *Gössbachthal* und in ihm hinab nach *Leoben.*
— Links vom *Erzberg* führt der *Hochgerichtsgrund* zum 3724'
hohen *Prebühl* hinan, wo in Menge Crocus albiflorus. Ueber
diesen niedrigen Pass zieht die Strasse in 3 St. nach dem jenseitigen *Vordernberg* und weiter hinab über *Trofajach* nach *Leoben* an der Mur. — Durch den links herabkommenden, in den
Hochgerichtsgrund mündenden *Gsollgrund* zieht ein Jochsteig in
das jenseitige interessante Thal *Neuwald (Tragös),* welches zur
Mürz geht, kurz vor deren Vereinigung mit der Mur bei *Bruck.*
— Auf der Scharte *Neuwaldeck* zwischen beiden Gründen, ½ St.

von den Eingängen in die *Frauenmauergrotte*, eine grossartige
Aussicht: gegen N.O. der Hochschwab und Brandstein mit Gefolge, gegen Westen der Felsenkessel von Eisenerz, überragt
von den Spitzen der Berge am Gesäuse. — In dem *Grollgrunde*
ist die *Frauenmauer Eisgrotte* sehenswerth; sie führt durch den
Berg hindurch an das jenseitige Thal *Neuwald* (*Tragöß*) und ist
430 Klaftern lang; ohne Tropfstein, doch zum Theil mit Eis
angefüllt in Form der Stalaktiten; in der Mitte der 20,000 Ku-
bikklaftern haltende Dom; man findet Inschriften von 1605;
der schönste Theil ist die sogen. Kreuzhalle. Nicht ohne Führer und Fackeln zu besuchen, die man in Eisenerz bekommt
(Mitth. II, S. 440).

Das Ensthal (Fortsetzung).

Von *Hieflau* an hat das Ensthal eine nördliche Richtung
und durchschneidet nun eine zweite niedrigere Reihe von Kalkalpen. — Wenn das Ensthal auch etwas ebenen Boden von hier
an zeigt, so ist es doch noch sehr eng und verschliesst sich vor
dem Hammerwerke *Lainbach* fast ganz wieder, doch nur, um
gleich darauf desto mehr zu überraschen; denn auf einmal treten die Wände zurück und es öffnet sich ein herrlicher, durch
die vorhergehenden wilden und einsamen Felsenengen doppelt
überraschender Gebirgskessel, das *Landl* genannt, mit Häusergruppen überstreut. *Landl* 1582 E., *Krippau* 175 E. Diese Oase
in den hier so zusammengedrängten Bergmassen ist 1 St. lang
und vielleicht halb so breit; links auf einer Höhe liegt die Kirche. Im Norden treten dann die Berge wieder schnell zusammen. Rechts öffnet sich das *Schwabelthal*, durch welches ein
Pfad über die *Wacht*, einen im Mittelalter befestigten Pass, mit
einem Wirthshause, in 7 St. nach Wildalpen bringt. Bei *Lainbach* theilt sich die Strasse; die eine bleibt auf dem linken Ensufer und geht über *Landl* nach *Reifling*; die andere zweigt sich
rechts ab, zieht über die Ens und quer durch die Ebene des
Landls, dann über eine Höhe in die *Gams* und durch diese hinab an die Salza. Eine Seitenstrasse geht von *Landl* links hinüber in die *Buchau*, der gewöhnliche Fahrweg von Admont nach
Hieflau. 1 St. thalabwärts von *Landl* erreichen wir *Reifling*,
201 E., *Oberreith* 648 E., wo sich rechts herein die mächtige

Salza in die Ens über einen 350 Klaftern langen Holzrechen stürzt; auch hier sind grosse Köhlereien. — Für den Geognosten wichtig durch den Anschluss der Triasglieder, aus denen auch der hier gefundene Ichthyosaurus stammt.

Das Thal und Gebiet der Salza.

Die *Salza*, der grösste Seitenfluss der Ens, entspringt am *Göller* in Oesterreich, durchfliesst dann das *Hallthal* bis gegen *Mariazell* und mündet nach 8 Meilen langem Lauf bei *Reifling* in die Ens. Ihr Thal ist vorzüglich merkwürdig durch die wildschauerlichen Schluchten und Engen, die einen grossen Theil desselben ausmachen. Im Süden des Thales liegt lang hingestreckt die Kette des *Hochschwabs*.

Ohngefähr 1 St. im engen Thal hinauf kömmt rechts der *Gamsbach* aus dem Thale der *Gams*, für den Geognosten wichtig durch die versteinerungsreiche Gosauformation. Die grösste Merkwürdigkeit ist eine *Eishöhle am Brandenstein*, 4 St. nordöstlich von dem Dorfe *Gams*. Der *Brandenstein* ist sehr zerklüftet und hat eine Menge Schneegruben. Der Eingang dieser Höhle (1800') ist 6 Klaftern hoch, 32 Klaftern lang und 21 Klaftern breit. Im Winter ist es warm in ihr, im Sommer aber wird es so kalt, dass alles durchsickernde Wasser gefriert. Man steigt über Schneemassen hinab bis zu dem mit Eis überzogenen Boden, die Wände und Decken sind mit Eis, wie mit Tropfstein bekleidet; doch gibt es auch wirkliche Stalaktiten. Unweit *Gams* ist ein grosser Sandsteinbruch, aus welchem die Gestellsteine für Eisenerz und Radmer bezogen werden. In der Nähe bricht eine Schwefelquelle hervor, welche jedoch vom *Gamsbach* meistens überflutet wird; die Steine um sie her sind mit Schwefelleber überzogen.

Im *Salzathale* führt nun die Strasse in das *Palfau*, eine enge wilde Felsengegend, deren Wände aus ausgewaschenen Sand- und Breccienfelsen bestehen; links kömmt die *Mendling* herein; eine kleine Strecke an der *Mendling* hinan ist der alte ehemals befestigte Grenzpass zwischen Oesterreich und Steiermark (ein *Mandlingpass* trennt Salzburg und Steiermark). Die Strasse führt über *Lassing* (auf dem *Hochkohr* schöne Aussicht), *Lunz*, *Gaming*, St. *Pölten* nach Wien; wir folgen der Strasse

durch das *Salzathal.* — Aeusserst einsam wird das düstere Salzathal, nur selten eine menschliche Wohnung. Nach 2 solchen
Stunden kömmt links die *Lassing* herein und durch ihr Thal,
das ebenfalls nur von einzelnen Häusern belebt wird, zieht abermals eine Strasse ab nach Oesterreich. In 1 starken Stunde erreichen wir die Gemeinde *Wildalpen* (1717'), 203 H., 1065 E.,
wo von Südwesten herein der *Wildalpenbach* kömmt, in dessen
Thal ebenfalls ein Theil dieser Gemeinde, *Klein-Wildalpen*, liegt.
Die Gegend ist äusserst romantisch. Schöne Marmorbrüche. Das
Gasthaus ist gut. Herrliche Ansicht der Schwabenkette im Süden. Der Verweser, Herr Winderl, bei dem man auch Unterkunft findet, hat überall Ruheplätze herrichten lassen, wo man
diesen schönen Thalkessel am besten übersehen kann.

Von *Wildalpen* aus führt ein Weg südwestlich durch das *Wild-
alpenthal*, *Klein-Wildalpen*, von da am *Piomperlbach* hinan zum
Joch *Auf der Wacht* in 4 St., dann im *Schwabelthal* 3 St. hinab
nach *Lainbach* an der Ens, und in 1 St. nach *Hieflau. Auf
der Wacht* ist das einzige Wirthshaus von *Wildalpen* bis *Lainbach*.
Ein zweiter, ehemals starkbesuchter Saumpfad führt durch die
wilde Schlucht des *Schreiers* über die *Eisenerzhöhe* (4590') nach
Eisenerz in 7 St. Gerade südlich geht es durch eine wilde Felsenschlucht nach *Siebensee*, einer Gruppe kleiner Seen in einer
äusserst einsamen und düsteren Waldgegend, *Höllenmeister* genannt; überragt wird der Wald von einem Kranz hoher Felsberge, der Schwabenkette angehörig. Von hier führt ein beschwerlicher Steig südlich über diese Kette, den *Schafhalssattel*,
die *Androth-* und *Handelbodenalpe* hinab in das jenseitige *Tra-
göslhal.*

Ins einsame Salzathal öffnet sich weiter oben rechts das
Brunnthal mit dem *Brunnsee* dicht an der Strasse. In 2 St. erreicht man die einsam und düster zwischen hohen Wänden gelegene Häusergruppe *Im Gschöder* (1854'); rechts oben das *Gschöder Kahr.* Von hier kann man den *Hochschwab* ersteigen, einer
der lohnendsten Ausflüge (siehe unten); man steigt zu den *Kal-
tenbrunnböden* empor, links den *Anten-* oder *Entengraben* lassend,
in 1½ St., dann zum *Entenkahr* in ⅝ St., auf die *Hochalpe* 1 St.,

zum *Goldstein* 1 St., dann über den *Zackenkogl* und *Hochwart*
1 St., zur Spitze 1 St.; also in 6 St.

Das Salzathal wird von hier an eine finstere Kluft; hoch
schwebt die Strasse an den Wänden über dem Abgrunde; ja
eine Strecke lang läuft die Strasse auf einer an die Wände befestigten Brücke, *Raschiffelbrücke*, hin; im grässlichen, mehrere
hundert Fuss tiefen Abgrund tobt und schäumt der Fluss über
die Felsblöcke. Die Strasse senkt sich wieder, und bei einer
Brücke, welche auf das linke Ufer bringt, stürzt aus einer Sei-
tenkluft ein prächtiger Wasserfall herab; dann folgt ein Engpass, der *Prescnidurchschlag*, auch *Prescnniklause* oder *Bresecni-
klause*, wo die Strasse in einem Stollen durch die Felsen führt
2 St. von *Gscböder* öffnet sich der merkwürdige Thalkessel des
Weichselbodens (2064'): senkrechte graue Wände thürmen sich
allenthalben auf und bedecken mit ihren Riesentrümmern zum
Theil den ebenen Thalboden, durch welchen die grüne Salza
klar und ruhig wallt. 4 enge Gassen öffnen sich aus diesem Felsenamphitheater: von Nordosten kömmt die Salza aus einer
engen, völlig unwegsamen Kluft herab und tritt südwestlich
durch eine ähnliche hinaus; gegen Südosten öffnet die *Hölle* ihre
Pforten, gegen Nordwest die *Radmer*. Im J. 1772 bedeckte noch
den ganzen Boden ein undurchdringlicher Urwald, wie noch jetzt
einen grossen Theil des Salzagebietes. Die Gemeinde ist die
grösste des Landes, 35,280 Joch, 435 H., 3151 E. — *Aschbach*
2630 E., *Weichselboden* 521 E. Die Kirche wurde 1774 erbaut,
als *St. Johann in der Wüste* eingeweiht. Vom *Weichselboden* führen 2 Wege nach *Mariazell*, die Strasse längs der Salza (s. u.)
und ein unterhaltenderer Fussweg, nämlich südlich in den herrlichen *Höllboden*, ⅜ St., wo ein Jagdschlösschen des Erzherzogs
Johann und die Hütte des Gemsenjägers Andreas Wenninger,
bekannt unter dem Namen Annerl, liegt. Von hier geht es links
in die *Hintere Hölle*. — An der *Armenseelenbuche* und dem *Knö-
delstein* vorüber geht es steil über Anbrüche von Bergmilch hinan zum *Kasteuriegel* (3429'), einem Bergjoch, welches die *Aflenzer Staritze* mit der *Zeller Staritze* verbindet. Hier hat man einen
herrlichen Rückblick gegen die Abstürze des Hochschwabs. Weniger steil geht es östlich hinab im *Ramerthal*, welches in das

Aschbachthal ausmündet, nach *Wegscheid* zum *Gusswerk* und *Mariazell*, im Ganzen 6 St. vom Weichselboden.

Vom *Weichselboden* führen 2 Steige auf den Gipfel des *Hochschwabs* (7175'): 1) In den *Höllboden*, ¾ St., von da in den *Niederen Ring* (4308'), ein Felsenamphitheater, Ringgebirge, kreisrund, von fast senkrechten Wänden umstanden, 1 St., dann in den *Hohen Ring* (5094'), 1½ St., eine obere Stufe oder Kammer des vorigen; hier leben noch ganze Heerden von Gemsen, wie in manchen Theilen der baierischen Alpen, da sie hier gehegt werden. Nun geht es durch die *Wasserschlucht*, das *Ochsenreichkahr* (5952'), die *Schwabenleiten* und das *Schwabenbödendl* zum Gipfel in 3 St. hinan; im Ganzen gegen 6¾ St. 2) Bequemer auf „Erzherzog Johanns Reitsteige" (weil von diesem angelegt) zum *Edelboden* und über die *Siebenbrünnen* zum Gipfel 6—7 St. — Oben hat man das ganze Gebirgspanorama vom Grossglockner und Dachstein bis zur ungarischen Tiefebene, vom Donauthale bis zum Terglou vor Augen; ein Meer von unzähligen Bergkämmen und Spitzen, aber wegen der breiten Unterlage des *Hochschwab* kein Thal, keine menschliche Ansiedelung. — Im Norden erhebt sich der *Oetscher* 6000' hoch; rechts näher heran die Gemeinalpe am Erlaphsee, die Zellerhütte, Hinteralpe und der Miess. Von den Zellerhütten rechts die Zeller Starize, über ihr die Triebein- und Sauwand, zwischen ihnen Mariazell und das Bürgeralpl; dahinter der Annaberg und die Reisalpe bei Lilienfeld; rechts von der Sauwand der Student und dahinter der Göller. Rechts vom Student die Wildalpe und dahinter der Unterberg. Ueber dem nahen Höllenkamp die Wetterinalpe, dahinter die Donion- und Königsalpe; rechts davon die Neubergeralpe, dahinter der Schneeberg. Rechts neben dem Höllenkamp die Krautgartenkögl, dahinter die Weichsel-, Veitsch- und Lanalpe und der Wetterkogl auf der Raxalpe. Oestlich in der Tiefe die Dullwitzalpe, dahinter Seewiesen; darüber der Hochanger, Rauschkogl und der Kamp am Sömmering; darunter das Mürzthal, links das Gesehaid, rechts der Göstriskogl; rechts von der Dullwitzalpe die Gschirrmäur, darüber die Mitteralpe, der Schiessling, die Spitaler- und Pretallalpen; rechts von letzteren der Wechsel, vor ihm der Stubanger und Hart-

berger Kogl; rechts näher die Norauer Berge, die Sommeralpe,
der Rabenwald, die Planalpe und die Zebriacheralpe; dahinter
das Rennfeld, der kegelförmige Oaser und der schroffe Lantsch,
der Schökl und an ihm das Murthal bei Gratz, begrenzt durch
den Wildonerberg, dahinter das Posrucker- und Remschnikge-
birge, der Radl und Ursulaberg, hinter ihnen der langgestreckte
Bacher. Südlicher in der Nähe die Flamingalpe, rechts die Brucker Alpe; ganz im Süden die Kleinalpe, dahinter die Chor-
alpe; am Horizonte hin ziehen der Grossing, die Stuhalpe, die
Saualpe in Kärnten, die Seethalalpen bei Judenburg; südwestlich zunächst in der Tiefe der Gehackte Stein, darüber die Messnerin und Trienchtlin, der Reiting, dahinter die Hochalm, der
Zinken bei Seckau und die Brandstatt; rechts von der Messnerin die Priebitz, dahinter der Hochtenn, der Reichenstein, die
Zöls, darüber der Hochreichart; rechts vom Gehackten Stein der
Ladenbecher, dahinter die Griesmauer, die Fölz, der Pfaffenstein, der Zeyres, Grieskogl, das Geierhaupt, die Gailthaler Alpen und über ihnen der eisige Ankogl. Ueber dem Pfaffenstein
das Paltenthal und der Rottenmanner Tauern, der Bösstein, die
drei Stöcke und der Pinchen, dahinter die Oberwölzer- und Söl-
ker Alpen, der Knallstein und darüber ein Eisberg, der Glockner. Im Westen der Lngauer und das Hochthor, darüber die
ganze Gruppe des Dachsteins; rechts das Traunthal bei Aussee,
näher ein Theil des Ensthales; rechts die Grundelseer Gebirge,
das Feuerthal, der Augskogl und Hohe Priel; rechts der Buchstein, näher der Tamischbachthurm, nördlicher der Pyrgas und
Natternriegel; näher der Ebenstein und Hohenwart, rechts der
Kellerbrunn, Brandstein und Griesstein; dahinter der Mandling
und das Wascheneck; der Gemsstein, rechts davon die Wildalpe, die Riegerinn, Kastlingmauer, Kräuterinn und Rothwand,
näher das Thürnach, dahinter der Thierstein und wiederum der
Oetscher.

Der *Hochschwab* im engeren Sinne ist nur eine der vielen
Spitzen, die sich auf einem ziemlich massigen Kalkstock erhe-
hen, der aus dem Eisenerzer Thal emporsteigt und auf dem
Seeberg erst wieder niedersetzt; im Norden wird seine ganze
Abdachung von dem Längenthale der Salza begrenzt, im Süden

laufen seine Querrücken, sich bisweilen wieder zu hohen Felsgipfeln erhebend, weiter bis zu den Thälern der Liesing, Mur
und Mürz. Der *Hochsckwab* ist der höchste Gipfel dieser ganzen Gegend. Sein Gebirgsstock bildet, wie meistens die Kalkalpen, eine Art Hochebene, welche am Rande vielfach ausge-
buchtet ist, aber trotz des steinigen Bodens viele vortreffliche
Alpen trägt. Der *Brandstein* (6308'), der *Sonnschein* (5898'),
Priebitz (5658'), *Messnerin* (5784'), *Karlhochkogl* (4732'), *Ebenstein* (6690'), *Hochweichsel* (7104') und die *Aflenzer Starize* (6012')
sind die Hochgipfel und Eckpfeiler des grossen Gerüstes.

Botan. Papaver Burseri, Arabis caerulea, Petrocallis pyrenaica, Draba San-
teri, frigida, Joannis, Thlaspi rotundifolium, Viola alpina, Moehringia polygonoides, Alsine austriaca, Potentilla Clusiana, Saxifraga Burseriana, sedoides, Athamantha Matthioli, Valeriana elongata, celtica, Doronicum caucasicum, Aronicum
Clusii, Soyeria hyoseridifolia, Saussaria pygmaea, Achillea Clusiana, Arbutus alpina, Pedicularis Portschenschlagii, versicolor, rosea, Primula integrifolia, Juncus
Hostii, Elyna spicata, Kobresia caricina, Sesleria microcephala.

Die Strasse vom *Weichselboden* nach *Mariazell* muss hier
wegen der Unzugänglichkeit das Salzathal auf eine Strecke verlassen, indem sie links an der *Radmer* hinanzieht, dann auch
bald diese verlassend, sich rechts über einen Bergrücken, den
Hals (2688'), zieht, wo eine Hand, nach dem Hochschwab hindeu-
tend, auf dessen sich hier vorzüglich schön entfaltende Massen
aufmerksam macht, sich wieder der Salza zuwendet und an ihren
Thalwänden fortführt nach *Greuth* (2136'), 133 E., 4 St. vom
Weichselboden. Der Fischer ist zugleich Gastwirth. Nur noch
wenige Krümmungen und es erschliesst sich der herrliche Thalkessel von *Mariazell*. Doch zuvor kommen wir noch zum grossen *Gusswerk* (2292'), 6¼ St. vom Weichselboden, 1 St. nach
Mariazell. Dieses Gusswerk liegt am Zusammenfluss der Salza
und des *Aschbachs*, und wurde 1740 errichtet. Niemand versäume, dieses grossartige Werk zu besuchen. Seine Erze (Spatheisenstein wie am Erzberg) bezieht es aus dem Eisenbergwerk
am *Seeberg in der Gollrad*, 2 St. südlich gegen die Zeller Starize hinein. Es liegen fortwährend 300,000 Ctr. bereit. 3 Hochöfen, 2 Frisch- und 1 Zerreunfeuer sind in fortwährender Thätigkeit. Im Vorrathsbarren liegen 120,000 Metzen Kohlen. Es
beschäftigt mit den Bergleuten im Gollrad 500 Menschen. Das

27 *

Mariazeller Gusswerk hat die nicht einträgliche Fabrikation von
Galanteriewaaren jetzt ganz aufgegeben und arbeitet unter Leitung des tüchtigen Direktors Wagner (eines Rheinländers) fast
ausschliesslich nur in gezogenen Kanonen bis zum grössten Ka-
liber. — ¼ St. vom Gusswerk in der Richtung gegen Weichselboden befindet sich die Schiessstätte zum Probiren der Kanonen,
welches immer in den späteren Nachmittagsstunden erfolgt. Der
Tourist ist erstaunt, hie und da auf seinem Fusswege an jener
Stelle die grössten Kanonenkugeln zu finden.

Folgen wir zuerst dem *Aschbache* südlich, so kommen wir
an der Mündung des *Göllradthales* vorüber nach *Wegscheid* (2652'),
wo sich die Strassen scheiden; links, östlich, führt eine Verbindungsstrasse über eine Wasserscheide, das *Niederalpl* (3703'), ins
obere *Mürzthal* nach *Mürzsteg* und hinab nach *Mürzzuschlag* zur
Südbahn; südlich steigt die Strasse über die schöne Hochebene
des *Seebergs* hinab nach *Seewiesen* und *Aflenz*, ebenfalls zur Südbahn bei *Bruck* a. d. Mur.

Auf der Hochebene des 3952' hohen *Seebergs* liegt der *Brand-
hof* (3532'), die Alpenwirthschaft des Erzherzogs Johann, jetzt
dem Grafen Franz v. Meran gehörig. Den ehemaligen Bauernhof kaufte 1818 der Erzherzog und liess ihn umbauen. Am
24. August 1828 wurde der fertige Bau eingeweiht. Das scheinbar einfache Gebäude liegt an der Strasse; es besteht aus 2 Flü-
geln, in deren Mitte die Kapelle steht, gegen Osten gerichtet;
im Westen erhebt sich die *Aflenzer Starize*. Vor der Kapelle
ein schöner Brunnen, ihm gegenüber eine Ruhebank mit Cedern
umpflanzt, welche hier gut fortkommen. Das Ganze besteht aus
einem Erdgeschoss mit hohem Dache. Durch einen Hofraum
geschieden erheben sich die Wirthschaftsgebäude. Merkwürdigkeiten des Innern sind: der S a a l in gothischem Stile, mit von
Kothgasser gemalten Fenstern, nach L. Schnorr; an der Wand
die Bildsäulen der Ahnherren des Erzherzogs mit Bibelsprüchen;
sie sind in Sandstein gehauen von Böhm. Die a c h t e c k i g e
K a p e l l e , in gothischem Stile mit gemalten Fenstern, enthält
einen Altar von grauem Marmor, von Ranna, das Sakraments-
häuschen, geschnitzt von Böhm nach Schnorr, aus Holz von
Cedern des Libanon. Das Brandhofkreuz von Böhm. Vor dem

Altäre die erzherzogliche Gruft; die schöne Orgel von Deutsch-
mann in Wien. Das Jägerzimmer mit schönen Glasgemälden, Waffensammlung, Andreas Hofers Büchse; die Bildnisse
des Kaisers Max I. mit der Ueberschrift: der edelste Schütze,
und des Andreas Hofer mit der Ueberschrift: der getreueste
Schütze; Geweihe, Alpenstöcke, Federschmuck u. s. w. Die
Wohnzimmer, deren Getäfel und Geräthe aus Zirbenholz.
Der Garten mit schönen Alpenpflanzen. Kleine Kapelle im
Garten mit der Bildsäule Rudolfs von Habsburg.

Vom *Gusswerk* an der Salza, deren Thal hier das *Hallthal*
(1015 E.) genannt wird, folgen wir der Salza noch ¼ St. bis zum
Sandbühel am *Gespaltenen Fels* vorüber, 3 Felsen, in welche
3 Spieler gebannt sind, die von dem letzten Wallfahrer erlöst
werden. — Die Strasse ist nochmals in Felsen gehauen; links die
Salza. Dicht vor der letzten Wendung steht die alte *St. Sig-
mundskirche* auf einem Felsen, um dem bösen Feind den Eingang zum Gnadenort zu verwehren. Um eine Ecke herum, so
liegt der Markt *Mariazell* (2646'), 114 H., 876 E., ein berühm-
ter Wallfahrtsort, jährlich gegen 100,000 Wallfahrer. Im J. 1157
liess sich ein Priester in den damals diese Gegenden bedeckenden
Wäldern nieder und stellte ein von ihm besonders verehrtes kleines hölzernes Marienbild in seiner Hütte auf. Bald erscholl der
Ruf hier gewirkter Wunder; Markgraf Heinrich I. von Mähren
erhielt hier Genesung von schmerzhafter Gicht und erbaute aus
Dankbarkeit eine steinerne Kapelle, statt der bisherigen hölzernen Hütte, dieselbe Kapelle, welche noch jetzt mitten in der
Kirche steht. Ludwig I., König von Ungarn, wurde 1363 vor
Adrianopel von den Türken geschlagen und entrann der Gefangenschaft nur durch eine Art Wunder. Zum Danke für seine
Rettung opferte er dem damals schon berühmten Wallfahrtsorte
sein Schwert, seine Sporen, eine silberne, vergoldete, mit Edel-
steinen besetzte Krone, seinen Königsmantel u. a. Kleinode.
Statt der alten verfallenen Kirche liess er ein prächtiges Got-
teshaus erbauen, wovon jetzt noch der gothische Mittelthurm
steht, das Uebrige stammt aus dem vorigen Jahrhunderte und
ist nach dem grossen Brande 1827 grösstentheils erneuert worden. Sie ist 201' lang, 67' breit, 99' hoch und der Mittelthurm

hat eine Höhe von 260'. Das Portal unter diesem Thurme ist
sehr schön, indem es die ganze Geschichte des Gotteshauses in
Bildhauerarbeit darstellt. Rechts am Portale steht die Bildsäule
Heinrichs I., links Ludwigs I. Die Kirche enthält, ohne die
Kapelle in der Mitte mit dem 18" grossen Muttergottesbild aus
Lindenholz, 10 Seitenaltäre. Am Hochaltare das Kreuzbild; das
Kreuz von Ebenholz, der Heiland von Silber (600 Mark, Geschenk Karls VI.), Hauptaltar von Fischer von Erlach. Die
reiche Schatzkammer u. s. w. Die Kirche steht erhöht, und man
steigt auf einer breiten Treppe zu ihr empor; umgeben ist sie
von Krämerbuden. Unter den **vielen** Gasthäusern sind die
besten: die *Post*, das *Mayerswirthshaus*, die *Weintraube* und der
Greif.

   U m g e b u n g e n. Der *Calvarienberg* mit schöner Aussicht.
Noch schöner und umfassender auf dem *Bürgeralpl* (3984'), hin-
ter dem Orte im Norden, in 1 St. ersteigbar. Der *Holzaufzug*.
Der *Erlaphsee* (siehe unten), *Lassingfall* (siehe unten).

   Dem Geognosten bietet die Gegend Aufschluss über die ganze alpine Trias;
der Botaniker findet: Arabis pumila, caerulea (ob. Tullwitzkohr), Silene saxifraga, Arenaria multicaulis (Giraualpe), Saxifraga elatina, Valeriana elongata, Filago leontopodium, Saussurea pygmaea, Leontodon Taraxaci, Soyeria hyoseridifolia, Tazzia alpina (Tonion und Bürgeralpe), Cochlearia pyrenaica (Grünau), Ranunculus anemonoides (Rohr).

   Dieses oberste Becken des Salzathales ist mit einem Höhenkranz umgeben, dessen äussere Abdachung die Gewässer nach
allen Seiten entsendet, nämlich nördlich die Ips, die Erlaph und
Trasen, östlich die Schwarzan (Leitha), südöstlich die Mürz,
südlich die Aßenz oder Thörlbach (Mürz). Nach allen Seiten
führen durch diese Thäler Strassen hinaus.

Die östliche und nördliche Vorlage des Ens-
gebietes.

   *Das Wiener Becken im Süden der Donau, oder das Gebiet
der Leitha*, bildet ein Parallelogramm: nordwestlich der *Wienerwald*, ihm gegenüber und parallel das *Leithagebirge*; im Nordosten die *Donau* und ihr parallel die *Semmeringkette*. — Im
Innern der Alpen erhielten die grossen Längenthäler der Alpen

von Norden aus den Kalkalpen fast keine, oder nicht bedeutende Zuflüsse; alle Nebenthäler kamen von Süden. Hier im Wiener Becken das Gegentheil, vom Leithazug keine Nebenthäler, alle kommen nur von Norden, ein Beweis, dass wir aus den eigentlichen Alpen hinaus sind.

Von der Donau aus hereinblickend liegt die tiefste Furche des Beckens, das Bett der *Leitha*, fast unmittelbar am *Leithagebirge*, während vom *Wienerwald* herein viele Höhenzüge laufen. Doch kaum haben diese ihr Ende erreicht, so wenden sich ihre Bäche nordöstlich der Donau zu, ohne zur nahen Leitha zu gehen. Fast an der nordöstlichen Ecke des Parallelogramms liegt *Wien*, von wo Strasse wie Eisenbahn nach Gratz und Triest das Viereck gleich einer Diagonale durchziehen, bis an die Südwestecke, indem sie die rechts aus dem *Wienerwald* kommenden Thäler der *Schwechat, Triesting, Kalte Gang* oder *Fischa* und *Sirning* durchschneidet, oder nahe an ihren Oeffnungen vorübergeht. Die Quellbäche der *Leitha* sind die *Schwarzau*, welche von der Nordwestecke herabkömmt in südöstlicher Richtung bis Gloggnitz, von da nordöstlich zieht und nach Aufnahme des aus der Südwestecke kommenden *Pittenbachs* den Namen *Leitha* erhält. Diese hält sich nun immer an den nach ihr benannten Höhenzug, bis sie ihn zuletzt, ehe sie die Donau erreicht, durchbricht und sich noch eine Strecke neben der Donau selbständig behauptet.

· Das Oberhaupt des Beckens, wie des ganzen Unteren Oesterreichs, ist der *Schneeberg;* seine Umgebungen sind die grossartigsten; finstere Waldesnacht umlagert seine Schultern; nur die Häupter der Hochgipfel ragen aus diesem dunkeln Mantel empor, bald mit grünen Matten überkleidet, bald als starre Kalkfelsen, in deren Klüften sich Schneefelder auch den Sommer über halten. Die Thäler stellen oft, wie schon im Ensgebiete, furchtbare Gebirgsrisse, Schluchten von grässlicher Wildheit dar. Der Erzreichthum des inneren Gebirgs, des *Erzbergs*, breitet auch hier, wie nordwärts, seinen Segen aus, wozu hauptsächlich der grosse Holzreichthum dieser ganzen im Osten der Ens liegenden Gegenden nicht wenig beiträgt; und wie an den Alpenflüssen weit hinab noch Alpenpflanzen gefunden werden, von

den Fluten dahin gepflanzt, so hämmert und pocht alles in den
Thälern und am Fusse der Gebirge bis weit hinaus ins flache
Land; oben in dem Gebirge aber durchtönt die Axt des Holz-
hauers die einsamen Urwälder; dort liegen in wilder Waldesöde
die Holzknechtkasernen, bisweilen ganze Holzschlägerniederlas-
sungen, meistens Protestanten. Aus der Tiefe der Thäler dampfen die Rauchsäulen grosser Köhlereien empor, und dumpf
dröhnt die Wucht des Eisenhammers neben dem Rauschen des
Baches; Kohlenbauern mit ihren schwarzen Fuhrwerken führen
in grossen Zügen nach allen Richtungen den verkohlten Holzreichthum der Gegend oder das Eisen in grossen Stäben hinaus
in das Land, um durch fernere Verarbeitung auch anderen Nahrung zu verschaffen. Treten wir aus dieser wilden Romantik
der Natur hinaus, so beginnt die Romantik der Geschichte. Auf
allen Gebirgsvorsprüngen, welche in das Land schauen, schim-
mern Burgen, vielfach geschmückt mit Sagen oder dem Ruhme
ihrer einstigen Herren. Selbst auch die Städte nehmen Theil
an dieser Romantik, bald durch herrliche Kirchen im edlen Stile
des Mittelalters, oder Kapellen, oder Burgen, bald durch merkwürdige Vorfälle aus der Geschichte vergangener Jahrhunderte;
denn diese östliche Grenzmark Deutschlands wurde einst heiss
umstritten. Ruhiger blickt jetzt der Wanderer aus den Fenstern einer alten verfallenen Burg hinüber in die nahen Flächen
Ungarns, als zu den Zeiten, da die Hunnen unter Attila, später die Ungarn und zuletzt die verheerenden Schwärme des Halb-
mondes hier einbrachen. Jene Stürme haben sich gelegt, die
Mauern, die gegen ihre Wogen erbaut wurden, sind in Ruinen
zerfallen oder in heitere Landsitze verwandelt. Je tiefer wir
hinab und hinaus kommen, desto mehr nimmt der Anbau des
Landes zu; Wiesen, Getreidefluren und Waldgruppen wechseln
im bunten Gemisch, bis zuletzt die Rebe die Höhen überspinnt.
Dazwischen hineingestreut die unzähligen Landhäuser, Dörfer,
Märkte, Städtchen und vor allem eine Menge prächtiger Abteien,
wahre Escorials. Sowie der Anbau nach und nach die Wildheit der Wälder verdrängt, so nehmen jetzt die anfänglich zerstreut liegenden Häusergruppen an Dichtigkeit zu; immer mehr
häufen sich Lustschlösser und Ortschaften, die Fluren nehmen

die Gestalt der Gärten an; statt eines einsamen Holzhackers oder Kohlenwagens rollen, von Staub umhüllt, zahlreiche glänzende Kutschen daher; zuletzt verschwinden auch die Gärten und wir befinden uns wieder zwischen hohen Steinwänden, in dem geräuschvollen Strassengewirre der Kaiserstadt.

Wir treten jetzt unsere Wanderung von *Wien* aus an, indem wir zuerst die Fahrt auf der Bahn über den *Semmering* beschreiben und dann die Ausflüge schildern, welche man von den einzelnen Bahnstationen nach rechts und links ins Gebirge antreten kann.

Nächst dem *Wiener Südbahnhofe*, der ein grossartiger Gebäudekomplex vor der Belvederelinie ist, liegt das kolossale *Franz-Josephs-Arsenal*. Gleich ausserhalb des Bahnhofes bietet sich vom Waggonfenster aus (bis Gloggnitz rechts, von da über den Semmering links sitzend) eine herrliche Aussicht dar über das Häusermeer von Wien und über die, das geognostisch höchst interessante Wiener Becken im Westen umsäumenden, Bergzüge, über den *Kahlen-*, *Leopolds-* und *Kobenzlberg*, über den *Himmel*, den *Hermannskogl* und *Galizinberg* bis an die schattigen Abhänge des eigentlichen *Wienerwaldes*. Die folgenden Stationen sind: 1) *Meidling*, 241 H., 7298 E., mit der Aussicht auf den rückwärtigen Theil des Schönbrunner Parkes. 2) *Hetzendorf*, 70 H., 522 E., das gleichnamige kaiserliche Lustschloss mit Park; Einmündung der Verbindungsbahn, bloss für Güter, zwischen der Elisabeth-Westbahn (Station Penzing) und der Südbahn. Nächst 3) *Atzgersdorf*, 146 H., 2125 E., liegt der Ort *Mauer* (*Auf der Mauer*), beliebte Sommerfrische der Wiener. 4) *Liesing*, 84 H., 750 E., grossartiges Bräuhaus mit Felsenkellern; schöne Ausflüge in die schattenreichen Wiesenthäler von *Kalksburg*, *Rodaun*, *Breitenfurt*, *Kaltenleitgeben*, auf den *Rotkenstadl* und die *Sulz*. 5) *Perchtoldsdorf* (*Petersdorf*), 309 H., 2870 E., grosser Marktflecken, gothische Kirche mit freistehendem Thurm, starker Weinbau ringsum. 6) *Brunn*, 131 H., 1726 E., grosses Bräuhaus, Weinbau in der Nähe. Hinter der Ortschaft das alte und neue Schloss *Liechtenstein* mit einer gothischen Kapelle und grossem Park, Waffensammlung. 7) *Mödling*, 317 H., 3798 E., grosser Marktflecken (Gasthof zum Hirschen), 2 gothische Kirchen, ringsum schöne Villen; von hier aus herrliche Partien in die

Vordere und *Hintere Brühl*, ein waldreiches Thal , zur Burgruine *Mödling*, auf den *Husarentempel*, den Fürst Johann Liechtenstein zum Andenken an die Husaren errichten liess, welche
ihn in der Schlacht bei Aspern (22. Mai 1809) das Leben retteten, nach *Gaden*, nach dem Cisterzienserstift *Heiligenkreuz*,
Kirche und Kreuzgang im romanischen Stil, nach *Meirling* und
Alland. Von hier Zweigbahn nach *Laxenburg*, kaiserliches Lustschloss mit grossartigem englischen Park und einer „Ritter-
burg" inmitten eines kleinen künstlichen Sees. 8) *Guntramsdorf*,
203 H. , 1764 E. 9) *Gumpoldskirchen* . 247 H. , 2036 E. , hier
wächst einer der besten Oesterreicher Weine. Von hier auf den
Anninger Berg (2127'), schöne Fernsicht über das Steinfeld und
den Wienerwald, durch einen kleinen Tunnel. 10) *Pfaffstätten*.
111 H. , 1085 E. , noch immer an den Bergen rechts von der
Bahn und links in der Ebene zahlreiche Weingärten. 11) *Baden*. Stadt, 753 H , 6503 E. (Gasthöfe: Stadt Wien und Adler),
schöne Häuser in der Stadt, reizende Landhäuser ringsum, grosser Park, Theater, berühmte Schwefelquellen, 22—29 ° R., schon
von den Römern gebraucht (Thermae cetiae), sehr stark besuchter Badeort (6—7000 Badegäste jährlich, an 20 verschiedene Bäder), der *Sauerhof*, grosses Gebäude für Badegäste mit eigenen
Bädern. Prächtige Ausflüge von hier ins *Helenenthal*, zur *Kra*-
verschütte, zur *Weilburg*, schönes Schloss (dem Erzherzog Albrecht
gehörig), zu den grossartigen Burgruinen *Rauhenstein* und *Rau*-
heneck (die von *Scharfeneck* ist bis auf die Grundfesten verschwunden), zum *Jägerhaus*, zum *Eisernen Thor* (2622') mit schöner Aussicht, durch das *Burbachthal* nach *Siegenfeld*, durch das
Sattelbachthal nach *Heiligenkreuz* (s. oben), und auf den hohen
Lindkogl. — Wer *Baden* auch nur mit der Bahn berührt, geniesst vom Bahnhof-Viadukt einen freundlichen Anblick der gar-
tenumrankten Stadt mit den sie umsäumenden Bergen, der stattlichen *Weilburg* und den Ruinen von *Rauhenstein* und *Rauheneck*.
Nächste St. 12) *Vöslau*. 89 H., 826 E., stark besuchter Badeort
mit herrlichen Villen ; trefflicher Rothwein ringsum, „Vöslauer
Champagner". 13) *Kottingbrunn*, 74 H. , 680 E ; während die
Bahn sich bis hierher nahe dem westlichen Bergzuge gehalten,
zieht sie sich von hier mehr in die Mitte des wenig fruchtbaren *Steinfeldes*, das sie dies- und jenseits von *Wiener-Neustadt*

in langen Strecken fast schnurgerade mitten durchschneidet. Zahlreiche Industrieetablissements liegen auf demselben, besonders Metallwaarenfabriken und Baumwollspinnereien, welche sich noch in den innersten Thälern des Semmering bei Schottwien zeigen. 14) *Leobersdorf*, mit *Hirtenberg* 258 H., 2540 E., Marktflecken, lebhafte Industrie (Metallwaarenfabriken und Spinnereien); von hier aus ins *Triestingthal* (s. unten). 15) *Solenau*, 86 H., 979 E., Marktflecken mit einer grossen Spinnfabrik. 16) *Felixdorf*, 32 H., 949 E., diese industrielle Ortschaft (Spinnfabriken) entstand aus einer 1823 vom Bürgermeister von Wiener-Neustadt, Felix Miesl, gegründeten Kolonie; schöner Hinblick auf die *Wand* (3588') und den *Schneeberg* (6517'). Von hier durch das *Piestingthal* nach *Guttenstein* (s. unten). — 17) *Theresienfeld.* 17 H., 151 E., eine von der Kaiserin Maria Theresia (1763) gegründete Kolonie. Wasser wird durch einen Kanal aus der *Piesting* zugeleitet.

18) *Wiener-Neustadt*, nach Wien die grösste Stadt Niederösterreichs, 822 H., 14,544 E., 808' hoch gelegen: Gasthöfe: Hirsch, Kreuz, Löwe; brannte 1834 grösstentheils ab. Trotz ihres Namens ist die Stadt alt. Sie wurde 1192 von Leopold VI. (V.) gegründet, war der Lieblingsaufenthalt Leopold des Biederen (gefallen bei Sempach 1386), und der Geburtsort Friedrichs des Streitbaren, des letzten Babenbergers, und des Kaisers Max I. — Obergymnasium, Oberrealschule, Hauptschule, k. k. Militärakademie, Theater, Schiessstätte; viele Fabriken in Sammt und Seide, Baumwolle, Tuch, Fayence- und Geschirrwaaren, in Eisen, Maschinenfabriken (Günthers Lokomotivenfabrik), Glockengiesserei; Handel mit Baumwolle, Holz, Eisenwaaren, Pech n. s. w.; der *Wiener-Neustädter Kanal* führt von hier nach Wien, 1797 bis 1803 angelegt, 8 Meilen lang, 4' tief, 16' breit, trägt Schiffe mit 600 Ctrn. beladen, dient vornehmlich zum Transporte von Holz und Bausteinen nach Wien. Hauptsehenswürdigkeit ist die alte Kaiserburg, jetzt Militärakademie, erbaut von Leopold dem Tugendhaften von Babenberg. Im J. 1379 war das Gebäude so schadhaft geworden, dass es unter Leopold dem Biederen hergestellt werden musste; hinzugefügt wurde die Burgkirche zum h. Georg. Errichtet wurde die Militärakademie unter Maria Theresia (1752), erster Direktor war Graf Kinsky. Grosse Hör-,

Zeichnungs-, Schlaf- und Speisesäle, wissenschaftliche Sammlungen aller Art; die schöne alte Kapelle im gothischen Stil. Unter dem Hochaltar ruht Kaiser Max I. Prächtige gemalte Fenster, schönes Basrelief in der Sakristei, Wappentafel an der Hofseite. Reitschule. Grosser Garten mit den Denkmälern der Kaiserin Maria Theresia und des Grafen Kinsky. — Die Pfarrkirche (bis 1784 Domkirche), schöner Bau in romanischem Stile mit 2 prächtigen Thürmen. An der Aussenwand Grabsteine Zriny's und Frangipani's, welche 1671, gleichzeitig mit Nadasdy zu Wien und Tattenbach zu Gratz, wegen Hochverrath und Aufruhr gegen Kaiser Leopold I. hier hingerichtet wurden. Auf dem Platze der Blutring, wo es geschah. — Das Cistercienserstift Nenkloster, von Kaiser Friedrich III. 1444 gestiftet, gothische Kirche mit einem prächtigen Flügelaltar hinter dem modernen Hochaltare. Das Rathhaus enthält viele Alterthümer, Friedrichs III. und Mathias Corvinus' Friedensbecher. Ausser dem Wienerthor steht eine schöne Denksäule, die s. g. „Spinnerin am Kreuz". eigentlich Krispinkreuz, in gothischen Formen, ähnlich der auf dem Wiener Berg, 1382 von Leopold dem Biederen errichtet. Wiener-Neustadts Geschichte ist interessant und sie nimmt einen ehrenvollen Platz in der Geschichte Oesterreichs ein. Die Stadt bewährte sich schon bald nach ihrer Gründung ihrem Landesherrn, dem Herzog Friedrich dem Streitbaren, so unwandelbar treu in seinen Kämpfen gegen Kaiser Friedrich II., dass sie von ihrem Herzog mit 2 Freiheitsbriefen (von 1239 und 1244) belohnt wurde. und als 1452 fast ganz Niederösterreich unter der Führung Ulrich Eyzingers' und Ulrichs von Cilli sich gegen Kaiser Friedrich III. erhob, fand dieser wieder in den Mauern Neustadts Schutz und der steierische Edelmann Andreas Baumkircher rettete durch seinen Kampf vor dem Wiener Thore den Kaiser vor Gefangenschaft. Nochmals 1485 leistete Neustadt in Treue gegen Kaiser Friedrich 3 Jahre lang den Truppen des Mathias Corvinus den tapfersten Widerstand und kapitulirte erst (17. August 1487), als alle Hoffnung auf Entsatz vergeblich war. Nicht mit Unrecht führt daher *Wiener-Neustadt* den Beinamen der „allzeit getreuen". — Die Stadt liegt am *Kehrbache*, einem Seitenarm der *Leitha*, zwar ganz in der Ebene,

jedoch mit einer schönen Aussicht auf die Wand, den Schneeberg und Semmering. Der Bahnhof liegt wegen des sumpfigen
Bodens auf 1972 Kl. Schwellenrösten und 750 Piloten, worüber
1 Kl. hoch angeschottert ist. (Die Ausflüge von Wiener-Neustadt s. unten.) Von *Wiener-Neustadt* führt eine Zweigbahn nach
Oedenburg in Ungarn, unfern dem Neusiedlersee.

19) *St. Egyden*, 19 H., 164 E., schöner Blick auf die Schlösser *Pitten* und *Sebenstein*, auf die *Raxalpe* und den *Schneeberg*.
20) *Neunkirchen*, Markt, 346 H., 5346 E., bis hierher führt von
Wiener-Neustadt parallel mit der Bahn und schnurgerade wie diese
die Poststrasse, die beiden Pyramiden in der Nähe dieser Orte
bezeichnen den Anfang (854′) und das Ende (1122′) der durch
den Jesuiten Liesganig 1763 ausgeführten Gradmessung. Schöner
Brunnen mit zierlichem Gitter von 1564, Minoritenkloster mit einer gothischen Kirche, Gruft der Grafen von Hoyos, seit 1863 eine
evangelische Kirche, eine zierliche steinerne Säule, ein schönes
Rathhaus; lebhafte Industrie: Kattundruckereien, Baumwollspinnereien, Zitzerzeugung, Metallwaaren-, Schraubenfabriken, andere Eisenwerke u. s. w. — Der Sage nach soll der Ort den Namen daher erhalten haben, weil einst ein Christof von Buchheim, nachdem er seinen Vetter, seine Gattin und ihren ehemaligen Verlobten auf eine schändliche Weise umgebracht hatte,
in den Kirchenbann verfiel, aus dem er sich nur durch Er-
bauung von 9 Kirchen befreien konnte. Ehe er noch diese Auf-
gabe löste, starb der Ritter auf dem nahen Sebenstein, dem
Schauplatz jener Greuel; der Ort aber, wenn er auch keine
9 Kirchen zählt, behielt den Namen Neunkirchen.

Wir folgen zunächst der Eisenbahn bis *Mürzzuschlag*, lassen dann die Seitenwege folgen. 21) *Ternitz*, 47 H., 431 E. (*Sir-
ningthal*, *Buchberg*, *Schneeberg* s. unten). 22) *Pottschach*, 93 H.,
485 E. 23) *Gloggnitz*, 154 H., 1957 E. Je mehr wir uns dieser
Station nähern, desto romantischer wird die Gegend, indem sich
hier das Thal in die Kalkalpen und das Urgebirge einkeilt. Auf
einem Felsenhügel thront das schön gelegene Schloss, einst Benediktinerabtei, die schöne Pfarrkirche mit guten Gemälden,
Gruft und Denkmäler der Warmbrand, — Gasthaus zum Alpen-
horn. Rechts kommt hier das letzte Seitenthal in das Wiener

Becken, das *Schwarzaulhal*, durch welches die Bahn bis *Bayer-bach* aufwärts führt.

Auf dem *Gloggnitzer Bahnhofe* beginnt die *Semmeringbahn*, bis jetzt die grossartigste Gebirgsbahn Europa's; ihr Bau wurde im J. 1848 begonnen und nach sechsjährigen riesigen Arbeiten vollendet. Am 17. Juli 1854 wurde sie dem allgemeinen Verkehre übergeben. — Hier werden statt der zum gewöhnlichen Verkehre dienenden Lokomotiven die grossen und schweren Berg-maschinen vorgespannt und selbst diesen nicht mehr als 4 bis 5 Wagen angehängt, so dass ein Zug aus dem Unterlande zur Fahrt über den *Semmering* in 2 — 3 Züge getheilt wird. Die Gesammtlänge der *Semmeringbahn* von *Gloggnitz* bis in den Bahn-hof von *Mürzzuschlag* beträgt 21,632 °, d. i. fast 5½ Meilen, die Lage der einzelnen Stationen ist für *Gloggnitz* 1308', *Bayer-bach* 1524', *Eichberg* 2088', *Klamm* 2160', *Breitenstein* 2454', *Semmering* 2778'; höchster Punkt der ganzen Bahn in der Mitte des Haupttunnels 2788', *Spital* 2448' und *Mürzzuschlag* 2068'; die Bahntrace steigt somit von *Gloggnitz* bis auf den höchsten Punkt um 1480' empor und senkt sich von da bis *Mürzzuschlag* um 720' herab, sie ist mithin der höchste Schienenweg der Erde; die stärkste Steigung ist zwischen den Stationen *Bayerbach* und *Eichberg* und zwar im Verhältniss von 1 : 40.

Die Richtung der Bahn geht von *Wien* bis *Wiener-Neustadt* nach Süden, von da bis *Gloggnitz* nach Südwesten, von da nach Westen, und läuft an der linken (nördlichen) Seite des *Schwar-zauthales* hin dem Flusse entgegen, der als ein frischer Berg-strom aus dem Bayerbacher und Reichenauer Thale hervorquillt, umfährt den mit guten Rebenpflanzungen bedeckten *Silberberg*, dann den *Plakenwald*, gegen den Fluss und gegen den Berg durch Mauerwerk geschützt. Je näher an *Bayerbach* desto lieb-licher und grossartiger wird die Natur: zur Linken das reizende Thal, ganz mit grünen Matten bedeckt, aus denen sich unten im Thale, knapp unter der Bahn, der Gebäudekomplex der gros-sen krarischen, seit 1853 bestehenden Papier-abrik *Schlögelmühle* (350 Arbeiter, jährlich 150,000 Ries Papier) malerisch a hebt. Theils auf hohen Dämmen, theils auf riesigen Stützmauern, theils durch tiefe Erd- und Felseneinschnitte zieht die Bahn am

Schmidts- und *Grillenberge* hin. Hoch über dem Thale ragt links der *Sonnenwendstein* (4820') empor. Im grossen Bogen an *Werning* und den *Geierhöfen* vorüber erreicht man

24) *Bayerbach*, 40 H., 448 E. Dieses Gebirgsdorf, vom spitzigen Thurme seiner Pfarrkirche überragt, hat eine herrliche Lage, man übersieht von hier aus die ganze Bahntrace, wie sie sich vom *Bayerbacher Viadukte* an der Berglehne steil bis zur Station *Eichberg* hinaufzieht. Unmittelbar ausserhalb des Bahnhofes überschreitet die Bahn den Viadukt über das *Reichenauer Thal* und die *Schwarzau*, 120 ° lang, 13 ° hoch, mit 5 grossen und 8 kleineren Bogen; man hat von hier aus auch einen herrlichen Ausblick links das Thal entlang, rechts in die unten bewaldeten, höher oben steil und kahl ansteigenden Gebirge des *Reichenauer Thales*, welche vom *Grünschacher* (5490'), der *Preineralpe* (5980') und der *Raxalpe* (6340') überragt werden. Nachdem die Bahn die scharfe Wendung um den Ort *Bayerbach* herum gemacht und nun die Richtung nach Osten, wie gegen Gloggnitz zurück, einschlägt, überschreitet sie den Viadukt über den *Bayerbachgraben* (32 ° l. 8 ° h., 8 Bogen) und steigt an der südlichen Wand des *Schwarzauthales* am *Eichberg* mit starker Steigung empor, links das Thal mit den Ortschaften *Bayerbach*, *Mühlhof*, *Pettenbach* und *Küb* immer tiefer unter sich lassend, während rechts der Ausblick durch die steilen Berggehänge gehemmt wird, an denen die Bahn aufsteigt. Gegen Nordwesten sieht man ein Bergeshaupt über das andere sich erheben, den *Gahns* (4782'), den von diesem vorspringenden *Saurüssel* (3934'), die Berggruppe des *Feuchter* mit ihrer höchsten Spitze, dem *Mittagsstein* (4363'), an dessen Fuss sich die wilde Felsschlucht der *Eng* hinzieht, von dem bewaldeten *Albel* überragt; über allen diesen Vorbergen aber thront im Hintergrunde majestätisch der *Schneeberg* (6564'). Rechts schliessen sich an diese Gebirgsgruppe der *Grillenberg*, *Schmidtsberg*, der *Plakenwald* und *Silberberg* an, an deren Fuss wir mit der Bahn von *Gloggnitz* bis *Bayerbach* hinfuhren. Nun folgt der Viadukt über den *Kühbachgraben* (22 ° l. 8 ° h., 8 Bogen) und der erste Tunnel der Semmeringbahn, der *Pettenbachtunnel* (95 ° lang), ein hoher Damm, der durch kolossale Stützmauern gehalten wird, der *Höllgraben-*

viadukt (43 ° l., 15 ° h., 5 Bogen), der *Steinbauertunnel* (30 ° l.),
der *Apfaltersbachgraben-Viadukt* (49 ° l., 16 ° h., 5 Bogen).

25) St. *Eichberg*, 37 H., 265 E. Von hier an zieht sich die
Bahn an den Abhängen des *Vorderen Eichberges* um den rechts
liegenden bewaldeten *Gortschakogl* entlang, wo man noch einen
letzten Blick dem *Schwarzauthale* zuwerfen kann, denn bald kommt
eine scharfe Wendung, wo eine herrliche Fernsicht über Gloggnitz,
das Steinfeld bis an das Leithagebirge mit der Rosalienkapelle,
der Tunnel durch den *Hinteren Eichberg* (50 ° l.). Ein Bergvorsprung wird umfahren und in ein enges Thal eingebogen. Jenseits erheben sich die nördlichen Vorlagen der *Semmeringgruppe*,
die dicht bewaldeten Bergkogeln *Hartberg*, *Raach* und *Otter*, tief
unten in der Felsschlucht zieht sich die neue Wiener Poststrasse
hin an den Ortschaften *Au* und *Weissenbach*, an der grossen Hai-
nisch'schen Spinnfabrik vorbei und durch den Markt *Schottwien*,
186 H., 790 E., über den auf einem rasenbedeckten Abhange
die grosse Wallfahrtskirche *Maria-Schutz* liegt. Wie zwei Wächter ragen über dem engen Thale 2 Burgen empor, jenseits Schloss
Wartenstein, zum Theil noch bewohnt, zum Theil in Ruinen zerfallend, dem Grafen Caraccioli gehörig, und diesseits Schloss
Klamm. Von vorne blicken uns schon die schroffen, zerklüfteten Felswände der *Adlitzgräben* entgegen. Nun noch durch den
Geiregger- und durch den *Rumplertunnel* (jeder 25 ° l.) und unmittelbar jenseits des letzteren

26) die Station *Klamm*, 14 H., 115 E., so genannt nach der
Ruine *Klamm*, die sich mit ihren zackigen Mauerresten auf einem
steilen Felsblocke, dem *Heubachkogl*, erhebt, an dessen Fuss ein
Kirchlein mit spitzigem Thurme und einige Häuser sich schmiegen.
Diese dem Fürsten Liechtenstein gehörige Burg wird schon in Urkunden des 11. Jahrh. erwähnt und war bis vor etwa 60 Jahren
noch bewohnt, wo sie durch einen Blitzstrahl in Brand gerieth
und zur Ruine wurde, in der aber jetzt noch die Kapelle gut
erhalten und einige Zimmer bewohnbar sind. Unmittelbar jenseits
des Stationsgebäudes *Klamm* durchführt die Bahn den *Klamm-
tunnel* (77 ° l.), welcher den Felsrücken durchschneidet, an dessen äusserstem Ende die Burgruine *Klamm* steht. Bei dem Baue
dieses Tunnels wurden im J. 1851 durch einen Einsturz 2 Ar-

beiter verschüttet, von denen einer nach einem Zeitraume von
104 Stunden wieder ausgegraben noch lebend gefunden und gerettet wurde; sogleich nach dem Tunnel überbrückt die Bahn
den ins Gebirge tief eingeschnittenen, beiderseitig von steilen
Wänden eingeschlossenen *Wagner-* oder *Jägergraben* in einem
grossartigen Viadukte (75 ° l., 20 ° h., 5 untere, 9 obere Bogen).
Hoch über die tief unten liegenden Häusergruppen und über die
Baumwipfel hinweg, nach kurzer Fahrt an den Berggeländen hin,
führt die Bahn über den *Gamperlgrabenviadukt* (60 ° l., 19 ° h.,
5 untere, 7 obere Bogen), durchbricht jenseits ein riesiges Felsenthor und gelangt dann nach kurzer Fahrt an die *Weinzettelwand,* eine aus dem Thale an 1000' emporsteigende Felsenmauer,
die nur auf ihrem Kamme von Tannengruppen bestanden ist.
Nach dem ersten Bauplane sollte die Bahn an dieser senkrecht
abfallenden Wand aussen mittelst einer Gallerie herumgeführt
werden; als sich aber dieses Projekt in Folge des lockeren Ge-
füges der Gesteinsmassen und des dadurch bewirkten Abbrechens
und Abrutschens derselben als unausführbar herausstellte, beschloss man, diesen Felsenkoloss mit 4 grösstentheils aus dem
Gestein gehauenen Tunnels zu durchsetzen und diese durch Gallerien und Viadukte mit einander zu verbinden. Sogleich nach
dem Viadukt über den 150 ° breiten *Lechnergraben* folgt der
Lechnertunnel (163 ° l.), der Tunnel unter dem *Geierneste* (70 ° l.),
die *Weinzettelwandgallerie,* aus deren 6 Bogen man, geschützt
durch ein massiges Steindach gegen Lawinen und Steinstürze,
einen wildschönen Ausblick über die Felsenpartien ins tiefe Thal
geniesst; der Tunnel unter der s. g. *Geierkirche* (93 ° l.); der
Weinzettelfeldtunnel (119 ° l.). Während man im Eisenbahnwa-
gen auf mehr als halber Bergeshöhe dahinführt, hat man an vielen Stellen Einblicke in die tiefen Thalschluchten, in den *Brei-
tenstein-* und *Adlitzgraben,* die durch ihre grossartigen Felspartien, ihre reizenden Waldstrecken und lieblichen Wiesenmatten
zu den herrlichsten Theilen der niederösterreichischen Kalkalpen
gehören. Besonders schön ist der Thalgrund am Spiess'schen
Gasthaus, mit einer Kapelle und einem Häuschen für den Vi-
kar, beide im Schweizerstile zur Zeit des Bahnbaues für die Arbeiter erbaut. Jenseits 27) *Breitenstein* durchbricht die Bahn

Schaubach d. Alpen. 2. Aufl. III.   28

wieder einen kühn vorspringenden Felsen mit einem Tunnel (10°
lang), setzt dann mittelst eines Viaduktes über die *Krauselklause*
(46° l., 19° h., 3 untere, 6 obere Bogen), geht durch die *Bol-
lerswand* (Tunnel 180° l.). Sowie man diesen Tunnel verlässt,
gelangt man zu dem höchsten Viadukte der Semmeringbahn,
über die *Kalte Rinne* (115° l., 24° h., 5 obere, 5 untere Bogen),
nächst dem Haupttunnel und den Bauten an der Weinzettelwand
das grossartigste Bauwerk der Semmeringbahn; bei der nächsten Wendung hat man wieder eine herrliche Fernsicht auf die
eben zurückgelegte Bahnstrecke bis zur Weinzettelwand, darüber die Felsenhäupter der *Preineralpe* und *Raxalpe*. Immer ansteigend umführt die Bahn einen vorspringenden Bergkogel auf
mehr als halber Höhe, links unten liegt der *Adlitzgraben*, der
auf einem Viadukte (80° l., 12° h., 8 einfache Bogen) übersetzt
wird. Jenseits desselben durchbricht die Bahn den *Weberkogl*
mittelst eines 200° langen Tunnels und durchfährt dann den
234° langen *Wolfsbergtunnel*, überschreitet den Viadukt nächst
dem *Kärntnerkogl* (23° l., 8° h., 3 Bogen), durchfährt diesen
vorspringenden Berg in einem 106° langen Tunnel, macht jenseits desselben eine scharfe Wendung, von wo man tief unten
den steil abfallenden, theilweise bewaldeten, *Mörtengraben* überblickt, während die Bahn auf schwindelnder Höhe am Berggehänge sich hinzieht und gelangt zur

28) St. *Semmering*. Von hier aus geniesst man noch eine
herrliche Fernsicht über die nördlichen Vorlagen der Semmeringgruppe ins niederösterreichische Flachland und über das Leithagebirge hinüber nach Ungarn hinein. Es ist auch der letzte
Abschiedsgruss, den wir der durch Werke der technischen Kunst
und durch grossartige Naturschönheiten einzig dastehenden *Semmeringbahn* zuwinken können, denn unmittelbar jenseits dieser
Station öffnet sich der Haupttunnel, der uns aus Niederösterreich nach Steiermark hinüberführt. Dieser 750° lange Tunnel
wird bisher nur von dreien an Länge übertroffen, von dem Tunnel unter der Themse in London, von dem grossen Tunnel auf
der Liverpooler und von dem auf der Lyoner Bahn. Ueber dem
nördlichen Einfahrtsthore steht die Inschrift: Franciscus Jose-

phus I. Aust. Imp. hominum rerumque commercio, und über dem südlichen Thore: Adriaticum Germanico junxit mare MDCCCLIV. Er ist in schnurgerader Linie durch den Berg geschlagen und hat eine Steigung und dann eine Gefälle von je 10°. Wegen der stark durchsickernden Feuchtigkeit mussten an vielen Stellen in der Gewölbung die ursprünglich angewendeten Ziegel durch Quadersteine ersetzt werden, dennoch ist der Wasserabfluss aus den beiderseitigen Abzugsgräben sehr stark. Um im Winter durch Herstellung einer höheren Temperatur das Gefrieren des Wassers möglichst zu verhüten, wird der Tunnel auf beiden Seiten durch Thorflügel abgeschlossen, welche nur bei dem Verkehr der Züge geöffnet werden. Nächst dem Stationsgebäude *Semmering* befindet sich ein Gasometer, durch dessen Gas der Tunnel und der Stationsplatz beleuchtet werden. — Die Fahrt durch den Tunnel dauert 6 — 8 Minuten.

Sowie wir auf der Südseite den Tunnel verlassen, sind wir im *Fröschnitzthale* der Steiermark, welches uns, mit schönen Wäldern an den Gehängen und duftigen Wiesen an der Sohle bedeckt, durch Einschnitte und über Dämme, namentlich über die Viadukte bei *Steinhaus* (37° l., $9\frac{1}{2}$° h., 5 Bogen), beim *Holzer* (43° l., 7° h., 7 Bogen) und über die Brücke beim *Jauerwirth* (16° l., 6° h., 3 Bogen) zur 29) St. *Spital* begleitet. Die Senkung der Bahntrace bis hierher, ja selbst bis *Mürzzuschlag* ist noch immer eine beträchtliche (1 : 42 — 60). Von *Spital* führt die Bahn an zahlreichen Hammerwerken vorbei über die *Fröschnitzbrücke* (16° l., 5° h., 3 Bogen) nach 30) *Mürzzuschlag* (s. Thl. V).

Längs der ganzen Strecke der *Semmeringbahn* ist der Dienst für die Bahnwärter, Maschinenführer und Kondukteure (Schaffner) mit grossen Schwierigkeiten und Gefahren verbunden; daher ist um der Sicherheit willen auch ein grosses Wärterpersonal aufgestellt, dessen Häuser, eines immer für 2 Familien, stockhoch aus grossen Bruchsteinen erbaut, die ganze Bahnlinie begleiten. — In den 10 Jahren, 1854 — 1864, so lange die *Semmeringbahn* in Betrieb steht, hat sich auf derselben noch nicht der geringste Unfall ereignet.

Geognost. Von Gloggnitz bis gegen Breitenstein durchzieht die Bahn das

28 *

Gebiet einer körnig-schieferigen, bald lichter, bald dunkler gefärbten Grauwacke, die hie und da in schieferigen Kalk übergeht und Talkschiefer enthält. Von Breitenstein bis an den Semmeringtunnel tritt dolomitischer und rauchwackenartiger Kalkstein hervor. Am Westende des Weinzettelwandtunnels, sowie im ganzen Wolfsbergertunnel zeigt sich schieferiges und quarziges Grauwackengestein. Der Haupttunnel und fast die ganze südliche Bahnstrecke bis Mürzzuschlag liegen in einem Grauwackengebilde, welches aus verschiedenen sehr losen und leicht auflöslichen Gesteinsarten besteht, namentlich aus dunkelem Kalkschiefer, aus Quarz- und Dolomitschiefer, in welch letzterem massige Talk-, Thonschiefer- und Schwefelkiesablagerungen vorkommen. (Hwol.)

Ausflüge von Stationen der Bahn.

Der Stat. *Leobersdorf* (*Loibersdorf*) gegenüber mündet das liebliche *Triestingsthal.* ¼ St. nordöstlich von *Leobersdorf*, über dem *Neustädter Kanal* an der Poststrasse liegt die Ortschaft *Günselsdorf*, 68 H., 572 E.; ein Schloss, das eine Zeitlang Besitzung des einstigen Königs von Westfalen, Hieronymus Bonaparte, war. Zunächst dem Stationsplatze *Leobersdorf* liegt die grossartige Brausewetter'sche Terracotta- und Ziegelfabrik *Wagram*. Thalaufwärts folgt auf *Hirtenberg* (Spinnfabrik, Kupferhammer und Walzwerk) das Pfarrdorf *St. Veit*, 163 H., 1062 E. Links zieht ein Gründchen hinein, in welchem 2½ St. entfernt die malerische Burgruine *Hornstein* liegt mit ihrer ungeheuern Warte. Der Sage nach wurde hier der Ritter Linzer vom Teufel geholt. Das Thal der klaren rauschenden *Triesting* entlang, zwischen grünen Wiesenmatten und dunkelen Tannenwäldern aufwärts verfolgend erreicht man *Bernsdorf* (*Unter-Bernsdorf* an der Strasse, *Ober-Bernsdorf* am Flusse liegend), mit einer neuen grossartigen Pakfong- und Alpakkafabrik, A. Schöller gehörig. Der nächste Ort ist *Pottenstein*, 138 H., 1262 E., Markt, nach dem das ganze Thal auch genannt wird. Das Geschlecht der Herren von Pottenstein, deren Burg fast bis auf die letzten Spuren verschwunden ist, starb schon im 14. Jahrh. aus. Die Pfarrkirche *Maria im Elend* ist eine stark besuchte Wallfahrtskirche. In einem Zimmer des Gasthauses zum Hirschen erschoss sich am 5. September 1836 der bekannte Schauspieler und Dichter Ferdinand Raimund im Wahne, von einem tollen Hunde gebissen worden zu sein. Von *Pottenstein* führt links eine schön gebahnte Strasse über den *Hals* in das nächste Parallelthal nach *Bernitz* an der *Piesting* oder dem *Kalten Gang*. Vom *Hals* herab überblickt man die Strasse nach

Bernitz und ein Heer von Bergkuppen, die alle von dem kahlen Scheitel des *Schneebergs* überragt werden. An der *Triesting*
folgt in ¼ St. *Fahrafeld*, 109 H., 798 E., mit einer grossen Spinnfabrik. In 1 St. erreicht man die Stelle, wo sich eine Strasse
rechts hinan abzweigt auf den *Hafnerberg* und weiter nach *Alland, Heiligenkreuz* und *Baden* oder *Mödling.* Auf der Höhe des
Hafnerberges stehen die Ruinen der *Nöstacherkirche* und hoch
über der Strasse die herrlichen Trümmer der *Pankrazkirche* mit
Vertheidigungswerken aus dem 14. Jahrh. Nahe im Walde die
Burgruine *Vöstenhof.* Auf der Höhe der Strasse eine Wallfahrtskirche (1743 erbaut). Ein Müller, dessen Pferde hier scheu wurden, stiftete zum Danke für seine Rettung 1653 hierher ein Marienbild, über dem 1716 eine Kapelle, 1743 die jetzige grosse
Kirche erbaut wurde. Schöne Aussicht. Der nächste Ort, ½ St.
höher im Thale, ist der Markt *Altenmarkt*, 73 H., 502 E. (Gasthaus zum Lamm), am Fusse des 3281' hohen *Hocheck*, einer
der äussersten Vorsprünge des höheren Gebirges, mit herrlicher
Aussicht in die Umgegend, besonders nach Wien. Von *Altenmarkt* bis auf den Gipfel 2¼ St. Nächst *Dornau* (kleine Kirche
mit schönen Fresken von Bergler), ein hübsches Denkmal für
den tapferen, von hier gebürtigen Soldaten Ferdinand Scheder,
der in der Schlacht bei Szolnok, 25. Januar 1849, trotzdem eine
Kugel ihm den Schenkel zerschmetterte, nicht abass, sondern
bei seiner Batterie verharrte, bis der Kampf siegreich entschieden war. Von *Dornau*, 176 E., 1 St. aufwärts überschreitet man
am Einfluss des kleinen *Steinbaches* in die *Triesting* die Grenze
der Kreise *unter* und *ob dem Wiener Wald* und gelangt 2 St.
weiter nach dem alten Markte *Kaumberg*, 46 H., 375 E., mit den
eingepfarrten 5 Rotten 720 E. (Gasthaus zum goldenen Kreuz);
1½ St. davon die grossen Trümmer der Burg *Araberg*, eine der
sehenswerthesten Ruinen des Landes. Von *Kaumberg* setzt die
Strasse westwärts fort über den Rücken des *Wienerwaldes* in das
Gebiet der *Traisen* über *Hainfeld, St. Veit, St. Johann* nach *Traisen*, wo man auf die Hauptstrasse gelangt, welche rechts nach
St. Pölten, links über *Lilienfeld* nach *Mariazell* führt.

Das *Piestingthal* ist von der *Piesting* (dem *Kalten Gange*)
durchflossen. Von der St. *Felixdorf* wandert man links von *Stei-*

nabrückl und an dem *Raketendörfchen* (kaiserl. Gebäude zur Verfertigung der Congreve'schen Raketen, Fremden unzugänglich)
vorbei dem Eingange ins Gebirge zu; 1½ St. bis *Wöllersdorf*,
123 H., 889 E., Weiss- und Schwarzblechfabrik; Sandsteinbruch;
Römersteine. Nahe am Dorfe der *Höllthurm*, eine alte Warte,
unter welcher der Eingang zu einer merkwürdigen, wenig bekannten Höhle mit tiefen und weiten Gängen und einer Halle
mit Predigtstuhl ist. In den Türkenkriegen diente sie als Zufluchtsort der Bewohner und wurde durch den *Höllthurm* vertheidigt. Sie soll durch unterirdische Gänge mit der Veste
Starhemberg in Verbindung stehen. 1 St. weiter hinan liegt der
lebhafte Markt *Unterpiesting*, 142 H., 1170 E. (Gasthaus zum
Hirschen), Eisenhämmer, Bräuhaus. In der Nähe die herrlichen
und grossen Ruinen der Burg *Starhemberg*, jetzt dem Erzherzog Leopold gehörig. Die Nordseite der Burg ist vollständig
verfallen; besser ist die Südseite erhalten. In dem von den
eigentlichen Burggebäuden umschlossenen grossen Burghofe erblickt man noch an beiden Stockwerken über 100 Fensterpfei-
ler. Auch die Burgkapelle ist noch erkennbar, die tiefe Cisterne
bietet sehr gutes Wasser. Einige ebenerdige Gemächer werden
noch von einer armen Familie bewohnt. Diese Burg kam, als
die Herren von Starhemberg im 12. Jahrh. ausstarben, an die
Landesfürsten; Friedrich der Streitbare, der letzte Babenberger,
flüchtete hierher vor den aufständischen Wienern und vor den
Reichstruppen, als sie die gegen den Herzog von Kaiser Friedrich II. ausgesprochene Reichsacht zu vollziehen in Oesterreich
einfielen. Während der beiden Belagerungen Wiens (1529 und
1683) durch die Türken war Starhemberg noch eine so feste
Burg, dass in ihr Tausende von Flüchtlingen vor den osmani-
schen Schaaren Aufnahme und Schutz fanden. Noch vor 50 Jahren wurde in der damals noch erhaltenen Burgkapelle alljährlich das Erinnerungsfest daran gefeiert. — ½ St. weiter im Thale
hinauf liegt das Dorf *Oberpiesting*, 44 H., 263 E. (Gasthaus zum
grünen Baum). Bald darauf verengt sich das Thal zur Schlucht,
welche sich bei *Waldeck* (*Wallegg*) etwas öffnet; Kirche und
Pfarre auf einem sonnigen Hügel, Zugmayr's Walz- und Kupfer-
hammerwerk; oberhalb desselben führt die Strasse durch eine

kühne Felsensprengung hindurch. Das Thal schliesst sich abermals und die enge nun folgende Schlucht heisst *In der Oed*, ein
schöner Thalboden nördlich vom *Mandling* (2935') und südlich
vom *Kressenberg* (2802') überragt. Hier liegt die grossartige Rost-
horn'sche Messingfabrik (gegründet 1817) aus einer grossen Anzahl von Gebäuden bestehend — Herrenhaus, Gusshaus, Walzwerk, Glühöfen, Drahtzug, Messinghämmer u. s. w.; dieses Eta-
blissement beschäftigt über 300 Arbeiter, liefert jährlich an
6000 Ctr. Messing-, Tombak- und Pakfongbleche, Draht im Werthe von 50,000 Fl. u. s. w.; für das Arbeiterpersonal besteht eine
eigene Schule, Spital mit Arzt und Apotheke. — Ausserdem mehrere Pulverstampfen und 10 Sägemühlen. Der nächste Ort, *Bernitz*, liegt 1 St. von der Oed thalaufwärts in einem etwas weiteren Thalkessel; gutes Gasthaus. Rechts kömmt die *Mira* aus
dem *Marienthale* herein in die Piesting, sie bildet bei *Mucken-
dorf* schöne, höchst malerische Wasserstürze. Im Hauptthale
treten die Bergwände wieder näher zusammen, bis zuletzt die
senkrechten Felsen nur der Piesting und einer über sie geschla-
genen Brücke Raum lassen. Doch ebenso schnell ändert sich
die Scene; die Felsen treten zurück und es eröffnet sich der
herrliche Thalkessel von *Guttenstein* mit seinen romantischen Umgebungen. Man durchschreitet die Thalfläche, an deren entgegen-
gesetztem Ende der Markt *Guttenstein*, 185 H., 1968 E. (Gasth.
zum Bären und Prezoli), mit seiner Burgruine und dem Kloster
liegt. Das Thal ist daselbst abermals geschlossen und nur durch
2 Engthäler rauschen Bäche herein, der *Klosterthaler Bach* und
die *Piesting*, letztere durch eine der wildschauerlichsten Engen
der Gegend, den Felsenpass der *Steinapiesting*, über welchem die
Burgruine schwebt; aus Mangel an Raum für einen Pfad ist der
Länge nach eine Brücke von 162 Schritten über den Bach gespannt, an welche sich weiterhin die Strasse nach *Rohr* anschliesst. Holzarbeit, Kohlenhandel, Eisen- und Kupferwerke
sind die Nahrungszweige der Bewohner. Ernst blicken die Mauern
der verfallenen Burg herab, die sich im Norden des Marktes auf
einem Bergvorsprunge, 200' über dem Thalboden (1603' ü. d. M.)
erhebt. Sie wurde im Anfang des 11. Jahrh. von den Herren
von Guttenstein erbant, welche um 1220 mit Richer von Gut-

tenstein ausstarben. Durch das Erlöschen dieses Geschlechtes
fiel sie an den Landesfürsten. Sie war der Lieblingssitz des unglücklichen Friedrichs des Schönen, dessen Gattin Isabella hier
aus Schmerz über die Gefangennehmung ihres Gemahls in der
Schlacht bei Mühldorf (28. Sept. 1322) und dessen lange Haft
in der Burg Trausnicht (Trausnitz) in der Oberpfalz erblindete;
erst nach 3 Jahren erfolgte die Aussöhnung mit dem Gegenkö-
nige Ludwig von Baiern. Doch Isabella konnte ihren geliebten
Friedrich nicht mehr sehen. Niedergebengt durch sein Schicksal verlebte Friedrich hier seine letzten Tage und starb 8 Jahre
nach der für ihn unglücklichen Schlacht (1830). Seine Gattin
folgte ihm bald in die Gruft. Ueber 100 Jahre später sass hier
als Jüngling Mathias Corvinus in Haft, ehe er nach Prag gebracht wurde (1456), nochmals kehrte er als siegreicher König
von Ungarn hierher zurück. Die Türken verwüsteten die Gegend öfter; im J. 1529 erstürmten sie das Schloss Guttenstein,
aber im J. 1685 wurde es von 200 Tapferen gegen die oftmals
anstürmenden Osmanen siegreich vertheidigt. Auf der Nordseite
der Burg ragt ein Bogengewölbe bis an einen Felsenabbruch gegen die *Steinapiesting* hinaus, so dass man durch dasselbe in den
tiefen Abgrund blicken kann; um das Abstürzen zu verhüten,
ist der Bogen jetzt durch eine Verplankung geschützt. Von
dieser Stelle erzählt die Sage, dass viele Türken, als sie 1529
die Burg erstürmten, in der Meinung, hier den Zugang zu einem
anderen Theile des Schlosses zu finden, durch den Vorhang, der
den Abgrund verhüllte, gestürzt seien und in der Tiefe zer-
schmettert den Tod gefunden hätten. Im J. 1784 wurde zum
letzten Male die Messe in der Burgkapelle gelesen, von da an
zerfiel die Burg, doch war die Kapelle mit Thurm noch 1805
ziemlich gut erhalten. Noch sind einige Gemächer, Küchen, ein
Verliess, die Cisterne u. dgl. erkennbar. Die Ruinen sind durch
Gallerien und Treppen gut zugänglich gemacht. Die Burgruine
sowie das schöne neue Schloss (Neuschloss), erbaut 1674, erneuert 1818, mit herrlichen sehenswerthen Gartenanlagen sind
Eigenthum der gräflichen Familie Hoyos, an welche dieses Herrschaftsgut schon 1595 durch Kauf von Kaiser Rudolf II. überging. Auf einer bedeutenden Höhe (2500') liegt das *Serviten-*

kloster, eine vielbesuchte Wallfahrtskirche unter dem Namen *Mariahilf* oder *Zu Unserer lieben Frau im Buschach*. Schon auf dem Wege hinan zum Kloster sind herrliche Aussichtspunkte. Kirche und Kloster wurden 1672—1685 vom Grafen Johann Balthasar von Hoyos erbaut, brannten 1709 ab, wurden aber 1724 vom Grafen Philipp Joseph von Hoyos wieder hergestellt. Das Gnadenbild Mariahilf befindet sich auf dem reichen Altare der Klosterkirche. Bei der Kirche befindet sich ein Wirthshaus und eine Anzahl von Krämerbuden. Der ganze Berg ist parkähnlich von Anlagen durchzogen, welche von den Servitenbrüdern selbst entworfen und ausgeführt wurden; dahin gehören auf der halben Höhe des Berges der *Herrgott auf der Rast*, ein Kreuz unter einer herrlichen Baumgruppe; oben hinter dem Gasthause der *Friedenstempel*, zum Andenken an den ersten Pariser Frieden 1814 errichtet, mit herrlicher Umsicht und einem elfsilbigen Echo; die *Magdalenenkapelle*, eine Grotte, in welcher ein Spiegel angebracht ist, wodurch sich die Felsenpartien merkwürdig vervielfältigt zeigen. Der *Kreuzweg* oder *Calvarienberg*, ein herrlicher Waldweg mit schönen Tiefblicken und Aussicht auf den Schneeberg führt zur *heiligen Grabkapelle* mit schöner Aussicht in das Klosterthal; die *Kapelle der sieben Väter* (sieben Stifter des Servitenordens, gegründet 1234 zu Florenz), mit der Aussicht in das Thal gegen Rohr; die *Peregrinuskapelle* mit schönem Echo; die *Philippikapelle*, eine prachtvolle Felsenpartie, und dann an dem *Pavillon* mit schöner Aussicht über den Park und die Burgruine, und an der *Muttergotteskapelle* in dunkeler Waldeseinsamkeit vorbei zurück zum Kloster. — An dem Fahrwege, welcher vom Markte auf den *Mariahilfer Berg* führt, liegt der *Guttensteiner Friedhof*, in dem Ferdinand Raimund sein Grab fand; ein einfaches Denkmal mit des Dichters Büste bezeichnet diese Stätte.

Ein lohnender Ausflug von *Guttenstein* ist der von der Hernitzer Strasse westwärts ablenkende Waldpfad *Theresiensteig* auf den *Ledererkogl* und dann in das Thal, durch welches die Strasse nach *Rohr* führt, hinab und von da entweder durch die Felsenge der *Steinapiesting* oder über die Burgruine in den Markt zurück.

Geognost. Bei Hörnstein verschiedene versteinerungsreiche Formationen: Hallstädter Kalk, auf dem das Schloss steht, Kössener Schichten und rother Liaskalk mit Ammoniten. Zwischen Piesting und Buchberg liegt unter der Wand die *Neue Welt*, interessant durch die versteinerungsreiche Gosauformation, auf deren Steinkohlen bei Grünbach Bergbau getrieben wird. Bei Buchberg orbitulitenreiches Kreidegebirge (Kalksandstein). — Gegenüber Guttenstein am Teufelshaus terebratelnreiche fleischrothe Kalke der rhätischen Formation, die v. Hauer Starhembergerschichten genannt hat.

Von *Guttenstein* führen mehrere Wege weiter: 1) links durch das *Längapiestingthal* und über den *Öller* (die Einsattelung *Am umgestürzten Kreuz* [4072'], schöner Rückblick nach Guttenstein und Ansicht des Schneeberges) in das oberste *Sierningthal*, den Thalkessel von *Buchberg*, 3—4 St.; 2) im *Klosterthale* aufwärts bis zum *Rothen Hofe* (1½ St.), dann links aufwärts beim Schoberbauer vorbei über den *Schober* (1½ St.), durch die Waldschlucht abwärts am *Haltberger Hofe* vorbei in 1½ St. entweder links nach *Sierning* oder rechts nach *Buchberg* (s. u.), im Ganzen 4—5 St.; 3) wieder im *Klosterthale* am *Rothen Hofe* vorbei bis zum *Deiblhof* (2 St.), dann links durch den *Wilden Nesselgraben* auf die *Mamauwiese* (1 St.), über den *Hühnerbühel* (1 St.) und wieder 1½ St. nach *Buchberg* hinab; 4) eine gut fahrbare Strasse führt das ganze *Klosterthal* aufwärts und dann die Höhe *Das Gschaid* hinan, durch welche der *Schneeberg* im Norden mit dem *Wienerwalde* zusammenhängt, von wo man sich entweder links hinab in das Thal der *Schwarzau*, das *Höllenthal* und durch dasselbe nach *Reichenau* wendet oder das *Schwarzauthal* aufwärts schreitet, über den Bergkamm nach *Hohenberg* und dann in das Thal der *Traisen* gelangt, abwärts nach *Lilienfeld* und *St. Pölten*, aufwärts über *Türnitz* nach *Mariazell*; 5) das Thal der *Steinapiesting* aufwärts durch die wilde Felsschlucht und dann die gut gebahnte Fahrstrasse über den Bergkamm in das oberste *Schwarzauthal* nach *Rohr* (Pfarrdorf mit 200 E.) und von da nach *Hohenberg*.

Ausflüge von Wiener-Neustadt.

1. Unweit der Stadt kömmt westlich vom Gebirge her die *Fischa;* hinter dem Dorfe *Fischau* zieht von Norden nach Süden eine Reihe niederer Höhen, zum Theil Weinberge; dahinter thürmt sich die *Hohe Wand* auf. Zwischen jenen Vorbergen

und diesem Felsenwall breitet sich die *Neue Welt*, ein ehemaliger Seeboden, aus. In dieses liebliche Thal führt die Strasse durch *Weikersdorf* bis an den Fuss des Gebirges, wo sich die romantische *Prossetschlucht* öffnet, von da zur *Teichmühle* (gutes Gasthaus). Gegen Westen wird dieser enge Grund von der *Hohen Wand* umragt. Malerisch liegen die Burgruinen von *Emerberg* auf einer felsigen Höhe, jetzt dem Erzherzog Leopold gehörig. Eine schöne Sage erzählt den Ursprung des edlen Geschlechtes der Herren von Emerberg: Auf dem jetzigen Emerbergkogl stand einst eine Kirche; der Sohn des Küsters, ein schöner Knabe, holte unten am Bache in einem Eimer Wasser; der gerade hier jagende Herzog Leopold der Glorreiche sah den Knaben, nahm ihn zu sich an seinen Hof und da er sich gut hielt, empfing er den Ritterschlag und ward mit seiner Heimat belehnt, welche den Namen Emerberg (Eimerberg) erhielt; das Wappen führte auch einen Eimer. Seine Nachkommen erhielten die Würde von Truchsessen und Schenken von Steiermark und zeichneten sich vielfältig im treuen Dienste ihrer Landesfürsten im Rathe und in der Schlacht aus, sind 1453 ausgestorben. — Sehr schöne Aussicht von der Burg. — Gegenüber liegen die Ruinen der Veste *Dachenstein.* Am Fusse des Bergkogls, der diese Burg trägt, liegt das Oertchen *Winzendorf*, in dessen Pfarrkirche am Hochaltare ein herrliches Gemälde auf Goldgrund vom Jahre 1500, die sterbende Maria; auch interessante Grabsteine der Freiherren von Teufel; rechts vom Hochaltare eine Tafel von rothem Marmor über den hier beigesetzten Eingeweiden der Herzogin Elisabeth von Sachsen, welche bis zu ihrem Tode (1594) bei ihrem Gatten, dem Herzog Johann Friedrich dem Mittleren von Sachsen, in der Gefangenschaft zu Neustadt ausharrte, in die er wegen seiner Theilnahme an den Grumbach'schen Händeln gerathen war. Diese Kirche scheint früher, wie so viele andere Kirchen in Ungarn, Siebenbürgen, Krain, Steiermark, Oesterreich, befestigt gewesen zu sein, um bei den leider häufigen Osmaneneinfällen vom 15. bis zum 17. Jahrh. den Bewohnern des Ortes und der Umgebung als Zuflucht zu dienen.

Wer den schönen Thalkessel der *Neuen Welt* in seiner gan-

zen Ausdehnung besuchen will, wähle am besten folgenden Weg:
von *Wiener-Neustadt* nach *Fischau*, 600 E., das Gut gleichen
Namens ist Eigenthum des Erzherzogs Leopold, Militär-Erzie-
hungshaus, Sammtband- und Spinnfabrik; in der Nähe quillt
aus einer Kluft die *Kleine Fischa* hervor, so wasserreich, dass
sie wenige Schritte von ihrem Ursprunge 2 Mühlen treibt; bei
Brunn (Dorf mit 400 E.), nächst *Fischau*, wurde vor einigen Jahren eine Tropfsteinhöhle entdeckt, Steinbrüche, rother Marmor;
hinter *Fischau* über Wiesen und durch Wälder über die Vorberge
der *Neuen Welt* nach *Dreistetten*, Dorf mit 320 E., am Nordende
dieses Thales, und nun diesem entlang am Ostfusse der *Hohen
Wand* über *Muthmannsdorf* — schöne Ansicht über den ganzen
Thalkessel — *Gaden*, *Stolhof* gegenüber der *Prossetschlucht*,
Maiersdorf, *Zweiersdorf* nach *Grünbach* am Südende der *Neuen
Welt*; an vielen Stellen dieses Thales, besonders bei *Dreistetten*,
Muthmannsdorf, *Stolhof* und *Grünbach* wird ergiebiger Steinkoh-
lenbau in der Gosauformation betrieben.

Die Ersteigung der *Hohen Wand* kann von mehreren Orten
der *Neuen Welt* aus, *Dreistetten*, *Maiersdorf*, *Stolhof* oder *Grünbach*, unternommen werden; am besten ist der Weg hinauf über
Dreistetten und herab über *Grünbach*. — In *Dreistetten* miethe
man sich einen Führer und nehme Lebensmittel mit, von da
gelangt man in 2 St. am Waldesrande und über Wiesenmatten
emporsteigend auf den Rücken der *Hohen Wand* (2500'), welche als eine wellenförmige, mit Nadelholzwaldungen bestandene
Hochebene in der Richtung von Nordosten nach Südwesten, 3 St.
lang und 1½ St. breit, sich ausdehnt. Fast nach allen Seiten
hin stürzt sich dieser merkwürdige Felsenwall steil in schroffen
Wänden hinab. Auf seinem Rücken befinden sich mehr als 30
grössere und kleinere Höhlen, von denen die besuchtesten das
Gypsloch und das *Windloch* nächst dem *Wieserhause* bei den *Häu-
seln an der Wand* und die *Leitergrabenhöhle* nächst der *Kleinen
Kanzel*, einem herrlichen Aussichtspunkte am Westrande ¼ St.
vom *Jägerhause*, sind. Die *Völleringrotte* mit Ein- und Ausgang
befindet sich am Ostabhange im Thale nächst *Maiersdorf*. Auf
der *Grossen Kanzel*, einem kolossalen Felsblocke am Südabstur-
ze der Wand, eröffnet sich eine herrliche Fernsicht gegen den

Schneeberg mit Tiefblicken nach Grünbach und Kirchbühel. Für die nördliche Partie ist der Rand oberhalb *Dreistetten* und für die östliche der Absturz oberhalb dem *Wieserhause* der lohnendste Aussichtspunkt; den schönsten Umblick nach allen Seiten gewährt ein Höhenpunkt links halbwegs zwischen den *Hütteln* und dem *Jägerhause*. Die Fernsicht reicht nach Osten bis an den Spiegel des Neusiedlersees, nach Norden über das Steinfeld bis Wien, nach Süden bis an den Semmering und den Schneeberg, nach Westen bis über die dicht bewaldeten Rücken des Wienerwaldes. Besonders reizend sind die Tiefblicke in die lieblichen Thäler, in das Piesting-, Dürrenbach- und Miesenbach-thal, in die Neue Welt und nach Buchberg und Sierning. Vom Südrande gelangt man leicht in 1 St. nach *Grünbach* hinab, und von hier auf bequemen Wegen in 2 St. nach *Buchberg* (s. unten).

II. Auf das süd-östliche Gebirge zwischen Semmering und Neusiedlersee. 1) *Frohsdorf* und die *Rosalienkapelle*. Man verlässt *Neustadt* durch die Neunkirchner Strasse und wendet sich links um den Thiergarten nach der *Leitha*, welche man in 1 St. bei *Katzelsdorf*, 85 E., 643 E., erreicht; jenseits der Leitha liegt sehr schön das ehemalige Franziskanerkloster, jetzt eine grosse Sammt- und Seidenzeugfabrik, auf der ersten Erhebung des *Leithagebirges* zwischen Gärten und Weinbergen. Auf dem rechten Ufer der *Leitha* bleibend kommen wir in ⅓ St. nach der Burg *Eichbühel*; das Dorf liegt in einer Schlucht darunter. Die Burg ist bis auf wenige Gemächer, welche von armen Familien bewohnt werden, zerfallen. Sehr schön ist die Aussicht von hier über den grössten Theil des Steinfeldes und des Wienerwaldes. In ¼ St. erreicht man *Frohsdorf* oder *Froschdorf*, 601 E. — im 13. Jahrh. *Krotendorf* genannt — Schloss und Dorf; im J. 1816 war es im Besitze der Witwe Murats, Schwester Napoleons I.; jetzt ist Eigenthümer dieses Schlosses Heinrich von Artois, Herzog von Bordeaux, Graf von Chambord, Sohn des Herzogs von Berry, welcher von den französischen Legitimisten als König Heinrich V. von Frankreich anerkannt wird. Das Schloss, welches in neuerer Zeit namhaft verschönert wurde, liegt mit seinem herrlichen Parke sehr anmuthig am Fusse des *Kaiserwaldes*. Von *Frohsdorf* geht man nun nach *Offenbach* und ersteigt mit einem kundigen Führer durch den grossen, von vielen Wegen durchschnittenen *Kaiserwald* in 2 St. die Höhe der *Rosalienkapelle* (2355'). Diese Wallfahrtskirche mit dem daneben stehenden Wirthshause steht auf der höchsten Höhe des *Leithardückens*, auf der Grenze Deutschlands und Ungarns, daher lässt sich das weite Panorama denken, das diese Stelle darbietet: nördlich die gesegneten Flächen Oesterreichs und Mährens bis an die Polauer Berge, westlich über das Neustädter Steinfeld hin der ganze Zug des Wienerwaldes, südlich der Wechsel und seine Umgebungen, östlich die Flächen Ungarns, aus denen in nicht grosser Ferne der ganze 14 St. lange Neusiedlersee aufspiegelt. Unterhalb der *Rosalienkapelle*, schon auf ungarischem Gebiete, liegt die ungeheuere Felsenfeste *Forchtenstein*, welche in hohem Grade sehenswerth ist. Sie ist Eigenthum der Familie Esterhazy, deren reicher Familienschatz hier aufbewahrt wird; diese Burg ist für jeden Fremden zugänglich, nur der Schatz wird allein gegen Bewilligung von Seiten des Fürsten und nur in Gegenwart des fürstlichen Archivars, der zu Eisenstadt amtirt, vorgezeigt. Grossartiges Zeughaus, Gemälde, besonders Familienbilder, ungeheure Cisterne, 85 Klaftern tief in den Fels gehauen, mit einem wunderbar starken Echo, herrliche Aussicht vom Wartthurme. Unterhalb der Burg liegt der Markt *Forchtenau*, 1600 E., von wo man in 1 St. den grossen Markt *Mattersdorf*, 4400 E., erreicht. Station der *Neustadt-Oedenburger Eisenbahn*, mittelst der man nun nach *Wiener-Neustadt* zurückkehren kann.

2) In das Thal der *Pitten* wendet man sich entweder von *Frohsdorf* südlich nach *Pitten* oder man fährt direkt dahin von *Neustadt* über das *Steinfeld*. Es ist ein liebliches Thal, doppelt lieblich, wenn man eben die *Neustädter Haide* verlassen hat. Weinhöhen begleiten die wohlangebaute Thalfläche. Wo das Thal gegen die Ebene hin sich öffnet, liegt *Pitten*. 105 H., 714 E., einst Stadt, jetzt Markt, Eisenbau, grosse Papierfabrik, 120 Arbeiter, liefert jährlich 40,000 Ries Papier. Auf einem Felsen die noch wohlerhaltene Feste *Pitten*, ursprünglich gegen die Einfälle der Ungarn angelegt. Im 9. Jahrh. residirten hier die Markgrafen von Pitten, deren letzter, Graf Ekbert, 1158 unter Kai-

ser Friedrich I. als einer seiner tapfersten Ritter auf den Mauern des erstürmten Mailand fiel. Zur Zeit der Ungarn- und Türkeneinfälle vom 15. bis zum 17. Jahrh. war Pitten ein Kreidenfeuerposten (Allarmirungsposten durch Feuersignale bei nahender Feindesgefahr). Im J. 1485 vertheidigte es Wolf von Tenfel gegen Mathias Corvinus und übergab es erst nach langem Widerstande. Es hielt sich gegen Stephan Bocskay's Schaaren, sowie 1529 und 1683 gegen die Angriffe der Türken. Im J. 1853 wurde die bis dahin ziemlich verfallene Burg wieder hergestellt und bewohnbar gemacht. 73 Klaftern tiefer Brunnen im Burghofe; schöne Aussicht von den Fenstern der Burg. — 1 St. weiter im schönen Thale liegt das Dorf, 400 E., und darüber die noch gut erhaltene Burg *Sebenstein*, von den Markgrafen von Pitten erbaut und im 12. Jahrh. Eigenthum der Herren von Wildenstein. Dann wechselte sie oft ihre Besitzer. In den zwei ersten Jahrzehenden dieses Jahrhunderts hatte dieses Schloss vom Grafen Pergen, dem damaligen Eigenthümer, Anton Steiger von Amstein gepachtet und hier eine heitere Gesellschaft von Freunden mittelalterlicher Kunst und mittelalterlichen Lebens gegründet, die *Ritter von der blauen Erde* oder die *Wildensteiner* genannt, welche in Sebenstein in ritterlicher Tracht und unter strenger Beobachtung der geselligen Formen des Mittelalters ihre Versammlungen hielten. Im J. 1824 ging das Schloss in den Besitz der fürstlichen Familie Liechtenstein über. Noch sind in *Sebenstein* sehenswerth der 78 Klaftern tiefe Ziehbrunnen, der Rennplatz, die in den Fels gehauenen Verliesse und Keller, viele gut erhaltene und eingerichtete Gemächer mit mittelalterlichen Geräthen und Waffen, die Rüstkammern, die Schatzkammer mit interessanten Gemälden und Schnitzwerken, die Burgkapelle mit einem Altarbilde der altdeutschen Schule und den Marmorstatuen der Heiligen Peter und Paul. Der alte Wartthurm ist ganz verfallen und von einem grossen Epheu umzogen, dessen Hauptstamm 3″ dick und gewiss an 400 Jahre alt ist. Hinter der Burg die von den Fürsten von Liechtenstein hergestellten Anlagen im Walde. Spaziergang zum *Türkensturz*. Ueber diese Felsenwand sollen die erbitterten Bauern (1532) die versprengten Türken hinabgestürzt haben, die sich nach der Nie-

derlage Kasim Begs im Thale bei Sebenstein vor dem Pfalzgra-
fen Friedrich hierher geflüchtet hatten. Sehr schöne Aussicht.
Am Fusse des Berges die alte Pfarrkirche im gothischen Stile
mit Glasmalereien, Wappensteinen und Grabmälern der Herren
von Königsberg. In jüngster Zeit wurde sie durch Schnitzwerke
von dem Antodidakten Angeler geschmückt. Das neue Schloss
mit einem herrlichen Parke, Witwensitz der Fürstin Franziska,
geb. Kinsky, Witwe des Fürsten Aloys und Mutter des jetzt
regierenden Fürsten Anton Liechtenstein. (Schloss, Park und
Burg nur in Abwesenheit der fürstl. Familie zugänglich.) Bei
Sebenstein biegt sich um die Wand des *Thürkensturzes* links ein
Seitenthälchen hinein, wo sich ebenfalls eine schöne, noch bewohnte Burg, *Thernberg*, befindet. Dieses Schloss war im 16.
und 17. Jahrh. Eigenthum der Herren von Thonradl, welche in
den österreichischen-Reformationswirren als eifrige Protestanten
eine hervorragende Rolle spielten; von 1807 — 1828 besass Erzherzog Johann Thernberg, von dem es durch Kauf an den Fürsten Liechtenstein überging. Die alte Burg ist Ruine, auf ihren
Trümmern steht das neue, im vorigen Jahrh. erbaute Schloss;
nur der alte Warlthurm steht, ist ersteigbar und gewährt eine
weite Umsicht. Im Schlosse das Portrait des Andreas Thonradl,
der an der Spitze der Missvergnügten stand, welche sich am
6. Juni 1619 in Wien gegen K. Ferdinand II. erhoben.

    Im Thale der *Pitten* fortwandernd passirt man *Gleissenfeld*,
Schriblingkirchen, *Petersbaumgarten* (rechts hoch oben Burg *Grim-
menstein*, grossartige Ruine, schöne Aussicht) und erreicht auf
der schönen Strasse in 4 St. den Markt *Aspang*, 103 H., 666 E
(Gasthaus zum schwarzen Adler); 2 gothische Kirchen, die Pfarrkirche in *Unter-* und die Florianikapelle in *Oberaspang;* daselbst
das gleichnamige gräflich *Pergen'sche Schloss.* In der Gegend von
Aspang kommen mehrere Thäler herein, durch welche sich schöne
Ausflüge machen lassen; zuerst über den *Möstberg (Eselberg);*
$1\frac{1}{2}$ St. bei dem Orte *Mönichkirchen* (*Münchkirchen*, 63 H., 519 E.,
gothische Kirche) zur Höhe und somit zur Grenze Oesterreichs
und Steiermarks. Von hier aus kann man leicht in $2\frac{1}{2}$ St. den
Wechsel (5479') ersteigen, von dessen Spitze aus die Umsicht
noch schöner und malerischer ist, als vom Schneeberg. Wie der

Schneeberg das Ostkap der nördlichen Kalkalpen, so ist der *Wechsel* das Ostkap der granitischen Tauernkette, welche, durch die Kalkalpen eine Strecke nach Süden gedrängt, von *Judenburg* und *Knittelfeld* an, auf der Südseite des *Mur*- und *Mürzthales* wieder ihre nordöstliche Richtung einnimmt, mit dem *Wechsel* abbricht, um als niedriges *Leithagebirge* den jenseitigen *Karpathen* die Hand zu bieten. Schon von *Mönichkirchen* hat man eine schöne Aussicht. Man verlässt hier die Strasse rechts zum *Lichteneck* hinan, dann über die *Steinerne Stiege*, ein Abhang voll von Felsblöcken, steil und beschwerlich, aber ganz gefahrlos. Oben gelangt man wieder zu schönen Alpenmatten und über sie hin auf den Gipfel des Berges. Andere Wege auf den *Wechsel* sind von *Mönichkirchen* über die *Glashütte* und die *Vorauer Schwaig*, oder direkt von *Aspang* über den *Kogelberg* zum *Lichteneck*. Die Aussicht erstreckt sich über Steiermark, Ungarn, Oesterreich und Mähren. Man übersieht die Neustädter Ebene und die jenseitigen Höhen der Thäler bis zum Schneeberge mit ihren Burgen; in Ungarn den Spiegel des Neusiedlersees; südlich streift der Blick in die hügelige Nordoststeiermark und zu den Umgebungen von Gratz. Vom *Wechsel* kann man entweder nach *Mariensee* und von da nach *Aspang* hinaus, oder nach *Kirchberg* am *Wechsel* oder auf der steierischen Seite nach *Friedberg* oder *Vorau* hinab. — Von *Aspang* aus, rechts von der Strasse abbiegend, führt ein Fahrweg, die *Eisenstrasse*, über den *Kogelberg*, durch das herrliche *Klausthal* aber am wildrauschenden *Pösingbach* ein reizender Fussteig in 2 St. nach dem malerisch liegenden Eisenhüttenwerk *Mariensee im Neuwalde* (1794 von Manz aus Mariensee bei Mainz gegründet), von wo man über die *Aspanger Schwaig* den *Wechsel* ebenfalls leicht ersteigt.

3) ½ St. unterhalb *Aspang* öffnet sich links das *Otterthal*, vom *Feistritzbache* durchströmt; der erste Ort ist *Feistritz*, mit der Rotte *Grottendorf* 152 H., 1246 E. Schöne gothische Pfarrkirche, 1821 auf Kosten des Baron Dietrich zweckmässig restaurirt, hübsche neue Glasmalereien, an der Aussenwand Grabsteine der Herren von Rottal aus dem 16. und 17. Jahrh. (auf einem derselben steht zu lesen: Hodie Michi Gras Tiwi), im Innern 2 Grabdenkmale der Familie Dietrich. Die Burg *Feist-*

ritz kam im J. 1815 in den Besitz des Freiherrn von Dietrich,
jetzt dessen Erben. Hier befindet sich eine der grossartigsten
Sammlungen von mittelalterlichen Waffen, Rüstungen, Kunstwer-
ken, Schnitzereien, Trinkgefässen, Bildern, Glasgemälden u. s. w.
Die Gemächer sind zum Theil in mittelalterlichem, zum Theil
in modernem Stile möblirt. Sehr schöne Burgkapelle. Verliesse,
der „Hungerthurm", die „eiserne Jungfrau", eine Hinrichtungs-
maschine, vielleicht eher ein Folterwerkzeug. Grossartiger Park
Im Vorhofe 4 alte Kanonenläufe. (Erlaubnisskarten zur Besichtigung dieses Schlosses und aller Sammlungen erhält man in
Wien, im Palais Dietrich, in der Kanzlei, Matzleinsdorf, Hauptstrasse Nr. 15—18.) Weiter im Thale hinauf kömmt man nach
Kirchberg am *Wechsel*, Markt, 127 H., 770 E. Auf einer Anhöhe rechts vor *Kirchberg* liegen die malerischen Ruinen der gothischen *Wolfgangskirche*, welche dem Kloster der Kanonissinnen
(bestand von 1271—1784) gehörte. — Der Ort *Kirchberg* hat
noch einige sehr alte Häuser (aus dem 15. Jahrb.?). 1 St. von
Kirchberg entfernt liegt der Eingang in die grossartige *Hermanns-
höhle*, eine prachtvolle Tropfsteingrotte mit herrlichen Stalakti-
tenbildungen. Sie wurde erst 1842 durch den Dietrich'schen
Verwalter Hermann von Steiger und dann durch Baron Dietrich
selbst zugänglich gemacht, ist jetzt sehr leicht und bequem zu
begehen und der Besichtigung in hohem Grade werth. — Von
Feistritz aus kann der *Wechsel* über den *Suntberg*, das *Unters-
bergerthal*, den *Kampstein*, den *Antrittstein* und die *Feistritzer
Schwaig*, von *Kirchberg* aus über den *Saurücken*, die *Seiersberger*
und *Kranichberger Schwaig* erstiegen werden. — Von *Kirchberg*
aus kann man, anstatt im Thale zurückzugehen, rechts über den
Bergrücken in das Thal der *Schwarzau* nach *Gloggnitz* kommen
und zwar entweder auf einem herrlichen Berg- und Waldwege
über *Thalhof*, *Rauch*, die Burgruine *Wartenstein*, *Weissenbach*
(3—4 St.), oder über den *Rooms* (2532'), herrliche Aussicht über
den ganzen Wienerwald vom Eichkogl bei Mödling bis zum
Schneeberg, nach *Kranichberg*, ein stattliches Schloss, dem Wiener Erzbisthume gehörig, schöne Gemälde, *Calcarienberg* (2416')
mit herrlichen Anlagen und prächtiger Fernsicht; von hier auf

einer trefflich gebauten Kunststrasse hinab in ein waldiges Thal nach *Wörth* und *Gloggnitz.*

Das *Sierningthal* mit *Buchberg.* In dieses wunderbar schöne Gebirgsthal gelangt man entweder auf den schon oben beschriebenen Wegen von *Guttenstein* oder von der *Neuen Welt* aus, oder aber von der Station *Neunkirchen* über *Wirflach* und *Schrottenstein,* oder endlich von *Neunkirchen* oder Station *Ternitz* durch das *Sierningthal* aufwärts. — Rechts von *Neunkirchen* am Rande der Höhen liegt *Wirflach,* 460 E., gothische Kirche, daneben die *Sebastianskapelle,* beide mit Ringmauern umgeben. So berühmt einst der Wirflacher Wein war, so sauer ist er jetzt. Ein enger Felsenpass, der *Schrottenbachgraben,* führt hier ins Gebirge; die engste Stelle heisst die *Klause zu unserer lieben Frauen Tritt.* Zwischen riesigen Felswänden braust der *Schrottenbach* durch und lässt kaum für einen fussbreiten Steig Raum. An der Felswand sind 2 Vertiefungen gleich Fusstrittspuren; hier, so berichtet die Sage, rastete Maria mit dem Jesuskinde auf der Flucht nach Aegypten. — Dann öffnet sich die Schlucht zu einem weiten Thalkessel, dem *Rosenthal;* am oberen Ende dieses Thales liegen einige Häuser zerstreut und darüber auf hohem Felsen die Trümmer der Burg *Schrottenstein* in düsterer Zurückgezogenheit, von schauerlichen Sagen umschwebt. Um die Greuel zu bestrafen, welche ein Ritter hier an seiner Frau beging, die er zuletzt lebendig begraben liess, um eine Buhlerin zu heirathen, wurde die Burg mit allen Bewohnern in einer furchtbaren Wetternacht zerstört. Eine Bergfrau, Jutta, hatte jedoch zuvor die für todt ausgegebene fromme Gattin aus dem Burgverliess gerettet. — Von der Burg aus kann man in 2½ St. hinüber nach *Buchberg* kommen.

Der von Touristen am häufigsten eingeschlagene Weg nach *Buchberg* führt von den Bahnstationen *Neunkirchen* oder *Ternitz* den *Sierningbach* entlang aufwärts. (Nur in *Neunkirchen,* nicht aber in *Ternitz* sind sicher Fahrgelegenheiten zu bekommen.) In *Ternitz* mehrere Industrieetablissements, Eisen- und Stahlwerke, Kautschuk- und Guttaperchafabrik. Am Eingange des sich rechts hereinziehenden *Sierningthales* liegt *St. Johann.* An der malerischen Kapelle *St. Pankraz,* an dem Dorfe *Sieding* und

29 *

an den Felspartien des *Gösing* (2844') vorüber erreicht man in
2 St. *Stixenstein*, eine prächtige Burgruine auf hohem Felsen und
den Engpass des Thales beherrschend, theils in, theils neben
der Ruine das neue Wohnhaus. Wahrscheinlich war die Burg
der Stammsitz des alten Geschlechtes der *Stüchse* von Traut-
mannsdorf, die sich als Helden auszeichneten. In der Schlacht
auf dem Marchfelde sollen in den Reihen Rudolfs I. 16 Traut-
mannsdorfe und in der für Oesterreich unglücklichen Schlacht
bei Mühldorf um Friedrich den Schönen geschaart, 22 Traut-
mannsdorfe gefallen sein. Auch lebte hier auf Stixenstein als
Pfleger Maximilians I. Liebling, Max Treitzsauerwein, der seinem Herrn bei der Abfassung des Weisskunig und des Theuer-
dank half, und 1527 zu Neustadt starb. Aus den Fenstern der
Burg, welche seit 1547 im Besitze der Familie Hoyos ist, hat
man eine schöne Aussicht.. Herrliche Waldpartien umgeben das
Schloss.

Das Thal wird von hier an aufwärts interessanter, jedoch
sehr eng; majestätische Buchen beschatten den Weg, der neben
den wildschäumenden Stürzen der *Sierning* hinführt, belebt von
vielen Schneidemühlen. Wir schreiten am dem *Edenhofe* vorbei,
wo links der *Rohrbachgraben* mündet; endlich öffnet sich das
Thal zu einem weiten, herrlichen und grossartigen Gebirgskessel; wir befinden uns wieder am Fusse des Hochgebirges, an
den Wänden des *Schneebergs*, der uns draussen noch so weit erschien, in dem Thalkessel von *Buchberg*, 1700—2000' ü. d. M.,
2 Meilen von Neunkirchen, 8 Meilen von Wien, ein vielbesuchtes Reiseziel der Wiener. Der hügelige Thalboden ist mit Häusergruppen überstreut, deren grösste das Pfarrdorf *Buchberg*,
188 H., 1179 E., wenige Minuten entfernt die Ortschaft *Sierning*
(gutes Gasthaus zum Bergmann). Auf einer Höhe neben der
Ruine der alten Burg *Buchberg* liegt die Kirche, im Hintergrunde der mächtig aus dem Thalboden sich erhebende *Schneeberg* in seiner ganzen Grösse. Den schönsten Ueberblick der
Gegend hat man am Pavillon auf dem *Romeikogl*. Der obere
Theil des *Sierningthales*, oberhalb *Buchberg*, wird die *Mamau*
genannt, über welche der schon oben geschilderte Weg ins *Klosterthal* und nach *Guttenstein* führt, und ein schöner Wasserfall

des *Sebastiansbaches*, 130' hoch. 1 St. aufwärts in ihr, ladet zu einem kleinen Ausfluge dahin; unterwegs findet der Maler schöne Mühlenstudien. Dicht am Fusse des *Schneebergs* liegt das Dorf *Losenheim*, 280 E., von einer Burgruine überragt.

Der *Schneeberg* (6566'), das Ostkap der deutschen Kalkalpen, der höchste Niederösterreichs, bietet wegen seiner in das flachere Land hinausgeschobenen Lage und seiner beträchtlichen Erhebung über die Umgebungen eine weit umfassende Aussicht über Oesterreich, Steiermark, Mähren und Ungarn. Er ist das Haupt des letzten Querrückens, welcher vom Wienerwalde nach Süden zieht und trennt die Parallelthäler der *Sierning* und oberen *Schwarzau*, welche zum Längenthal der *Leitha* herabziehen. Seine Höhe besteht aus dem niedrigeren *Kuhschneeberg* (5209'), der eine Hochebene bildet, und dem *Hochschneeberg*, welcher sich gegen Osten über jenem in einem langen Rücken erhebt, jenseits aber steil in das *Buchberger Thal* abstürzt. Der *Hochschneeberg* besteht aus 3 neben einander aufragenden Gipfeln: dem *Alpengipfel*, dem mittleren (6566'), dem *Kaiserstein*, dem nördlichsten (6499'), mit einer Pyramide zum Andenken des zweimaligen Besuchs des Kaisers Franz I., und dem *Waxriegel*, dem südlichsten Gipfel (5961'). Der gewöhnliche Weg führt an der Kirche vorbei, die Schlucht links vom waldigen *Hengst* (3283'), einer Voralpe, hinauf [und dann] auf seine Höhe empor durch dunkelen Wald mit der Aussicht links in den *Rohrbachgraben*, am *Grünstein*, einem moosbedeckten Felsblocke, vorbei, auf dem die Sage in Mondnächten das Bergmandl thronen lässt, hinan zu einer Alpenwiese, wo eine köstliche Quelle, das *Kalte Wasser*, labt, 2 St. von Buchberg. Von hier in 1½ St. über den *Krumbachsattel* (am *Sattel*) auf steilem Pfade mit herrlicher Aussicht zur *Schneide* empor, wo die Krummholzregion beginnt; von da gehts über 3 nach einander folgende Rasenplätze und vom dritten entweder dem Gipfel zu oder zum *Baumgartner Alpenhause* (5092'); dieses Alpenhaus wurde 1839 von dem Holzmeister Georg Baumgartner am Abhange des *Waxriegels* errichtet und nachdem es am 24. Nov. 1850 abbrannte, 3 Jahre später wieder hergestellt. Von hier gelangen wir auf den *Luchsboden*, dann auf den *Ochsenboden* (5719'), zwischen dem *Alpen-*

gipfel und dem *Warriegel*, wo die *Ochsenhütte* die letzte ärmliche
Zufluchtsstätte bietet. Weiter führt der Steig am oberen Rande
einer tiefen Schlucht, der *Bockgrube*, hin, der sogen. *Königsteig*,
eine etwas schwierige Stelle, welche auch über den *Kaiserstein*
umgangen werden kann, zum nahen *Alpengipfel*, 4—5 St. von
Buchberg. Wenn man vom *Sattel*, ohne zu Baumgartners Alpenhaus abzulenken, direkt auf den Gipfel gelangen will, geht man
vom dritten Rasenplatz den Steig hinan zum *Ramstein* und von
da auf den *Luchsboden*. Ein anderer Weg von *Buchberg* auf den
Gipfel führt in 6 St. an dem Wasserfalle des *Sebastiansbaches*
vorbei auf die *Mamauwiese*, dann über die *Treakwiese* zur Einsattelung zwischen der *Frohnbachwand* nud dem *Hochschneeberge*
und von dort auf den Gipfel. In der Tiefe gegen Nordost erblickt man unter dem Absturz des Berges die grünen Fluren
des *Buchberger Thales* mit seinen Häusergruppen; auf der entgegengesetzten Seite das *Schwarzauthal* mit den wilden Felsen-
hängen des *Höllrnthales;* die weite Fläche des Neustädter Steinfeldes, Neustadt selbst, den Silberfaden der Leitha, den Höhenzug des Leithagebirges und darüber lang hingestreckt den glänzenden Spiegel des Neusiedlersees und die endlosen dämmernden
Flächen Ungarns mit Pressburg; nördlich über das Gehügel, die
Donauebene mit der Kaiserstadt. Mit dem Oetscher erhebt sich
im Westen wieder die Bergkette aus dem gegen die Donau hinabziehenden Hügelland: der Dürrenstein, Gippel, Göller, Priel,
das Wascheneck, der Thor- oder Dachstein (die einzige sichtbare Eismasse), die Schnee- und Raxalpe, der Pyrgas, Hochschwab, die Veitsch, der grosse und kleine Pfaff und der Wechsel sind die vorzüglichsten Punkte des grossen Panoramas. Der
mit der Gegend Vertraute wird mit Hilfe eines guten Fernrohrs
in den angebauten Flächen Oesterreichs, Ungarns und Mährens
manchen interessanten Ort finden. Die mathematische Aussichtsweite des *Schneebergs*, wenn keine Höhenzüge und Dünste sie
verkürzen, beträgt ungefähr 2⅔ geographische Meilen; in Mähren z. B. würde Brünn gerade an der Grenze dieses Horizouts
liegen.

    Bayerbach und die *Reichenau.* Das Thal der *Schwarzau* dringt
von Süden nach Norden zwischen der *Raxa'pe* und dem *Schnee-*

berg hinan; die Quellgebiete der Mürz (Mur), der Salza (Ens), der Traisen (Donau) und der Leitha liegen um den wasserscheidenden Höhenkranz dieses schönen Thales, daher gibt es hier so viele *Gschaide* (Gescheide, Wasserscheiden). — So wie wir den Bahnhof des malerisch gelegenen Pfarrdorfes *Bayerbach*, 40 H., 418 E. (Mader's Gasthaus), verlassen, können wir in die *Reichenau* entweder auf der Strasse zu Fischer's Gasthof, oder auf dem Fusswege über den Bergriegel, welcher das obere Thal verschliesst, und über das *Schneebergdörfel* zu dem trefflichen Gasthause der Brüder Waissnix, dem Thalhofe, gelangen. Denn jenseits der Enge, durch welche die *Schwarzau* rauscht, liegt äusserst reizend der Thalkessel von *Reichenau* (bei Fischer's Gasthaus 1506' hoch). Diese beiden Gasthöfe sind die besten Standquartiere zu Ausflügen. Daselbst werden kundige Führer auf die umgebenden Höhen zugewiesen. Besonders zu nennen in Reichenau: Joh. Lanner, in Prein für Botaniker Lorenz Alfons. Auch der *Schneeberg* (s. o. S. 453) wird häufig von hier aus bestiegen.

Das herrliche Thal von *Reichenau* ist ½ St. lang und ½ St. breit, wird von der *Schwarzau* durchströmt, ist im Norden vom *Gahns* (4332'), *Saurüssel* (3940'), *Alpel* (4782'), *Feuchter* (4364'), im Westen vom *Grünschacher* (5490'), der *Preineralpe* (5680') und der *Raxalpe* (6340'), im Süden vom *Sonnenwendstein* (4888') umgeben und überragt. Die Ortschaft *Reichenau*, 55 H., 873 E., am Fusse des *Feuchter* liegend, ist der Sitz eines k. k. hauptgewerkschaftlichen Oberverwesamtes, dessen Kanzleien sich in dem 1830 erbauten neuen Schlosse befinden; von dem alten Schlosse sind nur 2 alte runde Thürme übrig. Eisengruben am *Schendleck*, *Grillenberge* und am *Altenberge*; Hammerwerke. Schlosswirthshaus; Schiessstätte; Kegelbahn; Badehaus; ein schönes Gemeindehaus; schöne Kirche, 1843 erbaut; Mühle der Brüder Waissnix, welche vorzügliches Mehl aus Banater Getreide liefert, das weithin versendet wird; Villa Waissnix, Sommerfrische der kaiserlichen Kinder, Kronprinz Rudolf und Erzherzogin Gisela, und endlich Fischer's Gasthaus, welches an der Strasse, und der Thalhof, welcher höher oben in einer Einbuch-

tung zwischen dem *Saurüssel* und dem *Feuchter* und vor dem
Alpel liegt.

Ausflüge: *Kletschka's Denkmal* (Oberdorfer'sche Aussicht),
Ueberblick über das Thal und die Gebirge ringsum; Waissnix'-
sche Aussicht; auf den *Altenberg* und zur *Bergmannsrast* über
Edlach am *Preinbach* im *Preinthale*, Hochofen, Gusseisenhütte,
andere Eisenwerke, Sägemühlen, bis zum *Knappendorfe*, Eisen-
bergban, die obere *Prein* mit dem gleichnamigen Pfarrdorfe
(260 E.), ein herrliches Alpenthal, durch welches man über das
Gschaid auf einem Fusssteige nach *Kapellen* im oberen *Mürzthal*
der Steiermark gelangt; *St. Christoph* und *Prigglitz;* die interessante Burg *Klamm* und der *Adlitzgraben*, von da an dem Gehöfte des Ortbauers und an der *Falkensteinhöhle* vorbei durch
die *Prein* zurück; und endlich über *Gloggnitz, Kranichberg, Wartenstein* nach *Maria-Schutz* und *Schottwien*. — Gebirgs- und Al-
penexkursionen können von *Reichenau* aus auf den *Gahns* (4328'),
auf den *Feuchter* (höchste Spitze der *Mittagstein*, 4364'), über
den *Grünschacher* (höchste Spitze der *Jakobskogl*, 5590') auf die
Raxalpe (höchste Spitze die *Heukuppe*, 6340') mit einer herrlichen Fernsicht vom Dachstein bis über die ungarische Grenze,
und auf den *Schneeberg* (höchste Spitze der *Alpengipfel*, 6566'),
und zwar entweder unmittelbar von *Reichenau* oder vom *Kaiserbrunnen*, oder vom Gasthause zur Singerin oder vom Höbbauer
aus unternommen werden.

Von *Reichenau* bis *Hirschwang* (1611') behält das Thal noch
etwas Breite; man gelangt dahin entweder auf der guten Fahrstrasse oder auf anmuthigen Fusssteigen an beiden Ufern der
Schwarzau. Grosses Stahlwerk, grosses Sägewerk (Karolinensäge),
eine Hauptkohlenstätte, 40 Meiler, mit riesigen Schutzmauern,
ein kolossaler Holzrechen im Flusse. Jetzt verengt sich das
Thal plötzlich, denn hier beginnt an der *Schwarzau* aufwärts das
wildromantische *Höllenthal*. Auf der Windbrücke dringt die
Strasse in die enge Felsenkluft, die nur dem Wasser einen Weg
gönnt; daher die gut gehaltene Strasse bald binanfklettern, bald
hinabsteigen, bald den Fluss überspringen muss. Auch die prächtige grünklare *Schwarzau* wird bald zu tiefen, aber bis auf den
Grund durchsichtigen Spiegeln gestaut, bald zu wildschäumen-

den Sprüngen genöthigt; die beiderseitigen Wege erheben sich
senkrecht in wildem Gezacke. Nach 1 St. öffnet sich das Thal
etwas und hier bricht rechts am Fusse des *Schneebergs* eine mächtige frischklare Quelle hervor, der *Kaiserbrunnen*, von Kaiser
Karl VI. 1732 bei einer Jagd entdeckt und die Veranlassung
zur Wegbarmachung des *Höllenthales* von *Hirschwang* bis hierher; denn Heräus, des Kaisers Leibarzt, hielt das Wasser für
so gesund, dass es auf Maulthieren in die kaiserliche Burg nach
Wien geschafft werden musste, wozu die „kaiserlichen Wasser-
reiter" gewöhnlich dritthalb Tage brauchten. Eben jetzt kommt
diese Quelle wieder zu Ehren, indem der Gemeinderath von
Wien den Beschluss gefasst hat, mit einem Kostenaufwande von
16 Mill. Fl. ö. W. eine 12 — 13 Meilen lange Wasserleitung errichten zu lassen, welche das Wasser des *Kaiserbrunnens*, dann
das der Stixensteiner Quelle im Sierningthale (s. oben) und der
Altaquelle östlich von Wiener-Neustadt nach Wien leiten wird.
Binnen 3 Jahren soll dieses Riesenwerk vollendet sein, wodurch
Wien, wie keine andere Grossstadt der Erde, mit dem besten,
quantitativ für alle Zwecke ausreichenden, Gebirgswasser ver-
sorgt sein wird. Nächst dem *Kaiserbrunnen* liegt eine Häusergruppe, unter dieser auch das s. g. „Baumgartner Haus", in
dem man Unterkunft und Bewirthung findet. Hier kömmt auch
rechts das *Krummbachthal* oder der *Saugraben* vom *Schneeberg*
herab, durch welchen man diesen Berg ersteigen kann; am Kalten Wasser vereinigt sich dieser Steig mit dem Buchlberger Steig.
Ueber die Kaiserbrunnen-, Hochsteg- und Weichtbalbrücke gelangen wir an eine Stelle, wo sich links ein Thal öffnet, das
Grosse Höllenthal, im Hintergrunde ein majestätisches Felsenamphitheater bildend. — Vom *Kaiserbrunnen* erreicht man in
2 St. den Eingang des links sich öffnenden

Nassthales, bekannt wegen seiner ausserordentlich malerischen Scenen. Bei *Singers Jägerhaus* (auch „bei der Singerin"
oder Spiess' Gasthaus genannt, gute Unterkunft) betritt man dieses von der *Nass* durchflossene Thal, das im Anfange im Gegensatze des eben durchwanderten *Höllenthales* durch seine Freund-
lichkeit gefällt; der Berg, welcher im Hintergrund die bewaldeten Vorberge hoch überragt, ist der *Sonnleitstein* (5400'). Man

kömmt an der Klause vorüber, welche zum Schwemmen des Holzes dient. Im Hintergrunde wird das Thal ernster und man erreicht die freundliche Häusergruppe des *Reithofs* und der ihn
umgebenden Gehöfte (Nassthal, Engleitners Gasthof), fast nur
von Holzknechten bewohnt, welche 1784 unter dem biedern
Schwemmmeister *Georg Huebner* aus der Gosau hierher gerufen
wurden von dem Grafen Hoyos, dem die grossen Waldungen
gehören. Huebner war es, der durch einen kühnen Durchschlag
von 227 Klaftern Länge durch den Berg, das *Gschaid*, die Gewässer aus dem jenseitigen Gebiet der Mürz in das obere *Prein-
thal* (wohl zu unterscheiden von dem bei Reichenau mündenden
Preinthale), einen Seitengraben des *Nassthales*, leitete und dadurch dem bis dahin unbenutzten Holzreichthum des jenseitigen
Gebietes, des 6255 Joch grossen *Neuwaldes*, einen Abzug verschaffte, wodurch nunmehr alljährlich 5000 Klaftern Holz nach
Wien geliefert werden. Der Bau begann 1811 und wurde nach
viermaligen Unterbrechungen 1827 vollendet. Huebner, gestorben am 22. März 1833 als 78jähriger Greis, war der Patriarch
seiner Kolonie im Nassthale, deren Mitglieder, wie er selbst,
Protestanten sind. Wegen der Entfernung der nächsten protestantischen Schule zu Mitterbach bei Mariazell baute er hier
auch eine Schule und im *Oberhofe* befindet sich eine evangelische Kirche, an welcher seit 1861 ein eigener Pfarrer angestellt
ist. — Seit 1852 ist das *Gschaid* weiter unterhalb mit einem
zweiten, 350 Klaftern langen Durchschlag durchbrochen. Bald
dahinter verengt sich das Thal, hohe Felsenwände lassen nur
dem Bache, der *Nass*, einen schmalen Durchgang, so dass auch
hier eine Brücke der Länge nach über den Bach zwischen den
Wänden hingeschlagen werden musste, wie in der Steinapiesting,
dieses ist die *Saurüsselbrücke*. Von hier in 1 St. durch ein enges Waldthal, den *Nasswald*, erreicht man den Hintergrund des
Thales, einen majestätischen Kessel, umragt von den Wänden
der *Rax-* und *Schneealpe* (*Windberg*); braune Hütten über dem
grünen Thalboden zerstreut. Ein steiler Pfad bringt auf den
Nasskamp, einen Sattel zwischen der *Rax-* und *Schneealpe*, mit
schöner Aussicht nach Süden, zum Stegerbauer, schon im steierischen Gebiete der Mürz gelegen, in 3 St. nach *Kapellen*.

Ins Thal der *Schwarzau* zurückgekehrt wandern wir im *Höl-
lenthale* fort bis an sein oberes Ende; die Felsen treten zurück
und ein weites freundliches Thal öffnet und theilt sich in 2 Aeste;
der Seitengrund rechts zieht sich zwischen auslaufenden Rücken
des *Schneebergs* hinan zu einer Häusergruppe im obersten Thalkessel mit einem guten Wirthshause, dem *Höhbauer*, von wo aus
man den *Schneeberg* über den *Kuhschneeberg* am bequemsten ersteigen kann; auf letzterem liegen Sennhütten und ein dem Höh-
bauerwirth gehöriges Alpenhaus, zur nothdürftigen Unterkunft
für Schneebergersteiger. Vom Höhbauer führt die Strasse über
das *Gerhaid*, die Wasserscheide zwischen *Schwarzau* und *Piesting*,
durch das *Klosterthal* nach *Guttenstein.*

Im Hauptthale selbst erreichen wir den Markt *Schwarzau*,
117 H., 1962 E., darunter 400 Protestanten, meist Holzknechte.
Der letzte Ort des Schwarzauthales ist das Pfarrdorf *Rohr* (200 E.),
von wo die Strasse nach *Hohenberg* und ins *Traisenthal* fortsetzt,
in welchem man entweder abwärts nach *Lilienfeld* und *St. Pölten* oder aufwärts über den *Anna-* und *Josephsberg* nach *Mariazell* gelangen kann. — Bei *Rohr* auf der Grenze der sehr seltene Ranunculus anemonoides Zahlbr.

Vom Wienerwalde bis zur Ens.

Es sind die Thalgebiete der Traisen, Bilach, Erlaph, Ips
und der unteren Ens, welche uns im folgenden Abschnitte beschäftigen.

Das Gebiet der Traisen.

St. Aegid, fast am oberen Ende des Thales, liegt nur 1767',
seine Mündung aber in die Donau 575' ü. d. M.; die Länge des
Laufes beträgt gegen 11 Meilen; demnach fällt das Thal bis zur
Donau 1192', ein für einen alpengeborenen Fluss geringes Gefälle. Am linken Ufer liegt *St. Pölten* (nach dem h. Hippolyt so
genannt), 354 H., 7299 E.; Eisenbahnstation. Mauern und Thore,
viele ansehnliche Gebäude; bischöfliche Residenz, k. k. Bezirksamt, Oberrealschule, Herrenhaus, Rathhaus, der Dom mit Altar-
und Deckengemälden von Wolf, Altomonte, Bock und Gran;
schöne Anlagen um die Stadt, der kleine Prater, der Calvarienberg, Theater; Alumnat mit theologischer Lehranstalt; 1 Baum-
wollspinnerei und Druckerei. Die auf 20 Joch ruhende Traisen-

brücke ist 612' lang. *Pölten* liegt in einem ehemaligen Seebecken,
einer weiten Ebene. Auf der Hauptstrasse, südlich an der Traisen hinan, ist die nächste Station, noch in der grossen Ebene,
Wilhelmsburg, Markt, 118 H., 1010 E. Hier schliesst sich allmählich die Ebene und die Gegend wird reizender. Nach 2 St.
bei *Traisen* öffnet sich links das Seitenthal der *Gelse*, durch welches eine Strasse über *St. Veit* in 4 St. nach dem Markt *Hainfeld*, 102 H., 793 E., führt. Er wurde öfters zerstört, unter anderem vom Könige Bela und den Türken; 1679 starb fast der
ganze Ort an der Pest aus; eine alte befestigte Kirche und guter Gasthof. Von hier übersteigt in 2 St. die Strasse den *Wienerwald* nach dem jenseitigen *Kaumberg* und führt von da entweder das Pottensteiner Thal hinab oder links über Aland und
Heiligenkreuz nach Wien. Von *Traisen* im Hauptthale fortwandernd kömmt man in 1 St. nach *Lilienfeld* (1125'), 205 H., 2076 E.
Die Cistercienserabtei wurde von Leopold dem Glorreichen von
Babenberg 1202 gestiftet. Er starb zwar in Apulien, wurde aber
nach seinem Wunsche hier bestattet. Er ruht in der Kirche unter einem schwarzen Marmorblocke, neben ihm seine Tochter
Margaretha. Ottokars geschiedene Gattin, und die starke Cim-
burgis, Gattin Ernst's des Eisernen; im schönen Kreuzgange der
Geschichtschreiber Hauthaler. Die Kirche hat gothischen Stil
und geradlinigen Chorabschluss, schönes Altarblatt von Legrand;
in der Prälaturkapelle alte Gemälde; Bibliothek von 7000 Bänden, Bibelsammlung, Naturalienkabinet, schöner Garten, von dessen Terrasse eine herrliche Aussicht über die Umgegend. 1810
brannte ein Theil des Stiftes ab; es hat 13 Höfe. L. Pyrker, später Erzbischof von Erlau, war Abt des Stiftes. Im Dorfe besteht
seit 1831 eine Molkenkuranstalt; im Markte sind viele Eisenarbeiter; in der Nähe Gypsbrüche. Ausflug auf den 1 St. entfernten *Spitzbrand*, oder noch besser auf die 'höhere *Lilienfelder
Alpe* (4423'). Der Weg führt im *Iфahlgraben*, an einem niedlichen Wasserfalle vorüber, südlich hinan. Die Aussicht ist sehr
schön; zunächst über das Stift und seine Umgebungen hinweg
gleitet der Blick in die Donauflächen; im Süden die ganze steie-
risch-österreichische Grenzkette.

Geognost. Von St. Pölten südlich beiderseits Höhen des sogen. Wiener Sand-

steins, Fucoidensandsteins und Neocoms mit neocomen Aptychenschiefern. Von
der Einmündung des Gelsebachs folgen unter letzteren die älteren Sedimenthildun-
gen, oberjurassische Aptychenschiefer, die rothen jurassischen Klausschichten, Fleckenmergel (Markti bei Lilienfeld), Hierlatzkalk (Freiland bei Lilienfeld) und dann
die reichgegliederte alpine Trias bis zum bunten Sandstein hinab, die von Türnitz
südlich das Gebirge allein zusammensetzt. Bei Lilienfeld (am Steg), Tradigist mit
Bergbau auf die Keuperkohlen der Schichten von Lunz. Bei Lilienfeld fehlt auch
die Gosauformation nicht. Lipold unterscheidet in der hiesigen Trias in absteigender
Folge Kössenerschichten und Dachsteindolomit, die Oppenitzer Schichten (Raiblerschichten), die von Lunz, die den Hallstädterkalk vertretenden, meist dunkelen,
hornsteinreichen Schichten von Gössing, den Guttensteinkalk und seine Rauchwacke, und die gypsreichen Werfenerschichten.

Von *Lilienfeld* das Thal aufwärts verfolgend kömmt man
nach 1 St. au die Theilung desselben; links kömmt das *Thal
der Türnitz* herein, durch welches die Hauptstrasse führt. In
Türnitz, Poststation und Markt, 61 H., 517 E., Drechslerwaaren,
Gypsmühlen, Marmorbrüche und auf dem Wege nach *Annaberg*
eine bedeutende Glashütte. In der Nähe der Engpass des *Eisernen Thores* in der *Rötz*. Am oberen Ende des *Türnitzthales* angekommen, erhebt sich die Strasse zum *Annaberg*, welcher das
Gebiet der *Traisen*, von dem der *Erlaph* scheidet. Die Höhe des
Rückens beträgt 2934', Wallfahrtskirche, Poststation zwischen
Türnitz und Mariazell. Schöne Ansicht des gerade gegenüber
im Westen sich majestätisch erhebenden Oetschers; ehemaliger
Silberbau. Die Strasse senkt sich nun hinab in das *Erlaphge-
biet* nach *Mitterbach* und übersteigt dann noch eine Scheide, gegen die Salza bei Mariazell.

Mineral. Bei Annaberg und am schwarzen Berg bei Türnitz jetzt aufgelas-
sene Bergbauten auf Galmei und Bleiglanz im unteren Triaskalke, bei Annaberg
das seltene Silberhornerz und Gelbbleierz enthaltend.

Das Thal der *Traisen* aufwärts ist weit und reizend, wenn
man von *Inner-Forafeld* nach dem Markt *Hohenberg*, 115 H.,
1013 E., wandert, viele Eisenarbeiter; darüber die Burg *Hohenberg* oder *Mauerhof*, deren Trümmer sich bis ins Thal herabziehen. Von hier führt eine Strasse über den Rücken in das *Guttensteiner Thal*, ein Seitenweg rechts ab ins *Schwarzanthal* und
die *Hölle*. Im obersten Theile des Hauptthales kömmt man zuletzt nach *St. Aegid*, Markt, 40 H., 344 E., lauter Eisenarbeiter,
besonders Waffenschmiede. Von hier führt die Strasse über den
Terzbauer in das *Hallthal* bei Mariazell.

Thal der Bielach.

Von *St. Pölten* gehen wir auf einer Seitenstrasse über *Vül-
tendorf* nach *Grafendorf* an der *Bielach*. In *Grafendorf*, Markt,
85 H., 657 E., ein römischer Stein. Einige Stunden weiter hinauf liegt *Rabenstein*, Markt, 24 H., 141 E, eine Burgruine. Ueber
den Markt *Kirchberg*, 306 H., 2074 E., mit einem Schlosse, dem
florentinischen Hause Corsini gehörig, kommen wir an einem
Seitengrunde rechts vorüber, in welchem die wegen ihrer alten
Fresken sehenswürdigen Ruinen von *Weissenburg*. Im einsamen
Waldthale liegt der Markt *Frankenfels*, 19 H., 137 E., einer der
letzten Orte im *Bielachthale*, das hier in den Bergen aufhört,
indem sich im Süden von ihm *Traisen* und *Erlaph* die Hände
reichen, am *Annaberg*.

Thal der Erlaph und ihr Gebiet.

Die *Erlaph* oder *Erlaf* nimmt ihren Anfang nördlich von
Mariazell, wo ihre Quellbäche aus mehreren Seen zusammenlau-
fen, und hat einen 16 Meilen langen Lauf bis zur Donau bei
Pöchlarn. Von *Frankenfels* übersteigen wir den wasserscheidenden Rücken der *Steinleithen* nach *St. Anton* in 3 St. Hämmer- und
Sensenschmieden. Im Grunde hinab erreicht man in 1 St. oberhalb *Scheibbs* die *Erlaph*, in deren Thal man 1¼ St. aufwärts wandert, bis zur Einmündung des *Gamingbaches*.

In diesem Seitengrunde, nur ¼ St. einwärts, liegt das jedem Alterthumsfreunde merk- und sehenswürdige *Gaming* (1246'),
Markt und Schloss, 123 H., 923 E.; vor allem aber die Ruinen
der prächtigen Karthause, welche die Herzoge Leopold und Albrecht 1330 stifteten. Sie hiess *Das Haus des Thrones Unserer
Lieben Frau*. Im J. 1782 wurde sie aufgehoben und leider dem
Verfalle preisgegeben; herrliche gothische Kirche, Prälatur, der
Kreuzgang, das Refectorium, der Thurm; überall noch die Reste
von Fresken, Gold und Marmor; ebenso in den 28 Zellen, welche an Bauern überlassen sind. In der Nähe eine Bergölquelle,
der Felsenpass *Bury* und die Felsenengen der *Erlaph*, die *Er-
laphmauern* genannt, beides auf dem Wege von *St. Anton*. Von
Gaming zieht die Strasse im *Gaminggrunde* hinan und über den
Grubberg nach *Lunz* im Gebiete der Ips, und weiter über *Gössling*, *Lassing* nach *Reifling* an der Ens.

Das Thal der *Erlaph* von der Mündung des *Gamingbaches* aufwärts ist äusserst eng und felsig, rechts von den Wänden des *Oetschers* eingeengt; nur Fusssteige führen durch die Gegend über die zerstreut auf den Höhen liegenden Höfe. Nach etwa 4 St. kömmt links ein Bach vom *Annaberg* herab. Die Strasse, welche von dem jenseitigen Lilienfeld und Türnitz heraufsteigt als Wallfahrtsstrasse der Wiener nach Mariazell, senkt sich vom *Annaberg* an diesem Bache herab, verlässt ihn aber bald, um sich links über die Höhen nach *Mitterbach* zu schlagen. Sie muss auf diesem Wege noch 2 Höhen übersteigen, den *Joachimsberg* (2622') und den *Josephsberg* (3024'), ehe sie das Thal der *Erlaph* bei *Mitterbach* erreicht. In der Tiefe zwischen dem *Joachims-* und *Josephsberg* liegt das Oertchen *Wienerbrücke*, von wo man den Abstecher zum schönen *Lassingfalle* macht, dem grössten Falle Unterösterreichs. Gutgebahnte Wege und Anlagen, von L. Pyrker herrührend, erleichtern die Ansicht von allen Seiten. Eine Tafel zeigt den Weg, und in ½ St. steht man vor dem Falle. Doch führen 2 Wege dahin, ein alter und ein neuer. Bei gutem Wetter wählt man nach Weidmann zum Hinwege den alten, den neuen zum Rückwege. Vom Wirthshause geht man an der *Lassing* hinab und überschreitet auf hoher Brücke den Bach, worauf sich jene Wege scheiden; der neue läuft längs dem Bache fort, der alte erhebt sich rechts zum *Kollerbauer*, von dem man durch den Wald zum *Kaiserthron* gelangt, einem vorspringenden, mit Geländern und Bänken versehenen Platze, von dem man eine herrliche Uebersicht des wilden Felsenthales hat. Auf einem steilen Pfade zum Bache hinab, den man auf einem Stege überschreitet, gelangt man auf einer Holztreppe zum *Unteren Pavillon*, wo man die schönste Ansicht des Wasserfalles hat. Die *Lassing* stürzt in 3 Absätzen, im ersten 145', im zweiten 127' und im dritten 125' hoch herab. Vom *Unteren Pavillon* steigt man zum *Oberen*, wo man eine andere Ansicht hat. Die Wassermasse ist nicht sehr stark, wird jedoch gegen eine Vergütung durch eine Klause geschwellt. Vom *Josephsberg* hat man eine schöne Aussicht nach dem Hochschwab und Oetscher.

Geognost. Im Erlaphthal gehören die niederen Höhen am Ausgang des Thales nach der Donau dem krystallinischen Gebirge an, kleine und grosse Erlaph verbinden sich im niedrigen Tertiärland. Aufwärts folgt in beiden Theilen der Fucoidensandstein der Alpenvorhöhen. Während das Thal der kleinen Erlaph ganz im Vorderzug des Kalkgebirgs liegt, reicht das der grossen Erlaph bis in den Hochgebirgszug. An der kleinen Erlaph liegen die Gruben auf Liaskohle von Gresten, nach welchem man dieser Formation den Namen gegeben hat. Während die Steakohlen von Scheibbs, Gaming und Lunz im Gebiete der grossen Erlaph Keuperkohlen der Schichten von Lunz sind.

Botan. Im Lunzgraben bei Scheibbs das seltene Thalictrum Jacquinianum; auf den Wiesen Ornithogalum pyrenaicum: am Lassingfall Alsine lancifolia, Saxifraga mutata, Seseli glaucum, Galium luteum, Linaria alpina, Rumex scutatus, Primula Clusiana, Carex ferruginea.

Den *Oetscher* (6094') erreicht man von der Eisenbahnstation *Pöchlarn* über *Wieselburg, Purgstall* und *Scheibbs* bis *Gaming* zu Wagen, von da zu Fuss über den *Polzberg*, auf den *Lakenhof* und die *Ochsenhütte*, von da 2 gute Stunden zum Gipfel. — Von *Mitterbach* (einem kleinen Orte mit einem protestantischen Bethause) aus erfordert die Ersteigung des Berges gegen 9 St., 2½ St zum *Hagerbauer*, wo eine einsame verlassene Kirche steht, einst *St. Johann in der Wüste*, eine eigene Pfarre; als aber 1782 das Toleranzedikt Josephs erschien, erklärten sich alle Umwohner für Protestanten, die Kirche wurde nebst Pfarrwohnung verkauft und ihre Heiligthümer nach dem Josephsberg gebracht. Durch eine äusserst einsame Gegend gelangt man bergauf bergab in 3 St. zum *Kollmer* oder *Spillbichler*, der letzten Bauernhütte, am südlichen Fusse des *Oetschers;* hier findet man nothdürftige Unterkunft. In 1 St. ersteigt man dann die *Riffel*, einen Sattel zwischen dem *Kleinen* und *Grossen Oetscher*, wo man schon eine schöne Aussicht gewinnt auch nach Norden. Von hier wendet man sich rechts hinan zur *Ochsenhütte* (⅓ St.), die ein Nachtlager auf Stroh, aber weiter nichts bietet. ⅓ St. von hier beginnt die Krummholzregion; bald hört auch diese auf und kahler Felsen, nur Alpenpflanzen hie und da überwuchert, bildet die ganze Oberfläche, häufig unterbrochen, wie am Untersberg, durch trichterförmige Vertiefungen, angefüllt mit Schnee. Durch diese todtenstillen Wüstenoien aufwärts steigend erreicht man in 2 St von der *Ochsenhütte* den Gipfel des Berges. Da der Berg weit hinaustritt aus dem höheren Gebirge und hoch über seine Umgebungen emporragt, so gewährt sein Gipfel eine weite herrliche Umsicht, deren eine Hälfte sich in das flache Land, die andere

in das in immer duftigeren Massen sich aufbauende Hochgebirge
erstreckt; der Schneeberg, Wechsel, die Schneealpe, die Veitsch,
der Pfaffenstein, Hochschwab, Lugauer, das Hochthor, der Buchstein, Priel, Traunstein, Gjaidstein (Dachstein) und selbst noch
die baierischen Alpen liegen in dem südlichen Horizont. Die
grosse wilde Einsamkeit, welche dieses Berges Abhänge umlagert, seine hervorragende Höhe machten ihn nicht nur berühmt,
sondern auch berüchtigt; denn seine Klüfte und Höhlen werden,
wie der Untersberg bei Salzburg, von Geistern böser und guter Art bewohnt. Es gibt hier ein Tauben-, Geld- und Wetterloch, unterirdische von noch niemandem gesehene Seen u. dergl.

Geognost. Der Oetscher gehört ganz der alpinen Trias an; an seinem Nord-
und Westfuss und Gehänge erscheinen die Werfener Schichten als Unterlage, über
die sich die Triaskalke bis zum Dachsteinkalk aufthürmen. Westlich liegen zwischen den tieferen und höheren Kalksteinen die Steinkohlen am Lunzersee.

Botan. Anemone narcissiflora, alpina, Ranunculus alpestris, hybridus, Arabis pumila, alpina, Cardamine alpina, Draba aizoides, Biscutella laevigata, Hutchinsia petraea, Petrocallis pyrenaica, Viola alpestris, biflora, Gypsophila repens,
Dianthus alpinus, Silene quadrifida, acaulis, Alsine verna, Moehringia polygonoides,
Oxytropis montana, Dryas octopetala, Potentilla aurea, Clusiana, Sedum atratum,
Saxifraga aizoon, aizoides, caesia, stellaris, androsacea, Athamantha cretensis, Meum
athamanticum, Heracleum austriacum, Valeriana elongata, Scabiosa lucida, Gallium
helveticum, Adenostyles alpina, Homogyne alpina, Erigeron alpinus, Gnaphalium
supinum, Achillea Clavennae, Clusiana, Aronicum Clusii, Cineraria alpestris, Sene-
cio abrotanifolius, subalpinus, cordatus, Saussurea discolor, Crepis aurea, hirsuta,
Gentiana pannonica, acaulis, pumila, nivalis, Primula Auricula, Soldanella minima,
Polygonum viviparum, Chrysanthemum atratum, Doronicum austriacum, Hieracium
villosum, Centaurea Kotschyana, Campanula pulla, Veronica aphylla, Pedicularis Jac-
quinti, Portenschlagii, rosea, verna, Tozzia alpina (Riffel), Botonica Alopecurus,
Thesium alpinum, Empetrum nigrum, Salix glabra, Juniperus nana, Pinus Mughus,
Habenaria viridis, Gymnadenia albida, Nigritella angustifolia, Allium Victorialis,
Juncus Hostii, Luzula maxima, Carex atrata, capillaris, firma, ferruginea, Phleum
Michelii, alpinum, Agrostis alpina, rupestris, Avena sempervirens, alpestris, Poa
alpina, vivipara, Festuca Scheuchzeri, Lycopodium selaginoides, Selago, Aspidium
Lonchitis, Cystopteris montana, alpina, Asplenium fissum.

Ein sehr belohnender Rückweg soll nach Weidmann folgender sein, der uns zugleich in das oberste Quellengebiet der *Er-
lapk* führt. Man steigt wieder herab auf die *Riffel;* dann aber,
statt links hinab zum *Spillbichler*, geht man am *Kleinen Oetscher*
vorüber und umgeht das oberste Thal des *Oetscherbaches* auf dem
ganzen Rücken bis zur *Feldwiesalpe* in 4 St.; von da über die
Beitschwaig 1 St., den *Buchriegel* ½ St., die *Brunnsteinalpe* zum

Marmorbruch, aus welchem die Steine zur Kirche in Mariazell
gebrochen wurden, ½ St., von da hinab zum *Seewirth* am *Erlaphsee* 1 St.

Der *Erlaphsee* ist 746 Klaftern lang, 282 Klaftern breit und
bis 100 Klaftern tief; durch ihn zieht die Grenze zwischen Oesterreich und Steiermark. Aus ihm fliesst die *Erlaph* ab, und ihr
folgend kommen wir in ½ St. nach *Mitterbach* zurück; eben so
weit hat man vom See nach Mariazell, wohin die Strasse von
Mitterbach über den *Sebastiansberg* (2502') führt.

Das Thal der Ips (Ibbs) und ihr Gebiet.

Geognost. Der unterste Theil des Thals gehört dem Südende des böhmischen Urgebirgs an, darauf folgt niedriges Tertiärland. Bis Waidhofen begleiten
darauf die Ips beiderseits Alpenvorhöhen aus Fucoïdensandsteinen und -schiefern.
Bei Waidhofen selbst tritt man in das ältere Gebiet, welches mit neocomen
A p l y c h e n s c h i e f e r n beginnt, aus denen sich hier S e r p e n t i n erhebt.
Der J u r a k a l k des Ipsgebiets ist interessant durch das vereinzelte Auftreten
der, in den Nordalpen so seltenen, Terebratula diphya, die durch Ehrlich am Huk
bei Neustift und durch Madelung an der Steinmühle zwischen Ipsitz und Waidhofen entdeckt wurde. Die Kohlenbergbaue im Westen von Waidhofen, beim
Hinterholz und bei dem durch Versteinerungsreichthum wichtigen *Grossau*, wo
Fleckenmergel und Hierlatzschichten die Kohlenformation bedecken, gehören dem
Lias und zwar den G r e s t e n e r s c h i c h t e n an; während die Kohlen von *Ib-
sitz* und *Opponitz*, wo sie von den R a i b l e r s c h i c h t e n bedeckt sind, und
der südliche Zug mit den Kohlen an der *Voralpe*, um *Königsberg* bei *Hollenstein* und von Lunz den älteren, sogen. L u n z e r s c h i c h t e n angehören.

Die Eisenbahn erreicht das Thal bei *Neumarkt* und fährt
darin bis zur Stat. *Amstetten*, Markt, 108 H., 920 E. Hier mündet der *Uhrlbach* von der linken, westlichen Seite, und die Strasse
zieht südlich über *Waidhofen* ins Ensthal, und von dieser zweigt
sich rechts am *Uhrlbach* noch eine Seitenstrasse ab, welche nach
Seitenstetten am *Trefflingbach* bringt, Dorf, 80 H., 588 E., Abtei, gestiftet 1112, ein grosses Viereck mit schöner Säulenhalle
am Eingange, einem Springbrunnen, einer Bibliothek von 10,000
Bänden, schöner Kirche und Stiftskapelle mit neuen Glasmalereien, Gemäldegallerie und einem Naturalienkabinet. *Peter in
der Au*, ebenfalls ein Markt und Schloss, ist der nächste Ort
an der Strasse, welche dann nach *Steier* an der Ens bringt.

Im Hauptthale selbst hinangehend zeigen sich fast auf allen Höhen rechts und links Kirchen; unter ihnen leuchtet vor

allen die jährlich von 60,000 Pilgern besuchte Wallfahrtskirche
auf dem *Sonntagsberg* im Osten hervor; sie besitzt eine Bibliothek; schöne Aussicht von der Terrasse. Der nächste Ort an
der *Ips* ist *Waidhofen*, Stadt, 427 H., 3352 E.; nur durch die
Brücke getrennt Markt *Oberzell*, 93 H., 641 E., Hauptsitz der
unter- und oberösterreichischen Eisenarbeiten, daher die ganze
Gegend die *Eisenwurze* genannt wird; in der Nähe Wetz-, Schleif-
und Serpentinsteinbruch; denn es taucht hier mitten aus dem
Kalkgebirge und zwar auf dem Aptychenschiefer ein Serpentin-
eiland auf. Auf der *Schwarzen Wiese* wurde ein türkisches Corps
aufgerieben; in der Nähe der *Prüllingfall*. Im Westen von *Waidhofen* wird bei *Hinterholz* und *Grossau* Steinkohlenbergbau in
den Grestener Schichten betrieben. An beiden Orten viel Petrefakten von Pflanzen und Conchylien. In einem Seitengrunde
geht von hier eine Seitenstrasse durch die Klause über einen
Bergpass nach *Gaflenz* im Ensgebiete. Das Hauptthal biegt sich
jetzt östlich, um die *Kleine Ips* von *Ipsitz* her aufzunehmen,
an welcher auch die Strasse fortzieht, um das enge und einsame Hauptthal zu vermeiden. Bei *Hollenstein*, 102 H., 1314 E.,
treffen wir erst wieder auf die Strasse, welche über *Ipsitz* und
über ein niedriges Joch nach *St. Georgen* an der Ips und von
da herab nach *Hollenstein* zieht, hier wieder bei *Pichl* die Wasserscheide überspringt, um über *Weyer* zur Ens zu gehen. Diese
Strasse führt auch von *St. Georgen* an aufwärts nach *Gössling*,
wo sie auf die grössere von *Gaming* über Lunz kommende und
nach Reifling zur Ens führende Strasse stösst. In allen genannten Orten sind Eisenhämmer. In der *Hundsau* Ranunculus anemonoides, am *Grubberg* Potentilla micrantha. Von *Gössling* an
macht das Thal einen weit nach Norden gehenden Bogen. Nachdem sich das Thal etwas erweitert hat, verengt es sich wieder;
die *Ips*, hier *Urtz* oder *Oiss* genannt, fängt wieder an zu schäu-
men. Am Ausgange dieses Engpasses liegt das erste Haus von
Lunz, eine Mühle; dahinter der alte Kirchthurm von *Lunz* (1998').
Lunz mit seinen 4 über einander liegenden Seen, umragt von
hohen rauhen Kalkwänden, bildet eine Gebirgswelt für sich, wie
Berchtesgaden, wenn auch nur im Kleinen. Es ist ein Markt,
89 H., 868 E.; grosse Hammerwerke. 1 St. von *Lunz* liegt der

Lunzer See, ½ St. lang, ⅓ St. breit, Quelle des *Lunzer Bachs*.
An seinem oberen Ende liegt einsam der *Seehof*. Kohlengruben.

Von hier führt ein Steig aufwärts zum *Mittersee*, in 1¼ St.,
mit einigen Hütten. Am *Schüttel*, einem Wasserfall, und dem
Brüllenden Stier, einem unterirdischen brausenden Wasser, vorüber, gelangt man zum frischen *Prinz Rainers-Brunnen* und dem
dritten See, der *Rothen Lake*, und von diesem zum *Obersee* (3246')
in 1½ St. Dieser See hat eine sehr malerische Lage, von Wald-
und Felsenbergen umgeben. Im Süden umschliesst ihn der *Dürrenstein* (5922'), ein Nachbild des Steinernen Meeres oder Dachsteins. Um ihn zu ersteigen, wendet man sich links und ersteigt von den Hütten des *Obersees* in 2 St. die *Herrenalpe*, einst
der Karthause zu Gaming gehörig; 300 Ochsen weiden hier. Von
hier ersteigt man den *Dürrenstein*: sehr schöne Aussicht. Anstatt zurück zu gehen, steigen wir von der *Herrenalpe* am *Darg-
lisbach* und seinen schönen Stürzen in 2 St. hinab zum *Alpbach*,
dem obersten Zweig der Ips, den wir bei dem Bauerngute *Wegscheider* erreichen.

Botan. Die reiche Flora des Dürrensteins gleicht der des Oetschers, ausserdem: Draba stellata, Aronicum scorpioides, Homogyne discolor, Campanula alpina,
Chamaeorchis alpina, Cardamine alpina, Petrocallis pyrenaica, Helianthemum oelandicum, Hedysarum obscurum, Potentilla minima, Chaerophyllum Villarsii, Rhodiola rosea, Narcissus poëticus, Cochlearia grönlandica, Swertia perennis, Aspidium
rigidum.

Thalaufwärts in wildromantischer Gegend liegt noch das
kleine Dorf *Neuhaus* mit einem grossen Wirthshause, indem es
an dem Wallfahrtswege der Pilger von Mariazell nach dem Sonn-
tagsberge liegt; zugleich ist es ein Hauptsammelplatz der hier
in den Wäldern hausenden Holzknechte. In ihm befindet sich
eine Kapelle mit einem schönen Altarblatte. Die Tiefe, in welcher der *Alpbach*, der Quellbach der Ips, braust, heisst die
Klamm. Im nahen Walde heisst eine Gegend die *Franzosengrä-
ber;* 1805 bekämpften hier die Holzknechte die Franzosen und
viele der ungebetenen Gäste fanden ihr Grab. Die Thalstrecke
von hier über den Wegscheider hinab bis *Langau* heisst der
Holzhüttenboden. Von *Neuhaus* bis *Mariazell* über den *Zeller-
rain*, der Grenze zwischen Oesterreich und Steiermark, sind es 3 St.,
eben so weit nach *Langau* hinab, wo man ein gutes Wirthshaus

findet. ½ St. weiter hinab theilt sich der Weg dreifach; links
über den *Durchlass* in 2¼ St. nach *Lunz*; gerade aus am Bache
hinab und dann rechts ab über den *Grubberg* nach *Gaming*, 3 St.;
endlich rechts in einem Seitengrunde hinan zum *Lakenhof*, von
wo man den *Oetscher* in 4 St. ersteigen kann; denn von *Neuhaus* herab über *Langau* haben wir immer rechts den *Oetscher*
gehabt, dessen Fuss die rechte Thalwand des *Holzhüttenbodens*
bildet.

Das Ensthal (Fortsetzung).

Von *Reifling* (s. S. 413) abwärts wechseln fortwährend die
Reize der Gebirgsnatur. Besonders eigensinnig windet sich der
Strom beim *Laufer* in seinem tiefen Bette; die Strasse hält sich
immer am rechten Ufer der Ens bis *Altenmarkt*. Poststation und
Markt, 39 H., 204 E., Eisengewerbe, 1388', in einer ziemlichen
Weitung des Thales. Der *Adler* ein guter Gasthof.

Gegenüber mündet die *Buchau*, ein an Eisenwerken reiches
Thal; die Eisengruben des Stiftes Admont liefern 3000 Ctr. Der
Hauptort ist der Markt *St. Gallen*, k. k. Bezirksamt, 43 H., 304 E.,
ein Stahlhammer und eine Sensenschmiede. Durch dieses Thal
führt von hier die Strasse nach *Admont*; bei *Weng* übersteigt
sie die Höhe vor *Admont*. Bei *St. Gallen* vereinigen sich die
Strassenzüge von Steier, Mariazell und Eisenerz zum westlichen
Weiterzug nach Admont und in das obere Ensthal. Auch führt
an dem ebenfalls gegenüber mündenden *Laussabach* eine Seitenstrasse, reich an malerischen Scenen, über das Wirthshaus *Eckel
in Reuth* (3004'), welches ziemlich auf dem Bergrücken liegt,
jenseits hinab nach *Windischgarsten* in 6 — 7 St.

Mineralien. Im Guttensteiner Kalk über dem Gyps schöne blaue Flussspath-
würfel im *Schindelgraben* bei St. Gallen und im Trümmerhammergraben der
vorderen Laussa.

Von *Altenmarkt* ½ St. abwärts kömmt rechts die *Frenz* herein, zugleich Grenze zwischen Steiermark und Oesterreich, wie
jenseits der *Laussabach*. Die Striche an einem Hause in der *Frenz*
bezeichnen die Höhe, welche die Ens bisweilen erreicht hat.

Die nächste Strecke des nun österreichischen Ensthales, eine
der schönsten Gegenden des Erzherzogthums, heisst *Nach der
Ens*; nur Bauernhöfe liegen in ihm hinab zerstreut 6 St. lang

bis *Weyer*, Markt, 151 H., 1219 E., der Sitz des Oberinspekto-
rats aller Hammerwerke der k. k. Innernbergischen Hauptgewerk-
schaft; wichtige Eisenwerke, Blechhämmer, Stahlhämmer, Wa-
genfederfabrik u. s. w.; schöne alte Pfarrkirche von 1443. Rechts
zieht ein Seitenthal hinein, durch welches eine Strasse über *Lindau*, in dessen Nähe Höhlen, und *Gaflenz*, mit Eisenwerken und
einer sehr alten Kirche, hinüber nach *Waidhofen* geht. Rechts
auf der Höhe über *Lindau* liegt die alte *St. Sebastianskirche*, der
Sage nach einst der Aufenthaltsort des heiligen Sebald, welcher
früher König von Dänemark gewesen sein soll (s. oben). Das
Ensthal wendet sich von *Weyer* an fast westlich, welche Richtung es bis *Ternberg*, 8 St. lang, beibehält. Die nächsten Orte
sind *Gross-Raming*, 4 Katastralgem. mit 321 H., 2358 E., Eisengewerbe, *Reich-Raming*, 269 H., 1618 E., an der Mündung des
gleichnamigen Baches von der Linken, mit 10 Eisenhämmern,
welche den Scharsachstahl liefern, einer grossen Messingfabrik
und 40 Köhlereien. Beide Orte sind als Standquartiere zu geognostischen Ausflügen zu empfehlen. Die Liaskohlenformation
reicht von hier bis *Waidhofen*. Die gefälligen Hüttenbeamten
geben beste Auskunft. Besonders zu empfehlen ist wegen seiner reichen Aufschlüsse vom Neocom bis zur Unterlage der Lias-
kohlen der bei Gross-Raming mündende Pechgraben.

Losenstein, Dorf, 112 H., 984 E., darunter 100 Nagelschmie-
demeister; Poststation zwischen Weyer und Steier; sehr alte Kirche und rechts oben die Burgruine *Losenstein*. Dazu gehört Dorf
Stiedelsbach, 155 H., 1249 E. 1 St. vor *Losenstein* kömmt man
durch *Arzberg*, dessen grösster Theil rechts auf der Höhe zerstreut umher liegt, mit einem guten Gasthause, in dessen Nähe
die grösste Eiche Oesterreichs steht. Das Lusthaus bei dem
Gasthause hat den Umfang der Eiche. Man hat hier eine reizende Ansicht des Ensthales. Wer eine noch umfassendere Ansicht, bis zur Donau hinaus, zu haben wünscht, steigt von hier
am Jägerhause vorbei zu dem 3737' hohen *Schieferstein* oder
Steinernen Jäger empor, dessen Felsengipfel den Berg schon aus
grosser Ferne kenntlich macht. 2 St. weiter hinab wendet sich
die Ens wieder nördlich nach *Ternberg*, in sehr romantischer
Gegend. Das Thal wird nun freier, die Höhen niedriger, Obst-

haine umschatten die Häusergruppen; so erreichen wir *Steier* an
dem Austritte der Ens aus dem Gebirge in das flachere Land
und der Einmündung der *Steier* in die Ens. Die Stadt liegt auf
der Halbinsel, welche beide Flüsse an ihrer Vereinigung bilden,
landesfürstliche Stadt zu Oberösterreich gehörig, denn sie liegt
auf dem linken Ensufer, mit 9 Vorstädten, 855 H., 10,752 E.
Sitz eines k. k. Bezirksamts, eines Oberberggerichts, einer Haupt-
gewerkschafts-Oberfaktorei; Eisengewerbe; in der nächsten Umgegend viele Sensen- und Rohrhämmer, Papier-, Schleif- und
Bohrmühlen. Geburtsort Blumauers. Grosser Platz, mit 2 Springbrunnen und schönen Gebäuden umgeben. Die Häuser haben, wie
im Salzburgischen, flache Dächer. Alte Pfarrkirche von H. Pux-
baum, 1443, der grosse Quaderthurm mit seiner schönen Aussicht,
metallenes Taufbecken von 1569 mit Reliefs; 5 gemalte Glasfenster, Orgel von Chrismann; die Michaeliskirche; die 2 Rathhäu-
ser mit Alterthümern; auf hohem Felsen das *Lambergische Schloss*
an der Stelle der alten *Steierischen Burg;* schöner Kirchhof. Weiter Ueberblick der Gegend vom *Tabor* in *Steierdorf,* wie der
im Norden der *Steier* liegende Stadttheil heisst.

Zu den interessantesten Umgebungen gehören: *Garsten,*
130 H., 1761 E., ¼ St. am linken Ensufer aufwärts mit dem
gleichnamigen aufgehobenen Benediktinerstift, gegründet von
Ottokar III., Markgrafen von Steier. Herrliche Kirche mit Fresken von Reslstein, Hochaltarblatt von Sandrart, Madonna von
Turrianus, Grabmäler Ottokars IV. und des heiligen Berthold;
in der Sakristei Schnitzwerke von Sattler; das Refectorium mit
guten Fresken; Grabkapelle der Losensteiner. Gegenüber *Christ-
kindl*, 64 H., 429 E., eine Kirche auf einer Höhe, mit einem
auf einem Felsenblocke ruhenden Wirthshause, wohin eine Brücke führt. Schöne Aussicht. Der *Damberg,* südlich am rechten
Ufer der Ens aufwärts, 1 St. von *Dambach;* sehr weite Aussicht,
nördlich das ganze flache Land zur Donau hinab, in welchem
man die Orte Linz, Wels, Ens, Efferding, Kremsmünster u. s.
erkennt, im Süden die steierischen Alpen. Gasthof zur *Krone.*
— Nur 1½ Posten abwärts liegt im breiten Thale das in mehrfacher Hinsicht merkwürdige *Ens,* Bahnstation, unweit der Einmündung der Ens in die Donau; eine uralte Stadt, 398 H.,

3724 E.   Hier bestand das römische Castrum Laureacum (Lorch),
der Standpunkt der II. Legion und einer Donauflotte, Schild-
fabrik und Niederlage Norischen Eisens.   Nach dem Umsturze
dieser Kolonie durch die Völkerwanderung soll das Bisthum
Lorch daraus entstanden sein; 900 bauten die Baiern die Feste
Ensburg gegen die Hunnen und Avaren.   Hieraus entstand das
gegenwärtige *Ens.*   Zur Zeit der Christenverfolgung unter Ga-
lerius, 304, wurde der römische Tribun Florian, weil er sich
als Christ weigerte den Göttern zu opfern, in die Ens gestürzt
und deshalb nachmals hier heilig gesprochen.   Im J. 1186 übergab hier der letzte traungauische kinderlose Herzog von Steiermark, Ottokar, Steiermark dem Herzog Leopold VI. von Babenberg.   Die Ringmauern der Stadt sind angeblich vom Lösegeld
des Richard Löwenherz erbaut; reichste Pfarrei in Oberösterreich; auf dem Platze ein isolirter grosser Quaderthurm von
Max I.; die Pfarrkirche enthält Alterthümer, Glasmalereien, Orgel von Chrismanni; das Rathhaus; römische Alterthümer.   Von
dem Schlosse schöne Aussicht, ebenso vom *Georgenberg.*   ¼ M.
von *Ens* liegt das alte *Lorch,* jetzt nur ein Dörfchen; nach Einigen der Stand des alten Laureacum; die Kirche, von Max I,
mit vielen Alterthümern, Schnitzwerken, Römersteinen, alte Kapelle, im Kirchhofe schöne altdeutsche Lichtsäule.   Westlich von
Ens auf einer Anhöhe *Tillysburg,* ein Geschenk Ferdinands II.
an den bekannten Tilly, dessen Neffe die Burg aber umbaute.

Geognost.   Das untere Ensthal öffnet sich, von wegen geschichtetem Diluvium ausgefüllt, auf dessen oberer Terrasse die Strasse führt, weit zwischen nie-
derem tertiären Hügellande.   Unmittelbar hinter Steier durchschneidet es die Zone
der, aus Fucoïdensandsteinen und -mergeln zusammengesetzten, Vorhöhen, die bis
Ternberg reicht, von wo das Alpenkalkgebirge beginnt.   Ein reicher Wechsel der
Sedimente der Kalkalpen von der Raurhwacke und dem Dachsteinkalk bis zu den
Neocomiuergeln mit einzelnen kleinen Fetzen von Gosaukreide (Losenstein, Stru-
delsbachgraben u. a.) folgt bis Altenmarkt, von wo südwärts nur noch die Trias
in ihrer reichen Gliederung bis zu den gypsführenden Werfenerschichten hinab
das Hochgebirge zusammensetzt; die Schichtenfolge wiederholt sich mehrfach.   Am
meisten von Interesse durch die Mannigfaltigkeit der, durch mächtige Zusammenfaltung rasch wechselnden, Gebirgsglieder ist die Gegend zwischen Losenstein und
Weyer, und hier vor allen der Klausenbach bei Reich-Raming und der *Peckgra-*
ben bei Gross-Raming, in letzterem sind die Grestenerschichten, Hierlatz, Fleckenmergel, rothe jurassische Kalke mit Ammoniten und Aptychenschiefer, aus welch
ersteren auch der Schleferstein besteht, und neocome Aptychenschiefer aufgeschlos-

nen. Bergbau schliesst die Grestenerkohle auf, auch lassen sich von hier aus leicht das Neustift und die Kohlengruben von *Grossau*, *Hinterholz* und *Lindau* erreichen.

Das Gebiet der Steier.

Geognost. Der geognostische Bau ist dem des benachbarten Ensthales entsprechend. Bei *Molln* reichen von Raming herüber die Grestenerschichten; dort gibt der *Bodinggraben* Aufschluss über die Gebirgsglieder von den Grestenerschichten bis zu den versteinerungsreichen Neocomkalkmergeln und Neocomsandstein. Am 5631' hohen *Sengsengebirge* und Hohen *Priel* treffen wir aber wieder ein mächtiges Massiv von Dachsteinkalk. Geognostisch wichtig ist das Becken von *Windischgarsten*, in dessen Tiefe in grosser Ausdehnung die Werfenerschichten auftreten. Ausser den Triaskalken findet man am Prielerberg dicht beim Flecken die Vilserschichten mit ihrem Terebratelnreichthum (T. antiplecta, pala mit vielen Rhynchonellen) und in zahlreichen Fetzen Reste einer alten Beckenausfüllung durch Gosauschichten.

Bei *Sirninghofen* wendet sich die *Steier* südlich dem Gebirge zu. Die Bergfirsten ersten Ranges erheben sich nahe 8000', also um ein Stockwerk von 1000' über die Hochgipfel im Osten der Ens. Einen erhebenden Anblick gewähren von *Sirninghofen* aus die Hochalpen, welche das Steiergebiet umkränzen: der *Pyrgas*, die *Hochalpe* und die beiden *Priele*. Sie tauchen, je mehr man sich ihnen nähert, hinter den Vorbergen unter; das Thal verengt sich bei *Steinbach*, wegen seiner vielen Messerschmiede auch *Messerer-Steinbach* genannt, 173 H., 865 E.; alte Kirche. Bald darauf öffnet sich das Thal wieder zu einem freundlichen Thalkessel, in welchem diesseits der Steier *Leonstein*, 5 St. von Steier, jenseits *Moln* oder *Mölln* liegt, ein Dorf von 183 H., 1511 E.; hier werden die meisten Maultrommeln verfertigt; viele Sensenschmieden. Von Süden herein tritt hier die Gruppe des *Hochsengsengebirgs* mit der *Hohen Nock* (6228') und theilt das Gebiet, indem es östlich den Zweig des *Krummen Steierling* abtrennt. Wir folgen rechts der Steier. Bei der Kirche von *Frauenstein* öffnet sich rechts nochmals eine Seitenthür hinaus nach Norden in das flache Land, wo, nur durch eine flache Einsattelung geschieden, die *Krems* ihren Anfang nimmt. Hier herein kömmt ein Strassenzug von *Wels* (s. unten), welcher bis *Dürrenbach* der Steier folgt, dann im Seitenthale der *Teichel* nach *Windischgarsten* und zuletzt über den Pass am *Pyrhn* nach *Admont* u. s. w. führt. Nach dieser etwas lichteren Gegend verdüstert sich das Thal wieder bei *Klaus*, einem 2 St. durch die Enge sich zie-

henden Dorfe, von 2 Schlössern, einem alten und neuen, beherrscht, 3 St. von Leonstein. Hier tritt abermals ein Berg, der
Damberg, von Süden herein, um das Thal in seine 2 Hauptäste
zu spalten. Das Hauptthal der Steier dringt gerade nach Süden
in den rauhen Gebirgsstock des *Todten Gebirges* hinein, während das Thal der *Teichel* sich in eine weniger geschlossene Gebirgswelt erhebt, daher auch durch dieses Seitenthal die Hauptstrasse fortsetzt, da das Hauptthal keinen Ausweg verstattet.

Im Nebenthal der *Teichel* winkt schon aus der Ferne die
Kirche von *St. Pankraz*, um welche sich die Häusergruppe *Dürrenbach* schaart. Bald öffnet sich das Thal zu einem schönen
Boden, in welchem der Markt *Windischgarsten* liegt, mit 139 H.,
1103 E. Kräuterkäse; Schneckenmästung. In der Nähe das
Buchriegler-, Trojer- und *Egelhofbad*. Von *Windischgarsten* führen 2 Wege in das jenseitige Ensthal: 1) Die Strasse über den
Pürhn nach *Admont*. In 2 St. kömmt man nach dem jetzt aufgehobenen Kollegiatstifte *Spital am Pürhn*. Der Ort: 132 H.,
1047 E. Einst soll hier das Errolatea oder Tutatium der Römer gestanden haben; im Mittelalter führte hier eine Strasse über
den *Pürhn*, auf welcher besonders die Pilger nach Jerusalem,
dann die Kreuzfahrer nach Süden zogen. Daher stiftete hier Otto
von Andechs 1130 ein Pilgerhaus, welches 1418 in ein weltli-
ches Kollegiatstift verwandelt und 1807 aufgehoben wurde. Zu
bedauern ist der Verfall der im edlen Stile erbauten Kirche, mit
Altarblättern von Altomonte und Schmidt. 1 St. höher hinan
liegt die ebenfalls schöne Kirche *St. Leonhard*. Gegen die Höhe
des Passes verengt sich die Gegend und wird ernster. In 3 St.
von *Spital* aus hat man den Pass bei einem alten Wachthurme,
in welchem jetzt ein Weganfseher wohnt, erreicht. In der Nähe
ist der schöne, gegen 1200' hoch herabstürzende, *Pyrgas-* oder
Schreibachfall. Links der Strasse, den Pass beherrschend, steht
der 7086' hohe *Pyrgas*. Auf der Jochhöhe, oder noch etwas
weiter hinab, öffnet sich eine herrliche Aussicht auf die steierische Tauernkette und in das schöne Ensthal. Bei *Lietzen*, 4 St.
von Spital, trifft diese Strasse auf den Ensthaler Strassenzug.
2) Von *Windischgarsten* östlich nach *Altenmarkt* im unteren Ensthal. Der Steig führt über *Tambach* die *Rosenleite* ziemlich steil

hinan; schöner Rückblick nach dem Priel und seinen Umgebungen; die *Rosenau*, eine höher liegende Alpengegend, von wo
man das Wirthshaus zum *Eckel im Reuth* erreicht und dann jenseits im *Laussathal* hinabsteigt zur Ens.

Von *Windischgarsten* kehren wir über *Dürrenbach* zurück ins
Hauptthal, um in ihm aufwärts nach Süden zu ins höhere Gebirge einzudringen. Der Eingang von hier aus ist eng und wild,
die sogen. *Dambergau*, vom *Damberg* und *Kleinen Priel* eingeengt. Dort wo diese Berge ihre Strebepfeiler trotzig einander
gegenüber in die Schlucht herabstrecken, nöthigen sie die Steier
zu einem prächtigen Wasserfalle, dem *Strumboding*. Die beträchtliche Wassermasse des Flusses, auf 36' zusammengepresst,
wird in der Mitte durch einen pyramidalen Fels in 2 Arme getheilt; so wirft sich der Fluss 84' tief in einen furchtbaren Felsenkessel. Man muss von der Strasse aus hinabsteigen, um dieses erhabene Schauspiel zu geniessen. Bald darauf treten die
Berge zurück und man steht vor einer reizenden Thalebene, ummauert von hohen Gebirgsmassen; die blaugrüne, klare Steier
durchhallt die lieblichen Fluren, durch welche hin die Bauernhöfe zerstreut liegen; fast in der Mitte des Ganzen die freundliche Kirche von *Hinterstoder*. Ein fleissiges Völkchen bewohnt
diesen abgeschiedenen Thalkessel; alle Bauernhäuser sind massiv und scheinen sehr alt zu sein; überall schöner fleissiger Anbau des Bodens, trotz häufiger verheerender Unfälle.

Der belohnendste, wenn auch mühevollste, Ausflug von hier
ist der auf den *Grossen Priel* (7944'), der übrigens nicht, wie
man früher geglaubt und ihn wohl deswegen auch den *Gröss-
tenberg* genannt hat, der höchste Berg in Oesterreich ist. Er
ist nur der höchste Gipfel des *Todten Gebirgs*, eines rauhen Kalk-
felsengartes; auf seiner breiten Hochfläche ganz ähnlich geb.l-
det dem schon von uns durchwanderten Steinernen Meere, nur
von geringerer Höhe. Dieses umgürtet südlich das obere Steier-
thal, Hinterstoder, nördlich die Gegenden von Aussee und Grundelsee (s. unten). Auch hier scheinen die ehemaligen Seekessel,
wie wir schon in anderen Gegenden bemerkten, mit dem her-
abgeschwemmten Schutte und Kiesgerölle ausgefüllt zu sein bis
an ihren Rand, daher dann plötzlich nach starkem Regenwetter,

wenn sich diese mit Schutt ausgefüllten Becken mit Wasser gesättigt haben, allenthalben aus dem Boden Quellen hervorbrechen, so besonders im *Polsterthale*. — Um den* *Priel* zu ersteigen, geht man an der Steier noch $\frac{1}{4}$ St. von *Hinterstoder* hinan,
wendet sich dann rechts über den Bach und steigt zum *Polster-*
thale hinan, aus welchem die *Krumme Steier* herabkömmt, welche jedoch oft, wie so manche Bäche in den Kalkalpen, trocken
zu liegen scheint, indem ihr Wasser den das Bett ausfüllenden
Kies unsichtbar durchfliesst und nur an manchen Stellen zu Tage
kömmt; bei Regenwetter kann aber das Geröll die Wassermasse
nicht mehr bergen; sie fluet daher sichtbar im Bette hin. Das
Polsterthal bildet ein grosses Felsenamphitheater, in dessen Mitte
der *Polsterbauer* liegt; der *Osterwitz*, die *Spitzmauer* (7670') und
die Voralpen des *Priel* ummauern das Thal, schöne Wasserfälle
rauschen herab über jene Wände auf die darunter liegenden Matten. Links öffnet sich ein zweiter Thalkessel, die *Polsterluke;*
dort bemerkt man 100 Klaftern hoch aus einer Felsenhöhle einer
der Wände des *Brotfalles* einen mächtigen Wasserfall, den *Klin-*
serfall; über 80 Klaftern stürzt er in weitem Bogen herab, und
zertheilt sich zwischen dem Gebüsche in viele kleine Fälle. Doch
sieht man diesen Wasserfall oft eben so schnell versiegen, wie
eine Staublawine, die man für einen Wasserfall hielt; denn bei
trockenem Wetter fliesst er nicht.

Aus der *Polsterluke* steigt man steiler hinan zur *Klinseralpe*
über den *Kleinen* und *Grossen Ofen* in 3 St.; hier findet man
eine gute Unterkunft, daher diese Alpe zum Nachtquartier dient.
Nun geht es steil durchs Krummholz zum *Kühplan* hinauf; links
hält man sich an den Wänden des *Brotfalles*. Im Hintergrunde
des Amphitheaters zieht ein Schneefeld vom Gipfel herab und
man hat die Wahl von 2 Wegen: entweder gerade über das
Schneefeld hinan und über die Felsen kletternd zum Gipfel in
2 St., nur einem Bergsteiger anzurathen, oder links um den
Brotfall herum durch die *Klinserscharte* auf den Gipfel in 4 St.
Für sehr schwindelnde Personen ist der Kamm, der zum Gipfel
führt, die schwierigste Stelle, weil er ziemlich schmal ist. Doch
sehr belohnend ist die Aussicht: im Südwesten ganz nahe die
riesige Masse des Dachsteins mit ihren Eisgefilden; links neben

ihm der Obelisk des Glockners und die Gasteiner Eisgebirge mit dem Ankogl; im Westen die Berchtesgadener Kalkwelt; im Norden die blauen Böhmer Gebirge und die Ebenen Oesterreichs; östlich der Oetscher, der Hermannskogl. Doch nicht nur die Ferne, sondern auch die Nähe ist höchst interessant, besonders durch die wildzerrissenen Formen des Kalkgebirges, dessen Oberhaupt der *Priel* ist.

Die Quelle der *Steier* liegt hoch oben auf der Hochebene des *Todten Gebirgs*, schon in Steiermark. Dort liegen in 2 Felsenkesseln der *Steier-* und der *Schwarzensee*, deren unterirdische Abflüsse die Quellen der *Steier* bilden sollen. Der Weg zu ihnen ist sehr beschwerlich und zum Theil nicht ganz ohne Gefahr; seine Fortsetzung bringt jenseits in das Ausseer Becken hinab nach *Tauplitz*.

Von *Hinterstoder* führt eine Art Fahrweg nach *Windischgarsten*, welcher über den Sattel, das *Hocheck*, führt, der den *Damberg* mit dem südlichen höheren Gebirge verbindet. Man folgt von *Hinterstoder* einem Bache östlich hinan und kömmt so nach *Vorderstoder* und dann zum *Hocheck* hinan, wo der schönste und grossartigste Rückblick auf das Felsenamphitheater von Hinterstoder überrascht. In 4 St. erreicht man von *Hinterstoder* Windischgarsten.

Höhlenfreunde finden auch hier in der *Kreideluken* eine der grössten und interessantesten Höhlen Oesterreichs. Ihr Eingang ist 18' breit und ihre Höhe 252'. — Von *Vorderstoder* aus kann man das südlich 7822' hohe *Wascheneck* ersteigen.

Das Thal der Krems.

Wir kehren nach diesem Ausfluge nach *Klaus* zurück, von wo wir links über die niedrige Gebirgslücke der Strasse in das Thal der *Krems* folgen. Es liegt nur in seinem obersten Theile im Gebirge und tritt sehr bald aus demselben. Es gehört zwar dem Flussgebiete der Traun an, allein da es fast ganz in das flache Land fällt, so berühren wir es nur im Vorübergehen zu jenem folgenden Gebiete.

Die Strasse bringt uns aus dem *Steierthale* zunächst über *Micheldorf*, dem obersten Orte im *Kremsthals*, mit vielen Sensenhämmern, nach *Kirchdorf*, 277 H., 1588 E., mit dem auf ho-

hem Felsen ruhenden, theils noch bewohnten Schlosse *Pernstein*,
gegenüber die Burgruine *Schellenstein*. Bei *Schlierbach*, *Mitter-*
und *Unterschlierbach*, 236 H., 1427 E., liegt die Cistercienserabtei *Maria Saal in der Sonne*, 1355 von Eberhard von Wall-
see gestiftet, ein regelmässiger Bau mit grosser Kirche und einer
Bibliothek. 3 St. weiter abwärts liegt die berühmte Benediktinerabtei *Kremsmünster* (937'), der Markt 105 H., 747 E., der
Burgfried 926 E., gestiftet vom Herzog *Thassilo* von Baiern 777,
der Sage nach zum Andenken an seinen Sohn, der hier auf der
Jagd von einem Eber getödtet wurde. Das Stiftsgebäude liegt
auf einer flachen Höhe über dem Markte. Es nimmt einen bedeutenden Raum ein und gleicht einer kleinen Stadt. Durch ein
grosses Thor gelangt man in den Vorhof, wo sich die Meiereien
befinden, mit 5 grossen marmornen Fischbehältern; um denselben führen Säulengänge mit Bildsäulen. (Lecourbe liess sie 1809
für die Pariser Akademie zeichnen.) Im prächtigen Einfahrts-
portale stehen die Bildsäulen Thassilo's, Karls des Grossen und
Heinrichs II. Die Kirche hat ebenfalls ein prachtvolles Portal,
ist 206' lang, 57' hoch und 67' breit; 12 Altäre. Hochaltarblatt von Wolf, die anderen von Snyders, Remp, Turriani, Karl
Loth, de Neve und Reslfeld; die Fresken von den Brüdern Gra-
benberger. Die Schatzkammer, Sommerabtei; das Refectorium
mit Fresken von Steuerl und den Habsburger Bildern von Altomonte. Die Kaiserzimmer. Der Bibliotheksaal, 204' lang, 18'
hoch, 50,000 Bände, 400 Manuscripte und 700 Incunabeln. Münz-
sammlung. Kupferstichsammlung. Herbarium. Die Sternwarte,
von Fixlmillner 1785 erbaut, 180' hoch mit 8 Stockwerken; diese
enthalten: römische und türkische Grabsteine, zoologisches Kabinet, Gemäldesammlung (584 Stück), zum Theil Meisterwerke,
physikalisches Kabinet, Studirstube, Bibliothek und Wohnzimmer des Astronomen, Mineralien- und Kunstkabinet, Waffensammlung. Im achten Stockwerke die eigentliche Sternwarte.
Auf den Treppenabsätzen stehen die Bildsäulen des Ptolemäus,
Tycho Brahe's und Kepplers. Unter dem Gebäude der astrono-
mische Brunnen, in welchem man die Sterne bei Tage sehen
kann. Hinter dem Stifte ist der grosse Garten mit einer Mittagslinie. Das Stift unterhält ein Gymnasium, Convict, Zeich-

nenschule, Musikschule, nordisches Stift für Dänen und Schweden, eine Hauptschule, 2 Spitäler. Im Markte gute Unterkunft
beim Lebzelter.

In einem Seltenthale der Markt *Hall*, 126 H., 951 E., neuerer Zeit bekannt geworden durch seine der Adelheitsquelle in
Baiern ähnliche Jodquelle und ziemlich stark besucht. Weiter
hinan in demselben Grunde *Adelwang*, Wallfahrtskirche mit Ma-
rienbildsäule aus Steinguss von Thiemo 1099.

In der Nähe liegt auch das Stift *St. Florian*, 116 H., 1290 E.,
zwischen Ens und Linz. Es ist das älteste Stift Oesterreichs,
begründet durch den heil. Severin 455. Hier wurde der zu Ens
in die Ens gestürzte Florian beerdigt. Seine jetzige Gestalt erhielt es erst 1713 durch Prandauer unter Karl VI. Die Gebäude
bilden ein prachtvolles Ganze. Besonders grosse Verdienste hat
sich dieses Stift um Kultur des Bodens, Oekonomie, Kunst und
Wissenschaft erworben, daher (nach Schultes) in der Umgegend
von jeher die wohlhabendsten Bauern wohnen, Bauern, welche
ihren Töchtern 10 — 12,000 Gulden mitgeben, welche die feinsten Biberhüte, ihren Bauerrock vom feinsten Tuche mit massiven silbernen Knöpfen tragen, die in der Feierstunde zu Hause
im seidenen Schlafrocke sitzen mit gelben Pantoffeln und sich
vom Sohne oder der Tochter etwas aus einem guten Buche vor-
lesen lassen, die 10 — 12 Pferde im Stalle haben, mit denen
kein Fürst sich schämen dürfte zu fahren. Die ganze weite Umgegend gleicht einem Garten. Sehenswürdigkeiten: die schöne
Kirche mit Chrismanni's grosser Orgel; der unterirdische Tempel; die Katakomben; die Gruft mit dem Mühlsteine, welcher
an den Hals des Heiligen gehängt war; die schönen Altarblätter; der prächtige Kaisersaal, mit Fresken von Altomonte; die
Gastzimmer, wo Karl VI. und Prinz Eugen oft weilten; die Bett-
stätte des letzteren; die treffliche Bibliothek, 40,000 Bände;
Gemäldesammlung (Murillo, Hemskerke, van Dyk, Wohlgemuth,
Höllenbreughel, Altorfer, Paolo Veronese, Palma Vecchio, Gui-
do Reni). Im deutschen Saale prächtige Glasmalereien, Münz-,
Mineralien-, ornithologisches und Conchylien-Kabinet. Schöner
Garten mit Baumschule. Melerei. Dem Stifte gehörten an: der
Geschichtschreiber Kurz, der Bibliograph Klein und der Pemo-

loge Schmidberger. — Von der Flora ist zu nennen: Genista ovata.

Das Thal der Traun und ihr Gebiet.

Wir betreten hiermit eine der interessantesten Gegenden unseres Vaterlandes, eins der ausgezeichnetsten Gebiete des ganzen Alpenlandes. Kaum möchte irgendwo eine Seengruppe dieser Art aufgefunden werden. Man mag hier einen Hochgipfel ersteigen, welchen man will, so blinken grosse Seespiegel aus den Tiefen herauf, umschattet von dunkeln Wänden oder sonnigen Gestaden. Daher haben die Aussichtspunkte in diesem Gebiete einen so grossen Vorzug vor anderen. Hier ist kein Fluss, der nicht Seen durchströmte, kein Bach, der nicht in einem oder mehreren Seen seine Wiege hätte. 8 grössere und 16 kleinere Seen liegen hier im Schoosse des Gebirges, im merkwürdigen Gegensatze zu dem nächst anliegenden Gebiete der Steier nicht nur, sondern der ganzen östlichen und nördlichen Umwallung der Alpen vom Neusiedlersee an bis zur Steier. Wie im Norden die Traun die letzte Seenymphe ist gegen Osten, so im Süden die Brenta. Verschwunden sind hier plötzlich die schwarzen Erzstätten mit ihren hohen Feueressen, verschwunden die russigen Eisenmänner, verhallt das dumpfe Dröhnen der Hämmer und das Gepoch der Eisenarbeiter; wir sind aus dem Bereiche des Erzberges in das der Salzberge getreten. Von jenseits durchtönt nur noch die Axt des Holzhackers die weit hingestreckten einsamen Forste, belebt bald von einer Holzknechtkaserne, bald von dampfenden Köhlerhaufen; grosse Holzriesen (Rinnen, in denen das Holz herabbefördert wird) befördern die Bloche aus ihrer bisherigen Einsamkeit hinab in das Treiben der Welt, zu den Klausen oder Flössrechen der Bäche und Flüsse; weissgekleidete Bergleute durchfahren die salzigen Eingeweide der Berge und der in Salzwasser verwandelte Fels durchrinnt in meilenlangen Röhren, über Berg und Thal geleitet, das ganze Hauptthal; dort, wo aus hohen Feueressen dicke Rauchwolken aufqualmen, wird das flüssige Element wieder verdampft und die erdigen Bestandtheile wieder in Krystalle verwandelt. Ueberall Schneidemühlen, um Bretter zuzuschneiden für die unzähligen Fässer zur Verpackung des Salzes; dort auf den Schiffswerften der Seen hämmert und pocht es, Schiffe werden gezimmert, andere laufen vom Stapel, mit dem Reichthume des Landes beladen, um der Kaiserstadt auf der schiffbaren Traun zugeführt zu werden. — Der Naturfreund findet hier, wie selten anderwärts, Berchtesgaden ausgenommen, sehr viele Naturscenen der Alpen im kleinen Raum zusammengedrängt, bald liebliche lachende Gegenden, mit freundlichen Städtchen, Märkten und Schlössern belebt, wie die nördlichen und westlichen Gestade des *Zeller-, Mond-, Atter-* und *Traunsees*, bald grossartige erhabene Gebirgskessel, angefüllt mit der dunkelgrünen Flut eines Sees, in welchem sich die Riesenwände oder ihre Gletscher spiegeln; bald stäuben Bäche aus schwindelnder Höhe herab, sich in Dunst auflösend; bald donnern die Achen in wilder stürmischer Wucht in den Felsenabgrund, in Schaum und Staub ihr Ende verbergend. Von einem erhabenen Felsengipfel schweift der trunkene Blick in endlose Weiten des Flachlandes, dringt in die mit Spiegeln ausgegossenen Thäler oder erhebt sich über sonnige Matten zu den kahlen grauen Zacken, die aus einem Eismeere hervorspiessen; auf einem andern irrt das schüchterne Auge, sich vom schwindelnden Abgrund wegwendend, über schimmernde Eisflächen oder über graue, kahle, vielfach durchfurchte, ausgewaschene Hochflächen hin, an deren Rand es erst die tiefere Bergwelt erreicht, ohne ihre Orte mehr zu erkennen.

In politischer Beziehung gehört der grösste Theil des gegenwärtigen Gebietes zu Oesterreich ob der Ens: nur im Westen zieht Salzburg heran zum Schafberg und Wolfgangsee. Der oberste Quellen- und Seenbezirk der *Traun* im Osten von Hallstadt mit dem Hauptorte *Aussee* gehört noch zu Steiermark und macht das sogen. *Steierische Salzkammergut* aus. Gewöhnlich nennt man das ganze im Gebirge liegende *Traungebiet* das *Salzkammergut;* doch erstreckt sich dieses eigentlich nur vom *Dachstein* im Süden bis zum Einfluss der *Traun* in den *Traunsee* im Norden; im Westen setzt die Grenze quer durch das Thal der *Ischl.*

Von *Linz* nach *Gmunden* beträgt die Entfernung 9 Meilen. Es führen dahin längs der *Traun* eine Hauptstrasse und eine Eisenbahn, welche von Linz nördlich nach Budweis in Böhmen fortsetzt und nicht mehr bloss mit Pferdekraft, sondern seit 1859 mit Dampfkraft befahren wird. Die Strecke von *Linz* bis *Lambach* gehört zur Elisabethwestbahn, von da nach *Gmunden* ist die alte Bahn geblieben. Den Plan zu dieser ersten Eisenbahn Deutschlands hat Anton Ritter von Gerstner 1821 entworfen.

Die Brücke bei *Linz* liegt 786' ü. d. M.; der *Grundelsee*, das oberste Sammelbecken der Traun, 2087'; demnach hätte die Traun einen Fall von 1301' bei einem 17 Meilen langen Laufe; die Brücke zu *Ebelsberg*, 106 H., 1182 E., nahe an ihrer Mündung, ist 1764' lang und geschichtlich merkwürdig durch die heldenmüthige Vertheidigung der Oesterreicher 1809 gegen die Uebermacht der Franzosen, deren 6000 fielen. Schon früher hatte es viele Drangsale zu leiden; 993 wurde es von den Hunnen zerstört; 1626 wurden die Bauern hier geschlagen und ein grosser Theil über die Brücke in die Fluten der Traun gestürzt. • Fast in der Mitte der 4 Meilen langen *Welser Haide* liegt das Dorf *Marchtrenk*, weithin sichtbar durch seinen hohen spitzigen Thurm. Im dasigen Richterhause eine eisenbeschlagene Wiege, in welcher sonst zänkische Eheleute öffentlich gewiegt wurden. *Wels*, Bahnstation, ist ein sehr freundliches Landstädtchen, römischen Ursprungs (Ovilabis), 476 H., 6026 E., Bezirksamt, Regimentserziehungshaus, 3 Siechenhäuser für 500 Arme. Um die Stadt laufen noch die alten Mauern und Thürme. Die alte Pfarrkirche, mit Glasmalereien, einem merkwürdigen Portale aus der ältesten Zeit der deutschen Kunst; die Burg, in welcher Max I. und Herzog Karl, von Lothringen, mit Sobiesky Befreier Wiens, starben. Getreide- und Holzhandel; Messingfabrik. Kattunfabrik und Papiermühle.

Die Gegend wird bald hinter *Wels* unterhaltender, wenn auch die höchsten Gebirge, welche von *Linz* her sichtbar waren, sich hinter den Vorbergen verkrochen haben. Vor allen hebt sich der *Traunstein* als stattlicher Vormann hervor mit seiner Höhenkante, das Profil Ludwigs XVI. darstellend. Der hohe Thalrain der Traun, welcher sich in der *Welser Haide* weit von dem Flusse zurückgezogen hatte, zieht sich von beiden Seiten heran. Rechts auf der Anhöhe zeigt sich das 1032 gegründete prächtige Benediktinerstift, *Lambach*, der Markt 204 H., 1502 E.;

Bahnstation. Schöne Stiftskirche mit 9 schönen Altarblättern von Sandrart; dessen Kreuzabnahme ist leider nach Wien gewandert. Noch heisst aber die Kirche Sandrarts Gallerie; sehr gute Orgel; Bibliothek von 23,000 Bänden, 1500 Incunabeln und 400 Manuscripten, Gemäldesammlung von 200 Stück, reiches Archiv, Kupferstichsammlung von 1500 Blättern, physikalisches Kabinet, Naturalienkabinet, Römersteine, Kaiserzimmer. Das Stift hatte besonders im Bauernkriege Vieles auszustehen, zuletzt 1809 durch die Plünderung der Franzosen. Auf der Höhe unweit des Stiftes, aber auf dem rechten Ufer, steht die sonderbare Wallfahrtskirche *In der Baura*, bei welcher man bedauert, dass eine so grosse Summe nur der Laune eines Sonderlings geopfert wurde und welch kunstvoller Tempel dafür erbaut werden konnte. Sie wurde von dem Abte Payerl auf Kosten, aber ohne Wissen, des Stiftes erbaut, 1713—1725, nach Anderen vom Abte Pagel in Folge eines Gelübdes wegen des Aufhörens der Pest. Da sie zu Ehren der heiligen Dreifaltigkeit errichtet wurde, so ist es ein dreieckiger Tempel mit 3 Thürmen, 3 Fenstern, 3 Altären von sicilianischem Marmor, 3 Orgeln, 3 Sakristeien, dreifacher Kuppel mit dreifacher vergoldeter Pyramide; die Altäre und der Fussboden bestehen aus dreifarbigem Marmor, 3 Maler (Carlone, Messenta und Franceschini) malten die Fresken, 3 andere Maler (Altomonte, Carlone und Barodius) die Altarblätter. Von den Baugeldern wurden 333,333 Fl. zum Bau verwendet, der Ueberrest an 333 Arme vertheilt. Hier theilt sich die Strasse, nachdem die Eisenbahn schon vorher über die Traun gesetzt ist. In der Nähe von *Lambach* münden 2 Thäler, das eine westlich, die *Ager*, östlich die *Albe*. In dem Winkel zwischen Traun und Ager, südlich von *Lambach*, liegt der Salzstapelplatz *Stadl*, von den im Wasser stehenden Salzstadeln, in welche die Schiffe einfahren, so genannt; mit *Baura* 322 H., 1838 E.

Seitenthäler der Traun.

Schon vor *Lambach* öffnet sich südlich das Thal der *Albe* oder *Alm*. Eine Strasse führt in ihm eine Strecke hinau; bald öffnet sich rechts ein Seitenthal, die *Laudach*, die zu einem kleineren, aber sowohl durch seine sonderbar geformten Bergmass-

31 *

sen, als auch durch sein harmonisches Echo merkwürdigen *Lau-dachsee* führt, am östlichen Fusse des *Traunsteins.* Der See misst 260 Klaftern Länge und 170 Klaftern Breite. Er gehört mit zu den natürlichen Schleusenkammern des Traungebietes, welche den Holzverkehr so sehr erleichtern. Man besucht den *Laudach-see* am besten von *Gmunden* aus (s. unten).

Unweit *Vorchdorf* vereinigen sich die Thäler der *Laudach* und *Alm,* wenn auch noch nicht die Gewässer. Die Strasse führt über die Alm und jenseits hinan auf die Höhen gegen *Krems-münster;* hier liegt das alte *Pettenbach,* ein Dorf römischen Ur-sprungs, Ventouïanis, 115 H., 812 E., mit sehr alter Kirche. Die Strasse zieht weiter aus unserem Gebiete hinüber in das der *Krems* und dann in das der *Steier* nach *Windischgarsten* und *Lietzen* (s. oben). Wir folgen der Nebenstrasse im Thale der *Alm* hinan nach *Scharnstein,* einem grossen Schlosse. Burgruine und grosser Sägemühle für die Pontons der Armee. Der obere Theil des Thales heisst wie der Hauptort *Grünau.* die grösste Pfarre Oberösterreichs dem Umfange nach, eine alte Kirche mit Schnitzaltar von Payser, 1531. Den Hintergrund dieses Tha-les beschliesst ebenfalls ein See. der *Alm-* oder *Albensee.* 800 Kl. lang und 330 Kl. breit, von hohen Felswänden umschattet; der *Priel* stürzt steil in den Boden des Sees.

Nach *Lambach* zurückgekehrt folgen wir nun noch dem westlichen Seitenthale, der *Ager,* durch welches die Eisenbahn nach Salzburg führt. Der erste bedeutende Ort ist *Schwanen-stadt,* 176 H., 1344 E.; die gut gebauten Häuser bilden fast nur eine einzige Strasse. Eine Seitenstrasse führt von hier nördlich über *Köppach,* in dessen Kirche der Altar ein Römerstein ist, und *Atzbach,* in schöner Lage, hinan nach *Wolfsegg,* einem Markte von 205 H., 1617 E., einem vielbesuchten Heilbade. Die Lage des Ortes auf einer der südlichen Höhen des *Hausrucks,* mit herrlicher Uebersicht des weiten Gartens bis an die Donau und südlich auf die sich in blauen duftigen Massen aufthürmenden Alpen, ist reizend. Der *Hausruck-* und *Kobaranuer Wald* be-stehen aus jüngerem Tertiärgebirge. in dem mehrere mächtige Braunkohlen (Lignit)-Flötze eingelagert sind, auf welche schwung-haft gebaut wird (1856 schon 800,000 Ctr. Kohlen). Ebenso bei

Wolfsegg, Thomasrieth u. a. a. Orten. Zwischen Wolfsegg und Ottnang führt der Thonmergel unter dem zweiten bauwürdigen Lignitflötz viele Meerconchylien. Eine Zweigbahn führt von den Gruben bis zur Westbahn.

Vöcklabruck (1261'), Bahnstation, Städtchen von 224 H., 1352 E., unweit des Einflusses der *Vöckla* in die Agor, einst Vechelapontum genannt. Die Hauptpfarrkirche befindet sich in dem südlichen *Schöndorf;* die Aegidienkirche ist 1148 erbaut. Die Bahn verlässt hier das sich südlich wendende *Augerthal,* folgt dem Thal der *Vöckla* und führt über die Stationen *Timmelkam,* 125 H., 936 E., und *Vöcklamarkt.* 217 H., 1259 E., Markt (sehr alte Kirche mit einem Römersteine), nach *Frankenmarkt* (1599'). 284 H., 1520 E.

Von *Vöcklabruck* zweigt sich das Thal der *Aurach* ab, welche südlich aus dem Vorgebirge zwischen den nördlichen Hälften des Traun- und Attersees hervorkömmt, und unter dem Namen der *Fichtau* bekannt, auf dem Traunsee wegen des Fichtauer Windes gefürchtet ist. Von *Vöcklabruck* führt der Weg bei dem Schlosse *Buchheim* vorüber, über die *Ager* und gleich darauf über die *Aurach* nach *Wankham.* Kaum eine halbe Viertelstunde von hier befindet sich eine ziemlich bedeutende Kalkbreccienhöhle mit Stalaktiten. Durch das ganze obere Thal liegen einzeln zerstreute Bauernhöfe zwischen den bewaldeten Höhen. Das ganze Thal hat 1188 E. *Neukirch* ist der Hauptort. Hier und in der *Reindlmühle* findet man recht gute Unterkunft. Doch auch in anderen Bauernhöfen kann man treffliche Milch, Butter, kräftiges Brot und köstlichen Honig erhalten, alles sauber und reinlich. Reizend liegen die weissen Häuschen durch den Thalboden zerstreut und kaum ahnet man die Armuth ihrer Bewohner bei dieser Nettigkeit und Reinlichkeit. Der Boden ist aber unfruchtbar, das Klima rauh, den Nordstürmen und besonders den Hagelwettern so ausgesetzt, dass in 8 Jahren 6 Hageljahre waren, 'die alles vernichteten. Selbst die Wiesen sind nicht so einträglich, wie anderwärts, und die Alpen müssen aushelfen. Daher hat man sich hier auf ein anderes Gewerbe, die Holzschnitzerei, gelegt. Zu *Fichtau* am See findet sich eine Niederlage dieser Waaren, welche nach Wien und Ungarn gehen.

Entweder können wir sogleich von *Wankham* aus auf einer Strasse quer durch das hügelige Land nach *Schörfling* oder von *Timmelkam* aus gleichfalls, längs der Ager, auf einer Strasse dahin gelangen. *Schörfling* ist ein Markt von 192 H., 1348 E., am Ausfluss der *Ager* aus dem schönen *Attersee*, dem grössten der österreich. Seen; gegenüber das Schloss *Kammer*, dem Grafen Khevenhüller gehörig, schon in den See hineingebaut; von ihm heisst auch der See der *Kammersee*. Der *Attersee* (1532') ist 5¼ St. lang, gegen 1 St. breit und 1540' tief. Er dehnt sich, wie die meisten Alpenseen am Ausgang des Gebirgs zur Ebene, von Süden nach Norden aus. Sein ganzes westliches Ufer umlagern rundliche, oben bewaldete, unten angebaute und bevölkerte Vorberge. Auch sein östliches Gestade, auf dem die Poststrasse von Vöcklabruck nach Ischl führt, umwallen auf wenigstens ½ der Länge Vorgebirge; erst der südlichste Theil, von *Steinbach* an, erhebt sich schroff, als eine höhere Stufe die *Steinwand*, der westlichste Flügel des *Höllgebirgs*. Im Süden des Sees bauen sich steil die Gebirge in mächtigen Stufen zum Himmel auf; in blauen Duft gehüllt, obgleich nahe, erheben sich über die steile, dunkelbewaldete Vorstufe, die *Eisenmauer*, die Zackengipfel des Schafbergs und des Drachensteins; am südwestlichen, wie am südöstlichen Ende des Sees kömmt ein Thal herein, dort die *Atterache*, hier der *Weissenbach*, die südliche Gebirgsmauer von den westlichen und östlichen Gestaden abschneidend. Wer den See seiner ganzen Länge nach zu bereisen gedenkt, muss sein Fahrzeug am nördlichsten Ende besteigen und seeaufwärts fahren nach *Unterach* am südwestlichen, oder nach *Weissenbach* am südöstlichen Ende; dorthin geht der nach *Mondsee* oder *St. Gilgen* und *Wolfgang* Reisende, hierhin der Wanderer nach *Ischl* oder *Langbath*. Seeabwärts ist die Fahrt langweilig, weil die Ufer an Grossartigkeit abnehmen, während aufwärts die Fahrt sehr unterhaltend ist, sowohl durch die ausserordentliche Lieblichkeit der Ufer, längs deren sich Ort an Ort reiht, von deren Höhen Kirchen winken, und das Ganze einem mit Wald gekrönten Garten gleicht, als durch den Anblick der ernsten, schroffen Bergformen, welche das südliche Gestade umgürten. Die Fahrt auf dem See ist wegen der heftigen und plötzlichen Wind-

stösse nicht ungefährlich. Man thut daher gut, dem Rathe der
Schiffer zu folgen und bei bedenklichem Wetter nicht eigensinnig auf der Fahrt zu bestehen. Eine andere und zwar die gewöhnlichste Fahrt geht von *Unterach* quer über den See in 1 St.
nach *Weissenbach* im Schatten der Hochgebirge; die sonnigen
lachenden Ufer ziehen sich in zuletzt noch kaum erkennbaren
Punkten und Linien in die nördliche Ferne hinaus, sie tauchen
schon unter dem Spiegel des Sees unter. Bei *Schörfling* ist der
Gaberg, oder noch besser der *Puchberg*, ein schöner Standpunkt
zum Ueberblick des Sees bis hinauf ins Gebirge. Der See hat
die schöne blaugrüne Farbe der Alpengewässer, wenn sie geläutert sind, und ist sehr fischreich. Am östlichen Ufer des Sees
ist *Steinbach* der bedeutendste Ort, mit uralter Kirche, deren
Glocke vom J. 910 sein soll. Von hier führt ein Steig über die
östliche Höhe durch die *Fichtau* hinab in 4 St. nach *Gmunden*.
Nördlich von *Steinbach*, auf dem halben Wege nach *Schörfling*,
liegt *Weyeregg*, mit römischen Alterthümern. Südlich von *Steinbach*, in der Südwestecke des Sees, an der Einmündung des *Weissenbachs*, *Weissenbach*, jetzt mit einem der besten Wirthshäuser
der Gegend. Hier hat man eine der schönsten Ansichten des
Sees, besonders wenn man von Ischl her die dunkeln Weissenbachthäler durchwandert hat und plötzlich aus deren Schatten
an den nördlich nicht übersehbaren grünen Spiegel des Sees
tritt. Der *Weissenbach*, welcher hier in den See mündet, heisst
der *Aeussere Weissenbach*. Dieses Thal läuft zwischen dem Höllgebirge im Norden und der Ziemitz im Süden östlich hinau zu
einem, nicht hohen aber wasserscheidenden, Sattel, welcher die
Ziemitz mit dem Höllgebirge verbindet, und führt jenseits desselben im *Mittleren Weissenbach* hinab zur *Traun*, 1 St. unterhalb *Ischl*. Eine gut gebahnte Strasse führt durch diese *Weissenbäche* von *Ischl* nach dem *Attersee*. In *Weissenbach* sind Geschirre zu haben. Sehenswerth ist der Holzaufzug in der
Mitte, auf der Wasserscheide. Um nämlich den Holzreichthum
des *Aeusseren Weissenbachs*, besonders für die Saline zu Langbath, besser benutzen zu können, werden die Quellen gesammelt
und in einer Rinne auf ein Wasserrad geleitet, dessen Wellbaum
ein doppeltes Kropfwerk treibt, wodurch an jeder Seite 2 Rä

der in entgegengesetzter Richtung bewegt werden. Vom *Aeusse-ren Weissenbache* führt eine doppelte Holzbahn herauf, auf wel-cher 2 Holzwägen, der eine mit Holz beladen hinauf, der an-dere leer hinabgeht. Das zunehmende Gewicht des, wenn auch leer abwärts rollenden, wird zugleich mit als Aufzugskraft des vollen Wagens angewendet. Das oben abgeladene Holz wird in einer platten hölzernen Rinne mit Hilfe des Wassers zur Traun hinabgetriftet im *Mittleren Weissenbache*. Die Holzbahn für die Wagen hat eine Länge von 42 Klaftern; die Rinne bis zur Traun hat eine Länge von 2444 Klaftern. Erbaut wurde dieser Aufzug 1720. In einem Tage können 126 Klaftern Holz diesen Weg machen.

Auf dem westlichen Ufer des *Attersees* liegen: *Attersee*, 58 H., 300 H., ehemals Hauptort des *Attergaus*, in welchem ebenfalls, wie im ganzen Salzkammergute, sehr viele Protestanten leben, aber ohne Kirche; nie erfreut sie der Klang einer Glocke. Jen-seits der nächsten westlichen Höhe liegt *St. Georgen*, 328 H., 1976 E., Markt, einst stark von Wallfahrern besucht; in der Nähe stand das Schloss *Kogl.* Von *Attersee* führt eine Strasse nach *St. Georgen* in 1 St. und von da in 2 St. nach *Franken-markt*; eine andere Strasse geht von *St. Georgen* südlich nach *Mondsee* in 5 St., von wo man in eben so viel Stunden Salz-burg erreicht. In *Nussdorf* am See, 113 H., 547 E., südlich von *Attersee*, findet man ein gutes Wirthshaus beim *Stadlmann*. Am südwestlichen Ende kommen wir nach *Unterach*, 124 H., 866 E., an der Einmündung der *Ager*, hier *Atterache* oder *See-ache* genannt; sie ist der Verbindungskanal des *Mond-* und *At-tersees*. Hier ist ein gutes Wirthshaus.

Wir verlassen nun den *Attersee*, um der *Seeache* aufwärts zu folgen. Man durchwandert eine gartenähnliche Hügelland-schaft, südlich vom steilen Fuss des Hochgebirges, der *Eisen-mauer*, begrenzt. Dies südliche Ufer der Ache und das daselbst sich erhebende Gebirge mit dem *Schafberge* ist schon salzbur-gisch. In ½ St. stehen wir abermals an einem See, dem *Mond-see* (1568'), 2½ St. lang, beinahe ½ St. breit und 216' tief. Seine Gestalt ist, einige Unregelmässigkeiten abgerechnet, einem Halb-monde gleich; seine beiden Hörner liegen in der Fortsetzung

seines beiderseitigen Gebietes nach Nordwest und Osten. Man
übersieht ihn nur von *Schörfling* (nicht mit Schörfling am Attersee zu verwechseln) ganz, aber nicht am vortheilhaftesten; malerischer ist der Eindruck von dem Markte *Mondsee* aus, welcher am nordwestlichen Ende liegt; die obere kleinere Hälfte
entzieht sich zwar im Schatten der Hochgebirge dem Auge, aber
gerade dadurch gewinnt er. Auch ist es der *Schafberg*, welcher
alle Gebirge mit seiner Höhe (6000') beherrscht und durch seine
kühne Form sich vorzüglich auszeichnet; selbst die Steinwand
jenseits des Attersees scheint den oberen Busen des Sees noch
zu umgürten. Vom *Schafberg* näher heran stehen die bewaldeten Felsengipfel des *Drachensteins* und *Schobers* (4210'). Der See
ist fischreich; Rheinanken, Sälblinge, Lachsforellen, Forellen,
Hechte, Schraster und Aiteln sind die vorzüglichsten Fische.
Man fand nach Schultes Lachsferchen hier von 30—40 Pfund.
— Der Markt *Mondsee*, 172 H., 1210 E., hier zu Land gewöhnlich *Mansee* genannt, liegt am Nordwesthorne des Sees, wo die
Zeller Ache hereinfliesst. Gute reinliche Gasthäuser. Das ehemalige Benediktinerkloster wurde von dem baierischen Herzoge
Utilo II. gestiftet; 1505 wurde es wegen Kriegskosten an Kaiser Max I. überlassen. Im J. 1791 wurde es aufgehoben, und
die Herrschaft erhielt 1810 von Napoleon der baierische Gene-
ral Wrede, dessen Familie noch im Besitz ist. Er liess die Gegend durch Anlagen verschönern. Eine sehr schöne Aussicht
geniesst man vom *Mariahilfberg* unter dem Schatten einer alten
Linde neben der kleinen Marienkirche, mit 2 guten Gemälden.
Die schöne Pfarrkirche ist im gothischen Stil erbaut, mit schönem Hochaltare und einem Römersteine in der Mauer.

Mondsee bildet ein behagliches Standquartier zu manchen
interessanten Ausflügen. Nordöstlich winkt die *Kulmspitze* (5435'),
mit herrlicher Aussicht über den Mond- und Attersee und ihre
Umgebungen; in 1 St. ist man oben. Ein anderer Ausflug führt
durch die *Aich*, einen Bergkessel zwischen dem *Schafberge* und
Drachenstein, in dessen Mitte der niedliche *Krötensee* (1815') liegt,
nach *St. Gilgen*, 122 H., 779 E., und dem *Wolfgangsee*. Dieser
Weg kann nach *Ischl* fortgesetzt und der Rückweg dann durch
den *Weissenbach*, über den *Attersee* und *Unterach* genommen wer-

den. Auch der *Schafberg* kann von hier über die *Aich* erstiegen werden (s. unten). 3 Strassen, ohne die Wasserstrassen nach *Weissenbach* und *Schärfling*, führen nach Nordost, Norden und Westen. Nach Nordost der schon erwähnte Zug durch das *Wanger Thal* nach *St. Georgen, Frankenmarkt, Vöcklabruck* u. s. w.; nach Norden über *Zell* und *Strasswalchen;* westlich durch das *Thalgau* nach *Strass* und *Salzburg,* 7 St.

Die 2 letzteren Strassen verfolgen wir jetzt, da sie an den beiden Hauptbächen liegen, welche in den Mondsee fliessen. Da die Zeller Ache als Stamm der Ager angesehen wird, so besuchen wir zuerst das *Thalgau,* ehemals die Herrschaft *Wartenfels,* von der *Fischerache* durchflossen, welche bei *St. Lorenzen* unter den Wänden des Drachensteins sich in den Mondsee wirft. An ihr hinauf, gerade nach Westen wandernd, betritt man bald einen ziemlich weiten, ebenen Thalboden, ein ehemaliges Seebecken, in dessen Mitte das Dorf *Thalgau* (1773') liegt, 119 H., 603 E. Der ganze Bezirk ist dem Ackerbau ungünstig, so anmuthig auch die Fluren erscheinen, denn der Ackerboden ist sehr seicht, dazu kömmt der fast jährlich wiederkehrende Hagelschlag, was man den vielen Seen der Umgegend zuschreibt. Viehzucht und am meisten Holzgewerbe müssen jenen Mangel decken; auch sind einige Eisenwerke hier. Der *Schober* (4210') ist der höchste Berg in der Nähe, dessen Felsenhaupt aus dem dunkeln Nadelforst hervorragt. Der Botaniker findet auf ihm und am nahen *Drachenstein* Aethionema saxatile, Coronilla Emerus, Corallorhiza innata. Gegen Westen senkt sich der *Schober,* die Fortsetzung der Schafbergkette, und auf diesem Abhang liegt die Burgruine *Wartenfels,* die Stammburg der ehemaligen Herrschaft gleiches Namens, von wo man eine herrliche Ansicht hat auf den Fuschl- und Mondsee und deren Umgebungen. Auf den Mauern Sedum dasyphyllum.

Von *Thalgau* aufwärts folgen wir der Strasse nach Salzburg (4 St.) noch $\frac{1}{4}$ St. Hier biegt sich die *Fischerache* plötzlich nach Süden um den Fuss des *Schobers* herum; nach dieser kurzen Wendung steigt ihr Thal nun östlich hinan zum einsamen *Fuschlsee* (2022'). Er ist 1 St. lang und $\frac{1}{4}$ St. breit, streckt sich von Nordwest nach Südost zwischen dunkelbewaldeten Ber-

gen. Auch in seinen prächtig grünen Fluten spiegeln sich der
Schober und Drachenstein, welche sein nördliches Gestade gegen das Hügelland verschliessen. Nur die von Salzburg nach
Ischl und Gratz führende Strasse, welche längs seinem südlichen
Ufer hinläuft, bringt bisweilen in diese einsame Gegend einiges
Leben. Beinahe an seinem westlichen Ende steht auf einer Halbinsel ein thurmartiges, unvollendetes Jagdschlösschen, in welchem einige Forstleute wohnen. — Den *Mondsee* umlagern Fucoïdensandstein und -Mergel am Fusse des *Schobers* und *Drachensteins*.

Von *Mondsee* der Strasse folgend betritt man ohngefähr nach
1 St. das salzburgische Gebiet. Am *Fuschlsee* kömmt man zu
der schon oben bei Salzburg beschriebenen Hauptstrasse, welche
von Hof herabsteigt zum See, bis an sein oberes Ende führt
und von dort über den niedrigen Sattel (2435') zum Wolfgangsee setzt. Seiner Lage und Natur nach gehört der *Fuschlsee* erst
zur zweiten Seenreihe, vom Traunsee an durch das Traunthal
nach Ischl, von da am Ischler Bach hinan zum Wolfgang- oder
Abersee; der *Fuschlsee* liegt in derselben Furche und wird nur
durch einen relativ niedrigen Sattel von dieser Verbindung getrennt, dagegen durch einen zufälligen Einschnitt und den Lauf
seiner Gewässer durch denselben zum *Mondsee* gezogen.

Von dem Markte *Mondsee* aus verfolgen wir nun die von
Norden herabkommende *Zeller Ache*. Auch dieser letzte Quellbach der Ager entströmt einem See, dem *Zeller-* oder *Irrsee*, 1 St.
von Mondsee, eigentlich eine Verlängerung des Nordwesthorns
des Mondsees; er streckt sich von Süden nach Norden 1 St. lang,
bei einer Breite von ½ St. Das Dorf *Zell* am östlichen Ufer, auch
Zell im Moos genannt, hat 12 Häuser, die ganze Gemeinde 123 H.,
681 E. Die Kirche wurde 1441 geweiht. Der Sage nach birgt
die Tiefe des Sees ein von ihm verschlungenes Schloss, nebst
einer Kirche. *Zell* gegenüber, am Abhange des westlichen Ufers,
liegen die Burgruinen von *Wildeneck*. Die Burg wurde in der
Fehde mit Baiern von Heinrich, dem Bischof von Regensburg,
1242 belagert, eingenommen und zerstört. Die Herrschaft gehörte zur alten Grafschaft Schaumburg. 1505 kam sie vom Herzoge Albrecht an Max I.; dann an Salzburg verpfändet, wurde

sie 1566 wieder eingelöst und 1678 von Leopold I. an das Kloster Mondsee geschenkt. Von *Zell* führt die Strasse über *Ramsau*
an das obere Ende des Sees, wo der *Mühlbach* in denselben fällt,
an dem aufwärts man bei dem Markte *Strasswalchen* (1691') an
das obere Ende dieses Gebietes und zugleich an die Hauptstrasse
von Linz nach Salzburg kömmt, auf welcher wir nun nach dieser ersten Seereise nach *Lambach* an die Traun zurückkehren,
um ihr wieder aufwärts zu folgen.

Das Traunthal (Fortsetzung).

Von *Lambach* laufen Strasse und Eisenbahn ziemlich nahe
neben einander fort bis *Roitham*, 76 H., 466 E., wo sie sich berühren, 2 St. von Lambach. In der Nähe des *Traunfalls* ist
eine nach ihm benannte Bahnstation. Schon vorher vernimmt
man ein dumpfes Donnern und jetzt wird man plötzlich durch
eine grossartige einzige Scene überrascht, und zwar um so mehr,
als man ein solches Schauspiel in dieser flachhügeligen Gegend,
in welcher der tiefe Einschnitt des Traunthales völlig verschwindet, nicht erwartet. Er gehört unter die dem Rheinfall gleich-
artigen Wasserfälle, denn mit den gewöhnlichen Gebirgswasser-
fällen lässt er sich nicht vergleichen; anderer Art sind die Staubbäche, anderer die Fälle der Achen, und wiederum anderer die
wild über Felstrümmer herabbrausenden Stürze oder Katarakten. — Der Fall ist malerisch; braune Nagelfluhewände um-
düstern das enge Thal, auf den Höhen umgrünt mit Laubge-
büsch und Waldung. Den Boden des Thales füllt die Traun,
einer der prächtigsten Flüsse, was Farbe und Klarheit betrifft,
denn kein Fluss badet sich in so vielen Seen, kein Seitenbach
wird, ohne durch einen See geläutert zu sein, in sie gelassen;
daher der Smaragd ihrer Farbe und völlige Durchsichtigkeit.
Von *Gmunden* her, wo sie den See verlässt, flutet sie bald ruhig, wie Oel dahin, bald schäumt sie über Felsenwehre, welche
die Kunst fahrbar gemacht hat. Etwa $\frac{1}{4}$ St. oberhalb des Falles geräth der Fluss in heftigere Bewegung, seine Fluten drän-
gen sich immer mehr dem rechten Ufer zu; auf einmal bricht
der Boden ab, und in wildem Gewoge braust die ganze Fluten-
masse hinab, 42' hoch, durch 2 Felsenriffe in mehrere Ströme
malerisch zertheilt. Der Fall ist besonders auch in technischer

Hinsicht sehr merkwürdig. Die Traun ist, vermöge ihrer grossen natürlichen Schleusenkammern, der Seen, schiffbar, was hier nicht nur des Holzes, sondern besonders des Salzes wegen wichtig ist für die Wasserverbindung mit der Kaiserstadt. Die Traun schien zwar gegen solche Zumuthungen zu protestiren, durch Katarakte, Schnellen und dergleichen Sprünge mehr, welche die Flüsse ihrer Unterjochung entgegenstellen; allein die Wichtigkeit der Sache liess alle Schwierigkeiten überwinden. Gerade dort, wo die ganze Wucht des Stromes hinfällt, wurde das *Fallhaus* gebaut. Dieses ist eine Klause, welche ausser der Schifffahrtszeit verschlossen ist. Ebenso ist der See bei Gmunden durch eine Klause verschlossen, um ihn zu schwellen; auch die oberen Seen, der Aussser- wie der Grundelsee, werden zuvor geschwellt, dann aber geöffnet, um durch ihre Fluten den Gmundner- oder Traunsee zu verstärken. Durch dieses Fallhaus führt ein Kanal, der *Gute Fall*, von 209 Klaftern Länge, in welcher er 44′ fällt; er ist theils in Felsen gesprengt, theils aus Quadern aufgemauert und mit Bohlen belegt, in der Nähe des Fallhauses auch noch durch Balken gegen den *Wilden Fall* geschützt. So wie sich die Schiffe nähern, wird die Klause des Fallhauses aufgezogen und nun strömt die ganze Wassermasse dieser Pforte zu, mit ihr die Salzschiffe, und gleiten mehr, als sie schwimmen, auf dieser Bahn in weniger als einer Minute hinab zur Traun. Der Fall hat daher 3 Zeiten: Nachmittags herrscht die rechte Mitte, doch ist er kleiner, als er ohne die Sperre am See sein würde. Die beste Zeit, ihn zu sehen, fällt Morgens; nach der Stunde muss man sich erkundigen. Zuerst erblickt man ihn in seinem gewöhnlichen Verlaufe, dann folgt die Flut, wenn die angeschwellten Fluten aus den verschiedenen Seen anwogen und das Fallhaus seinen sie verschlingenden Rachen noch nicht geöffnet hat, dann wogt die ganze Masse den *Wilden Fall* hinab, dann kocht, schäumt, tobt und donnert es furchtbar; nur dann und wann dürfen es die klargrünen Fluten wagen, aus dem weissen Schaumgetümmel aufzuquellen. Noch staunt man diese Wasserhölle an; oben will man sie zeichnen, da scheint die ganze Wasserwelt in Ohnmacht zu versinken; doch da oben poltert's und rauscht's, da fliegen die Schiffe in geflügelter Eile hin, der

Gegner hat gesiegt, das Schlachtgetümmel ist vorüber. Auch die Fahrt selbst mit zu machen von *Gmunden* aus, oder noch besser vom *Hallstädter See* aus bis *Lambach*, wozu man 8 St. braucht, gewährt ungemeine Unterhaltung und gehört gewiss zu den interessantesten Flussfahrten, die es geben kann. Wenn man früh um 6 Uhr den *Hallstädter See* zu Schiff verlässt, ist man um 10 Uhr in *Gmunden* und um 2 Uhr in *Lambach*. Von Ischl nach Wien braucht man 2$\frac{1}{4}$ Tag. Die Traunfallfahrt selbst ist ein schönes Gegenstück zur unterirdischen Fahrt durch den Dürnberg bei Hallein. So gefährlich die Fahrt aussieht, wenn man sich zu Schiffe dem Abgrunde des Falles nähert, aus dem weisse Staubwolken unter dumpfem erschütterndem Donner emporstäuben, so ist doch seit 70 Jahren kein Unglücksfall vorgekommen. Einst soll ein Brautpaar nach gehaltener Hochzeit in Gmunden mit der ganzen munteren Gesellschaft die Traun herabgefahren sein; wegen eines Missverständnisses wurde die Fallhauspforte nicht zur rechten Zeit geöffnet und das Schiff mit allen darin Befindlichen glitt links zum Abgrund hinab in den Schaumkessel des Wilden Falles, in welchem alle ihr Grab fanden. Der merkwürdige Kanalbau ist ein Werk des Forstmeisters *Thomas Seeauers*. Er diente als Forstmeister unter Ferdinand I., Maximilian II. und Rudolph II., 70 Jahre lang, von 1539—1609, und wurde 110 Jahre alt. Auch die Moldau machte er von Budweis bis Prag schiffbar und legte die Seeklause am Hallstädter See an. Der Gastwirth *Seeauer* in Hallstadt ist ein Nachkomme desselben. Am diesseitigen Ufer des Falles liegt ein Wirthshaus und eine hochgespannte Brücke führt im Angesicht des Falles über die Traun; über sie geht die Strasse in 3 St. nach *Schwanenstadt*. Die schönsten Ansichten des Falles hat man auf dieser Brücke und unter derselben, sowie oben am Klausenhause.

Die Strasse nach *Gmunden* vom Fall führt immer auf der Höhe hin; dann und wann gestattet sie einen Blick hinab in die Tiefe des Traunthales, in welchem der herrliche Fluss seine grünen Wogen hintreibt. Links hat man die Eisenbahn, welche kurz vor *Gmunden* sich links entfernt, um eine Höhe zu umgehen und sich allmählicher zu senken. In 3 St. vom Fall (1$\frac{1}{3}$ Po-

sten von Lambach) erreicht man *Gmunden*, wo man nicht wenig
durch den Anblick des äusserst reizenden *Traun-* oder *Gmundner
Sees* überrascht wird.

Gmunden (1290') ist ein reinliches Städtchen, 129 H., 1243 E.,
4 Thore, 5 Kirchen, 2 Klöster, 1 Spital, See- und Soolenbad,
Sitz eines Salzoberamtes, gute Gasthöfe. Die Lage der Stadt
ist reizend am nördlichen Ende des langgestreckten *Traunsees*,
den man fast in seiner ganzen Länge mit seinen theils lachenden, theils ernsterhabenen Gestaden und Gebirgen vor Augen
hat. Sehenswürdigkeiten: die *Pfarrkirche* mit schönem Schnitzaltar von Schwandaller, 1626; die *Kapuzinerkirche*, 1636 von
K. Ferdinand II. gestiftet; die *Annakapelle*, das alterthümliche
Rathhaus, die Salinenmodellsammlung, wo alle Maschinen, Vorrichtungen und Werke des Salzkammergutes zu sehen
sind (wer die wirklichen Werke im Salzkammergute besehen
will, muss vom Salzoberamte hier einen Erlaubnissschein haben); die *Seeklause*; die Sammlung von Kunst- und geschichtlichen Merkwürdigkeiten; die Bibliothek des Herrn von Hörner.
Die *Thörin* bei der Klause sind eine hydraulische Einrichtung,
die Stadt bei Hochwasser gegen Ueberschwemmung zu schützen;
erbaut von Ehrmann. Die Stadt ist der Geburtsort des Johannes de Gamundia, dessen Werke man in der Hofbibliothek zu
Wien antrifft. Die Stadt umgeben auf der Nordseite Gärten mit
recht schönen Anlagen; doch die Hauptzier derselben bleibt immer die reizende Aussicht auf den See. Die Hauptpunkte der
Aussichten sind: in der Tiefe das Städtchen, darüber der Spiegel des Sees, den man 2 St. aufwärts verfolgt, bis er sich in
einen Gebirgsschlund zu verlieren scheint; links erhebt sich
ganz in der Nähe in fast senkrechten Wänden der *Traunstein*
(5000'), rechts an ihm schon weiter der Spitzelstein oder Edler-
kogl; rechts des Sees, schon in einiger Ferne, ein Modell des
Traunsteins, der Sonnensteinspitz, in die Fluten vortretend, darunter auf grüner Halbinsel Traunkirchen; von hier an rechts
bis wieder zum Vorgrund sind sanfter gerundete, umgrünte, angebaute Höhenformen, deren vorzüglichste Häusergruppen sich
an dem Gestade des Sees angesiedelt haben und sich in ihm
spiegeln; Altenmünster und die Schlösser Ebenzweier und Ort

heben sich vorzüglich hervor. Das hohe Felsengebirge, welches sich in der Ferne über den Hintergrund erhebt, ist der Angst- oder Rinnerkogl auf dem Todtengebirge. Zu den öffentlichen Gärten gehören: das Steymannsgütl (dem Schiffwirth gehörig) mit schöner Aussicht, die Gärten der Sonnenwirthin, des Bräuers am See (die Krone), des Bräumeisters Manerhard. Andere schöne Aussichtspunkte in der Nähe sind: der *Calvarienberg* (in der Kirche daselbst ein sehenswerthes hölzernes Ecce homo); die *Tuschenschanze*, wohl der malerischste Standpunkt, man sieht unter sich den Ausfluss der Traun mit der über sie gespannten Brücke, die Schiffe, beide Stadttheile und den See: der *Maxhügel;* die *Wunderburg.* Gewerbe der Stadt sind ausser den Salinenarbeiten, Kammgarnspinnerei, Drechsler und Töpfer Bei der Nähe von Ischl geben die vielen Fremden und Durchreisenden auch Nahrung. Auf der *Küfflerzeile* werden die Fässer zum Salztransporte gemacht. — *Gmunden* ist wahrscheinlich das römische Laciacum. Unter Rudolf von Habsburg war es ein freier Markt. Oefters litt die Stadt durch Brand, und besonders im Bauernkrieg 1625 — 26.

A u s f l ü g e. *Pinsdorf,* 29 H., 273 E., zur Ortsgemeinde von Gmunden gehörig, nordwestlich gelegen. Hier ist ein Holzaufzug für das Holz aus der Fichtau; ferner der grosse Grabhügel der 4000 Bauern, welche in einer Schlacht den 13. Novbr. 1626 gegen Pappenheim hier fielen. Höher hinan, ebenfalls zwischen *Gmunden* und der *Fichtau,* erhebt sich der *Gmundner Berg* (2586'): bis zu seinem Gipfel braucht man 1½ St.: sehr schöne Aussicht. Gegen Nordost erhebt sich die *Himmelreichwiese,* welche man in 1 St. ersteigt, mit einer gleich herrlichen Aussicht, wie die vorige. Verbinden lässt sich hiermit ein Ausflug zum nur 1 St. entfernten *Laudachsee* im Rücken des Traunsteins (s. oben), bekannt wegen seines eigenthümlichen Echos. In der guten Sennhütte, welche neu gebaut ist, kann man sich an Alpenkost und dem Echo erfreuen, das die sonderbar geformten Umgebungen zurückwerfen. Der *Traunstein* ist eine weit in die Vorberge vorgeschobene Felsenmasse von 5340', sowie überhaupt die Alpenkette hiermit wieder einen Vorsprung nach Norden thut; denn das westliche Höllgebirge steht um 1½ St. zurück. Von Norden aus gesehen, sei es vom Freinberge bei Linz oder von den Höhen nächst Lambach oder von der Donau bei Aschach, sowie vom Gaisberge bei Salzburg macht der *Traunstein*, wie er sich als kolossaler Felsblock senkrecht aus der Ebene erhebt, trotz seiner nicht bedeutenden Höhe, einen gewaltigen Eindruck. Seine Aussicht ist daher sehr umfassend und durch den fast in senkrechter Tiefe unter ihm liegenden *Traunsee* auch reizend und grossartig; die Besteigung ist sehr beschwerlich und zum Theil auch gefährlich. Der kürzeste Steig: man lässt sich von *Gmunden* zum Fusse des *Traunsteins* über den See rudern, steigt dort die *Leinastiege*, ein Treppenweg über den See, hin und dann längs der Schlucht der *Leina* hinan, welche links in der Tiefe rauscht und den Pfad von den Abstürzen des *Traunsteins* scheidet, zur *Mayralpe*, und von da in 4 St. zum Gipfel. Ein zweiter Weg geht von der *Eisenau*, zwischen der *Leina* und *Karbach*, eine enge wilde Schlucht am östlichen Seeufer, hinan, von der *Eisenau* in 1 St. auf den *Hochkogl*, von welchem man in 1 St. zur *Mayralpe* gelangt. Der bequemste, aber längste Weg führt vom *Laudachsee* hinan; doch auf allen hat man die bösen Stellen, die schmalen Felskanten, welche über den See hinaushängen, zu passiren. Das Schlimmste ist, dass der Berg wegen seiner isolirten Lage und Höhe oft unversehens und plötzlich in Wolken gehüllt wird, die an den gefährlichsten Stellen keinen Schritt vor - noch rückwärts thun lassen.

Geognost. Die Hauptmasse des Traunsteins ist Dachsteinkalk, an seinem Nordfuss, im *Gschliergraben*, lagert aber auch unmittelbar über Seewerkreide mit Ananchytes ovatus nach v. Hauer der grünkörnige Nummulitensandstein und Nummulitenkalk, auch findet sich Urfelsconglomerat. Bei *Oberwies*, 1 St. nördlich von Gmunden, kommen Fucoïdensandstein und weisser Nummulitenkalk vor.

Die östlichen Partien von *Gmunden* lassen sich zusammen in einer Rundreise um den *Traunstein* in einem Tage bequem bereisen. Man rudert zum Fusse des *Traunsteins*, ersteigt von dort über die *Leinastiege* den Rücken und kömmt jenseits durch den Wald zum einsamen *Laudachsee*, wohin man auch von der *Eisenau* über den *Hochkogl* gelangen kann. Am *Laudachsee* halten wir Mittag, steigen dann in 1 St. zur *Himmelreichwiese* hinan, und werden hier, aus der dunkeln Waldeinsamkeit des Gebirgs wieder heraustretend, durch die herrlichste Uebersicht der

Umgebungen von Gmunden und seinem See in der Abendbeleuchtung überrascht. In 1 St. sind wir wieder im Quartier.

Auf der West- und Südwestseite von *Gmunden* liegen noch
3 bemerkenswerthe Orte. Zunächst *Gmunden* tritt eine Halbinsel in den See, auf welcher das Schlösschen *Ort* ruht; ein
zweites gleichnamiges ist in den See hinaus gebaut, dieses See-
schloss hängt mit dem Landschlosse durch eine Brücke zusammen. An dem Seeschlosse sollen sich die frühesten Besitzer,
2 Grafen von Ort, arm gebaut und dann erst das Landschloss
angelegt haben. Die Grafen von *Ort* kommen schon in der ersten
Hälfte des 14. Jahrh. vor. Früher noch sass Gisla von Ort und
Veldsberg in Altmünster, wohin auch das Dorf *Ort*, 50 H., 336 E.,
gehört. Nach mannigfaltigem Wechsel wurde es kaiserliches
Eigenthum unter Rudolf II., 1592. Ferdinand II. schenkte es
1625 dem Grafen Adam von Herberstorf; im Bauernkriege zerstörten es die Bauern, doch baute er es 1626 wieder auf. Später wurde es wieder kaiserlich und ist es geblieben. Grosses
Brauhaus. Von *Ort* an bildet der See nochmals eine westliche
Bucht, in deren Hintergrunde das Dorf *Altmünster*, 50 H., 329 E.,
liegt, die älteste Pfarre der Umgegend, schon 1236 antiquissima
Parochia monasteriensis genannt. Daher ist auch die Kirche
merkwürdig; sie hat ein Gemälde Sandrarts, einen Römerstein,
viele alte Grabmonumente, z. B. das des Grafen Herberstorf. —
An dem südwestlichen, aus der Bucht wieder vortretenden Ufer,
Ort gegenüber, ¼ St. von *Altmünster*, liegt das schöne Schloss
Ebenzweier, das sich in den Fluten spiegelt, dabei ein Dorf,
24 H., 164 E. Das Schloss, vorher einem Herrn von Klodi gehörig, wurde von dem Erzherzoge Maximilian von Oesterreich-
Este gekauft und mit reizenden Anlagen umgeben. Vor kurzem
ist er hier gestorben.

Auch dieser westliche Bezirk der Umgebungen von *Gmunden* lässt sich füglich in einem kleinen Tagmarsch abmachen.
Von *Gmunden* nach *Pinsdorf* zum *Auracher Holzaufzug* und dem
Bauerngrabe, ½ St.; von hier in 1 St. auf den *Gmundnerberg*;
über seinen langgestreckten Rücken jenseits hinab in das Thal
der *Aurach*, die *Fichtau*, wo wir in 1½ St. in der *Reindlmühle*
zukehren, dann tritt man den Rückweg an über einen niedrigen

Sattel, der den *Gmundnerberg* südlich abschneidet. In einem niedlichen Grunde voller Bauernhäuser steigen wir herab, gerade im Angesicht des majestätischen, jenseits des Sees sich erhebenden *Traunsteins* nach *Ebenzweier*, in 1¼ St. Nachdem wir uns in *Altmünster* umgesehen, miethen wir einen Nachen und fahren um das Schloss *Ort* herum nach *Gmunden*, an dessen kleinem Markusplatze unsere Gondel hält.

Der *Traun-* oder *Gmundner See* ist unstreitig einer der schönsten Seen, sowohl durch seine Bergformen, als den Wechsel vom Ernsterhabenen zum Lieblichsanften. Grossartig und feierlich erscheint er, wenn man bei *Langbath* sein südliches Gestade betritt, wenn düster beschattete Wände seine dunkelgrünen Fluten noch mehr umdunkeln und nur die weiss und rothen Marmorwände in den See hinabtauchen und sich spiegeln, wenn die hohen Felsengiebel und Dome ebenso tief hinabzuragen scheinen in die ölige Flut, über welche der Nachen hingleitet, als sie in den Himmel über den See aufsteigen. Jede Fernsicht verhindert der dunkele, im Schatten stehende *Sonnensteinspitz*, dessen Wände nach Osten in den See hineintreten und hinter ihm steigt der Beherrscher des Sees, der *Traunstein*, mit seinen nackten Wänden, von der Sonne vergoldet, östlich empor, daher erscheint hier der See als ein von Felsenwänden umschlossener Spiegel, ähnlich dem Hallstädter See. Kaum aber hat der Nachen das Kap des *Sonnensteinspitzes* gewonnen, so eröffnet sich eine neue Welt; der Blick schwebt über die gekräuselte Fläche hinaus ins Land: links die felsige, weit vorspringende Halbinsel, auf welcher das stattliche *Traunkirchen* ruht, rechts die gewaltige, senkrecht aufstrebende Masse des *Traunsteins;* zwischen beiden hindurch die weissen Häuserreihen, die Schlösser und Kirchen von Gmunden am fernen grünhügeligen Gestade. Die 3 Hauptpunkte für Reisende sind: 1) der Anblick des Sees von *Langbath* aus; 2) der letztbeschriebene Punkt unter den Wänden des *Sonnensteinspitzes* und 3) der Rückblick von den *Gmundner Höhen.* Hier bei diesem See möchte die Fahrt abwärts lohnender sein, als aufwärts, besonders weil, wenn der *Sonnensteinspitz,* aufwärts kommend, gewonnen ist, der Blick in den oberen Seekessel und das Traunthal nach Ischl zu nicht so schöne

32 *

Formen findet, als abwärts. Der See hat von Norden nach Süden die Länge von $3\frac{1}{4}$ St., ist $\frac{1}{2}$ St. breit, 600' tief und sehr fischreich. Er hat, wie die meisten am Ausgange der Gebirge liegenden Seen, seine steten Passatwinde, so lange das Wetter gut bleibt. Morgens weht der Südwind leise aus dem Gebirge; gegen Mittag setzt er in Nordwind um, welcher oft sehr heftig wird; gegen Abend tritt wieder Bergwind von Süden ein, welcher gegen Mitternacht mit dem Landwind von Norden her wechselt. Wehen andere Winde oder wechseln sie die Zeiten, so ist es ein Zeichen von einer baldigen Witterungsveränderung. Der Fichtauer oder Südwestwind ist hier der gefürchtete, weil er oft plötzlich eintritt und daher um so gefährlicher wird. Deshalb ist auch die nördliche, von Westen und Südwesten her offene Gegend des Sees die gefährlichste. Ueberhaupt ist seine nördliche Hälfte fast fortwährend in Bewegung, während die südliche, vom Gebirge gedeckte und geborgene Bucht einer Oelfläche gleicht. Fast kein See treibt so hohe Wogen, wie der *Traunsee*, und er ist einer der fürchterlichsten im Sturme. Seit 1782 fährt man mit Segeln, indem man den Passat benutzt. Einem grossen Bedürfnisse hat die Dampfschifffahrt auf diesem See abgeholfen; denn die Schifffahrt ist nicht nur wegen der am See liegenden Orte, die meistens nur zu Wasser mit einander in Verbindung stehen, belebt, sondern auch durch die Salzschifffahrt, die über den See geht, der vielen Ischler Badegäste, welche bei gutem Wetter diesen herrlichen Spiegel oft befahren, und der von Wien über Ischl nach Salzburg Durchreisenden nicht zu gedenken. 2 Dampfschiffe befahren den See, 1 St. nach Ankunft des Bahnzugs fahren sie ab, legen in *Traunkirchen* an und landen in *Ebensee*, so dass man von jedem Endpunkte zweimal am Tage den andern erreichen kann. In *Ebensee* warten Gesellschaftswagen für Reisende nach Ischl.

Die Seefahrt. Fast das ganze östliche Gestade fällt in steilen Wänden in die Fluten hinein; das westliche ist bis *Traunkirchen* flacher und angebaut. Abgesehen von den bereits berührten nächsten Umgebungen ist der erste merkwürdige Ort *Traunkirchen*, 103 H., 559 E. Aeusserst malerisch lagert es sich auf ein Felsenvorgebirge, das aus dem westlichen Ufer weit in den See vorspringt; aus den grossen Bäumen ragen die Häuser und die Kirche hervor. Der Sage nach wurde die Kirche *Neumünster*, das jetzige *Traunkirchen*, zum Andenken eines Sieges über die Ungarn 907 von den alten Markgrafen von Steier, den *Traungauern*, erbaut. Unter dem jetzigen Namen kömmt es im 12. Jahrh. vor als Nonnenkloster, dieses wurde jedoch 1563 unter Ferdinand I. aufgehoben. Im J. 1621 verlieh Ferdinand II. Traunkirchen den Jesuiten. Die Kirche wurde 1632 nach einem Brande von ihnen wieder glänzender, allein leider in ihrem bekannten geschmacklosen Stile erbaut. Nach Aufhebung der Jesuiten, 1773, ward es wieder kaiserlich. In der ehemaligen Jesuitenresidenz wohnt jetzt der Pfarrer und Weinkellerverwalter. Das Sulzl'sche Gasthaus ist gut. *Traunkirchen* ist einer der schönsten Punkte des Sees; südöstlich die hohen Felsenmauern und der düstere Seekessel, nördlich die reizenden Gestade von Gmunden. Die schönsten Partien sind: die *Halt*, ein steiler Felsenhügel mit Bauernhöfen, der *Calvarienberg* und *Johannisberg*. Gerade südlich von *Traunkirchen* steigt jenseits einer rechts eingehenden Bucht der *Sonnensteinspitz* (2832') als ein abermaliges, jedoch höheres Vorgebirge als Traunkirchen, aus den Fluten steil empor. 1861 wurde er durch einen Waldbrand baumlos. Noch jetzt erkennt man die Verwüstung an den braun und schwarz kahl emporragenden Felsenwänden und einzelnen halbverkohlten Baumstrünken. Man führt, um ihn zu besteigen, rechts in die Bucht zur Einmündung des *Siegbachs*, der seinen Namen von jenem erwähnten Siege über die Ungarn erhalten haben soll, und in 1 St. schon hat man seine Zinne erstiegen, welche den schönsten Ueberblick des Sees gewährt, da dieser Berg weit in den See hineintritt und der eigentliche Theiler des oberen und unteren Sees ist. Ein Fusssteig führt von *Traunkirchen* am *Siegsbach* hinan über die *Siegsbachmühle*, *Thalwiese* und die *Farnaualpe* und durch das untere *Langbaththal* nach *Langbath* und *Ebensee*, der einzige Landverbindungsweg zwischen *Traunkirchen* und *Ebensee*. Die Frohnleichnamsprocession wird in *Traunkirchen* zu Schiff gehalten, ein eigenes Schauspiel. Von *Gmunden* führt eine schöne breite Strasse an dem westlichen Ufer nach *Ebensee*. Gerade *Traunkirchen* gegenüber liegt

die *Eisenau;* etwas südlicher von ihr die *Karbachmühle.* Von
hier schwamm ein kühner Jüngling allnächtlich hinüber nach
Traunkirchen zn seiner Geliebten, einer Nonne in dem dasigen
Kloster, bis ihn zuletzt die Wogen einer stürmischen Nacht verschlangen. Joseph von Hammer hat diesen Leander des Traunsees in einer Ballade besungen. Im *Karbachthale* hinauf kömmt
man in 1 St. zu dem schönen *Karbachfall.*

   Von *Traunkirchen* fahren wir nun das Kap des *Sonnensteins*,
wo, wie an den Falkensteinen des Königs- and Obersees, zum
Andenken eines Unglücksfalles ein Kreuz angebracht ist, nach
Langbath, wohin auch am westlichen Ufer über Traunkirchen
seit kurzem die Poststrasse führt. Im Süden öffnet sich das
Traunthal, welches sich besonders durch die langen horizontalen Flötze der *Hohen Schrot* bemerkbar macht. Da wo die Traun
einmündet, erstreckt sich der ehemalige Seeboden noch gegen
1½ St. weit im Thale hinauf, als eine bedentende horizontale
Ebene. Auf dieser schönen grünen Fläche liegen viele Häusergruppen zerstreut, *Langbath*, 236 H., 2443 E., auf dem linken,
und *Ebensee*, 289 H., 1803 E., auf dem rechten Ufer der Traun,
dazu *Langwies*, 69 H., 434 E. In *Langbath* ist das nenerbaute
Salzsudhaus, wo jährlich 450,000 Ctr. Salz gewonnen werden.
Die Soole läuft von Hallstadt und Ischl hierher, und besteht
aus 1 Theile Ischler Soole und 3 Theilen Hallstädter Soole; der
grosse Getreidekasten. In *Ebensee* befindet sich die Schatzl-
säge, nach ihrem Erfinder Schatzl genannt, welche alle Theile der Fässer zur Salzverpackung in Gmunden liefert. Die
Schwimmschule für Knaben. Gasthaus: die Post in Langbath
— 3 Bäche ergiessen sich hier aus dem Gebirge in diese Ebene,
davon 2 in die Traun, 1 in den See.

   Die *Langbath* stürzt aus einem stark aufsteigenden Gebirgs-
thale herab und in Langbath in die Traun. Eine gut gebahnte
Strasse führt durch dieses romantische Thal westlich hinan in
das *Höllgebirge.* In 1 starken Stunde erreicht man die einsam
gelegene *Krehralpe;* über die Baumwipfel starren die kahlen
Wände des *Feuerkogls* und *Kranabitsattels* herein. Noch ¼ St.
und wir stehen am Ufer des *Vorderen Langbathsees*, welcher gegen ½ St. lang und kaum eine halbe Viertelstunde breit ist. Er

ist sehr einsam, rings von Wald eingeschlossen und bietet nichts Besonderes. Am besten thut man, wenn sich Schiffer finden, über ihn zu fahren, da der Fusssteig links an seinem Ufer durch den Wald hin schlecht ist. Am oberen Ende liegt ein äusserst einsames Jägerhaus, von wo man noch ziemlich ½ St. ansteigen muss, bis man den *Hinteren Langbathsee* erreicht, der zwar kleiner, als der vorige ist, denn er ist kaum ½ St. lang und halb so breit, aber dagegen ein viel schöneres Bild erhabener Einsamkeit darbietet. Den Hintergrund ummauert ein hohes, kahles Felsenamphitheater; die hohe *Schafalpe*, der *Brunnkogl* und die *Todtengräben* überragen den prächtigen Urwald, der sein Gestade nicht nur umzieht, sondern auch auf Halbinseln in denselben vorspringt. Dieses macht eine zauberische Wirkung auf den grünen Seespiegel, welcher sich zwischen Halbinseln tief hinein in ein geheimnissvolles Dunkel zieht. Von der *Krehralpe* führt ein Steig auf den *Kranabitsattel* in 3 St.

Einer der belohnendsten Ausflüge von *Langbath*, ja im Salzkammergute, ist der auf den eben genannten *Kranabitsattel*, schon berühmt durch die herrliche Schilderung von Schultes. Das *Höllgebirge*, zu dem diese Alpe gehört, ist ein Kalkgebirgsstock, der sich zwischen dem obersten Theile des Gmundner- und Attersees hinstreckt, südlich durch die 2 Weissenbäche von der Bergmasse der Ziemitz getrennt, nördlich sich durch die Gebirge der Fichtau zum Land abstufend. Die Hochfläche vielfach ausgehöhlt, zerrissen und von Felsenrippen durchrankt. Der bequemste Weg steigt über den *Calvarienberg* in 2 St. auf das *Gsoll*, eine von Wald umgebene Wiese; vom *Calvarienberg* schöner Rückblick auf die Trannebene am See. Abermals im Walde aufsteigend kömmt man in 1 starken Stunde zu den 4 Alphütten des *Kranabitsattels*, von wo man den *Feuerkogl* (4990') die höchste Spitze des Sattels, ersteigt in ½ St. Der *Grosse Höllkogl* (5548') ist zwar als höchste Spitze der ganzen *Höllgebirgsgruppe* höher, aber dennoch gewährt er nicht diese schöne Aussicht: im Norden die baierischen und österreichischen Ebenen, im Süden als Gegensatz die gletscherumlagerten Gipfel des Dachsteins; westlich der kühngeformte Schafberg und in grösserer Ferne die Gebirge von Salzburg und Berchtesgaden; östlich die Aussoer und

österreichischen Kalkgemäuer; in der Tiefe vor allen die schönen Seespiegel, welche, oft unterbrochen von den dunkeln Bergmassen, zwischen ihnen heraufblinken; so erscheint der Attersee 4 — 5 mal getheilt, während der Traunsee als ein dreifacher
See sich darstellt. Zunächst in der Tiefe liegen dunkelumsäumt
die beiden Langbathseen, entfernter der Offensee. Man glaubt
daher 11 Seen zu erblicken. Abwärts kann man den kürzeren
Weg über die *Mühlleiten* am *Miesenbacke* nehmen; in 2¼ St. sind
wir wieder unten in *Langbath*.

Wir besuchen nun auch die jenseitige Thalseite der Traun.
Die Traun überschreitend kommen wir nach *Ebensee*, halten uns
am See hin, wo wir einen sehr schönen Punkt erreichen, von
dem aus man zwischen den hohen, dunkeln Bergwänden hinaus
nach Gmunden und dessen sonnigen Geländen blickt. Bald darauf erreichen wir an der Mündung des *Rinnbachs* den grossen
Holzrechen des Rinnbachs, wo Adnether Ammonitenmarmor ansteht; aus Quadersteinen aufgemauert nimmt er 2000 Klaftern
Holz auf. Im *Traunsee* selbst ist ein schwimmender Holzrechen; zusammengekettete Stangen schwimmen im See und bilden einen grossen Bogen in demselben, um das aus der Traun
kommende Holz aufzufangen; die Kähne gleiten leicht über dieses schwimmende Gestänge hin. Hier betritt man das wildschöne
Rinnbachthal, geht an einer Mühle vorüber, und kömmt bald
darauf zum *Rinnbachsturz*, der aber nur durch Regen oder Kunst
geschwellt bedeutend ist.

Am östlichen Gestade des Sees, zwischen dem *Karbach-* und
Rinnbachthale, erhebt sich ein hoher, pyramidaler, unersteiglich
scheinender Berg, der *Erla-* oder *Edlakogl* oder *Spitzlstein* (4870').
An seinem linken Absturz ragt selbst eine überhängende Fels-
masse hervor. Von Ebenzweier aus gesehen zeigt sich eine herrlich grüne Matte an seinem Horne. Von *Ebensee* aus steigt man
zuerst allmählich auf einem sanften Abhange hinan, nachdem
man den *Rinnbach* überschritten hat; nach 1 St. wird der Weg
steiler; in 2 St. von Ebensee hat man die Sennhütten erreicht.
Von hier aus erklimmt man in 1½ St., wenn auch auf beschwerlichem, doch nicht gefährlichem Steig den Kogl. Die Aussicht
ist sehr lohnend: hinaus nach Gmunden und Ebenzweier, in

die düstere Grünau, auf die Alpen am Offensee und zu den Eisfeldern des Dachsteins.

Noch etwas weiter gegen den *Traunstein* zu kömmt schäumend der *Röthelbach* in den See herab, oben aus enger Schlucht
hervorbrechend; seinen Namen hat er von der rothen Farbe bei
nassem Wetter; allenthalben findet man, besonders oben am *Röthelstein* gegen den *Edlakogl* hinauf, die Wände oft blutroth gefärbt. Der Steig führt vom See sehr steil hinan und ist nur
Schwindellosen anzurathen; höher oben über dem Bach biegt
man gegen das Gebirge ein und hat nun den Abgrund des Baches unter sich; man passirt eine wegen abrollender Steine böse
Stelle, und so steht man vor der *Röthelbachhöhle* in einer öden
Felsschlucht. Man steigt etwas abwärts in sie hinein und steht
dann vor einem kleinen, aber tiefen See, welcher von einem
ziemlich hohen Gewölbe mit Tropfstein überspannt ist. Der
Rückweg ist wegen des steten Hinabblickens auf den See in der
schwindelnden Tiefe noch schwieriger.

Der letzte Ausflug bringt uns zum *Offensee*. Von *Ebensee*
aus wandert man durch die schöne Traunebene südlich fort, bis
sich dieselbe schliesst; hier kömmt links östlich aus dem Gebirge der *Frauenweissbach* heraus, der Abfluss des *Offensees;* ihm
auf schön gebahnter Strasse aufwärts folgend kommen wir über
die Thalstufe der *Dürren Leite*, rechts in den schönen Gebirgskessel des Sees, 3 St. von Langbath. Hier liegen ein kaiserliches Forsthaus und einige Alphütten, unter denen sich die des
Hofschmiedes in Ebensee durch ihre Stallungen für 50 Rinder
auszeichnet. Der *Offensee* selbst ist nur $\frac{1}{4}$ St. lang und nicht
ganz so breit. Von Wiesen und Feldern zunächst umgeben,
starren über diese im Halbkreis hohe Felsenmauern empor mit
dem *Rinnerkogl* (6030'), auf dem Todten Gebirge an der steierischen Grenze. Durch eine Klause wird der See zum Holztriften geschwellt.

Vom *Traunsee* geht es im *Traunthale* selbst weiter hinan;
rechts zieht dicht über der Strasse die Soolenleitung hin, welche von Ischl kömmt; links bildet die ganze Thalwand von
Frauenweissenbach an bis zum *Rettenbach* die *Hohe Schrot* (5490')
mit ihren horizontalen Schichtungen; sie tritt als eine breite

Masse vom Todten Gebirge nordwestlich heraus gegen die Traun
und nöthigt sie zu einer südwestlichen Richtung; neben uns die
schnell dahin eilende prächtige Traun; im Rücken blickt uns
der Traunstein nach, bald wie eine Geistergestalt verschwindend, bald wieder vortretend, je nach den Richtungen des Thales. Rechts öffnet sich der *Mittlere Weissenbach* mit einem Holzrechen, in welchem das Holz der oben beschriebenen Aufzugsmaschine aufgefangen wird. Auch durch dieses Thal hinauf und
im *Aeusseren Weissenbach* herab führt eine Strasse zum *Attersee*
in 3 St. (s. oben). In der Traun liegen einzelne ungeheure Felsblöcke, einst den Gebirgen entstürzt; darunter der *Kreuzstein*,
wo einst eine Marktfähre mit allen darauf befindlichen Personen scheiterte und unterging, und der *Kohlenstein* mit einem
Kreuze geschmückt. Bei einer grossen Köhlerei vorüber gelangt
man zum grossen *Rettenbachholzrechen*, welcher den Holzreichthum des Rettenbachthales auffängt; er fasst 2400 Klaftern Holz.
Die Gegend öffnet sich, die Bergrücken weichen aus einander,
wir betreten den weiten schönen Thalkessel von *Ischl.*

    Ischl, ein Markt (1538'), 280 H., 1976 E., auf beiden Sei-
ten der Traun und der Einmündung der *Ischl*, welche westlich
aus dem *Wolfgang-* oder *Abersee* hereinkömmt. *Ischl* ist der Mittelpunkt des Salzkammergutes; alle Hauptgegenden des ganzen
Gebietes vereinigen sich hier durch das Zusammentreffen grosser Thäler, ebenso kommen auch von allen umherliegenden Gebirgsgruppen die Bergrücken hier strahlenförmig zusammen; ihre
äussersten Auslaufpunkte bilden den Kreis der lieblichen Hügel um *Ischl* mit ihren reizenden Aussichten auf die Umgebungen und ihren Anlagen. Von Süden öffnet sich das *Obere Traunthal* nach dem *Hallstädter See;* nordöstlich zieht das *Untere
Traunthal* hinab zum *Traunsee;* westlich erstreckt sich das *Thal
der Ischl* hinaus zum *Wolfgangsee;* östlich kömmt das *Rettenbach*
herab. In dem Winkel zwischen der Ischl und unteren Traun
liegt die Bergmasse der *Ziemitz* mit dem *Leonsbergzinken* (5188'),
dem östlichen Flügel der Schafbergkette. Den Winkel zwischen
der Ischl und oberen Traun füllt das *Katergebirge* (5172') aus,
zu der Gruppe des Ringkogls gehörend. Zwischen der oberen
Traun und dem Rettenbach erhebt sich der *Ischler-Ausseer Salz-*

berg; den *Bettenbach* scheidet die Masse der *Hohen Schrot* von der unteren Traun. — 3 Hauptstrassen führen zu *Ischl* hinaus: 1) westlich an der Ischl hinan über *St. Gilgen* am *Wolfgangsee* und Hof in 3 Stationen nach Salzburg; 2) nördlich über Ebensee, den Traunsee nach Gmunden, Roitham, Lambach und Wels nach Linz; 3) südlich das Traunthal hinauf bis nahe zum Hallstädter See, über die Pötschen, Aussee, Mitterndorf, Steinach, Lietzen im Ensthal nach Gratz.

Der Sage nach wurde schon 1192 bei dem jetzigen *Pfandl* Salz gesotten. Als Dorf erscheint *Ischl* später; das frühere Landgericht hatte seinen Sitz auf dem jetzt verfallenen Schlosse *Wildenstein.* Unter Ottokar, König von Böhmen, erhielt das Kloster Mondsee 1262 eine Abgabe an Salz von seinen Gütern unterhalb des Ischlflusses. Kaiser Rudolph I. schenkte der Kirche zu Ischl von jedem vorbeifahrenden Salzschiffe eine Abgabe. 1466 wurde *Ischl* von Kaiser Friedrich IV. zum Markte erhoben. Als 1715 das Schloss *Alt-Wildenstein* abbrannte, nahm das Landgericht bis 1770 in Ischl seinen Sitz, von wo es dann nach dem neuerbauten Schlosse *Neu-Wildenstein* in Goisern verlegt wurde. Als sich der Ort vergrösserte, wurde die alte Kirche 1760 eingerissen, mit Ausnahme des Kirchthurms, in welchem eine römische Inschrift mit einigen Figuren befindlich ist. Der *Salzberg* war die Hauptursache des Emporblühens; er wurde 1562 entdeckt, und liefert jährlich zu den Siedpfannen in *Ischl* 600,000 Eimer Soole, woraus 200,000 Ctr. Salz gewonnen werden. Das grosse neue Sudhaus ist sehenswerth. Es befindet sich hier ein Salinenverwesamt und Distriktskommissariat. Seit der Errichtung eines Soolenbades 1822 hat sich dar Ort bedeutend verschönert, sowohl durch neue Bauten, als auch durch Reinlichkeit, Ordnung und schöne Anlagen; die schönste ist die kaiserliche Villa mit dem prächtigen Garten und der Aussicht auf den Dachstein. Gasthaus Hôtel Elisabeth ersten, Post zweiten, Stern dritten Ranges, alle 3 gut. Ausser der Salzsoole fand man noch eine Schwefelquelle, welche benutzt wurde, und kohlensaure Bittererde, kohlensauren Kalk, schwefelsaure Bittererde, schwefelsauren Kalk, schwefelsaures und salzsaures Natron enthält.

Man hat daher hier jetzt Soolen- und Schwefelbäder, oder

brancht Soole nnd Schwefelwasser zngleich. Die Badeanstalt
ist dnrch Douche-, Spritz-, Schlamm-, muriatische Schwefel- und
Einathmnngsbäder, nebst dem Gebrauche der hier vorzüglich gnt
erzengten Molken, zweckmässig erweltert und ist Privatunter-
nehmen eines Ischler Bürgers. In dem von ihm errichteten Bade-
hanse, 1831 vollendet, beflnden sich ln 24 Kabinetten 25 Bäder,
wovon 20 Wanuenbäder nnd 5 Vollbäder, jedes 24 Eimer haltend. Ausserdem sind noch 10 Dnnst- oder Dampfbäder über
der Pfanne. Die Soolen- oder Schlammbäder können in jedem
Hanse gebrancht werden; der Schlamm ist die lm Salzberg ausgelaugte Erde, der Laist genannt. Jährlich nimmt die Zahl
der Badegäste zu, besonders seitdem der kaiserliche Hof regelmässig wochenlang bier weilt; ein Kaffeehaus; Bürgerspital,
Theater, Konditoreien, Bnch- und Kunsthandlungen, Telegra-
phenamt.

Anlagen nm Ischl. Zwischen der unteren Traun nnd
Ischl, also anf dem hügeligen Vorgebirge der *Ziemitz* liegt die
kaiserliche Villa, wo früher Schmalnaners Garten, daneben das
Panorama, der besnchteste Versammlungsort der Badegäste, besonders des trefflichen Kaffees und der schönen Aussichten wegen, unter denen der *Hainzerberg* und die *Dachsteins*ansicht her-
vorzuheben sind. — Zwischen der Ischl und oberen Trann ist
der *Calvarienberg* der schönste Standpunkt; ausserdem neben vielen anderen die Burgruine *Wildenstein*. — Zwischen der oberen
Traun und dem Rettenbach erhebt sich ein 420' hoher, bewaldeter Hügel, der *Sirius*- oder *Ihmdskogl*, mit dem *Sonnenschirm*
anf seinem Gipfel.

Weitere Ausflüge führen uns nun zn den 4 oben erwähnten Bergmassen, nämlich: 1) südöstlich zum *Salzberg*; 2) gegen Nordosten anf die *Hohe Schrot*; 3) nördlich zur *Ziemitz*; nnd
4) südwestlich über den *Calvarienberg* zum *Katerberg*.

Der *Salzberg* (3057'). Man gelangt bis zn dem Fusse des
Berges auf guter Strasse über *Reiterndorf*, 124 H., 906 E., nnd
Perneck, 89 H., 329 E., von wo man den *Salzberg* ersteigt; für
Kränkliche und sehr Schwache finden sich hier Tragsessel, anf
denen sie von Menschen hinaufgetragen werden Da das Salz-
kammergut im Gauzen arm ist, so ist diese Tragsesselanstalt,

so widrig sie erscheint, dennoch für die armen Leute ein Einkommen. Es ist daher auch als ein gutes Werk anzusehen, wenn sich ein Reicher hinantragen lässt. Oben, wo man das Berghaus erblickt, stürzen auf beiden Seiten desselben 2 Wasserfälle herab. An diesem mittleren Berghause vorbei kömmt man zum Einfahrtsmundloch des Kaiserin-Maria-Ludovika-Stollens; auf beiden Seiten desselben stehen 2 Pyramiden mit Inschriften, welche sich auf Befahrung des Berges durch den Kaiser und die Kaiserin beziehen. In das Innere des Berges geht man entweder auf dem sogen. Gestänge, oder fährt auf Grubentruhen, ähnlich den Wurstwagen von Hallein, von Bergleuten gezogen und geschoben, bis zu einer der Wehren (Sinkwerk oder ausgehauene Räume), in welche süsses Wasser geleitet wird, um den salzhaltigen Boden auszulaugen. Das Salzlager ist ein Flötzgebirge, dessen Länge 450, die Breite 100 und die bis jetzt gewonnene Tiefe 205 Klaftern beträgt. Ueber dem genannten Berghause befindet sich noch ein drittes, wo zugleich eine Schneidemühle ist, welche das zum Bergbau nöthige Holz schneidet. Auch ist hier eine Bergkapelle, in welcher jährlich für die Bergleute einmal Gottesdienst gehalten wird. Eine Wehre, wie die Erzherzogs-Karl-Kammer, enthält 60,000 Eimer Soole. Der *Salzberg* liefert jährlich 600,000 Eimer Soole. — Ueber den *Salzberg* hinan erreicht man in 1 St. die *Rheinsalzalpen* und in einer zweiten die *Hütteneckalpe* (4048′), beide mit schöner Aussicht.

Mineral. Ausser schönen Gypskrystallen, den gewöhnlichen Begleitern des Salzes aus den Sinkwerken, Anhydrit, Polyhalit, finden sich im Haselgebirge eingeschlossen: Glaubersalz, im Steinsalz gelbe Cölestinkrystalle; im Haselgebirge des *Gersdorffer Wehrs* mit dem Anhydrit zugleich lagerweise und eingesprengt Blödit oder Astrakanit und Löweit. Die Steinbrüche am Perneck liefern die Ammoniten des Hallstädter Kalks.

Von *Ischl* kömmt man in 1 kleinen Stunde nach *Rettenbach*, 123 H., 357 E. Die *Rettenbachmühle* ist ein Lieblingsspaziergang der Ischler. ¼ St. weiter hinan verengt sich das Thal zur wilden Felsenschlucht, der sogen. *Rettenbachwildniss*, welche jetzt durch Anlagen zugänglicher gemacht ist. Nachher erweitert sich das Thal, ist aber waldig; in 2 St. von jener Enge gelangt man in den oberen Thalkessel, wo 32 Alphütten liegen, die *Rettenbachalpe*. Von ihr führt ein Steig über die *Hohcleiten* und *Ramsau*

in 5 St. nach *Aussee*. — Auf diesem rechten Ufer der Traun erhebt sich der *Brachberg* oder die *Kothalm* in dem Winkel zwischen Rettenbach und der unteren Traun. Die verschiedenen
Namen betreffen mehrere Höhen einer und derselben Gebirgsmasse, nämlich der *Hohen Schrot* (5488'). Von *Ischl* folgt man
der Traun 1 St. lang auf der Strasse nach Langbath bis zu dem
rechts herabkommenden *Kesselbach*; dann in diesem Grunde 3 St
hinan zur *Kothalm*, oder von der *Rettenbachmühle* über *Trarleyg*
und die *Kothalm* zum Gipfel in 4 St. Auf dem Gipfel hat man
eine herrliche Aussicht über das ganze Traun- und Ischlthal und
deren 3 grosse Seespiegel: aufwärts schaut der Hallstädter See
aus seinem düsteren Schlunde hervor, westlich glänzt, von der
Abendsonne vergoldet, der ganze lang hingestreckte Wolfgangsee, gegen Nordost die ernsten Formen des Traunsees. Im Süden, alles überragend, spannt der Dachstein sein weites eisiges
Gewand aus, nördlich und westlich ziehen über die vorliegenden Bergmassen die Ebenen Baierns und Oesterreichs hin.

Nur durch die Traun geschieden erhebt sich westlich von
der *Kothalm* die Bergmasse der *Ziemitz*; unter ihren Gipfeln ist
der *Leonsbergzinken* (4890') der höchste, und gewährt eine der
schönsten Aussichten. 2 Wege führen hinan, ein kürzerer in
4 St. durch die *Ziemitzwildniss*, den *Kalkofen*, dann in dem *Weiten Ziemitzgraben* steil aufwärts zur *Schütt-, Tratt-* und *Leonsalpe*,
mit 14 Hütten, von wo man den Gipfel in 1¼ St. erreicht. Der
andere weitere Weg führt 2¼ St. im *Ischler Thale* hinauf, bis
zu der Torfstecherei in der *Rothau*, von wo man sich seitwärts
in den *Kienbach* schlägt, und leicht durch den *Lagergraben* emporsteigt zu der *Unteren Leonsberger Alpe*, wo man übernachten
kann. Letzterer Weg hat ausser der grösseren Bequemlichkeit
den Vortheil, dass man den Berg im Rücken umgeht und durch
die Aussicht plötzlich überrascht wird; man wählt daher letzteren zum Aufstieg, den ersteren zum Abstieg. — In der Tiefe
breiten sich auch hier weite und herrliche Spiegel aus, der Attersee, Mond- und Wolfgangsee; der Zackengipfel des Schafbergs, der Gletscher des Dachsteins und die nördlichen Flächen
sind Hauptgegenstände der Aussicht.

Der vierte Hochpunkt der Umgegend ist der *Katerberg*

(4588'). Wir wandern westlich durch die *Kaltenbachau.* Bei der
Brücke, welche die Salzburger Strasse rechts hinüber auf das
linke Ufer der Ischl bringt, wenden wir uns links und kommen
in 1½ St. von Ischl zum *Nussensee*, 305 Klaftern lang, 75 Klaftern breit, ein einsamer Waldsee. Von hier wendet man sich
südlich hinan über die *Stöcklalpe* zur *Kateralpe* (4596') in 3 St.,
in der nächsten Stunde steht man auf dem höheren *Hainzen*
(5172'). Die Aussicht sehr schön, besonders durch den Blick
auf den Wolfgangsee, die Umgebungen von Ischl, den Hallstädter See, gegen das Ausseer Gebirge und hinaus in das Land.

Durch das Thal der *Ischl* führt die Poststrasse nach Salzburg. ¼ St. von *Ischl* lassen wir links ein tempelartiges Brunnenhaus, den *Maria-Luisenbrunnen*, eine Schwefelquelle, gehen
dann über die Ischl beim *Pfandl.* Das Thal ist breit und die
vereinzelten Bauernhöfe liegen zwischen den zerstreut umher-
stehenden Baumgruppen und einzelnen Bäumen, wie amerika-
nische Ansiedelungen. Oberhalb der Brücke zweigt sich die
Strasse nach *St. Wolfgang* von der Salzburger Strasse ab; wir
folgen jetzt der ersteren, während die Salzburger Strasse am
südlichen Ufer des Wolfgangsees hinzieht. Das Gebirge gegen
Süden zeigt sich in sehr schönen Gruppen, so dass schon dar-
um die Reise nach Salzburg über St. Wolfgang, von wo sie jedoch zu Wasser gemacht werden muss, vorzuziehen ist. Im Verlaufe unserer Strasse kömmt rechts von Norden der *Kienbach* herab; ein Wegweiser zeigt hier zu *Wirers Wasserfall*, welchen der
aus dem *Halleswiessee* abfliessende *Russbach* bildet. Zu den besten Standpunkten führen Wege. Oberhalb des Wasserfalles
bringt uns ein angenehmer Steig links über die Höhe in das westlich angrenzende Thal, aus dessen Tiefe uns beim Abstieg bald
der *Schwarzensee* entgegenschimmert. Er ist nicht viel über ½ St.
lang und nur halb so breit; von Westen her fallen die Wände
des *Schafbergs* in das Thal ab; nur die Hütten der *Holzer-* und
Grafenalpe beleben sein Gestade und die Abhänge; doch findet
man hier treffliche Alpenkost; bei einer Fahrt über den See erfreut man sich an seinem Echo. Vom nördlichen Ufer wandert
man durch das von Sennhütten belebte Thal ziemlich eben 2 St.
aufwärts, bis dasselbe plötzlich abbricht und man durch eine

prächtige Aussicht in die Tiefe überrascht wird; denn man steht
gerade über der steilen Südbucht des *Attersees*, sowie über einem
Theil des *Mondsees*, über dessen ganze Länge man hinabschaut,
und weit hinaus ins flache Land. Ein guter Steig bringt hinab zum *Attersee* oder *Weissenbach*, von wo man durch den *Weis-
senbachgraben* nach *Ischl* auf wohlgebahnter Strasse zurückkehren kann.

Folgen wir vom *Schwarzensee* seinem Abflusse, dem *Schwar-
zenbache*, abwärts, so bringt uns dieser zu einem zweiten Wasserfall, dem *Wirers Strub*. An ihm führen Anlagen hinab zur
Ausmündung in das Thal der Ischl, wo die *Schwarzenbachmühle*
liegt und der Wanderer Erfrischungen aller Art erhält. Auf der
Strasse gelangt man zum *Wolfgangsee*; der schöne bewaldete Felsen zwischen unserer Strasse und dem Austritt der Ischl aus dem
See ist der *Pürgl*, und das Dörfchen jenseits der Ischl am See
ist der *Strobl*, von wo man zu Wasser nach *St. Wolfgang* fahren kann, beim Sarsteiner gut und billig.

Geognost. An beiden Enden und längs des Nordufers des St. Wolfgangsees
tritt, durch 2 Jurakalkvorsprünge getrennt, die Gosauformation mit ihren versteinerungsreichen Mergeln und mit Hippuritenkalk auf. So findet sich letzterer an
der Seeleiten östlich, der erstere westlich vom Ort, hier am besten aufgeschlossen
(Reuss). Die hiesige Bildung ist kohlenführend. Das Kreidebecken reicht bis Ischl.

Der *Wolfgang*- oder *Abersee* (1688') gehört unstreitig zu den
schönsten Seen unseres Alpenlandes, so dass Schultes mit Recht
von ihm sagt: „Ich habe noch keinen See gesehen unter den
vielen Seen, die ich sah, der so viel Zartes und so viel Grosses in einer so glücklichen Harmonie in sich vereinigte.“ Die
schönsten Ansichten hat man von Norden (St. Wolfgang), Osten
(Strobl) und von Westen (über St. Gilgen). Er zieht sich 2¼ St.
von Südost nach Nordwesten, bei einer Breite von beinahe ½ St.,
grösste Tiefe 360'. Fast in der Mitte tritt aus dem südlichen
Gebirge, vom *Zinkenbach* angeschwemmt und aufgebaut, eine
Halbinsel weit in den See vor und theilt ihn in den Oberen und
Unteren See; dort gleicht der See nur noch einem breiten Flusse.
Sein ganzes nördliches Gestade erfüllt die Bergmasse des *Schafbergs*, welcher sich steil, wenn gleich dieses seine sanftere Abdachung ist, aus seinen Fluten erhebt, an manchen Stellen mit
senkrechten Felsenvorsprüngen und Vorgebirgen; dort zeigt sich

vorzüglich schön das Felsenkap des *Falkensteins;* nur mühsam
hat der Ort *St. Wolfgang* ein Plätzchen, eine Bucht gefunden,
wo er sich ansiedelte. Weniger steil erhebt sich allmählich aus
dem Boden des Sees das jenseitige südliche Ufer; kein Felsen-
vorsprung verhindert dort den Strassenzug an seiner Fortsetzung,
wie hier der *Falkenstein.* Fast in der Mitte des Sees bricht der
verheerende *Zinkenbach* aus den südlichen Bergwänden hervor,
und sein Gebiet ist es, dessen Gebirgsumzäunung in einem Halbkreise vom *Strobl* bis *St. Gilgen* das südliche Ufer umgibt. Das
Gebirgsamphitheater hebt an im Osten mit der auffallend geformten *Sparbe,* zieht südlich hinan zum *Rettenkogl,* wendet sich westlich über den *Pitschenberg,* den *Hohen Zinken* und *Genner,* von
dem es wieder nördlich herabzieht über das *Königsberghorn,* den
Zwölferkogl und *Saukogl* zum oberen Ende des Sees bei *St. Gilgen.* Dieses ganze Berggebiet ist gegen den See durch niedrigere Höhen geschlossen. Von *St. Wolfgang* aus blickt man in
diese Bergwelt hinein, die sich in den auffallendsten Gestalten
und den verschiedensten Tonabstufungen zeigt, indem bald ein
naher Vorberg im Schatten trotzig sich vor die im Duft der
Ferne und im Glanze der Sonne ruhenden Hintergründe hin-
stellt, ohne sie decken zu können, bald eine weite Oeffnung
einen Blick in dieses Berggewimmel mit seinen Wäldern und
Matten, mit seinen Wänden und Zackengipfeln gestattet. Das
ist die Ansicht des Sees von *St. Wolfgang,* oder dem *Falkensteine*
aus. Auf der Höhe über *St. Gilgen* schwebt der Blick über die
ganze Länge des Sees nach Osten hin; rechts hat man die eben
beschriebene Bergwelt, die sich hier in ihren Vormännern zeigt,
links die grosse Masse des Schafbergs, welche zuletzt mit der
Falkensteinwand einen kühnen Sprung in den See thut. Darüber hinaus dringt das Auge durch das Thal der Ischl bis in
die 5 St. entfernte Gegend von Ischl; dort wo sich der Katerberg herabsenkt, liegt der Markt. Am östlichen Gestade, dem
unteren Ende des Sees, zeigt sich ein runder Felsenhügel, der
Bürgl (ähnlich dem Bürglstein bei Salzburg), welcher in den See
vorspringt, wie so oft an den unteren Enden der Seen. So heiter uns dieser See, wenn wir die etwas einsamen und schattigen Auen des Ischlerthales durchwandert haben, anlacht, so

tückisch braust oft plötzlich der Westwind zu dem dorthin offenen Thore herein und wühlt seine Wogen ausserordentlich auf.

Der grösste Theil des Sees ist salzburgisch, und nur die
Strecke von dem Ausfluss der Ischl bis etwas oberhalb St. Wolf-
gang ist österreichisch, so dass Strobl am unteren Ende des
Sees und St. Gilgen am oberen Ende mit dem ganzen südlichen
Ufer, sowie vom nördlichen Ufer die Strecke von St. Gilgen bis
gegen St. Wolfgang, salzburgisch ist. St. Wolfgang selbst gehört noch zu Oesterreich. *St. Wolfgang* ist der merkwürdigste
Ort am See und gibt dem sonst *Abersee* genannten nicht mit
Unrecht seinen Namen, ein sehr alter Markt, 103 H., 758 E.
Mehrere Gasthäuser: der Rösselwirth, Gröbmer, ist zugleich Besitzer des Schafberghauses. Der beste Führer ist Panzner (der
Bergknapp), namentlich für Geognosten. Den Namen erhielt dieser Wallfahrtsort von dem heiligen Wolfgang, welcher aus Franken[1] kam und sich am Falkensteine eine eigene Kapelle erbaute; die Benediktiner zu Mondsee erbauten darauf eine Kirche
in der Nähe jener Kapelle, um welche sich der Markt ansiedelte. Sehenswerth ist: die herrliche alte *Wolfgangskirche*, in
gothischem Stile 1429 erbaut. 9 schöne Altäre schmücken das
Innere. Der reich vergoldete Hochaltar mit prächtigen Flügelgemälden (die Thaten des Heiligen, des Heilands und Hauptbe-
gebenheiten aus dem Leben desselben darstellend) und Meissel-
arbeiten von Michael Pacher aus Bruunecken; die Gemälde sollen nach dem Urtheile der Kunstkenner von Wohlgemuth sein.
Der Kanzel gegenüber steht der Frauenaltar und die Gnaden-
kapelle, welche der Heilige selbst gebaut haben soll. Am Haupt-
pfeiler der Kirche steht der St. Wolfgangaltar, rechts von ihm
der Kreuz-Antoni-Altar und links der Joseph-Anna-Altar. Auch
diese Altarblätter sind gut gearbeitet, aber von unbekannten
Meistern. In der Sakristei St. Wolfgangs Pastorale, Evangelien-
buch und schöne Kelche. Vor der Kirche steht noch ein sehr
schöner eherner B r u n n e n. Auf einem marmornen Fussgestell
erhebt sich eine kurze, zehnkantige Säule mit Basreliefs, auf

---

[1] Auch in der Gegend von Henneberg, bei Meiningen, lebte der heilige Wolfgang einige Zeit auf einer Insel des Hermannsfelder Sees: jetzt, nachdem der See
abgelassen, das Wolfganggut genannt.

welcher das weite, helltönende Wasserbecken ruht; aus der Mitte
des Wassers steigt die mit Bildwerken gezierte Säule abermals
empor und trägt zu oberst die Bildsäule des heiligen Wolfgang;
4 aus dieser Säule hervortretende Röhren spenden ein köstliches
Wasser. Eine alte Inschrift verkündet den Künstler: G o t t
h a b' u n s a l l i n s e i n e r A c h t, m a i s t e r L i e n h a r t z u
p a s s a w hat mich gemacht, d u r c h m a i s t e r l i e n h a r t
r a u n a c h e r s t a t p r u n n m a i s t e r t z u p a s s a w. 1515.
Ueber dem Brunnen erhebt sich ein Gewölbe, von 4 Säulen ge-
tragen.

Ein sehr lohnender kleiner Ausflug von *St. Wolfgang* ist der
auf den *Falkenstein*, welcher 1 St. westlich nach *St. Gilgen* zu
liegt. Man durchsteigt bei einer Mühle ein Thälchen, welches
vom Schafberg herabkömmt, gelangt zu einer Kirche und einer
jetzt leer stehenden Einsiedelei, dem ersten Aufenthalte des heiligen Wolfgang; in der Kirche ist ein alter, mit einem Gitter
versehener Altar. Etwas weiter kömmt man zu dem Wunder-
brunnen, den der Heilige mit seinem Stabe schuf; auch hier steht
eine Kapelle; bei einer anderen Kapelle vorüber, wo Wolfgang
vom Satan bedroht wurde, gelangt man endlich zu der Kapelle
auf dem *Falkensteine*. Der Heilige warf nämlich sein Handbeil
von sich mit dem Gelühde, wo er es wiederfände, eine Kapelle
mit eigener Hand zu bauen; hier fand er es. — Auf dem *Falkenstein* wird man von einer herrlichen Aussicht überrascht: in
senkrechter Tiefe die grünblaue Flut weithin ausgespannt, dort
rechts St. Gilgen, links der Strobl in zweistündiger Ferne, gegenüber die oben beschriebenen Gebirge. Anstatt auf dem etwas beschwerlichen Wege zurückzukehren, steigt man vom *Falkenstein* nach *Ried* hinab, einer Häusergruppe, besteigt einen
Kahn und lässt sich nach *St. Wolfgang* rudern.

Ist es ein schöner Abend, so macht man eine Spazierfahrt
auf dem schönen See nach *St. Gilgen.* Man kömmt unter der
Falkensteinwand vorüber, welche eins der schönsten Echo's hat.
Mehr als 6 Silben spricht es deutlich nach und wiederholt die
einzelnen Silben, je nach dem Standpunkte, 7 — 8 mal. Daher
rufen die Schiffer hier: Heiliger Vater, Wolfgang, komm' ich
zurück? Sag ja! Ja! ja! ja! ja! ja! ja! ja! antwortet das Echo

33 *

bei gutem regelmässigem Luftzug; antwortet das Echo nicht, oder schwach, so ist es ein Zeichen einer Wetterveränderung; daher die Frage nicht so unpassend ist. An dieser Felsenwand vorüberrudernd kömmt man zu einem mächtigen, aus den Fluten ragenden Felsblock mit einem Crucifix, das *Hochzeitkreuz;* hier soll einst im Winter bei zugefrornem See eine muntere Hochzeitgesellschaft einen Tanz auf dem Eise gehalten haben, während die Spieler auf dem Felsen sassen; das Eis brach und alle ertranken, bis die Spieler, welche naehher dieses Kreuz errichteten. — Bald darauf erreicht man ein zweites Felseneiland, mit einer Art Kapelle versehen, *Zum Ochsenkreuz* genannt, von einem Metzger aus Dankbarkeit gestiftet; dieser führte 1 St. von hier am südlichen Seegestade einen Oehsen an der Kette; der Oehse wurde scheu, sprang in den See, und der Metzger, ihn nicht loslassend, wurde mit fortgeführt bis auf diesen Felsen, wo beide wohlbehalten landeten. — Bei *St. Gilgen* (verstümmelt aus St. Aegidii) steigen wir an das Land. Ist es ein schöner Abend und man sieht hier im fernen Osten, wohin sich das grosse Seethal erstreckt, den Vollmond aufsteigen über den Spiegel des Sees, so hat man einen Genuss mehr in dieser an so vielen Reizen reichen Gegend erlebt.

Nördlich von *St. Gilgen* führt eine Seitenstrasse über einen Bergrücken in einen Bergkessel, in welchem unweit einer verfallenen Glashütte und einem Wirthshause der niedliche *Krötensee* (1813′) liegt. Neuester Zeit ist hier auf einem Hügel über dem See eine schöne Wredensche Burg, *Hüttenstein*, erbaut, im Stile von Hohenschwangau; in der Einsamkeit dieses Bergkessels überrascht sie um so mehr; besonders schön stellt sie sich dar auf dem Wege zum Schafberge hinan, wo sie sich in dem See spiegelt; auf der Terrasse davor ist ein schöner Blumengarten. Ueber den nördlichen Rand des Bergkessels steigend kömmt man unter dem *Hüttenstein* vorüber zum *Mondsee*. Auf der Strasse nach Ischl wandern wir von *St. Gilgen* bis St. Wolfgang gegenüber. Man passirt zunächst das Branhaus am *Lueg*, wo auch früher die Mauth gegen Oesterreich bestand.

Nach 1½ St. von *St. Gilgen* kömmt man auf die grosse Halbinsel des *Zinkenbaches*. Da das Gebiet dieses Baches, wie oben

erwähnt, einen bedeutenden Raum im Südgebirge gegen die Abtenau hin umfasst, und die Vorberge alle Bäche, 22 an der Zahl,
nöthigen, sich zu einem Stamm zu vereinigen, so bricht hier
durch eine einzige enge Schleuse die ganze Wucht aller Gewässer dieses Gebietes heraus. Nur die vereinte Macht so vieler Bäche vermochte eine so grosse Halbinsel ans den Tiefen
des Sees aufzubauen. Man benutzte den Wink der Natur und
legte eine Klause, die *Zinkenbacher Klause*, zum Holztriften aus
jenen holzreichen Gegenden an, ein sehenswerthes Werk, sowohl
seines Baues, als der schönen Aussicht wegen über den ganzen
zweitheiligen See, und gerade gegenüber auf die Häusergruppe
von St. Wolfgang und seine Kirche. Im *Zinkenbacher Thale*, das
auch schöne Marmorbrüche enthält, steige man hinauf bis dahin, wo sich der *Königsbach* und *Schreinbach* zum *Zinkenbache*
vereinigen. Gleich oberhalb dieser Stelle kommt man an den
Schreinbachfall, der an Schönheit dem Waldbachstrub bei Hallstadt wenig nachgibt.

Der *Schafberg* (5628') bietet wohl die schönste Aussicht in
den deutschen Alpen. Wir haben schon alle Seen, die um ihn
ausgegossen sind, befahren, schon viele der von ihm sichtbaren
Gipfel bestiegen, und haben die Thäler durchzogen, die sich
aus weiten Entfernungen zu ihm heranziehen und die seinen Fuss
umwinden. Wir besteigen ihn absichtlich zuletzt und rathen jedem, der sich länger im Salzkammergut aufhält, es ebenso zu
machen, weil er nun hier oben die meisten seiner Kreuz- und
Querzüge überblicken kann, wie auf einer Karte. Von Salzburg
aus lässt sich der *Schafberg* bequem in 1½ Tagen, zu Wagen in
1 Tage besuchen, wobei der einzige Uebelstand, dass man die
schlechteste Belenchtung, die mittägliche, hat. Es gibt Aussichten, welche majestätisch-erhaben, andere, welche im höchsten Grade interessant sind; die Rundsicht des *Schafbergs* aber
ist schön, sie ist malerisch. Es ist schön hier, wenn am Abend
die Sonne im Westen sinkt; wenn die grossen, auch fernen Seespiegel des Sim-, Chiem-, Waginger- und Abtssees wie glühende
Metallstreifen die fernen Bläuen des Landes durchziehen; wenn
aus dunkelem Waldthale der vom Abendlicht geröthete Fuschlsee heraufspiegelt; wenn schon im Schatten die weiten Flächen

des Atter- und Wolfgangsees gleich hingegossenen Malachiten
heraufschimmern, während dunkele Wände sich in ihnen spiegeln; wenn der Mondsee in grauser, fast senkrecht scheinender
Tiefe sich majestätisch hinauswindet aus dem Schatten der Berge
in den Abglanz der Abendsonne; wenn kleine Fahrzeuge auf
ihm hingleiten, selbst dem Auge verschwindend und nur sich
durch die langen kometenartig geschweiften Furchen, die sie
hinter sich herziehen, verrathen; wenn sich das Gehügel und
die unendlichen Flächen bis nach München und Passau hinaus
in den Purpur des Abendroths hüllen, und nur die Kirchen,
Schlösser und Klöster wie weissglänzende, über die ganze weite
Ebene hin ausgestreute Körner, oder die blauen Spiegelflächen
des Waller-, Trum-, Matt-, Graben- und Zellersees, wie ruhige
Oelflächen mitten in dieses bunte Gewimmel blaueingegossen erscheinen; wenn in immer tieferes Dunkel die Schluchten und
Thäler des Gebirgs sinken; wenn die höheren Felsenzinnen in
ihrem schroffen Gezack und Gefurch immer greller gezeichnet,
gefärbt und schattirt hervortreten, hier das nahe Höllgebirge,
dort die Wände der Traun, hier die Rotten- und Zinkenbacher
Alpen, dort die Schroffen des Sarsteins; wenn wie ein riesiger
Kranz himmelragender Zinnen dort im Osten die Priele und der
Grimming, hier im Süden die langgestreckte Mauer der Tännen
und dort im Westen der Göll, der Watzmann und Steinberg, in
rosigen Duft gehüllt, aufragen; wenn in tiefes Blau gehüllt die
schattigen Massen des Untersbergs, Staufens und Gaisbergs düster hereinblicken; wenn vergoldet die Eisgefilde der Uebergossenen Alpe und der Gastein herüber blicken und vor allen, hoch
über alles, der Riesenbau des vielgipfeligen Dachsteins aufsteigt;
wenn von seinen Eisfeldern Wolken aufdampfen zwischen den
nackten Hörnern in den sonst reinen Aether wie von einem Altare Gottes; wenn dann in diese hehre Feier der Natur das
Jauchzen der Sennerinnen von Alpe zu Alpe schallt; wenn nur
noch der aufsteigende Rauch die friedlichen Matten bezeichnet,
wo die Alphütten liegen: dann hat man geschwelgt, dann hat
man mitgefeiert eine der grössten Feier der Natur. — Nicht
minder erhebend und neu sind die verschiedenen Augenblicke
beim Werden des Tages, und kein Nebelmorgen halte den Rei-

senden ab, die Spitze zu ersteigen; ein heiterer Sonnenuntergang mag einem heiteren Sonnenaufgang vorzuziehen sein, ein
Nebelmorgen aber, welcher einen schönen Tag verspricht, hat
hier oben so viel neues und überraschendes, wie wohl nirgends,
besonders wenn man vielleicht die Aussicht gar nicht kennen
sollte.

Der *Schafberg* bildet das südliche Gestade der grossen See-
bucht, deren Ueberreste der *Zeller-*, *Mond-* und *Attersee* sind,
diese machen den kleineren Seenhalbkreis aus; von dem grösseren Kranz sieht man vom Gipfel nur den Wolfgang- und
Fuschlsee; der dritte, der Traunsee, verbirgt sich hinter dem
Höllgebirge. Der *Schafberg* ist das höchste Horn des Zuges,
welcher mit dem Schober beginnt, über den Drachenstein zu
ihm emporsteigt und dann über die Ziemitz wieder in das Traunthal herabsteigt. Von dem Höllgebirge wird dieser Zug durch
den *Weissenbachgrund* getrennt; im Westen wird er von der
Fuschler Ache umflossen, im Osten von der Traun, im Süden
durch den Wolfgangsee und die Ischl begrenzt. Doch auch der
eigentliche *Schafberg* sondert sich durch Tiefen von seinem westlichen und östlichen Flügel ab, und auf seinen Schultern lagern
sich wiederum 5 kleinere Hochseen. Im Westen liegt in einem
Bergkessel zwischen dem *Schafberge* und *Drachenstein* der *Krötensee*; im Osten, schon etwas höher, der *Schwarzensee*, uns
ebenfalls schon wie jener bekannt. Gegen den Wolfgangsee hinab dacht sich der Berg in einer, nur dann und wann durch
Vorsprünge unterbrochenen, ziemlich steilen schiefen Fläche ab;
in einer Eintiefung dieses Abhanges liegt der kleine *Mönchsee*;
gegen Norden dagegen stürzt er in einer selbst überhängenden
Wand ab, welche 3 grosse Vorsprünge oder Hörner hat, auf
deren mittlerem früher die Pyramide, jetzt das Wirthshaus steht;
diese fürchterliche Wand fällt auf eine Terrasse ab, mit schönen Alpen: hier liegen noch 2 kleine Seen, der *Krüllen*- und
Mittersee. Ueber die *Eisenmauer* stürzt dieses Alpengelände abermals fast senkrecht in den *Mondsee*, in die Landenge zwischen
ihm und dem *Attersee* und in diesen See selbst ab. Wegen seiner auffallenden Gestalt wird er in einigen Gegenden *Teufels-
abbiss*, in anderen der *Sattelberg* genannt.

Zwei Wege führen auf den Berg. 1) Von *St. Wolfgang* aus.
Führer, Sesselträger, auch Maulthiere zum Reiten sind in *St. Wolfgang*, die Taxen dafür in jedem Wirthshause angeschlagen. Etwa
nach dem Mittagsessen, besser vielleicht nach einem leichten
Frühstücke, das nicht schwerfällig macht, bricht man auf. In
2 starken Stündchen erreicht man die herrliche *Schafbergalpe;*
sie ist eine sonnige Matte auf einem aus dem Berge südwestlich
hervorspringenden ebenen, aber nicht breiten Rücken; 11 Hütten liegen hier zusammen und geben mit der herrlichen Aussicht hier hinab auf den Wolfgangsee und zu dem Dach- und
Thorstein hinüber, oder dort hinab zum Mondsee und auf die
jenseitigen unendlichen Flächen ein sehr schönes Landschaftsgemälde, einzig in seiner Art. Die Führer kennen schon die
beste Hütte, gewöhnlich die *Holzinger Hütte.* Dies ist der Weg
für die von Ischl Kommenden, der hier mit dem z w e i t e n,
westlichen, zusammentrifft, den die von Salzburg Kommenden
einschlagen. 2) Von *St. Gilgen*, wo ebenfalls Führer u. s. w. zu
haben sind, aufbrechend übersteigt man einen nicht hohen Rücken auf der Strasse nach *Schärfling* am Mondsee bis an den
verfallenden Gebäuden einer Glashütte, wo man sich rechts von
der Strasse abwendet und nun immer in vielfach gewundenem
Pfad auf der Schneide die Wand hinansteigt, welche sich rechts
hinaus zum *Wolfgangsee* allmählich abdacht, dagegen links jäh
in die Tiefe eines steil vom *Schafberg* unmittelbar herabkommenden Grundes stürzt; von oben herabziehende, wie mit Kunst
durchgehauene Waldblössen sind die Bahnen der Lawinen. Nach
etwa 1 starken Stunde anhaltenden Steigens erreicht man auf
etwas ebener Stelle eine äusserst einsame Matte, rings vom Hochwald umschlossen, in der Mitte eine Sennhütte mit sprudelndem
Brunnen, eine willkommene Labung für den durstenden Wanderer. Steiler als vorher windet sich der Pfad zuerst über eine
Matte, dann auf den Wurzeln der Fichten treppenartig, oder
über und zwischen zusammengestürzten und faulenden Bäumen
empor; links in der Tiefe der Abgrund, darüber hinaus die blaue
Flut des Mondsees mit der hell herüberschimmernden Häusergruppe seines Marktes. Endlich wird der Wald licht, verschwindet und die silbergrauen Schindeldächer der Sennhütten bewill-

kommnen uns auf sonniger Matte; darüber hinaus überrascht
uns die gewaltige Masse des Dachsteins und in der Tiefe die
grüne getheilte Fläche des Wolfgangsees. — Von hier hat man
noch 1 St. bis zum höchsten Gipfel. ¼ St. geht es einen stein-
losen Rasenabhang etwas steil hinan, dann steht man plötzlich
am Rande eines furchtbaren Abgrundes, dessen Rand mit Krummholz und Alpenrosen umbuscht ist. Von hier beginnen die Felsenriffe, welche wie langgestreckte Balken in der Richtung der
Abdachung liegen und in ihrem Geklipp klettert man hinan. Wo
die Klippen etwas seltener werden, wuchert Krummholz, der
Aufenthalt der einsamen Schneelerche; hie und da gähnen Höhlen, die, dem Steingerassel nach zu urtheilen, tief hinabgehen
müssen. Neuester Zeit ist ein etwas bequemerer Steig in mehreren grossen Windungen durch das Geklipp gebrochen. Unmittelbar unter der Spitze befindet sich noch eine solche Vertiefung. Hier ist ein Wirthshaus mit 16 Betten, das alle billi-
gen Ansprüche befriedigt.

Die vorzüglichsten Gegenstände der Aussicht sind: nordöstlich der Attersee, fast unter uns, in blauer Tiefe beginnend,
aber weit hinausfahrend ins Land; rechts an ihm die Steinwand,
an welche sich die ganze Masse des Höllgebirgs schliesst; über
der Steinwand der Traunstein. Unter der Steinwand und dem
Höllgebirge der Weissenbach, der Breitenberg, östlich die Ziemitz mit ihren Kogln; darüber der Schönberg, Augstkogl, die
beiden Priele und das ganze Todte Gebirge; die Ziemitz fällt
in das Thal der Ischl ab, das bis hinab ins Traunthal offen vorliegt; Ischl selbst erkennt man am aufsteigenden Rauche; darüber der Salzberg und Sandling (der jenseitige Ausseer Salzberg)
und über ihnen hoch aufragend der ganze zackige Grath des
Grimming; links hinter ihnen die steierischen Gebirge um Admont; rechts von ihnen erhebt sich näher der Sarstein, die Lage
des Hallstädter Sees bezeichnend; darüber vom Grimming an
die jenseits der Ens liegende Tauernkette. Rechts von Ischl aus
erhebt sich der Katerberg bis zur grünen Alpenmatte des Hain-
zenbergs. Darüber beginnt die Kalkwelt, welche den Hallstädter See in Süden ummauert, mit dem Krippenstein; etwas näher
der Rettenkogl; unter ihm in grosser Tiefe der Anfang des Wolf-

gangsees mit dem Dorfe Strobl. Vom Rettenkogl zieht die Felsenkette zum *Hohen Schoberstein*, unter welchem der auffallende
Felsenkegel der *Sparbe* erscheint, mit der *Blechwand* westlich
in Verbindung stehend; über diese beiden spannt sich die furchtbar zerrissene und jäh abstürzende Traunwand aus mit dem Ring-
kogl, und darüber erhebt sich majestätisch die vielgipfelige
Gruppe des *Dachsteins* mit ihren weiten Eisfeldern; hier möchte
am deutlichsten die grössere Erhebung des Dachsteins in die
Augen fallen [1]). Rechts von ihr aus läuft der vielgezackte Gosauer Stein, von welchem rechts die grosse Lücke der Hochkalkalpen zwischen der Dachsteingruppe und dem Tännengebirge
sich zeigt; die grünen Höhen von Annaberg und St. Martin verbinden sie; darüber ziehen in blauer Ferne gerade im Süden
die Tauern hin; ehe sie sich noch hinter dem Tännengebirge
verbergen, erheben sie sich in die Schnee- und Eisregion, dort
prangt der Ankogl Gasteins im ewigen Winterkleide. Westlicher steigt aus den grünenden Alpen wieder das höhere Kalkgebirge, die Mauer der Tännen, empor, kahl und wild zerrissen; in langer ununterbrochener Reihe ziehen sie hin zum Pass
Lueg, der hier nicht sichtbar ist; dort neigen sie sich; aber
über ihnen erhebt sich stolz die Silberkrone des Berchtesgadener Gebirgsgürtels, die Uebergossene Alpe, mit ihrem weiten
Eisgefilde; rechts neben ihr das Steinerne Meer, welches sich
jedoch bald hinter dem Hohen Göll verbirgt. Unterhalb dieser
ganzen Region breiten sich die schön bematteten Alpen des Zinkenbacher Gebirgs aus in bald rundlichen, bald scharfkantigen
eintönigen Formen. Aus ihnen bricht der Zinkenbach im weiten weissen Kiesbette hervor. Ganz in der Tiefe gleitet der
Blick durch ein Thal auf der fast ununterbrochen stark geneig-
ten Fläche des Berges hinab nach St. Wolfgang, dessen Thurm
aus dem See aufzutauchen scheint. Dort, wo der Göll über den

[1] Fast so oft ich auf dem Schafberge war (9 Mal), habe ich sein Panorama
aufgenommen, weil ich die Umgegend in Nähe und Ferne durch Bereisung immer
besser kennen lernte. Jedesmal wurde der Dachstein höher, als der Thorstein,
trotz gleicher Entfernung und trotz dem, dass ich mir Mühe gab, den Dachstein
nach den neueren Darstellungen und Messungen zu erniedrigen. Es freute mich
daher um so mehr, die Bestätigung durch Herrn Simony's Messungen zu hören,
dass der Dachstein wirklich der höchste Gipfel sei. (A. Schaubach.)

Eckerfürst herabsteigt zu den niedrigen Höhen des Dürrenbergs
und der Zill zwischen Hallein und Berchtesgaden, erheben sich
im Hintergrunde majestätisch die schneegefurchten Kalkriesen,
der Watzmann, der Steinberg, der Reitersteinberg mit dem Mühlsturzhorn und endlich tritt düster drohend der Untersberg mit
seiner Masse als Schlussstein der Gruppe auf. Tief unter uns
umzieht noch immer die grosse grüne Wasserfläche des Wolfgangsees den Fuss des *Schafbergs* und endigt in dem schönen
Busen von St. Gilgen, dessen Häuser freundlich aus grosser Tiefe
herauf grüssen. Ueber dem See aber ist ein grosses Berggewimmel, jene Vorgebirgswelt, welche das Salzachthal von Golling
bis Salzburg rechts begleitet; bewaldete und bemattete Berge,
meist pyramidal aufragend; hier in der Nähe das Zwölferhorn,
dort (fast darüber) die vierkantige Pyramide des Schmiedensteins
(unter dem Göll) und der Scheffauer Schafberg (unter dem Untersberg) u. a. Rechts hinter dem Untersberg vortretend, in lichteren Tönen, erscheinen die Staufen, das Sonntagshorn und weiterhin in grosser Ferne der Wendelstein. Darunter noch die
Wogen der genannten Vorgebirge, welche mit dem Gaisberg und
dessen Nockstein ihr Ende erreichen; rechts davon in der Tiefe
zeigt sich die Kirche von Hof (Postwechsel zwischen Salzburg
und St. Gilgen). Gerade im Westen über dem Gaisberg, wo
die fernen Flächen beginnen, durchzieht der Chiem- und Sim-
see glühend die Bläuen des Landes. Am Nockstein erscheint
Hohensalzburg. Unter uns der dunkelbewaldete mehrgipfelige
Drachenstein und Schober; links an ihnen der westlich zwischen
dunkelen Waldbergen hinziehende Fuschlsee; rechts schmiegt
sich die grosse Bucht des Mondsees an diese Berge; über sie
hinaus westlich, nordwestlich und nördlich lagert sich die un-
ermessliche Ebene, wenigstens das als Ebene erscheinende Land,
unterbrochen von den blauen Spiegeln des Waginger-, Abta-,
Waller-, Matt-, Graben- und Zellersees, womit sich die Rundsicht wieder an den Anfang schliesst.

Geognost. Die Hauptmasse besteht aus Dachsteinkalk, auf der Höhe lagern
Kössener-, im Südosten Hierlatzschichten mit Ammoniten, am Südfuss (an der
Nordseite in 3 Partien getrennt) die Gosauformation. Die Seeleiten, östlich von
St. Wolfgang, besteht aus Hippuritenkalk, westlich — Dielgraben — Gosaumergel.

Botan. Veronica alpina, aphylla, saxatilis, Valeriana saxatilis, montana. Poa

alpina, Festuca pumila, Phleum alpinum, Globularia cordifolia, uodicaulis, Alchemilla alpina, Myosotis alpestris, Androsace lactea, villosa, Primula integrifolia, Thesium alpinum, Campanula alpina, Rhamnus alpinus, Lonicera alpina, Ribes alpinum, Viola alpina, Gentiana asclepiadea, acaulis, nivalis, pannonica, punctata, Athamanta cretensis, Phellandrium Mutellina, Imperatoria Ostruthium, Allium Victorialis, Juncus glabratus, Tofieldia alpina, Rumex alpinus, Polygonum viviparum, Arbutus alpina, Uva ursi, Rhododendron Chamaecistus, hirsutum, Saxifraga aizoon,
androsacea, autumnalis, caesia, Silene acaulis, quadridentata, Gypsophila repens,
Cerastium alpinum, Sedum atratum, Potentilla aurea, Rosa alpina, Mespilus chamaemespilus, Dryas octopetala, Anemone alpina, narcissiflora, Cistus oelandicus,
Atragene alpina, Ranunculus aconitifolius, nivalis, Helleborus niger, Betonica alopecurus, Thymus alpinus, Teucrium Scorodonia, Bartsia alpina, Pedicularis foliosa,
rostrata, verticillata, Draba aizoides, Lepidium alpinum, Arabis alpina, nutans,
Orobus luteus, Astragalus montanus, Hedysarum obscurum, Hieracium aureum, vil-
losum, austriacum, Tussilago alpina, Arnica scorpioides, Cacalia alpina, albifrons,
Erigeron alpinum, Aster alpinus, Senecio abrotanifolius, Achillea atrata, Clavenae,
Orchis globosa, odoratissima, Nigritella angustifolia, Carex atrata, Betula ovata,
Salix arbuscula, Wulfeniana, Pinus pumilio, Juniperus alpina, Botrychium lunaria.

Das Traunthal (Fortsetzung).

Von *Ischl* folgen wir der neuen schönen Strasse oder zu Fuss
an der Sulzstrenne (Soolenleitung) im Traunthale hinauf;
mit höherem Interesse blicken wir jetzt nochmals zurück zum
Schafberge, ehe er hinter dem Katerberg verschwindet. 1 St.
von *Ischl* verengt sich das Thal; zwischen Klippen ist der alte
Markt *Laufen* (1626'), 72 H., 429 E., Gasth. zum weissen Rössl,
hineingebaut. Schon der Name verkündet uns seinen Ursprung;
die Traun schäumt zwischen Felsblöcken 18' herab und bildet
den sogen. *Wilden Laufen.* Auch dieser Traunfall wurde von
demselben Thomas *Seeauer* schiffbar gemacht, von dem auch
der grosse Fall bei Roitham seinen Kanal erhielt und welcher
die Seeklause am Hallstädter See anlegte. Ein Zweig seiner Familie wurde in den Grafenstand erhoben, von welcher auch der
Altar in der schönen alten Kirche, in gothischem Stile, stammt.
Später wurde der Fall durch einen Steindamm in 2 Fälle getheilt, von welchen der auf dem linken Ufer und mit Holz be-
schlagene der schiffbare wurde. Die von Hallstadt kommenden
Schiffe fahren gerade auf die Schärfe des theilenden Steindam-
mes zu und werden dann durch die reissende Flut in den Kanal hineingerissen. Die für *Laufen* bestimmten Schiffe müssen
aber mitten im Strudel sich wenden und anlegen. Die thalauf-

wärts gehenden Schiffe, sonst von Pferden gezogen, müssen durch eine Winde den Fall hinangezogen werden. Der Markt *Lauffen* hiess ehemals als Wallfahrtsort *Maria Schatten* und ist der älteste Markt des Salzkammergutes, der sein Marktrecht von Rudolf von Habsburg 1282 erhielt. Oberhalb *Lauffen* kömmt man an der *Anzenaumühle* vorüber zum *Teufels-* oder *Höllenloche*, einer Höhle in einem Kalkhügel linker Hand in einem Seitengrunde, durch welchen der *Höllenbach* herabkömmt. Sie hat eine Länge von 720' und steigt 188' abwärts; in ihr sind 2 kleine Wasserbehälter und ein kleiner See; man hat viele Gerippe in ihr gefunden, der Sage nach von Goldsuchern, welche der Teufel geholt habe; sie soll ausserdem, nach Steiner, die Eigenthümlichkeit der Hundsgrotte haben.

Hier in der Nähe bengt rechts eine Seitenstrasse ab, welche zur merkwürdigen *Chorinskyklause* führt. Eine Brücke bringt über die Traun zur Oeffnung des westlich herabkommenden Thales des *Oberweissenbachs*. Das Thal steigt stark und schnell an; die Strasse überspringt dann auf kühner Brücke in 3 Bogen die Tiefe und bald darauf, in 1 St. von Lauffen, steht man vor der Klause. Sie wurde ganz von Quadern von dem Waldmeister Pfifferling 1819 aufgebaut und verschliesst die ganze obere Thalregion mit ihrem Riesendamm; das Wasser staudet sich dahinter zum See. Die Klause hat in der Mitte ein grosses Thor und auf beiden Seiten 2 kleinere. Wöchentlich wird sie gewöhnlich einmal geöffnet, um das gesammelte Holz zur Traun zu triften; da es ein sehr schönes Schauspiel ist, so wird es von allen Badegästen und Umwohnern, nachdem es den Tag vorher öffentlich bekannt gemacht ist, zu Fuss, zu Pferd und Wagen besucht.

Das Traunthal öffnet sich nun ziemlich weit zu einer schönen Thalfläche, in welcher man in 1 St. von *Lauffen* das schöne, grosse und alte Dorf *Goisern* erreicht (1701'), 155 H., 933 E.; Sitz des Bezirksgerichtes *Neu-Wildenstein* (s. oben), welches einen grossen Theil des Salzkammergutes umfasst und zugleich Distriktskommissariat von Gosau, Hallstadt und Obertraun ist. Die meisten Bewohner des Ortes, wie des ganzen Distrikts, sind Protestanten, 5000 an der Zahl, mit 2 Geistlichen. In *Goisern* selbst ist ein sogen. Bethaus für die Protestanten und eine katholische

Kirche. Gute Gasthäuser. Besonders merkwürdig ist *Goisern* seiner Sagen wegen. Demnach herrschte hier zur Zeit Christi ein König, Goyseram, auf der Goysernburg, welcher einen königlichen Bruder, Sabarum oder Sachablum, hatte; dieser kam 37 n. Chr. Geb. nach Griechenland, liess sich von dem Apostel Petrus bekehren und bat ihn, auf die Goysernburg zu ziehen und seinen Bruder auch dem Christenthume zuzuwenden; Sabarus geleitete ihn selbst mit einem Heere bis zur Donau. Goyseram, der von einem anrückenden Heere hörte, zog demselben entgegen, fand aber statt des Feindes seinen Bruder Sabarus und den Apostel Petrus und liess sich und sein Volk auch wirklich bekehren. Die hiesige Gemeinde wäre demnach eine von Petrus gestiftete Gemeinde und ihr geistlicher Vorsteher ein Nachfolger des Apostels Petrus. Damals gab es hier ausser den Salzgruben auch noch Gold-, Kupfer-, Silber- und Eisengruben. Auf dem Reichenstein selbst lag die grosse Stadt Goysernburg, die Residenz des Königs und eines Bischofs, welcher auf dem mit Weingärten bedeckten Brimersberg seinen Sitz hatte. Zu dieser Zeit war Helfenburg (Jnvavia) noch heidnisch und hat noch nicht Salzburg geheissen. Nachdem erst ein Krieg das Land bedroht und zum Theil verwüstet hatte, brach ein Lindwurm (Giessbach) aus, welcher die Stadt verschüttet, vertragen und gar verderbt. Der damalige König Kleonns mit seinem ganzen Hof ist untergegangen, weshalb der Reichenstein von nun an der Wurmstein geheissen und der Graben der *Wurmgraben*, welcher noch jetzt durch *Goisern* fliesst. — So viel scheint gewiss, dass die Römer hier eine Niederlassung hatten, vielleicht, nach Schultes, die hier gesuchte römische Stadt Gesodnnnm, denn man fand und findet viele Alterthümer, besonders römische Münzen.

Sowie man *Goisern* verlässt, nimmt die Gegend einen anderen Charakter an, sie wird ernster und erhabener; selbst die Vorberge links sind felsig und kahl, rechts erheben sich die Wände des *Ramsauer Gebirgs* schroff zu bedeutenden Höhen; nur auf den schmalen Kanten ziehen sich in Reihen die Tannen und Fichten hin. Etwas weiter, aber östlich zur Linken, erhebt sich der *Barstein*, diesem Gebirge ähnlich, und in der

Mitte verräth das dunkele, schattige, vou hohen Wänden um-
mauerte Thal den *Hallstädter See*. Aus dem Ramsauer Gebirge
kömmt der *Steinbach* herab; an ihm liegt abermals ein Dorf,
Ramsau, 208 H., 932 E.

Von dort kann man eine herrliche Aussichtswarte, den *Kahlenberg* (5849'), die höchste Zinne des Ramsauer Gebirges, ersteigen. Besonders schön ist die Aussicht herab auf das Traunthal bei Goisern, hinüber nach Aussee und auf dessen Seen, zum
Grimming und Dachstein, nach dem Thanengebirge und der
Traunwand und auf die Hochebene des Ramsauer Gebirges selbst.
Die Besteigung dieses Berges ist von *Goisern* aus nicht schwierig, noch leichter aus der *Gosau* über die Alpe *Igelmoos*.

Sowie rechts dieses Steinbachthal zu einem Ausfluge auf-
fordert, so zweigt sich links die Hauptstrasse vom Traunthal
ab, da dieses von hier aus um den Bergrücken, dessen Ober-
häupter der *Sarstein* und *Sandling* sind, einen grossen nach Süden ausgehenden Bogen macht, welchen fast 2 St. lang der *Hallstädter See* ausfüllt mit seinen unfahrbaren Wänden. Um diesen Bogen wegen der Schwierigkeiten einer Strassenanlage und
des Umweges zu vermeiden, wurde die Strasse über die *Pötschen*
(3234') angelegt, der tiefsten und bequemsten Einsattelung zwischen dem *Sandling* und *Sarstein*, zur Verbindung zwischen Ischl
und Aussee. Bei dem Dorfe *St. Agatha* beginnt die Strasse stark
anzusteigen, um in 1½ St. die bezügliche Höhe von 1530' zu
gewinnen. Der Weg ist sehr einsam, doch lohnen anfangs, so
lange der Hallstädter See im Gesichtskreise liegt, herrliche Aussichtspunkte auf dieses Seebecken und seine grossartigen Umgebungen. Auffallend ist das rothe Veilchenmoos, welches hier
alle Steine an der Strasse vollkommen überkleidet hat. So feuer-
roth die Geschiebe aussehen aus dieser Ursache [1]), so pur-
purroth erscheint der Teppich des Waldbodens durch den Reichthum des hier herum in selten gesehener Fülle blühenden Alpen-
veilchens (Cyclamen europaeum). Steine und Pflanzen verbrei-

---

[1]) An lebendem Gestein kann ich mich nicht erinnern das Veilchenmoos ge-
sehen zu haben; sollte dieses vielleicht nicht gleichsam auf ein Absterben des
Steins hindeuten, wenn er von der Mutter Erde abgebrochen ist, und daher die
Bedeutung lebendes und todtes Gestein mehr sagen, als gewöhnlich?

ten hier Veilchenduft. Sowie dieses allgemeine Auftreten überrascht, so fällt noch eine dritte ähnliche allgemeine Erscheinung, doch mehr am jenseitigen Abhange, auf, nämlich das erst einzelne Erscheinen, dann aber der überhandnehmende und zuletzt fast vorherrschende schwarze **Hornstein**, welcher den Kalkstein bald so durchsetzt, dass letzterer nur die kleinere Masse bildet; in den Steinbrüchen nächst der Strasse findet man Encriniten und andere Versteinerungen, namentlich in dem grossen Steinbruch nahe an der diesseitigen Höhe des steierisch-österreichischen Grenzpasses. Jenseits hinab entfalten sich wieder andere Landschaftsbilder, nämlich die von *Aussee*, vorzüglich fallen die vielen Kogl, meist noch bewaldet, auf, die Lage des Grundelsees bezeichnend. In weiterem Umkreise umstehen höhere Kalkberge in vereinzelt erscheinenden Stöcken die Gegend von *Aussee;* hier der *Loser*, dort die *Trisselwand;* hier der *Koppen*, dort der *Sarstein.* Zwischen dem *Koppen* und *Sarstein* spannt sich das weite Eisfeld des Dachsteins aus, der Silberblick der Gegend.

Wir folgen nun wieder der Traun aufwärts, und indem wir uns *Steg* nähern, umfangen uns die ehernen Arme des Dachsteins, in dessen Schoosse der *Hallstädter See* liegt, 1706' ü. d. M., über 2 St. (25,560') lang, ¼ St. (6780') breit und 400' tief. Der See ist das innerste Heiligthum des Dachsteins. Im Süden der *Dachstein* selbst im weiteren Sinne (nicht sein Gipfel), im Osten sein rechter Arm, der *Sarstein*, im Westen sein linker Arm, der *Plassen* und *Salzberg* bis zum *Gosauthal* nebst der Fortsetzung im Ramsauer Gebirge. Sowie jedem Beobachter schon beim blossen Anblick guter Karten der Parallelismus zwischen dem Gebirge des Königsees bei Berchtesgaden und des Hallstädter Sees auffällt, so wird er auch hier am *Steg* manche Aehnlichkeiten zwischen beiden Gegenden finden in ihrer Gestalt, nur dass am Königssee sich alles etwas enger zusammendrängt. Wie sich dort am nördlichen Ufer des Sees die Felsenwand des Untersberges darstellt, so hier am *Steg* das *Höllgebirge;* der See hat hier jedoch doppelte Breite, die Wände haben grosse Aehnlichkeit, besonders aber die das südliche Ufer bildende Wand; wie dort die Stuhl- und Sagereckwand stehen.

so hier der *Rauhekogl*, *Zwölferkogl* und *Hierlats*; wie hier auf
diesen Höhen sich die graue, geheimnissvoll auch in grauen flimmernden Höhenduft gehüllte Hochebene des *Dachsteins* mit ihren
Buckeln und Kogln darstellt, so dort das Steinerne Meer mit
seinen etwas spitzer geformten Gipfeln. In *Steg* guter Gasthof,
so wie Schiffe zur Ueberfahrt nach *Hallstadt*, wohin auch ein
kleiner Dampfer führt. Eine Strasse führt rechts am See nach
der *Gosaumühle* und von da in das *Gosauthal*.

Von *Steg* fahren wir über die schwarzgrüne Flut des Sees
nach unserem Hauptquartier *Hallstadt*, das wieder der Mittelpunkt vieler Ausflüge ist. Die steilen Felsberge zur Rechten
sind das *Ramsauer Gebirge*; von seinen Höhen und Steilwänden
hat man oft das Vergnügen, sogen. Grasbären herabrollen zu
sehen; es sind dieses grosse, oft ein Fuder fassende Heuballen,
welche auf den Alpen zusammengeschnürt auf diesem kürzesten
Wege, sie ihrer Schwere und der Steilheit der Wände überlassend, in die Tiefe befördert werden. In der Tiefe flutet die
Traun grün und klar aus dem See, welcher durch eine grossartige Klause, auch ein Werk Seeauers, geschwellt wird. Links
des Sees zieht aufwärts die 2 St. lang ununterbrochene Wand
des *Sarsteins* (6324') hin und nur die über die Felsenabsätze
herabziehenden Furchen, welche die Giessbäche und Lawinen
gezogen haben, bringen einige Abwechselung und einen Faltenwurf· in die sonst eintönige Wand, welche bewaldet ist, so weit
es die Höhe erlaubt. Mannigfaltiger ist die Wand rechts des
Sees gestaltet. Der Rücken des *Ramsauer Gebirges*, der zum
See herabzieht, ist der *Gosauhals*; hinter ihm klafft eine Klamm
rechts hinein, die Mündung des *Gosauthales*. Aus ihm heraus
hat sich, ähnlich der Halbinsel von St. Bartholomä im Königssee, hier die Halbinsel der *Gosaumühle* aufgebaut; kaum erkennen wir von unserem Fahrzeuge aus die merkwürdige Soolenleitung des *Gosauzwanges*, so niedrig erscheinen uns hier die
Pfeiler, und dennoch schwindelt uns, wenn wir hernach über
sie hinwandern sollen. Es beginnt nun rechts eine zweite Bergmasse, welche wir hier, ihrem höchsten Gipfel nach, den *Plassenstein* nennen wollen; sie springt oberhalb der *Gosaumühle* so
in den See vor, wie im Königsee der Falkenstein, so dass erst

nach ihrer Umschiffung der ganze Hintergrund des Seebeckens
vor den Augen sich entfaltet. Rechts im Hintergrunde der graue
Felsenkogl, welcher über die Schultern der rechtseitigen Thalwand herüberragt, ist der *Hierlatz* (6196'), links an ihn reihen
sich der *Zwölferkogl* (6270') und der *Rauhe Kogl* (5394'); darüber und dahinter tauchen aus der öden, nur mit Krummholz
oder Steingeröll oder Felsenplatten bedeckten grauen Hochfläche,
welche zum *Dachstein* hinanzieht, die gewaltige Masse des *Krippensteins* (6712'), und dahinter der kleine Kegel des *Däumls*
(6826') auf; jener, schon in Hallstadt sichtbar, ist der höchste
Punkt des Dachsteingebirges, welchen man von dem See aus
erblicken kann. Es ist schade, dass die Eisgefilde des *Dachsteins* sowohl durch das stufenweise Aufsteigen, wie durch die
hohe Umrandung der Dachsteinhochfläche verdeckt werden; sie
würden dem See eine reizende Folie geben. Rechts an der Wand
sieht man die horizontale Linie der Soolenleitung von Hallstadt
nach Ischl. Der ganze Felsenkessel des Seespiegels erscheint einsam, kaum Platz für ein Haus, ein Dorf oder gar eine Stadt, die
man hier doch suchen sollte der gewöhnlichen Schreibart nach.
Erst weiter zeigen sich Häuser rechts am Ufer und die Kirche
auf einem gemauerten Vorsprunge verkündet die eigentliche *Hallstadt* (richtiger wohl die *Hallstatt*, die Stätte des Salzes, da Hallstatt nie eine Stadt war), 209 H., 1418 E., viele Protestanten.
Gasthäuser: Seeauer, Post, auch Fritscher. — Führer: Joh. Wallner, Loydl, Stocker, Zauner.

An den Fuss des *Salzberges* schmiegt sich die *Hallstadt*;
während die Vorderseite der Häuser in dem See steht, lehnen
sich ihre Dächer an die steile Bergwand; über und auf ihnen
erhebt sich eine andere Häuserreihe, so dass das Ganze ein
äusserst auffallendes Ansehen hat. Der *Hallstadter Salzberg* wurde ohne Zweifel schon in vorrömischer Zeit durch die keltischen
Bewohner Norikums bebaut; denn nachdem man früher schon
zahlreiche keltische Antikaglien und römische Münzen am *Salzberge* gefunden hatte, wurde in der Nähe des *Rudolfsthurmes* vor
18 Jahren eine grossartige Leichenstätte entdeckt, in welcher
man, ausser zahlreichen Gerippen, die merkwürdigsten Alterthümer — Waffen, Gefässe, Schmuckgegenstände u. s. w. — der

mannigfaltigsten Art, entschieden keltischen Ursprungs, fast alles aus Bronze, daneben einiges aus Gold, Bernstein und Eisen, fand. — Einzelnes davon sieht man noch im Rudolfsthurme, das meiste und beste wurde in das kaiserl. Hof-Antikenkabinet nach Wien übersendet. Wie überhaupt, so machte sich auch um diese Nachgrabungen Bergmeister Ramsauer in Hallstadt hochverdient. (Ueber die Hallstädter Funde vergl. Gaisberger, die Gräber bei Hallstadt, Linz 1848, und Simony, die Alterthümer vom Hallstädter Salzberge, Wien 1851.) Seit 1846 wird dieses Gräberfeld, welches sich hinter dem Rudolfsthurme in dem kleinen Hochthale zwischen dem *Siegkogl* und dem *Kreuzberge* befindet, planmässig aufgedeckt und bis 1858 war die Zahl der geöffneten Gräber schon bis über 850 gestiegen. Die Hallstädter ist mithin die grossartigste aller bisher entdeckten Leichenstätten. — Die Bestattung der in diesem Leichenfelde gefundenen Todten war theils eine einfache Beerdigung, theils Verbrennung.

Durch die Völkerwanderung ging *Hallstadt* unter, erhob sich aber nachmals wieder; zu Rudolf von Habsburgs Zeiten stand es wieder, leider unterlag es bald nochmals der nachbarlichen Freundschaft. Sowie die Erzbischöfe von Salzburg in Berchtesgaden verheerend einfielen, um den Salzberg daselbst nicht aufkommen zu lassen, so überfiel der Erzbischof Konrad von Salzburg auch seinen östlichen Nachbarn, die arme Hallstadt, und zerstörten sie. Elisabeth, Kaiser Albrechts Gemahlin, liess es wieder aufbauen und den Salzberg wieder eröffnen; sie gab dem Markte 1311 das Marktrecht. *In der Lahn*, wo die Saline steht, geht die Sonne fast ½ Jahr nicht auf, wie im Norweg'schen Hammerfest. Da man nur zu Schiff und mit genauer Noth zu Fuss nach Hallstadt gelangen kann, so gibt es in dem Markte, wie in Venedig, kein Pferd.

Sehenswerth ist die zweischiffige alte Kirche, in gothischem Stil 1320 erbaut, mit schönem Flügel- und Schnitzaltare und Marmorportal; die Kirche liegt auf einer Terrasse über dem Markte, daher hat man hier eine sehr schöne Aussicht über den See. Seit einigen Jahren besitzt *Hallstadt* auch eine schöne neue evangelische Kirche für die hier und in der Umgegend zerstreute

34 *

Gemeinde. Im Markte selbst stürzt malerisch zwischen Mühlen
der *Mühlbach* herab. ½ St. südlich, auf dem vom Waldbach geschaffenen Boden, stehen die Pfannhäuser, *In der Lahn* genannt,
wo jährlich 130,000 Ctr. Salz gewonnen werden. Unweit der
Lahn befinden sich noch am südlichen Gestade, am Fusse des
Hierlats, der *Hirschbrunn* und *Kessel*, 2 periodisch stark hervor-
brechende Quellen; die erstere, fast der Fläche des Sees gleich
und im trockenen Zustande nur einem Felsengerölle ähnlich, aus
dessen Zwischenräumen aber nach einem vorhergegangenen unterirdischen Getöse, besonders nach starkem Regenwetter oder
anhaltend heissem Wetter, welches den Schnee des *Dachsteins*
schmilzt, die Fluten mit grosser Gewalt hervorbrechen; letzterer, der *Kessel*, liegt höher und gleicht einem Ziehbrunnen am
Abhange des Berges; auch aus diesem bricht oft plötzlich mit
grossem Geräusche, vulkanartig den Rand übersprudelnd, eine
grosse Wassermasse hervor.

Zunächst machen wir eine Seefahrt, auf der wir auch den
Hirschbrunn und *Kessel* besuchen können. Wir fahren von *Hallstadt* nur etwas südöstlich und legen nach ¼ St. die Ruder bei,
um hier das ganze Panorama des Sees zu übersehen: gegen Norden blickt man durch die Wände über den grössten Theil der
Seefläche hinaus; rechts der *Sarstein*, welcher ein scharfes Vorgebirge, den *Grubberg*, in den See hereinstreckt und dadurch
die Ostbucht des Sees zum Theil versperrt; links gegen Nordwesten das *Ramsaugebirge* und der *Salzberg;* aus dem hochgelegenen, aber steil abbrechenden Thale des *Salzbergs* stürzt der
Mühlbach in schönen Fällen herab, mitten durch die lang hingestreckte und über einander an den Wänden klebende Häusergruppe des Marktes; der Thurm, der wie eine Burg auf einem
Vorsprunge des Salzberges aufragt, ist der *Rudolfsthurm* und die
beiden hohen grauen Kalkfelsengipfel über der Schlucht des Salzberges sind: der *Plassen* (6268') und *Sulzkogl* (4914'). Südwestlich öffnet sich das grossartige Thal des *Waldbachs*, rechts und
links von ungeheuren Wänden begrenzt; besonders merkwürdig
zeigt sich rechts die Wand mit ihren seltsam gebogenen Schichten, die sich auch, von hier aus gesehen, an anderen Stellen
des Salzberges wiederholen; südlich im Rücken hat man die

Wände des *Zwölferkogls*, über welchem, von Hallstadt aus, Mittags die Sonne steht, des *Hierlats* und *Krippensteins;* südöstlich liegt der grosse obere Busen des Sees ausgebreitet mit der lieblichen Landbucht der Obertraun, wo die Traun, nachdem sie die Engen am *Brüllergraben* durchbrochen hat, in den See tritt. Man mache diese Fahrt wo möglich auch des Abends, wenn in *Hallstadt* die Lichter angesteckt werden und sich in dem See spiegeln. — Ein besonders reizendes Bild gewährt der *Hallstädter See* an einem heiteren Sommer-Sonntagsmorgen. Da ist, soweit das Auge reicht, die ganze Fläche des Sees mit kleinen Kähnen bedeckt, deren meiste bewimpelt sind; von allen Orten und einzelnen Hütten, die rings um das Seebecken liegen, kommen die Andächtigen herangezogen, und landen die Katholiken unterhalb der katholischen Pfarrkirche, die Protestanten neben ihrer neuerbanten evangelischen Kirche, die knapp am Ufer steht, sie alle in froher Eintracht in verschiedener Form demselben Herrn und Gott Dank und Lob darzubringen, während die helltönenden Glocken beider Kirchen über den See hin bis an die Felsenwände schallend zum Hause des Herrn laden.

Geognost. Der *Salzberg* mit seinen Gyps- und Salzmassen liegt nach v. Hauer und Suess in einem, durch Aufstauen der Unterlage der mächtigen triasischen Kalkgebirge entstandenen, hochgelegenen Spaltenthal, dem *Regenthal*, begrenzt im Norden vom *Brunnkogl*, *Hüttenkogl* und *Weissen Gries*, im Westen vom *Plassenstein*, auf dessen Gipfel Norineenkalk auftritt. Hinter dem *Sommeraukogl* im Süden erheben sich die höheren Dachsteinkalkberge, während das Thal ostwärts steil zum See abfällt. Ringsum, die Plassenhöhe ausgenommen, herrscht der Dachsteinkalk, während der graue und rothe Marmor des Sommeraukogls, sowie der Kalkstein des Steinbergs aus dem ammoniten- und orthoceratitenreichen Hallstädter Kalk besteht. Nur an der Nordseite ist an der Grenze des Salzberges der Werfener Schiefer und Guttensteiner Kalk entblösst. Das Haselgebirge führt hier auch blaues und grünes Salz, Knistersalz, Polyhalit, Glaubersalz, im Steinsalz eingewachsen zuweilen kleine Anhydritkrystalle, auf ihm gelbe Cölestinkrystalle. Im angrenzenden Kalkstein kommt blauer Anhydrit vor. Der Salzstock selbst ist mehr Kern, als sogen. Haselgebirge; ausserdem ist die Bauart ziemlich dieselbe, wie in den schon beschriebenen Salzbergwerken. Er liefert jährlich 2,000,000 Eimer Soole, wovon jedoch nur 400,000 in der Lahn bei Hallstadt zu 130,000 Ctr. Salz versotten werden; die übrige Soole fliesst nach Ischl und Ebensee.

Von *Hallstadt* führt in ⅓ St. jetzt eine bequeme breite Strasse zum *Rudolfsthurm* (2818′, 1100′ über dem See), vom Kaiser Albrecht I. noch als Herzog 1284 erbaut und nach seinem Vater

Rudolf von Habsburg genannt, zum Schutz von Hallstadt gegen die Erzbischöfe von Salzburg. Am zweiten Ruhesitz des
alten Treppenwegs befindet sich folgende interessante Inschrift:
„Hier hat gerasst der Hochlöbl. Römische Kunig Maximilian,
als er gangen ist die Salzberg zu besehen, den 5. Tag Janua-
rii Ao. 1504.“ Abwärts lässt man sich in Schlitten ziehen, was
eine sehr interessante Fahrt ist, besonders bei dem Blick in die
Tiefe des Sees, in welchen man jeden Augenblick zu stürzen
scheint. Der viereckige *Rudolfsthurm* mit einem anstossenden
Gebäude erhebt sich auf einem Vorsprunge des Salzberges; im
untern Stockwerke ist Küche und Kanzlei, oben sind die Wohnungen des Bergmeisters, in welchen die Mineralien und Alterthümer, die in der Gegend gefunden wurden, aufbewahrt werden; ganz oben ist ein Zimmer mit Fenstern nach allen Richtungen und hier hat man eine herrliche Aussicht über den ganzen See. Aus dem schönen Hallstädter Marmor lässt der jetzige,
auch um die Kenntniss der hiesigen Ammoniten hochverdiente,
Bergmeister Ramsauer im Winter die Salzarbeiter allerhand Waaren fertigen, die im Rudolfsthurme verkauft werden. Die niedlichen Gartenanlagen an dem Thurme gedeihen hier besser als
in dem tiefen Hallstadt. Es versäume niemand, wer auch den
Salzberg nicht besuchen will, den *Rudolfsthurm* zu besteigen.
Vom Thurme steigt man zum neuen Berghause empor, welches
498′ höher als jener liegt; in dem Hause des Oberschaffers am
Wege sieht man das interessante Glasmodell des Salzberges, am
besten nach Befahrung des Berges. Im Berghause legt man die
weissen Grubenkleider an und befährt den Berg. Die Wöhre
(Sinkstuben, Sulzstücke) fassen oft 200,000 Eimer. Besonders
schön ist der bunte Farbenwechsel, ähnlich dem Flimmern eines
Kronleuchters, indem das durchscheinende Salz bald lichtgrün,
bald himmelblau, bald gelb, bald roth erscheint. Auch eine in
Salzstein ausgehauene Kapelle befindet sich mit der besonders
in dieser Unterwelt ernst mahnenden Inschrift: „Was hülfe es
dem Menschen, wenn er die ganze Welt gewänne und nähme
Schaden an seiner Seele.“ — In einer Wöhre wurde im Salz-
kerne selbst ein unverwester Leichnam gefunden und deshalb
die Wöhre aufgelassen.

Ein anderer sehr belohnender Ausflug in die näheren Umgebungen ist der zum *Waldbach Strub.* Wir sind dem Namen
Strub von Kitzbühel her östlich schon öfters begegnet; das Thal,
welches dahin führt, heisst die *Eckern.* Der Weg dahin, wenigstens zum Hauptfall, ist zwar ohne Mühe zu finden; allein nicht
so leicht zu den oberen Fällen; ausserdem wird dem Einsamen
in diesen schauerlichen düsteren Gegenden schon die Gesellschaft
wohl thun, wenn er auch nicht daran dächte, einem Armen ein
Schärflein für seine Mühe gespendet zu haben; zumal in der
neuesten Zeit, trotz der Zunahme der Reisenden, die Bettelei
in diesem wirklich armen Orte völlig verschwunden ist, so lä-
stig sie früher war. Der Weg führt anfangs durch Gassen etwas in die Höhe, dann aber zwischen den Häusern treppauf,
treppab über und zwischen ihren Dächern hin. Sowie man die
letzten Häuser von *Hallstadt* bei einem Spitale verlassen hat,
öffnet sich rechts ein Thal in der südwestlichen Ecke des Sees;
aus ihm braust uns ein frischer kräftiger Gebirgsbach entgegen;
auf beiden Seiten wird es von ungeheuren senkrechten Wänden
begleitet, links von dem *Hierlats*, rechts von der merkwürdig
geschichteten *Ahornwand*, welche wir schon vom See aus sahen. Ueber sie herab kömmt aus schwindelnder Höhe der *Spraderbach*, welcher sich völlig in Staub auflöst. Im Hintergrunde
erhebt sich der *Dürrenberg*, über welchen bei nassem Wetter der
Dürrenbach herabstürzt; deutlich erkennt man die abgewaschene
Wasserbahn dieses jetzt wirklich dürren Baches. Das Thal wird
einsam; zwischen hochstämmigen uralten Bäumen liegen bald
einsame Hütten, bald Riesenblöcke, der Ahornwand entstürzt;
die schon kräftigen auf ihnen aufgewachsenen Bäume beweisen
ihr Alter; auf einem der grössten steht ein Kreuz, auf einem
anderen eine Einsiedelei mit einem Gärtchen; herrliche Fels-
blöckestudien für den Maler. Nach ¼ St. erreicht man das Ende
des ebenen Hauptthales. Um Erhitzung zu verhüten, steige man
langsam den stärker ansteigenden Pfad rechts in einer Schlucht
hinan, in deren Tiefe der *Waldbach* in grossen schäumenden
Sprüngen über mächtige Blöcke daher tobt. Ein dumpfer Donner durchtönt das Gebrause, schaurige Lüfte blasen einem entgegen und Nebelwolken durchfliegen die Aeste der Bäume: da

öffnet sich der Wald und wir stehen vor dem schönsten Wasserfalle des Salzkammergutes und einem der schönsten unserer Alpen. Ein Felsenamphitheater umgibt uns, die hohe *Siegwand* mit ihren bogenförmig emporgewölbten Schichten. Da, wo eine Strecke geborsten ist, hat von oben herein der *Waldbach* seine Fluten gelenkt, sich in der Tiefe der Spalte ein Gewölbe, einen Strub, ausgewaschen, aus welchem er hier herausstürzt und 500' tief seine mächtigen Schaummassen in einen Felsenkessel wirft. Rechts von diesem Hauptsturze kommen aus einer höheren Region noch 2 Staubbäche herab und vereinigen sich im Kessel mit dem *Waldbache*, der nun in wilden tobenden Fällen der Tiefe zueilt; Brücken und Wege führen zu den geeignetsten Standpunkten. Rückwärts blickend erstaunt man über die Riesenwände des Hierlats. Von diesem Wasserfalle besuche man noch folgende Punkte desselben Wassers: abwärts die Brücke, welche wir, heraufsteigend, links liessen; man überschreite sie und ersteige den zugänglichen Felsblock; man hat hier die prächtigen Stürze des Baches vor sich und im Hintergrunde schweben die beiden Staubbäche von der *Siegwand* neben dem Strub herab, welche dadurch gewinnen, dass man den Hauptsturz hier nicht sieht. In 1 St. von hier erreicht man aufwärts den *Grossen Ursprungfall*, malerischer als der Strub; dann aufwärts besucht man über dem Steg den *Klausfall*, welcher unter der Brücke 6 — 7 Klaftern breit und 20 Klaftern hoch herabstürzt. Jenseits des Stegs erreicht man den *Oberen* oder *Kleinen Ursprungfall* und darauf den *Waldbachursprung* selbst, wo der Bach unter einem grossen Felsen hervorflutet.

Geognost. Das Thal Echern selbst schneidet in Dachsteinkalk ein. Bevor man aber den grossen Wasserfall erreicht, führt eine Schlucht zu den braunrothen jurassischen Schichten der *Dürren-* und *Klausalm* (Klausschichten) mit Fischzähnen und zahlreichen jurassischen Ammoniten, Terebrateln und Crinoideen.

Hallstadt gegenüber, auf dem Vorsprunge des oben erwähnten *Grubbergs*, liegen Ruinen der Burg *Grub*, mit schöner Aussicht.

Das Gosauthal

zerfällt in 3 Stufen: die enge Schlucht am unteren Ende, der bewohnte Thalboden in der Mitte und das *Hintere Seethal*. Die *Gosaumühle* ist eine Schneidemühle, in welcher die einzelnen

Theile der Fässer zum Verschicken des Salzes zugeschnitten werden; wer noch keine sogen. Fässelmühle sah, thut wohl,
sich die Vorrichtung zeigen zu lassen (in Ebensee die Schatzl-
säge). Bis hierher kann man dem interessanten Fusswege oben
an den Wänden längs der Soolenleitung folgen, wo man oberhalb *Hallstadt* durch die *Hölle* kömmt, welche der *Mühlbach* in
seinen Wasserfällen durchstürzt. Der Weg vom *Rudolfsthurm* bis
zum *Gosauzwang* beträgt 2½ St. Der *Gosaumühle* gegenüber, auf
einem Vorsprunge der *Sarsteinwand*, befindet sich ein sehr schöner Aussichtspunkt über den ganzen See und in das Gosauthal.
Herr Prof. *Friedr. Simony* hat einen Pfad dahin anlegen lassen.
Die *Gosaumühle* liegt auf der schon erwähnten Halbinsel, welche sich der *Gosaubach* selbst erschuf. Hinter ihr überschreitet man den Bach auf einer Brücke und kömmt auf die von
Ischl heranziehende Strasse, welche nach *Gosau* führt. Den Eingang in das Thal überspannt in kühnen Bogen der *Gosauzwang*,
dessen Grösse man bei der Fahrt über den See wegen der grossen, alles andere verkleinernden Bergmassen nicht erkennt; erst
hier, wenn man unter ihm hinschreitet, bewundert man das Werk
der Menschen. Von *Hallstadt* aus führt nämlich die Soolenleitung an der linken, westlichen Seewand hin; hier erreicht sie
die Oeffnung des Gosauthales und überspringt, auf hohen Pfeilern ruhend, dieselbe, um die jenseitige Bergwand zu erreichen
und, an sie gelegt, weiter nach Ischl zu laufen. Das Thal ist
hier 420′ breit; die Leitung ruht auf 7 Pfeilern, deren höchster
130′ hoch ist. Man kann auf ihm wie auf einer Brücke hingehen, doch Schwindeligen nicht zu rathen; erbaut wurde er
von einem gewöhnlichen Arbeiter in Hallstadt, Joseph Spillbichler, 1757. Durch ihn hindurch betritt man das wilde und enge
Gosauthal; wild rauscht der Bach zuerst rechts, dann links der
Strasse; die Thalwände sind grösstentheils düster bewaldet und
nur gegen die Höhe hin ragen die Felswände hervor. Das Thal
steigt ziemlich stark an, so dass man in den 2 St., nach denen
man ans diesen Engen heraustritt, 662′ gestiegen ist; denn der
Hallstädter See liegt 1706′, das Dorf *Gosau*, an dessen erste Häuser man hier kömmt, 2368′ hoch. *Vorder-* und *Hinter-Gosau*
216 H., 1367 E., Gasth. beim Schmied in Hintergosau. Füh-

rer: derselbe und sein Bruder, der lange Urstäger, Schnitzhofer.

Nichts überrascht den Wanderer mehr, als der Austritt aus
der düsteren Thalenge; weithin öffnet sich das halbmondförmig
gebogene Thal, mit grünen Fluren überdeckt und mit Häusergruppen übersäet. Aufwärts, wohl gegen 3 St., ist es rechts
von einem Halbkreise nicht sehr hoher, oben bewaldeter Berge
umschlossen und dadurch im Westen von der salzburgischen Abtenau getrennt. Erst wenn man etwas weiter hinaustritt, erhebt sich dieser Bergrücken plötzlich im Süden zu den äusserst
auffallenden, wie Zähne aufstarrenden, nackten Felsenmassen des
Steins; vor allen ist es unter diesen Felsenobelisken der *Donnerkogl* (6507'), welcher am meisten hervorragt und plötzlich aus
dem grünen Mittelgebirge völlig kahl emporsteigt. Der oberste
Theil des Thales zieht sich in die Hochwelt des Dachsteins hinein und wird von dem links vortretenden *Modereck* (5604')
verdeckt. Das Thal gehörte einst zu Salzburg, ging dann im
12. Jahrh. an Stoiermark über; die Aebte von Admont fanden
Salzquellen und es wurde in 2 Pfannhäusern Salz gesotten; auch
hier fielen deshalb die Erzbischöfe von Salzburg verheerend ein,
um das, was der gütige Schöpfer gegeben, zu vernichten; die
Salzwerke kamen nicht wieder auf. Die Bewohner sind meistens
Protestanten; daher ein protestantischer und ein katholischer
Geistlicher, ein sogen. evangelisches Bethaus und eine katholische Kirche; beide Gemeinden leben jedoch in grösster Eintracht. Die Bauernhöfe liegen 1 St. weit das Thal hinan zerstreut. Hauptgewerbe sind die nahen Schleifsteinbrüche, Vieh-,
besonders Pferdezucht. Der Boden des mittleren Gosauthales
ist Seeboden.

Geognost. Umringt gegen N., O. und S. von hohen älteren Kalkgebirgen,
nur gegen die Lammer im W. mit gegenwärtig wenigscharfer Begrenzung hat sich
in der jüngeren Kreidezeit im mittleren Gosauthal und über dem gegenwärtigen
Pass Gschütt nach der Abtenau hinüber ein kleines, aber reich belebtes, Meer ausgebreitet, dessen zahllose Ueberbleibsel die Wasser aus dem Boden auswaschen.
Ihre Gesteine füllen gegenwärtig in der immensen Mächtigkeit von 2800' das alte
Meerbecken und bilden mit ihren vorherrschenden, leicht verwitterbaren, mergeligen
Schichten ein, von zahlreichen Gräben durchschnittenes, von dichtem Nadelwald bedecktes bergiges Terrain mit sanften Bergformen. Seine zahlreichen Versteinerun-
gen, von denen *Reuss* 1854 schon 338 Arten kannte, sind uns durch *Reuss*, Ze-

keli und *v. Hauer*, seine Lagerungsverhältnisse durch *Reuss* am genauesten bekannt geworden. Mächtige Conglomerate aus Kalksteinrollstücken bilden in Nordosten und Westen die Unterlage, treten aber gegen den Rand zu auch innerhalb der darüber folgenden Mergel auf und bilden ebenso an der Nord- und Südgrenze den Schluss der Ablagerung. Sie sind versteinerungsleer, auch die sandigen Mergel darüber im Kreuzgraben noch versteinerungsarm. Im Edelgraben folgen ihnen versteinerungsreiche, an Schnecken überaus reiche, vorherrschend weiche Mergel mit untergeordneten Kalksteinen voll der netten Nerinea flexuosa: im *Stöckelwaldgraben*, jenseits des Passes Gschütt, gesellen sich den Gasteropoden auch zahlreiche Korallen bei. Gleicher Schneckenreichthum findet sich dort auch unter der *Traunwaldalpe*. Massenhaft zusammengehäuft sind dann die Hippuriten, insbesondere Hippurites organisans und Cornu vaccinum: wahre Riffe von ihnen, fast überall aufsitzend auf Conglomeraten am *Schriekpalfen* und dem *Brunnabach*, im *Wegscheidgraben* im Norden und Nordosten vom Dorf Gosau, unfern der *Traunwaldhütte*, am Russegg bei Pass Gschütt und in 2 Riffen sogar im Nefgraben. Mit ihnen in Verbindung treten, aber meist in getrennten Bänken, ebenso häufig grosse Nerineen (N. bisincta) und grosse Acteonellen (A. gigantea), auch Sternkorallen auf, und darüber und darunter Mergel voll Bivalven und Korallen an allen angegebenen Punkten, aber auch im jenseitigen *Stöcklwaldgraben*, in den Gräben zu den Seiten des Wegs über dem Gschüttpass, im *Finstergraben* und an der Ostseite im *Hofergraben*, der von Gosau zum Ressen führt. Schichten mit grossen Inoceramen (Cripli, Brongniarti) lagern an der Traunwand darüber, ebenso südlich unter dem Hornspitz, vor Pass Gschütt; doch sollen die Inoceramenmergel des tiefen Grabens, der nach Pass Gschütt führt, nach Reuss unter dem Hippuritenkalk des benachbarten Wegscheidgrabens lagern. Auch am Horneghhoferhügel bei Russbacheng bedeckt Hippuritenkalk Mergel, aber mit dem Inoceramus mytiloides. — Ueber dieser mächtigen, aus Conglomeraten und Mergeln mit untergeordneten kalkigen und sandigen Schichten zusammengesetzten, versteinerungsführenden Bildung[1] lagern als wahrscheinliche Vertreter der oberen Kreide, des Soewerkalkes, graue und rothe versteinerungsleere Mergel und kalkige Sandsteine, welche die Höhen vom Hornspitz bis zum Zwiesel im Westen von Gosau und die Ressen im Osten zusammensetzen; ihrer oberen sandig mergeligen Ablagerung gehört der Schleifstein, ein feinkörniger, scharfer, grauer und grünlichgrauer Sandstein, an, auf welchen seit alten Zeiten die zahlreichen Brüche auf der Ressen in Betrieb sind. — Der beste Führer und Sammler ist *Schnitzhofer* in Gosau, doch findet man in manchem Bauernhaus und auf dem Pass Gschütt, wie in Hallstadt Vorräthe von Versteinerungen. Ueber die geogn. Verhältnisse s. Reuss, Beiträge zur Charakteristik der Kreideschichten in den Ostalpen. Wien 1854.

A u s f l ü g e lassen sich von hier unternehmen: 1) auf den *Kahlenberg*, zwischen hier und *Goisern*, Nachtquartier auf der Alpe *Igelmoos* (s. S. 527). 2) Führt von hier ein niedriger Bergpass, das *Gschied* (3131', 763' über der Gosau), nach Westen in die *Abtenau*, 4 St.; der Weg ist zwar zur Noth fahrbar, aber schlecht; oben im sumpfigen Walde eine lange Strecke ein Knüp-

pelweg; wo man bei einem Wirthshause aus dem Walde heraustritt, am Grenzpasse gegen Salzburg öffnet sich ein schöner
Blick gegen das Tännengebirge, sowie, ehe man in den Wald
tritt, der Rückblick auf die Gosau und den Stein sehr schön
ist. Die Strasse senkt sich dann in das Thal des *Russbachs* hinab (s. Lammerthal). 3) Auf die *Traunwand* oder das *Haberfeld;*
sie liegt schon im Salzburgischen, dacht sich aber theils durch
den *Oberen Weissenbach* bei Lauffen in die Traun, theils in die
Ischl und in die Lammer ab und hat nördlich furchtbare Wände.
Man ersteigt sie über den Pass *Gschied;* der Weg ist steil und
ohne Sennhütte. Ueber das *Hohe Feld* geht es an Abgründen
hin in 5 — 6 St. zur Höhe. Man übersieht 10 Seen, gerade im
Norden den Wolfgangsee und Schafberg. Zu den Abtenauer
Sennhütten hinab ist der Weg leichter.

4) Die Steinbrüche, der *Plankenstein* und dessen Alpe.
Von *Gosau* aus führen eine Menge Wege dahin, weil die Steinhauer von allen Seiten der weithin zerstreuten Gosau da hinan
müssen; da aber auch Wege zu anderen Zielpunkten führen, so
muss man einen Führer zu den Steinbrüchen haben. Die Wege
sind oft tief, selbst in den Felsen eingehende Geleise, auf welchen die gebrocheuen Steine, welche roh bearbeitet sind, auf
Schlittenkufen von Männern oder auch Pferden herabgebracht
werden, wo sie dann von den Weibern weiter, bis zum Fort-
schaffen zur Donau, verarbeitet werden. Es geht durch den
Wald steil empor; nach 1½ St. lichtet sich derselbe und man
steht vor den grossen Wänden der Steinbrüche. Vor den Steinbrüchen breitet sich eine kleine Ebene aus gegen Westen und
Norden, auf welcher die Hüttengruppe der Steinhauer liegt. Den
Reisenden, welcher vielleicht eine Nacht bei den Gnomen des
Radhaus- und Goldbergs, oder in einer Senn- oder Holzknechthütte zubrachte, wird es gewiss unterhalten, auch hier bei den
Steinhauern einmal einen Abend und eine Nacht hinzubringen.
Sowie sich überhaupt die Gosauer durch Biederkeit und Herz-
lichkeit auszeichnen, so vor allen diese Steinhauer trotz ihrer
Armut und schweren Arbeit. Das Lieblingsgericht derselben sind
die Nocken, eine in Fett schwimmende Mehlspeisse, welche dem,
der an Sennhüttenkost gewöhnt ist, gewiss munden wird, und

hierin sind die Gosauer besondere Gutschmecker, denn nirgends
gibt es bessere Nocken, als hier, und keine Frau kann sie gehörig bereiten, nur Männer. Die Erzählungen der Arbeiter von
den Gefahren wie von den Mühseligkeiten ihres Geschäftes, die
mancherlei Sagen der Umgegend verkürzen den Abend. Es werden hier Schleifsteine von 4½' im Durchmesser bei 4" Dicke bis
zu 1¼' Durchmesser und 3¼" Dicke verfertigt. Es gibt 13 Par-
teien, welche dieses Geschäft betreiben, und ein Arbeiter verarbeitet jährlich 150 — 200 Ctr. Schleifsteine, wovon der Centner mit 2 Fl. Oestr. W. bezahlt wird. Benutzt werden sie zum
Abschleifen des Eisens in den Schmieden und sind in Oesterreich
gesucht, gehen die Traun hinab nach Linz. Von hier steigt man
auf die schöne *Plankensteinalpe* (4766'), ein Sennhüttendorf an
den kahlen Schroffen des *Plassen* (6174'), der höchsten Höhe der
Hallstädter Salzberggruppe. Obgleich schon von dem *Plankenstein*
die Aussicht einzig genannt zu werden verdient hinüber zu den
aus ihrem blaugrünen Eismantel aufragenden Kalkköpfen des
Dachsteins, hinab hier auf den dunkeln Spiegel des Hallstädter
Sees, dort auf die Fluren der Gosau, so verdoppelt sich die
Pracht derselben von der Zinne des *Plassen.* Wer diese Berg-
reise machen will, geht am besten von *Hallstadt* aus unmittelbar entweder am *Waldbach Strub* vorüber, an der *Gaiswand* hinan und über den *Sournesch* oder über den *Salzberg;* noch leichter vermittelst des *Durchganges* auf den *Plankenstein* und von da
über die Steinbrüche in 5 St. (von Hallstadt) in die *Gosau.* Reisende, die kein Bergsteigen scheuen, würden sich den höchsten
Genuss verschaffen, wenn sie, von Ischl kommend, von *Goisern*
aus durch die *Ramsau* auf den *Kahlenberg* stiegen, auf der Alpe
Igelmoos übernachteten, den anderen Tag die *Gosau* und ihre
Seen (s. unten) besuchten und bis zu den Steinbrüchen zurück-
gingen, und dann über den *Plankenstein* nach *Hallstadt* entweder den *Salzberg* oder den *Waldbach Strub* herabgingen.

5) Zu einem der belohnendsten Ausflüge im Salzkammergute gehört die Ersteigung des *Sarsteins* (6328'), dessen höchster Gipfel gegen Süden sich erhebt. Man fährt von *Hallstadt*
über den See zum Kalkofen und steigt über die Schanze und
Saulake hinan zu der *Sarsteinalpe*, wo man übernachtet, oder

auch in den *Steinhütteln.* Die Aussicht ist nach der vom Dachstein die prächtigste durch die grossartigen Formen der Umgebungen, und namentlich auf die Seen von Hallstadt und Aussee
und den nahen Dachstein. 6) Lohnend ist der Weg vom vorderen See über den *Zwieschlberg,* die *Etteler Alpe* und *Annaberg*
nach *Radstadt.* (A. Sch. handschriftlich.)

Die *Gosauseen.* Von dem Austritte aus der Thalenge bis
zu den letzten Häusern von *Gosau* hat man 1 St. durch die zerstreuten Höfe zu wandern. Bis hierher führt der Fahrweg von
Ischl aus; nur noch eine kleine Strecke geht es eben fort, dann
aber, vom Eintritt in den Wald, führt der Weg an dem zwischen
Felsblöcken herabrauschenden Bache aufwärts. Etwa nach drei-
viertelstündigem Ansteigen erreicht man die 574' höhere Thalstufe des *Vorderen Gosausees* (2942' ü. d. M.). Er überrascht,
da man ihn erst nahe an seinem Ufer erblickt, und gehört unstreitig zu den malerischsten, reizendsten und grossartigsten Bildern der Alpennatur. Wenn der See auch nur kaum ½ St. lang
(840 Klaftern) und nur eine halbe Viertelstunde breit ist, so hat
er gerade darin für den Maler den Vorzug, dass er seine Ufer
in den Rahmen seines Bildes bringen kann; doch im höchsten
Grad erhaben stellen sich die Seitenwände und vor allem der
Hintergrund dar; rechts die senkrechten Abstürze des *Steins* im
tiefblauen Schatten, mit einer besonnten Matte auf ihrer Absta-
fung, links die waldigen Wände des *Rossrückens.* Im Hintergrunde die Eisfelder des Thorsteins, aus welchen das weissgraue
Felsenhaupt dieses Bergriesen hoch aufragt; glänzend spiegelt
sich der mächtige Schneemantel in der dunkeln grünen Fläche.
Der See ist durch eine Klause gesperrt; unweit des Klausen-
hauses hat der Pastor (evangelischer Geistlicher) von Gosau einen
Schirm errichten lassen, den *Freundschaftssitz,* von wo man den
schönsten Ueberblick hat. Man überschifft den See, wenn sich
Gelegenheit findet; doch auch der Fussweg rechts am Gestade
hin ist nicht unangenehm im Schatten hochstämmiger Tannen
und ehrwürdiger breitblättriger Ahorne. Die Alphütte am *Vorderen See* liegt reizend, ist äusserst reinlich und möchte für den
wahren Freund der Gebirgsnatur ein recht gutes Standquartier
abgehen. Von dem *Vorderen See* steigt man bei einigen Alp-

und Holzknechthütten vorüber, im Angesicht der immer wechselnden Hochgebirgsnatur, in 1 St. 930' höher zum zweiten, dem *Hinteren Gosausee* (3932'), stark hinan. Auch hier wird man plötzlich überrascht durch seinen Anblick. Eng umklammert von den steinernen Armen des Thorsteins, dehnt sich sein jetziger Felsenkessel kaum ¼ St. in die Länge aus bei halber Breite. Er ist einer jener höheren Felsenkessel der Alpenwelt, wie auch der vorige, welche jetzt noch mit Seen erfüllt sind; er ist eine tiefe Felsenmulde des Kalkgebirges, ernst und erhaben, umragt von starren Felsgebilden der Kalkhochgebirgsnatur, deren Buchten, Thäler und Schründe erfüllt sind von mächtigen Eisgefilden, die sich spiegeln in dem selbst in den Alpen auffallenden Grün eines kleinen, aber doch höchst grossartigen Sees. Das frische Grün der wenigen Matten und Laubwälder, der dunkele Schatten der bemoosten Tannen, das blendende Weiss der von der Sonne erleuchteten Kalkmassen, das dennoch von dem noch grösseren Glanze der Schneefelder übertroffen wird; der blaue Himmel als Deckengewölbe und der blaugrüne Spiegel des Sees als Fussboden, das sind die eigenthümlichen Reize dieses prachtvollen natürlichen Saales.

Der Dachstein.

Dieser gewaltige und massige Gebirgsstock liegt in der Kette der Hochkalkalpen, welche sich gegen die Centralkette ohne Abstufung in einem einzigen, äusserst jähen Absturz in das grosse, sie von der Centralkette scheidende Längenthal abdachen, hier in das *Ensthal.* Obgleich diese Alpen eine grosse Kette vom Arlberg her durch das Innthal u. s. w. bilden, sind sie dennoch durch Lücken getrennt und treten in Gruppen, immer nur mit nordwärts auslaufenden Armen und durch diese umschlossene Thalbildungen auf, nach Süden hie und da kaum ein Riff, geschweige ein Thal, hinausstreckend, sondern in glatten Wänden von ihrer ganzen Höhe abstürzend, so in der Wettersteingruppe, dem Solstein und vor allem in der Berchtesgadener Gruppe. Wie Berchtesgaden, wird auch diese Gruppe durch tiefe Einschnitte von ihren Umgebungen abgesondert und umtieft: Im Süden das *Ensthal,* im Westen der Einschnitt der Lammer bei *St. Martin,* im Norden der *Pass Gschied,* das untere *Gosauthal,* die *Pötschen*, im Osten das *Ausseer-Mitterndorfer Becken* und die *Klachau* oder der *Pass Stein.*

Wie die meisten grösseren Massen der Kalkalpen, stellt auch der *Dachstein* (so nennen wir der Kürze wegen nach dem höchsten Gipfel die ganze Gruppe) eine weite Hochebene von 5 — 7000' Höhe auf seiner Oberfläche dar. Wer noch nie auf solchen Höhen war, kann sich kaum eine Vorstellung machen von den eigensinnigen und räthselhaften Gebilden. Eben sucht man sich eine Erscheinung, die Entstehung eines jener sonderbaren Gebilde zu erklären, und glaubt wirklich schon den Schlüssel gefunden zu haben, so taucht die Sphinx in ganz neuer Gestalt aus dem starren Fels auf; glaubt man auch hier ihr Räthsel gelöst zu haben, so verwandelt sie sich unter den Schritten des Wanderers wie ein Proteus zu neuen, wunderbaren, gleichsam äffenden Gestalten. Jetzt liegen lang hingestreckt glatte Kalkalpen, vom Wasser abgespült und von der Sonne gebleicht, wie Riesengebeine der Erde, oft vielfach gewunden, über die Abhänge und Höhen hin: es sind natürlich Flötzschichten in deinen Augen; jetzt verwandeln sich die Schichten und Platten plötzlich in ein Labyrinth von Schlackengebilden, und hast du vorher kaum gewusst, wo dein Fuss auf den glatten Felsplatten haften sollte, ohne auszugleiten, so trägst du jetzt Sorge, ein Plätzchen zu finden, wo er nicht stecken bleibt zwischen dem Geäste der Kalkriffe. Dort hinter der nächsten Höhe winkt der nahe Gipfel und du eilst, ihn zu erreichen; kaum stehst du auf dem Rande jener Höhe, so hat sich der Gipfel wieder von dir entfernt, ein Krater oder eine kesselförmige Vertiefung liegt vor dir, mit Schnee oder auch mit einem kleinen See, oder einer Alpe und deren Hütte ausgefüllt; trotz der festen Felsenwände ist es dennoch nach deiner Meinung eine Versenkung, ein Erdfall; allein einige Schritte weiter und die entgegengesetzte Erscheinung macht dich irre, nämlich runde kuppelförmige Erhebungen aus festem Gestein, voll nach allen Seiten auslaufender Furchen und Spalten; öfters liegt eine Reihe dieser Erhöhungen so nahe an einander, dass sie gleichsam zusammengeflossen sind zu einer gewölbten Woge. Daher der Name des Steinernen Meeres in Berchtesgaden so unrecht nicht ist, sowie

der hiesige Ausdruck *Todtes Gebirge* wegen seiner erstarrten Gebeine; denn jene schlackenartigen Gebilde, wo sie in eine Reihe
zusammengeflossen sind, gleichen den vom Sturme getriebenen,
sich überstürzenden Wogen des Meeres, die kugeligen und gewölbten Rücken aber dem Meere nach dem Sturme, wenn die
Wogen, nicht mehr vom Winde getrieben, nur dem Gesetze der
Schwere folgen, wenn ihr Kamm nicht mehr die tieferen Theile
überstürzt, wenn sie wie gewölbte Berge daher wälzen. Daher
herrscht hier in dieser Kalkoberwelt ein so geheimnissvolles und
räthselhaftes Treiben des Berggeistes, dass schon von ferne her
der Reisende angezogen wird, mag er von Berchtesgaden dem
Steinernen Meere oder von Ischl her dem Hallstädter Gebirge
entgegen wandern.

Wie die kleinen kesselförmigen, kreisrunden Vertiefungen
mit etwas erhöhtem Rande auf der Höhe erscheinen, und derselben die Gestalt, das Relief einer Mondkarte geben, so sehen
wir diese Beckenform in grösserem Umfange in der Tiefe. Die
Kalkmassen, welche die tieferen grösseren Becken einschliessen,
haben auf ihrer breiten Hochfläche 2 Randerhebungen, welche
die sich gegen das Innere senkende Fläche begrenzen, und aus
welchen, gleich Mauerthürmen, höhere Warten aufragen. So
senkt sich die Hochfläche des *Dachsteins* von dem 8000' hohen
Südrande bis zu dem 5500' hohen Nordrand, und wie jener fast
senkrecht in die Tiefen des *Ensthales* abstürzt, so dieser in das
Becken des *Hallstädter Sees*, und wie dort eine Reihe von Hochgipfeln aus dem Südrande aufragen, als: der *Dachstein*, *Esel-
stein*, *Scheuchenspitz*, *Hohe Rams* u. s. w., so hier aus dem Nordrande der *Hierlatz*, *Zwölferkogl*, *Rauhe Kogl* u. s. Auf der anderen, nördlichen Hälfte des grossen massigen Felsenringes, welcher das grosse Becken von *Aussee* und *Mitterndorf* amphitheatralisch umlagert, auf dem *Todten Gebirge*, findet dasselbe Verhältniss statt; seine Hochfläche senkt sich von Nord und Nordosten gegen Süden und Südwest; aus dem nördlichen und nordöstlichen Hochrande ragen die höchsten Gipfel auf (s. unten).

Da die die Hochfläche selbst durchziehenden Rücken oft
nur als die Ränder der Kessel und Mulden auftreten, die keinen sichtbaren Abfluss haben und daher vielfach in einander

überlaufen, so kann man sich nur sehr schwer aus diesem Gewirr von Höhen und Tiefen herausfinden, und selbst die hydrographischen Verhältnisse kommen nicht zu Hilfe, da man nicht weiss, zu welchem Flusse oder Bache sich dieser oder jener Rücken abdacht; denn kaum verfolgt man einen Bach eine kurze Strecke, so entzieht er sich den Blicken, in ein Felsenloch schlüpfend oder sich in den Gries verkriechend. Fast der ganze Wasserschatz hat sein Geäder im Innern des Bergstockes. Wer aber kennt das unterirdische Wassernetz? Ein Gipfel des Nordrandes über Hallstadt spendet vielleicht, trotz seiner äusseren Abdachung zur Traun, seine innere zur Ens, und ebenso umgekehrt. Sowie aber selbst Führer und Jäger, welche die Hochfläche so oft durchwanderten, sich dennoch häufig verirren, wegen des grossartigen Einerleis, wie sich diese, um sich a n z u - k e n n e n, allenthalben Steinhäufchen zusammentragen, sogen. T a u b e n, anderwärts M a n d l (Männchen) genannt, so wollen auch wir jetzt einige Züge angeben, die über die Oberfläche hinziehen, welche dann in ihrem Verlaufe den Gebirgskörper des *Dachsteins* verlassen und nur als seine Glieder, aber als selbstständige scharfe und schneidige Rücken tiefe Thäler trennen. Bei ihrer Trennung findet gewöhnlich eine Umänderung ihrer äusseren Gestalt statt. Die Gipfel der Hochfläche sind gewöhnlich, wie auch die Rücken, nicht so scharfschneidig, es sind mehr Kuppen als Spitzen, ihre Kanten wie vom Wasser abgerundet oder quadratisch, z. B. der *Dachstein*, der *Krippenstein*, *Gjaidstein* u. a.; sowie aber ein solcher Rücken die Masse verlässt und hinaustritt in das tiefere Land, so wird er scharfkantig und jäh. Selbst diejenigen Seiten, welche hinaus zur Tiefe gehen, sind schroff, während die anderen gegen die Hochfläche allmählicher geneigt sind. Man vergleiche hierzu die auslaufenden Rücken des Gosauer Steins, des Grimmings, sowie die Abdachung des beiderseitigen Höhenrandes gegen die Hochfläche und gegen die Tiefen.

Folgende Höhenrücken dienen dazu, um sich auf jenem Höhenlabyrinthe zurecht zu finden.

Der Brennpunkt, der Berg- und Grenzknoten und höchste Gipfel des ganzen Gebirgsstockes ist der *Dachstein* (9490'). Auf

dem *Dachsteine* treffen die dreifachen Grenzen von Oesterreich
(die ganze Nordseite), von Salzburg (die westliche Hälfte der
Südabdachung durch die Mandling) und von Steiermark (der
grösste Theil der Südabdachung) zusammen. Ebenso laufen die
nun folgenden Rücken von ihm aus. Der erste Zug geht vom
Dachsteine fast westlich, setzt zunächst auf den *Mitterspitz* (9200')
und erhebt sich dann wieder äusserst jäh zu dem *Thorsteine*
(9313'), dessen Kamm und scharfe Spitze von Süden her wie
ein nach Westen gekehrter Helm erscheint. Die Lücke zwischen
diesen beiden Hochgipfeln, aus welcher der *Mitterspitz* wie ein
Zahn aufragt, gab hier in den Norischen Alpen, wo die Ueber-
gangsscharten des Gebirgs T h o r e genannt werden, dem Gebirgsstock und dessen einem Gipfel den Namen *Thorstein*. Da
der *Thorstein* schon aus dem Gebirgskörper westlich hinanstritt
zwischen steil abfallende Thäler (Gosau, Mandling), so fällt er
mehr in die Augen, als der höhere, aber aufsitzende *Dachstein*.
Vom *Mitterspitz* zweigt ein Rücken nordwestlich ab mit dem *Reiss-
gangkogl* (8232'), und fällt dann sehr steil zwischen den Gletschern der Gosau hinab. Er ist in seiner obersten Gegend grösstentheils tief unter dem Firne verborgen und taucht nur daselbst
in einigen Zähnen auf, welche seine Richtung bezeichnen. Erst
weiter hinab tritt der Grath im Zusammenhang auf. Der Hauptrücken setzt fort als *Schneebergrand*, die linke Seite des Gosau-
gletschers begrenzend zwischen Oesterreich und Salzburg, zwischen Gosau und Mandling (Traun, Ens), *Reissgang*, über welchen ein beschwerlicher Steig nach *Schladming* führt, *Nieder-*
und *Hochgrumet*, *Graswandkogl* (7626'). Von diesem schwenkt
sich unser Felsenrücken fast nördlich, während er westlich, in
mehrere Grathe ausstrahlend, auf das sanftere Mittelgebirge abfällt, welches hinüberzieht zu dem westlicheren Felsenstock des
Tännengebirges. Der Hauptrücken, auch der *Gosauer Stein* genannt, geht zuerst noch in nordwestlicher Richtung fort über
die *Flachkögl* (6798'), das *Maul* (6858'), zum *Kleinen* (5976')
und *Grossen* (6490') *Donnerkogl*, vielleicht der auffallendste Berg,
wenn man ihn so nennen darf, in der ganzen Alpenwelt. Wie
ein zum Himmel zeigender Finger steht er in der Zackenkette
da, oben in der Spitze gespalten, daher er vom Radstädter

35 *

Tauern her auch passend die *Bischofsmütze* genannt wird. Mit dem *Donnerkogl* bricht die starre Zackenmauer auf ein niedriges, mit Alpen und Wald bedecktes, Gebirge ab, welches bogenförmig das mittlere bewohnte Gosauthal im Westen umkreist und es von dem Lammergebiete scheidet. Gerade am Absturz des *Kleinen Donnerkogls* zieht ein Steig über den *Zwieschelberg* von dem Vorderen Gosausee nach *Annaberg* an der Lammer (s. S. 542). Nördlich legt sich dieser Höhenzug an das *Ramsauer Gebirge*. Kurz zuvor überschreitet an seiner niedrigsten Stelle der *Pass Gschied* (3131') diese Höhe. Auf diesem ganzen Zuge, vom *Dachstein* bis zum *Niederen Brettkogl* (5814') am Ramsauer Gebirge im weiteren Sinne, läuft die Grenze zwischen Oesterreich und Salzburg hin. Vom *Niederen Brettkogl* zieht das Ramsauer Gebirge wieder als Felsengrath östlich, zuletzt, im *Gosauhals*, fast südöstlich, zu seinem Ende über der *Gosaumühle*. — Der zweite Zug beginnt wieder am *Dachstein*, zieht zuerst über den *Niederen Dachstein* zu dem Grathe des *Hohen Kreuzes* (6747'), das grosse Karls-Eisfeld von den Gosaugletschern scheidend. Am *Schöberl* (7644') und *Ochsenkogl* (6867') setzt der Rücken auf eine etwas niedrigere Stufe nieder, strahlt vielseitig aus; die verschiedenen Felsenrücken schliessen hier öde Felsenkahre ein, welche statt des Schnees und Eises mit Geröll bedeckt oder von jenen eigenthümlichen Gebilden der höheren Kalkalpen durchzogen sind. Die meisten Arme brechen bald ab und mit ihnen fallen die Felsenkahre auf eine abermalige niedere Stufe ab, auf welcher die meisten Alpen des *Dachsteingebirges* liegen, z. B. das *Taubenkahr* (5673') und die *Ochsenwiesalpe*. Nur nordwestlich, parallel mit dem Gosauer Stein, streckt dieser Rücken seinen ehernen Arm weiter fort bis zur *Modereckhöhe* (5604'), worauf dieses Felsengebirge links in das *Gosauer Seethal* steil abfällt, rechts auf die Alpen des *Schwarzkogls* (5880'), *Plankensteins*, der *Hohen Scheibe*, *Sulzkogls* und *Plassen* niedersetzt. Der *Plassen*, auch *Plossen* oder *Blassen* (6174'), erhebt sich aus dem Grün der Matten wieder zu einem Felsenstocke über dem *Salzberg*. Nördlich reicht dieser *Dachsteinarm* dem *Ramsauer Gebirge* die Hand und wird nur durch das unterste, von Westen nach Osten ziehende, *Gosauthal* unterbrochen. Durch diese 2 Arme des *Dachsteins* wird das ganze Thal der *Gosau* eingeschlossen, und während die Quellen der Gosau aus 3 Gletschern, einem grösseren und zwei kleineren, kurz vor dem *Oberen Gosausee* im *Kreidenbach* zusammenfliessen, nimmt der grössere *Hallstädter See* die Gosau bei der *Gosaumühle* auf.

Der dritte Zug ist der hohe Südrand des Gebirgsstockes, welcher durch wüste, gegen die Ens sich abdachende Geröllkahre, durch Breschen der eingestürzten Mauer, deren Thürme noch stehen, dann und wann unterbrochen wird. Gegen Osten sagt sich auch dieser Rücken von der Hauptmasse los und strahlt als scharfer Grath im *Grimming* östlich aus, nur durch den Spalt des *Steins* (s. oben) von dem *Dachsteingebirge* getrennt. Vom *Dachsteine* zieht dieser Rücken zu den beiden aus dem Eis aufragenden Felsenzähnen der *Diendeln* (auf den Karten Findl) oder dem *Fensterl*, das nördlich nach Oesterreich sich absenkende grosse *Karls-Eisfeld* von dem nach Steiermark südlich hinabhängenden Gletscher, dem *Todten Knecht*, welcher jedoch nur eine schmale, etwas abhängige Fläche bildet, scheidend. Von den *Diendeln* zweigt sich nördlich, parallel mit dem Hohenkreuz, ein hoher massiger Rücken mit charakteristischer Dachsteinbildung ab; abgerundete Kuppen, der *Hohe* (8756') und *Niedere* (7458') *Ojaidstein* (Jagdstein). An seinem nördlichen Ende setzt er, wie der vorige Rücken, auf eine niedere, schon alpenhafte Stufe nieder, durch das *Taubenkahr* auf die *Taubenkahralpe* (5673'). Er schliesst auf dieser Seite, wie der vorige Rücken jenseits, das grosse *Karls-Eisfeld*. Von den *Diendeln* geht der Südrand fort zum *Koppenkahrstein* (7787'), während ein anderer Arm, noch südlich den *Todten Knecht* umfassend, hier wieder eintrifft. Durch die darauf folgende Scharte zieht der Steig von Obertraun nach Schladming hinab. Vom *Koppenkahrstein* geht abermals ein Rücken nördlich über die Hochfläche, sich gleichsam durch die allgemeine Senkung derselben erhebend; der *Krippenstein* (6712') und das *Dürnl* (6326'), der von Hallstadt aus höchste sichtbare Punkt, sind die bedeutendsten Erhebungen dieses Grathes. Aus dem Südrande erheben sich östlich der *Scheuchenspitz* (8413'), das *Koppeneck* (7787') und der *Hohe Roms*, von wo abermals ein Zweig sich nördlich und nordöstlich schwingt.

Bis in diese Gegend (*Koppeneck*) zieht die österreichlsch'-steie-
rische Grenze anf dem Südrande hin und wendet sich nun nördlich über den *Koppen*, die Engen der Traun und den *Sarstein*
zum Joch der *Pötschen*. Der nördlich die Hochfläche durchir-
rende Rücken verzweigt sich abermals in ein Labyrinth von öden
Felsenkahren und verbindet sich am Nordrande mit dem Rücken
des *Krippensteins* nnd *Däumls*. Hier erhebt sich der *Speikberg*
(6808'), der *Pfalzkogl* (5669'). Von hier tritt das'letzte Kahr
noch mit dem *Gschirrkogl* (4838') nördlich hinans auf die niedere Vorstufe des Gebirgs. Dieser Rücken setzt dann noch fort
zum *Hohen Koppen* (5704'). Dieser fällt westlich in die Obertraun, nördlich in die Felsenengen der Traun, zwischen Obertraun und Aussee, ab. Der Südrand macht nun eine südliche
Ausbiegung, in deren Mitte der Südrand eine Scharte hat, als
ob er durch das zu grosse Biegen geborsten wäre, ein Becken,
wie es mehrere auf der Hochfläche gibt, das nur zu nahe am
Rande nach Süden durchbrach. Der östliche Thurm dieser Scharte
ist der *Stoderzinken* (6678'). Mit jener Scharte, durch welche
der *Weissenbach* hinabgeht zur Ens oberhalb Hans, beginnt die
folgende Strecke des *Dachsteins*, das *Kammergebirge*, die östliche
Abstufung des Gebirges, gleich derjenigen am *Taubenkahr* (5673'),
nur dass es um etwas niedriger ist; aber es ist dieselbe Platte,
welche dort nördlich, hier östlich dem Hochgebirge als Vorstufe
vorliegt. Durch die *Salzaschlucht am Stein* wird das Gebirge
wieder geschieden von seiner letzten Strecke, dem *Grimming* (s.
oben), der wiederum zum *Todten Gebirge* bei Aussee hinüber-
zeigt. Der Rand gegen Norden auf seiner letzten Abstufung hat
ebenfalls mehrere Gipfel, wie Warten einer Maner. Da stehen
neben einander der *Hierlatz* (6196'), der *Zwölferkogl* (6270'), *Rauhe Kogl* (5393'), der *Schafeckkogl* (4848'). Sie stürzen, wie die
südliche Wand des Königssees, steil zum See hinab.

So unwirthbar dieser Gebirgsstock auf seiner Oberfläche erscheint, so liegen dennoch 51 Sennhütten hier oben. Wegen der
hohen und offenen Lage herrschen auch hier, wie auf dem Kar-
ste, sehr heftige Stürme; daher sind zwar die Hütten niedrig,
allein sie sind im Gegensatz ihrer Umgebungen wohnlicher, als
die meisten Hütten in den westlichen Alpen. Sie enthalten eine

Wohnstube mit Ofen und Bett, haben Stallung und sind dabei sehr reinlich. So karg die Pflanzenwelt zu sein scheint, so dass man oft kaum begreifen kann, wo das Vieh seine Nahrung findet, so kräftig, nahrhaft und aromatisch ist dieselbe, wie auf den meisten Kalkalpen. Die goldgelbe Butter vom *Dachstein* gilt als die beste weit und breit. Das Leben der Dachsteinsennerin ist äusserst einsam, und die dann und wann vorkommenden Bären und Gemsgeier sind keine angenehmen Gesellschafter für sie und die ihr anvertraute Heerde.

Noch verdient die Eiswelt des *Dachsteins* einer besonderen Erwähnung. Fast allseitig lagert sich eine weite Eisdecke über einen Theil des *Dachsteins*. Diese Decke wurde zerbrochen oder zerschnitten durch die vom *Dachstein* ausstrahlenden Felsengrathe. Sowie sich nordwärts die Hochfläche allmählich abdacht, so lagert sich auch dahinwärts das grösste Eisfeld, das *Karls-Eisfeld*, vom *Dachstein* herab zwischen dem *Hohenkreuze* und *Gjaidstein*. Am Nordende des *Hohenkreuzes* steht der Felsenkegel des *Schöberls;* bis hierher ist die Abdachung des Eisfeldes geringer, bis hierher reicht seine obere Platte, der *Firn;* der vom *Schöberl* den Gletscher begrenzende Felsenwall wird nun, sich östlich wendend, viel niedriger, engt aber, da der *Gjaidstein* seine bisherige Richtung beibehält, die untere Stufe des Eises, welches nun wirklicher Gletscher ist, ein. Derselbe hat von der oberen Platte auf die untere tiefere einen starken Fall und ist stark zerklüftet; diese Stufe stellt auch das wirkliche Bild eines Gletschers dar. Es ist der *Oesterreichische Gletscher.* Nach Süden bricht der *Dachstein* äusserst jäh ab, daher sich hier nur Gletscher- oder Firnansiedelungen in den obersten Felsenkahren bilden konnten, welche noch von Felsenrücken gegen den Abhang geschützt sind. Hier liegt, schon südwärts geneigt, der schmale, aber längere *Steierische Gletscher*, der *Todte Knecht* genannt. Der *Salzburger Gletscher*, von der Scharte zwischen dem *Dach-* und *Thorstein* nur wenig hinabziehend gegen Südwest, ist der kleinste. Die nordwestliche Abdachung, das Gosaugebiet, nimmt wieder einen grösseren Raum an Eis ein, zumal die Abdachung auch wieder weniger steil ist. Vom *Dachstein* und *Hohenkreuze* ziehen 3 Gletscher hinab zu dem *Hinteren*

Gosausee, von denen der mittlere der grösste ist. Sie gehören Oesterreich an.

Geognost. Das Hauptgestein des Gebirgs ist der nach ihm benannte Dachsteinkalk mit seinen sogen. „Kirchtritten" (Megalodus triscutatus). In einzelnen Fällen ist ihm ein ammoniten- und schalthierreicher Liaskalk, d. s. Hierlatzkalk von röthlicher und weisslicher Farbe, aufgelegt, so am Feuerkogl, am Hierlatz selbst, zur Seite des Schladminglerochs u. a. O. An der Werflinger Wand tritt der graue Kalkstein von der Terebratula amphitoma auf. — Der Dachsteinkalk, wo er auch auftritt, ist schon von fern erkenntlich an seinen massigen Formen, der feinen Schichtung und graugelber Farbe. (A. Schaubach.)

Botan. Gentiana bavarica, prostrata, Saxifraga oppositifolia, autumnalis, cespitosa, Arabis bellidifolia, Veronica alpina, Thymus alpinus, Aronicum Clusii, Primula minima, Valeriana celtica, Globularia nudicaulis, Dianthus alpinus, Arenaria austriaca.

Besteigung des Thor- und Dachsteins. Die Besteigung des *Thorsteins* möchten wohl nur Wenige unternehmen und noch Wenigere ausführen, da sie zu den schwierigsten Besteigungen gehört, indem nicht nur die tiefen und breiten Spalten des Gletschers, sondern auch das Abstehen der Eismassen von den Wänden, zu denen man hinanklettern muss, oft unübersteigliche oder eigentlich unüberspringliche Hindernisse entgegenstellen; vor allem aber sind es die steilen Abstürze des aus den Eismassen aufragenden, nach Süden aber senkrecht in ungeheure Tiefe abstürzenden Felsenthurmes, die auch geübte Gletscherwanderer abschrecken können. Der erste Ersteiger war Jakob Buchsteiner, ein Jäger aus Schladming, der diesen Gipfel zweimal erstieg. Die besten Führer auf den *Dachstein* sind die oben bei Hallstadt genannten (s. S. 530). Auch ein einzelner Reisender muss 2 Führer nehmen. Im Sommer 1862 ist die Besteigung dem Schriftführer des Alpenvereins, Herrn Ed. v. Moysisovics, und Herrn A. Melingo gelungen. Ein grosser Uebelstand bei den Ersteigungen dieses Gebirges sind die häufig an den schönsten Tagen anrauchenden Wolken, welche die Gipfel umhüllen; denn die zwischen den weissgrauen Felsenmauern liegenden Eis- und Schneemassen fangen beim Einfallen der Sonnenstrahlen leichter an zu dampfen, als die freiliegenden Eisberge, z. B. der Uebergossenen Alpe.

Weg von der Gosau zum Gletscher des Thorsteins. Von der Alphütte am *Hinteren Gosausee*, welcher auch wegen der Kreide, die er an seinem Ufer ansetzt und welche daselbst gesammelt wird, der *Kreidensee* genannt wird, hat man 5 St. bis zum Anfang des so nahe scheinenden Gletschers. In 1½ St. vom See erreicht man die geräumige Alpe in der *Kogl-gasse*, wo man übernachten kann, wenn man es nicht vorzieht, noch Abends den beschwerlichsten Theil des Weges zurückzu-legen und noch 1 St. zur *Kirchschlagalpe* emporzusteigen; sie liegt äusserst einsam zwischen dem *Beerwurz-* und *Bärenkogl;* hier sind die *Bärenlöcher;* eines dieser Felsengewölbe ist der Milchkeller der Sennerin; die Umgegend heisst das *Nassthal.* Man ist vom See aus links vom Thale abgebogen, um die Steil-wände zu umgehen; jetzt nähert man sich demselben wieder auf der Höhe über beschwerliche Gräben und Rücken, bis man plötz-lich durch den blaugrünen Spiegel des Hinteren Sees in grosser Tiefe überrascht wird. Noch grösser ist aber das Erstaunen, wenn man den *Grünberg* erreicht und sich hier der Gletscher zeigt mit den Riesenwänden, welche weissgrau aus ihm aufstei-gen in den blauen Aether; oben der *Thorstein,* durch die *Wind-lehnscharte* vom *Grummet* und *Eeissgang* getrennt. In 1½ St. kömmt man auf diese Weise zur *Schreiberwand,* welche den Glet-scher links umzieht. Mühsam klettert man über das Gerölle die-ser Wand hinüber zum Gletscher in 1 St. Ein furchtbares Fel-senchaos umlagert ihn, Riesenmarmorblöcke liegen aufgethürmt über einander, durchschimmert oder überragt von dem Blau des Eises; das Donnern des Gletschers ist die Musik in diesem ma-jestätischen Tempel Gottes. Mit Hilfe der Steigeisen geht es an einem Schneefelde zwischen dem Gletscher und den Wänden hin-an, bis man die Höhe der Gletscherfläche erreicht hat, zu der man nun übergehen kann; in ¼ St. hat man vom Anfang des Gletschers diese Eisebene erreicht, welche sich allmählich bis zu den senkrechten Wänden des *Thorsteins* erhebt, in der Mitte we-nig zerklüftet, zerrissener gegen die Wände. Wer Lust hat, den *Thorstein* zu ersteigen, kömmt hier auf denselben Weg, wel-cher von *Schladming* herauf, über die *Windlehnscharte* herüber auf den Gletscher führt, und verfolgt von hier an den oben be-schriebenen Steig zur Scharte. Von der *Gosau* aus möchte im-mer daher der kürzeste und leichteste Weg bis dahin sein.

Besuch des Karls-Eisfeldes von Hallstadt aus. Man folgt dem schon bekannten Wege zum *Waldbach Strub*, steigt neben diesem Wasserfalle vorüber den Wald hinan, die *Waldbachleiten*. Nach 1½ St. Steigens gelangt man in äusserst öder Gegend zu einer Holzknechthütte. Hier trifft auch ein anderer Weg ein, mit dem man ebenfalls, wie mit dem Steige nach der Gosan, einen Besuch des *Salzbergs* verbinden kann, indem man dem Treppenwege über den *Rudolfsthurm* zum *Salzberg* folgt, 1 St.; dann am *Flossen* vorüber auf die *Spraderbachwand*, von welcher wir den *Spraderbach* aus der Tiefe der Echern als Staubbach herabstäuben sehen. An den Sennhütten der *Klausalpe* vorüber kömmt man ebenfalls zur *Waldbachleiten* in 2 St. vom *Salzberge*, dann zur prächtigen, klaren, aus einer Kluft hervortretenden *Quelle des Waldbachs*, *Waldbachsprung*, worauf sich beide Wege vereinigen. Durch die schon verkrüppelnde Waldregion emporsteigend lässt man die *Tropfrand* zur Seite und gelangt (von der *Waldbachleiten*) in 1 St. zur *Quelle am Lorchbaum im Schnecken*, einem angenehmen Ruhepunkte. Von hier geht es über eine Art Leiter einen kleinen Absatz hinan. Die Gegend, voller Höhlungen und Klüfte, durch die man von hier kömmt, heisst der *Thiergarten* (4706'). Hier hausen nicht nur Bären und anderes gewöhnliches Wild, sondern die Sage weiss auch von Drachen und Lindwürmern zu erzählen [1]). Steiler und klippiger, doch in botanischer Hinsicht interessanter, ist der Steig von hier durch die kothige *Herrengasse* hinan. So gelangt man in 3 St. (von der Quelle am *Lorchbaum*) zur *Wiesalpe* (5286') mit 7 Hütten. Von dieser, welche in einer tiefen Mulde liegt, erreicht man auf doppeltem Wege die *Ochsenwiesalpe* (5808') (3 Hütten) und ihre höhere Thalmulde: 1) auf einem näheren steileren, oft auch leiterartigen, wo die Staffeln in einem schräg an die Wand gelehnten Baumstamm, in welchem die Stufen zugehauen sind, besteben, hinaufwärts leichter, schwerer abwärts; 2) der *Mitter-*

---

1) Schultes erzählt, dass ihm ein glaubwürdiger Mann gesagt habe, dass vor mehreren Jahren (1781) ein Jäger eine 5' lange Eidechse von der Stärke eines dreijährigen Kindes, die ihm mit offenem Rachen entgegen gekommen, geschossen, und dass er selbst noch Knochen von diesem Thiere gesehen habe. Das Nähere Schultes S. 108.

weg oder *Viehsteig* ist länger und bequemer. Auf der *Ochsen-wiesalpe* zeigen sich schon über den nächsten Wänden die höheren Massen der *Gjaidsteine* und des *Ochsenkogls.* Von der *Ochsenwiesalpe* steigt man immer noch durch eine Scharte anf einem Viehsteig zur *Ochsenwieshöhe* hinan; hier hat man das Dachsteingebirge mit seinen Gletschern und Hochgipfeln vor sich, wo sich auch schon ein weiter Horizont enthüllt. Bis hierher muss wenigstens jeder steigen, der den Dachstein gesehen haben will. Ganz besonders erhebend wird ihm Abends der Dachstein durch jodelnde Sennerinnen; er wird selten so reine und melodische Töne gehört haben. Beide Alpen liegen zwischen öden Felsenkahren ohne alle Ansicht. Erst wenn man nach noch 1 St. das *Taubenkahr* erreicht hat, tauchen in einem grossen Halbkreise, in blauen Duft gehüllt, die höheren Bergfürsten der Umgegend über die kahlen Wände empor, der Grimming, Priel, Pyrgas und Stoder. Nach einem Wege von 9 St. sollte man sich höher glauben, und dennoch hat man erst 5676′ ü. d. M. und 3970′ über Hallstadt errungen, ganz ähnlich dem Steige am Schreinbach hinan durch die Sangasse zum Funtensee in Berchtesgaden. Vom *Taubenkahr* übersteigt man noch in 1 St. die *Klingershöhe* und steht dann vor dem ausgedehntesten Eisfelde dieses Gebirgs, dem *Karls-Eisfelde* (6113′). Sein Umfang beträgt 5 St.; anfangs allmählich ansteigend, wölbt es sich doch bald so steil empor, dass es weiterhin nnzugänglich ist; weissgrau erheben sich die Felsenthürme des *Gjaidsteins,* des *Hohen Kreuzes* und *Dachsteins* majestätisch aus dem weissgrünen Eismeere, das sich um ihren Fuss herumschmiegt. Dieser ganze Anblick macht einen überwältigenden Eindruck auf das Gemüth; wie unten in der Tiefe die blaugrünen Seespiegel zwischen die Felsenwände angegossen sind, so breitet hier ein grünliches Eismeer seine Wogen über ätherische Höhen zwischen völlig nackten Kalkriffen aus. Bergsteiger, welche nicht sehr schwindelig sind, können auf dem Rückwege von der *Ochsenwiesalpe,* wo man entweder vor der Besteigung des Gletschers oder nach derselben übernachtet, über den *Hierlatz* hinab zum *Hallstädter See* steigen; der Weg gleicht dem vom Grünsee über die Sagereckwand zum Königssee. Dieser Weg ist nicht nur kürzer, sondern auch

weit unterhaltender, als der erste, der einen sehr grossen Umweg macht; dagegen ist er auch sehr steil und also besser zum
Anfweg zu wählen. Von der Alpe ans muss man nördlich über
das auffallend geformte Kalkgeriff; man erreicht in 2 St. den
höheren hinteren Gipfel des *Hierlats* (6198'), und wird hier durch
eine der grossartigsten und zugleich malerischsten Alpenaussich-
ten überrascht: gerade im Süden der Doppelgipfel des Dachsteins, ans seinem Eismantel aufragend, östlicher der Grimming,
Priel und Pürhn, die zerrissenen Alpen von Admont und der
ferne Oetscher, westlich die lange Kette der Tännen, der Göll
und der Untersberg; über sie aufragend zeigen sich die Felshörner des Watsmanns; näher starren als kahle Klippen hier
im Osten der Krippenstein, dort im Nordwesten der Plassen auf;
weiter hinaus die niedrigere Gebirgswelt, schon in Grün gehüllt,
nur noch vom Sarstein, Sandling, Traunstein, dem Höllgebirge
und Schafberg überragt. In der Tiefe trifft der Blick im Nordosten, am Sarstein vorüber, auf den blauen Spiegel des *Alt-
Ausseer Sees*, umstarrt vom Todten Gebirge, vor allem aber den
Hallstädter See aus schwindelnder Tiefe wie einen schwarzen
magischen Spiegel. Wer auch nicht von hier zum See hinabsteigen wollte, sollte doch nicht versäumen, von der Alpe aus
den *Hierlats* zu ersteigen, der sie nicht sehr überragt. Vielleicht noch gerathener möchte es sein, von der *Ochsenwiese* aus
den *Zwölferkogl* zu ersteigen, der die schönste und beste Ansicht des Dachsteingletschers gewährt und zugleich auf seinem
vorderen etwas tieferen Kopfe hinab auf den Markt Hallstadt
blicken lässt (siehe unten die Winterbesteigung dieser Höhen).
Vom grossen oder *Hinteren Hierlats* kömmt man durch Krummholz in ¼ St. auf den niedrigeren *Vorderen Hierlats*. Von hier
blickt man noch tiefer in den See hinab; jede vortretende Fel-
senkante, auf die man sich herabbläst, scheint weit hinaus über
den See zu hängen. So klettert man von einem schmalen Vorsprunge hinab auf den anderen, und solcher Riesenstufen zählt
diese merkwürdige Treppe etliche zwanzig. Sowie es viele Al-
pensteige an sich haben, niemanden ungeneckt ziehen zu lassen,
so hat auch dieser seine böse Stelle, den *Schlinnsteig*, wo sich
etwas Furchtsame an einem Seile hinablassen. Bisweilen er-

schreckt auch der neckische Berggeist mit einem herabspringen-
den Grasbären, vor welchem man sich bei Zeiten unter einen
Palfen bergen muss. Klettert man gut, so kömmt man in nicht
ganz 3 St. herab in die Lahn und nach *Hallstadt.* Einen dritten Weg auf diesen Kalkstock s. unten.

Die Erstoignung des *Dachsteins* im engeren Sinne ist
jetzt erleichtert, vorzüglich durch Herrn Professor *Friedrich Simony* aus Wien, den ich (A. Schaubach) bei meiner letzten An-
wesenheit in Hallstadt die Ehre hatte, kennen zu lernen, den
Sansaure des Dachsteins. Er hat bereits mehrere Sommer hier
zugebracht, um die Umgegend von Hallstadt und deren Oberhaupt, den *Dachstein,* kennen zu lernen. Schon die Nachrichten im Fremdenbuche zu Hallstadt (im Gasthofe des Herrn Stadler) sind sowohl über interessante, bisher noch unbekannte Punkte, als auch die Schilderung seiner eigenen Erstoigungen des
Dachsteins, sehr nützlich und unterhaltend. Er hat den Dachstein sehr oft bestiegen, hat auch schon Nächte allein auf dieser Zinne, auf der nur einige Menschen Platz haben, zugebracht
und ist selbst zur Winterszeit auf den Gletscher gestiegen, um
sein Verhalten in dieser Jahreszeit zu beobachten. Herr Simony
wird bald ein grösseres Werk über diese äusserst merkwürdige
Gegend mit Karten und Abbildungen herausgeben, welche, nach
dem, was ich gesehen, als sehr gelungen angesehen werden müssen, da sie bei künstlerischem Werthe dem wissenschaftlichen
Interesse entsprechen [1]. — Von *Hallstadt* steigt man durch den
Thiergarten in 5 St. [2] zu der *Ochsenwiesalpe,* wo man die best-
möglichste Unterkunft hat. Am anderen Morgen geht man von
hier über das Gebuckel der Hochfläche und Steinkahre bis zu
dem wie ein Obelisk aufragenden *Schöberl* in 1½ St. Bald darauf betritt man das Gestade des *Karls-Eisfeldes.* In dieser Gegend, etwas links, abwärts zum *Taubenkahr,* laufen die Gewässer aus den Eishallen des Gletschers zusammen als die ersten
Quellbäche des *Waldbachs,* verschwinden bald darauf und durch-
stürzen 4 St. lang die Unterwelt des *Dachsteins,* worauf sie am

1) Seitdem ist von ihm erschienen: Physiognomischer Atlas der österreich.
Alpen, 6 Bl. m. Text. Imp.-Fol. Gotha 1862.

2) Nach Weidmann in 9 Stunden bis aufs Taubenkahr.

Waldbachursprung klar und hell unter der Felsendecke hervortreten. 2 starke Stunden führt nun der Weg über das zerklüftete Gletschergefilde südlich hinan, indem man rechts die Wände
des *Hohen Kreuzes* als Begleiter hat, die sich nach und nach
emporziehen zum Hochgipfel des *Dachsteins.* So gelangt man
endlich an das hoch oben aus dem Eismantel hervorragende
kahle und schneegestreifte Felsenhaupt des *Dachsteins.* Wie gewöhnlich, wo Gletscher an Felsenwände anstossen, eine Querspalte vorliegt, und zwar so, dass das Eis vom Felsen absteht,
oder auch, dass das Eis des Gletschers ursprünglich fest am Felsen angehangen hat und bei seinem Vorrücken oder Senken geborsten ist, so hat sich hier eine Querspalte gebildet im Eis,
wodurch eine Eisbank am Dachstein hängen blieb, während die
Hauptmasse sich lostrennte. Es möchte die Ueberschreitung dieser Kluft eine der Hauptschwierigkeiten für manche Bosteiger
sein, zumal das jenseitige Eisgestade höher liegt. Herr Simony
hat der Sache durch eine Leiter abgeholfen, auf welcher man
über diese Kluft emporsteigt zu den Wänden des *Dachsteins.* Es
folgt nun eine zweite Schwindelprobe anderer Art, die Steilheit
des Gipfels auf kahlem, scharfem und bröckeligem Gestein zu
überwinden. Auch hier mag das Reisepublikum, welches die
höchsten Gipfel liebt, Herrn Simony danken, dass er Gefahren
vorgebeugt und die Ersteigung erleichtert hat. Durch eiserne
Ringe an den glatten Steinwänden sind Seile befestigt, und an
ihnen zieht man sich selbst anf dem Geröll zwischen den Wänden empor in ½ St. zu der erhabenen Zinne, welche eine der
prachtvollsten Aussichten darbietet: unter sich die mehrfach
durch Felsengrathe zerschnittene Eisfläche, ein Gletscherpano-
rama, wie es die Kalkalpen nirgends darbieten; dabei zugleich
der Blick unmittelbar neben der todten erstorbenen Natur des
Eises und Gesteines, hinab auf die grünen Tiefen des wohlangebauten Ensthales; nördlich hinaus über die Stufen der Kalkalpen, zwischen denen die Seen von Aussee heraufleuchten, in
die Flächen Oesterreichs und Baierns, und südlich hinüber in
die grünen und braunen Urgebirge zwischen dem Ens- und Mur-
thale, hinan bis zu den Eiszinnen des Ankogls und Glockners.

Schliesslich theile ich noch die oben erwähnte Winterbe-

steigung des *Dachsteingletschers* von Herrn Simony im Auszug
mit[1]), da es auch sehr interessant ist, diesen Bergriesen im
Wintergewande kennen zu lernen.

Nachdem es längere Zeit, vom Anfang Oktober bis zum
6. December 1848, geschneit und die ganze Umgegend von Hallstadt in ihr unermessliches Leichentuch gehüllt hatte, verkündeten alle Anzeichen besseres Wetter und der 7. December war
einer der schönsten Wintertage. Es wurde nun beschlossen, das
langgehegte Vorhaben zur Beobachtung des Gletschers auszuführen. Der erprobte Wallner wurde als einziger Gefährte gewählt und es wurde, trotz aller Gefahren und Warnungen, um
11 Uhr Vormittags aufgebrochen. Das Gepäck, welches der bie-
dere Gastwirth Stadler besorgte, bestand aus einer gehörigen
Menge von Lebensmitteln, 2 steinernen Krügen des besten Weines, 1 Flasche Kirschengeist, Kochgeschirr, Leuchtern, Kerzen,
einem langen Stricke, Beile, 2 Mänteln, Schneereifen und Steigeisen, und wurde in 2 gleiche Hälften zu 30 Pfund getheilt,
wovon jeder das Seinige trug. Statt des Alpenstockes trug Wallner eine Schneeschaufel. Die *Untere Wiesalpe* war zum Nachtquartier bestimmt. Der Weg führte durch das *Echernthal* (siehe
den oben angegebenen Weg zum Gletscher) über die *Waldbachleiten.* Bis zur *Jägerrast* ging es gut, weil der Schnee noch nicht
hoch lag; doch da, wo der Steig rechts um die *Tropfrand* wendet und durch eine Schlucht, welche mit Felsentrümmern erfüllt ist, zur *Grubalpe* hinanzieht, begannen die Mühseligkeiten.
Der Schnee lag mehrere Fuss hoch locker und machte den Weg,
welcher ohne Schnee wegen der Klüfte und Felsblöcke schon
höchst beschwerlich ist, noch unsicherer, da man nicht wusste,
wo man hintrat, und gerade den besseren Weg unter der *Tropfrand* nicht gehen durfte wegen der kolossalen Eiszapfen von
6—18' Länge, welche bei dem Auffallen der Sonnenstrahlen
leicht abgelöst werden. Ausserdem gewährte dieses Eisgewand
mit seinen Fransen und Spitzen und seiner Durchsichtigkeit an
der ganzen *Tropfrand* einen prachtvollen Anblick. Um der Gefahr zu entgehen, durch das Herabstürzen der Eiszapfen erschla-

---

1) Wiener Zeitschrift für Kunst, Literatur, Theater und Mode 1843. Nr. 225
bis 230.

gen zu werden, müsste man an der schlechtesten, mit Felsblöcken bedeckten und tief in Schnee begrabenen Seite hin wandern, wobei man oft bis an die Brust in Schnee versank und
dazu noch bisweilen so in die Klüfte fiel, dass man sich nur
durch gegenseitige kräftige Unterstützung heraushelfen konnte;
dazu kam, dass jeder ausser seiner eigenen Last noch sein Gepäck tragen musste. Nach 4 mühseligen Stunden erreichte man
die *Grubalpe* in jener Stimmung oder Verstimmung, welche den
Bergsteiger bisweilen befällt, wenn er nach langem mühevollem
Steigen statt eines Paradieses eine Wüste findet. Man dachte
wirklich schon an die Rückkehr, aber Ehre und Wissenschaft
siegten; daher wurde der Weg fortgesetzt. Auf der Höhe der
Grubalpe lag der Schnee schon 3' tief und war schindelhart auf
der Oberfläche gefroren, was die Sache noch beschwerlicher
machte, denn man brach bei jedem Schritte durch. Da der Weg
ziemlich steil über Stufen, von Wurzeln und Felsblöcken gebildet, hinanzog, so konnte man noch keinen Gebrauch von den
Schneereifen machen. Nach ½ St. von der *Grubalpe* erreichte
man den *Mirtepalfen (Martinswand).* Ausserordentlich ermüdet,
besonders durch die grosse Last, die jeder tragen musste, setzte
man sich trostlos und an der Ausführung des Unternehmens ver-
zweifelnd im Schnee nieder, um auszuruhen; schon lagerten sich
feine abendliche Nebelschleier über den Hallstädter See in der
Tiefe; die Abendsonne vergoldete noch den schneebelasteten Sarstein; über sich hatte man den reinen blauen Himmel; schon
zogen die Schatten aus den Tiefen durch die Thäler und Schluchten heranf, nur ½ St. noch konnte die Sonne über dem Horizont bleiben, und man hatte noch einen 2 St. langen Weg bis
zum Nachtquartier. Der Wald wurde lichter und man konnte
die Schneereifen anlegen. So lange es noch etwas licht war,
diente die Spur der hier wechselnden Gemsen zum Wegweiser
trotz des tiefen Schnees. Die Gemse ist bekanntlich eine kühne
Springerin über Klippen und an jähen Wänden; allein dieses
ist nur der Weg in Zeiten der Noth und Gefahr. Im ungestörten Zustande folgt sie immer am liebsten einem gebahnten Pfade,
und diesen weiss sie selbst unter tiefem Schnee ausfindig zu machen, so dass ihre Schneespur auch immer den darunter begra-

benen Weg anzeigt. Vom *Mirtepalfen* am *Grünkogl* kam man
in 1 St. in den *Oberen Thiergarten*, ein spärlich von Fichten,
Tannen und Zirben bewaldeter Gebirgsabhang, auf 2 Seiten von
Felsenwänden umgeben, einst reich an Alpenwild, jetzt aber
verödet; auch der einst hochstämmige Forst stellt sich nur noch
als Ruine dar, ähnlich den traurigen Wäldern am Steinernen
Meere Berchtesgadens. Schon war es finstere Nacht, als man
die kothige *Herrengasse* passirte, selbst im Sommer eine höchst
beschwerliche Stelle, und endlich um halb 7 Uhr gelangte man
in die *Wiesalpe*. Die gegen den wehenden Nordwind geschütz-
teste Hütte wurde ausgesucht. Vor allem musste nun Holz herbeigeschafft werden, worauf Herr Simony die Proben seiner Koch-
kunst zeigte, indem er eine treffliche Wassersuppe aus Schnee,
Schmalz, Zwiebel, Brot und Salz bereitete, welcher ein kräftiger Rostbraten und noch vortrefflichere Kalbscoteletts folgten.
Alle diese Gerichte mussten in einer und derselben Pfanne zu-
bereitet werden bei hochqualmendem Krummholzfeuer. Ein Beweis aber für die Trefflichkeit der Küche, wie für den Hunger,
war, dass nichts, auch gar nichts übrig blieb. Der Herr wird
seinen Meister loben. — Das Thermometer, welches während
dieser Zeit 10 Schritte ausserhalb der Hütte an einem Stocke ge-
hangen hatte, zeigte — 3° R. Der Himmel prangte in Myriaden
von Sternen und liess im Osten den Aufgang des Mondes erwarten. Um eine freie Aussicht in solcher Höhe in einer Mond-
nacht zu gewinnen, wollte man den vordersten der *Lahnbock-
kögl* ersteigen, von dem man alle Spitzen des Dachsteins sieht.
Mit Hilfe der Schneereife wurde er glücklich erreicht. Gross
war die Belohnung dieses nächtlichen Ausfluges. Ueber dem
Speikberg ging der Mond auf. Es wetteiferten die Schnee- und
Eiskrystalle mit dem Glanze der Sterne. Die Pracht der hier
erstorbenen Natur schien sich jenseits wieder belebt zu haben;
die Blumen des Sommers erwachten dort mit nenem Feuer; finster und starr deuteten die nahen Kalkriesen aus ihrem Eismantel hinauf zu dem Sternenhimmel, wie die Thurmspitzen eines
deutschen Domes, und doch schien es wieder, als wollten sie
sich als irdische Mächte messen mit der Macht des Himmels,
als wären sie die himmelstürmenden Giganten. Um den Fuss

der Giganten schlang sich der Gletscher, um ihre Schultern die
Schneestreifen als Silberketten des Schnees, um sie an die Erde
zu fesseln. Dann und wann umgaukelte ein Nebelwölkchen, aus
einem Gletscherschlunde aufrauchend, jene schwarzen Riesen.
Es herrschte die Stille des Grabes; war ja doch die Natur unter ihr Leichentuch gehüllt. Um dem Körper jedoch die nöthige Ruhe zu gönnen, riss man sich nur ungern von diesem
erhabenen Schauspiele los und eilte zur Hütte zurück. Doch
das schmale Bett war nur für eine Person bestimmt und in der
Höhe durch einen Balken in 2 Hälften getheilt; er wies den Er-
müdeten jedem seinen Platz an, aus dessen Stätte sie sich weder seitwärts noch aufwärts bewegen durften, um nicht heraus-
zufallen oder sich den Kopf zu zerstossen; kurz beide waren
eingesargt. Nachdem das Feuer nochmals Nahrung erhalten hatte,
begab man sich in dieses Bett. Kaum war man an die Grenze
zwischen Wachen und Schlaf getreten, als ein furchtbares Getöse aufschreckte, als ob eine Lawine auf das Dach der Hütte
gestürzt wäre; alle Balken krachten, als ob die Hütte zerschmet-
tert würde. Doch nach einigen Sekunden trat die Stille des Grabes ein. Erst nach einiger Zeit konnte man sich die Sache erklären: das erwärmte Dach hatte seine 5 Schuh hohe Schneedecke abgeschüttelt und durch das Abschurren um so täuschen-
der das Getöse der Lawine verursacht. Der Schlaf war aber
dahin. Simony verliess sein Lager nach 3 St., indem er sich
am Feuerheerd niederliess und fleissig nachlegte; Wallner dagegen fand sich ganz behaglich in seiner neuen Lage. Um 3 Uhr
zeigte das Thermometer — 8° R. Um 4 Uhr verliess auch Wallner seine Lagerstätte. Ein warmes Frühstück wurde bereitet zur
Ausdauer für den Tag. Um 5 Uhr wurde aufgebrochen, versehen mit etwas Proviant, Stricken, Haue, Schaufel und Steigeisen. Trotz der trockenen Kälte ging es nur langsam vorwärts
wegen des Dunkels. Der Mond beleuchtete nur noch die höheren Gegenden. Der Schnee war aber so hart, dass man nur
¼' tief mit den Schneereifen einsank und also ziemlich leicht
über das Steingeklippe hinwegkam. Es ging über den *Mitter-
weg* nach der *Oberen Wiesalpe*, welche in ¾ St. erreicht wurde,
und deren Hütten tief unter Schnee begraben lagen, dann ging

es zur *Ochsenwiesalpe* hinan. Die Kälte hatte nachgelassen. Im Südosten erschien jetzt die erste Morgendämmerung; die Sterne erloschen allmählich. Endlich war die *Ochsenwieshöhe* erreicht. Ueberrascht wurden die nächtlichen Wanderer hier durch den Anblick der Mondscheibe, welche noch halb über der Kante des *Hochkreuzes* (8747') hervorleuchtete; schon längst wähnte man, dass er untergegangen sei. Doch bald darauf verschwand er hinter den Felsengipfeln. Desto schärfer und schwärzer erschienen jetzt die aus dem Schnee aufragenden Felsenpyramiden des *Dachsteins*, der Felsenwall des *Hochkreuzes* und des *Ochsenkogls*. Immer herrlicher entfaltete sich der Lichtwechsel der höher steigenden Morgendämmerung. In der Tiefe noch die schwarze Nacht, darüber ein prächtiger Wechsel vom Rosenroth durch das Violblau bis zum feurigsten Morgenrothe. Besonders schön war die Wirkung des Wiederscheins auf das weite Schneegefilde; während die flacheren Strecken noch in einem matten Violett erschienen, erglänzten die steileren, der Morgenröthe zugekehrten Seiten in vollem Rosenschimmer. Plötzlich tauchte jetzt die Sonnenscheibe, gleich einem feurigen Rubin, aus der Tiefe des Ostens auf und besiegte durch ihren Glanz alle andere Erscheinungen. Wer einen Sonnenanfang auf einer minder bedeutenden Höhe mitten im heissesten Sommer mit angesehen hat, wird dabei gefroren haben; denkt man sich hier eine Höhe von 6400' und dasselbe Schauspiel im Winter, so lässt sich denken, dass man ohne Mantel und ähnliche Schutzmittel doppelt fror und dass die feurigsten Strahlen der Sonne und Phantasie nicht erwärmen konnten. Hier musste die unsichtbare Glut des Weines mehr leisten. Jetzt wurden die Signalstangen, welche Herr Simony im November heraufgeschafft hatte, aus dem Schnee herausgeschaufelt, um sie als Merkzeichen für das Vorrücken oder Nichtvorrücken des Gletschers im Winter zu gebrauchen. Herr Simony mit den Lebensmitteln, dem Stricke und der Haue, Wallner mit den Stangen bepackt, nahmen nun die Richtung nach dem *Schöberl*. Das Geklipp der Felsen, die tiefen Schluchten wurden jetzt viel leichter überschritten, als im Sommer, da der Schnee, hier zumal jetzt hartgefroren, Höhen und Tiefen ausgeglichen hatte. Nur jene im Kalkgebirge vorkommenden,

36 *

oft senkrecht hinabziehenden Höhlen, Windlöcher genannt,
deren es hier mehrere gab, erregten Besorgnisse. Gewiss hat
wohl jeder schon im Winter öfters in seiner Heimat das oft kühne
Aufbauen der Windwehen, namentlich an Steilwänden, beobachtet, und es lässt sich denken, wie dieselbe Erscheinung sich
auch hier wiederholt, nur in dem Verhältnisse der grösseren und
längeren Schneeanhäufung und Mächtigkeit der Felsen. Weit
ragten die Schneewehen frei in die Lüfte hinaus, dass man oft
unter ihnen, wie unter einem vorspringenden Alpendache, hinwandern musste. Die Eintönigkeit der Farben blendete das Auge.
Todtenstille herrschte, wenn nicht hie und da eine Lawine Bewegung und Leben in die Natur gebracht hätte. Die Thiere dieser Höhe hatten sich in tiefere Räume begeben und ebenso ihre
Verfolger, die Raubvögel. Viele Schwierigkeit verursachten die
steilen Schneegehänge, über welche man hinan musste; hier war
der Schnee oft geschmolzen und wieder gefroren, je nachdem
er der Sonne ausgesetzt oder derselben abgewendet war. Bei
dem stufenweisen Aufsteigen an der Wand zum *Schöberl* hatten
die Bergsteiger einen Unfall. Sie hatten mit vieler Mühe die
Höhe eines obersten Gletscherflecks erreicht, deren mehrere an
dieser Abdachung lagern, als unter Wallners Füssen der Schnee
brach; er glitt mit Pfeilesschnelle bei der Steilheit des Bodens
und der Brüchigkeit des Schnees den ganzen Abhang hinab, unter anderem auch über eine 12' hohe Felswand und gelangte so
endlich in den mit Schnee ausgepolsterten Felsenkessel. Da
Herr Simony nur 2 Schritte über Wallnern stand, so verlor der
Schnee durch Wallners Abfahrt alle Haltung und Herr Simony
musste der von Wallner vorgeschriebenen Bahn unfreiwillig folgen; hinter ihm her rutschte eine Schneemasse; er hörte und
fühlte nichts mehr, als das blitzschnelle Abgleiten seines Kör-
pers und endlich einen schweren Fall, welcher ihm auf einige
Zeit alle Besinnung raubte. Als er wieder zu sich kam, sah
er sich mit Schnee überschüttet, fühlte aber zum Glück keine
Verletzung, und da er seine Unterschenkel frei bewegen konnte,
so drängte er sich dorthinwärts und kam glücklich aus der Lawine heraus. An der Reisetasche war nur der eine Tragriemen
zerrissen, von Haue und Stock konnte er jedoch nichts sehen.

Vor allem sah er sich nun nach seinem verschwundenen Reise-
gefährten um. Ein kleines Stück von Wallners Schneeschaufel
verrieth ihm dessen Schneegrab. Herr Simony wollte sie her-
ausziehen, bemerkte aber, dass sie gehalten wurde und vernahm
Wallners Stimme. Als Wallner Simony's Stimme hörte, welcher ihm zurief, dass er die Schaufel haben wolle, um ihn her-
auszuschaufeln, liess er dieselbe los. Nach ¼ St. vorsichtigen
Schaufelns war Wallner so weit frei, dass er sich selbst heraushelfen konnte; auch er war unverletzt, desgleichen das Fläsch-
chen mit dem Kirschengeist, der Weinkrug hatte jedoch einen
Sprung; man trank natürlich letzteren nun so weit aus, dass
er vor dem Anslaufen gesichert war, und steckte ihn dann wohl-
verkorkt umgekehrt in die Tasche. Nun mussten noch die Stangen, Hüte, Hane und Simony's Stock unter dem Schnee aufgesucht werden, welche auch bald gefunden wurden. Dieselbe
Höhe, beiläufig 240', wurde nun nochmals, aber glücklich erstiegen, und um 11 Uhr stand man am Fusse des *Schöberls* und
dem Seitenrande des oberen Gletschers, 7100' hoch. Die Luft
war für den Winter erträglich; das Thermometer zeigte — 2° R.
Anfangs sollten die Stangen in einer geraden Linie zwischen
der Pyramide des Gjaidsteines und dem Südende des Hohen
Kreuzes in den Firn, aus welchem das obere Karls-Eisfeld besteht, eingegraben werden, um das Vorrücken der Eismassen zu
beobachten; allein die Gefahren des Neuschnees, wie der vielen
breiten und 3—400' tiefen Klüfte liessen davon mit Recht abstehen, und man beschloss, die Stangen auf dem eigentlichen
Gletscher, der unteren Stufe des *Karls-Eisfeldes*, in einer Linie
aufzupflanzen, nämlich zwischen dem Kleinen Gjaidstein und
einer auffallenden Felsplatte am anderen Ufer des Gletschers.
Zuvor besuchte man jedoch auch eine Eisgrotte unter dem Gletscher, um zu sehen, ob derselbe an seiner unteren Fläche im
Winter durch die Erdwärme anschmelze. Der Weg längs dem
Gletscher abwärts war sehr beschwerlich über Felsen- und Eis-
klüfte, über Felsen- und Eismassen; endlich erreichte man die
grösste Eishöhle, welche Herrn Simony bekannt war; er hatte
dieselbe im September gezeichnet und fand sie wenig verändert.
Vor dem Gletschergewölbe zeigte das Thermometer — 1° R.

Das Innere gewährte einen prachtvollen Anblick durch den Glanz
der Farben von blau, grün und weiss. Wallner hieb sich einen
Brocken des prächtig blauen Eises ab, um es den Hallstädtern
zur Bewunderung mitzubringen, fand aber zu seinem Erstaunen,
dass das Eis, nachdem es von seiner Hauptmasse losgetrennt
war, völlig klar und wasserhell aussah, weshalb er es denn auch
liegen liess. Das Eis der Grotte glich dem Krystall, nur die
Oberfläche war netzförmig mit feinen Aederchen überzogen und
hie und da fanden sich Blasenräume, aber keine Spur von der
grobkörnigen Beschaffenheit der Gletscheroberfläche. Die inneren Wände hatten muschelförmige flache Vertiefungen. An mehreren Stellen war das Eis rauh anzufühlen, als Folge des ein-
und wieder ausgeschmolzenen Sandes; der grösste Theil der Eismasse zeigte sich vollkommen rein. Das höchste Gewölbe war
9' hoch. Nach allen Seiten zogen sich Klüfte hin, welche nach
oben keilförmig auszulaufen schienen und zum Theil leer, theils
mit Schutt ausgefüllt waren, welcher durch ein Eiscement ver-
kittet war. Der ganze Boden war mit abgerundeten Steinge-
schieben bedeckt; dazwischen lagen Haufen des zu einer schmu-
tzig weissen kreideartigen Masse zermalmten Kalksteines, sogen.
Steinmehl, welches die Gletscherwasser oft so grau färbt. Auch
lagen unter dem Schutte Eisgeschiebe, eben so abgerundet, wie
die Steine. Andere grössere Eisblöcke zeichneten sich durch
ihre milchweisse Farbe aus. Man war 30 Klaftern tief in die
Höhle eingedrungen; hier wurde es aber furchtbar finster, eine
Folge der auf dem Gletscher aufliegenden Schneedecke, und da
man dieses nicht erwartet und nichts zur Beleuchtung mitgenommen hatte, als einige Zündhölzchen, um das Thermometer zu
beobachten, so musste man wieder umkehren. Das Thermometer zeigte auf den Gefrierpunkt. Das Eis fühlte sich allenthalben vollkommen trocken an, keine Spur von Schmelzung; selbst
das Steinmehl war zum Theil staubtrocken. Diese Höhle liegt
8400' ü. d. M. Leicht wanderte man über das jetzt einer Schneefläche gleichende *Karls-Eisfeld*, wo die Stangen aufgerichtet wurden, mit Blitzesschnelle ging es hinab, besonders, nachdem man
noch die letzten Reste der Lebensmittel und des Weines verzehrt hatte; über die Schneeabhänge wurde auf Aelplerweise

hinabgefahren, und als die Dämmerung eintrat, erreichte man
die Hütte, wo man jetzt eine bessere Nacht verbrachte, so dass
die Morgensonne schon durch die Fugen der Hütte drang, als
man erwachte. Um den schönen Tag zu benutzen, beschloss
man, noch den nahen *Zwölferkogl* zu besteigen, welcher den ganzen See beherrscht und dessen vorderer Theil von jedem Hause
in Hallstadt gesehen werden kann; man wollte nämlich seinen
Freunden in Hallstadt auch ein Zeichen geben, als unumstöss-
lichen Beweis für das gelungene Unternehmen. Um 8 Uhr brach
man auf, und wanderte zwischen dem *Hinteren Hierlats* und den
Lahnbockkögln dem Ziele zu. In 2½ St. war es erreicht. Die
Aussicht nach allen Seiten hin ist prachtvoll, und es ist jedem
Reisenden zu rathen, diese Zinne zu ersteigen, da man hier den
Dachstein und seinen Gletscher in seiner ganzen Erhabenheit
übersieht, während man nordwärts in die furchtbare Tiefe des
Hallstädter Seekessels hinabblickt. Den Markt Hallstadt erblickt
man jedoch erst auf der vorderen, etwas niedrigeren Spitze. —
Auf der Spitze des *Zwölferkogls* wurde eine dürre Zirbel aufge-
pflanzt. In 5½ St. war man in der *Hallstadt*. Das Thermometer in Hallstadt stand während der Zeit gleich hoch.

Von *Hallstadt* fahren wir zu Wasser hinüber in die lieblich grossartige Bucht der *Obertraun* in 1 St. Die 70 Häuser dieses Dorfes liegen zerstreut auf dem ganzen Thalboden der Bucht,
welche von hohen Wänden umschlossen ist; mächtige Ahorne
überschatten die grünen Fluren und niedrigen Hütten. Unter
den 362 Einwohnern sind 302 Protestanten. Sie unterscheiden
sich von den armen, elend aussehenden Bewohnern Hallstadts
durch ihr kräftiges, gesundes und blühendes Aussehen; sie
hängen nicht von anderen Menschen ab, sie sind Holzknechte,
Ackersleute und Viehzüchter, und ihre eigenen Herren, wenn
sie sich auch oft knapp behelfen müssen. Die Volkstracht ist
hier der Hauptsache nach schwarz, mit grossen, breitkrämpigen,
weissen Filzhüten, die recht gut stehen. Ehrlichkeit, Friedsam-
keit und, trotz aller Dürftigkeit, Heiterkeit sind Hauptzüge der
Obertrauner. Längs dem See führt auch ein sehr schmaler Fusssteig nach *Hallstadt* am *Kessel* und *Hirschbrunnen* vorüber. Am
18. März 1822 ertranken 39 Obertrauner unweit des Ortes im

See, während eines Sturmes, von der Kirche zu Goisern heim-
fahrend; ein Denkmal an der nördlichen Wand der Bucht bezeichnet die Stelle.

Auch von hier aus führt ein Steig zu dem *Karls - Eisfelde*
des *Dachsteins*. Vom *Winkel* bei Obertraun steigt man unter dem
Schatten eines majestätischen Waldes den steilen *Wallnergraben*
hinan über die *Untere* zur *Oberen Schafeckalpe* (4416') in 2¼ St.;
dann gelangt man in der höheren Klippenregion zum *Krippenbrunn*, wo sich links von unserem Wege der Steig nach *Schladming* abzweigt, welcher am *Niederen Gjaidstein* und *Koppeneck*
vorüber hinab in die Ramsau geht; wir folgen dem Pfade rechts
und gelangen in 3 St. von der *Schafeckalpe* zu der *Gjaidalpe*
(5200'), einer der besten dieses Gebirgs mit 2 Hütten. Ihre Lage
ist äusserst öde, von hohen Kalkmassen umlagert. Von hier
kann man den *Krippenstein* (6712') in 3 St. ersteigen; die Aussicht von ihm ist sehr schön und besonders interessant auf die,
wenn auch öde, Oberfläche des ganzen Dachsteingebirges. Von
der *Gjaidalpe* erreicht man in 2 St. das nur 322' höher liegende
Taubenkahr.

Von *Obertraun* der Strasse folgend, welche hier wieder am
Ufer des Sees beginnt und längs der Traun nach *Aussee* führt,
erreicht man in 1 St. vom See das Ende der schönen Bucht, in
welcher die Obertraun liegt. Das Thal ist hier geschlossen; aus
enger Schlucht flutet die klare Traun hervor; die Strasse kann
ihr nicht folgen; in mehreren Windungen steigt sie an der linken Thalwand empor; kaum vernimmt man noch das Rauschen
des Flusses im Abgrunde. Nachdem sie die erforderliche Höhe
erreicht hat, zieht sie auf dem Absatze des Gebirges thaleinwärts. Von jenem Höhenpunkte der Strasse lenkt links ein Weg
in die Tiefe, dem man folgt, um die *Koppenbrüllerhöhle* (1914')
zu besuchen. Der Berg nämlich, an welchem die Strasse hinzieht, ist der *Koppen*, und eine tief eingeschnittene Schlucht,
welche von ihm zur Traun führt, heisst der *Koppenbrüllergra-
ben*; der Name Brüller kömmt von dem Getöse des herabstürzenden Wassers in der Höhle. Hat man den Seitenweg zur Tiefe
eine Strecke verfolgt, so blickt man von einem Felsenvorsprunge
in den merkwürdigen Graben, welcher aus über einander lie-

genden Wasserbecken, vom frischesten Moose umbordet und von
Felsenriffen umrandet, besteht. Weiter hinabsteigend erreicht
man bald ein 54' hohes Felsengewölbe, dessen Eingang mit einem
Walle von Felsengeschieben wie ein Gletscher umlagert ist; ein
brausendes Getöse dringt in gewissen Zeiten aus dem Inneren
hervor. Auf der sich einwärts neigenden Bodenfläche der Höhle
vorwärts schreitend gelangt man an ein Wasserbecken, umgeht
dasselbe und steht bald vor einer Oeffnung, aus welcher der
Bach herabstürzt und sich dann unter dem aufwärts steigenden
Boden der vorderen Höhle einen unterirdischen Abzugsgraben
verschafft hat, aus dem man ihn unten in den erwähnten, über
einander liegenden, Becken wieder an das Licht treten sieht.
Beim Schmelzen des Schnees auf dem Hochgebirge ist der unterirdische Graben nicht im Stande, die Wassermenge zu fassen, dann füllt sich die ganze, auch obere Höhle, und mit grosser Gewalt entströmt ihrem Gewölbe die Flut, daher die Geschiebe um ihren Ausgang. Wer von *Hallstadt* aus diese interessante Höhle besuchen will, braucht nicht erst der Strasse von
da an, wo sie emporsteigt, zu folgen, sondern dem unten an
und über der Traun oft nur hängenden Wege, der wegen des
öfteren Ab- und Aufsteigens etwas beschwerlich ist.

Die Strasse führt zunächst ziemlich eben durch die düsteren Engen des *Füderlgrabens*, wie diese Strecke des Traunthales heisst. Bald öffnet sich das Thal zu dem weiten, herrlichen
Thalkessel, in dessen Mittelpunkte der Markt *Aussee* (2082')
liegt, in die engen, tief eingeschnittenen Gräben der Traun ein-
gezwängt; denn hier fliessen 3 Traunen zusammen, von Norden
die *Alt-Ausseer*, von Nordost die *Grundelseer* und von Südost
die *Oedenseer Traun*. Auf dem höchsten Punkte der Strasse von
Obertraun aus, *Auf dem Koppen*, haben wir wieder die steierische Grenze überschritten.

Auch in diesem obersten Becken des Traungebietes allenthalben die herrlichsten Seespiegel, aus denen die Bäche und
Flüsse abfliessen, wenn auch in etwas kleinerem Maassstabe,
was den Umfang der Seen betrifft, doch nicht in Ansehung des
Grossartigen und Schönen; ja die Gegend von *Aussee* möchte
gewiss mit zu den schönsten unseres Alpenlandes zu rechnen

sein: Lieblichkeit, Grossartigkeit bis zum wildesten Ernst vereinigt sich hier zu einer seltenen Harmonie, wozu noch der schöne, blühende Menschenschlag und dessen Gemüthlichkeit nicht wenig beiträgt, wie das überall gute Unterkommen in den recht eigentlich gemüthlichen Gasthäusern, Fischer- und Sennhütten, welche hier wohl in der ganzen Alpenwelt zu den besten gehören, trotzdem dass sie oft in den ödesten Steinwüsten des Kalkhochgebirges liegen; sie bilden daselbst oft ganze Dörfer von 40 Hütten. Auf der Hochebene des Felsengartes, welcher *Aussee* im Norden und Nordosten umstarrt und mit Recht den Namen des *Todten Gebirges* trägt, liegen nicht weniger als 304 Sennhütten. Schon der Eingang von *Hallstadt* her, oder von *Goisern* über die *Pötschen*, ist wahrhaft überraschend; es ist wieder eine ganz andere Natur, als diejenige, die wir bisher kennen lernten. Ueppig grünende Thalgelände, umlagert von eben so grünen Höhen, auf denen Fluren und Matten mit Wald- und Häusergruppen auf das anmuthigste wechseln, darüber ein magischer Kranz von hohen, nackten, schneegefurchten Kalkriesen, halb in den violetten Duft der Schattenmassen gehüllt, halb leuchtend im Weissgrau der Lichtpartien und überflort von dem Rosenschimmer der Morgen- oder Abendröthe, umgaukelt von leichten Wölkchen; diese Kalkmassen ragen aber hier, wie Säulen des Himmels, in einzelnen Gruppen auf, welche durch Zwischenräume getrennt werden und erscheinen dadurch um so grossartiger. Das Weisse und Glatte der hiesigen Kalkwände fällt vor allen an der *Trisselwand* auf.

Zwei grosse Kalkgebirgsmassen und mehrere kleinere oder vereinzelte umragen den Gebirgskessel von *Aussee*, ohne den von Mitterndorf (Salza-Ensgebiet), der im weiteren Sinne auch dazu gehört (s. oben S. 391). Im Süden von *Aussee* dehnt sich noch die Fortsetzung des hohen massigen *Dachsteingebirges* von Hallstadt herein, mit dem nördlich vorspringenden *Hohen Koppen*; dieser Masse schräg gegenüber, etwas nordöstlich, lagert das *Todte Gebirge*, an Umfang und Beschaffenheit, wenn auch nicht an Höhe, dem vorigen gleich. Wie das Hallstädter Gebirge im Süden um seinen See ein halbkreisförmiges Amphitheater vom Plassen bis zum Koppen beschreibt, so erhebt sich hier das

Todte Gebirge in einem Bogen um die schönen Buchten des *Alt-Ausseer-* und *Grundelsees* im Norden. Auch hier sind die tieferen grösseren Seebecken als ähnliche Kalkfelsenkessel anzusehen, wie wir sie im Kleinen, als Modelle, oben auf den Hochflächen des Gebirgs in Menge antreffen, wo sie wegen Mangels an Pflanzenwuchs nur mehr in ihrer eigenen Plastik erscheinen. Der höchste Gipfel dieses Gebirgs ist der schon von uns erstiegene *Priel* (7944′). Er tritt aber aus dem Gebirge nordöstlich hinaus in das Gebiet der Steier, von dem uns dieses Gebirge dahinwärts scheidet. Nordwärts am jenseitigen Abhange des *Todten Gebirges* liegen die Buchten und Kessel des *Alm-* und *Offensees*. Sowie in Nordosten der *Priel* weit aus der übrigen Masse, dem Rumpfe, hinaustritt, so in Nordwesten die *Hohe Schrott* gegen das Traunthal (von Ischl nach Ebensee), in Süden der *Loser* (5592′), die *Trisselwand* (5655′) und die *Weisswand*. Durch diese aus der Hauptmasse weit vorspringenden Aeste entstehen jene oben bemerkten, scheinbar vereinzelt stehenden Bergmassen; denn der Gebirgsstock selbst tritt zurück. Ausserdem bilden der *Sarstein* (6328′) und *Sandling* (5418′) noch 2 wirklich durch Vertiefungen abgesonderte Bergmassen. Befindet man sich in *Aussee*, so steht im Norden der *Loser*, rechts an ihm die *Trisselwand*, mit ihren Vorbergen den schönen Busen des *Alt-Ausseer Sees* umschliessend, im Osten der blutrothe *Röthelstein* (4974′), zwischen ihm und dem *Trissel* oder der *Trisselwand* sieht sich die Bucht des *Grundelsees* hinein; südlich der *Hochkoppen* (5704′); zwischen ihm und dem vorigen schiebt sich ein niederer Berg, der *Radling*, ein, von welchem links die Strasse durch eine Lücke nach *Mitterndorf* zieht, rechts aber das Thal der *Oedenseer Traun* hereinkömmt. Durch den *Radling* wird das Mitterndorfer-Ausseer Becken wenigstens in den tieferen Regionen in 2 Becken gesondert. Westlich streckt sich der lange Rücken des *Sarsteins* hin, welcher durch die Traun, den Hallstädter See und den Sattel der Pötschen vereinzelt wird; zwischen ihm und dem Koppen zwängt sich die Traun südlich hinaus zum Hallstädter See; nordwestlich endlich erhebt sich der *Sandling* (5418′), durch die Pötschen und das Thal des Augsbaches vereinzelt. Demnach bieten die Strassenzüge und die

zwischen jenen Berggruppen in oder durch das Gebirge ziehenden Thäler Gelegenheit zu Ausflügen nach allen Richtungen.
Wir wollen sie jetzt kennen lernen.

Der Markt *Aussee* liegt im Mittelpunkte dieser Naturscenen,
2082', 312' über dem Hallstädter See, 172 H., 1112 E., k. k.
Bezirksamt und Salinenverwaltung, 88 Bergmeister, 800 Arbeiter, jährlich 8000 Fuhren Salz; ein im 14. Jahrh. gestiftetes Ar-
menhaus, eine Bruderlade zur Unterstützung erkrankter Arbeiter, ihrer Witwen und Kinder, ein Armeninstitut, ein Gemeindehaus für erkrankte Bürger und die Provisionirung salinenamtli-
cher Arbeiter, ihrer Witwen und Waisen. Entfernung von Hallstadt 4 St., von Ischl über die Pötschen 6 St., von Admont
16 St. Gasthäuser: die Post sehr gut und billig; desgleichen beim *Hackerl;* gegenüber am Rathhause Frescogemälde. In
der alten Pfarrkirche noch alte Grabsteine der Familien Finken-
stein, Hoffmann und Herzberg, welche wegen der Reformation
gezwungen wurden, auszuwandern; aus letzter Familie stammte
der bekannte preussische Minister unter Friedrich II. In der
noch älteren Spitalkirche sind interessante alte Gemälde. Die
hier wohnenden wenigen Evangelischen sind nach Goisern eingepfarrt. — 1852 wurde durch den Arzt Franz Vitzthum in
Aussee ein Soolbad errichtet, welches im schönsten Aufblühen
ist; kalte und warme reine Wasserbäder, Seifen-, Malz-, Kie-
fernadelbäder u. s. w., dann Molkentrinkkuren, Vollbäder mit
Douchen u. s. w. stehen damit in Verbindung. In den letzten
Sommern war in Folge dessen *Aussee* von Badegästen und auch
als Sommerfrische besonders von Wienern und Gratzern stark besucht. Viele ziehen es wegen seiner noch grossartigeren Umgebung und weil es hier einfacher, minder vornehm und wohl-
feiler zu leben, Ischl vor. — Die Ausseer Soole, welche von den
k. k. Salinen zu den Bädern gestellt wird, ist 20 gradig, während
die von Ischl nur 17° Stärke hat, und enthält auch viel mehr
Glaubersalz als diese. (Die Ausseer Soole hat in 1000 Gewichts-
theilen 918 salzsaures Natron, 51 Glaubersalz, 15 salz- und
schwefelsaure Bittererde und Gyps mit etwas kohlensaurem Eisenoxydul.) Ihr spez. Gewicht ist $2_{,168}$.

Drei Strassen führen aus dem Orte: 1) nach Säden, wo

wir herkamen, zum Hallstädter See; 2) westlich über die Pötschen nach Goisern und Ischl, die Salzburg-Gratzer Strasse;
3) östlich über Mitterndorf in das Ensthal. Ausserdem führen
noch Fahrwege nördlich nach Alt-Aussee, zum Salzberg und
zum Grundelsee.

Die Strasse nach *Goisern* über die *Pötschen* s. oben S. 527.
— Nach *Alt-Aussee* ist die *Alt-Ausseer Traun* unsere Führerin.
So lange wir ihr treu bleiben, begleiten uns neben dem klargrünen Fluss schöne Häusergruppen mit Gärten und Hainen.
Bald aber verlässt die Strasse das Thal, um seine Engen zu vermeiden, und steigt rechts durch den Wald hinan, bis sich derselbe oben lichtet und so das schöne Becken von *Alt-Aussee*
erschliesst. Dort links oben die grauen Mauern sind die Trümmer der Burg *Pflindsberg*. Der darüber aufragende Berg ist der
Sandling (5418'), an dessen Abhange die Gruben des *Ausseer
Salzbergs* liegen. Rechts von dem vorigen, gerade im Norden,
erhebt der *Loser* (5592') sein kahles Felsenhaupt und rechts von
ihm die glatte und glänzendweisse *Trisselwand* (5655') ihre malerischen Massen, eine Hauptzierde der Gegend. Die Strasse
senkt sich allmählich nach *Alt-Aussee* hinab. Rechts von ihr
auf einer kleinen Anhöhe erblickt man die ganze Umbordung
des Sees: die südwestliche, auf welcher wir stehen, ist sanft geformt, mit einem grünen Teppich überzogen, dessen Schmelz
noch gehoben wird durch den Schlagschatten hochstämmiger
Ahorne; durch diese und unter ihnen schimmert die grüne Flut
des Sees, in welcher sich links die Hütten des *Fischerdorfes* spiegeln. Rechts und links öffnen sich, um den lieblichen Spiegel
zu umfangen, die Felsenarme des Gebirges; in ihrem Schoosse
ruht die hintere Bucht des Sees. Ist es eine schöne Abend- oder
Nachmittagsbeleuchtung, so steht rechts am See die glänzende
Trisselwand im vollen Lichte, ihr Bild verdoppelnd in der öli-
gen Flut, und um das blendende Weiss ihrer Marmorwände in
einem noch glänzenderen Lichte zu zeigen, wirft sie einen zwar
neidischen, aber dennoch äusserst malerischen Schlagschatten
auf die gegenüberliegende schroffe Seewand und verdunkelt das
ganze hintere Seegewände, in dessen Schatten sich das obere
Ende des Sees verliert, wodurch derselbe scheinbar an Grösse

gewinnt. So klein dieser See ist ($\frac{3}{4}$ St. lang, $\frac{1}{4}$ St. breit), so
grossartige Scenen hat er aufzuzeigen. Ein so prächtiges Bild
der Einblick in den See gibt, so glänzend ist der Ausblick aus
diesem Gebirgsbusen. Um dieses Bild zu gewinnen, geht man
durch *Alt-Aussee* (2343'), 84 H., 977 E., am *Augsbache* (welcher gleich nach der Ausmündung der Traun aus dem *Aussee*
[*Augsee*] [2167'] in dieselbe mündet), dann durch *Fischerdorf*,
in welchen beiden Dörfern man gute und billige Unterkunft findet, an dem Gestade des Sees hinan und bald wird der Maler
den passendsten Standpunkt finden. Vorgrund *Alt-Aussee* und
Fischerdorf mit ihren Hütten, an der grünen und sanften Umbordung des Sees. Die Trisselwand und der Loser treten aus
dem Rahmen; Mittelgrund links der Morgens im Schatten liegende *Koppen*, rechts der *Sarstein*, seine sparsam bewachsenen
und vielfach durchfurchten Felsenhäupter in das Frühroth der
Sonne auftauchend. In dem weit geöffneten Thore zwischen beiden baut sich aber das ganze *Dachsteingebirge* mit all seinen Fel-
senhäuptern, Schneefeldern und seinem grossen *Karls-Eisfelde*
auf, vom *Krippenstein* an bis rechts zum *Hohen Kreuze*. Herrlich ist es dann, wenn die Glut der Morgensonne einen Pur-
purmantel darüber wirft, wenn die glühenden Eisfelder sich im
See baden.

Eine Stunde von *Alt-Aussee* liegt der *Salzberg* (2775'). Am
Wege zu ihm hinan bezeichnen Tafeln die Meereshöhe. Am
Moosberg (2382') erreicht man das *Berghaus*. Den *Salzberg* theilt
man in folgende Abtheilungen: 1) *Francisci-*, 2) *Ferdinandus-*,
3) *Stein-*, 4) *Kriechbaum-*, 5) *Moos-*, 6) *Alter Wasser-*, 7) *Ahorns-*
(der älteste Bau), 8) *Breiner-*, 9) *Neuer Wasserberg*, 10) *Vorderer Wasseraufschlag*, 11) *Hinterer Wasseraufschlag*. Den *Salzberg*
überragt der *Sandling* noch um 2643'. Er bildet die Haube, die
Krone des Bergstockes, in dessen nordwestlicher Abdachung der
Ischler Salzberg liegt, während der *Ausseer Salzberg* die östliche
Abdachung einnimmt. Der *Sandling* (ammonitenführender Hallstädter Kalk) ist zugleich die nördliche Fortsetzung des *Sarsteins*,
also Grenzrücken zwischen Oesterreich und Steiermark, und nur
der Sattel der *Pötschen* trennt beide. Der Salzstock enthält:
graues, rothes und gelbes Steinsalz, Haselgebirge, Anhydrit,

auch in Krystallen, krystallisirten Gyps und rothen Fasergyps,
dazu Polyhalit, eingewachsen in Steinsalz, Braunspath und Blödit in Afterkrystallen, nach Anhydrit auch krystallisirtes Steinsalz. Das Salzlager streicht von Nordost nach Südwest; die
Decke ist Kalkstein und Thon. Die Tiefe des Salzstockes beträgt 4800', die Höhe 500'. Jährlicher Gewinn aus 7—800,000
Eimern Soole 250,000 Ctr. Kochsalz. Man fährt in kleinen, von
Menschen gezogenen, Wägelchen ein. Wegen des Wasserreichthums ist der Bergbau hier gefährlicher als in Hallstadt. Der
Salzstein wird auch hier durch Wassereinlassung zur Sulze oder
Soole aufgelöst. Ausserdem wird auch Steinsalz gehauen in grossen Säulen, in 15 — 20 Pfund schwere Stücke zerschlagen und
verkauft, 1500—2000 Ctr. Dieser Salzkern wird, da er immer
auch fremde Theile enthält, nur zum Lecken für das Vieh gebraucht. Das Kochsalz ist hier viel mit anderen Salzen vermischt, besonders gibt es mächtige Glaubersalzadern. In Wöhren scheidet es sich in durchsichtigen faserigen Kugeln aus. Die
grösste Wöhre ist die *Sternbachwöhre*, welche 360,000 Eimer
fasst (die grösste Wöhre in Hallein 650,000 Eimer, in Hallstadt
600,000 Eimer). Die Ursache dieses geringeren Umfanges der
Wöhren liegt in der Beschaffenheit des Gebirges, wie schon
oben bemerkt wurde; auch müssen diese Wöhre nur mit der
grössten Vorsicht gefüllt werden. Im Berghause befindet sich
eine Bergmappe, eine Sammlung von Salzen und der anderen
im Salzberge vorkommenden Gebirgsarten, besonders schöne
Gypskrystallisationen. Die Soole rinnt durch die Strennen in
die Pfannhäuser, wovon 2 in *Aussee*, 2 in der *Kainisch* an der
Oedenseer Traun liegen.

A u s f l ü g e. Wer hierher kommt, sollte wenigstens den
Loser besteigen, was auch ohne alle Gefahr geschehen kann;
wer aber dieser Gegend längere Zeit widmen kann, besteige das
Todte Gebirge. Zwischen dem *Loser* und dem *Sandling* zieht das
Thal des *Augsbaches* hinan; in ihm liegt abermals eine Gemeinde
Ramsau. Von *Alt-Aussee* aus wenden wir uns dem Walde, wel-
cher den Fuss des *Losers* umgibt, zu. Der *Loser* (5592', über
Alt-Aussee 3430'), aus dem *Todten Gebirge* nach *Alt-Aussee* her-
austretend, bildet die auffallendste Gebirgsmasse der ganzen Ge-

gend und gewährt eine der schönsten Aussichten. Im Walde
steigt man aufwärts 1½ St., wo sich die Wege scheiden, rechts
in die *Egelgruben-* und *Brenningalpe* gehen wir, links in die
Augstalpe. Unweit des *Seufzers,* deren es auf diesem Wege manche gibt, kömmt man zu einem Ruheplatz mit schöner Aussicht ;
in der Tiefe der *Alt-Ausseer See* mit seinen Umgebungen, darüber der Markt *Aussee* mit seinen gartenähnlichen Höhen ; dann
der ganze Kranz der Gebirge, welche das Thal umschliessen:
der *Sandling, Sarstein,* die *Pötschen,* das *Elendgebirge,* und endlich über alles die ganze Gebirgswelt des *Dachsteins* mit seinen
3 Gletschern. In 4 St. erreichen wir den Boden der *Augstalpe,*
am südlichen Fusse des *Losers,* höchst malerisch gelegen, mit
schöner Aussicht. Einer Alpenweide folgend kömmt man auf
die Scharte hinter den *Loser.* Von hier durchsteigt man noch
ein grünes Alpenthal und erreicht in ⅔ St. über eine Matte den
Gipfel. Im Ganzen gehört der Steig zu den beschwerlichen
Im Westen steht die ganze Berchtesgadener Kalkgruppe mit dem
Tännengebirge, begrenzt durch die Zackenreihe des Gosauer
Steins; gegen Nordwest das Thal der Ischl mit dem Wolfgangsee; nördlich in fast senkrechter Tiefe das Rettenbachthal und
seine Alpen; im Norden und Nordosten wird die Aussicht durch
das *Todte Gebirge* beschränkt, welches sich im Gegensatz der
Dachsteingruppe nördlich am steilsten und höchsten erhebt, südlich zuerst allmählich, dann aber gleichfalls mit Steilwänden in
das Ausseer Gebirgsbecken abstürzt; südöstlich und südlich über
die scharfen Grathe des Grimming und die niedrigere Abtheilung des Dachsteingebirgs zieht die dunkler gefärbte schneegefurchte Tauernkette mit dem *Hochgolling* und der *Hochwildstelle*
hin. Sowie im Nordwesten das höhere Todte Gebirge, besonders der Schönberg, die Fernsicht deckt, so erhebt sich im Südwesten die majestätische Gruppe des Dachsteins mit seinen Eisfeldern und verschliesst die Fernsicht, gibt aber dadurch der
Aussicht einen grossartigen Anhaltpunkt. Von hier kehren diejenigen, welche sich nicht berufen fühlen, diesem merkwürdigen
Gebirge noch einige Tage zu schenken, wieder nach *Alt-Aussee*
zurück. Der rüstigere Alpensteiger wandert weiter; denn hier
findet er zwar viele Mühseligkeiten, doch wird er auch reich-

lich belohnt durch die eigenthümliche Bildung dieses Gebirgs,
durch die oft herrlichen Aussichten und besonders durch das
poetische Alpenleben in den Sennhütten, das wenigstens hier
wie in der steierischen Tauernkette noch am meisten zu finden
ist; wenn man auch manche dichterische Pinselstriche hinweg
wischen muss, so kommen wiederum andere hinzu, die kaum
ein Dichter gekannt hat, die nur der wahre Gebirgsfreund findet, erkennt und fühlt.

Vom Gipfel des *Losers* zurückkehrend ruhen wir unweit des
grünen Alpenthales auf dem nördlichen Felsenrande aus, wo man
senkrecht in den *Rettenbach* und die *Gschwendalpe* hinabblickt,
und gelangen jenseits, gegen die Wände des *Schwarzen*- und
Schönbergs über eine Höhe steigend, in den Felsenkessel des
Augstsees; er ist rund und hat ⅓ St. im Durchmesser; sein Abfluss ist unterirdisch. Man kann ihn in der Tiefe liegen lassen,
auf der Höhe fortsteigend zur *Brunningalpe*, wo man übernachten kann. Sie liegt in einem Kessel, umreiht von dem sonderbar burgruinenartig gestalteten *Greimuth* und *Zinken;* 12 Hütten. — Ein an malerischen Partien reicher, aber sehr beschwerlicher, selbst für manche gefährlicher, Steig bringt uns über den
südöstlichen Rand der Alpe in eine Steinwüste; auf dem Rande
selbst hat man eine überraschende Aussicht hinab auf den Alt-
Ausseer See und dessen oberes Thal. Es geht nun fortwährend
bergauf, bergab, an kahlen Wänden vorbei, über Klüfte, Platten, Gerölle und Grasstellen 3 St. lang hin zum *Klopf*, wo man
wieder einen Viehsteig erreicht, während bisher nur Tauben (zu-
sammengelegte Steinhaufen) in diesem Kesselgewirre die Richtung bezeichneten. Der *Klopf* ist ein Sattel, von dem man auf
der einen Seite steil hinab in die obere *Wasserbergalpe* und den
Alt-Ausseer See, auf der anderen in den weniger tiefen Kessel
der *Augstwiese* gelangt, welcher ⅓ St. im Durchmesser hat; ihn
umgeben die Wände des *Augstecks* und *Augsträckens*, zum Theil
dünn bewaldet; 23 Sennhütten liegen auf dieser Alpe. Diese
Hütten rechts liegen lassend steigen wir durch einen Wald von
Fichten und Lärchen auf schmalem, schlüpfrigem Pfade hinan
in 1 St. zu dem Boden der *Wildenseealpe*. Hier liegen 11 Hütten zusammen in einer Vertiefung, von Felsen und verkrüppel-

tem Holze umgeben; so spärlich der Pflanzenwuchs erscheint,
so vortreffliche Weide gibt er dem Vieh. Die Hütten sind reinlich und die Sennerinnen freundlich und lustig. — Hierher kann
man auch unmittelbar einen Ausflug von *Alt-Aussee* machen,
indem man von dort über die *Stumer Alpe* im Hintergrunde des
Seethales steil hinansteigt zum Kesselrand der *Augstwiese* in 2 St.;
sehr schöne Aussicht. Von hier verfolgt man den obigen Weg.

Von der *Wildenseealpe* lassen sich sehr schöne Ausflüge machen: 1) Zum *Wildensee.* Der Viehsteig dahin geht, wie auf
einer Treppe, steil hinan, dann etwas abwärts auf einen schönen Grasboden, in dessen Hintergrund sich ein Wasserfall zeigt,
der Abfluss des *Wildensees.* Das Wasser verschwindet unter dem
Wasserfalle spurlos. In ⅓ St. von den Hütten steht man vor
dem kreisrunden See, dessen Durchmesser ¼ St. beträgt; er ist
sehr tief und nährt treffliche Saiblinge. Umschlossen ist er östlich vom *Mitterhochkogl*, südlich von dem niedrigen Rande gegen die *Wildenseealpe*, östlich vom *Augstkogl* und nördlich von
dem Nordrande des ganzen Gebirgs, welches von hier steil nach
Oesterreich abstürzt und eine Scharte bildet. Die Wände sind
allenthalben steil, dann und wann von üppiggrünenden Abhängen und Viehweiden unterbrochen. Ein Steig führt längs dem
Ufer hin, bei einer frischen Quelle vorüber, zu jener Scharte
an der österreichischen Grenze, von wo er links hinab zum
Offensee, ein anderer rechts über eine Leiter hinab zum *Almsee*
führt, die wir beide schon besucht haben. 2) Ein grösserer Ausflug, den man aber an diesen knüpfen kann, bringt in 3 St. auf
den *Augst-* oder *Rinnerkogl* (6148'). Noch lohnender, aber auch
doppelt so weit ist der Ausflug vom *Wildensee* auf den *Schönberg* oder *Wildenkogl* (6270'), eine der höchsten Spitzen des *Todten Gebirges*, weithin sichtbar im Salzkammergute auf Höhen und
in Tiefen; so sahen wir ihn besonders schön von Gmunden aus,
gerade über dem Hintergrunde des Sees. Den schönsten Theil
der Aussicht bildet der *Traunsee* mit seinem lachenden nördlichen Gestade; deutlich erkennt man Gmunden, Ebenzweier, Altenmünster und den Traunstein; der nähere Theil des Sees wird
durch den Eibenberg verdeckt. Westlich an der Zlemitz vorüber erreicht der Blick den Mondsee; südlich die ganze Masse

des Dachsteingebirges und rechts au seiner Seite in grösserer
Ferne die beeiste Tauernkette des Pinzgau's; im Norden über
die Gebirge hinaus das Flachland Oesterreichs.

Auf der *Wildenseealpe* lockt am Abend der Führer durch
seine Hirtenflöte und bald versammelt sich eine Schaar Sennerinnen; das Jauchzen, Jodeln und Tanzen dauert bis in die
Nacht. Den andern Morgen wenden wir uns östlicher, dem
Viehsteige folgend. Er führt zwischen einzelnen Bäumen hinan, einer einzelnen grossen Fichte, dem *Geisbaume*, zu; in 1½ St.
erreichen wir das *Feigenthal*, wo alle Bäume aufhören; an ihre
Stelle tritt eine chaotische Wildniss voller Kessel und Gruben.
So erreicht man zuletzt, mühsam über Geröll aufwärts klim-
mend, den *Kleinen Woising* und von diesem über die Schneide
den *Grossen Woising*, in 2½ St. von den Sennhütten aus. Er
erhebt sich ebenfalls als einer der höchsten Gipfel des Gebirgs,
6516' hoch, auf dem hohen steil abstürzenden Nordrande desselben, auf der Grenze gegen Oesterreich, und fällt dahinwärts
senkrecht gegen den *Almsee* ab; sein westlicher Nachbar in gleicher Stellung ist der *Feigenthalhimmel* (6054') mit schöner Aussicht hinab auf den einsamen Almsee; sein östlicher Nachbar ist
der *Rabenstein*. Ausser der schönen Rundsicht in die Ferne
macht diese Aussicht noch der Ueberblick fast des ganzen *Todten Gebirges* mit seiner eigenthümlichen Oberflächenbildung interessant. Vom *Woising* abwärts kommen wir über die *Henarer
Ochsenhalt* und *Henarer Laken* in 3 St. zur Alpe *Henar*, deren
24 Hütten zerstreut umher liegen, zum Theil in lichter Waldung, nur ½ St. von der *Wildenseealpe*, wie der *Augstwiese* ent-
legen. Von hier stehen uns 2 Wege offen, der kürzere bringt
uns in 1 Tage hinab in die Tiefe nach *Aussee*, zunächst in ¼ St.
auf die *Brunnwiesenalpe* mit 14 Sennhütten, der schönsten Alpe
des Gebirgs; sie liegt in einem schönen grünen Kessel, von sanften Höhen umgeben und dünnem Wald beschattet. Die Hütten
sind reinlich. Die Alpe selbst ist der Mittelpunkt vieler in nicht
grosser Ferne umherliegender Alpen, der Wildensee-, Augst-
wiese-, Henaralpe, Schober- und Breitenwiese, daher wenn Gäste
kommen, das Casino dieser Alpen, wo von den 105 Sennhütten
die lieder- und tanzlustigen Sennerinnen herbeiströmen und sich

37 *

und den Fremden belustigen. Hier übernachteten wir. Am nächsten Morgen geht der Weg anfangs ziemlich eben und eintönig fort, gegen Süden durch ein Hochthal, das *Verborgene Kahr;* man übersteigt auf diesem Wege den Rücken, welcher südwestlich mit der *Trisselwand* in die Tiefe von Aussee abbricht und zwischen dem Alt-Ausseer See und Grundelsee liegt. Hat man daher nach 1½ St. die Höhe des Randes erreicht, welcher südlich abstürzt gegen den Grundelsee, so erschliesst sich eine Aussicht, wegen deren man wenigstens, wenn man auch von den Henarer Sennhütten aus den zweiten, hernach zu beschreibenden, Weg einschlagen wollte, die 2 nicht beschwerlichen Stunden nicht scheuen sollte, bis hierher zu gehen. Es ist keine Rundsicht, sondern mehr ein Bild, bezaubernd durch die Abwechselung der Farben, Töne und Formen. Zunächst in grosser Tiefe das herrliche Becken des schönen Grundelsees mit seiner grünen Flut; darüber, jenseits die grünen niedrigeren, ihn beschattenden Alpen. Ueberragt werden diese sanfteren Gebilde von dem grauen Zackenkamm des Grimming, jenseits dessen wieder die braun-, grün- und weissgefleckte Tauernkette mit violetten Schattenmassen hinstreicht. Rechts von diesen erhebt sich über der Gegend von Aussee das *Elendgebirge*, vor den glänzenden Firnen des Dachsteins. Den Rahmen dieses Gemäldes bildet rechts die Wand des *Alpenbergs* und links des *Backensteins.* Der Maler dieser Scene findet etwas tiefer einen schönen, dem Zuge weniger ausgesetzten, Ruheplatz. Rechts an einer Wand zeigt sich hier ein grosses Felsengewölbe, das *Grosse Loch.* der Eingang einer Höhle, welche sich erst tief senkt, dann aber wieder aufwärts steigt und jenseits oben einen Ausgang hat Von hier führt der Steig jäh hinab zwischen den beiden Wänden und zwar von der Linken zur Rechten, vom *Backenstein* nach der Wand des *Grossen Loches.* Der Weg ist an einigen Stellen schlecht, bald wieder besser und führt oben vom Rande in 2½ St. hinab zum *Grundelsee*, wo wir im *Gaiswinkel* ankommen, über den See hinabfahren und dann in 1 St. nach *Aussee* oder *Alt-Aussee*, wo wir gerade unser Standquartier haben, gehen können auf bequemen Wegen.

Wollen wir den zweiten, um eine Tagereise längeren, Weg

einschlagen, so übernachten wir in der *Henaralpe*, und wenden
uns von da östlich. Nachdem man an einigen mit grünenden
Boden versehenen Kesseln vorübergekommen ist, erreicht man
in $1\frac{1}{2}$ St. die Höhe des Gebirges; hier liegt das *Erzloch*, weil
man hier Eisen suchte; vor seiner Oeffnung liegt meistens Schnee.
Da in diesem einst ein Schneider stecken geblieben sein soll,
heisst es auch die *Schneidergrube*. Wir stehen hier am Fusse
des *Rathenden Steines*, dessen Gipfel wir über seine Schneide in
$\frac{1}{2}$ St. erreichen und hier durch eine prachtvolle Rundsicht belohnt werden. Man übersieht den grössten Theil der Oberfläche
des *Todten Gebirges*; besonders schön den hochaufragenden König desselben, den *Priel*. Ueber der schroffen Zackenmauer des
Grimming erheben sich in ihrer Majestät die Hochgipfel der
Tauernkette: der Kmallstein, die Hochwildstelle, der Hochgolling u. a. Gegen Südwest die gewaltige Masse des Dachsteins
mit allen Kahren, Gipfeln und Gletschern, rechts zunächst an
ihm die Zackenreihe des Gosauer Steins, überragt von dem Eisgebirge des Glockners und Venedigers, deren fernere Verfolgung wieder gehemmt wird durch die näheren hochaufstreben-
den Kalkschroffen Berchtesgadens. — Wieder über die Schneide
herabsteigend wenden wir uns dann der *Breitwiese* zu, mit 9 Hütten, lassen aber diese rechts liegen und klettern jenseits wieder
steil hinan. Durch mehrere Kessel auf- und abwärts steigend
gelangt man zur *Klamm* und dann durch die *Hochkahrstiege* steil
hinab in das *Brüderthal*, abermals einen grossen Kessel. Wiederum ansteigend kömmt man zu den *Brüdern*, hinter denen der
Brüdersee und das *Brüderkahr* liegen. Was hier für den Reisenden angenehm ist, sind die vielen herrlichen Quellen. Ueber
die am Abhange liegende *Gsüller Alpe* geht es steil durch den
Wald abwärts nach der *Vordernbachalpe*, auf einem schönen Boden liegend, der rings umschlossen ist von den *Lahngangrün-
den*, der *Schütt* und dem *Grausensteg*; 32 Sennhütten liegen hier
auf dem üppiggrünenden Grasboden, der zum Theil als Wiese
benutzt wird. Am Fusse der *Lahngangwand* bricht zwischen
Felsblöcken der starke *Vordernbach* hervor, durcheilt die Alpe,
um auch die anderen vielen hier ausbrechenden Quellen aufzunehmen, und stürzt der Tiefe des *Töplitzsees* zu. — Statt un-

mittelbar zum *Grundelsee* hinabzusteigen, besuchen wir noch auf einem Umwege den *Kammer*- und *Töplitzsee.* Wir gehen deshalb über einen Waldrücken zu dem *Hinterbach*, welcher weiter hin in eine tiefe Schlucht hinabstürzt; steil abwärts steigend wenden wir uns wieder der Schlucht des abstürzenden *Vordernbachs* zu, ein zum Theil gefährlicher Weg; an den schönen Wasserfällen des *Vordernbaches* vorüber kommen wir in 4 St. zu den Ufern des *Töplitzsees.* Er ist gegen ½ St. lang und nicht ganz eine halbe Viertelstunde breit. Langgestreckt zieht er sich zwischen hohen Waldbergen hinau; nur an seinem oberen und unteren Ende und der Schuttanhäufung des *Vordernbachs* kann man landen; dieser, wie der *Hinterbach*, bilden artige Wasserfälle. An seinem oberen Ende wird er durch einen steilen waldigen Hügel von dem nahen *Kammersee* geschieden, der zwar sehr klein, aber äusserst malorisch ist; 54 Klaftern lang und 51 breit, und rings von hohen schroffen Felsmassen umstanden. Aus ihm ist durch den genannten Felsenhügel ein Durchschlag von 1200′ Länge nnd 9′ Breite geführt, durch welchen der See geschwellt und zum Holztriften verwendet werden kann. Vom *Töplitzsee* abwärts geht es durch einen Wald, dann durch Felder und Wiesen nach *Gössl*, wo sich auf einmal nach ¼ St. der weite und herrliche Spiegel des *Grundelsees* erschliesst (s. unten).

Von der oben genannten *Henarer Alpe* lässt sich noch ein anderer interessanter, zum Theil mühseliger und gefährlicher, Ausflug machen. Von den Hütten jener Alpen geht der Steig beschwerlich, doch ohne Gefahr, auf und ab, von einem Kessel zum anderen, am *Jägerbrunnen* vorüber über die *Kleine* und schöne *Grosse Wiese* und den grünen *Ablassbühl* hinab in die *Elmgrube*, welche wir in 4 St. erreichen. Die *Elmgrube* ist eine Vertiefung; hohe Berggipfel umragen sie, so der senkrecht herabstürzende *Salzofen* (6612′), der *Ablassbühl*, *Hochkogl* (5508′) und der *Hochelm* (6717′).

Von hier aus steigen wir wieder nach allen Richtungen hin:
1) Abwärts zu den *Lahngangseen*, ½ St. stark abwärts in ein tieferes Becken, in welchem der kleine *Hintere Lahngangsee* liegt; wiederum über einen felsigen Abhang, ¼ St. abwärts zum malerischen *Vorderen Lahngangsee*, ¼ St. lang und besonders reich

an Alpenpflanzen; an dem oberen Ende liegen die 2 Hütten dieser Alpe. Hierher führt auch ein Weg unmittelbar vom *Grundelsee* aus, den man beim *Ladner* verlässt, über *Schachen*, die
Gössbrand, *An der Schwelb*, den *Grausensteg* zum *Lahngangsee*,
2½ St. im Ganzen emporsteigend.

2) Von der *Elmgrube* aufwärts gelangt man durch eine düstere Gegend in ½ St. zum *Elmsee*, in einem Kessel; er hat ½ St.
im Umfang und dient als Einsetzteich der Lahngangsaiblinge.
die je frischer das Wasser desto besser sind. Sie wachsen hier
zwar sehr, vermehren sich aber nicht. In der Nähe liegt das
Wetterloch, aus welchem bei jedem Witterungswechsel Nebel aufsteigen. Ueber dem *Elmsee* thront das *Geiernest* oder der *Hochelm* (6717'), leicht ersteigbar, ebenso der *Salzofen* (6612'), welcher auf seinem Gipfel noch schöne Weide hat. Nur ½ St. hat
man zum steilen Nordrand, der sogen. *Röll* (6960'), von wo man
tief hinabsieht zu dem einsamen Almsee.

3) Ueber den *Ablasbühl*, wo eine prächtige Quelle labt,
geht es zur *Grossen Wiese*, und von da bergauf, bergab 2 St.
fort zum *Hochbrett*, wo man die Scharte gegen Oesterreich erreicht, bei der sogen. *Kirche*. Von hier führt ein gefährlicher
Steig an den senkrechten Abstürzen des Gebirges gegen Norden
hin; aus grosser Tiefe blinkt der Almsee herauf; nur sparsam
sprosst auf dem schmalen Steig eine Alpenpflanze (Valeriana
elongata, Saxifraga sedoides und Allium sphaerocephalum). Am
Hochbrett wird gerastet und dann ersteigt man in 1 St. den *Rabenstein*, von dessen Gipfel man ein weites Panorama um sich
hat, besonders wieder über das kesselreiche *Todte Gebirge*, die
Tiefe des Almsees, in die Fernen des Flachlandes und auf die
südlichen Hochgebirge. Man kehrt darauf zur *Elmgrube* zurück,
um noch einen vierten Ausflug zu unternehmen, und zwar den
wüstesten und längsten unter allen.

4) Von der *Elmgrube* am *Elmsee* vorüber wendet man sich
östlich und wandert oder klettert 6 St. lang über völlig kahles
Gestein, bis man an der österreichischen Grenze zum *Feuerthal*
(7224') kömmt, einem Felsenkessel von einem Felsenring, wie
die anderen, umgeben, auf welchem sich die *Feuerthalberge* mit
einem kleinen See, das *Rothgeschirr* und das *Lawskarl* auch mit

einem See erheben. Am Fusse des *Rothgeschirrs* liegt jenseits
das *Schneethal.* (Ueber das *Lauskarl* gelangt man zur *Röllscharte,*
dem senkrecht zum Almsee abstürzenden Nordrand.) Vom *Schnee-*
thal führt ein Steig südöstlich hinab zum *Stoder* an die Steier.
Vom *Rothgeschirr* aus zieht ein Sattel hinüber zum *Hohen Priel,*
der die weite Umgegend als höchster Gipfel des *Todten Gebir-*
ges überragt; denn er erhebt sich gegen 8000'. Von hier lässt
er sich zwar mit vielen Beschwerden, aber ohne Gefahr ersteigen.

Der *Grundelsee.* Von *Aussee* führt eine Strasse und ein
Fussweg dahin. Die Gegend längs den Ufern der uns entgegen-
rauschenden *Grundelseer Traun,* welche als der Stammfluss angesehen wird, ist äusserst reizend. In 1 St. stehen wir an dem
Gestade dieses herrlichen Sees. Seine Ufer und Gebirge sind
einfach gestaltet und dennoch macht er einen so tiefen Eindruck,
dass man das Andenken an den *Grundelsee* wohl schwerlich je
aus der Erinnerung verlieren wird; während andere Seen wohl
prächtiger und grossartiger sind, so wird doch kein See mit solcher Sehnsucht nach seinen Ufern erfüllen, wie dieser; kein
See möchte schwerer zu beschreiben sein; man müsste bloss eine
Reihe von Gefühlen hinschreiben, die sich des Schauenden hier
bemächtigen; es ist nicht nur die Gegend, sondern auch die
Luft, die Menschen, ein Ganzes, was nur durch Selbstsicht auf-
gefasst werden kann. Sehr treu und schön beschreibt Schultes:
„Von Abend gegen Morgen hin zieht er in einem sanften Ovale;
amphitheatralisch öffnet sich das Thal vor uns, das diesen weiten krystallenen Spiegel umschliesst. An der einen Seite im
Vordergrunde ein weisser Kalkfels, an den zwei niedrige Nadel-
waldhügel sich anschliessen; an der anderen eine leichte Wald-
höhe, umgürtet am Fusse mit schwarzem Nadelgebirge, das Buchten in den See hinaustreibt. Nun reihen Berge auf Berge sich
hinan im luftigen Grau an beiden Ufern, den See zu umfassen
und in ihm sich zu spiegeln, im Hintergrunde hängt schweigend in der Ferne ein Wasserfall herab über die Felswände,
und über schwarze Waldrücken blicken beschneite Alpengipfel
herein. Ein Dörfchen liegt einsam hinten am See; die Wogen
eines zweiten Sees umfluten seine Gründe und scheinen sie tren-

nen zu wollen vom Lande. Gruppen von Fischerhütten mit Kähnen und Netzen stehen schweigend an den melancholischen Ufern
und scheinen sie mehr zu verdüstern, als zu beleben. Wenn
irgend ein See die Phantasie zur süssen Schwermuth zu stim-
men und Bilder, wie Ossian sie sah an den Ufern der schotti-
schen Seen, in der Seele des begeisterten Schwärmers zu wecken
vermag, so ist es gewiss der Grundelsee." Der See liegt 1 St.
von *Aussee*, eben so weit von *Alt-Aussee*. Er ist nahe 1½ St.
lang (2886 Klaftern) und etwas über ¼ St. breit und 210′ tief.
Am westlichen Ende des Sees liegt das Haus des Fischmei-
sters mit den Schiffhütten an dem Ausflusse der Traun. Hier
ist auch eine Klause, um den See zu schwellen. Bei des Fisch-
meisters Hause befindet sich noch ein Lusthaus, welches in den
See hineingebaut ist. Von hier fährt man zu Schiff über den
See. An dem Fusse der bewaldeten Abhänge liegen allenthalben zerstreut friedliche Bauernhöfe, im Ganzen 928 E.: *Gaspur-
hof, Hopfgarten, Sperbichl, Steinwandl, Rösslern, Geiswinkel, Ladner, Scharken, Hinterau, Wienern* und *Gössl.* Der *Ladner* ist zugleich ein reinliches Wirthshaus; hier ist auch der gewöhnliche
Landungsplatz, besonders, wenn man das Gebirge ersteigen will.

Von *Aussee* östlich führt uns ein doppelter Weg in die *Kainisch;* der eine ist die Post-strasse ins Ensthal, der andere ist
das Thal der *Oedenseer Traun* aufwärts. Beide Wege sind durch
den *Radling* getrennt. Schon mehrmals wurde des grossen Beckens erwähnt, welches das steierische Salzkammergut in sich
fasst und welches von den Nordostwänden des Dachsteingebirges, dem Grimming, dem ganzen Halbmond des Todten Gebirges, dem Sandling und Sarstein umringt wird und dadurch merkwürdig ist, dass die Gewässer desselben durch 3 Pforten abfliessen: die Traun durch die Kluft zum Hallstädter See, die
Salza durch die Spalte des Steins zwischen dem Dachstein und
Grimming zur Ens und der Grimmingbach ebenfalls, doch im
Osten des Grimming durch die Klachau zur Ens. Von den südlichen Vorbergen des Todten Gebirgs nähert sich eine Masse
dem vom Dachstein heraustretenden Koppen; da, wo sie sich
am meisten nähern, erhebt sich der *Radling*, um sie gleichsam
mit einander zu verknüpfen, das grosse Becken aber in 2 Kam-

mern zu theilen, die Ausseer und Mitterndorfer. Nur die *Oedenseer Traun*, auch der *Kainischbach* genannt, hat die Verbindung
jener Bergmassen nicht gelitten; denn die *Kainisch* liegt schon
in dem Mitterndorfer Becken und in diesem entspringt auch die
Oedenseer Traun. Die Strasse dahin führt über den niedrigen
Sattel, welcher den *Radling* mit dem *Todten Gebirge* verbindet.
Auf der Strasse kömmt man an der *St. Leonhardskapelle* vorüber, welche schöne altdeutsche Gemälde enthält. Man wird
überrascht, wenn man die Höbe in einer Enge überschritten hat
und in die weite mit Häusergruppen bedeckte Fläche von *Mitterndorf* tritt, südlich umstarrt von der Zackenmauer des Grimming. In der *Kainisch* kömmt man wieder an die den *Radling*
umströmende *Oedenseer Traun.* Hier befindet sich das zweite
Pfannhaus von *Aussee* und zugleich eine bedeutende Torfstoche-
rei in der Fläche nach *Oberndorf* zu. Der Torfplatz debnt sich
1 St. weit aus und ist schon seit 80 Jahren benutzt. Man gewinnt jährlich 1152 Wiener Klaftern. Im Winter werden die
Vorräthe nach den Pfannhäusern gebracht. Unter dem Torfe
liegt weisser, unter diesem blauer Thon und dieser ruht auf
Schotter. Südlich von der *Kainisch*, in dem Nordostabfall des
Dachsteingebirges, liegen die Quellen der *Oedenseer Traun*, das
Elend genannt, einem Theile des *Kammergebirges.* Der bedeutendste Zufluss kömmt aus dem kleinen *Oedensee*, der mit Recht
diesen Namen führt, in einem einsamen, rings von Wäldern umdüsterten Thale des *Elendgebirges.*

Der *Hochkoppen* (5700'). *Koppen* wird die ganze Gebirgs-
abtheilung der *Dachsteingruppe* genannt, welche nördlich von
ihm hinaustritt und durch das Thal des *Oedensees* zum Theil
davon getrennt wird. Daher heisst auch schon der Strassenzug
von der *Obertraun* nach *Aussee* durch die Schlucht der Traun,
wo sie wegen der Enge derselben über die unteren Absätze dieser Höhenmasse führt, *Auf dem Koppen.* Zum Unterschied von
diesem höchsten Punkt der Strasse nennt man die eigentliche
Gipfelhöhe den *Hochkoppen*, und die höchste Spitze den *Zinken.*
Der Weg von *Aussee* führt auf der Strasse ½ St. bis zur Vereinigung der Oedenseer Traun mit der anderen Traun und dann
ziemlich gerade hinauf durch den Wald in die Alpenregion; in

3 St. hat man den Gipfel erreicht. Je nachdem, wo man herkömmt, wird man durch die Ansicht hier oben überrascht;
denn der ganze Thalkessel von *Aussee* liegt vor uns mit allen
seinen Reizen; herrlich leuchten aus den grünen Tiefen die Spiegel des *Alt-Ausseer-* und *Grundelsees* herauf, überragt und umgürtet vom Todten Gebirge, dessen einzelne Theile wir jetzt
dentlich erkennen; dunkler schimmert die schwarzgrüne Fläche
des Hallstädter Sees aus seinem düsteren Thalkessel herauf, umstanden von seinen hohen Wänden. Ueber die *Sonntagsleiten,*
den *Landfried* geht es absatzweis bald steil, bald ebener hinab
in den *Koppenwinkel* und über die *Koppenbrücke* zur Obertraun.
Der Weg ist zwar doppelt so weit, als auf der Strasse, nämlich
8 St. von Aussee nach Hallstadt, aber dennoch so belohnend,
dass ihn jeder Fussreisende bei gutem Wetter unternehmen sollte.

Der Baustil der Häuser verliert zum Theil in diesem steierischen Bezirke sein Malerisches, wie im Ensthal bei Aich (s.
oben). Es fehlen die flachen vorspringenden Giebeldächer mit
Steinen belastet, die mit Schnitzwerk verzierten Umgänge; die
kleinen quadratischen Fenster mit ihren gekreuzten Eisenstäben
sind noch Sitte; der Fenster stehen gewöhnlich 3 neben einander, das mittlere aber höher. Die Dächer sind hoch, die Schindeln angenagelt, weil man im Eisenlande ist. Häufig, besonders an den Sennhütten, findet man auch noch die Wände, wie
im Vorarlberg und Algau, mit Schindeln bekleidet, wodurch sie
mehr gegen den Andrang des Luftzuges geschützt sind, als die
anderen Sennhütten.

Auch hier findet man allenthalben die Holzknechtkasernen,
Holzstuben oder Holzhütten, denn das Holzgewerbe ist in den
grossen Forsten wegen der Saline sehr verbreitet. In der Mitte
einer solchen Hütte steht der grosse Fenerherd; an den Wänden herum stehen in gehörigen Zwischenräumen die Pritschen
und über jeder solcher Lagerstätte hängt der Mehlbeutel, Gries-
sack, Löffel, Hafen und Napf des Holzknechts. Ihr Lieblingsgericht sind auch hier die Nocken, wie bei den Steinhauern der
Gosau. Ihr Getränk ist das frische, vor der Hütte quellende
Wasser. Sie bleiben die ganze Woche oben im Wald, nur Sonn-
abends kommen sie gegen Abend herab zu den Ihrigen und ver-

lassen sie Montags beim ersten Morgengrauen wieder. Im Winter rastet der Holzknecht keineswegs; jetzt beginnt erst der beschwerlichste Theil seines Geschäftes; mit Steigeisen und Schneereifen versehen steigt er hinan in die Gegenden, wo sein Sommerfleiss das Holz aufschichtete; er bringt es nun auf Schlitten an die Riesen, auf denen es hinab in die Tiefe gleitet.

Nirgends möchte das Sennhüttenleben schöner und lustiger sein, als hier. So gern der Naturfreund im Genuss einer grossen Natur über alles hinwegsieht, was im gewöhnlichen Leben stören würde, wie Unreinlichkeit u. s. w., so wenig behaglich fühlt er sich dennoch bei schlechtem Wetter in einer Sennhütte, deren Fugen den Wind herein-, aber den Rauch nicht hinauslassen, dabei in dem dunkelen Raume, den nur das Herdfeuer erleuchtet. Diese Unannehmlichkeiten fehlen hier. Die Hütten sind auch von Holz erbaut; unten ist der Kuhstall, oberhalb das Vorhaus, wo der Herd ist und welches die Hälfte einnimmt; die andere Hälfte ist durch eine Wand in 2 Räume getheilt, in die Milch- und Schlafkammer. In dieser ist ein gutes Bett, ist auch ein Ofen. Alles ist äusserst reinlich gehalten, mit Ausnahme der Umgebung des Kuhstalles, den eine Mistmoräue umgibt, weil der Mist nicht benutzt wird. Nur Sennerinnen versehen das Geschäft, obgleich auch noch die Halter für die Schafe zu sorgen haben, wie anderwärts. Berühmt sind die hiesigen Sennerinnen wegen ihres schönen Gesanges. Das Geschäft der Sennerin ist auch hier, wie anderwärts, mühselig. Sie müssen ihr Vieh täglich austreiben, nachdem sie gemolken haben. Bei der Rückkehr misten sie aus, reinigen ihre Hütte, waschen die Gefässe aus, wobei sie fortwährend das Hauptgeschäft, Butter- und Käsebereitung, nicht vergessen dürfen. Ausserdem ersteigen sie, mit Steigeisen bewaffnet, die jähesten Abhänge, wo kein Vieh weiden kann, um das dort wachsende Gras zu schneiden (glecksehneiden genannt) und in die Hütte zu tragen, um bei schlechtem Wetter, oder wenn Schnee einfällt, hinlänglich Futter zu haben. Der jährliche Lohn einer Sennerin beträgt nur 12 Fl. und Schuhe, so viel sie bedarf. Bisweilen stellt sich auch ein Spielmann auf der Alpe ein und dann gibt es lustige Bälle; die Tänze: Obersteierisch und Pfannhauserisch

und der Schwerttanz; letzterer jedoch nur von Burschen ausgeführt. Der steierische Tanz möchte der schönste aller Tänze
sein. — Die Forste des ganzen steierischen Salzkammergutes
nehmen noch immer 46,507 Joch ein. Die vorkommenden Baum-
arten sind: die Tanne, Fichte, Lärche, Föhre, Zirbel, der Elbeu-
baum, die Buche, der Ahorn, Spitzahorn, die Esche und Erle.
Jährlich werden 36,634 Wiener Klaftern ausgebentet. Eine besondere Benutzung der Forste, die ihnen als solche freilich nicht
vortheilhaft, allein wohl ein nothwendiges Uebel ist, besteht
nicht nur hier, sondern in dem grössten Theile des Alpenlandes, in dem sogen. Grassschemten. Grass nennt man die
jungen Sprossen des Nadelholzes. In den Alpenländern ist Viehzucht Hauptsache, der Getreidebau nur in manchen Gegenden
ausreichend. Denn der starke Viehstand erfordert für den Winter, wo die Alpenweiden tief unter Schnee begraben sind, einen
reichlichen Futtervorrath, um überwintert werden zu können
und es muss daher alles zum Viehfutter benutzt und statt der
Getreidefelder müssen Wiesen unterhalten werden. Ausserdem
müssen viele Bäume ihr Laub zum Futter hergeben; überall
sieht man daher an den Wegen die Eschen zu diesem Zwecke
angepflanzt, welche, wie die Maulbeerbäume der südlichen Alpenlandes, ihres Schmuckes beraubt werden. Auch das nicht über-
flüssige Stroh wird zu diesem Zwecke verwendet; daher muss
aber der Streu ein Ersatz verschafft werden und diesen geben
die jungen Sprossen des Nadelholzes. Eifrigen Forstleuten ist
dieses Einsammeln ein Grenel, doch der Viehstand bedarf es
und man muss es eben mit zu dem Nutzen rechnen, den die
Forste abwerfen, sowie die Benutzung ihres Holzes zum Bauen
und zum Verbrennen. Wie alle Beschäftigungen in den Alpen
ihr eigenthümliches Gepräge durch die grossartige Natur erhalten, so ist auch dieses Geschäft nicht ohne Gefahr. Mit Steigeisen an den Füssen klettert der Aelpler wie eine Katze die
höchsten Bäume hinan, um sie zu beschneiden, was jedoch mit
Vorsicht geschieht, da an dem Leben des Baumes die Fülle seines Abwurfes hängt. Daher werden die Bäume in der Tiefe am
stärksten beschnitten, die Krone aber verschont. In Wäldern,
wo die Bäume dicht stehen, klettert zum Schluss der Bursche

zum höchsten Wipfel hinan, schaukelt sich in immer stärkeren Schwingungen, bis er die Krone des nächsten Baumes erhascht und sich wie ein Eichhorn zu ihm hinüberschwingt. Hier beginnt er nun die Arbeit von oben nach unten[1]. Ein besonderes Gewerbe ist noch die Verfertigung von Besen aus der Haide, welche weit und breit bis Wien gesucht werden.

Zum Schlusse dieses Abschnittes, des Traungebietes, folgen noch Reisewege durch das ganze Gebiet, je nachdem man von Salzburg, Oesterreich oder Steiermark eintritt und wo man hinaus will. Die kleineren Ausflüge müssen besonders unternommen werden, wie sie angegeben sind.

Die mit Cursivschrift angegebenen Wege sind fahrbar.

1) Von *Salzburg* nach *Oesterreich* (Linz und Wien): über Hof nach *St. Gilgen*, 7 St. Auf den Schafberg. Wer mehr Zeit zu verwenden hat: Von *Salzburg* auf der Eisenbahn bis *Frankenmarkt*, dann südlich ab über *St. Georgen* nach *Attersee*, diesen See zu Wasser hinauf bis Unterach, dann zum Mondsee; auf demselben entweder bis Mondsee oder nur bis Scharfling, über den Sattel zum Krötensee nach St. Gilgen. Wer den schönen Wolfgangsee nicht von St. Gilgen aus sehen will, kann sogleich von der Glashütte unweit des Krötensees aus zum Schafberg hinansteigen, da er fast bis hieher von St. Gilgen zurückkehren muss. Vom *Schafberge* hinab nach *St. Wolfgang* in 3 St. Von hier durch das *Ischlthal* in 3 St. nach *Ischl.* Der Fussgänger kann schon vorher rechts abbiegen und über den Katerberg nach Lauffen wandern, oder von der Schwarzenbachmühle über den Schwarzensee hinüber nach Weissenbach am Attersee durch das *Weissenbachthal* nach *Ischl.* Von *Ischl* über Lauffen nach *Goisern*; der berglustige Fussreisende rechts ab über den Kahlenberg des Ramsangebirges in die Gosau, bis zu dem Gletscher des Dachsteins, zurück nach Gosau, zu den Steinbauern, über den Plassen und Salzberg nach Hallstadt; über den Waldbach Strub hinan zu dem Karls-Eisfelde, dem Krippenbrunn, hinab in die Obertraun, über den *Koppen* nach *Aussee;* der Bergsteiger über den Hochkoppen. Bereisung des Todten Gebirgs und

---

1) Weidmanns Darstellungen S. 197.

der Umgebungen von Aussee. Ueber die *Pötschen* nach *Goisern*, *Lauffen*, *Ischl*, *Langbath*, *Gmunden* u. s. w.; oder von Aussee über den Flndergraben in den jenseitigen Rettenbach und durch ihn hinaus nach Ischl.

2) Von *Salzburg* in das *steierische Ensthal*, nach *St. Gilgen*, St. Wolfgang, auf den Schafberg, hinab nach Schärfling am Mondsee, Unterach, Attersee, Steinbach durch die Fichtau nach *Gmunden* bis zum *Traunfall*, über den See nach Langbath, *Ischl*, *Goisern*. Von hier den vorigen Weg über *Gosau*, *Hallstadt* nach *Aussee* und von da über *Mitterndorf* in das *Ensthal*, und zwar entweder nach *Admont* durch die *Klackau* oder nach *Gröbming* und *Radstadt* durch die Enge *Am Stein*.

3) Von *Ischl* nach *Goisern*, über die *Pötschen*, nach *Aussee* und dortige Gegend; über den *Koppen* nach *Obertraun*, auf das Dachsteingebirge, den Krippenbrunn, Karls-Eisfeld, Taubenkahr nach Hallstadt; über den Salzberg und Plassen in die Gosau, oder bequemer über die Gosaumühle dahin; zu den Seen und dem Gletscher, und vom vorderen See über die Zwieselalm nach Abtenau und Golling oder nach Annaberg, *St. Martin* und *Werfen*, oder von *Abtenau* über *Annaberg* und *St. Martin* (schlechte Fahrwege). Auch von *Ischl* auf der Strasse nach Salzburg, am südlichen Ufer des *Wolfgangsees* hin nach *St. Gilgen* und *Hof*, unweit dessen man dann links durch die Ebenau einbiegt und auf dieser Strasse bei Hallein wieder auf die Hauptstrasse durch das Salzachthal trifft.

Die umgekehrten Reisewege, nämlich: 1) Von Oesterreich nach Salzburg, 2) von Oesterreich nach Golling oder Werfen (und Gastein), 3) nach Steiermark; oder 1) von Steiermark nach Oesterreich, 2) nach Salzburg, 3) nach Golling, wird sich leicht jeder selbst aus dem Vorhergehenden machen können.

In 11 Tagen lässt sich dieser Weg (ohne das Todte Gebirge) machen; mit Rasttagen und den Ausflügen auf das Todte Gebirge kann man 6—7 Tage mehr rechnen.

Orts- und Personen-Register.

Schanbach d. Alpen. 2. Aufl. III.

38

Druck:
Customized Business Services GmbH
im Auftrag der KNV-Gruppe
Ferdinand-Jühlke-Str. 7
99095 Erfurt